2020年注册会计师全国统一考试辅导教材

财务成本管理

中国注册会计师协会　组织编写

中国财经出版传媒集团
中国财政经济出版社

图书在版编目（CIP）数据

财务成本管理／中国注册会计师协会组织编写．--
北京：中国财政经济出版社，2020.3
2020年注册会计师全国统一考试辅导教材
ISBN 978-7-5095-9628-9

Ⅰ.①财…　Ⅱ.①中…　Ⅲ.①企业管理-成本管理-
资格考试-自学参考资料　Ⅳ.①F275.3

中国版本图书馆CIP数据核字（2020）第030613号

责任编辑：宋学军　　　　　　　责任校对：胡永立

中国财政经济出版社 出版
URL：http：//www.cfeac.com

社址：北京市海淀区阜成路甲28号　邮政编码：100142
营销中心电话：010-88191522
天猫网店：中国财政经济出版社旗舰店
网址：https：//zgczjjcbs.tmall.com
人卫印务（北京）有限公司印刷　各地新华书店经销
787×1092毫米　16开　31印张　706 000字
2020年3月第1版　2020年3月北京第1次印刷
印数：1—120 000　定价：60.00元
ISBN 978-7-5095-9628-9
（图书出现印装问题，本社负责调换）
本社质量投诉电话：010-88190744
打击盗版举报热线：010-88191661、QQ：2242791300

前　言

注册会计师独立审计是市场经济监督体系重要的制度安排，注册会计师行业是高端服务业中重要的专业服务业。伴随着改革开放和社会主义市场经济体制建设的历史进程，我国注册会计师行业不断发展壮大，在服务国家建设、促进提高会计信息质量、维护金融体系稳定、提高资源配置效率等方面都发挥了十分重要的作用。

《注册会计师法》规定，国家实行注册会计师全国统一考试制度。注册会计师全国统一考试已经成为注册会计师行业资格准入的重要环节，在引导会计专业人才健康成长、评价会计专业人才资质能力、建设会计专业人才队伍等方面发挥了不可替代的作用。

注册会计师全国统一考试分为专业阶段和综合阶段两个阶段。专业阶段主要测试考生是否具备注册会计师执业所需要的专业知识，是否掌握基本的职业技能和职业道德规范，设会计、审计、财务成本管理、公司战略与风险管理、经济法、税法6个科目。综合阶段主要测试考生是否具备在职业环境中综合运用专业知识，坚持正确的职业价值观、遵从职业道德要求、保持正确的职业态度，有效解决实务问题的能力，设职业能力综合测试科目，分成试卷一和试卷二。

为有效指导考生复习备考，我会组织专家编写了专业阶段6个科目的考试辅导教材和《经济法规汇编》；同时，分科目汇编了近5年专业阶段和综合阶段的考试试题。本套教材作为注册会计师考试质量保证体系改革的重要成果，按照理论性、科学性、全面性、实践性、可读性的质量要求进行了全面修订，旨在帮助考生系统理解和掌握基本原理，培养考生的专业思维能力和分析问题、解决问题的能力。本套教材以读者掌握大学会计等相关专业本科以上专业知识为基准，力求体现注册会计师考试制度改革的总体目标。

本套教材作为指导考生复习备考之用，不是注册会计师全国统一考试的指定用书。对于教材及参考用书中的疏漏、错误之处，恳请读者指正。

中国注册会计师协会

2020年3月

目　　录

第一编　财务管理

第二编　成本计算

第三编　管理会计

附 录

第一编

财 务 管 理

第一章　财务管理基本原理

第一节　企业组织形式和财务管理内容

财务管理是经济管理的重要领域，是对经济活动中资金的管理。任何组织都需要财务管理，但营利性组织（即企业）与非营利性组织的财务管理有较大区别。本教材讨论的是企业的财务管理。

与财务管理相关的，还有财务会计、成本计算和管理会计，它们各有其功能。按照考试大纲的规定，财务会计单编为《会计》；财务管理、成本计算和管理会计合编为《财务成本管理》，分设财务管理、成本计算和管理会计三编。

一、企业的组织形式

典型的企业组织形式有三种：个人独资企业，合伙企业，公司制企业。

（一）个人独资企业

个人独资企业由一个自然人投资，财产为投资人个人所有，投资人以其个人财产对企业债务承担无限责任。

个人独资企业的特点：（1）创立便捷。例如，不需要与他人协商并取得一致；只需要很少的注册资本等。（2）维持个人独资企业的成本较低。例如，政府对其监管较少，对其规模也没有什么限制，企业决策程序简单。（3）不需要缴纳企业所得税。

另一方面，个人独资企业也有在经营和发展上的约束条件：（1）业主对企业债务承担无限责任，有时企业的损失会超过业主最初对企业的投资，需要用个人其他财产偿债；（2）企业的存续年限受制于业主的寿命；（3）难以从外部获得大量资本用于经营。

多数个人独资企业的规模都比较小，抵御经济衰退和承担经营失误损失的能力不强，其平均存续年限较短。有一部分个人独资企业能够发展壮大起来，规模扩大后会发现其固有约束条件被放大，于是转变为合伙企业或公司制企业。

（二）合伙企业

合伙企业由合伙人订立合伙协议，共同出资，合伙经营，共享收益，共担风险。通常，合伙人是两个或两个以上的自然人，有时也有法人或其他组织。

合伙企业具有与个人独资企业类似的特点和约束条件，只是程度不同。

合伙企业，包括普通合伙企业和有限合伙企业。普通合伙企业由普通合伙人组成，合伙人对合伙企业债务承担无限连带责任；有限合伙企业由普通合伙人和有限合伙人组成，普通合伙人对合伙企业债务承担无限连带责任，有限合伙人以其认缴的出资额为限对合伙企业债务承担责任。

其中，普通合伙企业还包括一种特殊类型的合伙企业，即特殊普通合伙企业。通常，以专业知识和专门技能为客户提供有偿服务的专业服务机构，可以设立为特殊普通合伙企业，如律师事务所、会计师事务所、设计师事务所等。特殊普通合伙企业名称中应当标明“特殊普通合伙”字样，以区别于一般普通合伙企业。合伙企业法规定，在特殊普通合伙企业中，一个合伙人或者数个合伙人在执业活动中因故意或者重大过失造成合伙企业债务的，应当承担无限责任或者无限连带责任，其他合伙人以其在合伙企业中的财产份额为限承担责任。合伙人在执业活动中非因故意或者重大过失造成的合伙企业债务以及合伙企业的其他债务，由全体合伙人承担无限连带责任。合伙人执业活动中因故意或者重大过失造成的合伙企业债务，以合伙企业财产对外承担责任后，该合伙人应当按照合伙协议的约定对给合伙企业造成的损失承担赔偿责任。特殊普通合伙企业应当建立执业风险基金，办理职业保险。执业风险基金用于偿付合伙人执业活动造成的债务，应当单独立户管理。

（三）公司制企业

依据公司法登记的机构被称为公司，是政府注册的营利性法人组织，在法律上独立于所有者和经营者。

由于公司是独立法人，相对于个人独资企业和合伙企业，具有以下优点：(1) 无限存续。一个公司在最初的所有者和经营者退出后仍然可以继续存在。(2) 股权可以转让。公司的所有者权益被划分为若干股权份额，每个份额可以单独转让，无需经过其他股东同意。(3) 有限责任。公司债务是法人的债务，不是所有者的债务，所有者对公司债务的责任以其出资额为限。

正是由于公司具有以上三个优点，因此，其更容易在资本市场上筹集到资本。公司对债务负有限责任，公司无限存续，降低了投资者的风险；股权便于转让，提高了投资人资产的流动性。

相应地，公司制企业也有相对的约束条件：(1) 双重课税。公司作为独立的法人，其利润需交纳企业所得税，企业利润分配给股东后，股东还需交纳个人所得税。(2) 组建成本高。公司法对于公司建立的要求比独资或合伙企业的要求高，并且需要提交一系列法律文件，通常花费的时间较长。公司成立后，政府对其监管比较严格，需要定期报备和公开各种报告。(3) 存在代理问题。在经营者和所有者分开的情况下，经营者成为代理人，所有者成为委托人，代理人可能为了自身利益而伤害委托人利益。

本教材把公司财务管理作为讨论的重点，除非特别指明，本教材所讨论的财务管理均指公司财务管理，主要基于工商企业。

二、财务管理的主要内容

财务管理是对资金的管理主要包括投资和筹资两大领域。

投资可以分为长期投资和短期投资，筹资也可以分为长期筹资和短期筹资，这样，财务管理的内容可以分为四个部分：长期投资、短期投资、长期筹资、短期筹资。短期投资和短期筹资通常合在一起讨论，称为营运资本管理。

（一）长期投资

这里的长期投资，是指公司对经营性长期资产的直接投资，具有以下特征：

1. 投资的主体是公司

工商业公司的投资不同于个人或专业投资机构的投资。公司投资是直接投资，即现金直接投资于经营性（或称生产性）资产，用以开展经营活动。个人或专业投资机构是把现金投资于企业，由企业用这些现金再投资于经营性资产，属于间接投资。公司的直接投资在投资以后继续控制实物资产，因此，可以直接控制投资回报；间接投资的投资人（公司的债权人和股东）在投资以后不直接控制经营性资产，因此，只能通过契约或更换代理人间接控制投资回报。

2. 投资的对象是经营性长期资产

经营性资产投资的对象，包括长期资产和短期资产两类。长期资产投资的现金流出至现金流入的时间超过 1 年，属于长期投资；短期资产投资的现金流出至现金流入的时间不超过 1 年，属于短期投资。公司的经营性长期资产包括厂房、建筑物、机器设备、运输设备等。经营性资产投资有别于金融资产投资。金融资产投资以赚取利息、股利或差价为目的，投资对象主要是债券、股票、各种衍生金融工具等，通常称为证券投资。经营资产和金融资产投资的价值评估和决策分析方法不同，前者的核心是净现值原理，后者的核心是投资组合原理。

3. 长期投资的直接目的是获取经营活动所需的实物资源

长期投资的直接目的是获取经营活动所需的固定资产等劳动手段，以便运用这些资源赚取营业利润。长期投资的直接目的不是获取固定资产的再出售收益，而是要使用这些固定资产。有的企业也会投资于其他公司，主要目的是控制其经营和资产以增加本企业的价值，而不是为了获取股利。

公司对于子公司的长期股权投资是经营性投资，目的是控制其经营，而不是期待再出售收益。合并报表将这些股权投资抵消，可以显示其经营性投资的本来面目。对子公司投资的评价方法，与直接投资经营性资产相同。对于非子公司（例如合营企业、联营企业）的长期股权投资也属于经营性投资，目的是控制其经营，其分析方法与直接投资经营性资产相同。有时公司也会购买一些风险较低的证券，将其作为现金的替代品，其目的是在保持流动性的前提下降低闲置资金的机会成本，或者对冲汇率、利率等金融风险，并非真正意义上的证券投资行为。

长期投资涉及现金流量的规模（期望回收多少现金）、时间（何时回收现金）和风险（回收现金的可能性如何）等因素的考量。长期投资现金流量的规划，被称为资本预算。

（二）长期筹资

长期筹资是指公司筹集生产经营所需的长期资本，具有以下特点：

1. 筹资的主体是公司

公司是在法律形式上独立于股东的法人，它可以在资本市场上筹集资本，同时承诺提供回报。公司可以在资本市场上向潜在的投资人直接筹资，例如发行股票、债券等，也可通过金融机构间接融资，例如银行借款等。

2. 筹资的对象是长期资本

长期资本是指企业可长期使用的资本，包括权益资本和长期债务资本。权益资本不需要归还，企业可以长期使用，属于长期资本。长期借款和长期债券虽然需要归还，但是可以持续使用较长时间，也属于长期资本。通常把期限在1年以上的债务资本称为长期债务资本。

长期筹资还涉及股利分配。股利分配决策同时也是内部筹资决策。净利润属于股东，留存部分利润而不将其分给股东，实际上是向股东筹集权益资本，即利润转变为资本。

3. 筹资的目的是满足公司的长期资本需要

长期资本筹集多少，应根据长期资本的需要量确定，两者应当匹配。按照投资时间结构去安排筹资时间结构，有利于降低利率风险和偿债风险。如果使用短期债务支持固定资产购置，短期债务到期时公司不仅要承担出售固定资产偿债的风险，而且要承担短期利率变化的风险。使用长期债务支持长期资产，则可以锁定债务时间和利息支出，避免上述风险。

长期筹资决策的主题是资本结构决策和股利分配决策，其中，资本结构是指长期债务资本和权益资本的特定组合，称为资本结构。资本结构决定了公司现金流中有多大比例来源于债权人，有多大比例来源于股东。资本结构决策是最重要的筹资决策。股利分配决策，主要是决定利润留存和分配给股东的比例，也是一项重要的筹资决策。

（三）营运资本管理

营运资本是流动资产（短期资产）和流动负债（短期负债）的差额。

营运资本管理分为营运资本投资和营运资本筹资两部分。营运资本投资管理主要是制定营运资本投资政策，决定分配多少资金用于应收账款和存货、决定保留多少现金以备支付，以及对这些资产进行日常管理。营运资本筹资管理主要是制定营运资本筹资政策，决定向谁借入多少短期资金、是否需要采用赊购融资等。

营运资本管理的目标有三个：（1）有效地运用流动资产，力求其边际收益大于边际成本；（2）选择最合理的流动负债，最大限度地降低营运资本的资本成本；（3）加速营运资本周转，以尽可能少的营运资本支持同样的经营规模并保持公司支付债务的能力。

营运资本管理与营业现金流有密切关系。由于营业现金流的时间和数量具有不确定性，以及现金流入和流出在时间上不匹配，使得公司经常会出现现金流的缺口。公司配置较多的营运资本（流动资产与流动负债的差额），有利于减少现金流的缺口，但会增加资本成本；如果公司配置较少的营运资本，有利于节约资本成本，但会增大不能及时偿债的风险。因此，公司需要根据具体情况权衡风险和报酬，制定适当的营运资本政策。

上述三部分内容中，长期投资主要涉及资产负债表的左方下半部分的项目（非流动资产），这些项目的类型和比例往往会因公司所处行业不同而有差异；长期筹资主要涉及资产负债表的右方下半部分的项目（非流动负债和股东权益），这些项目的类型和比例往往会因企业组织的类型不同而有差异；营运资本管理主要涉及资产负债表的上半部分的项目（流动资产和流动负债），这些项目的类型和比例既和行业有关，也和组织类型有关。这三部分内容是相互联系、相互制约的。长期筹资与长期投资有关，一方面，长期投资决定需要长期筹资的规模和时间；另一方面，公司已经筹集到的资本制约了公司投资的规模。长期投资和经营有关系，一方面生产经营活动的内容决定了需要投资的长期资产类型；另一方面，已经取得的长期资产决定了公司日常经营活动的特点和方式。

第二节 财务管理的目标与利益相关者的要求

一、财务管理的目标

财务管理目标决定财务管理所采用的原则、程序和方法。因此，财务管理的目标是建立财务管理体系的逻辑起点。

公司财务管理的目标与公司的目标是一致的。投资者创立公司的目的是营利。公司固然有改善职工待遇、改善劳动条件、扩大市场份额、提高产品质量、减少环境污染等多种目标，但营利是最基本、最重要的目标。在本教材的后续论述中，把公司财务管理目标、公司财务目标和公司目标作为同义语使用。

关于公司财务管理基本目标，有不同的观点。实践中，公司采取什么样的财务目标与公司的资本结构、治理结构以及经济社会政策等多种因素有关。

（一）利润最大化

利润最大化的观点认为，利润代表了公司新创造的财富，利润越多则说明公司的财富增加得越多，越接近公司的目标。

利润最大化的观点有其局限性，主要表现在：（1）没有考虑利润的取得时间。例如，今年获利 100 万元和明年获利 100 万元，哪一个更符合公司的目标？若不考虑货币的时间价值，就难以作出正确判断；（2）没有考虑所获利润和所投入资本额的关系。例如，同样获得 100 万元利润，一家公司投入资本 500 万元，另一家公司投入 600 万元，哪一个更符合公司的目标？若不与投入的资本数额联系起来，就难以作出正确判断；（3）没有考虑获取利润和所承担风险的关系。例如，同样投入 500 万元，本年获利 100 万元，一家公司的获利已全部转化为现金，另一家公司获利则全为应收账款，并可能发生坏账损失，哪一个更符合公司的目标？若不考虑风险大小，就难以作出正确判断。

如果投入资本相同、利润取得的时间相同、相关的风险也相同，利润最大化是一个可以接受的观念。事实上，许多公司都把提高利润作为公司的短期目标。

（二）每股收益最大化

每股收益最大化的观点认为，应当把公司的利润和股东投入的资本联系起来考察，用每股收益（或权益净利率）来概括公司的财务管理目标，以克服“利润最大化”目标的局限性。

每股收益最大化观点亦存在局限性：（1）仍然没有考虑每股收益取得的时间；（2）仍然没有考虑每股收益的风险。

如果每股收益的时间、风险相同，则每股收益最大化也是一个可以接受的观念。事实上，许多投资人都把每股收益作为评价公司业绩的关键指标。

（三）股东财富最大化

股东财富最大化的观点认为，增加股东财富是财务管理的基本目标。这也是本书采纳的观点。

股东创办公司的目的是增加财富。如果公司不能为股东创造价值，股东就不会为公司提供资本。没有了权益资本，公司也就不复存在了。因此，公司要为股东创造价值。

股东财富可以用股东权益的市场价值来衡量。股东财富的增加可以用股东权益的市场价值与股东投资资本的差额来衡量，它被称为“股东权益的市场增加值”。股东权益的市场增加值是公司为股东创造的价值。

有时财务管理目标被表述为股价最大化。在股东投资资本不变的情况下，股价上升可以反映股东财富的增加，股价下跌可以反映股东财富的减损。股价的升降，代表了投资者对公司股权价值的客观评价。以每股价格最大化为目标，反映了资本和获利之间的关系；该目标受预期每股收益的影响，反映了每股收益的大小和取得时间；该目标受企业风险的影响，反映了每股收益的风险。因此，假设股东投资资本不变，股价最大化与增加股东财富具有同等意义。值得注意的是，企业与股东之间的交易也会影响股价，但不影响股东财富。例如分派股利时股价下跌，回购股票时股价上升等。

有时财务管理目标还被表述为公司价值最大化。公司价值的增加，是由于股东权益价值增加和债务价值增加引起的。假设债务价值不变，则增加公司价值与增加股东权益价值具有相同意义。假设股东投资资本和债务价值不变，公司价值最大化与增加股东财富具有相同的意义。

因此，本教材在不同议题的讨论中，分别使用股东财富最大化、股价最大化和企业价值最大化，其含义均指增加股东财富。

二、利益相关者的要求

不同财务管理目标之间的分歧之一是如何看待利益相关者的要求。有一种意见认为，公司应当有多重目标，分别满足不同利益相关者的要求。实际上，主张股东财富最大化，并非不考虑其他利益相关者的利益。各国公司法都规定，股东权益是剩余权益，只有满足了其他方面的利益之后才会有股东的利益。公司必须交税、给职工发工资、给顾客提供满意的产品和服务，然后才能获得税后收益。公司的其他利益相关者有其特定的要求。这些要求先于股东，且必须是契约化的。如果对其他利益相关者的要求不加限制，股东就不会有“剩余”了。除非股东确信投资会带来满意的回报，否则股东不会出资，其他利益相关者的要求也无法实现。股东为公司提供了财务资源，但是他们处在公司之外，而经营者，即管理当局，在公司里直接从事管理工作。公司是所有者的公司，即股东的公司、公司财务管理的目标实质上也就是股东的目标。

（一）经营者的利益要求与协调

1. 经营者的利益要求

公司股东的目标是使自己的财富最大化，因此，千方百计要求公司经营者以最大的努力去实现这个目标。公司经营者也是利益最大化的追求者，其具体目标与股东不尽一致。公司经营者的要求主要有：

（1）增加报酬。包括物质和非物质的报酬，如工资、奖金、荣誉和社会地位等。

（2）增加闲暇时间。包括较少的工作时间、工作时间里较多的空闲和有效工作时间中较小的劳动强度等。

（3）避免风险。经营者努力工作可能得不到应有的报酬，他们的行为和结果之间有不确定性，经营者总是力图避免这种风险，要求付出一份劳动便得到一份报酬。

2. 经营者利益与股东利益的协调

公司经营者利益和股东利益（或目标）并不完全一致，经营者有可能为了自身利益而背离股东利益。这种背离表现在两个方面：

（1）道德风险。经营者为了自己的目标，不是尽最大努力去实现企业的目标。他们没有必要为提高股价而冒险，股价上涨的好处将归于股东，如若失败他们的“身价”将下跌。他们不做什么错事，只是不十分卖力，以增加自己的闲暇时间。这样做只是道德问题，不构成法律和行政责任问题，股东很难追究他们的责任。

（2）逆向选择。经营者为了自己的目标而背离股东的目标。例如，装修豪华的办公室，购置高档汽车等；借口工作需要乱花公司的钱；或者蓄意压低股票价格买入股票，导致股东财富受损。

股东为了防止经营者背离其目标，通常采用下列两种制度性措施：

（1）监督。经营者背离股东目标的条件是双方信息不对称，经营者了解的公司信息比股东多。避免“道德风险”和“逆向选择”的办法是完善公司治理结构，股东获取更多的信息，对经营者进行制度性的监督，在经营者背离股东目标时，减少其各种形式的报酬，甚至解雇他们。

股东往往是分散的或者远离经营的，得不到充分的信息；经营者比股东有更大的信息优势，比股东更清楚什么是对公司更有利的行动方案；全面监督经营者管理行为的代价是高昂的，很可能超过它所带来的收益。因此，股东支付审计费聘请注册会计师，往往限于审计财务报表，而不是全面审查所有管理行为。股东对情况的了解和对经营者的监督总是必要的，但受到监督成本的限制，不可能事事都监督。监督可以减少经营者违背股东意愿的行为，但不能解决全部问题。

（2）激励。防止经营者背离股东利益的另一种制度性措施是采用激励方式，使经营者分享企业增加的财富，鼓励他们采取符合股东利益最大化的行动。例如，企业盈利率或股票价格提高后，给经营者以现金、股票期权奖励。支付报酬的方式和数量大小，有多种选择。报酬过低，不足以激励经营者，股东不能获得最大利益；报酬过高，股东付出的激励成本过大，也不能实现自己的最大利益。因此，激励可以减少经营者违背股东意愿的行为，但也不能解决全部问题。

通常，股东同时采取监督和激励两种制度性措施来协调自己与经营者的目标。尽管如此，仍不可能使经营者完全按股东的意愿行动，经营者仍然可能采取一些对自己有利而不符合股东利益最大化的决策，并由此给股东带来一定的损失。监督成本、激励成本和偏离股东目标的损失之间，此消彼长、相互制约。股东要权衡轻重，力求找出能使三项之和最小的解决办法（即最佳的解决办法）。

（二）债权人的利益要求与协调

当公司向债权人借入资金后，两者也形成一种委托代理关系。债权人把资金借给公司，要求到期时收回本金，并获得约定的利息收入；公司借款的目的是用于经营，两者的利益并不完全一致。

债权人事先知晓借出资金是有风险的，并把这种风险的相应报酬嵌入利率。通常要考虑的因素包括：预计公司新增资产的风险、公司未来的资本结构等。

但是，借款合同一旦成为事实，债权人把资金提供给公司，就失去了控制权。股东为了自身利益可以通过经营者伤害债权人的利益，可能采取的方式有：

第一，股东不经债权人的同意，投资于比债权人预期风险更高的新项目。如果高风险的计划侥幸成功，超额收益归股东独享；如果计划不幸失败，公司无力偿债，债权人与股东将共同承担由此造成的损失。尽管按法律规定，债权人先于股东分配破产财产，但多数情况下，破产财产不足以偿债。所以，对债权人来说，超额收益肯定拿不到，发生损失却有可能要分担。

第二，股东为了提高公司的利润，不征得债权人的同意而发行新债，致使旧债券的价值下降，使旧债权人蒙受损失。旧债券价值下降的原因是发新债后公司负债比率加大，公司破产的可能性增加。如果公司破产，旧债权人和新债权人要共同分配破产后的财产，使旧债券的风险增加，价值下降。尤其是对于不能转让的债券或其他借款，债权人没有出售债权以摆脱困境的出路，处境更加不利。

债权人为了防止其利益被损害，除了寻求立法保护，如破产时先行接管、先于股东分配剩余财产等外，通常会采取以下制度性措施：

第一，在借款合同中加入限制性条款，如规定贷款的用途、规定不得发行新债或限制发行新债的额度等。

第二，发现公司有损害其债权利益意图时，拒绝进一步合作，不再提供新的贷款或提前收回贷款。

（三）其他利益相关者的利益要求与协调

狭义的利益相关者是指除股东、债权人和经营者之外的、对公司现金流量有潜在索偿权的人。广义的利益相关者包括一切与公司决策有利益关系的人，包括资本市场利益相关者（股东和债权人）、产品市场利益相关者（客户、供应商、所在社区和工会组织）和公司内部利益相关者（经营者和其他员工）。

公司的利益相关者可以分为两类：一类是合同利益相关者，包括客户、供应商和员工，他们和企业之间存在法律关系，受到合同的约束；另一类是非合同利益相关者，包括社区居民以及其他与公司有间接利益关系的群体。

股东和合同利益相关者之间既有共同利益，也有利益冲突。股东可能损害合同利益相关者利益，合同利益相关者也可能损害股东利益。因此，要通过立法调节他们之间的关系，保障双方的合法权益。一般说来，公司只要遵守合同就可以基本满足合同利益相关者的要求，在此基础上股东追求自身利益最大化也会有利于合同利益相关者。当然，仅有法律是不够的，还需要道德规范的约束，以缓和双方的矛盾。

对于非合同利益相关者，法律关注较少，享受的法律保护低于合同利益相关者。公司的社会责任政策，对非合同利益相关者影响很大。

第三节 财务管理的核心概念和基本理论

一、财务管理的核心概念

财务管理以一系列核心概念为基础。认识这些核心概念及其相互关系，有助于理解并运用财务管理的理论与方法。下面简要介绍财务管理的两大核心概念：货币的时间价值、风险与报酬。

（一）货币的时间价值

财务管理中最基本的概念是货币具有时间价值，即今天的1元钱比未来的1元钱更值钱。今天的1元钱可以为我们带来利息，越早获得收益越好。在经济学中，这一概念是以机会成本来表示的。

货币的时间价值，是指货币在经过一定时间的投资和再投资后所增加的价值。货币具有时间价值的依据是货币投入市场后其数额会随着时间的延续而不断增加。这是一种普遍的客观经济现象。

货币时间价值原则的首要应用是现值概念。由于现在的1元钱比将来的1元钱经济价值大，不同时间的货币价值不能直接加减运算，需要进行折算。通常，要把不同时间的货币价值折算到“现在”这个时点或“零”时点，然后对现值进行运算或比较。财务估值中，广泛使用现值进行价值评估。

货币时间价值的另一个重要应用是“早收晚付”观念。对于不附带利息的货币收支，与其晚收不如早收，与其早付不如晚付。货币在自己手上，可以立即用于消费而不必等待将来消费，可以投资获利而无损于原来的价值，可以有效应对未预料到的支付，因此早收、晚付在经济上是有利的。

如果不考虑货币的时间价值，就无法合理地决策和评价财富的创造。

（二）风险与报酬

为了把未来的收入和成本折现，必须确定货币的机会成本或利率。利率是基于对由风险和报酬的权衡关系确定的。投资者必须对风险与报酬作出权衡，为追求较高报酬而承担较大风险，或者为减少风险而接受较低的报酬。通常，风险与报酬的权衡关系，是指高收益的投资机会往往伴随巨大风险，风险小的投资机会则往往带来的收益也较低。

在财务活动中，当其他一切条件相同时，人们倾向于高报酬和低风险。如果两个投资机会除了报酬不同以外，其他条件（包括风险）都相同，人们会选择报酬较高的投资机会；如果两个投资机会除了风险不同以外，其他条件（包括报酬）都相同，人们会选择风险小的投资机会，这是风险厌恶决定的。所谓“风险厌恶”，是指人们普遍认为风险是不利的事情。确定的1元钱，其经济价值要大于不确定的1元钱。

人们都倾向于高报酬和低风险，竞争则带来风险和报酬之间的平衡。不可能在低风险的同时获取高报酬。即使你最先发现了这样的机会并率先行动，别人也会迅速跟进，竞争会使报酬率降至与风险相当的水平。因此，市场中必然是高风险同时高报酬、低风险同时低报酬的投资机会。

如果你想有一个获得巨大收益的机会，你就必须冒可能遭受巨大损失的风险，每一个市场参与者都在他的风险和报酬之间作权衡。有的偏好高风险、高报酬，有的偏好低风险、低报酬，但都要求风险与报酬对等，不会去冒没有价值的风险。

风险与报酬的关系，是股票、债券、项目及企业等价值评估的关键因素。

二、财务管理的基本理论

在财务管理的发展过程中，人们的认识不断深化，对特定财务管理领域形成一系列基本理论。这些理论对财务管理起着指导作用，是理解财务管理的逻辑基础。现简要介绍现金流量理论、价值评估理论、风险评估理论、投资组合理论、资本结构理论。

（一）现金流量理论

现金流量理论是关于现金、现金流量和自由现金流量的理论，是财务管理最基础性的理论。

现金是公司流动性最强的资产，是公司生存的“血液”。“现金为王”已被广泛认知。持有现金的多少体现着公司流动性的强弱，进而在一定程度上影响公司的风险和价值。现金也是计量现金流量和自由现金流量的基础要素。在实务中，公司重视现金和现金管理。

现金流量包括现金流入量、现金流出量和现金净流量。对于公司整体及其经营活动、投资活动和筹资活动都需计量现金流量，进行现金流量分析、现金预算和现金控制。依据现金流量建成的现金流量折现模型，取代了过去使用的收益折现模型，用于证券投资、项目投资等的价值评估。随着研究的深化，现金流量又发展为自由现金流量。

所谓自由现金流量（free cash flows）是指真正剩余的、可自由支配的现金流量。自由现金流量是美国西北大学拉巴波特、哈佛大学詹森等学者于1986年提出的，经历30多年的发展，特别在以美国安然、世通等为代表的所谓绩优公司纷纷破产后，自由现金流量为基础的现金流量折现模型，已成为价值评估领域理论最健全、使用最广泛的评估模型。

需要指出，财务管理中的现金流量与会计学中的现金流量表所讲的现金流量并不完全等同，主要差别在于是否包含现金等价物，后者包含现金等价物，而前者不含现金等价物。

（二）价值评估理论

价值评估理论是关于内在价值、净增加值和价值评估模型的理论，是财务管理的一个核心理论。

从财务管理的角度看，价值主要是指内在价值、净增加值。譬如，股票的价值实质上是指股票的内在价值即现值，项目的价值实质上是指项目的净增现值即净现值。内在价值、净现值是以现金流量为基础的折现估计值，而非精确值。

现金流量折现模型是对特定证券现值和特定项目净现值的评估模型。从投资决策的角度，证券投资者需要评估特定证券的现值，以与其市场价格相比较，作出相应的决策；项目投资者需要评估特定项目的净现值，据以取得和比较净增加值，作出相应的决策。

价值评估除了研究现金流量，还需要确定折现率。资本资产定价模型就是用于估计折现率的一种模型。资本资产定价模型由财务学家威廉·夏普在20世纪60年代创建。按照该模型，金融资产投资的风险分为两类：一种是可以通过分散投资来化解的可分散风险（非系统风险），另一种是不可以通过分散投资化解的不可分散风险（系统风险）。在有效市场中，可分散风险得不到市场的补偿，只有不可分散风险能够得到补偿。证券的不可分散风险可用β系数来表示，β系数是计量该证券报酬率对市场组合报酬率的敏感程度。市场组合是指包含市场上全部证券的投资组合。据此，形成了资本资产定价模型。资本资产定价模型解决了股权资本成本的估计问题，为确定加权平均资本成本扫清了障碍，进而使得计算现值和净现值成为可能。

（三）风险评估理论

风险导致财务收益的不确定性。在理论上，风险与收益成正比，因此，激进的投资者偏向于高风险就是为了获得更高的利润，而稳健型的投资者则看重安全性而偏向于低风险。

在实务中，风险无时不在，无处不在。投资、筹资和经营活动都存在风险，需要进行风险评估。

项目投资决策过程中采用的敏感性分析，资本结构决策中对经营风险和财务风险的衡量，均属于风险评估范畴。

（四）投资组合理论

投资组合是投资于若干种证券构成的组合，其收益等于这些证券收益的加权平均值，但其风险并不等于这些证券风险的加权平均数。投资组合能降低非系统性风险。

投资组合理论的奠基人是经济学家马科维茨。他在1952年首次提出投资组合理论，并进行了系统、深入和卓有成效的研究。

从资本市场的历史中认识到风险和报酬存在某种关系：一是承担风险会得到报酬，这种报酬称为风险溢价；二是风险越高，风险溢价越大。但是，人们长期没有找到两者的函数关系。马科维茨把投资组合的价格变化视为随机变量，以它的均值来衡量收益，以它的方差来衡量风险，揭示了投资组合风险和报酬的函数关系。因此，马科维兹的理论又称为均值－方差分析。他是首位对“投资分散化”理念进行定量分析的经济学家，他认为通过投资的分散化可以在不改变投资组合预期收益的情况下降低风险，也可以在不改变投资组合风险的情况下增加预期收益。

（五）资本结构理论

权益资本和长期债务资本的组合，形成一定的资本结构。资本结构理论是关于资本结构与财务风险、资本成本以及公司价值之间关系的理论。资本结构理论主要有 MM 理论、权衡理论、代理理论和优序融资理论等，不再细述。

第四节　金融工具与金融市场

金融市场是财务管理环境的重要因素。公司的财务管理环境，是指对公司财务活动产生影响的公司外部条件。理财环境是公司决策难以改变的外部约束条件，公司财务决策更多的是适应理财环境的要求和变化，而不是设法改变环境。财务管理环境涉及的范围很广，包括宏观环境、行业环境、经营环境和国际环境等。这里仅讨论理财环境中的金融市场①。

金融市场和普通商品市场类似，也是一种交易场所。金融市场交易的对象是银行存款单、债券、股票、期货等金融工具。例如，卖方发行债券换取货币，买方用货币换取债券。与普通商品交易的不同之处在于，金融交易大多只是货币资本使用权的转移，而普通商品交易是所有权和使用权的同时转移。

一、金融工具的类型

金融工具，是指形成一方的金融资产并形成其他方的金融负债或权益工具的合同。金融工具包括债券、股票、外汇、保单等。公司可以借助金融工具进行筹资和投资。

金融工具具有下列基本特征：（1）期限性：金融工具通常有规定的偿还期限；（2）流动性：金融工具具有在必要时转变为现金而不致遭受损失的能力；（3）风险性：购买金融工具的本金和预定收益存在损失可能性；（4）收益性：金融工具能够带来价值增值的特性。不同金融工具的具体特征表现不尽相同。譬如，与债券相比，股票没有规定的偿还期限，风险更大。金融工具按其收益性特征可分为以下三类：

（一）固定收益证券

固定收益证券是指能够提供固定或根据固定公式计算出来的现金流的证券。例如，公司债券的发行人承诺每年向债券持有人支付固定的利息。有些债券的利率是浮动的，但也规定有明确的计算方法。例如，某公司债券规定按国库券利率上浮两个百分点计算并支付利息。固定收益证券是公司筹资的重要形式。固定收益证券的收益与发行人的财务状况相关程度低，除非发行人破产或违约，证券持有人将按规定数额取得收益。

（二）权益证券

权益证券代表特定公司所有权的份额。发行人事先不对持有者作出支付承诺，收益

---

① 财务管理环境的大部分内容已经列入《公司战略与风险管理》《经济法》和《税法》考试大纲，因此这里不作全面讨论。

的多少不确定，要看公司经营的业绩和公司净资产的价值，因此其风险高于固定收益证券。权益证券是公司筹资的最基本形式，任何公司都必须有股权资本。权益证券的收益与发行人的经营成果相关程度高，其持有人非常关心公司的经营状况。

（三）衍生证券

衍生证券的种类繁多，并不断创新，包括各种形式的金融期权、期货、远期和利率互换合约。由于衍生品的价值依赖于其他证券，因此它既可以用来套期保值，也可以用来投机。公司可利用衍生证券进行套期保值或者转移风险，但不应依靠投机获利。衍生品投机失败导致公司巨大损失甚至破产的案件时有发生。

二、金融市场的类型

金融市场种类繁多，每个金融市场服务于不同的交易者，有不同的交易对象。金融市场可能是一个有形的交易场所，如在某一个建筑物中进行交易；也可能是无形的交易场所，如通过通信网络进行交易。

按照不同的标准，金融市场有不同的分类。下面仅介绍与公司投资和筹资关系密切的金融市场类型。

（一）货币市场和资本市场

金融市场按照所交易的金融工具的期限是否超过1年，分为货币市场和资本市场。这两类金融市场的功能不同，所交易的证券期限、利率和风险也不同。

货币市场是指短期金融工具交易的市场，交易的证券期限不超过1年。通常情况下，短期债务利率低于长期债务利率，短期利率的波动大于长期利率。货币市场的主要功能是保持金融资产的流动性，以便随时转换为货币。它满足了借款者的短期资金需求，同时为暂时性闲置资金找到出路。货币市场工具包括短期国债（英、美称为国库券）、可转让存单、商业票据和银行承兑汇票等。

资本市场是指期限在1年以上的金融工具交易市场。资本市场包括银行中长期存贷市场和有价证券市场。由于长期融资证券化成为一种趋势，因此资本市场也称为证券市场。与货币市场相比，资本市场所交易的证券期限较长（超过1年），风险较大，利率或要求的报酬率较高。资本市场的主要功能是进行长期资本的融通。资本市场的工具包括股票、公司债券、长期政府债券和银行长期贷款等。

（二）债务市场和股权市场

金融市场按照证券的不同属性，分为债务市场和股权市场。

债务市场交易的对象是债务凭证，例如公司债券、抵押票据等。债务凭证是一种契约，借款者承诺按期支付利息和偿还本金。债务工具的期限在1年以下的是短期债务工具，期限在1年以上的是长期债务工具。有时也把1～10年的债务工具称为中期债务工具。

股权市场交易的对象是股票。股票是分享一个公司净利润和净资产权益的凭证。持有人的权益按照公司总权益的一定份额表示，没有确定的金额。股票的持有者可以不定期地收取股利，且股票没有到期期限。

股票持有人与债务工具持有人的索偿权不同。股票持有人是排在最后的权益要求人，公司必须先支付债权人，然后才可以向股票持有人支付。股票持有人可以分享公司盈利和净资产价值增长，但股票的收益不固定，而债权人却能按照约定的利率得到固定收益，因此股票风险高于债务工具。

（三）一级市场和二级市场

金融市场按照所交易证券是否初次发行，分为一级市场和二级市场。

一级市场，也称发行市场或初级市场，是资本需求者将证券首次出售给公众时形成的市场。它是新证券和票据等金融工具的买卖市场。该市场的主要经营者是投资银行、经纪人和证券自营商（在我国这三种业务统一于证券公司）。它们承担政府、公司新发行证券的承购或分销。投资银行通常采用承购包销的方式承销证券，承销期结束后剩余证券由承销人全部自行购入，发行人可以获得预定的全部资金。

二级市场，是各种证券发行后在不同投资者之间买卖流通所形成的市场，也称流通市场或次级市场。该市场的主要经营者是证券商和经纪人。证券持有者在需要资金时，可以在二级市场将证券变现。想要投资的人，也可以进入二级市场购买已经上市的证券，出售证券的人将获得资金，但该证券的发行公司不会得到新的现金。

一级市场和二级市场有密切关系。一级市场是二级市场的基础，没有一级市场就不会有二级市场。二级市场是一级市场存在和发展的重要条件之一。二级市场使得证券更具流动性，正是这种流动性使得证券受到欢迎，投资者才更愿意在一级市场购买。某公司证券在二级市场上的价格，决定了该公司在一级市场上新发行证券的价格。在一级市场上的购买者，只愿意向发行公司支付其认为二级市场可接受的价格。二级市场上证券价格越高，公司在一级市场出售证券价格越高，发行公司筹措的资金越多。因此，与企业理财关系更为密切的是二级市场，而非一级市场。本教材所述及的证券价格，除特别指明外，均指二级市场价格。

（四）场内交易市场和场外交易市场

金融市场按照交易程序，分为场内交易市场和场外交易市场。

场内交易市场是指各种证券的交易所。证券交易所有固定的场所，固定的交易时间和规范的交易规则。交易所按拍卖市场的程序进行交易。证券持有人拟出售证券时，可以通过电话或网络终端下达指令，该信息输入交易所撮合主机按价格从低到高排序，低价者优先。拟购买证券的投资人，用同样方法下达指令，按照由高到低排序，高价优先。出价最高的购买人和出价最低的出售者取得一致时成交。证券交易所通过网络形成全国性的证券市场，甚至形成国际化市场。

场外交易市场没有固定场所，由持有证券的交易商分别进行。任何人都可以在交易商的柜台上买卖证券，价格由双方协商形成。这些交易商互相用计算机网络联系，掌握各自开出的价格，竞价充分，与有组织的交易所并无多大差别。场外交易市场交易对象包括股票、债券、可转让存单和银行承兑汇票等。

三、金融市场的参与者

金融市场的参与者主要是资金的提供者和需求者，主要包括居民、公司和政府。

（一）居民

居民，包括自然人和家庭，他们是金融市场最众多的资金提供者。资金提供者也称为资金所有者或投资人。居民基于节俭、预防意外的支付或者延迟消费等目的，其支出小于储蓄，成为社会的储蓄者。他们有时也会成为住宅和汽车等消费贷款的借款人，但从总体上看，居民总是净储蓄者，是金融市场上最众多的资金提供者。

（二）公司

公司是金融市场上最大的资金需求者。资金需求者也称筹资人、金融工具发行人。公司通过发行股票、债券等形式筹集资本，并且在货币市场中筹集短期资金。公司在经营中有时也会形成闲置资金，故会以资金提供者身份出现，将这部分资金投入货币市场或资本市场。

（三）政府

政府经常是资金需求者。政府发行国库券或地方政府债券来筹资，用于公共基础设施建设、弥补财政赤字，或者进行宏观经济调控。政府有时也会成为资金提供者。在税收集中入库而支付滞后时，会投资于金融市场。

上述资金提供者和需求者，是不以金融交易为主业的主体，参与交易的目的是调节自身的资金余缺。它们之间的金融交易称为直接金融交易，也就是公司或政府在金融市场上直接融通货币资金，其主要方式是发行股票或债券。

此外，还有一类是专门从事金融活动的主体，包括银行、证券公司等金融机构，它们充当金融交易的媒介。资金提供者和需求者，通过金融中介机构实现资金转移的交易称为间接金融交易（见图1－1）。

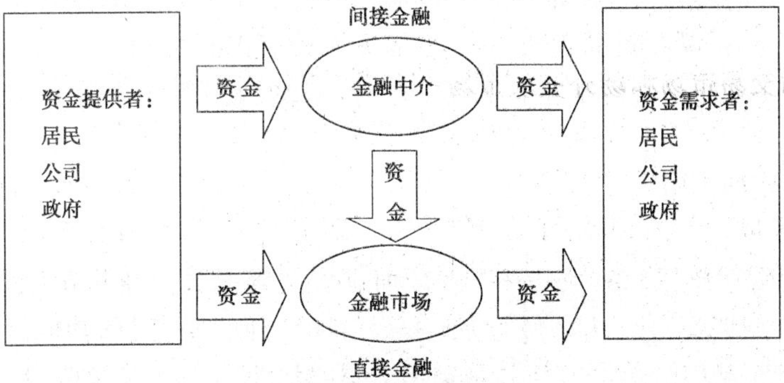

图1－1　金融市场的资金流动

四、金融中介机构

金融中介机构分为银行和非银行金融机构两类。银行是指从事存贷款业务的金融机构，包括商业银行、信用社等。非银行金融机构是指非从事存贷款业务的金融机构，包括保险公司、投资基金、证券市场机构等。

（一）商业银行

商业银行是指依照商业银行法和公司法设立的公司法人。它是以吸收存款方式取得资金，以发放贷款或投资证券等方式获得收益的金融机构。

银行业务包括：吸收公众存款；发放短期、中期和长期贷款；办理国内外结算；办理票据承兑与贴现；发行金融债券；代理发行、代理兑付、承销政府债券；买卖政府债券、金融债券；同业拆借；买卖、代理买卖外汇等。

（二）保险公司

保险公司是指依保险法和公司法设立的公司法人。保险公司收取保费，将保费所得资本投资于债券、股票等资产，运用这些资产所得收入支付保单所确定的保险赔偿。保险公司通过上述业务，能够在投资中获得较高的回报并以较低的保费向客户提供适当的保险服务，从而盈利。

保险公司的业务分为两类：（1）人身保险业务，包括人寿保险、健康保险、意外伤害保险等保险业务；（2）财产保险业务，包括财产损失保险、责任保险、信用保险、保证保险等保险业务。我国的保险公司一般不得兼营人身保险业务和财产保险业务。

（三）投资基金

投资基金，也称为互助基金或共同基金（mutual fund），是通过公开发售基金份额募集资本，然后投资于证券的机构。投资基金由基金管理人管理，基金托管人托管，以资产组合方式进行证券投资活动，为基金份额持有人的利益服务。

投资基金的运作方式可以采用封闭式或开放式。封闭式投资基金，是指经核准的基金份额总额在基金合同期限内固定不变、基金份额可以在依法设立的证券交易场所交易、但基金份额持有人不得申请赎回的基金。开放式投资基金，是指基金份额总额不固定、基金份额可以在基金合同约定的时间和场所申购或者赎回的基金。

投资基金把许多人的闲散资金集中起来，形成一定规模，有助于降低交易成本并构建投资组合。每份基金的价格波动，与基金所持有的证券投资组合的构成相关。如果组合中债券的比例大，则基金风险较小；如果组合中股票的比例大，则基金风险较大。

（四）证券市场机构

1. 证券交易所

证券交易所是依据国家有关法律，经政府证券主管机关批准设立的集中进行证券交易的有形场所，是组织和监督证券交易，实行自律管理的非营利机构。实行会员制的证券交易所的财产积累归会员所有，其利益由会员共同享有，在存续期间，不得将其财产积累分配给会员。

进入证券交易所参与集中交易的，必须是证券交易所的会员。投资者应当与证券公司签订证券交易委托协议，并在证券公司开立证券交易账户，以书面、电话或网络等方式，委托该证券公司代其买卖证券。

证券交易所的职责如下：

（1）证券交易所应当为组织公平的集中交易提供保障，公布证券交易即时行情，并按交易日制作证券市场行情表，予以公布。

（2）证券交易所有权依照法律、行政法规以及国务院证券监督管理机构的规定，办理股票、公司债券的暂停上市、恢复上市或者终止上市等事务。

（3）因突发性事件而影响证券交易的正常进行时，证券交易所可以采取技术性停牌的措施；因不可抗力的突发性事件或者为维护证券交易的正常秩序，证券交易所可以决定临时停市。证券交易所采取技术性停牌或者决定临时停市，必须及时报告国务院证券监督管理机构。

（4）证券交易所对证券交易实行实时监控，并按照证券监督管理机构的要求，对异常交易的情况提出报告。证券交易所应当对上市公司及相关信息披露义务人披露信息进行监督，督促其依法及时、准确地披露信息。

（5）证券交易所应当从其收取的交易费用和会员费、席位费中提取一定比例的金额设立风险基金。

（6）证券交易所依照证券法律、行政法规制定上市规则、交易规则、会员管理规则和其他有关规则，并报国务院证券监督管理机构批准。

2. 证券公司

证券公司是指依照公司法和证券法规定设立的、专门经营证券业务的、具有法人身份的有限责任公司或者股份有限公司。设立证券公司，必须经国务院证券监督管理机构审查批准。

证券公司的业务范围是：

（1）证券经纪；

（2）证券投资咨询；

（3）与证券交易、证券投资活动有关的财务顾问；

（4）证券承销与保荐；

（5）证券自营；

（6）证券资产管理；

（7）其他证券业务。

此外，证券市场机构还有证券服务机构，包括专业的投资咨询机构、财务顾问机构、资信评级机构、资产评估机构、会计师事务所等。

五、金融市场的功能

（一）金融市场的基本功能

1. 资金融通功能

金融市场的基本功能之一是融通资金。它提供一个场所，将资金提供者手中的资金转移到资金需求者。通过这种转移，发挥市场对资源的调配作用，促进提高经济效率，增进社会福利。

2. 风险分配功能

在转移资金的同时，将实际资产预期现金流的风险重新分配给资金提供者和资金需求者。这是金融市场的另一项基本功能。

例如，某人需要投资 100 万元建立企业，但是他自己只有 20 万元，还需要筹资 80 万元。所需的这 80 万元，可以进行债务筹资和权益筹资，两者的比例决定了他自己和其他出资人的利益分享与风险分摊比例。例如，向其他人筹集权益资本 40 万元，债务筹资 40

万元。如果经营成功，债权人只收取固定利息，净利润他自己分享1/3，其他权益投资人分享2/3。如果亏损，债权人不承担损失，仍然收取固定利息，他自己承担1/3的损失，其他权益投资人承担2/3的损失。如果改变了筹资结构，风险分摊的比例就会改变。因此，筹资的过程同时实现了企业风险的重新分配。

集聚了大量资金的金融机构可以通过多元化分散风险，因此有能力向高风险的公司提供资金。金融机构创造出风险不同的金融工具，可以满足风险偏好不同的资金提供者。因此，金融市场在实现风险分配功能时，金融机构是必不可少的。

（二）金融市场的附带功能

金融市场除了以上两项基本功能，还有以下附带功能。

1. 价格发现功能

金融市场上的买方和卖方的相互作用决定了证券的价格，也就是金融资产要求的报酬率。公司的筹资能力取决于它是否能够达到金融资产要求的报酬率。如果企业盈利能力达不到要求的报酬率，就筹集不到资金。这个竞争形成的价格，引导着资金流向效率高的部门和企业，使其得到发展，而效率差的部门和企业得不到资金，会逐步萎缩甚至退出。竞争的结果，促进了社会稀缺资源的合理配置和有效利用。

金融市场被形容为经济的“气象台”和“晴雨表”。金融市场的活跃程度可以反映经济的繁荣和衰退。每一种证券的价格可以反映发行公司的经营状况和发展前景。金融市场上的交易规模、价格及其变化的信息可以反映政府货币政策和财政政策的效应。金融市场生成并传播大量的经济和金融信息，可以反映一个经济体甚至全球经济的发展和变化。

2. 调节经济功能

金融市场为政府实施宏观经济的间接调控提供了条件。政府可以通过央行实施货币政策对各经济主体的行为加以引导和调节。

政府的货币政策工具主要有三个：公开市场操作、调整贴现率和改变存款准备金率。例如，经济过热时中央银行可以在公开市场出售证券，缩小基础货币，减少货币供应；还可以提高商业银行从央行贷款的贴现率，减少贴现贷款数量，减少货币供应；也可以提高商业银行缴存央行的存款准备金率，商业银行为补足准备金就需减少放款，导致货币供应收缩。减少货币供应的结果是利率会提高，投资需求会下降，从而达到抑制经济过热的目的。

但是央行货币政策的基本目的不止一项，通常包括扩大就业、促进经济增长、保持物价稳定、利率稳定、金融市场稳定和外汇市场稳定等。有时这些目的相互冲突，操作时就会进退维谷。例如，经济上升、失业下降时，往往伴随通货膨胀和利率上升。如果为了防止利率上升，央行购入债券会增加货币供应促使利率下跌，而增大货币供应又会使通货膨胀进一步提升。如果为了防止通货膨胀，放慢货币供应增长，在短期内利率和失业率就可能上升。因此，这种操控是十分复杂的，需要综合考虑其后果，并逐步试探和修正。

3. 节约信息成本

如果没有金融市场，每一个资金提供者寻找适宜的资金需求者，每一个资金需求者寻找适宜的资金提供者，其信息成本是非常高的。完善的金融市场提供了充分的信息，可以节约寻找投资对象和评估投资价值的成本。

金融市场要想实现上述功能，需要不断完善市场的构成和机制。理想的金融市场需要两个基本条件：一是充分、准确和及时的信息；二是市场价格完全由供求关系决定。在现实中，错误的信息和扭曲的价格，会妨害金融市场功能的发挥，甚至可能引发金融市场的危机。

六、资本市场效率

一般而言，资本市场效率是指资本市场实现资本资源优化配置功能的程度。具体来说，资本市场效率包括两方面：一是资本市场以最低交易成本为资本需求者提供资本资源的能力；二是资本市场的资本需求者使用资本资源为社会提供有效产出的能力。高效率的资本市场，应是将有限的资本资源配置到效益最好的公司及行业进而创造最大价值的市场。

资本市场效率与财务管理理论关系密切。财务管理的基本理论以市场有效为假设前提。譬如，价值评估理论、投资组合理论、资本结构理论等，在论证和建立模型时都假设资本市场是有效的。有效资本市场对于公司财务管理实践具有指导意义。

（一）资本市场效率的意义

1. 有效资本市场的含义

所谓“有效资本市场”，是指资本市场上的价格能够同步地、完全地反映全部的可用信息。

资本市场是调配资本的枢纽之一，它集社会上的闲散资本于市场，使得投资者能根据有关信息和规则进行投资。资本市场是一个“竞标市场”，在那里卖者“开价”而买者“竞价”。若投资者看好并争购某个公司的证券，其价格将上升；反之，若投资者对某公司的经营状况不满并抛售其证券，其价格将下跌。一个高效、公平的资本市场，不但能够为集结和调配资本提供有效的服务，而且能够将有限的资本调配到最能有效使用资本的公司。因此，在一个有效的资本市场中，经营业绩优良的公司能够吸引较多的资本发展壮大，提高公司的价值；而经营业绩较差的公司难于吸收更多的资本，公司价值随着经营业绩下降而下跌，甚至陷入被并购或破产的境地。尽管投资者都力图获取最大的收益，追求超出平均收益的回报，但若资本市场上的有关信息对每个投资者都是均等共享的，而且每个投资者都能根据自己掌握的信息及时地进行理性的投资决策，那么任何投资者都不能获得超额收益。这种资本市场被称为“有效资本市场”。

在有效资本市场中，价格会对新的信息作出迅速、充分的反应。当新的信息传播到一个竞争市场上，投资者对信息会立即作出反应。一旦价格调整到位，所有残留的信息如同“鸡肋”，食之无味。对过时信息再作研究将不会产生更有价值的智慧。

资本市场有效的外部标志有两个：一是证券的有关信息能够充分地披露和均匀地分布，使每个投资者在同一时间内得到等质等量的信息；二是价格能迅速地根据有关信息变动，而不是没有反应或反应迟钝。

2. 资本市场有效的基础条件

资本市场有效性研究的关键问题之一是证券信息和证券价格之间的关系，即信息的变化如何引起价格的变动。它是资本市场有效的基础，或者说是资本市场有效的条件。

让我们先设想一个资本市场上理性投资者的行为：收集信息，这些信息是公开的，对所有的人来说机会均等；处理信息，投资人采用各种各样的办法迅速地处理这些信息，他们的处理方法可能不同；作出判断，根据信息处理结果，投资人判断有关证券的价位、收益率和风险程度，他们可能得出不同的判断；决定买进或卖出，有人高估价位选择出售股票，有人低估价位选择购进股票，价格在竞争中波动，随后逐渐趋于均衡。

从上述过程中可以看出，资本市场有效的决定条件有三个：理性的投资人、独立的理性偏差和套利行为。

（1）理性的投资人。假设所有投资人都是理性的，当资本市场发布新的信息时所有投资者都会以理性的方式调整自己对股价的估计。例如，某股票有 100 万股，在发布新消息前的股价是 10 元。新消息表明，即将投资的项目可产生 100 万元净现值，即每股价值将增加 1 元。拟卖出股票的人，会要求按 11 元价格出售；拟买入股票的人，也会愿意支付 11 元购入股票。理性的投资者会立即接受新的价格，不会等到项目全部实施后才调整自己的价格。理性的预期决定了股价。

（2）独立的理性偏差。资本市场的有效性并不要求所有投资者都是理性的，总有一些非理性的人存在。有的人比较乐观，认为每股价值会增加 2 元，另一些人比较悲观，认为每股价值不会增加。每个投资人都是独立的，则预期的偏差是随机的，而不是系统的。如果假设乐观的投资者和悲观的投资者人数大体相同，他们的非理性行为就可以互相抵消，使得股价变动与理性预期一致，市场仍然是有效的。

（3）套利。资本市场的有效性并不要求所有的非理性预期都会相互抵消，有时他们的人数并不相当，市场会高估或低估股价。可以假设市场上有两种投资人，一种是非理性的业余投资人，另一种是理性的专业投资人。非理性的投资人的偏差不能相互抵消时，专业投资者会理性地重新配置资产组合，进行套利交易。他们会买进被低估的股票，同时出售被高估的股票，使股价恢复理性预期。专业投资者的套利活动，能够控制业余投资者的投机，使市场保持有效。

以上三个条件只要有一个存在，资本市场就会是有效的。

3. 有效资本市场对财务管理的意义

有效资本市场对于公司财务管理，尤其是筹资决策，具有重要的指导意义。

（1）管理者不能通过改变会计方法提升股票价值。公司的会计政策具有选择性，可能有的公司企图通过会计政策的选择，改善报告利润，提高股价。如果资本市场是半强式或强式的，即财务报告信息可以被股价完全吸收，并且财务报告的信息是充分、合规的，即投资人可以通过数据分析测算出不同会计政策选择下的会计利润，则这种努力徒劳无益。许多实证研究都支持这一观点。如果不具备上述两个条件，即资本市场达不到半强式有效，或者财务报告的信息不充分，误导投资人的情况就有可能发生。因此，财务经理应保持警惕，远离报告不合规或信息披露不充分的股票。有些公司不是利用会计政策，而是提供虚假的财务报告，这种做法有可能误导投资人并提升股价。不过，提供虚假报告的管理者，将面临巨大的法律风险。因此，管理者不能通过改变会计方法提升股票价值，更不能企图愚弄市场。这种做法不仅有违职业道德，在技术上也是行不通的。

（2）管理者不能通过金融投机获利。在资本市场上，有许多个人投资者和金融机构从事投机，例如从事利率、外汇或衍生金融工具的投机交易。如果市场是有效的，实业公司的管理者这样做是很危险的。管理者的责任是管理好自己的公司，利用竞争优势在产品或服务市场上赚取净现值。实业公司的管理者只有很少的时间和精力研究金融市场，属于金融产品的“业余投资者”。他们不太可能拥有利率、外汇以及其他公司的特别信息。根据公开信息正确预测未来利率和汇率是小概率事件，实业公司没有从金融投机中赚取超额收益的合理依据。实业公司在资本市场上的角色主要是筹资者，而不是投资者。实业公司从事利率和外汇期货等交易的正当目的是套期保值，锁定其价格，降低金融风险。企图通过预测利率和外汇的走势赚取超额收益的投机活动，不仅葬送了许多实业公司，甚至拖垮了一些银行和其他金融机构。实业公司的管理者不应指望通过金融投机获利。

（3）关注自己公司的股价是有益的。在有效资本市场中，财务决策会改变企业的经营和财务状况，而企业状况会及时地被市场价格所反映。企业市场价值的升降，是企业各方面状况综合作用的结果。因此，管理者必须重视资本市场对企业价值的估价。资本市场既是企业的一面镜子，又是企业行为的校正器。因此，管理者应关注自己公司股价。他可以从中看出市场对公司行为的评价。例如，公司公布的一项收购计划或投资计划，市场作出明显的负面反映，大多数情况表明该计划不是好主意，公司应当慎重考虑是否应继续实施该计划。

4. 市场有效性的理论研究

资本市场有效性的理论研究，侧重于分析检验价格是否能够反映证券的特征，包括其平均收益、风险、税收待遇和流动性等。在有效资本市场上，价格是公平的，能够完全反映证券特征，投资人无法取得超额收益。

资本市场有效性理论研究的关键议题有两个：一是信息和证券价格之间的关系，即信息的变化如何引起价格的变动；二是如何对影响价格的信息和有效市场进行分类，即信息的类别和市场有效程度之间有什么关系。

资本市场有效性与公司财务管理有着密切的关系。公司的理财行为总是发生在一个特定的资本市场环境中，资本市场环境影响企业的理财行为及后果。这种联系主要表现在两个方面：（1）公司通过资本市场建立代理关系。理论上，股东可以通过股东大会左右管理者的行为，但事实上多数股东只能通过在资本市场上买卖股票来表达对管理者的态度。因此，管理者与股东之间是通过资本市场建立代理关系，同时又通过资本市场解除代理关系。(2) 股票市场可以检验公司财务目标的实现程度。资本市场连接理财行为、公司价值和股票价格。如果公司的管理行为是理智的，投资和筹资将增加公司价值；如果资本市场是有效的，增加公司价值将会提高股票价格，从而增加股东财富。如果省去中间环节，股票价格是“理财行为”的函数（见图1－2）。

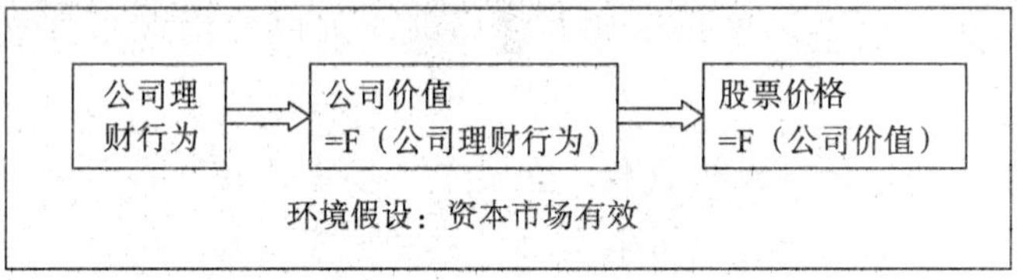

图1－2 理财行为与股票价格关系图

如果资本市场是无效的，明智的理财行为不能增加企业价值，公司价值的增加不能提高股价，则理财行为就失去了目标和依据。

（二）资本市场效率的程度

资本市场有效性理论研究的另一个关键是对市场信息和市场有效程度进行分级。资本市场有效程度不同，价格可以吸纳的信息类别也不同。

法玛将与证券价格有关的信息分为三类：

(1) 历史信息，指证券价格、交易量等与证券交易有关的历史信息；

(2) 公开信息，指公司的财务报表、附表、补充信息等公司公布的信息，以及政府和有关机构公布的影响股价的信息；

(3) 内部信息，指没有发布的只有内幕人知悉的信息。

法玛根据这三类信息，把资本市场分为三种有效程度：

(1) 弱式有效资本市场，指股价只反映历史信息的市场；

(2) 半强式有效资本市场，指股价不仅反映历史信息，还能反映所有的公开信息的市场；

(3) 强式有效资本市场，指股价不仅能反映历史的和公开的信息，还能反映内部信息的市场（见图1－3）。

这种划分具有重要的意义，它使得人们能够运用不同类型的信息对资本市场有效程度进行经验上的验证。

1. 弱式有效资本市场

如果一个资本市场的股价只反映历史信息，则它是弱式有效资本市场。弱式有效资本市场是最低程度的有效资本市场。判断弱式有效的标志是有关证券的历史信息对证券的现在和未来价格变动没有任何影响。反之，如果有关证券的历史信息对证券的价格变动仍有影响，则资本市场尚未达到弱式有效。

如果有关证券的历史信息与现在和未来的证券价格无关，说明这些历史信息的价值已经在过去为投资者所用，从而说明有关证券的历史信息已经被充分披露、均匀分布和

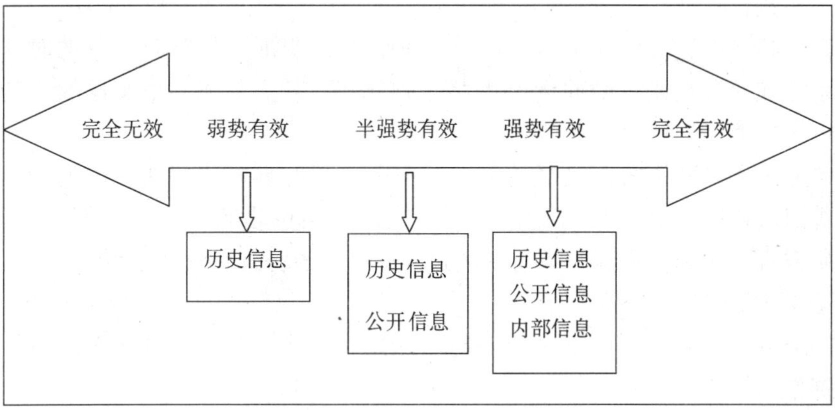

图 1-3 资本市场效率的程度图

完全使用，任何投资者都不可能通过分析这些历史信息来获取超额收益。

值得指出的是，在一个达到弱式有效的资本市场上，并不意味着投资者不能获取一定的收益，并不是说每个投资者的每次交易都不会获利或亏损。“市场有效”只是平均而言，从大量交易的长期观察看，任何利用历史信息的投资策略所获取的平均收益，都不会超过“简单购买/持有”策略所获取的平均收益。

资本市场弱式有效的验证方法是考察股价是否是随机变动，不受历史价格的影响。评价股价随机性的方法主要有两种：一种是检验证券价格的变动模式，看其是否与历史价格相关，例如“随机游走模型”；另一种是设计一个投资策略，将其所获收益与“简单购买/持有”策略所获收益相比较，例如“过滤检验”。

（1）随机游走模型。测试时选择一只股票，以当天为基准日，建立一个日收益率序列；与此同时，以前一天为基准日建立该股票的日收益率序列；计算这两个数列的相关系数。如果相关系数接近零，说明前后两天的股价无关，即股价是随机游走的，市场达到弱式有效。测试时两个收益率的时间滞后天数也可以是 2 天或 N 天，日收益率也可换成周收益率、月收益率等，测试数列的时间长度应包括多种不同时长（N 年），选择的股票种类应足够多。

（2）过滤检验。所谓的“过滤检验”，简言之就是制定一个交易规则买卖股票，测定其收益率并与“简单购买/持有”策略比较，从而得出结论。例如，现有股份上涨 5% 就买入持有，待股价下跌购入成本 5% 时卖出，待股价上升前次卖出价 5% 时再买入。即当证券价格从前一次下降中上涨 *X*% 时，立即卖出持有的证券并做卖空，此后购买新股并填平卖空。如此循环操作，按特定规则不断重复进行，如果证券价格的时间序列存在系统性的变动趋势，使用过滤原则买卖证券的收益率将超过“简单购买/持有”策略的收益率，从而赚取超额收益。

无论是采用随机游走模型或过滤检验，都是要证明证券价格的时间序列是否存在显著的系统性变动规律，从而证明市场是否达到弱式有效。

法玛在“股票市场价格的行为”一文中，使用随机游走模型研究了 1957 年底至 1962 年 9 月道琼斯工业指数中的 30 种股票价格的波动行为。他计算这 30 种股票日收益率的时间序列相关系数，其日收益率之间的滞后天数分别为 1 ~ 30 天，所有的相关系数均很小，检验结果表明其并未显著地大于零。这一实证研究说明证券价格收益率的时间序列不存在显著的系统性变动规则，因此证券市场达到弱式有效。后来，对美国股市的许多实证研究报告也得出类似的结论。

有些研究报告称我国股市已经达到弱式有效，研究样本小、研究时期短、证券市场机制改革等因素影响了数据的可比性，所形成研究结论是否可靠尚存疑问。与此同时，也有许多研究报告认为，我国股市尚未达到真正意义的弱式有效。

2. 半强式有效资本市场

如果一个资本市场的价格不仅反映历史信息，还能反映所有的公开信息，则它是半强式有效资本市场。

半强式有效资本市场的主要特征是现有股票市价能充分反映所有公开可得的信息。对于投资者来说，在半强式有效的资本市场中不能通过对公开信息的分析获得超额收益。公开信息已反映于股票价格，所以基本面分析是无用的。

检验半强式有效资本市场的方法主要是事件研究法和投资基金表现研究法。

（1）事件研究法。研究资本市场半强式有效的基本思想是比较事件发生前后的投资收益率，看特定事件的信息能否被价格迅速吸收。

显然，如果公布的信息好，股票价格将上升；如果公布的信息坏，股票价格将下跌。假设某一股票每一天的超额收益率（AR）可以用当天的实际收益率（R）减去当天的市场收益率（R_m）计算。R_m可以用一种宽基的股票市场指数来衡量。在事件公布前一天超额收益率为 AR_{t-1}，公布当天的超额收益率为 AR_t，公布后一天的超额收益率为 AR_{t+1}。如果市场是半强式有效，股票在 t 时间披露的事件，只与 AR_t有关，而与此前的 AR_{t-1} 以及此后的 AR_{t+1}无关。

通过对异常事件与超额收益率数据的统计分析，如果发现超额收益率只与当天披露的事件相关，则资本市场属于半强式有效。

半强式有效资本市场是指当前的证券价格完全反映“全部”公开的有用信息的市场。由于有无数的、各种各样的、公开的有用信息，因此也就有了成百上千种方法对半强式有效市场假说进行经验的检验。

多年来，人们用这些方法对各种异常事件与股价的关系进行了研究。它们包括：事件异常，例如盈利公告、兼并公告、股利分配公告、资本支出公告、新股发行公告等各种事件；时间异常，例如年初异常、周末异常、假日异常、季节异常等；公司异常，例如小公司、被忽略公司等；会计异常，例如市盈率较低的股票，实际盈余大于预期盈余的股票、低市净率股票、高股利股票、持续增长股票等。

（2）投资基金表现研究法。如果资本市场半强式有效，技术分析、基本面分析和各种估值模型都是无效的，各种投资基金就不可能取得超额收益。投资基金经理根据公开信息选择股票，投资基金的平均业绩应当与市场整体的收益率大体一致。实证研究表明，投资基金没有“跑赢大盘”，每年的平均业绩甚至略低于市场业绩。有些基金经理在某一年或某几年超过市场业绩，不是因为他们聪明，而是运气较好，而好运气没有可持续性。长期观察的结论，几乎都支持投资基金没有战胜大盘的结论。

总之，对资本市场进行的许多实证检验表明，除了少数例外，绝大多数的金融市场都属于半强式有效。但是，有一个问题值得注意，人们不可能对公开信息的每一种可想象的类型及其组合都做有效性检验。即使以大多数复杂可行的技术对绝大部分可能的信息类型进行检验后表明市场是有效的，仍不能排除一个市场对于某些尚未检验的信息无效的可能性。

3. 强式有效资本市场

如果一个市场的价格不仅反映历史的和公开的信息，还能反映内部信息，则它是一个强式有效市场。

强式有效资本市场的特征是无论可用信息是否公开，价格都可以完全地、同步地反映所有信息。由于市价能充分反映所有公开和私下的信息，对于投资者来说，不能从公开的和非公开的信息分析中获得超额收益，所以内幕消息无用。

研究资本市场的强式有效问题，要明确“内幕信息获得者”。通常，大股东、董事会成员、监事会成员、公司高管成员以及有能力接触内部信息的人士，被列为内幕信息获得者。对强式有效资本市场的检验，主要考察内幕信息获得者参与交易时能否获得超额收益。

第二章　财务报表分析和财务预测

第一节　财务报表分析的目的与方法

一、财务报表分析的目的及维度

财务报表分析的目的是将财务报表数据转换成有用的信息，以帮助信息使用者改善决策。基于哈佛分析框架，现代财务报表分析一般包括战略分析、会计分析、财务分析和前景分析等四个维度。

（1）战略分析。确定主要的利润动因及经营风险并定性评估公司盈利能力，包括宏观分析、行业分析和公司竞争策略分析等。

（2）会计分析。评价公司会计反映其经济业务的程度，包括评估公司会计的灵活性和恰当性、修正会计数据等。

（3）财务分析。主要运用财务数据评价公司当前及过去的业绩，包括比率分析和现金流量分析等。

（4）前景分析。预测企业未来，包括财务报表预测和公司估值等。

二、财务报表分析的方法

财务报表分析的方法有很多，如比较分析法、因素分析法等。不同财务分析者由于分析目的有别，而采用不同的分析方法。

（一）比较分析法

比较是认识事物的最基本方法，没有比较就没有鉴别。财务报表分析的比较分析法，是对两个或以上个有关的可比数据进行对比，从而揭示趋势或差异。

比较分析法按比较对象分为：

（1）与本企业历史的比较分析，即不同时期（3～10年）指标相比，称为趋势分析。

（2）本企业与同类企业的比较分析，即与行业平均数或对标企业比较，称为横向分析。

（3）本企业实际与计划预算的比较分析，即实际执行结果与计划预算指标比较，称为预算差异分析。

比较分析法按比较内容分为：

(1) 会计要素的总量比较分析。总量是指报表项目的总金额，例如，总资产、净资产、净利润等。总量比较主要采用时间序列分析，如研究利润的逐年变化趋势，看其增长潜力。有时也用于同业对比，分析企业相对规模和竞争地位的变化。

(2) 结构百分比比较分析。把资产负债表、利润表、现金流量表转换成结构百分比报表。例如，以收入为100%，分析利润表各项目的比重。结构百分比报表用于发现占比不合理的项目，揭示进一步分析的方向。

(3) 财务比率比较分析。财务比率是各财务指标之间的数量关系，反映它们的内在联系。财务比率是相对数，排除了规模的影响，具有较好的可比性，常用于比较分析。财务比率的计算相对简单，但对其加以说明和解释却比较复杂和困难。

(二) 因素分析法

因素分析法，是依据财务指标与其驱动因素之间的关系，从数量上确定各因素对指标影响程度的一种方法。该方法将财务指标分解为各个可以量化的因素，并根据各个因素之间的依存关系，顺次用各因素的比较值（通常为实际值）替代基准值（通常为历史值、标准值或计划值），据以测定各因素对财务指标的影响。由于分析时，要逐次进行各因素的有序替代，因此又称为连环替代法。

因素分析法一般分为四个步骤：(1) 确定分析对象，即确定需要分析的财务指标，比较其实际数额和标准数额（如上年实际数额），并计算两者的差额；(2) 确定该财务指标的驱动因素，即根据该财务指标的内在逻辑关系，建立财务指标与各驱动因素之间的函数关系模型；(3) 确定驱动因素的替代顺序；(4) 按顺序计算各驱动因素脱离标准的差异对财务指标的影响。

【例2-1】 某企业20×1年3月生产产品所耗某种材料费用的实际数是6 720元，而其计划数是5 400元。实际比计划增加1 320元。由于材料费用由产品产量、单位产品材料耗用量和材料单价三个因素的乘积构成。因此，可以把材料费用这一总指标分解为三个因素，然后逐个分析它们对材料费用总额的影响程度。现假设这三个因素的数值如表2-1所示。

表2-1　材料费用资料

项　目	单　位	计划数	实际数	差　异
产品产量	件	120	140	20
材料单耗	千克/件	9	8	-1
材料单价	元/千克	5	6	1
材料费用	元	5 400	6 720	1 320

根据表中资料，材料费用总额实际数较计划数增加1 320元，这是分析对象。运用连环替代法，可以计算各因素变动对材料费用总额的影响程度，具体如下：

计划指标：$120\times9\times5=5\,400$（元）　①

第一次替代：$140\times9\times5=6\,300$（元）　②

第二次替代：$140\times8\times5=5\,600$（元）　③

第三次替代：140×8×6=6 720（元）（实际数） ④

各因素变动的影响程度分析：

②－①=6 300－5 400=900（元） 产量增加的影响

③－②=5 600－6 300=－700（元） 材料节约的影响

④－③=6 720－5 600=1 120（元） 价格提高的影响

900－700+1 120=1 320（元） 全部因素的影响

企业是一个有机整体，每个财务指标的高低都受其他因素的驱动。从数量上测定各因素的影响程度，有助于抓住主要矛盾，或更有说服力地评价经营状况。财务分析的核心是追溯产生差异的原因。因素分析法提供了定量解释差异成因的工具。

三、财务报表分析的局限性

财务报表分析以财务报表数据为主要分析依据，而财务报表本身存在一定的局限性。

（一）财务报表信息的披露问题

财务报表是企业会计系统的产物。每个企业的会计系统，都会受会计环境和企业会计战略的影响。

会计环境包括会计规范和会计管理、税务与会计的关系、外部审计、会计争端处理的法律系统、资本市场结构、公司治理结构等。这些因素是决定企业会计系统质量的外部因素。会计环境缺陷会导致会计系统缺陷，使财务数据不能完全反映企业的实际状况。会计环境的重要变化会导致会计系统的变化，影响财务数据的可比性。例如，会计规范要求以历史成本报告资产，使财务数据不代表其现行成本或变现价值；会计规范要求假设币值不变，使财务数据不按通货膨胀率或物价水平调整；会计规范要求遵循谨慎原则，使会计预计损失而不预计收益，有可能少计收益和资产；会计规范要求按年度分期报告，使财务报表只报告短期信息，不能提供反映长期潜力的信息等。

企业会计战略是企业根据环境和经营目标作出的主观选择，不同企业会有不同的会计战略。企业会计战略包括会计政策、会计估计、补充披露及具体报告格式的选择。不同会计战略会导致企业财务报告差异，并影响其可比性。例如，对同一会计事项的会计处理，会计准则允许公司选择不同的会计政策，如存货计价方法、固定资产折旧方法等。虽然财务报表附注对会计政策选择有一定的表述，但报表使用人未必能完成可比性的调整工作。

由于上述两方面原因，财务报表信息披露存在如下局限性：（1）财务报表没有披露企业的全部信息，管理层拥有更多的信息，披露的只是其中的一部分；（2）已经披露的财务信息存在会计估计误差，不可能是真实情况的全面准确计量；（3）管理层的各项会计政策选择，有可能导致降低信息可比性。

（二）财务报表信息的可靠性问题

只有依据规范的、可靠的财务报表，才能得出正确的分析结论。所谓“规范的、可靠的”，是指除了上述局限性以外，没有虚假陈述。当然，外部分析人员很难认定是否存在虚假陈述，财务报表的可靠性有赖于注册会计师的鉴证。当然，注册会计师也不能保证财务报表没有任何错报和漏报。因此，分析人员必须自己关注财务报表的可靠性，对可能存在的问题保持足够的警觉。

外部分析人员虽然不能认定是否存在虚假陈述，但可以发现一些“危险信号”。对于存有危险信号的报表，分析人员要通过更细致的考察或获取其他有关信息，对财务报表信息的可靠性作出自己的判断。

常见的危险信号包括：

（1）财务报告失范。不规范的财务报告，其可靠性也应受到怀疑。分析人员要关注财务报告是否存在重大遗漏，有的重大遗漏可能是因不想讲真话引起；要注意是否及时提供财务报告，不能及时提供报告暗示企业当局可能与注册会计师存在分歧。

（2）数据出现异常。异常数据如无合理解释，应考虑该数据的真实性和一贯性是否存在问题。例如，原因不明的会计调整，可能是利用会计政策的灵活性“粉饰”报表数据；与销售相比应收账款异常增加，可能存在提前确认收入问题；净利润与经营活动现金流量净额之间的缺口加大，利润总额与应纳税所得额之间的缺口加大，可能存在盈余管理；第4季度的大额资产冲销和大额调整，可能是中期报告存在问题，但年度报告根据注册会计师的意见进行了调整。

（3）关联方交易异常。关联方交易的定价不公允，存在转移利润的可能。

（4）资本利得金额大。在经营业绩不佳时，公司可能通过出售长期资产、债务重组等交易实现资本利得。

（5）审计报告异常。无正当理由更换注册会计师，或出具非标准审计报告，有待作进一步分析判断。

（三）财务报表信息的比较基础问题

在比较分析时，需要选择比较的参照标准，如同业数据、本企业历史数据或计划预算数据。

横向比较时，需要使用同业标准。同业平均数只有一般性的参考价值，未必具有代表性，或未必是合理的基准。选同行业一组有代表性的企业求平均数，作为同业标准，可能比整个行业的平均数更有可比价值。近年来，分析人员以一流企业作为标杆，进行对标分析。也有不少企业实行多种经营，没有明确的行业归属，同业比较更加困难。

趋势分析应以本企业历史数据为比较基础。历史数据代表过去，并不代表合理性。经营环境变化后，本年比上年利润提高了，未必说明已经达到应该达到的水平，甚至未必说明管理有了改进。

实际与预算比较分析应以预算为比较基础。实际与预算发生差异，可能是执行中有问题，也可能是预算不合理，两者的区分并非易事。

总之，对比较基础本身要准确理解，并且要有限定地使用分析结论，避免简单化和绝对化。

第二节 财务比率分析

财务报表中有大量数据，可以用于计算与公司有关的财务比率。为便于说明财务比率的计算和分析方法，仅以ABC股份有限公司（以下简称“ABC公司”）的财务报表数据为例。该公司20×1年资产负债表、利润表和现金流量表，如表2－2、表2－3和表2－4所示。为简化计算，列举的数据都是假设的。

表2－2 资产负债表

编制单位：ABC公司 20×1年12月31日 单位：万元

资　　产	年末金额	年初金额	负债和股东权益	年末金额	年初金额
流动资产：			流动负债：		
货币资金	44	25	短期借款	60	45
交易性金融资产	0	0	交易性金融负债	0	0
应收票据	20	23	应付票据	33	14
应收账款	398	199	应付账款	100	109
预付款项	22	4	预收款项	10	4
其他应收款①	12	22	应付职工薪酬	2	1
存货	119	326	应交税费	5	4
一年内到期的非流动资产	77	11	其他应付款②	37	38
其他流动资产	8	0	一年内到期的非流动负债	0	0
流动资产合计	700	610	其他流动负债	53	5
非流动资产：			流动负债合计	300	220
债权投资	0	0	非流动负债：		
其他债权投资	0	0	长期借款	450	245
长期应收款	0	0	应付债券	240	260
长期股权投资	30	0	长期应付款	50	60
其他权益工具投资	0	0	预计负债	0	0
投资性房地产	0	0	递延所得税负债	0	0
固定资产	1 238	1 012	其他非流动负债	0	15
在建工程	18	35	非流动负债合计	740	580
无形资产	6	8	负债合计	1 040	800
开发支出	0	0	股东权益：		
商誉	0	0	股本	100	100
长期待摊费用	5	15	资本公积	10	10
递延所得税资产	0	0	其他综合收益	0	0
其他非流动资产	3	0	盈余公积	60	40
			未分配利润	790	730
非流动资产合计	1 300	1 070	股东权益合计	960	880
资产总计	2 000	1 680	负债和股东权益总计	2 000	1 680

① 其他应收款中，应收利息年初、年末金额均为0；应收股利年初、年末金额均为0。

② 其他应付款中，应付利息年初、年末金额分别为16万元、12万元；应付股利年初、年末金额均为0。

表 2-3　　利　润　表

编制单位：ABC 公司　　20×1 年　　单位：万元

项　　目	本年金额	上年金额
一、营业收入	3 000	2 850
减：营业成本	2 644	2 503
税金及附加	28	28
销售费用	22	20
管理费用	46	40
财务费用	110	96
资产减值损失	0	0
加：其他收益	0	0
投资收益	6	0
公允价值变动收益	0	0
资产处置收益	0	0
二、营业利润	156	163
加：营业外收入	45	72
减：营业外支出	1	0
三、利润总额	200	235
减：所得税费用	64	75
四、净利润	136	160
（一）持续经营净利润	120	140
（二）终止经营净利润	16	20
五、其他综合收益的税后净额	0	0
（一）不能重分类进损益的其他综合收益	0	0
（二）将重分类进损益的其他综合收益	0	0
六、综合收益总额	136	160
七、每股收益：		
（一）基本每股收益（元/股）	略	略
（二）稀释每股收益（元/股）	略	略

表 2-4　　现金流量表

编制单位：ABC 公司　　20×1 年　　单位：万元

项　　目	本年金额	上年金额（略）
一、经营活动产生的现金流量：		
销售商品、提供劳务收到的现金	2 810	
收到的税费返还	0	
收到其他与经营活动有关的现金	10	

续表

项　　目	本年金额	上年金额（略）
经营活动现金流入小计	2 820	
购买商品、接受劳务支付的现金	2 445	
支付给职工以及为职工支付的现金	24	
支付的各项税费	91	
支付其他与经营活动有关的现金	14	
经营活动现金流出小计	2 574	
经营活动产生的现金流量净额	246	
二、投资活动产生的现金流量：		
收回投资收到的现金	0	
取得投资收益收到的现金	6	
处置固定资产、无形资产和其他长期资产收回的现金净额	82	
处置子公司及其他营业单位收到的现金净额	0	
收到其他与投资活动有关的现金	0	
投资活动现金流入小计	88	
购建固定资产、无形资产和其他长期资产支付的现金	300	
投资支付的现金	30	
取得子公司及其他营业单位支付的现金净额	0	
支付其他与投资活动有关的现金	0	
投资活动现金流出小计	330	
投资活动产生的现金流量净额	-242	
三、筹资活动产生的现金流量：		
吸收投资收到的现金	0	
取得借款收到的现金	220	
收到其他与筹资活动有关的现金	0	
筹资活动现金流入小计	220	
偿还债务支付的现金	20	
分配股利、利润或偿付利息支付的现金	170	
支付其他与筹资活动有关的现金	15	
筹资活动现金流出小计	205	
筹资活动产生的现金流量净额	15	
四、汇率变动对现金及现金等价物的影响	0	
五、现金及现金等价物净增加额	19	
加：期初现金及现金等价物余额	25	
六、期末现金及现金等价物余额	44	

一、短期偿债能力比率

债务一般按到期时间分为短期债务和长期债务，偿债能力分析由此分为短期偿债能力分析和长期偿债能力分析两部分。

偿债能力的衡量方法有两种：一种是比较可供偿债资产与债务的存量，资产存量超过债务存量较多，则认为偿债能力较强；另一种是比较经营活动现金流量和偿债所需现金，如果产生的现金超过需要的现金较多，则认为偿债能力较强。

（一）可偿债资产与短期债务的存量比较

可偿债资产的存量，是指资产负债表中列示的流动资产年末余额。短期债务的存量，是指资产负债表中列示的流动负债年末余额。流动资产将在1年或1个营业周期内消耗或转变为现金，流动负债将在1年或1个营业周期内偿还，因此两者的比较可以反映短期偿债能力。

流动资产与流动负债的存量有两种比较方法：一种是差额比较，两者相减的差额称为营运资本；另一种是比率比较，两者相除的比率称为短期债务的存量比率。

1. 营运资本

营运资本是指流动资产超过流动负债的部分。其计算公式如下：

营运资本＝流动资产－流动负债

根据ABC公司的财务报表数据：

本年营运资本＝700－300＝400（万元）

上年营运资本＝610－220＝390（万元）

计算营运资本使用的“流动资产”和“流动负债”，数据通常可以直接取自资产负债表。资产负债表的资产和负债分为流动项目和非流动项目，并按流动性强弱排序，为计算营运资本和分析流动性提供了便利。

如果流动资产与流动负债相等，并不足以保证短期偿债能力没有问题，因为债务的到期与流动资产的现金生成，不可能同步同量；而且，为维持经营，企业不可能清算全部流动资产来偿还流动负债，而是必须维持最低水平的现金、存货、应收账款等。

因此，企业必须保持流动资产大于流动负债，即保有一定数额的营运资本作为安全边际，以防止流动负债“穿透”流动资产。ABC公司现存300万元流动负债的具体到期时间不易判断，现存700万元流动资产生成现金的金额和时间也不好预测。营运资本400万元是流动负债“穿透”流动资产的“缓冲垫”。因此，营运资本越多，流动负债的偿还越有保障，短期偿债能力越强。

营运资本之所以能够成为流动负债的“缓冲垫”，是因为它是长期资本用于流动资产的部分，不需要在1年或1个营业周期内偿还。

营运资本＝流动资产－流动负债

＝（总资产－非流动资产）－（总资产－股东权益－非流动负债）

＝（股东权益＋非流动负债）－非流动资产

＝长期资本－长期资产

根据ABC公司的财务报表数据：

本年营运资本 =(960 +740) -1 300 =1 700 -1 300 =400（万元）

上年营运资本 =(880 +580) -1 070 =1 460 -1 070 =390（万元）

当流动资产大于流动负债时，营运资本为正数，表明长期资本的数额大于长期资产，超出部分被用于流动资产。营运资本的数额越大，财务状况越稳定。当全部流动资产未由任何流动负债提供资金来源，而全部由长期资本提供时，企业没有任何短期偿债压力。

当流动资产小于流动负债时，营运资本为负数，表明长期资本小于长期资产，有部分长期资产由流动负债提供资金来源。由于流动负债在1年或1个营业周期内需要偿还，而长期资产在1年或1个营业周期内不能变现，偿债所需现金不足，必须设法另外筹资，这意味着财务状况不稳定。

营运资本的比较分析，主要是与本企业上年数据比较。ABC公司本年和上年营运资本的比较数据如表2-5所示。

表2-5 **ABC公司营运资本比较表** 单位：万元

项目	本年		上年		变动		
	金额	结构（%）	金额	结构（%）	金额	变动（%）	结构（%）
流动资产	700	100	610	100	90	15	100
流动负债	300	43	220	36	80	36	89
营运资本	400	57	390	64	10	2.6	11
长期资产	1 300		1 070		230		
长期资本	1 700		1 460		240		

从表2-5的数据可知：

(1) 上年流动资产610万元，流动负债220万元，营运资本390万元。从相对数看，营运资本配置比率（营运资本÷流动资产）为64%，流动负债提供流动资产所需资本的36%，即1元流动资产需要偿还0.36元的流动负债。

(2) 本年流动资产700万元，流动负债300万元，营运资本400万元。从相对数看，营运资本配置比率为57%，流动负债提供流动资产所需资本的43%，即1元流动资产需要偿还0.43元的流动负债。偿债能力比上年下降了。

(3) 本年与上年相比，流动资产增加90万元（增长15%），流动负债增加80万元（增长36%），营运资本增加10万元（增长2.6%）。营运资本的绝对数增加，似乎“缓冲垫”增厚了，但由于流动负债的增长速度超过流动资产的增长速度，使得债务的“穿透力”增加了，即偿债能力降低了。可见，由于营运资本政策的改变使本年的短期偿债能力下降了。

营运资本是绝对数，不便于不同历史时期及不同企业之间的比较。例如，A公司的营运资本为200万元（流动资产300万元，流动负债100万元），B公司的营运资本与A相同，也是200万元（流动资产1 200万元，流动负债1 000万元）。但是，它们的偿债能力显然不同。因此，在实务中很少直接使用营运资本作为偿债能力指标。营运资本的合理性主要通过短期债务的存量比率评价。

2. 短期债务的存量比率

短期债务的存量比率包括流动比率、速动比率和现金比率。

（1）流动比率。流动比率是流动资产与流动负债的比值，其计算公式如下：

流动比率 = 流动资产 ÷ 流动负债

根据 ABC 公司的财务报表数据：

本年流动比率 = 700 ÷ 300 = 2.33

上年流动比率 = 610 ÷ 220 = 2.77

流动比率假设全部流动资产都可用于偿还流动负债，表明每 1 元流动负债有多少流动资产作为偿债保障。ABC 公司的流动比率降低了 0.44（2.77 − 2.33），即为每 1 元流动负债提供的流动资产保障减少了 0.44 元。

流动比率和营运资本配置比率反映的偿债能力相同，它们可以互相换算：

流动比率 = 1 ÷（1 − 营运资本配置比率）= 1 ÷（1 − 营运资本 ÷ 流动资产）

根据 ABC 公司的财务报表数据：

本年流动比率 = 1 ÷（1 − 57%）= 2.33

上年流动比率 = 1 ÷（1 − 64%）= 2.78①

流动比率是相对数，排除了企业规模的影响，更适合同业比较以及本企业不同历史时期的比较。此外，由于流动比率计算简单，因而被广泛应用。

但是，需要提醒注意的是，不存在统一、标准的流动比率数值。不同行业的流动比率，通常有明显差别。营业周期越短的行业，合理的流动比率越低。在过去很长一段时期里，人们认为生产型企业合理的最低流动比率是 2。这是因为流动资产中变现能力最差的存货金额约占流动资产总额的一半，剩下的流动性较好的流动资产至少要等于流动负债，才能保证企业最低的短期偿债能力。这种认识一直未能从理论上证明。最近几十年，企业的经营方式和金融环境发生了很大变化，流动比率有下降的趋势，许多成功企业的流动比率都低于 2。

如果流动比率相对上年发生较大变动，或与行业平均值出现重大偏离，就应对构成流动比率的流动资产和流动负债的各项目逐一分析，寻找形成差异的原因。为了考察流动资产的变现能力，有时还需要分析其周转率。

流动比率有其局限，在使用时应注意：流动比率假设全部流动资产都可以变为现金并用于偿债，全部流动负债都需要还清。实际上，有些流动资产的账面金额与变现金额有较大差异，如产成品等；经营性流动资产是企业持续经营所必需的，不能全部用于偿债；经营性应付项目可以滚动存续，无需动用现金全部结清。因此，流动比率是对短期偿债能力的粗略估计。

（2）速动比率。构成流动资产的各项目，流动性差别很大。其中，货币资金、交易性金融资产和各种应收款项等，可以在较短时间内变现，称为速动资产；另外的流动资产，包括存货、预付款项、一年内到期的非流动资产及其他流动资产等，称为非速动资产。

---

① 有时因计算过程及结果四舍五入，可能导致小数结果略有差异，不代表真正不同。下同。

非速动资产的变现金额和时间具有较大的不确定性：一是存货的变现速度比应收款项要慢得多；部分存货可能已毁损报废、尚未处理；存货估价有多种方法，可能与变现金额相距甚远。二是一年内到期的非流动资产和其他流动资产的金额有偶然性，不代表正常的变现能力。因此，将可偿债资产定义为速动资产，计算与短期债务的存量比率更可信。

速动资产与流动负债的比值，称为速动比率，又称为酸性测试比率，其计算公式如下：

速动比率 = 速动资产 ÷ 流动负债

根据 ABC 公司的财务报表数据：

本年速动比率 = (44 + 20 + 398 + 12) ÷ 300 = 1.58

上年速动比率 = (25 + 23 + 199 + 22) ÷ 220 = 1.22

速动比率假设速动资产是可偿债资产，表明每 1 元流动负债有多少速动资产作为偿债保障。ABC 公司的速动比率比上年提高了 0.36，说明为每 1 元流动负债提供的速动资产保障增加了 0.36 元。

与流动比率一样，不同行业的速动比率差别很大。例如，大量现销的商店几乎没有应收款项，速动比率低于 1 亦属正常。相反，一些应收款项较多的企业，速动比率可能要大于 1。

影响速动比率可信性的重要因素是应收款项的变现能力。账面上的应收款项未必都能收回变现，实际坏账可能比计提的准备多；季节性的变化，可能使报表上的应收款项金额不能反映平均水平。这些情况，外部分析人员不易了解，而内部人员则可能作出合理的估计。

(3) 现金比率。速动资产中，流动性最强、可直接用于偿债的资产是现金。与其他速动资产不同，现金本身可以直接偿债，而其他速动资产需要等待不确定的时间，才能转换为不确定金额的现金。

现金与流动负债的比值称为现金比率，其计算公式如下：

现金比率 = 货币资金 ÷ 流动负债

根据 ABC 公司的财务报表数据：

本年现金比率 = 44 ÷ 300 = 0.147

上年现金比率 = 25 ÷ 220 = 0.114

现金比率表明 1 元流动负债有多少现金作为偿债保障。ABC 公司的现金比率比上年提高 0.033，说明企业为每 1 元流动负债提供的现金保障增加了 0.033 元。

(二) 现金流量比率

经营活动现金流量净额与流动负债的比值，称为现金流量比率。其计算公式如下：

现金流量比率 = 经营活动现金流量净额 ÷ 流动负债

根据 ABC 公司的财务报表数据：

现金流量比率 = 246 ÷ 300 = 0.82

上列公式中的“经营活动现金流量净额”，通常使用现金流量表中的“经营活动产生的现金流量净额”。它代表企业创造现金的能力，且已经扣除了经营活动自身所需的现金流出，是可以用来偿债的现金流量。

一般而言，该比率中的流动负债采用期末数而非平均数，因为实际需要偿还的是期末金额，而非平均金额①。

现金流量比率表明每1元流动负债的经营活动现金流量保障程度。该比率越高，偿债能力越强。

用经营活动现金流量净额代替可偿债资产存量，与流动负债进行比较以反映偿债能力，更具说服力。因为一方面它克服了可偿债资产未考虑未来变化及变现能力等问题；另一方面，实际用以支付债务的通常是现金，而不是其他可偿债资产。

（三）影响短期偿债能力的其他因素

上述短期偿债能力比率，都是根据财务报表数据计算而得。还有一些表外因素也会影响企业的短期偿债能力，甚至影响相当大。财务报表使用人应尽可能了解这方面信息，以作出正确判断。

1. 增强短期偿债能力的表外因素

（1）可动用的银行授信额度。企业尚未动用的银行授信额度，可以随时借款，增加企业现金，提高支付能力。这一数据不在财务报表中反映，但有的公司以董事会决议公告披露。

（2）可快速变现的非流动资产。企业可能有一些非经营性长期资产可随时出售变现，这未必列示在“一年内到期的非流动资产”项目中。例如，储备的土地、未开采的采矿权、目前出租的房产等，在企业发生周转困难时，将其出售并不影响企业的持续经营。

（3）偿债能力的声誉。如果企业的信用记录优秀，在短期偿债方面出现暂时困难，比较容易筹集到短缺资金。

2. 降低短期偿债能力的表外因素

例如，与担保有关的或有负债事项。如果该金额较大且很可能发生，应在评价偿债能力时予以关注。

二、长期偿债能力比率

衡量长期偿债能力的财务比率，也分为存量比率和流量比率两类。

（一）总债务存量比率

长期来看，所有债务都要偿还。因此，反映长期偿债能力的存量比率是总资产、总债务和股东权益之间的比例关系。常用比率包括：资产负债率、产权比率、权益乘数和长期资本负债率。

---

① 当财务比率的分子和分母，一个来自利润表或现金流量表的流量数据，另一个来自资产负债表的存量数据，该存量数据通常需要计算该期间的平均值（除经营活动现金流量净额与债务的比率外）。对于需要计算存量数据平均值的财务比率而言，资产负债表数据的使用有三种选择：一是直接使用期末数，好处是简便，缺点是单一时点数据缺乏代表性；二是使用年末和年初的平均数，两个时点数据平均后代表性有所增强，但仍无法消除季节性生产企业年末数据的特殊性；三是使用各月的平均数，代表性明显增强，缺点是工作量较大，并且外部分析人员不一定能得到各月数据。为了举例简便，本章随后类似的情况，除非特别标明，均使用资产负债表期末数。当然，使用平均数更合理。

1. 资产负债率

资产负债率是总负债与总资产的百分比，其计算公式如下：

资产负债率 =(总负债 ÷ 总资产) ×100%

根据 ABC 公司的财务报表数据：

本年资产负债率 =(1 040 ÷2 000) ×100% =52%

上年资产负债率 =(800 ÷1 680) ×100% =48%

资产负债率反映总资产中有多大比例是通过负债取得的。它可用于衡量企业清算时对债权人利益的保障程度。资产负债率越低，企业偿债越有保证，负债越安全。资产负债率还代表企业的举债能力。一个企业的资产负债率越低，举债越容易。如果资产负债率高到一定程度，财务风险很高，就无人愿意提供贷款了。这表明企业的举债能力已经用尽。

通常，资产在破产拍卖时的售价不到账面价值的 50%，因此如果资产负债率高于 50%，则债权人的利益就缺乏保障。各类资产变现能力有显著区别，房地产的变现价值损失小，专用设备则难以变现。由此可见，不同企业的资产负债率不同，这与其持有的资产类别相关。

2. 产权比率和权益乘数

产权比率和权益乘数是资产负债率的另外两种表现形式，它和资产负债率的性质一样，计算公式分别如下：

产权比率 = 总负债 ÷ 股东权益

权益乘数 = 总资产 ÷ 股东权益

产权比率表明每 1 元股东权益配套的总负债的金额。权益乘数表明每 1 元股东权益启动的总资产的金额。它们是两种常用的财务杠杆比率。财务杠杆比率表示负债的比例，与偿债能力相关。财务杠杆影响总资产净利率和权益净利率之间的关系，还表明权益净利率风险的高低，与盈利能力相关。

3. 长期资本负债率

长期资本负债率是指非流动负债占长期资本的百分比。其计算公式如下：

长期资本负债率 =[非流动负债 ÷(非流动负债 + 股东权益)] ×100%

根据 ABC 公司的财务报表数据：

本年长期资本负债率 =[740 ÷ (740 +960)] ×100% =44%

上年长期资本负债率 =[580 ÷ (580 +880)] ×100% =40%

长期资本负债率是反映公司资本结构的一种形式。由于流动负债的金额经常变化，非流动负债较为稳定，资本结构通常使用长期资本结构衡量。

（二）总债务流量比率

1. 利息保障倍数

利息保障倍数是指息税前利润对利息费用的倍数。其计算公式如下：

利息保障倍数 = 息税前利润 ÷ 利息费用

=(净利润 + 利息费用 + 所得税费用) ÷ 利息费用

分子的“利息费用”是指计入本期利润表中财务费用的利息费用；分母的“利息费用”是指本期的全部应付利息，不仅包括计入利润表中财务费用的利息费用，还包括计入资产负债表固定资产等成本的资本化利息。

根据 ABC 公司的财务报表数据：

本年利息保障倍数 =(136 +110 +64) ÷110 =2.82

上年利息保障倍数 =(160 +96 +75) ÷96 =3.45

长期债务通常不需要每年还本，但往往需要每年付息。利息保障倍数表明每1 元利息费用有多少倍的息税前利润作为偿付保障。它可以反映债务风险的大小。如果公司一直保持按时付息的信誉，则长期负债可以延续，举借新债也比较容易。利息保障倍数越大，利息支付越有保障。如果利息支付尚且缺乏保障，归还本金就更难指望。因此，利息保障倍数可以反映长期偿债能力。

如果利息保障倍数小于1，表明自身产生的经营收益不能支持现有规模的债务。利息保障倍数等于1 也很危险，因为息税前利润受经营风险的影响，很不稳定，但支付利息却是固定的。利息保障倍数越大，公司拥有的偿还利息的缓冲效果越好。

2. 现金流量利息保障倍数

现金流量利息保障倍数，是指经营活动现金流量净额对利息费用的倍数。其计算公式如下：

现金流量利息保障倍数 = 经营活动现金流量净额 ÷ 利息费用

分母的“利息费用”，同利息保障倍数的分母。

根据 ABC 公司的财务报表数据：

本年现金流量利息保障倍数 =246 ÷110 =2.24

现金流量利息保障倍数是现金基础的利息保障倍数，表明每1 元利息费用有多少倍的经营活动现金流量净额作为支付保障。它比利润基础的利息保障倍数更为可靠，因为实际用以支付利息的是现金，而不是利润。

3. 现金流量与负债比率

现金流量与负债比率，是指经营活动现金流量净额与负债总额的比率。其计算公式如下：

现金流量与负债比率 =(经营活动现金流量净额 ÷ 负债总额) ×100%

根据 ABC 公司的财务报表数据：

本年现金流量与负债比率 =(246 ÷1 040) ×100% =24%

一般来讲，该比率中的负债总额采用期末数而非平均数，因为实际需要偿还的是期末金额，而非平均金额。

该比率表明企业用经营活动现金流量净额偿付全部债务的能力。比率越高，偿还负债总额的能力越强。

（三）影响长期偿债能力的其他因素

上述长期偿债能力比率，都是根据财务报表内的数据计算的。此外，一些表外因素可能对企业长期偿债能力的衡量有影响，运用偿债能力比率分析时必须加以关注。

1. 债务担保

担保项目的时间长短不一，有的影响公司的长期偿债能力，有的影响公司的短期偿债能力。在分析公司长期偿债能力时，应根据有关资料判断担保责任可能带来的影响。

2. 未决诉讼

未决诉讼一旦判决败诉，可能会影响公司的偿债能力，因此在评价公司长期偿债能力时要考虑其潜在影响。

三、营运能力比率

营运能力比率是衡量公司资产管理效率的财务比率。这方面常用的财务比率有：应收账款周转率、存货周转率、流动资产周转率、营运资本周转率、非流动资产周转率和总资产周转率等。

（一）应收账款周转率

1. 计算方法

应收账款周转率[①]是营业收入[②]与应收账款的比率。它有应收账款周转次数、应收账款周转天数和应收账款与收入比三种表示形式，计算公式分别如下：

应收账款周转次数 = 营业收入 ÷ 应收账款

应收账款周转天数 =365 ÷（营业收入 ÷ 应收账款）

应收账款与收入比 = 应收账款 ÷ 营业收入

根据 ABC 公司的财务报表数据：

本年应收账款周转次数 =3 000 ÷（398 +20） =7.2（次/年）

本年应收账款周转天数 =365 ÷［3 000 ÷（398 +20）］=50.9（天/次）

本年应收账款与收入比 =（398 +20）÷3 000 =13.9%

应收账款周转次数，表明 1 年中应收账款周转的次数，或者说每 1 元应收账款投资支持的营业收入。应收账款周转天数，也称为应收账款收现期，表明从销售开始到收回现金所需要的平均天数。应收账款与收入比，则表明每 1 元营业收入所需要的应收账款投资。

2. 在计算和使用应收账款周转率时应注意的问题

（1）营业收入的赊销比例问题。从理论上讲，应收账款是赊销引起的，其对应的是营业收入中的赊销部分，而非全部。因此，计算时应使用赊销额而非营业收入。但是，外部分析人员无法在财务报表内取得公司的赊销数据，只好直接使用营业收入作为替代进行计算。实际上相当于假设现销是收现时间等于零的应收账款。只要现销与赊销的比例保持稳定，不妨碍与上期数据的可比性，只是一贯高估了周转次数。但问题是与其他公司比较时，如不了解可比公司的赊销比例，将无从判断应收账款周转率是否具有良好的可比性。

（2）应收账款年末余额的可靠性问题。应收账款是特定时点的存量，容易受季节性、偶然性和人为因素影响。在用应收账款周转率进行业绩评价时，可以使用年初和年末的

---

① 此处应收账款实为“应收票据”及“应收账款”的合计，为顺应习惯称法，此处将其简称为“应收账款”，相关比率亦按此称谓。下同。

② 资产周转率是考察企业资产运营效率的一项重要指标，体现企业经营期间资产从投入到产出的流转速度。分子通常为周转的结果，如营业收入等，具体采用什么作为分子，因资产不同而异。此处先以营业收入为分子，具体周转率再具体分析。下同。

平均数，或者使用多个时点的平均数，以减少这些因素的影响。

（3）应收账款的坏账准备问题。财务报表上列示的应收账款是已经计提坏账准备后的净额，而营业收入并未相应减少。其结果是，计提的坏账准备越多，计算的应收账款周转次数越多、天数越少。这种周转次数增加、天数减少不是业绩改善的结果，反而说明应收账款管理欠佳。如果坏账准备的金额较大，就应进行调整，或者使用未计提坏账准备的应收账款进行计算。报表附注中披露的应收账款坏账准备信息，可作为调整的依据。

（4）应收账款周转天数是否越少越好。应收账款是赊销引起的，如果赊销有可能比现销更有利，周转天数就不是越少越好。此外，收现时间的长短与公司的信用政策有关。例如，甲公司的应收账款周转天数是 18 天，信用期是 20 天；乙公司的应收账款周转天数是 15 天，信用期是 10 天。前者的收款业绩优于后者，尽管其周转天数较多。改变信用政策，通常会引起公司应收账款周转天数的变化。信用政策的评价涉及多种因素，不能仅仅考虑周转天数的缩短。

（5）应收账款分析应与赊销分析、现金分析相联系。应收账款的起点是赊销，终点是现金。正常情况是赊销增加引起应收账款增加，现金存量和经营活动现金流量净额也会随之增加。如果公司应收账款日益增加，而现金日益减少，则可能是赊销产生了比较严重的问题。譬如，大为放宽信用政策，甚至随意发货，未能收回现金。

总之，应当深入应收账款内部进行分析，并且要注意应收账款与其他指标的联系，才能正确使用应收账款周转率，用于有关评价。

（二）存货周转率

1. 计算方法

存货周转率是营业收入与存货的比率。它有三种计算方法，计算公式分别如下：

存货周转次数 = 营业收入 ÷ 存货

存货周转天数 = 365 ÷ (营业收入 ÷ 存货)

存货与收入比 = 存货 ÷ 营业收入

根据 ABC 公司的财务报表数据：

本年存货周转次数 = 3 000 ÷ 119 = 25.2（次/年）

本年存货周转天数 = 365 ÷ (3 000 ÷ 119) = 14.5（天/次）

本年存货与收入比 = 119 ÷ 3 000 = 4%

存货周转次数，表明 1 年中存货周转的次数，或者说明每 1 元存货投资支持的营业收入。存货周转天数表明存货周转一次需要的时间，也就是存货转换成现金平均需要的时间。存货与收入比，表明每 1 元营业收入需要的存货投资。

2. 在计算和使用存货周转率时应注意的问题

（1）计算存货周转率时，使用“营业收入”还是“营业成本”作为周转额，要看分析的目的。在短期偿债能力分析中，为了评估资产的变现能力需要计量存货转换为现金的金额和时间，应采用“营业收入”。在分解总资产周转率时，为系统分析各项资产的周转情况并识别主要的影响因素，应统一使用“营业收入”计算周转率。如果是为了评估存货管理的业绩，应当使用“营业成本”计算存货周转率，使其分子和分母保持口径一致。实际上，两种周转率的差额是毛利引起的，用哪一个计算方法都能达到分析目的。

根据 ABC 公司的数据，两种计算方法可以进行如下转换：

本年存货（成本）周转次数 = 营业成本 ÷ 存货 = 2 644 ÷ 119 = 22.2（次）

本年存货（收入）周转次数 × 成本率 = (营业收入 ÷ 存货) × (营业成本 ÷ 营业收入)

= (3 000 ÷ 119) × (2 644 ÷ 3 000) = 22.2（次）

（2）存货周转天数不是越少越好。存货过多会浪费资金，存货过少不能满足流转需要，在特定的生产经营条件下存在一个最佳的存货水平，所以存货不是越少越好。

（3）应注意应付账款、存货和应收账款（或营业收入）之间的关系。一般来说，销售增加会拉动应收账款、存货、应付账款增加，不会引起周转率的明显变化。但是，当企业接受一个大订单时，通常要先增加存货，然后推动应付账款增加，最后才引起应收账款（营业收入）增加。因此，在该订单没有实现销售以前，先表现为存货等周转天数增加。这种周转天数增加，没有什么不好。与此相反，预见到销售会萎缩时，通常会先减少存货，进而引起存货周转天数等下降。这种周转天数下降，不是什么好事，并非资产管理改善。因此，任何财务分析都以认识经营活动本质为目的，不可根据数据高低作简单结论。

（4）应关注构成存货的原材料、在产品、半成品、产成品和低值易耗品之间的比例关系。各类存货的明细资料以及存货重大变动的解释，应在报表附注中披露。正常情况下，它们之间存在某种比例关系。如果产成品大量增加，其他项目减少，很可能是销售不畅，放慢了生产节奏。此时，总的存货金额可能并没有显著变动，甚至尚未引起存货周转率的显著变化。因此，在财务分析时既要重点关注变化大的项目，也不能完全忽视变化不大的项目，其内部可能隐藏着重要问题。

（三）流动资产周转率

流动资产周转率是营业收入与流动资产的比率。它有三种计算方法，计算公式分别如下：

流动资产周转次数 = 营业收入 ÷ 流动资产

流动资产周转天数 = 365 ÷ (营业收入 ÷ 流动资产)

流动资产与收入比 = 流动资产 ÷ 营业收入

根据 ABC 公司的财务报表数据：

本年流动资产周转次数 = 3 000 ÷ 700 = 4.3（次/年）

本年流动资产周转天数 = 365 ÷ (3 000 ÷ 700) = 85.2（天/次）

本年流动资产与收入比 = 700 ÷ 3 000 = 23.3%

流动资产周转次数，表明 1 年中流动资产周转的次数，或者说明每 1 元流动资产投资支持的营业收入。流动资产周转天数表明流动资产周转一次需要的时间，也就是流动资产转换成现金平均需要的时间。流动资产与营业收入比，表明每 1 元销售收入需要的流动资产投资。

（四）营运资本周转率

营运资本周转率是营业收入与营运资本的比率。它有三种计算方法，计算公式分别如下：

营运资本周转次数 = 营业收入 ÷ 营运资本

营运资本周转天数 = 365 ÷ (营业收入 ÷ 营运资本)

营运资本与收入比 = 营运资本 ÷ 营业收入

根据 ABC 公司的财务报表数据：

本年营运资本周转次数 = 3 000 ÷ 400 = 7.5（次/年）

本年营运资本周转天数 = 365 ÷ (3 000 ÷ 400) = 48.7（天/次）

本年营运资本与收入比 = 400 ÷ 3 000 = 13.3%

营运资本周转次数，表明1年中营运资本周转的次数，或者说明每1元营运资本投资支持的营业收入。营运资本周转天数表明营运资本周转一次需要的时间，也就是营运资本转换成现金平均需要的时间。营运资本与营业收入比，表明每1元营业收入需要的营运资本投资。

营运资本周转率是一个综合性的比率。严格意义上，应仅有经营性资产和负债被用于计算这一指标，即短期借款、交易性金融资产和超额现金等因不是经营活动必需的而应被排除在外。

（五）非流动资产周转率

非流动资产周转率是营业收入与非流动资产的比率。它有三种计算方法，计算公式分别如下：

非流动资产周转次数 = 营业收入 ÷ 非流动资产

非流动资产周转天数 = 365 ÷ (营业收入 ÷ 非流动资产)

非流动资产与营业收入比 = 非流动资产 ÷ 营业收入

根据 ABC 公司的财务报表数据：

本年非流动资产周转次数 = 3 000 ÷ 1 300 = 2.3（次/年）

本年非流动资产周转天数 = 365 ÷ (3 000 ÷ 1 300) = 158.2（天/次）

本年非流动资产与营业收入比 = 1 300 ÷ 3 000 = 43.3%

非流动资产周转次数，表明1年中非流动资产周转的次数，或者说明每1元非流动资产投资支持的营业收入。非流动资产周转天数表明非流动资产周转一次需要的时间，也就是非流动资产转换成现金平均需要的时间。非流动资产与营业收入比，表明每1元营业收入需要的非流动资产投资。

非流动资产周转率反映非流动资产的管理效率，主要用于投资预算和项目管理，以确定投资与竞争战略是否一致，收购和剥离政策是否合理等。

（六）总资产周转率

1. 计算方法

总资产周转率是营业收入与总资产的比率。它有三种计算方法，计算公式分别如下：

总资产周转次数 = 营业收入 ÷ 总资产

总资产周转天数 = 365 ÷ (营业收入 ÷ 总资产)

总资产与收入比 = 总资产 ÷ 营业收入

根据 ABC 公司的财务报表数据：

本年总资产周转次数 = 3 000 ÷ 2 000 = 1.5（次/年）

本年总资产周转天数 = 365 ÷ (3 000 ÷ 2 000) = 243.3（天/次）

本年总资产与收入比 = 2 000 ÷ 3 000 = 66.7%

总资产周转次数，表明1年中总资产周转的次数，或者说明每1元总资产投资支持的营业收入。总资产周转天数表明总资产周转一次需要的时间，也就是总资产转换成现金平均需要的时间。总资产与营业收入比，表明每1元营业收入需要的总资产投资。

2. 驱动因素

总资产由各项资产组成，在营业收入既定的情况下，总资产周转率的驱动因素是各项资产。通过驱动因素分析，可以了解总资产周转率变动是由哪些资产项目引起的，以及哪些是影响较大的因素，为进一步分析指出方向。

表2-6列示了ABC公司总资产及各项资产的周转率变动情况。

表2-6　　ABC公司各项资产的周转率

资　产	资产周转次数			资产周转天数			资产与收入比		
	本年	上年	变动	本年	上年	变动	本年	上年	变动
货币资金	68.2	114	-45.8	5.4	3.2	2.2	0.015	0.009	0.006
应收账款	7.2	12.8	-5.6	50.9	28.4	22.5	0.139	0.078	0.061
预付款项	136.4	712.5	-576.1	2.7	0.5	2.2	0.007	0.001	0.006
其他应收款	250	129.5	120.5	1.5	2.8	-1.3	0.004	0.008	-0.004
存货	25.2	8.7	16.5	14.5	41.8	-27.3	0.040	0.114	-0.074
一年内到期的非流动资产	39	259.1	-220.1	9.4	1.4	8	0.026	0.004	0.022
其他流动资产	375	—	—	1.0	—	—	0.003	0	0.003
流动资产合计	4.3	4.7	-0.4	85.2	78.1	7.1	0.233	0.214	0.019
长期股权投资	100	—	—	3.7	—	—	0.010	0	0.010
固定资产	2.4	2.82	-0.42	150.6	129.61	20.99	0.413	0.355	0.058
在建工程	166.7	81.4	85.3	2.2	4.5	-2.3	0.006	0.012	-0.006
无形资产	500	356.2	143.8	0.7	1.0	-0.3	0.002	0.003	-0.001
长期待摊费用	600	190	410	0.6	1.9	-1.3	0.002	0.005	-0.003
其他非流动资产	1 000	—	—	0.4	—	—	0.001	0	0.001
非流动资产合计	2.3	2.7	-0.4	158.2	137	21.2	0.433	0.375	0.058
资产总计	1.5	1.7	-0.2	243.3	215.2	28.1	0.667	0.590	0.077

总资产周转率的驱动因素分析，通常使用"资产周转天数"或"资产与收入比"指标，不使用"资产周转次数"。因为各项资产周转次数之和不等于总资产周转次数，不便于分析各项目变动对总资产周转率的影响。

根据周转天数分析，本年总资产周转天数是243.3天，比上年增加28.1天。各项目对总资产周转天数变动的影响，参见表2-6。影响较大的项目是应收账款增加22.9天、存货减少27.3天、固定资产增加22.5天。

根据资产与收入比分析，本年每1元营业收入需要总资产投资0.667元，比上年增加0.077元。增加的原因，参见表2－6。其中，影响较大的项目是应收账款增加0.063元、存货减少0.074元、固定资产增加0.062元。

四、盈利能力比率

（一）营业净利率

1. 计算方法

营业净利率是指净利润与营业收入的比率，通常用百分数表示。其计算公式如下：

营业净利率＝(净利润÷营业收入)×100%

根据ABC公司的财务报表数据：

本年营业净利率＝(136÷3 000)×100%＝4.53%

上年营业净利率＝(160÷2 850)×100%＝5.61%

变动＝4.53%－5.61%＝－1.08%

“净利润”“营业收入”两者相除可以概括公司的全部经营成果。该比率越大，公司的盈利能力越强。

2. 驱动因素

营业净利率的变动，是由利润表各个项目变动引起的。表2－7列示了ABC公司利润表各项目的金额变动和结构变动数据。其中“本年结构”和“上年结构”，是各项目除以当年营业收入得出的百分比，“百分比变动”是指“本年结构”百分比与“上年结构”百分比的差额。该表为利润表的同型报表（又称百分比报表），它排除了规模的影响，提高了数据的可比性。

表2－7 利润表结构百分比变动 单位：万元

项　目	本年金额	上年金额	变动金额	本年结构（%）	上年结构（%）	百分比变动（%）
一、营业收入	3 000	2 850	150	100.00	100.00	0.00
减：营业成本	2 644	2 503	141	88.13	87.82	0.31
税金及附加	28	28	0	0.93	0.98	－0.05
销售费用	22	20	2	0.73	0.70	0.03
管理费用	46	40	6	1.53	1.40	0.13
财务费用	110	96	14	3.67	3.37	0.30
加：投资收益	6	0	6	0.20	0.00	0.20
二、营业利润	156	163	－7	5.20	5.72	－0.52
加：营业外收入	45	72	－27	1.50	2.53	－1.03
减：营业外支出	1	0	1	0.03	0.00	0.03
三、利润总额	200	235	－35	6.67	8.25	－1.58
减：所得税费用	64	75	－11	2.13	2.63	－0.50
四、净利润	136	160	－24	4.53	5.61	－1.08

（1）金额变动分析。本年净利润减少24万元，影响较大的不利因素是营业成本增加141万元和营业外收入减少27万元。影响较大的有利因素是营业收入增加150万元。

（2）结构变动分析。营业净利率减少1.08%，影响较大的不利因素是营业成本率增加0.31%、财务费用比率增加0.30%和营业外收入比率减少1.03%。

进一步分析应重点关注金额变动和结构变动较大的项目，如ABC公司的营业成本、财务费用和营业外收入。

3. 利润表各项目分析

确定分析的重点项目后，需要深入到各项目内部进一步分析。此时，需要依靠报表附注提供的资料以及其他可以收集到的信息。

毛利率变动原因可以分部门、分产品、分顾客群、分销售区域和分营销人员方面进行分析，具体应根据分析目的以及可取得的资料而定。

ABC公司报表附注显示的分产品的毛利资料，如表2－8所示。

表2－8 **ABC公司分产品毛利资料** 单位：万元

产品类别	营业收入		营业成本		营业毛利		毛利率（%）	
	本期数	上期数	本期数	上期数	本期数	上期数	本期数	上期数
音响类产品	1 589	1 881	1 882	1 964	－293	－83	－18.44	－4.41
软件类产品	508	475	312	295	196	180	38.58	37.89
数码类产品	903	494	450	244	453	250	50.17	50.61
合计	3 000	2 850	2 644	2 503	356	347	11.87	12.18

通过表2－8及其他背景资料可知：音响类产品是该公司的传统产品，目前仍占营业收入的较大部分，其毛利率是负值，已失去继续产销的价值；软件类产品毛利率基本持平，营业收入略有增长，其毛利约占公司的一半；数码类产品销售迅速增长，毛利率很高，其毛利占公司的大部分。因此，应结合市场竞争和公司资源情况，分析数码产品和软件产品是否可以扩大产销规模，以及音响产品能否更新换代。如果均无可能，音响产品的亏损可能继续增加，而数码产品和软件产品的高毛利可能引来竞争者，预期盈利能力还可能进一步下降。

在公司年报中，销售费用和管理费用的公开披露信息十分有限，外部分析人员很难对其进行深入分析。财务费用、公允价值变动收益、资产减值损失、投资收益和营业外收支的明细资料，在报表附注中均有较详细披露，为进一步分析提供了可能。

（二）总资产净利率

1. 公式

总资产净利率是指净利润与总资产的比率，它表明每1元总资产创造的净利润。其计算公式如下：

总资产净利率＝(净利润÷总资产)×100%

根据ABC公司的财务报表数据：

本年总资产净利率＝(136÷2 000)×100%＝6.8%

上年总资产净利率 =（160 ÷ 1 680）× 100% = 9.52%

变动 = 6.8% − 9.52% = −2.72%

总资产净利率是公司盈利能力的关键。虽然股东报酬由总资产净利率和财务杠杆共同决定，但提高财务杠杆会增加公司风险，往往并不增加公司价值。此外，财务杠杆的提高有诸多限制，公司经常处于财务杠杆不可能再提高的临界状态。因此，提高权益净利率的基本动力是总资产净利率。

2. 驱动因素

经解析，总资产净利率的驱动因素是营业净利率和总资产周转次数。

$$\text{总资产净利率} = \frac{\text{净利润}}{\text{总资产}} = \frac{\text{净利润}}{\text{营业收入}} \times \frac{\text{营业收入}}{\text{总资产}} = \text{营业净利率} \times \text{总资产周转次数}$$

总资产周转次数是每 1 元总资产投资支持的营业收入，营业净利率是每 1 元营业收入创造的净利润，两者共同决定了总资产净利率，即每 1 元总资产创造的净利润。

有关总资产净利率的因素分解如表 2－9 所示。

表 2－9　　总资产净利率的分解　　单位：万元

	本　年	上　年	变　动
营业收入	3 000	2 850	150
净利润	136	160	−24
总资产	2 000	1 680	320
总资产净利率（%）	6.80	9.52	−2.72
营业净利率（%）	4.53	5.61	−1.08
总资产周转次数（次）	1.50	1.70	−0.20

ABC 公司的总资产净利率比上年降低 2.72%。其原因是营业净利率和总资产周转次数都降低了。哪一个原因更重要呢？可以使用差额分析法进行定量分析。

营业净利率变动影响 = 营业净利率变动 × 上年总资产周转次数
= (−1.08%) × 1.70 = −1.84%

总资产周转次数变动影响 = 本年营业净利率 × 总资产周转次数变动
= 4.53% × (−0.20) = −0.91%

合计 = −1.84% − 0.91% = −2.75%

由于营业净利率下降，使总资产净利率下降 1.84%；由于总资产周转次数下降，使总资产净利率下降 0.91%。两者共同作用使总资产净利率下降 2.75%，其中营业净利率下降是主要原因。

（三）权益净利率

权益净利率，也称净资产净利率，是净利润与股东权益的比率，它反映每 1 元股东权益赚取的净利润，可以衡量企业的总体盈利能力。

权益净利率 =（净利润 ÷ 股东权益）× 100%

根据 ABC 公司的财务报表数据：

本年权益净利率 =（136 ÷ 960）× 100% = 14.17%

上年权益净利率 =(160 ÷ 880) × 100% = 18.18%

权益净利率的分母是股东的投入，分子是股东的所得。权益净利率具有很强的综合性，概括了公司的全部经营业绩和财务业绩。ABC 公司本年股东的报酬率比上年降低了。

五、市价比率

（一）市盈率

市盈率是指普通股每股市价与每股收益的比率，它反映普通股股东愿意为每 1 元净利润支付的价格。其中，每股收益是指可分配给普通股股东的净利润与流通在外普通股加权平均股数的比率，它反映每只普通股当年创造的净利润水平。其计算公式如下：

市盈率 = 每股市价 ÷ 每股收益

每股收益 = 普通股股东净利润 ÷ 流通在外普通股加权平均股数

假设 ABC 公司无优先股，20 ×1 年 12 月 31 日普通股每股市价 36 元，20 ×1 年流通在外普通股加权平均股数 100 万股。根据 ABC 公司的财务报表数据：

本年市盈率 = 36 ÷ 1.36 = 26.47（倍）

本年每股收益 = 136 ÷ 100 = 1.36（元/股）

在计算和使用市盈率和每股收益时，应注意以下问题：

（1）每股市价实际上反映了投资者对未来收益的预期。然而，市盈率是基于过去年度的收益。因此，如果投资者预期收益将从当前水平大幅增长，市盈率将会相当高，也许是 20 倍、30 倍或更多。但是，如果投资者预期收益将由当前水平大幅下降，市盈率将会相当低，如 10 倍或更少。成熟市场上的成熟公司有非常稳定的收益，通常其每股市价为每股收益的 10 ~ 12 倍。因此，市盈率反映了投资者对公司未来前景的预期，相当于每股收益的资本化。

（2）对仅有普通股的公司而言，每股收益的计算相对简单。如果公司还有优先股，则计算公式如下：

每股收益 =(净利润 - 优先股股息) ÷ 流通在外普通股加权平均股数

每股收益仅适用于普通股，即普通股的每股收益。优先股股东除规定的优先股股息外，对剩余的净利润不再具有索取权。在有优先股股息的情况下，计算每股收益的分子应该是可分配给普通股股东的净利润，即从净利润中扣除当年宣告或累积的优先股股息。

（二）市净率

市净率也称为市账率，是指普通股每股市价与每股净资产的比率。它反映普通股股东愿意为每 1 元净资产支付的价格，说明市场对公司净资产质量的评价。其中，每股净资产也称为每股账面价值，是指普通股股东权益与流通在外普通股股数的比率。它表示每股普通股享有的净资产，是理论上的每股最低价值。其计算公式如下：

市净率 = 每股市价 ÷ 每股净资产

每股净资产 = 普通股股东权益 ÷ 流通在外普通股股数

对于既有优先股又有普通股的公司，通常只为普通股计算每股净资产。在这种情况下，普通股每股净资产的计算需要分两步完成。首先，从股东权益总额中减去优先股权益，包括优先股的清算价值及全部拖欠的股息，得出普通股权益。其次，用普通股权益除以流通在外普通股股数，确定普通股每股净资产。

假设 ABC 公司有优先股 10 万股，清算价值为每股 15 元，累积拖欠股息为每股 5 元；20×1 年 12 月 31 日普通股每股市价 36 元，流通在外普通股股数 100 万股。根据 ABC 公司的财务报表数据：

本年市净率 = 36 ÷ 7.6 = 4.74

本年每股净资产 = [960 − (15 + 5) × 10] ÷ 100 = 7.6（元/股）

在计算市净率和每股净资产时，应注意所使用的流通在外普通股股数是资产负债表日流通在外普通股股数，而不是当期流通在外普通股加权平均股数。这是因为每股净资产的分子为时点数，分母也应选取同一时点数。

（三）市销率

市销率是指普通股每股市价与每股营业收入的比率。它表示普通股股东愿意为每 1 元营业收入支付的价格。其中，每股营业收入是指营业收入与流通在外普通股加权平均股数的比率，它表示每只普通股创造的营业收入。计算公式分别如下：

市销率 = 每股市价 ÷ 每股营业收入

每股营业收入 = 营业收入 ÷ 流通在外普通股加权平均股数

假设 20×1 年 12 月 31 日普通股每股市价 36 元，20×1 年流通在外普通股加权平均股数 100 万股。根据 ABC 公司的财务报表数据：

本年市销率 = 36 ÷ 30 = 1.2

本年每股营业收入 = 3 000 ÷ 100 = 30（元/股）

市盈率、市净率和市销率主要用于公司整体的价值评估，具体应用方法将在“企业价值评估”的有关章节中讨论。

六、杜邦分析体系

杜邦分析体系，又称杜邦财务分析体系，简称杜邦体系，是利用各主要财务比率之间的内在联系，对公司财务状况和经营成果进行综合评价的系统方法。该体系是以权益净利率为核心，以总资产净利率和权益乘数为分解因素，重点揭示公司获利能力及杠杆水平对权益净利率的影响，以及各相关指标间的相互关系。杜邦体系最初因美国杜邦公司成功应用而得名。

（一）杜邦分析体系的核心比率

权益净利率是分析体系的核心比率，具有很好的可比性，可用于不同公司之间的比较。由于资本具有逐利性，总是流向投资报酬率高的行业和公司，因此各公司的权益净利率会比较接近。如果一个企业的权益净利率经常高于其他公司，就会引来竞争者，迫使该公司的权益净利率回到平均水平。如果一个公司的权益净利率经常低于其他公司，就难以增获资本，会被市场驱逐，从而使幸存公司的权益净利率平均水平回归正常。

权益净利率不仅有很强的可比性，而且有很强的综合性。公司为了提高权益净利率，可从如下三个分解指标入手：

$$权益净利率 = \frac{净利润}{营业收入} \times \frac{营业收入}{总资产} \times \frac{总资产}{股东权益}$$

=营业净利率×总资产周转次数×权益乘数

无论提高其中的哪个比率，权益净利率都会提高。其中，“营业净利率”是利润表的一种概括表示，“净利润”和“营业收入”两者相除可以概括企业经营成果；“权益乘数”是资产负债表的一种概括表示，表明资产、负债和股东权益的比例关系，可以反映企业最基本的财务状况；“总资产周转次数”把利润表和资产负债表联系起来，使权益净利率可以综合分析评价整个企业经营成果和财务状况。

（二）杜邦分析体系的基本框架

杜邦分析体系的基本框架可用图2－1表示。

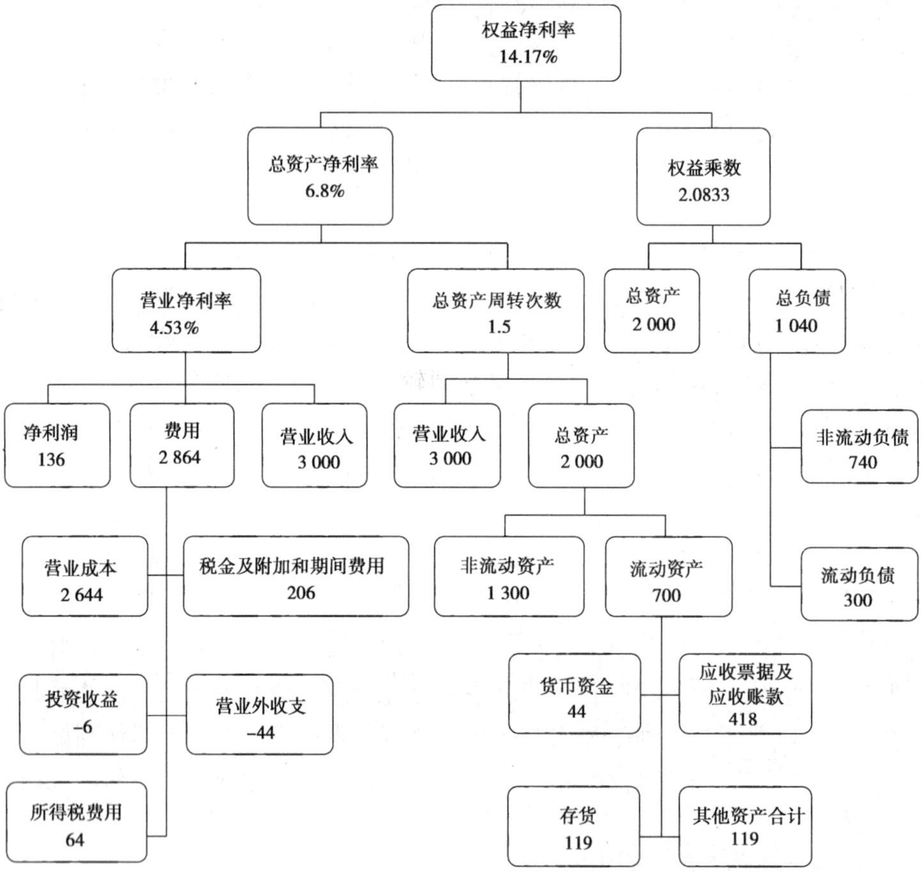

图2－1 杜邦分析体系的基本框架图

由图可见，该体系是一个多层次的财务比率分解体系。各项财务比率，可在每个层次上与本公司历史或同业财务比率比较，然后向下一级继续分解。逐级向下分解，逐步覆盖公司经营活动的每个环节，以实现系统、全面评价公司经营成果和财务状况的目的。

第一层次的分解，是把权益净利率分解为营业净利率、总资产周转次数和权益乘数。这三个比率在各企业之间可能存在显著差异。通过对差异的比较，可以观察本公司与其他公司的经营战略和财务政策有什么不同。

分解出来的营业净利率和总资产周转次数，可以反映公司的经营战略。一些公司营业净利率较高，而总资产周转次数较低；另一些公司与之相反，总资产周转次数较高而营业净利率较低。两者经常呈反方向变化。这种现象并不偶然。为了提高营业净利率，就要增加产品附加值，往往需要增加投资，引起周转次数的下降。与此相反，为了加快周转，就要降低价格，引起营业净利率下降。通常，营业净利率较高的制造业，其周转次数都较低；周转次数很高的零售业，营业净利率很低。采取“高盈利、低周转”还是“低盈利、高周转”的方针，是企业根据外部环境和自身资源作出的战略选择。正因如此，仅从营业净利率的高低并不能看出业绩好坏，应把它与总资产周转次数联系起来考察企业经营战略。真正重要的是两者共同作用得到的总资产净利率。总资产净利率可以反映管理者运用企业资产赚取盈利的业绩，是最重要的盈利能力。

分解出来的财务杠杆（以权益乘数表示）可以反映企业的财务政策。在总资产净利率不变的情况下，提高财务杠杆可以提高权益净利率，但同时也会增加财务风险。如何配置财务杠杆是公司最重要的财务政策。一般而言，总资产净利率较高的公司，财务杠杆较低，反之亦然。这种现象也不是偶然的。可以设想，为了提高权益净利率，公司倾向于尽可能提高财务杠杆。但是，债权人不一定会同意这种做法。债权人不分享超过利息的收益，更倾向于为预期未来经营活动现金流量净额比较稳定的企业提供贷款。为了稳定现金流量，公司的一种选择是降低价格以减少竞争；另一种选择是增加营运资本以防止现金流中断，这都会导致总资产净利率下降。也就是说，为了提高流动性，只能降低盈利性。因此，经营风险低的公司可以得到较多的贷款，其财务杠杆较高；经营风险高的企业，只能得到较少的贷款，其财务杠杆较低。总资产净利率与财务杠杆负相关，共同决定了公司的权益净利率。因此，公司必须使其经营战略和财务政策相匹配。

（三）权益净利率的驱动因素分解

该分析体系要求，在每一个层次上进行财务比率分解和比较。通过与上年比较可以识别变动的趋势，通过与同业比较可以识别存在的差距。分解的目的是识别引起变动（或产生差距）的原因，并衡量其重要性，为后续分析指明方向。

下面以ABC公司权益净利率的分解和比较为例，说明其一般方法。

权益净利率的比较对象，可以是其他公司的同期数据，也可以是本公司的历史数据，这里仅以本公司的本年与上年的比较为例。

权益净利率 = 营业净利率 × 总资产周转次数 × 权益乘数

ABC公司本年权益净利率 14.17% = 4.533% × 1.5 × 2.0833

上年权益净利率 18.18% = 5.614% × 1.6964 × 1.9091

ABC公司本年与上年权益净利率变动 = −4.01%

与上年相比，权益净利率下降了，公司整体业绩不如上年。影响权益净利率变动的不利因素是营业净利率和总资产周转次数的下降；有利因素是财务杠杆的提高。

利用连环替代法可以定量分析相关因素对权益净利率变动的影响程度，如下所示：

（1）营业净利率变动的影响：

按本年营业净利率计算的上年权益净利率 = 4.533% × 1.6964 × 1.9091
= 14.68%

营业净利率变动的影响 = 14.68% − 18.18% = −3.5%

（2）总资产周转次数变动的影响：

按本年营业净利率、总资产周转次数计算的上年权益净利率 =4.533% ×1.5 ×1.9091
=12.98%

总资产周转次数变动的影响 =12.98% －14.68% = －1.7%

（3）财务杠杆变动的影响：

财务杠杆变动的影响 =14.17% －12.98% =1.19%

通过分析可知，最重要的不利因素是营业净利率降低，使权益净利率减少3.5%；其次是总资产周转次数降低，使权益净利率减少1.7%。有利的因素是权益乘数提高，使权益净利率增加1.19%。不利因素超过有利因素，所以权益净利率减少4.01%。由此应重点关注营业净利率降低的原因。

在分解之后进入下一层次的分析，分别考察营业净利率、总资产周转次数和财务杠杆的变动原因。前面已经对此作过说明，此处不再赘述。

（四）杜邦分析体系的局限性

前述杜邦分析体系虽然被广泛使用，但也存在某些局限性。

（1）计算总资产净利率的“总资产”与“净利润”不匹配。总资产为全部资产提供者享有，而净利润则专属于股东，两者不匹配。由于总资产净利率的“投入与产出”不匹配，该指标不能反映实际的报酬率。为了改善该比率，要重新调整分子和分母。

公司资金的提供者包括无息负债的债权人、有息负债的债权人和股东，无息负债的债权人不要求分享收益，要求分享收益的是股东和有息负债的债权人。因此，需要计量股东和有息负债债权人投入的资本，并且计量这些资本产生的收益，两者相除才是合乎逻辑的报酬率，才能准确反映企业的基本盈利能力。

（2）没有区分金融活动损益与经营活动损益。传统的杜邦分析体系不区分经营活动和金融活动。对于大多数公司来说，金融活动是净筹资，它们在金融市场上主要是筹资，而不是投资。筹资活动不产生净利润，而是支出净费用。这种筹资费用是否属于经营活动费用，在会计准则制定过程中始终存在很大争议，各国的会计准则对此的处理不尽相同。

（3）没有区分金融资产与经营资产。从财务管理角度看，公司的金融资产是尚未投入实际经营活动的资产，应将其与经营资产相区别。由此，金融资产和金融损益匹配，经营资产和经营损益匹配，可以据此正确计量经营活动和金融活动的基本盈利能力。

（4）没有区分金融负债与经营负债。既然要把金融活动分离出来单独考察，就需要单独计量筹资活动成本。负债的成本（利息支出）仅仅是金融负债的成本，经营负债是无息负债。因此，必须区分金融负债与经营负债，利息与金融负债相除，才是真正的平均利息率。此外，区分金融负债与经营负债后，金融负债与股东权益相除，可以得到更符合实际的财务杠杆。经营负债没有固定成本，本来就没有杠杆作用，将其计入财务杠杆，会歪曲杠杆的实际效应。

七、管理用财务报表体系

针对上述问题，人们对传统财务报表进行了反思，并尝试和探索了新的管理用财务报表体系①。该体系的基本思想是将公司活动分为经营活动和金融活动两种：经营活动是指销售商品或提供劳务等营业活动以及与此有关的生产性资产投资活动；金融活动是指筹资活动以及多余资本的利用。

（一）管理用资产负债表

经营资产是指销售商品或提供劳务所涉及的资产；金融资产是利用经营活动多余资金进行投资所涉及的资产。与此相应，经营负债是指销售商品或提供劳务所涉及的负债；金融负债是筹资活动所涉及的负债。由此形成下列关系表达式：

资产＝经营资产＋金融资产

＝（经营性流动资产＋经营性长期资产）＋（短期金融资产＋长期金融资产）

负债＝经营负债＋金融负债

＝（经营性流动负债＋经营性长期负债）＋（短期金融负债＋长期金融负债）

净经营资产＝经营资产－经营负债

＝（经营性流动资产＋经营性长期资产）－（经营性流动负债＋经营性长期负债）

＝（经营性流动资产－经营性流动负债）＋（经营性长期资产－经营性长期负债）

＝经营营运资本＋净经营性长期资产

净金融负债＝金融负债－金融资产＝净负债

净经营资产＝净负债＋股东权益＝净投资资本

以 ABC 公司财务报表为例，调整后的管理用资产负债表如表 2－10 所示。

表 2－10　　管理用资产负债表

编制单位：ABC 公司　　20×1 年 12 月 31 日　　单位：万元

净经营资产	年末余额	年初余额	净负债及股东权益	年末余额	年初余额
经营性流动资产：			金融负债：		
货币资金	44	25	短期借款	60	45
应收票据	20	23	交易性金融负债	0	0
应收账款	398	199	其他应付款（应付利息）	12	16
预付款项	22	4	其他应付款（应付股利）	0	0
其他应收款（应收股利）	0	0	一年内到期的非流动负债	0	0
其他应收款（扣除应收利息、应收股利）	12	22	长期借款	450	245
存货	119	326	应付债券	240	260
一年内到期的非流动资产	77	11	金融负债合计	762	566
其他流动资产	8	0	金融资产：		
经营性流动资产合计	700	610	交易性金融资产	0	0

① 在将传统财务报表调整为管理用财务报表时，应根据企业的业务活动性质划分经营活动和金融活动。本书例子仅为展示管理用财务报表体系，并不代表财务报表各项目的性质划分必然如此。编制管理用财务报表时，还需具体情况具体分析。

续表

净经营资产	年末余额	年初余额	净负债及股东权益	年末余额	年初余额
经营性流动负债：			其他应收款（应收利息）	0	0
应付票据	33	14	其他债权投资	0	0
应付账款	100	109	其他权益工具投资	0	0
预收款项	10	4	投资性房地产	0	0
应付职工薪酬	2	1	金融资产合计	0	0
应交税费	5	4	净负债	762	566
其他应付款（扣除应付利息、应付股利）	25	22			
其他流动负债	53	5			
经营性流动负债合计	228	159			
经营营运资本	472	451			
经营性长期资产：					
长期应收款	0	0			
长期股权投资	30	0			
固定资产	1 238	1 012			
在建工程	18	35			
无形资产	6	8			
开发支出	0	0			
商誉	0	0			
长期待摊费用	5	15			
递延所得税资产	0	0			
其他非流动资产	3	0			
经营性长期资产合计	1 300	1 070			
经营性长期负债：			股东权益：		
长期应付款	50	60	股本	100	100
预计负债	0	0	资本公积	10	10
递延所得税负债	0	0	其他综合收益	0	0
其他非流动负债	0	15	盈余公积	60	40
经营性长期负债合计	50	75	未分配利润	790	730
净经营性长期资产	1 250	995	股东权益合计	960	880
净经营资产总计	1 722	1 446	净负债及股东权益总计	1 722	1 446

（二）管理用利润表

金融损益是指金融负债利息与金融资产收益的差额，即扣除利息收入、金融资产公允价值变动收益等以后的利息费用。由于存在所得税，应计算该利息费用的税后结果，即税后利息费用（也称为净金融损益）。经营损益是指除金融损益以外的当期损益。由此形成的关系表达式如下：

净利润 = 经营损益 + 金融损益

= 税后经营净利润 - 税后利息费用

= 税前经营利润 ×（1 - 所得税税率）- 利息费用 ×（1 - 所得税税率）

以 ABC 公司财务报表为例，调整后的管理用利润表如表 2 - 11 所示。

表 2 - 11　　管理用利润表

编制单位：ABC 公司　　20 ×1 年　　单位：万元

项　目	本年金额	上年金额
经营损益：		
一、营业收入	3 000	2 850
减：营业成本	2 644	2 503
二、毛利	356	347
减：税金及附加	28	28
销售费用	22	20
管理费用	46	40
资产减值损失	0	0
加：其他收益	0	0
三、税前营业利润	260	259
加：营业外收入	45	72
减：营业外支出	1	0
四、税前经营利润	304	331
减：经营利润所得税	97.28	105.62
五、税后经营净利润	206.72	225.38
金融损益：		
六、利息费用①	104	96
减：利息费用抵税	33.28	30.63
七、税后利息费用	70.72	65.37
八、净利润	136	160
附注：平均所得税税率	32.00%	31.91%

（三）管理用现金流量表

经营现金流量是指企业因销售商品或提供劳务等营业活动以及与此有关的生产性资

① 此处利息费用金额为财务费用与公允价值变动收益及投资收益抵销后的结果。

产投资活动产生的现金流量①；金融现金流量是指企业因筹资活动和金融市场投资活动而产生的现金流量。

经营现金流量，代表了企业经营活动的全部成果，是“企业生产的现金”，因此又称为实体经营现金流量，简称实体现金流量。企业的价值决定于未来预期的实体现金流量。管理者要使企业更有价值，就应当增加企业的实体现金流量。实体现金流量的关系表达式如下：

营业现金毛流量 = 税后经营净利润 + 折旧与摊销

营业现金毛流量，也经常简称为“营业现金流量”。

营业现金净流量 = 营业现金毛流量 - 经营营运资本增加

实体现金流量 = 营业现金净流量 - 资本支出

其中：资本支出 = 净经营长期资产增加 + 折旧与摊销

企业实体现金流量的用途（或去向）可以分为两部分：（1）债务现金流量，是与债权人之间的交易形成的现金流，包括支付利息、偿还或借入债务以及购入和出售金融资产（金融资产是超过实际生产经营需要的投资，可以抵消金融负债，被看成“负的金融负债”）。（2）股权现金流量，是与股东之间的交易形成的现金流，包括股利分配、股份发行和回购等。

综上，从实体现金流量的来源分析，它是营业现金毛流量超出经营营运资本增加和资本支出的部分，即来自经营活动；从实体现金流量的去向分析，它被用于债务融资活动和权益融资活动，即被用于金融活动。因此，管理用现金流量表的基本等式可归纳如下：

营业现金毛流量 - 经营营运资本增加 - 资本支出 = 债务现金流量 + 股权现金流量

经营现金流量 = 实体现金流量 = 融资现金流量 = 金融现金流量

以 ABC 公司财务报表为例，调整后的管理用现金流量表如表 2 - 12 所示。

表 2 - 12　　管理用现金流量表

编制单位：ABC 公司　　20×1 年　　单位：万元

项　　目	本年金额	上年金额（略）
经营现金流量：		
税后经营净利润	206.72	
加：折旧与摊销②	45.00	
= 营业现金毛流量	251.72	
减：经营营运资本增加	21.00	
= 营业现金净流量	230.72	
减：资本支出	300	
= 实体现金流量	-69.28	
金融现金流量：		

① 此处的“经营现金流量”与传统现金流量表的“经营活动产生的现金流量净额”不同。前者包括生产性资产投资活动产生的现金流量，后者不包括生产性资产投资活动产生的现金流量。

② 此处折旧与摊销金额是假定的。实体现金流量 = （税后经营净利润 + 折旧与摊销） - ［经营营运资本增加 + （净经营性长期资产增加 + 折旧与摊销）］ = 税后经营净利润 - （经营营运资本增加 + 净经营性长期资产增加），折旧与摊销金额实际上不影响实体现金流量的结果。

续表

项　　目	本年金额	上年金额（略）
税后利息费用	70.72	
减：净负债增加	196.00	
=债务现金流量	-125.28	
股利分配	56.00	
减：股权资本净增加	0	
=股权现金流量	56.00	
融资现金流量	-69.28	

（四）管理用财务分析体系

鉴于传统杜邦分析体系存在“总资产”与“净利润”不匹配、未区分经营损益和金融损益、未区分有息负债和无息负债等诸多局限，故应基于改进的管理用财务报表重新设计财务分析体系。

1. 改进的财务分析体系的核心公式

$$\text{权益净利率}=\frac{\text{税后经营净利润}}{\text{股东权益}}-\frac{\text{税后利息费用}}{\text{股东权益}}$$

$$=\frac{\text{税后经营净利润}}{\text{净经营资产}}\times\frac{\text{净经营资产}}{\text{股东权益}}-\frac{\text{税后利息费用}}{\text{净负债}}\times\frac{\text{净负债}}{\text{股东权益}}$$

$$=\frac{\text{税后经营净利润}}{\text{净经营资产}}\times\left(1+\frac{\text{净负债}}{\text{股东权益}}\right)-\frac{\text{税后利息费用}}{\text{净负债}}\times\frac{\text{净负债}}{\text{股东权益}}$$

$$=\text{净经营资产净利率}+(\text{净经营资产净利率}-\text{税后利息率})\times\text{净财务杠杆}$$

根据该公式，权益净利率的高低取决于三个驱动因素：净经营资产净利率（可进一步分解为销售税后经营净利率和净经营资产周转次数）、税后利息率和净财务杠杆。

以ABC公司财务报表为例，改进的财务分析体系主要财务比率及其变动如表2-13所示。

表2-13　主要财务比率及其变动

主要财务比率	本年	上年	变动
1. 税后经营净利率（税后经营净利润/营业收入）	6.891%	7.908%	-1.017%
2. 净经营资产周转次数（营业收入/净经营资产）	1.7422	1.9710	-0.2288
3. =（1×2）净经营资产净利率（税后经营净利润/净经营资产）	12.005%	15.586%	-3.581%
4. 税后利息率（税后利息费用/净负债）	9.281%	11.549%	-2.268%
5. =（3-4）经营差异率（净经营资产净利率-税后利息率）	2.724%	4.037%	-1.313%
6. 净财务杠杆（净负债/股东权益）	0.7938	0.6432	0.1506
7. =（5×6）杠杆贡献率（经营差异率×净财务杠杆）	2.162%	2.597%	-0.435%
8. =（3+7）权益净利率（净经营资产净利率+杠杆贡献率）	14.167%	18.182%	-4.015%

2. 改进的财务分析体系的基本框架

根据管理用财务报表，改进的财务分析体系的基本框架如图2-2所示。

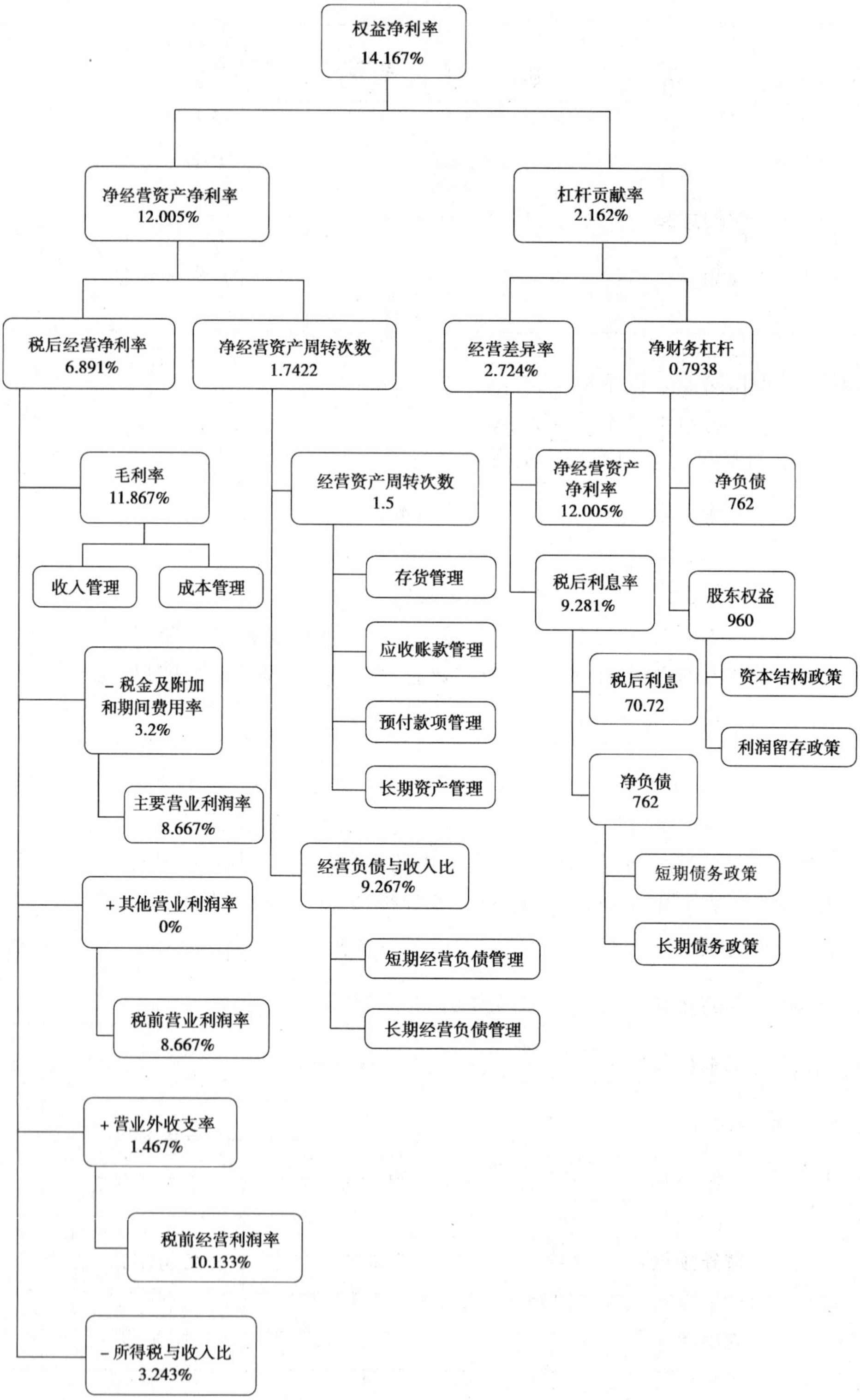

图2－2 改进的财务分析体系的基本框架

第三节　财务预测的步骤和方法

一、财务预测的意义

狭义的财务预测仅指估计公司未来的融资需求，广义的财务预测包括编制全部的预计财务报表。

财务预测是融资计划的前提。公司要对外提供产品和服务，必须要有一定的资产。销售增加时，要相应增加流动资产，甚至还需增加固定资产。为取得扩大销售所需增加的资产，公司需要筹措资金，一部分来自留存收益，另一部分来自外部融资。通常，销售增长率较高时留存收益不能满足公司的资本需求，即使获利良好的公司也需外部融资。对外融资，需要寻找资金提供者，向其作出还本付息的承诺或提供盈利前景，使之相信其投资安全并且可以获利，这个过程往往需要较长时间。因此，公司需要预先知道自己的财务需求，提前安排融资计划，否则就可能产生资金周转问题。

财务预测有助于改善投资决策。根据销售前景估计出的融资需求不一定总能满足，因此，就需要根据可能筹措到的资金来安排销售增长以及有关投资项目，使投资决策建立在可行的基础上。

预测有助于应变。财务预测与其他预测一样都不可能很准确。从表面上看，不准确的预测只能导致不准确的计划，从而使预测和计划失去意义。事实并非如此，预测给人们展现了未来的各种可能的前景，促使人们制定出相应的应急计划。预测和计划是超前思考的过程，其结果并非仅仅是一个融资需求额，还包括对未来各种可能前景的认识和思考。预测可以提高公司对不确定事件的反应能力，从而减少不利事件带来的损失，增加有利机会带来的收益。

二、财务预测的步骤

财务预测的基本步骤如下：

（一）销售预测

财务预测的起点是销售预测。一般情况下，财务预测把销售数据视为已知数，作为财务预测的起点。销售预测本身不是财务管理的职能，但它是财务预测的基础，销售预测完成后才能开始财务预测。

销售预测对财务预测的质量有重大影响。如果销售的实际状况超出预测很多，公司没有准备足够的资金添置设备或储备存货，则无法满足顾客需要，不仅会失去盈利机会，并且会丧失原有的市场份额。相反，销售预测过高，筹集大量资金购买设备并储备存货，则会造成设备闲置和存货积压，使资产周转速度下降，导致权益净利率降低，股价下跌。

（二）估计经营资产和经营负债

通常，经营资产是营业收入的函数，根据历史数据可以分析出该函数关系。根据预计营业收入以及经营资产与营业收入的函数，可以预测所需经营资产的金额。大部分经营负债也是营业收入的函数，应据此预测经营负债随营业收入的自发增长，这种增长可以减少企业外部融资额。

（三）估计各项费用和留存收益

假设各项费用也是营业收入的函数，可以据此估计费用和损失，并在此基础上确定净利润。净利润和利润留存率共同决定所能提供的利润留存额。

（四）估计所需外部融资需求

根据预计经营资产总量，减去已有的经营资产、自发增长的经营负债、可动用的金融资产和内部提供的利润留存便可得出外部融资需求。

三、财务预测的方法

（一）销售百分比法

销售百分比法是根据资产负债表和利润表中有关项目与营业收入之间的依存关系预测资金需求量的一种方法。即假设相关资产、负债与营业收入存在稳定的百分比关系，然后根据预计营业收入和相应的百分比预计相关资产、负债，最后确定融资需求。

运用销售百分比法预测的步骤如下：

1. 确定经营资产和经营负债项目的销售百分比

经营资产和经营负债项目的销售百分比，可以根据传统财务报表数据预计，也可以使用经过调整的管理用财务报表数据预计，后者更方便，也更合理。经营资产和经营负债项目占营业收入的百分比，可以根据基期的数据确定，也可以根据以前若干年度的平均数确定。

【例2－2】 假设ABC公司20×1年实际营业收入为3 000万元，20×1年的各项销售百分比在20×2年可以持续，20×2年预计营业收入为4 000万元。以20×1年为基期，采用销售百分比法预测外部融资需求。

各项目销售百分比＝基期经营资产（或负债）÷基期营业收入

根据20×1年营业收入（3 000万元）计算的各项经营资产和经营负债的百分比，如表2－14所示的“销售百分比”栏。

表2－14　　净经营资产的预计　　单位：万元

项　目	20×1年实际	销售百分比	20×2年预测
营业收入	3 000		4 000
货币资金	44	1.47%	59
应收票据	20	0.67%	27
应收账款	398	13.27%	531
预付款项	22	0.73%	29
其他应收款（扣除应收利息、应收股利）	12	0.40%	16
存货	119	3.97%	159

续表

项 目	20×1 年实际	销售百分比	20×2 年预测
一年内到期的非流动资产	77	2.57%	103
其他流动资产	8	0.27%	11
长期股权投资	30	1.00%	40
固定资产	1 238	41.27%	1 651
在建工程	18	0.60%	24
无形资产	6	0.20%	8
长期待摊费用	5	0.17%	7
其他非流动资产	3	0.10%	4
经营资产合计	2 000	66.67%	2 667①
应付票据	33	1.1%	44
应付账款	100	3.33%	133
预收款项	10	0.33%	13
应付职工薪酬	2	0.07%	3
应交税费	5	0.17%	7
其他应付款（扣除应付利息、应付股利）	25	0.83%	33
其他流动负债	53	1.77%	71
长期应付款	50	1.67%	67
经营负债合计	278	9.27%	371②
净经营资产总计	1 722	57.4%	2 296

2. 预计各项经营资产和经营负债

各项经营资产(或负债)=预计营业收入×各项目销售百分比

根据20×2年预计营业收入（4 000万元）和各项目销售百分比计算的各项经营资产和经营负债，如表2-13所示的“20×2年预测”栏。

$$\text{融资总需求}=\left(\text{预计经营资产合计}-\text{基期经营资产合计}\right)-\left(\text{预计经营负债合计}-\text{基期经营负债合计}\right)$$

$$=\text{预计净经营资产总计}-\text{基期净经营资产总计}$$

$$=2\ 296-1\ 722$$

$$=574\ (\text{万元})$$

该公司20×2年需要融资574万元，如何筹集该资金取决于它的融资政策。通常，融资的优先顺序如下：（1）动用现存的金融资产；（2）增加留存收益；（3）增加金融负

① 由于四舍五入的原因，该金额如按各项预测结果合计为2 669，如按综合比率66.67%计算为2 667，此处取后者。

② 尽管四舍五入，但该金额如按各项预测结果合计为371，如按综合比率9.27%计算亦为371。

债；（4）增发股票。

3. 预计可动用的金融资产

如有可动用的金融资产，应扣减该金融资产，形成新的融资需求额。由于本例中无可动用的金融资产，故融资需求额仍为574万元。

4. 预计增加的留存收益

留存收益是企业内部的融资来源。只要企业有盈利并且不全部支付股利，留存收益就会使股东权益增长，从而全部或部分满足企业的融资需求。这部分资金的多少，取决于净利润的多少和股利支付率的高低。假设当年利润当年分配股利，则：

留存收益增加＝预计营业收入×预计营业净利率×(1－预计股利支付率)

假设ABC公司20×2年预计营业净利率为4.5%。由于需要的融资额较大，20×2年ABC公司不支付股利。

增加留存收益＝4 000×4.5%＝180（万元）

外部融资额＝574－180＝394（万元）

这里需要注意一个问题：该留存收益增加额的计算隐含了一个假设，即预计营业净利率可以涵盖增加的利息。提出该假设的目的是为了摆脱融资预测的数据循环。在融资预测时，需要先确定留存收益的增加额，然后确定需要增加的借款，但是借款的改变反过来又会影响留存收益。其数据关系如下：股利支付率确定后，留存收益受净利润的影响；净利润受利息费用的影响；利息费用受借款数额的影响；借款增加额要视留存收益增加额而定。为了解决该数据循环问题，一种办法是使用多次迭代法，逐步逼近可以使数据平衡的留存收益和借款增加额；另一个简单的办法是假设预计营业净利率不变，即其他利润表项目可以吸收或涵盖新增借款增加的利息，故先确定留存收益，然后确定借款增加额。此处使用的是后一种处理方法。

5. 预计增加的借款

需要的外部融资额，可以通过增加借款或增发股票筹集，涉及资本结构管理问题。通常，在目标资本结构允许的情况下，企业会优先使用借款融资。如果不宜再增加借款，则需要增发股票。

假设ABC公司可以通过借款筹集资金394万元，则：

融资总需求＝动用金融资产＋增加留存收益＋增加借款

＝0＋180＋394

＝574（万元）

销售百分比法是一种比较简单、粗略的预测方法。首先，该方法假设各项经营资产和经营负债与营业收入保持稳定的百分比，可能与事实不符。其次，该方法假设预计营业净利率可以涵盖借款利息的增加，也未必合理。

（二）回归分析法

财务预测的回归分析法，是利用一系列历史资料求得各资产负债表项目和销售收入的函数关系，然后基于预计营业收入预测资产、负债数量，最后预测融资需求。

通常假设营业收入与资产、负债等存在线性关系。例如，假设存货与营业收入之间存在线性关系，其直线方程为“存货＝$a+b\times$营业收入”，根据历史资料和回归分析的最小二乘法可以求出直线方程的系数 a 和 b，然后根据预计营业收入和直线方程预计存货的金额。

完成资产、负债项目的预计后，其他计算步骤与销售百分比法相同。

（三）运用信息技术预测

对于大型企业来说，无论是销售百分比法还是回归分析法都显得过于简化。实际上，影响融资需求的变量很多，如产品组合、信用政策、价格政策等。考虑这些变量的预测模型在手工条件下非常难求解，需要借助信息技术方可完成。

运用信息技术进行财务预测的最简单方式，是使用电子表格软件，如 Excel 等。在使用电子表格软件进行财务预测时，计算过程与手工操作几乎没有差别，但不同的是，前者所构建的财务模型是动态的。一方面，可以通过改变输入变量，反映不同假设条件或策略对公司未来业绩的影响；另一方面，可以针对希望达到的结果，进行反向求解。例如，不但可以根据既定的销售水平预测融资需求，还可根据既定资金限额预测可达到的销售收入。

由于所处环境的不断变化，企业的产品服务、业务流程、商业模式等不断地创新与变革，对信息深度和广度的要求也在不断提高。企业对信息技术的应用正从业务流程自动化向决策支持智能化发展，联机分析、数据挖掘、机器学习等人工智能的出现，将成为未来财务预测的主要工具。这些信息技术的广泛应用，将帮助企业智能化地分析业财一体化数据，作出归纳性推理，挖掘潜在模式，预测客户行为和市场反应，帮助决策者调整策略，减少风险，把握机遇。

第四节 增长率与资本需求的测算

公司要以发展求生存，销售增长是任何公司都要追求的目标，而公司销售的增长往往需要资本的增加。在销售增长时公司往往需要补充资本，这主要是因为销售增加通常会引起存货和应收账款等资产的增加。销售增长得越多，需要的资本越多。

从资本来源看，公司实现增长有三种方式：

（1）完全依靠内部资本增长。有些小公司无法取得借款，有些大公司不愿意借款，它们主要是靠内部积累实现增长。内部有限的财务资源往往会限制公司的发展，使其无法充分利用扩大公司财富的机会。

（2）主要依靠外部资本增长。从外部筹资，包括增加债务和股东投资，也可以实现增长。但主要依靠外部资本实现增长是不能持久的。增加负债会使公司的财务风险增加，筹资能力下降，最终会使借款能力完全丧失；通过增发股票等方式增加股东投资，不仅会分散控制权，而且会稀释每股收益，除非追加投资有更高的报酬率，否则不能增加股东财富。

（3）平衡增长。平衡增长，即保持目前的财务结构和与此有关的财务风险，按照股东权益的增长比例增加借款，以此支持销售增长。这种增长，一般不会消耗公司的财务资源，是一种可持续的增长。

一、内含增长率的测算

销售增长引起的资本需求增长可有三种途径满足：一是动用金融资产；二是增加留存收益；三是外部融资（包括借款和股权融资，但不包括经营负债的自然增长）。其中，只靠内部积累（即增加留存收益）实现的销售增长，其销售增长率被称为“内含增长率”。

既然销售增长会带来资本需求的增加，那么销售增长和融资需求之间就存在某种函数关系，根据这种关系，就可以直接计算特定销售增长下的融资需求。假设它们之间成正比例关系，换言之，两者之间有稳定的百分比（代表每增加 1 元营业收入需要追加的外部融资额）。该百分比也称为“外部融资额占销售增长的百分比”，简称“外部融资销售增长比”。

假设可动用的金融资产为 0，经营资产销售百分比、经营负债销售百分比保持不变，则计算公式如下：

$$\text{外部融资额}=\text{经营资产销售百分比}\times\text{营业收入增加}-\text{经营负债销售百分比}\times\text{营业收入增加}-\text{预计营业收入}\times\text{预计营业净利率}\times\left(1-\text{预计股利支付率}\right)$$

两边同时除以“营业收入增加”，则有：

$$\text{外部融资销售增长比}=\text{经营资产销售百分比}-\text{经营负债销售百分比}-[(1+\text{增长率})\div\text{增长率}]\times\text{预计营业净利率}\times\left(1-\text{预计股利支付率}\right)$$

设外部融资额为 0：

0 = 经营资产销售百分比 − 经营负债销售百分比 − [(1 + 增长率) ÷ 增长率] × 预计营业净利率 × (1 − 预计股利支付率)

则：

$$\text{内含增长率}=\frac{\dfrac{\text{预计净利润}}{\text{预计净经营资产}}\times\text{预计利润留存率}}{1-\dfrac{\text{预计净利润}}{\text{预计净经营资产}}\times\text{预计利润留存率}}$$

【例 2−3】 某公司上年营业收入为 3 000 万元，经营资产为 2 000 万元，经营资产销售百分比为 66.67%，经营负债为 185 万元，经营负债销售百分比为 6.17%，净利润为 135 万元。假设经营资产销售百分比和经营负债销售百分比保持不变，可动用的金融资产为 0，营业净利率保持 4.5% 不变，预计股利支付率为 30%。

0 = 0.6667 − 0.0617 − [(1 + 增长率) ÷ 增长率] × 4.5% × (1 − 30%)

增长率 = 5.49%

$$\text{或：内含增长率}=\frac{\dfrac{135}{2\,000-185}\times 70\%}{1-\dfrac{135}{2\,000-185}\times 70\%}=5.49\%$$

二、可持续增长率的测算

（一）可持续增长率的概念

可持续增长率是指不增发新股或回购股票，不改变经营效率（不改变营业净利率和资产周转率）和财务政策（不改变权益乘数和利润留存率）时，其销售所能达到的增长率。

可持续增长的假设条件如下：

（1）公司营业净利率将维持当前水平，并且可以涵盖新增债务增加的利息；

（2）公司总资产周转率将维持当前水平；

（3）公司目前的资本结构是目标资本结构，并且打算继续维持下去；

（4）公司目前的利润留存率是目标利润留存率，并且打算继续维持下去；

（5）不愿意或者不打算增发新股（包括股份回购，下同）。

上述假设条件成立情况下的销售增长率是可持续增长率。企业的这种增长状态，称为可持续增长或平衡增长。在这种状态下，其资产、负债和股东权益同比例增长，如图 2－3 所示。

<table>
<tr><td rowspan="2">年初资产 100 万元</td><td>年初负债 40 万元</td></tr>
<tr><td>年初股东权益 60 万元</td></tr>
<tr><td rowspan="2">新增资产 10 万元</td><td>新增负债 4 万元</td></tr>
<tr><td>新增股东权益 6 万元</td></tr>
</table>

图 2－3 可持续增长情况下的资产、负债和股东权益的匹配

$$\text{可持续增长率}=\text{股东权益增长率}=\frac{\text{股东权益本期增加}}{\text{期初股东权益}}$$

（二）可持续增长率的计算

1. 根据期初股东权益计算可持续增长率

在不增发新股或回购股票的情况下，可持续增长率的计算公式可推导如下：

$$\begin{aligned}\text{可持续增长率}&=\frac{\text{本期净利润}\times\text{本期利润留存率}}{\text{期初股东权益}}\\&=\text{期初权益本期净利率}\times\text{本期利润留存率}\\&=\frac{\text{本期净利润}}{\text{本期营业收入}}\times\frac{\text{本期营业收入}}{\text{期末总资产}}\times\frac{\text{期末总资产}}{\text{期初股东权益}}\times\text{本期利润留存率}\\&=\text{营业净利率}\times\text{期末总资产周转次数}\times\text{期末总资产期初权益乘数}\\&\quad\times\text{利润留存率}\end{aligned}$$

应注意，此处的“权益乘数”是用“期初股东权益”而非“期末股东权益”计算；其余比率均采用本期发生额或期末数计算。

【例 2－4】 H 公司在 20×1～20×5 年未增发新股或回购股票，其主要财务数据如表 2－15 所示。

表 2－15　根据期初股东权益计算的可持续增长率　单位：万元

年　度	20×0	20×1	20×2	20×3	20×4	20×5
营业收入	909.09	1 000	1 100	1 650	1 375	1 512.5
净利润		50	55	82.5	68.75	75.63
现金股利		20	22	33	27.5	30.25
利润留存（留存收益）		30	33	49.5	41.25	45.38
股东权益	300	330	363	412.5	453.75	499.13
负债		60	66	231	82.5	90.75
总资产		390	429	643.5	536.25	589.88
可持续增长率的计算：						
营业净利率		5%	5%	5%	5%	5%
期末总资产周转次数		2.5641	2.5641	2.5641	2.5641	2.5641
期末总资产/期初股东权益		1.3	1.3	1.7727	1.3	1.3
利润留存率		0.6	0.6	0.6	0.6	0.6
可持续增长率		10%	10%	13.64%	10%	10%
实际增长率		10%	10%	50%	－16.67%	10%

根据可持续增长率公式（期初股东权益）计算如下：

$$\text{可持续增长率}(20\times1\text{年}) = \text{营业净利率} \times \text{期末总资产周转次数} \times \text{期末总资产期初权益乘数} \times \text{利润留存率}$$

$$= 5\% \times 2.5641 \times 1.3 \times 0.6$$

$$= 10\%$$

$$\text{实际增长率}(20\times1\text{年}) = (\text{本年营业收入} - \text{上年营业收入})/\text{上年营业收入}$$

$$= (1\,000 - 909.09)/909.09$$

$$= 10\%$$

其他年份的计算方法与此相同。

2. 根据期末股东权益计算的可持续增长率

可持续增长率也可以全部用期末数和本期发生额计算，而不使用期初数。在不增发新股或回购股票的情况下，其推导过程如下：

$$\text{可持续增长率} = \frac{\text{本期净利润} \times \text{本期利润留存率}}{\text{期初股东权益}}$$

$$= \frac{\text{本期净利润} \times \text{本期利润留存率}}{\text{期末股东权益} - \text{本期净利润} \times \text{本期利润留存率}}$$

将分子和分母同除以期末股东权益：

$$\text{可持续增长率} = \frac{\text{本期净利润}/\text{期末股东权益} \times \text{本期利润留存率}}{1 - \text{本期净利润}/\text{期末股东权益} \times \text{本期利润留存率}}$$

$$= \frac{\text{期末权益净利率} \times \text{本期利润留存率}}{1 - \text{期末权益净利率} \times \text{本期利润留存率}}$$

$$= \frac{\text{营业净利率} \times \text{期末总资产周转次数} \times \text{期末总资产权益乘数} \times \text{本期利润留存率}}{1 - \text{营业净利率} \times \text{期末总资产周转次数} \times \text{期末总资产权益乘数} \times \text{本期利润留存率}}$$

使用［例2－4］数据，根据上述公式计算的可持续增长率如表2－16所示。

表2－16　　根据期末股东权益计算的可持续增长率　　单位：万元

年　度	20×1	20×2	20×3	20×4	20×5
营业收入	1 000	1 100	1 650	1 375	1 512.5
净利润	50	55	82.5	68.75	75.63
现金股利	20	22	33	27.5	30.25
利润留存（留存收益）	30	33	49.5	41.25	45.38
股东权益	330	363	412.5	453.75	499.13
负债	60	66	231	82.5	90.75
总资产	390	429	643.5	536.25	589.88
可持续增长率的计算：					
营业净利率	5%	5%	5%	5%	5%
期末总资产周转次数	2.5641	2.5641	2.5641	2.5641	2.5641
期末总资产/期末股东权益	1.1818	1.1818	1.56	1.1818	1.1818
利润留存率	0.6	0.6	0.6	0.6	0.6
可持续增长率	10%	10%	13.64%	10%	10%
实际增长率	10%	10%	50%	－16.67%	10%

根据可持续增长率（期末股东权益）公式计算如下：

$$可持续增长率（20\times1年）=\frac{5\%\times2.5641\times1.1818\times0.6}{1-5\%\times2.5641\times1.1818\times0.6}=10\%$$

其他年份的计算方法与此相同。

（三）可持续增长率与实际增长率

实际增长率和可持续增长率经常不一致。通过分析两者差异，可以了解企业经营效率和财务政策有何变化。

基于［例2－4］，说明该公司经营效率和财务政策的变化如下：

1. 20×2年的经营效率和财务政策保持了年初的状态（即20×1年的状态）。20×2年的实际增长率和可持续增长率均为10%，公司处于均衡增长状态。20×2年初的股东权益为330万元（与20×1年末相同），当年创造了税后净利润55万元，公司留存了33万元，以22万元发放股利。因此股东权益增加到363万元，增加了10%。由于资本结构不变，负债也增加10%。由于负债和股东权益均增加10%，使得总资产增加10%。在资产周转率不变的情况下，资产增加10%可以支持销售额增加10%。

2. 20×3年权益乘数提高，另外三个财务比率保持不变。可持续增长率上升为13.64%，实际增长率上升为50%。提高财务杠杆，提供了高速增长所需的资金。

3. 20×4年权益乘数降为高速增长前的水平，另外三个财务比率保持不变。本年的可持续增长率恢复为10%，实际增长率下降为－16.67%。归还借款，使财务杠杆恢复到历史正常水平，同时使总资产减少。在资产周转率不变的情况下，资产减少使销售额下降。

4. 20×5 年的经营效率和财务政策，保持了年初状态（20×4 年状态）。销售增长率与可持续增长率均为 10%。

通过上述分析可知，可持续增长率是企业当前经营效率和财务政策决定的未来内在增长能力，它和本年实际增长率之间有如下关系：

（1）如果某一年的经营效率和财务政策与上年相同，在不增发新股或回购股票的情况下，则本年实际增长率、上年可持续增长率以及本年可持续增长率三者相等。这种增长状态，在资金上可以永远持续发展下去，可称之为平衡增长。当然，外部条件是企业不断增加的产品能为市场接受。

（2）如果某一年公式中的 4 个财务比率有一个或多个比率提高，在不增发新股或回购股票的情况下，则本年实际增长率就会超过上年可持续增长率，本年可持续增长率也会超过上年可持续增长率。由此可见，超常增长是“改变”财务比率的结果，而不是持续当前状态的结果。企业不可能每年提高这 4 个财务比率，也就不可能使超常增长继续下去。

（3）如果某一年公式中的 4 个财务比率有一个或多个比率下降，在不增发新股或回购股票的情况下，则本年实际增长率就会低于上年可持续增长率，本年可持续增长率也会低于上年可持续增长率。这是超常增长之后的必然结果，企业对此要事先有所准备。如果不愿意接受这种现实，继续勉强冲刺，现金周转的危机很快就会来临。

（4）如果公式中的 4 个财务比率已经达到企业的极限，只有通过增发新股增加资金，才能提高销售增长率。

（四）基于管理用财务报表的可持续增长率

以上是基于传统财务报表计算的可持续增长率。如果基于管理用财务报表，可持续增长需要满足的假设条件为：

（1）企业营业净利率将维持当前水平，并且可以涵盖新增债务的利息；

（2）企业净经营资产周转率将维持当前水平；

（3）企业目前的资本结构是目标资本结构（净财务杠杆不变），并且打算继续维持下去；

（4）企业目前的利润留存率是目标利润留存率，并且打算继续维持下去；

（5）不愿意或者不打算增发新股（包括股票回购）。

在这种假设前提下，可持续增长率的计算公式如下：

（1）根据期初股东权益计算的可持续增长率：

$$\begin{aligned}\text{可持续增长率} &= \text{营业净利率} \times \text{期末净经营资产周转次数} \\ &\quad \times \text{期末净经营资产期初权益乘数} \times \text{本期利润留存率}\end{aligned}$$

（2）根据期末股东权益计算：

$$\text{可持续增长率} = \frac{\text{营业净利率} \times \text{期末净经营资产周转次数} \times \text{期末净经营资产权益乘数} \times \text{本期利润留存率}}{1 - \text{营业净利率} \times \text{期末净经营资产周转次数} \times \text{期末净经营资产权益乘数} \times \text{本期利润留存率}}$$

三、外部资本需求的测算

（一）外部融资销售增长比

【例 2-5】 沿用［例 2-3］，假设该公司本年计划营业收入为 4 000 万元，销售增长率为33.33%。

外部融资销售增长比 $=0.6667-0.0618-1.3333\div0.3333\times4.5\%\times(1-30\%)$

$=0.605-0.126$

$=0.479$

外部融资额＝外部融资销售增长比×销售增长额

$=0.479\times1\ 000$

$=479$（万元）

如果营业收入增长500万元（即销售增长率为16.7%），则：

外部融资额 $=500\times[0.6667-0.0618-1.167\div0.167\times4.5\%\times(1-30\%)]$

$=500\times0.3849$

$=192.45$（万元）

外部融资销售增长比不仅可以预计外部融资额，而且可用于调整股利政策和预计通货膨胀对融资的影响。

例如，该公司预计销售增长5%，则：

外部融资销售增长比 $=0.6667-0.0618-1.05\div0.05\times4.5\%\times(1-30\%)$

$=0.605-0.6615$

$=-5.65\%$

这说明企业不仅没有外部融资需求，还有剩余资金8.475万元（即 $3\ 000\times5\%\times5.65\%$）可用于增加股利或进行短期投资。

又如，预计明年通货膨胀率为10%，公司销量增长5%，则含有通胀的销售增长率为15.5%，即 $(1+10\%)\times(1+5\%)-1=15.5\%$，则：

外部融资销售增长比 $=0.6667-0.0618-1.155\div0.155\times4.5\%\times(1-30\%)$

$=0.605-0.2347$

$=37.03\%$

企业要按销售名义增长额的37.03%补充资金，才能满足需要。

即使销量增长为零，也需要补充资金，以弥补通货膨胀造成的货币贬值损失，即因通货膨胀带来的名义销售增长10%，则：

外部融资销售增长比 $=0.6667-0.0618-1.1\div0.1\times4.5\%\times(1-30\%)$

$=0.605-0.3465$

$=25.85\%$

外部融资额 $=3\ 000\times10\%\times25.85\%=77.55$（万元）

（二）外部融资需求的敏感分析

外部融资需求的多少，不仅取决于销售增长，还要看营业净利率和股利支付率。在股利支付率小于1的情况下，营业净利率越大，外部融资需求越少；在营业净利率大于0的情况下，股利支付率越高，外部融资需求越大（见图2－4）。

在［例2－5］中，企业股利支付率是30%，外部融资需求为479万元。假设预计营业收入仍为4 000万元，若股利支付率为100%，则：

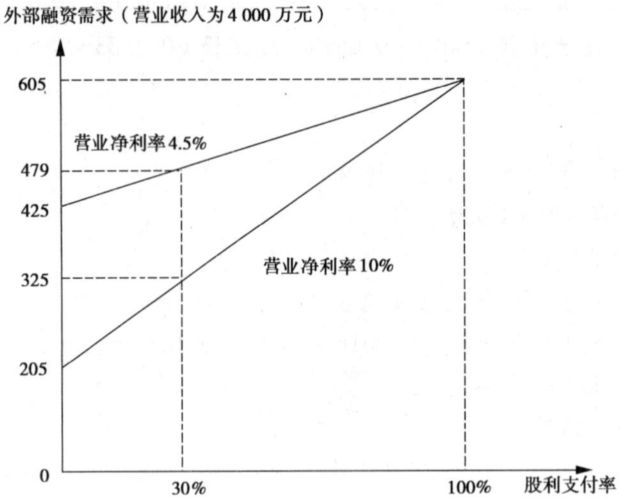

图2-4 营业净利率、股利支付率与外部融资需求

外部融资额 $=1\ 000\times[0.6667-0.0618-1.3333\div0.3333\times4.5\%\times(1-100\%)]$

$=605$（万元）

若股利支付率为零，则：

外部融资额 $=1\ 000\times[0.6667-0.0618-1.3333\div0.3333\times4.5\%\times(1-0)]$

$=425$（万元）

[例2-5] 中，企业的营业净利率为4.5%，外部融资需求为479万元。假设预计营业收入仍为4 000万元，营业净利率为10%，则：

外部融资额 $=1\ 000\times[0.6667-0.0618-1.3333\div0.3333\times10\%\times(1-30\%)]$

$=325$（万元）

第三章　价值评估基础

财务估值是财务管理的核心问题，几乎涉及每一项财务决策。财务估值是指对一项资产价值的评估。这里的“资产”可能是金融资产、实物资产，甚至可能是一个企业。这里的“价值”是指资产的内在价值，即用适当的折现率计算的资产预期未来现金流量的现值，被称为经济价值或公平价值。它不同于资产的账面价值、市场价值和清算价值。计算投资项目的净现值，也属于财务估值的范畴。

目前，财务估值的主流方法是现金流量折现法。该方法涉及几个基本原理和技术方法，即利率、时间价值、风险价值和现金流量。本章第一节利率，主要介绍利率的期限结构和决定因素；第二节货币的时间价值，主要讨论现值的计算方法；第三节风险与报酬，主要讨论风险价值。现金流量因不同资产的特点而异，本教材的后续章节将结合具体估值对象讨论现金流量问题。

第一节　利　　率

一、基准利率及其特征

利率表示一定时期内利息与本金的比率，通常用百分比表示。利率又称利息率，一般计算公式是：利率 = 利息/本金 × 100%。利率根据计量的期限不同，表示方法有年利率、月利率、日利率等。

利率作为资本的价格，最终是由各种因素综合影响决定的。首先，利率受到产业平均利润水平、货币供给与需求状况、经济发展状况等因素的影响；其次，又受到物价水平、利率管制、国际经济状况和货币政策因素的影响。

由于利率变动对经济有很大影响，各国都通过法律、法规、政策等形式，对利率实施不同程度的管理。政府往往根据其经济政策来干预利率水平，同时又通过调节利率来影响经济。

基准利率是金融市场上具有普遍参照作用的利率，其他利率水平或金融资产价格均可根据这一基准利率水平来确定。基准利率是利率市场化的重要前提之一，在利率市场化条件下，融资者衡量融资成本，投资者计算投资收益，客观上都要求有一个普遍公认的利率水平作参考。所以，基准利率是利率市场化机制形成的核心。在我国，以中国人民银行（央行）对国家专业银行和其他金融机构规定的存贷款利率为基准利率。基准利率是央行实现货币政策目标的重要手段之一。

基准利率具备下列基本特征：

（1）市场化。基准利率必须是由市场供求关系决定，而且不仅反映实际市场供求状况，还要反映市场对未来供求状况的预期。

（2）基础性。基准利率在利率体系、金融产品价格体系中处于基础性地位，它与其他金融市场的利率或金融资产的价格具有较强的关联性。

（3）传递性。基准利率所反映的市场信号，或者中央银行通过基准利率所发出的调控信号，能有效地传递到其他金融市场和金融产品价格上。

二、利率的影响因素

在市场经济条件下，利率的确定方法表达如下：

利率 $r = r^* + RP = r^* + IP + DRP + LRP + MRP$

其中：r^*——纯粹利率；

RP——风险溢价；

IP——通货膨胀溢价；

DRP——违约风险溢价；

LRP——流动性风险溢价；

MRP——期限风险溢价。

具体说明如下：

纯粹利率，也称真实无风险利率，是指在没有通货膨胀、无风险情况下资金市场的平均利率。没有通货膨胀时，短期政府债券的利率可以视作纯粹利率。

通货膨胀溢价，是指证券存续期间预期的平均通货膨胀率。投资者在借出资金时通常考虑预期通货膨胀带来的资金购买力下降，因此，在纯粹利率基础上加入预期的平均通货膨胀率，以消除通货膨胀对投资报酬率的影响。

纯粹利率与通货膨胀溢价之和，称为“名义无风险利率”，并简称“无风险利率”。

（名义）无风险利率 $= r_{RF} = r^* + IP$

假设纯粹利率 r^* 为 3%，预期通货膨胀率 IP 为 4%，则名义无风险利率 r_{RF} 为 7%。政府债券的信誉很高，通常假设不存在违约风险，其利率被视为名义无风险利率。

违约风险溢价，是指债券因存在发行者到期时不能按约定足额支付本金或利息的风险而给予债权人的补偿，该风险越大，债权人要求的利率越高。对政府债券而言，通常认为没有违约风险，违约风险溢价为零；对公司债券来说，公司评级越高，违约风险越小，违约风险溢价越低。

流动性风险溢价，是指债券因存在不能短期内以合理价格变现的风险而给予债权人的补偿。国债的流动性好，流动性溢价较低；小公司发行的债券流动性较差，流动性溢价相对较高。流动性溢价很难准确计量。观察违约风险、期限风险均相同的债券，它们之间会有 2% 到 4% 的利率差，可以大体反映流动性风险溢价的一般水平。

期限风险溢价，是指债券因面临存续期内市场利率上升导致价格下跌的风险而给予债权人的补偿，因此也被称为“市场利率风险溢价”。

三、利率的期限结构

利率期限结构是指某一时点不同期限债券的到期收益率与期限之间的关系，反映的是长期利率和短期利率的关系。该关系可以用曲线来表示，该曲线被称为债券收益率曲线，简称收益率曲线。研究利率期限结构，有助于反映不同期限债券的供求关系，揭示市场利率的总体水平和变化方向，为投资者从事债券投资和政府部门加强管理提供参考依据。

到目前为止，出现了不少解释利率期限结构的理论。其中，有三种理论的解释较为流行：无偏预期理论认为预期是影响利率期限结构的唯一因素，因此，该理论也被称为纯粹预期理论，简称预期理论；有偏预期理论认为除预期之外，市场流动性、偏好选择等其他因素也影响利率期限结构，如流动性偏好理论、市场分割理论等。

（一）无偏预期理论

无偏预期理论认为，利率期限结构完全取决于市场对未来利率的预期，即长期债券即期利率是短期债券预期利率的函数。也就是说长期即期利率是短期预期利率的无偏估计。

【例3-1】 假定1年期即期利率6%，市场预测1年后1年期预期利率7%，那么，2年期即期利率为多少？

2年期即期利率 $= \sqrt{(1+6\%)\times(1+7\%)}-1=6.5\%$

若2年期即期利率低于该水平，如6.2%，则意味着2年期利率便宜，1年期利率昂贵，则借款者将转向2年期借款（需求增加），放弃1年期借款（需求减少）；贷款者放弃2年期贷款（供给减少），转向1年期贷款（供给增加）。2年期利率将会上升，1年期利率将会下降，直至市场利率重回均衡。

预期理论对收益率曲线的解释：

上斜收益率曲线：市场预期未来短期利率会上升。

下斜收益率曲线：市场预期未来短期利率会下降。

水平收益率曲线：市场预期未来短期利率保持稳定。

峰型收益率曲线：市场预期较近一段时期短期利率会上升，而在较远的将来，市场预期短期利率会下降。

预期理论最主要的缺陷是假定人们对未来短期利率具有确定的预期；其次，还假定资金在长期资金市场和短期资金市场之间的流动完全自由。这两个假定都过于理想化，与金融市场的实际差距太远。

（二）市场分割理论

市场分割理论认为，由于法律制度、文化心理、投资偏好等不同，投资者会比较固定地投资于某一期限的债券，即每类投资者固定偏好于收益率曲线的特定部分，从而形成了以期限为划分标志的细分市场。由此，即期利率水平完全由各个期限市场上的供求关系决定；单个市场上的利率变化不会对其他市场上的供求关系产生影响。

市场分割理论对收益率曲线的解释：

上斜收益率曲线：短期债券市场的均衡利率水平低于长期债券市场的均衡利率水平。

下斜收益率曲线：短期债券市场的均衡利率水平高于长期债券市场的均衡利率水平。

水平收益率曲线：各个期限市场的均衡利率水平持平。

峰型收益率曲线：中期债券市场的均衡利率水平最高。

市场分割理论最大的缺陷在于该理论认为不同期限的债券市场互不相关。因此，该理论无法解释不同期限债券的利率所体现的同步波动现象，也无法解释长期债券市场利率随短期债券市场利率波动呈现的明显有规律性变化的现象。

（三）流动性溢价理论

流动性溢价理论综合了预期理论和市场分割理论的特点，认为不同期限的债券虽然不像无偏预期理论所述的那样是完全替代品，但也不像市场分割理论说的那样相互完全不可替代。该理论认为，短期债券的流动性比长期债券高，因为债券到期期限越长，利率变动的可能性越大，利率风险就越高。投资者为了减少风险，偏好于流动性好的短期债券，因此，长期债券要给予投资者一定的流动性溢价。即长期即期利率是未来短期预期利率平均值加上一定的流动性风险溢价。

流动性溢价理论对收益率曲线的解释：

上斜收益率曲线：市场预期未来短期利率既可能上升、也可能不变；还可能下降，但下降幅度小于流动性溢价。

下斜收益率曲线：市场预期未来短期利率将会下降，下降幅度大于流动性溢价。

水平收益率曲线：市场预期未来短期利率将会下降，下降幅度等于流动性溢价。

峰型收益率曲线：市场预期较近一段时期短期利率可能上升、也可能不变，还可能下降，但下降幅度小于流动性溢价；而在较远的将来，市场预期短期利率会下降，下降幅度大于流动性溢价。

第二节　货币时间价值

一、货币时间价值的概念

货币时间价值，是指货币经历一定时间的投资和再投资所增加的价值。

在商品经济中，有这样一种现象：即现在的1元钱和1年后的1元钱其经济价值不相等，或者说其经济效用不同。现在的1元钱，比1年后的1元钱的经济价值要大一些，即使不存在通货膨胀也是如此。为什么会这样呢？例如，将现在的1元钱存入银行，1年后可得到1.10元（假设存款利率为10%）。这1元钱经过1年时间的投资增加了0.10元，这就是货币的时间价值。在实务中，人们习惯使用相对数字表示货币的时间价值，即用增加价值占投入货币的百分数来表示。例如，前述货币的时间价值为10%。

货币投入生产经营过程后，其金额随时间的持续不断增长。这是一种客观的经济现象。企业资金循环的起点是投入货币资金，企业用它来购买所需的资源，然后生产出新的产品，产品出售时得到的货币量大于最初投入的货币量。资金的循环以及因此实现的货币增值，需要或多或少的时间，每完成一次循环，货币就增加一定金额，周转的次数越多，增值额也越大。因此，随着时间的延续，货币总量在循环中按几何级数增长，形成了货币的时间价值。

由于货币随时间的延续而增值，现在的1元钱与将来的1元多钱甚至是几元钱在经济上是等效的。换言之，就是现在的1元钱和将来的1元钱经济价值不相等。由于不同时间单位货币的价值不相等，所以，不同时间的货币不宜直接比较，需要把它们折算到同一个时点上，才能计算价值和进行比较。

理论上，货币的时间价值率是没有风险和没有通货膨胀下的社会平均利润率。货币的时间价值额是货币在生产经营过程中带来的真实增值额，即一定数额的货币与时间价值率的乘积。实务中，通常以利率、报酬率等来替代货币的时间价值率。

二、复利终值和现值

复利是计算利息的一种方法。按照这种方法，每经过一个计息期，要将所生利息加入本金再计利息，逐期滚算，俗称“利滚利”。这里所说的计息期，是指相邻两次计息的时间间隔，如年、月、日等。除非特别指明，计息期为1年。与复利相对的是单利。单利是指只对本金计算利息，而不将以前计息期产生的利息累加到本金中去计算利息的一种计息方法，即利息不再生息。

（一）复利终值

复利终值是指现在的特定资金按复利计算的将来一定时间的价值，或者说是现在的一定本金在将来一定时间按复利计算的本金与利息之和，简称本利和。

【例3-2】 某人将10 000元投资于一项事业，年报酬率为6%，经过1年时间的期末金额为：

$$
\begin{aligned}
F &= P + P \cdot i \\
&= P \cdot (1 + i) \\
&= 10\,000 \times (1 + 6\%) \\
&= 10\,600 \text{（元）}
\end{aligned}
$$

其中：P—现值或初始值；i—报酬率或利率；F—终值或本利和。

若此人并不提走现金，将10 600元继续投资于该事业，则第二年本利和为：

$$
\begin{aligned}
F &= [P \cdot (1 + i)] \cdot (1 + i) \\
&= P \cdot (1 + i)^2 \\
&= 10\,000 \times (1 + 6\%)^2 \\
&= 10\,000 \times 1.1236 \\
&= 11\,236 \text{（元）}
\end{aligned}
$$

第n年的期终金额为：$F = P(1 + i)^n$

上式是计算复利终值的一般公式，其中的$(1 + i)^n$被称为复利终值系数或1元的复利终值，用符号$(F/P, i, n)$表示。例如，$(F/P, 6\%, 3)$表示利率为6%的3期复利终值的系数。为了便于计算，可编制“复利终值系数表”（见本书附表一）备用。该表的第一行是利率i，第一列是计息期n，相应的$(1 + i)^n$值在其纵横相交处。通过该表可查出，

$(F/P, 6\%, 3) = 1.191$。在时间价值为6%的情况下，现在的1元和3年后的1.191元在经济上是等效的，根据这个系数可以把现值换算成终值。

该表的作用不仅在于已知 i 和 n 时查找1元的复利终值，而且可在已知1元复利终值和 n 时查找 i，或已知1元复利终值和 i 时查找 n。

（二）复利现值

复利现值是复利终值的对称概念，指未来一定时间的特定资金按复利计算的现在价值，或者说是为取得将来一定本利和现在所需要的本金。

复利现值计算，是指已知 F、i、n 时，求 P。

通过复利终值计算已知：

$$F = P \cdot (1+i)^n$$

所以：

$$P = \frac{F}{(1+i)^n} = F \cdot (1+i)^{-n}$$

上式中的 $(1+i)^{-n}$ 是把终值折算为现值的系数，称为复利现值系数，或称作1元的复利现值，用符号 $(P/F, i, n)$ 来表示。例如，$(P/F, 10\%, 5)$ 表示利率为10%时5期的复利现值系数。为了便于计算，可编制“复利现值系数表”（见本书附表二）。该表的使用方法与“复利终值系数表”相同。

（三）报价利率和有效年利率

复利的计息期间不一定是一年，有可能是季度、月份或日。在复利计算中，如按年复利计息，一年就是一个计息期；如按季复利计息，一季就是一个计息期，一年就有四个计息期。计息期越短，一年中按复利计息的次数就越多，每年的利息额就会越大。这就需要明确三个概念：报价利率、计息期利率和有效年利率。

1. 报价利率

银行等金融机构在为利息报价时，通常会提供一个年利率，并且同时提供每年的复利次数。此时金融机构提供的年利率被称为报价利率，有时也被称为名义利率①。在提供报价利率时，必须同时提供每年的复利次数（或计息期的天数），否则意义是不完整的。

2. 计息期利率

计息期利率是指借款人对每1元本金每期支付的利息。它可以是年利率，也可以是半年利率、季度利率、每月或每日利率等。

计息期利率＝报价利率/每年复利次数

【例3－3】 本金1 000元，投资5年，年利率8%，按季度付息，则：

每季度利率 $= 8\% \div 4 = 2\%$

复利次数 $= 5 \times 4 = 20$

$$F = 1\,000 \times (1+2\%)^{20}$$
$$= 1\,000 \times 1.4859$$

① “名义利率”一词有时还指包含通货膨胀因素的利率，为避免混淆，我们把与每年复利次数同时报价的年利率称为“报价利率”。

=1 485.9（元）

3. 有效年利率

在按照给定的计息期利率和每年复利次数计算利息时，能够产生相同结果的每年复利一次的年利率被称为有效年利率，或者称为等价年利率。

假设每年复利次数为 m：

$$有效年利率 = \left(1 + \frac{报价利率}{m}\right)^m - 1$$

$i = (1 + 8\% \div 4)^4 - 1 = 1.0824 - 1 = 8.24\%$

$F = 1\ 000 \times (1 + 8.24\%)^5 = 1\ 000 \times 1.486 = 1\ 486$（元）

当复利次数 m 趋于无穷大时，利息支付的频率比每秒 1 次还频繁，所得到的利率为连续复利。连续复利的有效年利率 $= e^{报价利率} - 1$

e 为自然常数，是一个约等于 2.71828…的无理数。连续复利终值系数，可利用“连续复利终值系数表”（见本书附表六）查找。$i = e^{8\%} - 1 = 8.33\%$

$F = 1\ 000 \times (e^{8\%})^5 = 1\ 000 \times 1.492 = 1\ 492$（元）

三、年金终值和现值

年金是指等额、定期的系列收支。例如，分期付款赊购、分期偿还贷款、发放养老金、分期支付工程款、每年相同的销售收入等，都属于年金收付形式。按照收付时点和方式的不同可以将年金分为普通年金、预付年金、递延年金和永续年金等四种。

（一）普通年金终值和现值

普通年金又称后付年金，是指各期期末收付的年金。普通年金的收付形式如图 3－1 所示。横线代表时间的延续，用数字标出各期的顺序号；竖线的位置表示收付的时刻，竖线下端数字表示收付的金额。

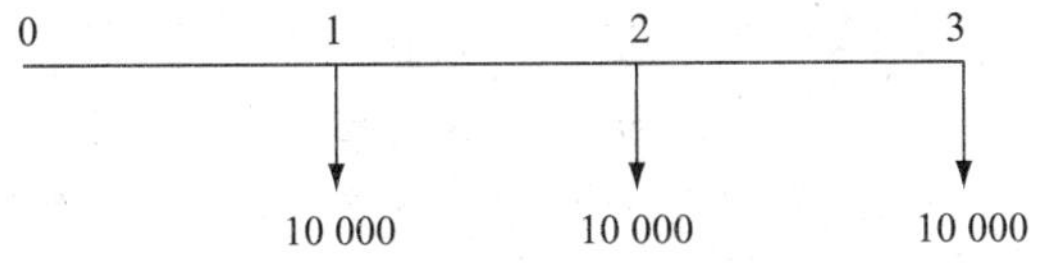

图 3－1 普通年金的收付形式

1. 普通年金终值

普通年金终值是指其最后一次收付时的本利和，它是每次收付的复利终值之和。例如，按图 3－1 的数据，当利率为 10% 时，其第三期末的普通年金终值可计算如图 3－2 所示。

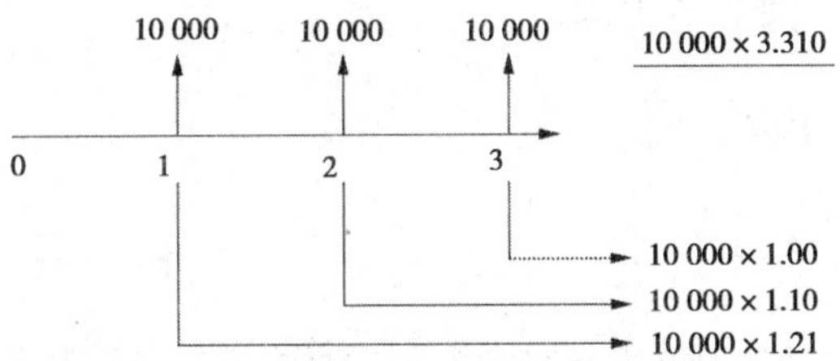

图 3－2 普通年金终值计算图

第一期末的10 000元，应赚得两期的利息，因此，到第三期末其值为12 100元；第二期末的10 000元，应赚得一期的利息，因此，到第三期末其值为11 000元；第三期末的10 000元，没有计息，其价值是10 000元。整个年金终值33 100元。

如果年金的期数很多，用上述方法计算终值显然相当烦琐。由于每年收付额相等，折算终值的系数又有规律，所以，可找出简便的计算方法。

设每年的收付金额为A，利率为i，期数为n，则按复利计算的普通年金终值F为：

$$F=A+A(1+i)+A(1+i)^2+\cdots+A(1+i)^{n-1}$$

等式两边同乘$(1+i)$：

$$(1+i)F=A(1+i)+A(1+i)^2+A(1+i)^3+\cdots+A(1+i)^n$$

上述两式相减：

$$(1+i)F-F=A(1+i)^n-A$$

$$F=\frac{A(1+i)^n-A}{(1+i)-1}$$

$$F=A\frac{(1+i)^n-1}{i}$$

式中的$\frac{(1+i)^n-1}{i}$是普通年金为1元、利率为i、经过n期的年金终值，记作（F/A，i，n）。可据此编制“年金终值系数表”（见本书附表三），以供查阅。

2. 偿债基金

偿债基金是指为使年金终值达到既定金额每年末应收付的年金数额。

【例3-4】 拟在5年后还清10 000元债务，从现在起每年末等额存入银行一笔款项。假设银行存款利率为10%，每年需要存入多少元?

由于利息原因，不必每年存入2 000元（10 000÷5），只要存入较少的金额，5年后本利和即可达到10 000元，可用以清偿债务。

根据普通年金终值计算公式：

$$F=A\cdot\frac{(1+i)^n-1}{i}$$

可知：$A=F\cdot\frac{i}{(1+i)^n-1}$

式中的$\frac{i}{(1+i)^n-1}$是普通年金终值系数的倒数，称偿债基金系数，记作（A/F，i，n）。它可以把普通年金终值折算为每年需要收付的金额。偿债基金系数可以制成表格备查，亦可根据普通年金终值系数倒数确定。

将［例3-4］有关数据代入上式：

$$\begin{aligned}A&=10\,000\times\frac{1}{(F/A,\ 10\%,\ 5)}\\&=10\,000\times\frac{1}{6.105}\\&=10\,000\times0.1638\\&=1\,638\ (元)\end{aligned}$$

因此，在银行利率为10%时，每年存入1 638元，5年后可得10 000元，用来还清债务。

有一种折旧方法，称为偿债基金法，其理论依据是“折旧的目的是保持简单再生产”。为在若干年后购置设备，并不需要每年提存设备原值与使用年限的算术平均数，由于利息不断增加，每年只需提存较少的数额即按偿债基金提取折旧，即可在使用期满时得到设备原值。偿债基金法的年折旧额，就是根据偿债基金系数乘以固定资产原值计算出来的。

3. 普通年金现值

普通年金现值，是指为在每期期末收付相等金额的款项，现在需要投入或收取的金额。

【例3-5】 某人出国3年，请你代付房租，每年租金10 000元，设银行存款利率为10%，他应当现在给你在银行存入多少钱？

这个问题可以表述为：请计算 $i=10\%$，$n=3$，$A=10\ 000$ 元的年末付款的现在等效值是多少？

设年金现值为 P，则如图3-3所示。

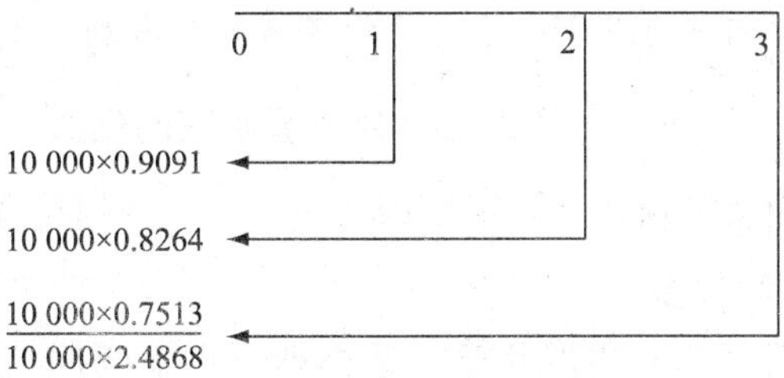

图3-3　普通年金现值计算图

$$\begin{aligned}P &= 10\ 000\times(1+10\%)^{-1}+10\ 000\times(1+10\%)^{-2}+10\ 000\times(1+10\%)^{-3}\\ &=10\ 000\times0.9091+10\ 000\times0.8264+10\ 000\times0.7513\\ &=10\ 000\times(0.9091+0.8264+0.7513)\\ &=10\ 000\times2.4868\\ &=24\ 868\ (元)\end{aligned}$$

计算普通年金现值的一般公式：

$$P=A(1+i)^{-1}+A(1+i)^{-2}+\cdots+A(1+i)^{-n}$$

等式两边同乘（$1+i$）：

$$P(1+i)=A+A(1+i)^{-1}+\cdots+A(1+i)^{-(n-1)}$$

后式减前式：

$$P(1+i)-P=A-A(1+i)^{-n}$$

$$P\cdot i=A[1-(1+i)^{-n}]$$

$$P=A\cdot\frac{1-(1+i)^{-n}}{i}$$

式中的 $\frac{1-(1+i)^{-n}}{i}$ 是普通年金为1元、利率为 i、经过 n 期的年金现值，记作（P/A，

i, n)。可据此编制"年金现值系数表"（见本书附表四），以供查阅。

根据［例 3-5］数据计算：$P=A\cdot(P/A,i,n)=10\ 000\times(P/A,10\%,3)$

查表：$(P/A,10\%,3)=2.4869$

$P=10\ 000\times2.4869=24\ 869$（元）

【例 3-6】 假设以 10% 的利率借款 20 000 元，投资于某个寿命为 10 年的项目，每年至少要收回多少现金才是有利的？

根据普通年金现值的计算公式可知：

$$P=A\cdot(P/A,i,n)$$

$$=A\cdot\frac{1-(1+i)^{-n}}{i}$$

$$A=P\cdot\frac{i}{1-(1+i)^{-n}}$$

$$=20\ 000\times\frac{10\%}{1-(1+10\%)^{-10}}$$

$$=20\ 000\times0.1627$$

$$=3\ 254\text{（元）}$$

因此，每年至少要收回现金 3 254 元，才能还清贷款本利。

上述计算过程中的$\frac{i}{1-(1+i)^{-n}}$是普通年金现值系数的倒数，它可以把普通年金现值折算为年金，称作投资回收系数。

（二）预付年金终值和现值

预付年金是指在每期期初收付的年金，又称即付年金或期初年金。预付年金的收付形式如图 3-4 所示。

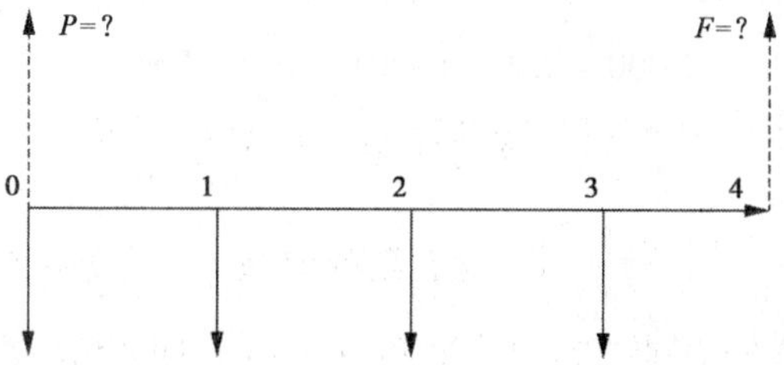

图 3-4　预付年金终值 P 和现值 F 示意图

1. 预付年金终值计算

预付年金终值的计算公式为：

$$F=A(1+i)+A(1+i)^2+\cdots+A(1+i)^n$$

式中各项为等比数列，首项为 $A(1+i)$，公比为 $(1+i)$，根据等比数列的求和公式可知：

$$F=A\times\frac{(1+i)\times[1-(1+i)^n]}{1-(1+i)}$$

$$=A\cdot\frac{(1+i)-(1+i)^{n+1}}{-i}$$

$$=A\cdot\left[\frac{(1+i)^{n+1}-1}{i}-1\right]$$

式中的$\left[\frac{(1+i)^{n+1}-1}{i}-1\right]$是预付年金终值系数，或称 1 元的预付年金终值。它和普通年金终值系数$\left[\frac{(1+i)^{n}-1}{i}\right]$相比，期数加 1，而系数减 1，可记作$[(F/A,i,n+1)-1]$，并可利用“年金终值系数表”查得（$n+1$）期的值，减去 1 后得出 1 元预付年金终值。

【例 3－7】 $A=200$，$i=8\%$，$n=6$ 的预付年金终值是多少？

$$F=A\cdot[(F/A,i,n+1)-1]$$

$$=200\times[(F/A,8\%,6+1)-1]$$

查“年金终值系数表”：$(F/A,8\%,7)=8.9228$

$F=200\times(8.9229-1)=1\ 584.56$（元）

2. 预付年金现值计算

预付年金现值的计算公式：

$$P=A+A(1+i)^{-1}+A(1+i)^{-2}+\cdots+A(1+i)^{-(n-1)}$$

式中各项为等比数列，首项是 A，公比是（$1+i$）$^{-1}$，根据等比数列的求和公式可知：

$$P=\frac{A\cdot\ [1-\ (1+i)^{-n}]}{1-\ (1+i)^{-1}}$$

$$=A\cdot\frac{1-\ (1+i)^{-n}}{\frac{1+i}{1+i}-\frac{1}{1+i}}$$

$$=A\cdot\frac{[1-\ (1+i)^{-n}]\ (1+i)}{i}$$

$$=A\cdot\left[\frac{1-\ (1+i)^{-(n-1)}}{i}+1\right]$$

式中的$\left[\frac{1-\ (1+i)^{-(n-1)}}{i}+1\right]$是预付年金现值系数，或称 1 元的预付年金现值。它和普通年金现值系数$\left[\frac{1-\ (1+i)^{-n}}{i}\right]$相比，期数要减 1，而系数要加 1，可记作$[(P/A,i,n-1)+1]$。可利用“年金现值系数表”查得（$n-1$）期的值，然后加 1，得出 1 元的预付年金现值。

【例 3－8】 6 年分期付款购物，每年初付 200 元，设银行利率为 10%，该项分期付款相当于一次现金支付的购价是多少？

$$P=A\cdot[(P/A,i,n-1)+1]$$

$$=200\times[(P/A,10\%,5)+1]$$

$$=200\times(3.7908+1)$$

$=958.16$（元）

（三）递延年金

递延年金是指第一次收付发生在第二期或第二期以后的年金。递延年金的收付形式如图 3－5 所示。从该图中可以看出，前三期没有发生收付。一般用 m 表示递延期数，本例的 $m=3$。第一次收付在第四期期末，连续收付 4 次，即 $n=4$。

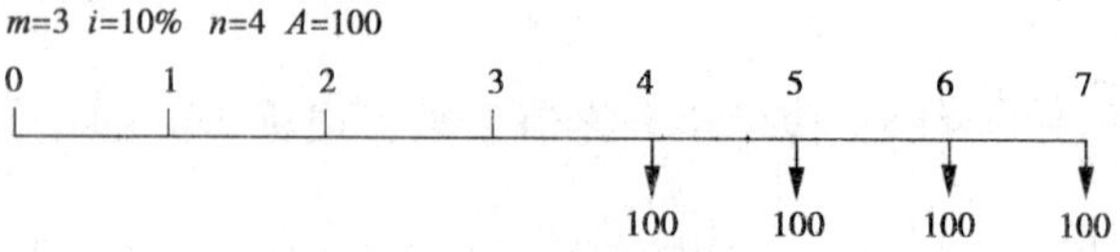

图 3－5 递延年金的收付形式

递延年金终值的计算方法和普通年金终值类似：

$m=3$，$i=10\%$，$n=4$

$$F=A\cdot(F/A,i,n)$$
$$=100\times(F/A,10\%,4)$$
$$=100\times4.641$$
$$=464.1\text{（元）}$$

递延年金的现值计算方法有两种：

第一种方法，是把递延年金视为 n 期普通年金，求出递延期末的现值，然后再将此现值调整到第一期期初（即图 3－5 中 0 的位置）。

$$P_3=A\cdot(P/A,i,n)$$
$$=100\times(P/A,10\%,4)$$
$$=100\times3.170$$
$$=317\text{（元）}$$
$$P_0=P_3\cdot(1+i)^{-m}$$
$$=317\times(1+10\%)^{-3}$$
$$=317\times0.7513$$
$$=238.16\text{（元）}$$

第二种计算方法，是假设递延期间也进行收付，先求出（$m+n$）期的年金现值，然后，扣除实际并未收付的递延期间（以 m 表示递延期数）的年金现值，即可得出最终结果。

$$P_{(m+n)}=100\times(P/A,i,m+n)$$
$$=100\times(P/A,10\%,3+4)$$
$$=100\times4.8684$$
$$=486.84\text{（元）}$$
$$P_{(m)}=100\times(P/A,i,m)$$
$$=100\times(P/A,10\%,3)$$
$$=100\times2.4869$$
$$=248.69\text{（元）}$$
$$P_{(n)}=P_{(m+n)}-P_{(m)}$$
$$=486.84-248.69$$

$=238.15$（元）

（四）永续年金

无限期定额收付的年金，称为永续年金。现实中的存本取息，可视为永续年金的一个例子。

永续年金没有终止的时间，也就没有终值。永续年金的现值可以通过普通年金现值的计算公式导出：

$$P=A\cdot\frac{1-(1+i)^{-n}}{i}$$

当 $n\to\infty$ 时，$(1+i)^{-n}$ 的极限为零，故上式可写成：

$$P=A\cdot\frac{1}{i}$$

【例3-9】 如果1股优先股，每季分得股息2元，而利率是每年6%。对于一个准备买这种股票的人来说，他愿意出多少钱来购买此优先股？

$$P=\frac{2}{1.5\%}=133.33\text{（元）}$$

假定上述优先股息是每年2元，而利率是年利6%，该优先股的价值是：

$P=2\div6\%=33.33$（元）

第三节　风险与报酬

本节主要讨论风险与报酬的关系，目的是解决财务估值时如何确定折现率的问题。折现率应当根据投资者要求的必要报酬率来确定。实证研究表明，必要报酬率的高低取决于投资的风险，风险越大要求的必要报酬率越高。不同风险的投资，需要使用不同的折现率。那么，投资的风险如何计量？特定的风险需要多少报酬来补偿？就成为确定折现率的关键问题。

一、风险的含义

风险是一个非常重要的财务概念。任何决策都有风险，这使得风险观念在理财中具有普遍意义。风险最简单的定义是："风险是发生财务损失的可能性"。发生损失的可能性越大，风险越大。它可以用不同结果出现的概率来描述。结果可能是好的，也可能是坏的，坏结果出现的概率越大，就认为风险越大。这个定义非常接近日常生活中使用的普通概念，主要强调风险可能带来的损失，与危险的含义类似。

在对风险进行深入研究以后人们发现，风险不仅可以带来超出预期的损失，也可能带来超出预期的收益。于是，出现了一个更正式的定义："风险是预期结果的不确定性"。风险不仅包括负面效应的不确定性，还包括正面效应的不确定性。新的定义要求区分风险和危险。危险专指负面效应，是损失发生及其程度的不确定性。人们对于危险，需要识别、衡量、防范和控制，即对危险进行管理。保险活动就是针对危险的，是为同类危险聚集资金，对特定危险的后果提供经济保障的一种风险转移机制。风险的概念比危险广泛，包括了危险，危险只是风险的一部分。风险的另一部分即正面效应，可以称为“机会”。人们对于机会，需要识别、衡量、选择和获取。理财活动不仅要管理危险，还要识别、衡量、选择和获取增加企业价值的机会。风险的新概念，反映了人们对财务现象更深刻的认识，也就是危险与机会并存。

在投资组合理论出现之后，人们认识到投资多样化可以降低风险。当增加投资组合中资产的种类时，组合的风险将不断降低，而收益仍然是个别资产的加权平均值。当投资组合中的资产多样化到一定程度后，特殊风险可以被忽略，而只关心系统风险。系统风险是没有有效的方法可以消除的、影响所有资产的风险，它来自于整个经济系统，是影响公司经营的普遍因素。投资者必须承担系统风险并可以获得相应的投资回报。在充分组合的情况下，单个资产的风险对于决策是没有用的，投资人关注的只是投资组合的风险；特殊风险与决策是不相关的，相关的只是系统风险。在投资组合理论出现以后，风险是指投资组合的系统风险，既不是指单个资产的风险，也不是指投资组合的全部风险。

在资本资产定价理论出现以后，单项资产的系统风险计量问题得到解决。如果投资者选择一项资产并把它加入已有的投资组合中，那么该资产的风险完全取决于它如何影响投资组合收益的波动性。因此，一项资产最佳的风险度量，是一项资产对投资组合风险的贡献程度。衡量该风险的指标被称为贝塔系数。

理解风险概念及其演进时，不要忘记财务管理创造“风险”这一专业概念的目的。不断精确定义风险概念是为了明确风险和收益之间的权衡关系，并在此基础上给风险定价。因此，风险概念的演进，实际上是逐步明确什么是与收益相关的风险，与收益相关的风险才是财务管理中所说的风险。

在使用风险概念时，不要混淆投资对象本身固有的风险和投资人需要承担的风险。投资对象是指一项资产，在资本市场理论中经常用“证券”一词代表任何投资对象。投资对象的风险具有客观性。例如，无论企业还是个人，投资于国库券其收益的不确定性较小，而投资于股票则收益的不确定性大得多。这种不确定性是客观存在的，不以投资人的意志为转移。因此，我们才可以用客观尺度来计量投资对象的风险。投资人是通过投资获取收益并承担风险的人，他可以是任何单位或个人。财务管理主要研究企业投资。一个企业可以投资一项资产，也可以投资于多项资产。由于投资分散化可以降低风险，作为投资人的企业，承担的风险可能会小于企业单项资产的风险。一个股东可以投资于一个企业，也可以投资于多个企业。由于投资分散化可以降低风险，作为股东个人所承担的风险可能会小于他投资的各个企业的风险。投资人是否去冒风险及冒多大风险，是可以选择的，是主观决定的。在什么时间、投资于什么样的资产，各投资多少，风险是不一样的。

二、单项投资的风险与报酬

风险的衡量，一般应用概率和统计方法。

（一）概率

在经济活动中，某一事件在相同的条件下可能发生也可能不发生，这类事件称为随机事件。概率就是用来表示随机事件发生可能性大小的数值。通常，把必然发生的事件的概率定为1，把不可能发生的事件的概率定为0，而一般随机事件的概率是介于0与1之间的一个数。概率越大就表示该事件发生的可能性越大。

【例3-10】 ABC公司有两个投资机会，A投资机会是一个高科技项目，该领域竞争很激烈，如果经济发展迅速并且该项目搞得好，取得较大市场占有率，利润会很大。否则，利润很小甚至亏本。B项目是一个老产品并且是必需品，销售前景可以准确预测出来。假设未来的经济情况只有三种：繁荣、正常、衰退，有关的概率分布和期望报酬率如表3-1所示。

表3-1　　公司未来经济情况表

经济情况	发生概率	A项目期望报酬率	B项目期望报酬率
繁荣	0.3	90%	20%
正常	0.4	15%	15%
衰退	0.3	-60%	10%
合计	1.0		

在这里，概率表示每一种经济情况出现的可能性，同时也就是各种不同期望报酬率出现的可能性。例如，未来经济情况出现繁荣的可能性有0.3。假如这种情况真的出现，A项目可获得高达90%的报酬率，这也就是说，采纳A项目获利90%的可能性是0.3。当然，报酬率作为一种随机变量，受多种因素的影响。我们这里为了简化，假设其他因素都相同，只有经济情况一个因素影响报酬率。

（二）离散型分布和连续型分布

如果随机变量（如报酬率）只取有限个值，并且对应于这些值有确定的概率，则称随机变量是离散型分布。前面的［例3-9］就属于离散型分布，它有三个值，如图3-6所示。

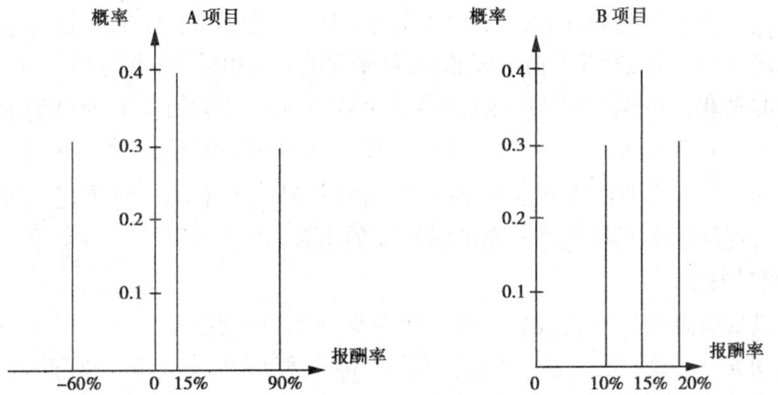

图3-6　离散型分布图

实际上，出现的经济情况远不止三种，有无数可能的情况会出现。如果对每种情况都赋予一个概率，并分别测定其报酬率，则可用连续型分布描述，如图3－7所示。

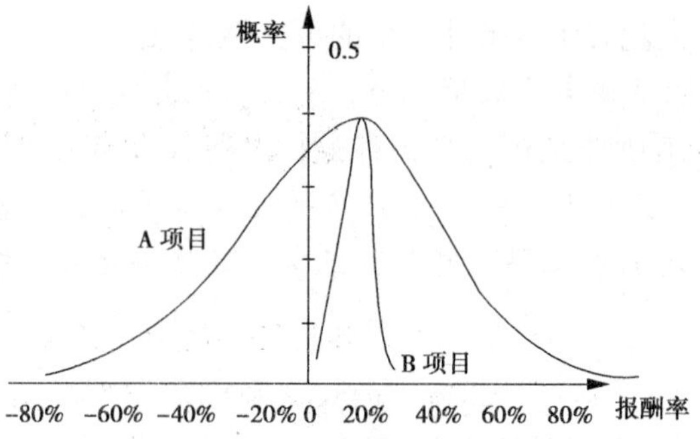

图3－7 连续型分布图

从图3－7可以看到，我们给出例子的报酬率呈正态分布，其主要特征是曲线为对称的钟形。实际上并非所有问题都按正态分布。但是，按照统计学的理论，不论总体分布是正态还是非正态，当样本很大时，其样本平均数都呈正态分布。一般说来，如果被研究的量受彼此独立的大量偶然因素的影响，并且每个因素在总的影响中只占很小部分，那么，这个总影响所引起的数量上的变化，就近似服从于正态分布。所以，正态分布在统计上被广泛使用。

（三）预期值

随机变量的各个取值，以相应的概率为权数的加权平均数，叫做随机变量的预期值（数学期望或均值），它反映随机变量取值的平均化。

$$预期值(\overline{K}) = \sum_{i=1}^{N}(P_i \cdot K_i)$$

式中：P_i——第 i 种结果出现的概率；

K_i——第 i 种结果的报酬率；

N——所有可能结果的数目。

据此计算：期望报酬率（A）$=0.3\times90\%+0.4\times15\%+0.3\times(-60\%)=15\%$

期望报酬率（B）$=0.3\times20\%+0.4\times15\%+0.3\times10\%=15\%$

两者的期望报酬率相同，但其概率分布不同（见图3－7）。A项目的报酬率的分散程度大，变动范围在－60%～90%之间；B项目的报酬率的分散程度小，变动范围在10%～20%之间。这说明两个项目的报酬率相同，但风险不同。为了定量地衡量风险大小，还要使用统计学中衡量概率分布离散程度的指标。

（四）离散程度

表示随机变量离散程度的量数，最常用的是方差和标准差。

方差是用来表示随机变量与期望值之间离散程度的一个量，它是离差平方的平均数。

$$总体方差 = \frac{\sum_{i=1}^{n}(K_i - \overline{K})^2}{N}$$

$$样本方差 = \frac{\sum_{i=1}^{n}(K_i - \overline{K})^2}{n-1}$$

标准差是方差的平方根：

$$总体标准差 = \sqrt{\frac{\sum_{i=1}^{n}(K_i - \overline{K})^2}{N}}$$

$$样本标准差 = \sqrt{\frac{\sum_{i=1}^{n}(K_i - \overline{K})^2}{n-1}}$$

总体，是指我们准备加以测量的一个满足指定条件的元素或个体的集合，也称母体。在实际工作中，为了了解研究对象的某些数学特性，往往只能从总体中抽出部分个体作为资料，用数理统计的方法加以分析。这种从总体中抽取部分个体的过程称为“抽样”，所抽得部分称为“样本”。通过对样本的测量，可以推测整体的特征。

为什么样本标准差的 n 个离差平方不除以 n，而要除以（$n-1$）呢？

n 表示样本容量（个数），（$n-1$）称为自由度。自由度反映分布或差异信息的个数。例如，当 $n=1$ 时，即 K_i 只有一个数值时，$K=\overline{K}$，（$K_1-\overline{K}$）$=0$，数据和均值没有差异，即表示差异的信息个数为 $1-1=0$；当 $n=2$ 时，$\overline{K}$ 是 K_1 和 K_2 的中值，则（$K_1-\overline{K}$）和（$K_2-\overline{K}$）的绝对值相等，只是符号相反。它们只提供一个信息，即两个数据与中值相差 $|K_1-\overline{K}|$，这就是说差异的个数为 $2-1=1$。当 $n=3$ 时，也是如此。例如，K 分别为 1、2、6 时，均值为 3，误差分别为 −2、−1 和 3。实际上，我们得到的误差信息只有两个。因为比均值小的数据的误差绝对值与比均值大的数据的误差绝对值是相等的。我们知道了两个误差信息，就等于知道了第三个误差信息。例如，一个数据比均值小 2，一个数据比均值小 1，则另一个数据必定比均值大 3。当 n 为 4 或更多时，数据与均值的误差信息总会比样本容量少一个。因此，要用（$n-1$）作为标准差的分母。$\sum_{i=1}^{n}(K_i-\overline{K})^2$ 只有（$n-1$）个对我们有用的信息，所以用（$n-1$）作为分母才是真正的平均。

由于在财务管理实务中使用的样本量都很大，区分总体标准差和样本标准差没有什么实际意义。如果样本量比较小，则应当加以区分。

在已经知道每个变量值出现概率的情况下，标准差可以按下式计算：

$$标准差(\sigma) = \sqrt{\sum_{i=1}^{n}(K_i - \overline{K})^2 \times P_i}$$

A 项目的标准差是 58.09%，B 项目的标准差是 3.87%（计算过程如表 3－2 所示），由于它们的期望报酬率相同，因此可以认为 A 项目的风险比 B 项目大。

表 3－2 A 项目标准离差计算表

A 项目的标准差		
$K_i-\overline{K}$	$(K_i-\overline{K})^2$	$(K_i-\overline{K})^2 \cdot P_i$
90%～15%	0.5625	0.5625×0.3＝0.16875
15%～15%	0	0×0.40＝0
－60%～15%	0.5625	0.5625×0.3＝0.16875
方差（σ^2）0.3375		
标准差（σ）58.09%		
B 项目的标准差		
$K_i-\overline{K}$	$(K_i-\overline{K})^2$	$(K_i-\overline{K})^2 \cdot P_i$
20%～15%	0.0025	0.0025×0.3＝0.00075
15%～15%	0	0×0.40＝0
10%～15%	0.0025	0.0025×0.3＝0.00075
方差（σ^2）0.0015		
标准差（σ）3.87%		

标准差是以均值为中心计算出来的，因而有时直接比较标准差是不准确的，需要剔除均值大小的影响。为了解决这个问题，引入了变异系数（离散系数）的概念。变异系数是标准差与均值的比，它是从相对角度观察的差异和离散程度，在比较相关事物的差异程度时较之直接比较标准差要好些。

变异系数＝标准差/均值

【例 3－11】 A 证券的期望报酬率为 10%，标准差是 12%；B 证券的期望报酬率为 18%，标准差是 20%。

变异系数(A)＝12%/10%＝1.20

变异系数(B)＝20%/18%＝1.11

直接从标准差看，B 证券的离散程度较大，能否说 B 证券的风险比 A 证券大呢？不能轻易下这个结论，因为 B 证券的平均报酬率较大。如果以各自的平均报酬率为基础观察，A 证券的标准差是其均值的 1.20 倍，而 B 证券的标准差只是其均值的 1.11 倍，B 证券的相对风险较小。这就是说，A 证券的绝对风险较小，但相对风险较大，B 证券与此正相反。

三、投资组合的风险与报酬

投资组合理论认为，若干种证券组成的投资组合，其收益是这些证券收益的加权平均数，但是其风险不是这些证券风险的加权平均风险，投资组合能降低风险。

这里的"证券"是"资产"的代名词，它可以是任何产生现金流的东西，例如，一项生产性实物资产、一条生产线或者是一个企业。

(一) 证券组合的期望报酬率和标准差

1. 期望报酬率

两种或两种以上证券的组合，其期望报酬率可以直接表示为：

$$r_p = \sum_{j=1}^{m} r_j A_j$$

其中：r_j是第 j 种证券的期望报酬率；A_j是第 j 种证券在全部投资额中的比重；m 是组合中的证券种类总数。

2. 标准差与相关性

证券组合的标准差，并不是单个证券标准差的简单加权平均。证券组合的风险不仅取决于组合内的各证券的风险，还取决于各个证券之间的关系。

【例 3－12】 假设投资 100 万元，A 和 B 各占 50%。如果 A 和 B 标准差相等且完全负相关，即一个变量的增加值永远等于另一个变量的减少值。组合的风险被全部抵消，如表 3－3 所示。如果 A 和 B 标准差相等且完全正相关，即一个变量的增加值永远等于另一个变量的增加值。组合的风险不减少也不扩大，如表 3－4 所示。

表 3－3　　完全负相关的证券组合数据

方案	A		B		AB 组合	
年度	收益	报酬率	收益	报酬率	收益	报酬率
20×1	20	40%	－5	－10%	15	15%
20×2	－5	－10%	20	40%	15	15%
20×3	17.5	35%	－2.5	－5%	15	15%
20×4	－2.5	－5%	17.5	35%	15	15%
20×5	7.5	15%	7.5	15%	15	15%
平均数	7.5	15%	7.5	15%	15	15%
标准差		22.6%		22.6%		0

表 3－4　　完全正相关的证券组合数据

方案	A		B		AB 组合	
年度	收益	报酬率	收益	报酬率	收益	报酬率
19×1	20	40%	20	40%	40	40%
19×2	－5	－10%	－5	－10%	－10	－10%
19×3	17.5	35%	17.5	35%	35	35%
19×4	－2.5	－5%	－2.5	－5%	－5	－5%
19×5	7.5	15%	7.5	15%	15	15%
平均数	7.5	15%	7.5	15%	15	15%
标准差		22.6%		22.6%		22.6%

实际上，各种股票之间不可能完全正相关，也不可能完全负相关，所以不同股票的投资组合可以降低风险，但又不能完全消除风险。一般而言，股票的种类越多，风险

越小。

（二）投资组合的风险计量

投资组合的风险不是各证券标准差的简单加权平均数，那么它如何计量呢？

投资组合报酬率概率分布的标准差是：

$$\sigma_p = \sqrt{\sum_{j=1}^{m}\sum_{k=1}^{m} A_j A_k \sigma_{jk}}$$

其中：m 是组合内证券种类总数；A_j是第 j 种证券在投资总额中的比例；A_k是第 k 种证券在投资总额中的比例；σ_{jk}是第 j 种证券与第 k 种证券报酬率的协方差。

该公式的含义说明如下：

1. 协方差的计算

两种证券报酬率的协方差，用来衡量它们之间共同变动的程度：

$$\sigma_{jk} = r_{jk}\sigma_j\sigma_k$$

其中：r_{jk}是证券 j 和证券 k 报酬率之间的预期相关系数，σ_j是第 j 种证券的标准差，σ_k是第 k 种证券的标准差。

证券 j 和证券 k 报酬率概率分布的标准差的计算方法，前面讲述单项证券标准差时已经介绍过。

相关系数总是在 -1 ~ +1 间取值。当相关系数为 1 时，表示一种证券报酬率的增长总是与另一种证券报酬率的增长成比例，反之亦然；当相关系数为 -1 时，表示一种证券报酬率的增长总是与另一种证券报酬率的减少成比例，反之亦然；当相关系数为 0 时，表示缺乏相关性，每种证券的报酬率相对于另外的证券的报酬率独立变动。一般而言，多数证券的报酬率趋于同向变动，因此两种证券之间的相关系数多为小于 1 的正值。

$$\text{相关系数}(r) = \frac{\sum_{i=1}^{n}\left[(x_i - \bar{x}) \times (y_i - \bar{y})\right]}{\sqrt{\sum_{i=1}^{n}(x_i - \bar{x})^2} \times \sqrt{\sum_{i=1}^{n}(y_i - \bar{y})^2}}$$

2. 协方差矩阵

根号内双重的 $\sum$ 符号，表示对所有可能配成组合的协方差，分别乘以两种证券的投资比例，然后求其总和。

例如，当 m 为 3 时，所有可能的配对组合的协方差矩阵如下所示：

$$\begin{matrix} \sigma_{1,1} & \sigma_{1,2} & \sigma_{1,3} \\ \sigma_{2,1} & \sigma_{2,2} & \sigma_{2,3} \\ \sigma_{3,1} & \sigma_{3,2} & \sigma_{3,3} \end{matrix}$$

左上角的组合（1，1）是 σ_1与 σ_1之积，即标准差的平方，称为方差，此时，$j=k$。从左上角到右下角，共有三种 $j=k$ 的组合，在这三种情况下，影响投资组合标准差的是三种证券的方差。当 $j=k$ 时，相关系数是 1，并且 $\sigma_j \times \sigma_k$变为 σ_j^2。这就是说，对于矩阵对角线位置上的投资组合，其协方差就是各证券自身的方差。

组合 $\sigma_{1,2}$代表证券 1 和证券 2 报酬率之间的协方差，组合 $\sigma_{2,1}$代表证券 2 和证券 1 报酬率的协方差，它们的数值是相同的。这就是说需要计算两次证券 1 和证券 2 之间的协方差。对于其他不在对角线上的配对组合的协方差，我们同样计算了两次。

双重求和符号，就是把由各种可能配对组合构成的矩阵中的所有方差项和协方差项加起来。3 种证券的组合，一共有 9 项，由 3 个方差项和 6 个协方差项（3 个计算了两次的协方差项）组成。

3. 协方差比方差更重要

影响证券组合的标准差不仅取决于单个证券的标准差，而且还取决于证券之间的协方差。随着证券组合中证券个数的增加，协方差项比方差项越来越重要。这一结论可以通过考察上述矩阵得到证明。例如，在两种证券的组合中，沿着对角线有两个方差项 $\sigma_{1,1}$ 和 $\sigma_{2,2}$，以及两项协方差项 $\sigma_{1,2}$ 和 $\sigma_{2,1}$。对于三种证券的组合，沿着对角线有 3 个方差项 $\sigma_{1,1}$、$\sigma_{2,2}$、$\sigma_{3,3}$ 以及 6 项协方差项。在四种证券的组合中，沿着对角线有 4 项方差项和 12 项协方差。当组合中证券数量较多时，总方差主要取决于各证券间的协方差。例如，在含有 20 种证券的组合中，矩阵共有 20 个方差项和 380 个协方差项。当一个组合扩大到能够包含所有证券时，只有协方差是重要的，方差项将变得微不足道。因此，充分投资组合的风险，只受证券之间协方差的影响，而与各证券本身的方差无关。

下面举例说明两种证券组合报酬率的期望值和标准差的计算过程。

【例 3 – 13】 假设 A 证券的期望报酬率为 10%，标准差是 12%。B 证券的期望报酬率是 18%，标准差是 20%。假设等比例投资于两种证券，即各占 50%。

该组合的期望报酬率为：

$r_p = 10\% \times 0.5 + 18\% \times 0.5 = 14\%$

如果两种证券预期报酬率的相关系数等于 1，没有任何抵消作用，在等比例投资的情况下该组合的标准差等于两种证券各自标准差的简单算术平均数，即 16%。

如果两种证券预期报酬率的相关系数是 0.2，组合的标准差会小于加权平均的标准差，其标准差是：

$$\sigma_p = \sqrt{0.5 \times 0.5 \times 1.0 \times 0.12^2 + 2 \times 0.5 \times 0.5 \times 0.2 \times 0.12 \times 0.2 + 0.5 \times 0.5 \times 1.0 \times 0.2^2}$$
$$= \sqrt{0.0036 + 0.0024 + 0.01}$$
$$= 12.65\%$$

从这个计算过程可以看出：只要两种证券预期报酬率的相关系数小于 1，证券组合报酬率的标准差就小于各证券报酬率标准差的加权平均数。

（三）两种证券组合的投资比例与有效集

在［例 3 – 13］中，两种证券的投资比例是相等的。如投资比例变化了，投资组合的期望报酬率和标准差也会发生变化。对于这两种证券其他投资比例的组合，计算结果如表 3 – 5 所示。

表 3 – 5　　不同投资比例的组合

组合	对 A 的投资比例	对 B 的投资比例	组合的期望报酬率	组合的标准差
1	1	0	10.00%	12.00%
2	0.8	0.2	11.60%	11.11%

续表

组合	对A的投资比例	对B的投资比例	组合的期望报酬率	组合的标准差
3	0.6	0.4	13.20%	11.78%
4	0.4	0.6	14.80%	13.79%
5	0.2	0.8	16.40%	16.65%
6	0	1	18.00%	20.00%

图3-8描绘出随着对两种证券投资比例的改变，期望报酬率与风险之间的关系。图中黑点与表3-5中的六种投资组合一一对应。连接这些黑点所形成的曲线称为机会集，它反映出风险与报酬之间的权衡关系。

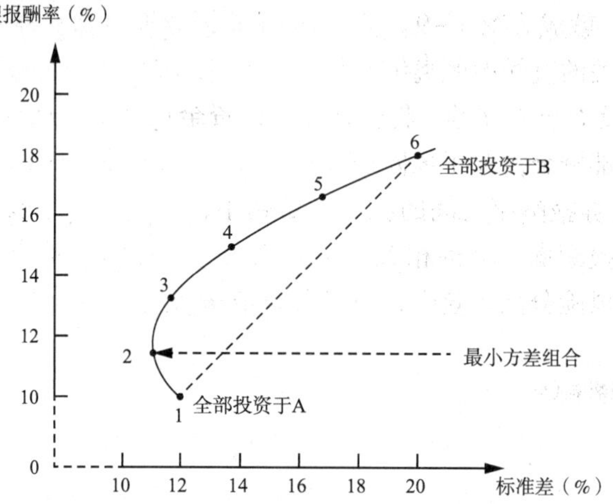

图3-8　投资于两种证券组合的机会集

该图有几项特征是非常重要的：

（1）它揭示了分散化效应。比较曲线和以虚线绘制的直线的距离可以判断分散化效应的大小。该直线是由全部投资于A和全部投资于B所对应的两点连接而成。它是当两种证券完全正相关（无分散化效应）时的机会集曲线。曲线则代表相关系数为0.2时的机会集曲线。从曲线和直线间的距离，我们可以看出本例的风险分散效果是相当显著的。投资组合的抵消风险的效应可以通过曲线1~2的弯曲看出来。从第1点出发，拿出一部分资金投资于标准差较大的B证券会比将全部资金投资于标准差小的A证券的组合标准差还要小。这种结果与人们的直觉相反，揭示了风险分散化的内在特征。一种证券的未预期变化往往会被另一种证券的反向未预期变化所抵消。尽管从总体上看，这两种证券是同向变化的，抵消效应还是存在的，在图中表现为机会集曲线有一段1~2的弯曲。

（2）它表达了最小方差组合。即在持有证券的各种组合中标准差最小的组合。本例中，最小方差组合是80%的资金投资于A证券、20%的资金投资于B证券。离开此点，无论增加或减少投资于B证券的比例，都会导致标准差的小幅上升。必须注意的是，分散化投资并非必然导致机会集曲线向第1点组合左侧凸出，它取决于相关系数的大小。如果分散化投资未导致机会集曲线向第1点组合左侧凸出，则最小方差组合为第1点组合，即全部投资于 A。

（3）它表达了投资的有效集合。在只有两种证券的情况下，投资者的所有投资机会只能出现在机会集曲线上，而不会出现在该曲线上方或下方。改变投资比例只会改变组合在机会集曲线上的位置。最小方差组合以下的组合（曲线 1～2 的部分）是无效的。没有人会打算持有期望报酬率比最小方差组合期望报酬率还低的投资组合，它们比最小方差组合不但风险大，而且报酬低。因此，机会集曲线 1～2 的弯曲部分是无效的，它们与最小方差组合相比不但标准差大（即风险大），而且报酬率也低。本例中，有效集是 2～6 之间的那段曲线，即从最小方差组合点到最高期望报酬率组合点的那段曲线。

（四）相关性对风险的影响

图 3－8 中，只列示了相关系数为 0.2 和 1 的机会集曲线，如果增加一条相关系数为 0.5 的机会集曲线，就成为图 3－9。从图 3－9 中可以看到：（1）相关系数为 0.5 的机会集曲线与完全正相关的直线的距离缩小了，并且没有向点 1 左侧凸出的现象。（2）最小方差组合是 100% 投资于 A 证券。将任何比例的资金投资于 B 证券，所形成的投资组合的方差都会高于将全部资金投资于风险较低的 A 证券的方差。因此，新的有效边界就是整个机会集。（3）证券报酬率之间的相关系数越小，机会集曲线就越弯曲，风险分散化效应也就越强。证券报酬率之间的相关系数越大，风险分散化效应就越弱。完全正相关的投资组合，不具有风险分散化效应，其机会集是一条直线。

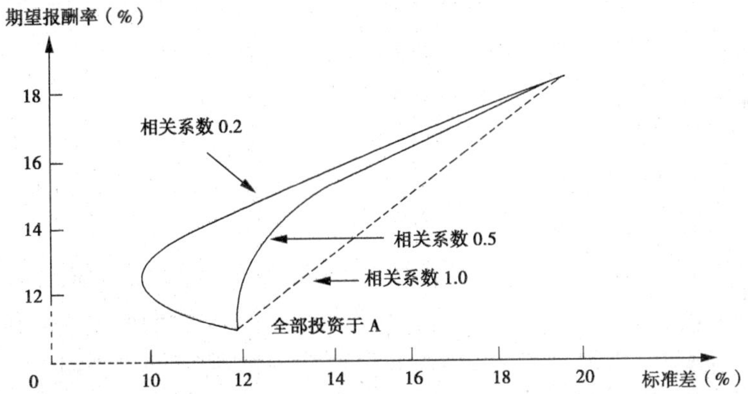

图 3－9　相关系数机会集曲线

（五）多种证券组合的风险和报酬

对于两种以上证券构成的组合，以上原理同样适用。值得注意的是，多种证券组合的机会集不同于两种证券的机会集。两种证券的所有可能组合都落在一条曲线上，而两种以上证券的所有可能组合会落在一个平面中，如图 3－10 的阴影部分所示。这个机会集反映了投资者所有可能的投资组合，图中阴影部分中的每一点都与一种可能的投资组合相对应。随着可供投资的证券数量的增加，所有可能的投资组合数量将呈几何级数上升。

最小方差组合是图 3－10 最左端的点，它具有最小组合标准差。多种证券组合的机会集外缘有一段向后弯曲，这与两种证券组合中的现象类似：不同证券报酬率的波动相互抵消，产生风险分散化效应。

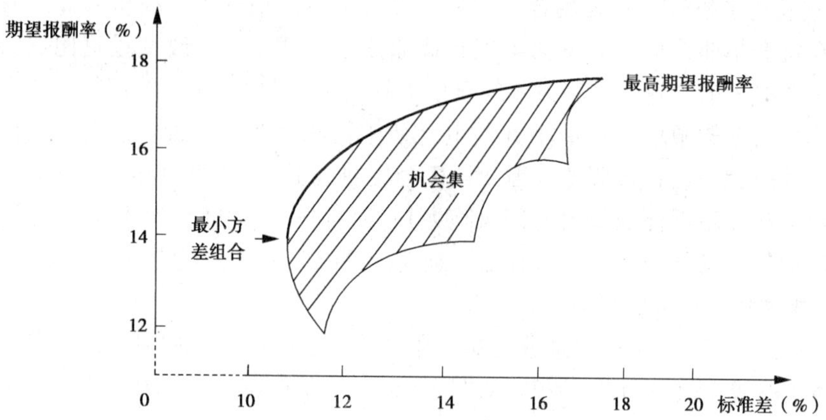

图3－10 机会集例示

在图3－10中以粗线描出的部分，称为有效集或有效边界，它位于机会集的顶部，从最小方差组合点起到最高期望报酬率点止。投资者应在有效集上寻找投资组合。有效集以外的投资组合与有效边界上的组合相比，有三种情况：相同的标准差和较低的期望报酬率；相同的期望报酬率和较高的标准差；较低的期望报酬率和较高的标准差。这些投资组合都是无效的。如果你的投资组合是无效的，可以通过改变投资比例转换到有效边界上的某个组合，以达到提高期望报酬率而不增加风险，或者降低风险而不降低期望报酬率，或者得到一个既提高期望报酬率又降低风险的组合。

（六）资本市场线

如图3－11所示，从无风险资产的报酬率（Y轴的 R_f）开始，做有效边界的切线，切点为 M，该直线被称为资本市场线。

现将资本市场线的有关问题说明如下：

（1）假设存在无风险资产。投资者可以在资本市场上借到钱，将其纳入自己的投资总额；或者可以将多余的钱贷出。无论借入和贷出，利息都是固定的无风险资产的报酬率。R_f代表无风险资产的报酬率，它的标准差为零，即报酬率是确定的。

（2）存在无风险资产的情况下，投资人可以通过贷出资金减少自己的风险，当然也会同时降低期望报酬率。最厌恶风险的人可以全部将资金贷出，例如购买政府债券并持有至到期。偏好风险的人可以借入资金（对无风险资产的负投资），增加购买风险资产的资本，以使期望报酬率增加。

总期望报酬率 $= Q \times$ 风险组合的期望报酬率 $+ (1-Q) \times$ 无风险报酬率

其中：Q 代表投资者投资于风险组合 M 的资金占自有资本总额的比例；$1-Q$ 代表投资于无风险资产的比例。

如果贷出资金，Q 将小于1；如果是借入资金，Q 会大于1。

总标准差 $= Q \times$ 风险组合的标准差

此时不用考虑无风险资产，因为无风险资产的标准差等于零。如果贷出资金，Q 小于1，他承担的风险小于市场平均风险；如果借入资金，Q 大于1，他承担的风险大于市场

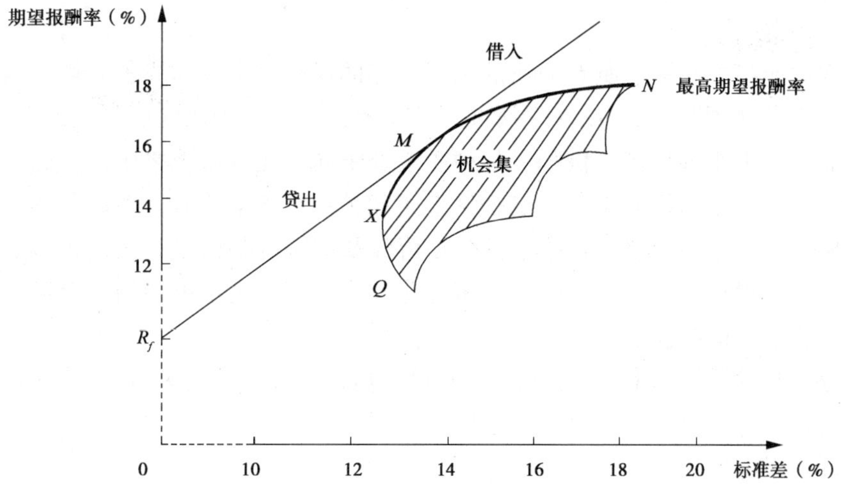

图 3－11 资本市场线：最佳组合的选择

平均风险。

（3）切点 M 是市场均衡点，它代表唯一最有效的风险资产组合，它是所有证券以各自的总市场价值为权数的加权平均组合，我们将其定义为“市场组合”。虽然理智的投资者可能选择 XMN 线上的任何有效组合（它们在任何给定风险水平下收益最大），但是无风险资产的存在，使投资者可以同时持有无风险资产和市场组合（M），从而位于 MR_f上的某点。MR_f上的组合与 XMN 上的组合相比，它的风险小而报酬率与之相同，或者报酬高而风险与之相同，或者报酬高且风险小。

（4）图 3－11 中的直线揭示出持有不同比例的无风险资产和市场组合情况下风险和期望报酬率的权衡关系。直线的截距表示无风险报酬率，它可以视为等待的报酬率。直线的斜率代表风险的市场价格，它告诉我们当标准差增长某一幅度时相应期望报酬率的增长幅度。直线上的任何一点都可以告诉我们投资于市场组合和无风险资产的比例。在 M 点的左侧，你将同时持有无风险资产和风险资产组合。在 M 点的右侧，你将仅持有市场组合 M，并且会借入资金以进一步投资于组合 M。

（5）个人的效用偏好与最佳风险资产组合相独立（或称相分离）。投资者个人对风险的态度仅仅影响借入或贷出的资金量，而不影响最佳风险资产组合。其原因是当存在无风险资产并可按无风险报酬率自由借贷时，市场组合优于所有其他组合。对于不同风险偏好的投资者来说，只要能以无风险报酬率自由借贷，他们都会选择市场组合 M。这就是所谓的分离定理。它也可表述为最佳风险资产组合的确定独立于投资者的风险偏好。它取决于各种可能风险组合的期望报酬率和标准差。个人的投资行为可分为两个阶段：先确定最佳风险资产组合，后考虑无风险资产和最佳风险资产组合的理想组合。只有第二阶段受投资者风险反感程度的影响。分离定理在理财方面非常重要，它表明企业管理层在决策时不必考虑每位投资者对风险的态度。证券的价格信息完全可用于确定投资者所要求的报酬率，该报酬率可指导管理层进行有关决策。

（七）系统风险和非系统风险

在投资组合的讨论中，我们知道个别资产的风险，有些可以被分散掉，有些则不能。

无法分散掉的是系统风险，可以分散掉的是非系统风险。

1. 系统风险

系统风险是指那些影响所有公司的因素引起的风险。例如，战争、经济衰退、通货膨胀、高利率等非预期的变动，对许多资产都会有影响。系统风险所影响的资产非常多，虽然影响程度的大小有区别。例如，各种股票处于同一经济系统之中，它们的价格变动有趋同性，多数股票的报酬率在一定程度上正相关。经济繁荣时，多数股票的价格都上涨；经济衰退时，多数股票的价格下跌。尽管涨跌的幅度各股票有区别，但是多数股票的变动方向是一致的。所以，不管投资多样化有多充分，也不可能消除全部风险，即使购买的是全部股票的市场组合。

由于系统风险是影响整个资本市场的风险，所以也称“市场风险”。由于系统风险没有有效的方法消除，所以也称“不可分散风险”。

2. 非系统风险

非系统风险，是指发生于个别公司的特有事件造成的风险。例如，一家公司的工人罢工、新产品开发失败、失去重要的销售合同、诉讼失败，或者宣告发现新矿藏、取得一个重要合同等。这类事件是非预期的、随机发生的，它只影响一个或少数公司，不会对整个市场产生太大影响。这种风险可以通过多样化投资来分散，即发生于一家公司的不利事件可以被其他公司的有利事件所抵消。

由于非系统风险是个别公司或个别资产所特有的，因此也称“特殊风险”或“特有风险”。由于非系统风险可以通过投资多样化分散掉，因此也称“可分散风险”。

由于非系统风险可以通过分散化消除，因此一个充分的投资组合几乎没有非系统风险。假设投资人都是理智的，都会选择充分投资组合，非系统风险将与资本市场无关。市场不会对它给予任何价格补偿。通过分散化消除的非系统风险，几乎没有任何值得市场承认的、必须花费的成本。

我们已经知道，资产的风险可以用标准差计量。这个标准差是指它的整体风险。现在我们把整体风险划分为系统风险和非系统风险，如图 3－12 所示。

承担风险会从市场上得到回报，回报大小仅仅取决于系统风险。这就是说，一项资产的必要报酬率高低取决于该资产的系统风险大小。

综上所述，需要掌握的主要内容是：证券组合的风险不仅与组合中每个证券的报酬率标准差有关，而且与各证券之间报酬率的协方差有关。对于一个含有两种证券的组合，投资机会集曲线描述了不同投资比例组合的风险和报酬之间的权衡关系。风险分散化效应有时使得机会集曲线向左凸出，并产生比最低风险证券标准差还低的最小方差组合。有效边界就是机会集曲线上从最小方差组合点到最高期望报酬率的那段曲线。持有多种彼此不完全正相关的证券可以降低风险。如果存在无风险证券，新的有效边界是经过无风险报酬率并和机会集相切的直线，该直线称为资本市场线，该切点被称为市场组合，其他各点为市场组合与无风险投资的有效搭配。资本市场线横坐标是标准差，纵坐标是报酬率。该直线反映两者的关系即风险价格。

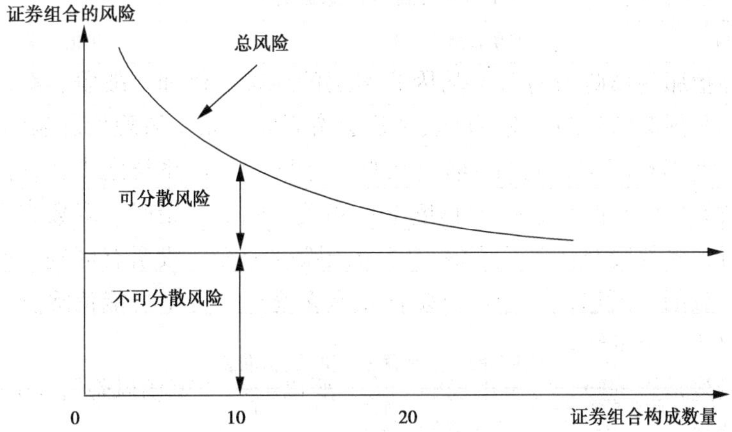

图 3－12　投资组合的风险

四、资本资产定价模型

1964 年，威廉·夏普（William Sharp）根据投资组合理论提出了资本资产定价模型（CAPM）。资本资产定价模型，是财务学形成和发展过程中最重要的里程碑。它第一次使人们可以量化市场的风险程度，并且能够对风险进行具体定价。

资本资产定价模型的研究对象，是充分组合情况下风险与必要报酬率之间的均衡关系。资本资产定价模型可用于回答如下不容回避的问题：为了补偿某一特定程度的风险，投资者应该获得多大的报酬率？在前面的讨论中，我们将风险定义为期望报酬率的不确定性；然后根据投资理论将风险区分为系统风险和非系统风险，知道了在高度分散化的资本市场里只有系统风险，并且会得到相应的回报。现在将讨论如何衡量系统风险以及如何给风险定价。

（一）系统风险的度量

既然一项资产的必要报酬率取决于它的系统风险，那么度量系统风险就成了一个关键问题。

度量一项资产系统风险的指标是贝塔系数，用希腊字母 β 表示。其计算公式如下：

$$\beta_J = \frac{\text{cov}(K_J, K_M)}{\sigma_M^2} = \frac{r_{JM}\sigma_J\sigma_M}{\sigma_M^2} = r_{JM}\left(\frac{\sigma_J}{\sigma_M}\right)$$

其中：分子 cov（K_J，K_M）是第 J 种证券的报酬率与市场组合报酬率之间的协方差。它等于该证券的标准差、市场组合的标准差及两者相关系数的乘积。

根据上式可以看出，一种股票的 β 值的大小取决于：（1）该股票与整个股票市场的相关性；（2）它自身的标准差；（3）整个市场的标准差。

β 系数的计算方法有两种：

一种是使用回归直线法。根据数理统计的线性回归原理，β 系数均可以通过同一时期内的资产报酬率和市场组合报酬率的历史数据，使用线性回归方程预测出来。β 系数就是该线性回归方程的回归系数。

【例 3－14】 J 股票历史已获得报酬率以及市场历史已获得报酬率的有关资料如表 3－6 所示，计算其 β 值的数据准备过程如表 3－7 和表 3－8 所示。

表 3-6　　计算β值的数据

年度	J股票报酬率（Y_i）	市场报酬率（X_i）
1	1.8	1.5
2	-0.5	1
3	2	0
4	-2	-2
5	5	4
6	5	3

表 3-7　　回归直线法计算β值的数据准备

年度	J股票报酬率（Y_i）	市场报酬率（X_i）	X_i^2	X_iY_i
1	1.8	1.5	2.25	2.7
2	-0.5	1	1	-0.5
3	2	0	0	0
4	-2	-2	4	4
5	5	4	16	20
6	5	3	9	15
合计	11.3	7.5	32.25	41.2

表 3-8　　公式法计算β值的数据准备

年度	J股票报酬率（Y_i）	市场报酬率（X_i）	X_i^2	X_iY_i	$(X_i-\overline{X})$	$(Y_i-\overline{Y})$	$(X_i-\overline{X})\times(Y_i-\overline{Y})$	$(X_i-\overline{X})^2$	$(Y_i-\overline{Y})^2$
1	1.8	1.5	2.25	2.7	0.25	-0.08	-0.02	0.0625	0.0064
2	-0.5	1	1	-0.5	-0.25	-2.38	0.595	0.0625	5.6644
3	2	0	0	0	-1.25	0.12	-0.15	1.5625	0.0144
4	-2	-2	4	4	-3.25	-3.88	12.61	10.5625	15.0544
5	5	4	16	20	2.75	3.12	8.58	7.5625	9.7344
6	5	3	9	15	1.75	3.12	5.46	3.0625	9.7344
合计	11.3	7.5	32.25	41.2			27.075	22.875	40.2084
平均数	1.88	1.25							
标准差	2.8358	2.1389							

求解回归方程$y=a+bx$系数的计算公式如下：

$$a=\frac{\sum_{i=1}^{n}X_i^2\times\sum_{i=1}^{n}Y_i-\sum_{i=1}^{n}X_i\times\sum_{i=1}^{n}X_iY_i}{n\sum_{i=1}^{n}X_i^2-\left(\sum_{i=1}^{n}X_i\right)^2}$$

$$b=\frac{n\sum_{i=1}^{n}X_iY_i-\sum_{i=1}^{n}X_i\times\sum_{i=1}^{n}Y_i}{n\sum_{i=1}^{n}X_i^2-(\sum_{i=1}^{n}X_i)^2}$$

将有关数据代入上式：

$$a=\frac{32.25\times 11.3-7.5\times 41.2}{6\times 32.25-7.5\times 7.5}$$

$$=\frac{55.425}{137.25}$$

$$=0.40$$

$$b=\frac{6\times 41.2-7.5\times 11.3}{6\times 32.25-7.5\times 7.5}$$

$$=\frac{162.45}{137.25}$$

$$=1.18$$

直线方程斜率 b，就是该股票的 β 系数。

另一种方法是按照定义，根据证券与股票指数报酬率的相关系数、股票指数的标准差和股票报酬率的标准差直接计算。

相关系数的计算：

$$r=\frac{\sum_{i=1}^{n}[(X_i-\bar{X})\times(Y_i-\bar{Y})]}{\sqrt{\sum_{i=1}^{n}(X_i-\bar{X})^2}\times\sqrt{\sum_{i=1}^{n}(Y_i-\bar{Y})^2}}$$

$$r_{JM}=\frac{27.075}{\sqrt{22.875}\times\sqrt{40.2084}}$$

$$=\frac{27.075}{4.7828\times 6.3410}$$

$$=0.8927$$

标准差的计算：

$$\sigma=\sqrt{\frac{\sum_{i=1}^{n}(X_i-\bar{X})^2}{n-1}}$$

$$\sigma_M=\sqrt{\frac{22.875}{6-1}}$$

$$=2.1389$$

$$\sigma_J=\sqrt{\frac{40.2084}{6-1}}$$

$$=2.8358$$

β 系数的计算：

$$\beta_J=r_{JM}\left(\frac{\sigma_J}{\sigma_M}\right)$$

$$=0.8927\times\frac{2.8358}{2.1389}$$

$$=1.18$$

β 系数的经济意义在于，它告诉我们相对于市场组合而言特定资产的系统风险是多少。例如，市场组合相对于它自己的 β 系数是1；如果一项资产的 $\beta=0.5$，表明它的系统风险是市场组合系统风险的0.5，其报酬率的波动幅度只及一般市场波动幅度的一半；如果一项资产的 $\beta=2.0$，说明这种股票的波动幅度为一般市场波动幅度的2倍。总之，某一股票 β 值的大小反映了该股票报酬率波动与整个市场报酬率波动之间的相关性及程度。

（二）投资组合的 β 系数

投资组合的 β_p 等于被组合各证券 β 值的加权平均数：

$$\beta_p=\sum_{i=1}^{n}X_i\beta_i$$

如果一个高 β 值股票（$\beta>1$）被加入到一个平均风险组合（β_p）中，则组合风险将会提高；反之，如果一个低 β 值股票（$\beta<1$）加入到一个平均风险组合中，则组合风险将会降低。所以，一种股票的 β 值可以度量该股票对整个组合风险的贡献，β 值可以作为这一股票风险程度的一个大致度量。

【例3-15】 一个投资者拥有10万元现金进行组合投资，共投资10种股票且各占1/10即1万元。如果这10种股票的 β 值皆为1.18，则组合的 β 值为 $\beta_p=1.18$。该组合的风险比市场风险大，即其价格波动的范围较大，报酬率的变动也较大。现在假设完全售出其中的一种股票且以一种 $\beta=0.8$ 的股票取而代之。此时，股票组合的 β 值将由1.18下降至1.142。

$$\beta_p=0.9\times1.18+0.1\times0.8=1.142$$

（三）证券市场线

按照资本资产定价模型理论，单一证券的系统风险可由 β 系数来度量，而且其风险与收益之间的关系可由证券市场线来描述。

证券市场线：$R_i=R_f+\beta\ (R_m-R_f)$

这个等式被称为资本资产定价模型。式中：R_i 是第 i 个股票的必要报酬率；R_f 是无风险报酬率（通常以国库券的报酬率作为无风险报酬率）；R_m 是平均股票的必要报酬率（指 $\beta=1$ 的股票的必要报酬率，也是指包括所有股票的组合即市场组合的必要报酬率）。在均衡状态下，(R_m-R_f) 是投资者为补偿承担超过无风险报酬的平均风险而要求的额外收益，即风险价格（见图3-13）。

证券市场线的主要含义如下：

（1）纵轴为必要报酬率，横轴则是以 β 值表示的风险。

（2）无风险证券的 $\beta=0$，故 R_f 成为证券市场线在纵轴的截距。

（3）证券市场线的斜率 $[\Delta Y/\Delta X=(R_m-R_f)/(1-0)=12\%-8\%=4\%]$ 表示经济系统中风险厌恶感的程度。一般来说，投资者对风险的厌恶感越强，证券市场线的斜率越大，对风险资产所要求的风险补偿越大，风险资产的必要报酬率越高。

（4）在 β 值分别为0.5、1和1.5的情况下，必要报酬率由最低 $R_l=10\%$，到市场平均的 $R_m=12\%$，再到最高的 $R_h=14\%$。β 值越大，必要报酬率越高。

从证券市场线可以看出，投资者的必要报酬率不仅仅取决于市场风险，而且还取决

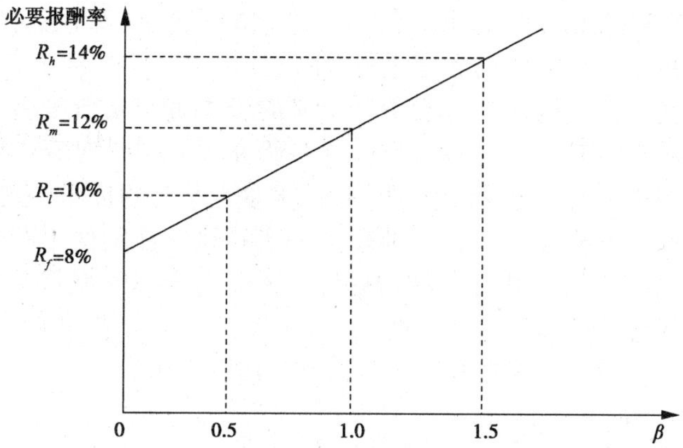

图 3－13 证券市场线：β 值与必要报酬率

于无风险报酬率（证券市场线的截距）和市场风险补偿程度（证券市场线的斜率）。由于这些因素始终处于变动之中，所以证券市场线也不会一成不变。预计通货膨胀提高时，无风险报酬率会随之提高，进而导致证券市场线的向上平移。风险厌恶感的加强，会提高证券市场线的斜率。

需要说明的是，图 3－13 的证券市场线与图 3－11 的资本市场线是两条完全不同的直线，它们之间有着明显的区别。资本市场线描述的是由风险资产和无风险资产构成的投资组合的有效边界。其中最优投资组合由两部分组成：一部分是无风险资产，另一部分则是风险资产组合有效集上的一个风险组合。资本市场线上的 M 点代表的就是这一风险组合；而资本市场线上的其他点，则表示由 M 点与无风险资产以不同比例所构成的投资组合。其测度风险的工具是整个资产组合的标准差，此直线只适用于有效组合。

而证券市场线描述的则是在市场均衡条件下单项资产或资产组合（不论它是否已经有效地分散风险）的必要报酬率与风险之间的关系。测度风险的工具是单项资产或资产组合对于整个市场组合方差的贡献程度即 β 系数。

此外，需要提醒注意的是，必要报酬率也称最低要求报酬率，是指准确反映预期未来现金流量风险的报酬率，是等风险投资的机会成本；期望报酬率则是使净现值为零的报酬率。期望报酬率和必要报酬率的关系，决定了投资者的行为。以股票投资为例，当期望报酬率大于必要报酬率时，表明投资会有超额回报，投资者应购入股票；当期望报酬率等于必要报酬率时，表明投资获得与所承担风险相应的回报，投资者可选择采取或不采取行动；当期望报酬率小于必要报酬率时，表明投资无法获得应有回报，投资者应卖出股票。在完美的资本市场上，投资的期望报酬率等于必要报酬率。

（四）资本资产定价模型的假设

资本资产定价模型建立在如下基本假设之上：

（1）所有投资者均追求单期财富的期望效用最大化，并以各备选组合的期望收益和标准差为基础进行组合选择。

（2）所有投资者均可以无风险报酬率无限制地借入或贷出资金。

（3）所有投资者拥有同样预期，即对所有资产报酬的均值、方差和协方差等，投资者均有完全相同的主观估计。

（4）所有的资产均可被完全细分，拥有充分的流动性且没有交易成本。

（5）没有税金。

（6）所有投资者均为价格接受者。即任何一个投资者的买卖行为都不会对股票价格产生影响。

（7）所有资产的数量是给定的和固定不变的。

在以上假设的基础上，构建了具有奠基意义的资本资产定价模型。随后，每一个假设逐步被放开，并在新的基础上进行研究，这些研究成果都是对资本资产定价模型的突破与发展。多年来，资本资产定价模型经受住了大量经验上的证明，尤其是β概念。

自资本资产定价模型构建以来，各种理论争议和经验证明便不断涌现。尽管该模型存在许多问题和疑问，但是以其科学的简单性、逻辑的合理性赢得了人们的支持。各种实证研究验证了β概念的科学性及适用性。

关于资本资产定价模型，将在资本成本等章节加以应用。

第四章　资本成本

第一节　资本成本的概念和用途

资本成本是财务管理的一个非常重要的概念。资本成本概念之所以重要，有两个原因：一是公司要达到股东财富最大化，必须使所有的投入成本最小化，其中包括资本成本的最小化，所以正确估计和合理降低资本成本是制定筹资决策的基础。二是公司为了增加股东财富，公司只能投资于投资报酬率高于资本成本率的项目，正确估计项目的资本成本是制定投资决策的基础。

一、资本成本的概念

一般说来，资本成本是指投资资本的机会成本。这种成本不是实际支付的成本，而是一种失去的收益，是将资本用于本项目投资所放弃的其他投资机会的收益，因此被称为机会成本。例如，投资人投资于一个公司的目的是取得回报，他是否愿意投资于特定企业要看该公司能否提供更多的报酬。为此，他需要比较该公司的期望报酬率与其他等风险投资机会的期望报酬率。如果该公司的期望报酬率高于所有的其他投资机会，他就会投资于该公司。他放弃的其他投资机会的收益就是投资于本公司的成本。因此，资本成本也称为投资项目的取舍率、最低可接受的报酬率。

资本成本的概念包括两个方面：一方面，资本成本与公司的筹资活动有关，它是公司募集和使用资金的成本，即筹资的成本；另一方面，资本成本与公司的投资活动有关，它是投资的必要报酬率。

资本成本根据应用对象的不同，可分为公司的资本成本和投资项目的资本成本。公司资本成本是投资人针对整个公司要求的报酬率，或者说是投资人对于企业全部资产要求的报酬率；项目资本成本是公司投资于资本支出项目所要求的报酬率。

（一）公司的资本成本

公司的资本成本，是指组成公司资本结构的各种资金来源的成本的组合，也就是各种资本要素成本的加权平均数。

理解公司资本成本，需要注意以下问题：

1. 资本成本是公司取得资本使用权的代价

在债券和股票估价中，我们是从投资人的角度评价证券的报酬和风险。现在我们换一个角度，从筹资人（公司）的角度看，假设不考虑所得税、交易费用等其他因素的影响，投资人从证券上所取得的报酬就是证券发行公司的成本。债权投资人的收益就是筹资公司的债务成本，权益投资人的收益就是筹资公司的股权成本。任何交易都至少有两方，一方的所得就是另一方所失，一方的收益就是另一方的成本。所以，投资人的税前必要报酬率等于公司的税前资本成本。

2. 资本成本是公司投资人的必要报酬率

资本成本是公司投资人的必要报酬率。如果公司的投资报酬率超过投资人的要求，必然会吸引新的投资人购买该公司股票，股价就会上升，现有股东的财富将增加。如果情况相反，有些股东会出售股票，股价就会下跌，股东的财富将减少。因此，假设不考虑所得税、交易费用等其他因素的影响，公司的资本成本是投资人的必要报酬率，或者说是维持公司股价不变的报酬率。

既然公司的资本成本取决于投资人的必要报酬率，那么投资人的必要报酬率又是由什么决定的呢？例如，一家银行贷款给一个公司，银行收取的利率就是银行投资给这家公司所要求的报酬率。因为，银行把资金贷给别人也能得到这个回报。这个利率是银行贷款的机会成本。又如，股东对一家公司投资，他预期的回报率必须足够高，这样他才不会出售股份把钱转移到其他投资机会上去。股票的必要报酬率是公司股东不撤资的机会成本。由此可见，公司的资本成本与资本市场有关，如果市场上其他的投资机会的报酬率升高，公司的资本成本也会上升。

3. 不同资本来源的资本成本不同

公司有多种资本来源，如债务、优先股、普通股等。每一种资本来源被称为一种资本要素。每一种资本要素要求的报酬率被称为要素成本。每一种要素的投资人都希望在投资上取得报酬，但是由于风险不同，每一种资本要素要求的报酬率不同。公司的资本成本是企业资本结构中各种资金来源成本的组合，即各资本要素成本的加权平均值。

债权人要求的报酬率比较容易观察。不论是取得银行贷款或发行公司债券，都要事先规定利率。这些规定的利率可以代表投资人的要求，也就是债务的成本。当然，因为不同债务的风险不同，不同公司、不同借款期限的债务成本也不同，但总是有明确规定的。

股东要求的报酬率不容易观察。权益投资人得到的报酬不是合同规定的。他们的报酬来自股利和股价上升两个方面。公司没有义务必须支付某一特定水平的股利，分配多少股利要看将来的经营状况和财务状况。股票价格有时上升，有时下降，会经常变化，因此，股价上升的收益也是不确定的。此外，股东的股利要求权排在债权人的利息之后，只有满足了债权人的要求之后，才可以分配股利。基于以上原因，股东的风险比债权人大。因此，公司应当为股东支付更高的报酬。公司为了获得权益资本，必须使权益投资人相信该权益投资的报酬率至少可以与他们放弃的等风险投资机会的报酬率一样。权益投资人要求的报酬率，是一种事前的必要报酬率，而不是已经获得或实际获得的报酬率。实际报酬率和必要报酬率不同。公司对于必要报酬率是否能够实现，并不作出任何保证。

权益投资人根据公司的现状和前景的有关信息，对可能获得的期望报酬率作出判断，以决定是否应该投资。

4. 不同公司的资本成本不同

一个公司资本成本的高低，取决于三个因素：（1）无风险利率，是指无风险投资所要求的报酬率。典型的无风险投资的例子是政府债券投资。（2）经营风险溢价，是指由于公司未来前景的不确定性导致的要求报酬率增加的部分。一些公司的经营风险比另一些公司高，投资人对其要求的报酬率也会增加。（3）财务风险溢价，是指高财务杠杆产生的风险。公司的负债率越高，普通股收益的变动性越大，股东要求的报酬率也就越高。

由于公司所经营的业务不同（经营风险不同）、资本结构不同（财务风险不同），因此各公司的资本成本不同。公司的经营风险和财务风险大，投资人要求的报酬率就会较高，公司的资本成本也就较高。

（二）投资项目的资本成本

投资项目的资本成本是指项目本身所需投资资本的机会成本，每个项目有自己的机会资本成本。

因为不同投资项目的风险不同，所以它们要求的最低报酬率不同。风险高的投资项目要求的报酬率较高，风险低的投资项目要求的报酬率较低。作为投资项目的资本成本即项目的必要报酬率，其高低既取决于资本运用于什么项目，又受筹资来源影响。

如果公司新的投资项目的风险与企业现有资产平均风险相同，则项目资本成本等于公司资本成本；如果新的投资项目的风险高于企业现有资产的平均风险，则项目资本成本高于公司资本成本；如果新的投资项目的风险低于企业现有资产的平均风险，则项目资本成本低于公司的资本成本。因此，每个项目都有自己的资本成本，它是项目风险的函数。

有关项目资本成本的问题，我们将在长期投资部分进一步讨论，本章主要讨论公司的资本成本。

二、资本成本的用途

公司的资本成本主要用于投资决策、筹资决策、营运资本管理、企业价值评估和业绩评价。

（一）用于投资决策

当投资项目与公司现存业务相同时，公司资本成本是合适的折现率。当然，在确定一个项目风险恰好等于现有资产平均风险时，需要审慎地判断。

如果投资项目与现有资产平均风险不同，公司资本成本不能作为项目现金流量的折现率。不过，公司资本成本仍具有重要价值，它提供了一个调整基础。根据项目风险与公司风险的差别，适当调增或调减可以估计项目的资本成本。评价投资项目最普遍的方法是净现值法和内含报酬率法。采用净现值法的时候，项目资本成本是计算净现值的折现率；采用内含报酬率法时，项目资本成本是其“取舍率”或必要报酬率。因此，项目资本成本是项目投资评价的基准。

（二）用于筹资决策

筹资决策的核心问题是决定资本结构。最优资本结构是使股票价格最大化的资本结构。由于估计资本结构对股票价格的影响非常困难，通常的办法是假设资本结构不改变企业的现金流，那么能使公司价值最大化的资本结构就是加权平均资本成本最小化的资本结构。预测资本结构变化对平均资本成本的影响，比预测其对股票价格的影响要容易。因此，加权平均资本成本可以指导资本结构决策。

（三）用于营运资本管理

公司各类资产的收益、风险和流动性不同，营运资本投资和长期资产投资的风险不同，其资本成本也不同。可以把各类流动资产投资看成是不同的“投资项目”，它们也有不同的资本成本。

在管理营运资本方面，资本成本可以用来评估营运资本投资政策和营运资本筹资政策。例如，用于流动资产的资本成本提高时，应适当减少营运资本投资额，并采用相对激进的筹资政策。决定存货的采购批量和储存量、制定销售信用政策和决定是否赊购等，都需要使用资本成本作为重要依据。

（四）用于企业价值评估

在现实中，经常会碰到需要评估一个企业的价值的情况，例如企业并购、重组等。在制定公司战略时，需要知道每种战略选择对企业价值的影响，也会涉及企业价值评估。

评估企业价值时，主要采用现金流量折现法，需要使用公司资本成本作为公司现金流量的折现率。

（五）用于业绩评价

资本成本是投资人要求的报酬率，与公司实际的投资报酬率进行比较可以评价公司的业绩。日渐兴起的以价值为基础的业绩评价，其核心指标是经济增加值。计算经济增加值需要使用公司资本成本。公司资本成本与资本市场相关，所以经济增加值可以把业绩评价和资本市场联系在一起。

总之，资本成本是连接投资和筹资的纽带，具有广泛的用途。首先，投资决策决定了公司所需资金的数额和时间，成为筹资决策的依据；其次，筹资决策决定了一个公司的加权平均资本成本，加权平均资本成本又成为投资决策的依据。资本成本把筹资决策和投资决策联系起来。为了实现股东财富最大化的目标，公司在筹资活动中寻求资本成本最小化，与此同时，投资于报酬高于资本成本的项目并力求净现值最大化。

三、资本成本的影响因素

在市场经济环境中，多方面因素的综合作用决定着企业资本成本的高低，其中主要有：利率、市场风险、税率、资本结构和投资政策。这些因素发生变化时，就需要调整资本成本。

（一）外部因素

1. 利率

市场利率上升，公司的债务成本会上升，因为投资人的机会成本增加了，公司筹资时必须付给债权人更多的报酬。根据资本资产定价模型，利率上升也会引起普通股和优先股的成本上升。个别公司无法改变利率，只能被动接受。资本成本上升，投资的价值会降低，抑制公司的投资。利率下降，公司资本成本也会下降，会刺激公司投资。

2. 市场风险溢价

市场风险溢价由资本市场上的供求双方决定，个别公司无法控制。根据资本资产定价模型可以看出，市场风险溢价会影响股权成本。

3. 税率

税率是政府政策，个别公司无法控制。税率变化直接影响税后债务成本以及公司加权平均资本成本。此外，资本性收益的税务政策发生变化，会影响人们对于权益投资和债务投资的选择，并间接影响公司的最佳资本结构。

（二）内部因素

1. 资本结构

在计算加权平均资本成本时，我们假定公司的目标资本结构已经确定。企业改变资本结构时，资本成本会随之改变。增加债务的比重，会使平均资本成本趋于降低，同时会加大公司的财务风险。财务风险的提高，又会引起债务成本和股权成本上升。因此，公司应适度负债，寻求资本成本最小化的资本结构。

2. 投资政策

公司的资本成本反映现有资产的平均风险。如果公司向高于现有资产风险的新项目大量投资，公司资产的平均风险就会提高，并使得资本成本上升。因此，公司投资政策发生变化时，资本成本就会发生变化。

第二节 债务资本成本的估计

一、债务资本成本的概念

（一）债务筹资的特征

估计债务成本就是确定债权人要求的报酬率。债务成本的估计方法与债务筹资的特征有关系。与权益筹资相比，债务筹资有以下特征：

（1）债务筹资产生合同义务。筹资公司在取得资金的同时，必须承担规定的合同义务。这种义务包括在未来某一特定日期归还本金，以及支付本金之外的利息费用或票面利息。

（2）公司在履行上述义务时，归还债权人本息的请求权优先于股东的股利。

（3）提供债务资本的投资者，没有权利获得高于合同规定利息之外的任何收益。

由于债务筹资的上述特点，债务资本的提供者承担的风险显著低于股东，所以其期望报酬率低于股东，即债务的资本成本低于权益筹资。

（二）债务资本成本的区分

1. 区分债务的历史成本和未来成本

在估计债务成本时，要注意区分债务的历史成本和未来成本。作为投资决策和企业价值评估依据的资本成本，只能是未来借入新债务的成本。现有债务的历史成本，对于未来的决策来说是不相关的沉没成本。

2. 区分债务的承诺收益与期望收益

理性的权益投资人会投资于权益的投资组合，以消除与权益投资相联系的特有风险，只需承担面临的系统风险。债务投资者也可以从组合投资中获得好处。一个理性的债权人应该投资于债务组合，或者将钱借给不同的单位，以减少面临的特有风险。

不过，债务组合与权益组合有重要区别。因为本息的偿还是合同义务，不能分享公司价值提升的任何好处，所以债权人所得报酬存在上限。即使筹资公司因为特有风险获得巨大成功，债务投资人也只是得到合同规定的本金和利息，即获得“承诺收益”；但如果筹资公司因特有风险而失败，债务投资人则可能无法得到承诺的本金和利息，即出现违约风险。对于理性的投资人来说，成功的投资只能得到承诺收益，无法抵消那些违约债务投资带来的损失。因此，债务投资组合的期望收益低于合同规定的收益。投资人把承诺收益视为期望收益是不对的，因为违约的可能性是存在的。

对于投资人来说，建立债务组合仍然有好处，就是消除特有风险引起的期望收益的波动性。银行把资金借给很多公司，就不怕个别公司倒闭。但是，经济危机到来时系统性风险使所有债务投资的违约可能性大增，就可能使一些银行破产。

对于筹资人来说，债权人的期望收益是其债务的真实成本。因为公司可以违约，所以承诺收益夸大了债务成本。在不利的情况下，可以违约的能力会降低借款的实际成本。

在实务中，往往把债务的承诺收益率作为债务成本。从理论上看是不对的，但在实务中经常是可以接受的。原因之一是多数公司的违约风险不大，债务的期望收益与承诺收益的区别很小，可以忽略不计或者假设不存在违约风险。另一个原因是，按照承诺收益计算到期收益率很容易，而估计违约风险就比较困难。

如果筹资公司处于财务困境或者财务状况不佳，债务的承诺收益率可能非常高，例如各种“垃圾债券”。此时，必须区分承诺收益和期望收益。当债务的承诺收益率高于股权成本时，以承诺收益率作为债务成本，就会出现债务成本高于权益成本的错误结论。

3. 区分长期债务成本和短期债务成本

公司有多种债务，它们的利率各不相同。从理论上看，需要分别计算每一种债务的成本，然后计算出其加权平均债务成本。

由于计算资本成本的主要目的是用于资本预算，资本成本应当与资本预算一样面向未来。财务经理不可能在开始计划时就预计出各种债务的类型和结构，因为要看当时的资本市场的情况。通常，临时性资本需求靠短期借款和发行商业票据，其数额和筹资成本经常变动，不便于计划。由于加权平均资本成本主要用于资本预算，涉及的债务是长期债务，因此，通常的做法是只考虑长期债务，而忽略各种短期债务。值得注意的是，有时候公司无法发行长期债券或取得长期银行借款，被迫采用短期债务筹资并将其不断续约。这种债务，实质上是一种长期债务，是不能忽略的。

二、税前债务资本成本的估计

（一）不考虑发行费用的税前债务资本成本估计

1. 到期收益率法

如果公司目前有上市的长期债券，则可以使用到期收益率法计算债务的税前成本。

根据债券估价的公式，到期收益率是使下式成立的 r_d：

$$P_0 = \sum_{t=1}^{n} \frac{利息}{(1+r_d)^t} + \frac{本金}{(1+r_d)^n}$$

式中：P_0——债券的市价；

r_d——到期收益率即税前债务成本；

n——债券的剩余期限，通常以年表示。

【例4-1】 A公司8年前发行了面值为1 000元、期限30年的长期债券，利率是7%，每年付息一次，目前市价为900元。

$$900 = \sum_{t=1}^{n} \frac{1\ 000 \times 7\%}{(1+r_d)^{22}} + \frac{1\ 000}{(1+r_d)^{22}}$$

$$900 = 1\ 000 \times 7\% \times (P/A, r_d, 22) + 1\ 000 \times (P/F, r_d, 22)$$

用内插法求解，$r_d = 7.98\%$。

如果债券不是按年付息，而是每年付息 m 次，则上述公式将调整为：

$$P_0 = \sum_{t=1}^{mn} \frac{利息 \div m}{(1+r_d)^t} + \frac{本金}{(1+r_d)^{mn}}$$

式中：P_0——债券的市价；

r_d——计息期折现率；

m——每年计息次数；

n——债券的剩余期限，通常以年表示。

债务税前资本成本 = 有效年利率 = $(1+r_d)^m - 1$

续［例4-1］，假设其他条件不变，该债券每半年付息一次。

$$900 = \sum_{t=1}^{2n} \frac{利息 \div 2}{(1+r_d)^t} + \frac{本金}{(1+r_d)^{2n}}$$

$$900 = 1\ 000 \times (7\% \div 2) \times (P/A, r_d, 44) + 1\ 000 \times (P/F, r_d, 44)$$

用内插法求解，$r_d = 3.99\%$

债务税前资本成本 = $(1+r_d)^2 - 1 = 8.14\%$

2. 可比公司法

如果需要计算债务成本的公司，没有上市债券，就需要找一个拥有可交易债券的可比公司作为参照物。计算可比公司长期债券的到期收益率，作为本公司的长期债务成本。

可比公司应当与目标公司处于同一行业，具有类似的商业模式。最好两者的规模、负债比率和财务状况也比较类似。

3. 风险调整法

如果本公司没有上市的债券，而且找不到合适的可比公司，那么就需要使用风险调整法估计债务成本。按照这种方法，债务成本通过同期限政府债券的市场收益率与企业的信用风险补偿（或称，违约风险溢价）相加求得：

税前债务成本 = 政府债券的市场回报率 + 企业的信用风险补偿率

关于政府债券的市场回报率，将在股权成本的估计中讨论，现在的问题是如何估计企业的信用风险补偿率。

信用风险的大小可以用信用级别来估计。具体做法如下：

（1）选择若干信用级别与本公司相同的上市的公司债券（不一定符合可比公司条件）；

（2）计算这些上市公司债券的到期收益率；

（3）计算与这些上市公司债券同期的长期政府债券到期收益率（无风险利率）；

（4）计算上述两个到期收益率的差额，即信用风险补偿率；

（5）计算信用风险补偿率的平均值，作为本公司的信用风险补偿率。

【例4-2】 ABC公司的信用级别为B级。为估计其税前债务成本，收集了目前上市交易的B级公司债4种。不同期限债券的利率不具可比性，期限长的债券利率较高。对于已经上市的债券来说，到期日相同则可以认为未来的期限相同，其无风险利率相同，两者的利率差额是风险不同引起的。寻找与公司债券到期日完全相同的政府债券几乎不可能。因此，要选择4种到期日分别与4种公司债券近似的政府债券，进行到期收益率的比较。有关数据如表4-1所示。

表4-1　上市公司的4种B级公司债有关数据表

债券发行公司	上市债券到期日	上市债券到期收益率	政府债券到期日	政府债券（无风险）到期收益率	公司债券信用风险补偿率
甲	2012年1月28日	4.80%	2012年1月4日	3.97%	0.83%
乙	2012年9月26日	4.66%	2012年7月4日	3.75%	0.91%
丙	2013年8月15日	4.52%	2014年2月15日	3.47%	1.05%
丁	2017年9月25日	5.65%	2018年2月15日	4.43%	1.22%
风险补偿率平均值					1.00%

假设同期限政府债券的市场收益率为3.5%，则ABC公司的税前债务成本为：

$r_d = 3.5\% + 1\% = 4.5\%$

4. 财务比率法

如果目标公司没有上市的长期债券，也找不到合适的可比公司，并且没有信用评级资料，那么可以使用财务比率法估计债务成本。

按照该方法，需要知道目标公司的关键财务比率，根据这些比率可以大体上判断该公司的信用级别，有了信用级别就可以使用风险调整法确定其债务成本。

财务比率和信用级别存在相关关系。收集目标公司所在行业各公司的信用级别及其关键财务比率，并计算出各财务比率的平均值，编制信用级别与关键财务比率对照表，如表4-2所示。

表 4-2 信用级别与关键财务比率对照表

信用级别	AAA	AA	A	BBB	BB	B	CCC
利息保障倍数	12.9	9.2	7.2	4.1	2.5	1.2	-0.9
净现金流/总负债	89.7%	67.0%	49.5%	32.2%	20.1%	10.5%	7.4%
资本回报率	30.6%	25.1%	19.6%	15.4%	12.6%	9.2%	-8.8%
经营利润/销售收入	30.9%	25.2%	17.9%	15.8%	14.4%	11.2%	5.0%
长期负债/总资产	21.4%	29.3%	33.3%	40.8%	55.3%	68.8%	71.5%
总负债/总资产	31.8%	37.0%	39.2%	46.4%	58.5%	71.4%	79.4%

根据目标公司的关键财务比率和信用级别与关键财务比率对照表，就可以估计出公司的信用级别，然后就可以按照前述的“风险调整法”估计其债务成本。

（二）考虑发行费用的税前债务资本成本估计

在估计债券资本成本时考虑发行费用，需要将其从筹资额中扣除。此时，债券资本的税前成本 r_d 应使下式成立：

$$P_0 \times (1 - F) = \sum_{t=1}^{n} \frac{\text{利息}}{(1 + r_d)^t} + \frac{\text{本金}}{(1 + r_d)^t}$$

式中：P_0——债券发行价格；

F——发行费用率；

n——债券期限；

r_d——经发行费用调整后的债券税前资本成本。

【例 4-3】 ABC 公司拟发行 30 年期的债券，面值 1 000 元，利率 10%（按年付息），所得税税率 25%，平价发行，发行费用率为面值的 1%。

将数据带入上述公式：

$$1\,000 \times (1 - 1\%) = \sum_{t=1}^{n} \frac{1\,000 \times 10\%}{(1 + r_d)^t} + \frac{1\,000}{(1 + r_d)^{30}}$$

$r_d = 10.11\%$

如果不考虑发行费用，债券的税前资本成本为 10%。

调整前后的债务资本成本差别不大。在进行资本预算时预计现金流量的误差较大，远大于发行费用调整对于资本成本的影响。这里的债务成本是按承诺收益计量的，没有考虑违约风险，违约风险会降低债务成本，可以抵消发行成本增加债务成本的影响。因此，多数情况下没有必要进行发行费用的调整。实际上，除非发行成本很大，很少有人花大量时间进行发行费用的调整。

三、税后债务资本成本的估计

由于利息可从应税收入中扣除，因此，负债的税后成本是税率的函数。利息的抵税作用使得负债的税后成本低于税前成本。

税后债务成本 = 税前债务成本 ×（1 - 所得税税率）

由于所得税的作用，债权人要求的报酬率不等于公司的税后债务成本。因为利息可以免税，政府实际上支付了部分债务成本，所以公司的债务成本小于债权人要求的报酬率。

第三节 普通股资本成本的估计

普通股资本成本是指筹集普通股所需的成本。这里的筹资成本，是指面向未来的成本，而不是过去的成本。增加普通股有两种方式：一种是增发新的普通股，另一种是留存收益转增普通股。

一、不考虑发行费用的普通股资本成本的估计

普通股资本成本估计方法有三种：资本资产定价模型、股利增长模型和债券收益率风险调整模型。三种方法各有优点和缺点，不能说哪一种更好。通常三种方法都会使用，究竟选择哪一种，往往要看相关数据的可靠性，选用最有把握的一种。其中，资本资产定价模型使用的最广泛。

（一）资本资产定价模型

资本资产定价模型是估计普通股资本成本的常用方法。按照资本资产定价模型，普通股资本成本等于无风险利率加上风险溢价。

$r_S = r_{RF} + \beta \times (r_m - r_{RF})$

式中：r_{RF}——无风险利率；

β——股票的贝塔系数；

r_m——平均风险股票报酬率；

$(r_m - r_{RF})$——市场风险溢价；

$\beta \times (r_m - r_{RF})$——股票的风险溢价。

【例4－4】 市场无风险利率为10%，平均风险股票报酬率为14%，某公司普通股β值为1.2。普通股的成本为：

$r_S = 10\% + 1.2 \times (14\% - 10\%) = 14.8\%$

根据资本资产定价模型计算普通股的资本成本，必须估计无风险利率、股票的贝塔系数以及市场风险溢价。

1. 无风险利率的估计

我们将无风险资产定义为投资者可以期望确定报酬率的资产。通常认为，政府债券没有违约风险，可以代表无风险利率。但是，在具体操作时会遇到以下三个问题需要解决：如何选择债券的期限，如何选择利率，以及如何处理通货膨胀问题。

（1）选择短期政府债券利率还是长期政府债券利率。政府债券基本上没有违约风险，其利率可以代表无风险利率。问题在于政府债券有不同的期限，它们的利率不同。通常认为，在计算公司股权资本成本时选择长期政府债券的利率比较适宜。理由如下：

其一，普通股是长期的有价证券。从理论上分析，期限的选择应当与被讨论的现金

流期限匹配。普通股的现金流是永续的，很难找到永续债券。这涉及实务中的信息可得性。政府长期债券期限长，比较接近普通股的现金流。

其二，资本预算涉及的时间长。计算资本成本的目的主要是作为长期投资的折现率。长期政府债券的期限和投资项目现金流持续时间能较好地配合。

其三，长期政府债券的利率波动较小。短期政府债券的波动性较大，其变动幅度有时甚至超过无风险利率本身，不宜作为无风险利率的代表。

最常见的做法是选用10年期的政府债券利率作为无风险利率的代表，也有人主张使用更长时间的政府债券利率。

（2）选择票面利率还是到期收益率。不同时间发行的长期政府债券，其票面利率不同，有时相差较大。长期政府债券的付息期不同，有半年期或一年期等，还有到期一次还本付息的。因此，票面利率是不适宜的。

估计股权资本成本时，应当选择上市交易的政府长期债券的到期收益率作为无风险利率的代表。不同年份发行的、票面利率和计息期不等的上市债券，根据当前市价和未来现金流计算的到期收益率只有很小差别。各种长期政府债券的到期收益率与票面利率会有很大区别。

（3）选择名义无风险利率（以下简称名义利率）还是真实无风险利率（以下简称实际利率）。两者的关系①可表述如下：

$1+r_{RF}=(1+r^{*})(1+\text{通货膨胀率})$

如果企业对未来现金流量的预测是基于预算年度的价格水平，并消除了通货膨胀的影响，那么这种现金流量称为实际现金流量。包含了通货膨胀影响的现金流量，称为名义现金流量。两者的关系为：

$\text{名义现金流量}=\text{实际现金流量}\times(1+\text{通货膨胀率})^{n}$

式中：n——相对于基期的期数。

在决策分析中，有一条必须遵守的原则，即含有通胀的现金流量要使用含有通胀的折现率进行折现，实际的现金流量要使用实际的折现率进行折现。政府债券的未来现金流，都是按含有通胀的货币支付的，据此计算出来的到期收益率是含有通胀利率。

计算资本成本时，无风险利率应当使用名义利率还是实际利率，人们存在分歧。

主张采用实际利率的理由是：（1）实际利率反映资源的真实要求，而名义利率容易引起误解。名义现金流量其实是积累的通货膨胀，以后年度的巨大现金流入会使人过于乐观；实际现金流量更便于理解和比较。（2）通常在进行财务预测时，一般是以当前的收入、成本和利息等实际的数据为基础，然后根据预期通货膨胀率向上调整，得出含通胀的货币预计财务报表数据。所以使用实际利率便于与基础年度的收入、成本等实际数据衔接。

主张采用名义利率的理由是：（1）通货膨胀是一种现实，人们已经习惯用名义货币表示的现金流量。去除通胀因素的调整后的实际现金流不符合人们的习惯。（2）用实际数字编制预计利润表和资产负债表，难以对税负和折旧等费用进行调整。税收事实上是

---

① 本书第三章第一节利率影响因素中的"（名义）无风险利率 $=r_{RF}=r^{*}+IP$"与此处公式不同，前者是此处公式的简化，未考虑利息本身也受通货膨胀的影响。

按含通胀的名义货币缴纳的，折旧是按资产的含通胀的账面价值计算的，如果调整则会引起不合理的扭曲，使现金流量表与利润表、资产负债表无法衔接。因此，用含通胀的名义货币数据编制预测财务报表比较容易。

实务中，一般情况下使用含通胀的名义货币编制预计财务报表并确定现金流量，与此同时，使用含通胀的无风险利率计算资本成本。只有在以下两种情况下，才使用实际利率计算资本成本：（1）存在恶性的通货膨胀（通货膨胀率已经达到两位数）时，最好使用排除通货膨胀的实际现金流量和实际利率；（2）预测周期特别长，例如核电站投资等，通货膨胀的累积影响巨大。在采用实际的利率计算资本成本时，编制预计财务报表需要用含通胀的名义货币数据预计税收、折旧、营运资本，然后用预期通货膨胀率将其调整为实际的数据，以便使各种报表数据互相衔接。

2. 股票β值的估计

在前面讨论资本资产定价模型时，我们已经知道，β值等于证券i的报酬率与市场组合报酬率的协方差与市场组合报酬率方差的比值：

$$\beta=\frac{\mathrm{cov}(r_i,r_m)}{\sigma_m^2}$$

式中：$\mathrm{cov}(r_i,r_m)$——证券i的报酬率与市场组合报酬率的协方差；

σ_m^2——市场组合报酬率的方差。

在计算β值时，必须作出两项选择：

（1）选择有关预测期间的长度。较长的期限可以提供较多的数据，得到的β值更具代表性，但在这段时间里公司本身的风险特征可能会发生变化。例如在进行回归分析的区间里，两年前公司举借了大量的债务用于收购其他公司，公司的基本风险特征有很大变化，那么用最近两年的数据计算的结果要比用5年的数据更能反映公司未来的风险。因此，公司风险特征无重大变化时，可以采用5年或更长的预测期长度；如果公司风险特征发生重大变化，应当使用变化后的年份作为预测期长度。

（2）选择收益计量的时间间隔。股票报酬率可能建立在每年、每月、每周，甚至每天的基础上。使用每日内的报酬率会提高回归中数据的观察量，但也会面临一个问题，就是有些日子没有成交或者停牌，该期间的报酬率为0，由此引起的偏差会降低股票报酬率与市场组合报酬率之间的相关性，也会降低该股票的β值。使用每周或每月的报酬率就能显著地降低这种偏差，因此被广泛采用。年度报酬率较少采用，回归分析需要使用很多年的数据，在此期间资本市场和企业都发生了很大变化。

此外，需要注意的是财务估价使用的现金流量数据是面向未来的，而计算股权成本使用的β值却是历史的，时间基础不一致。事实上我们无法确定未来的β值，只好假设未来是历史的继续。如果有理由相信未来的业务与过去有本质或重要的区别，则历史的β值是不可靠的。

如何判断历史的β值是否可以指导未来呢？就要看驱动β值的经营风险和财务风险是否发生重大变化。如果没有显著改变，则可以用历史的β值估计股权成本。

3. 市场风险溢价的估计

市场风险溢价，通常被定义为在一个相当长的历史时期里，市场平均收益率与无风险资产平均收益率之间的差异。前面已经解决了无风险资产收益率的估计问题，因此，剩下的只是市场平均收益率的估计。

估计市场收益率最常见的方法是进行历史数据分析。在分析时会碰到两个问题：

（1）选择时间跨度。由于股票收益率非常复杂多变，影响因素很多，因此，较短的期间所提供的风险溢价比较极端，无法反映平均水平，因此应选择较长的时间跨度。例如，用过去几十年的数据计算权益市场平均收益率，其中既包括经济繁荣时期，也包括经济衰退时期，要比只用最近几年的数据计算更具代表性。

（2）权益市场平均收益率选择算术平均数还是几何平均数。两种方法算出的风险溢价有很大的差异。算术平均数是在这段时间内年收益率的简单平均数，而几何平均数则是同一时期内年收益率的复合平均数。

现以两年收益率的简单例子来说明。

【例4-5】 某证券市场最近两年的相关数据如表4-3所示。

$$\text{算术平均收益率} = [60\% + (-25\%)]/2 = 17.5\%$$

$$\text{几何平均收益率} = \sqrt{\frac{3\ 000}{2\ 500}} - 1 = 9.54\%$$

表4-3　　　　证券市场数据

时间（年末）	价格指数	市场收益率
0	2 500	
1	4 000	（4 000－2 500）/2 500＝60%
2	3 000	（3 000－4 000）/4 000＝－25%

主张使用算术平均数的理由是：算术平均数更符合资本资产定价模型中的平均方差的结构，因而是下一阶段风险溢价的一个更好的预测指标。主张使用几何平均数的理由是：几何平均数的计算考虑了复合平均，能更好地预测长期的平均风险溢价。多数人倾向于采用几何平均法。几何平均法得出的预期风险溢价，一般情况下比算术平均法要低一些。

（二）股利增长模型

股利增长模型假定收益以固定的年增长率递增，则股权资本成本的计算公式为：

$$r_S = \frac{D_1}{P_0} + g$$

式中：r_S——普通股成本；

D_1——预期下年现金股利额；

P_0——普通股当前市价；

g——股利增长率。

使用股利增长模型的主要问题是估计长期平均增长率 g。如果一家企业在支付股利，那么 D_0 就是已知的，而 $D_1 = D_0(1+g)$，所以剩下的问题只是估计增长率 g。

估计长期平均增长率的方法有以下三种：

1. 历史增长率

这种方法是根据过去的股利支付数据估计未来的股利增长率。股利增长率可以按几何平均数计算，也可以按算术平均数计算，两种方法的计算结果会有很大区别。

【例4-6】 ABC公司20×1~20×5年的股利支付情况如表4-4所示。

表4-4 ABC公司20×1~20×5年的股利支付情况表

年份	20×1年	20×2年	20×3年	20×4年	20×5年
股利	0.16	0.19	0.20	0.22	0.25

按几何平均数计算，股息的平均增长率为：

$$g=\sqrt[n]{\frac{FV}{PV}}-1$$

式中：PV——最早支付的股利；FV——最近支付的股利；n——股息增长期的期间数。

ABC公司的股利（几何）增长率为：

$$g=\sqrt[4]{\frac{0.25}{0.16}}-1=11.80\%$$

ABC公司的股利（算术）增长率为：

$$g=\left(\frac{0.19-0.16}{0.16}+\frac{0.20-0.19}{0.19}+\frac{0.22-0.20}{0.20}+\frac{0.25-0.22}{0.22}\right)\Big/4=11.91\%$$

哪一个更适合股利增长模型呢？几何增长率适合投资者在整个期间长期持有股票的情况，而算术平均数适合在某一段时间持有股票的情况。由于股利折现模型的增长率，需要长期的平均增长率，几何增长率更符合逻辑。

有了历史平均增长率，就可以利用股利增长模型计算出股权成本。在计算历史增长率时采用数据的年份不同，得出的股权成本也会不同，需要谨慎选择。通常，需要使用计算出来的历史增长率和股权成本，利用股票估价模型 $P_0=D_1/(r_S-g)$ 以及历史的各年股利，计算出相应的一系列模型预计股价，并对历史的实际股价和模型预计股价进行相关性分析，选择相关性最好的历史增长率。

如果公司过去的股利增长率相对平稳，并且预期这种趋势会继续下去，那么过去的增长率就可以作为未来增长率的估计值。但是，长期观察各公司股利支付的情况，股利稳定增长的公司并不多见，有些公司甚至多年不支付股利。股利支付与企业所处的生命周期有关，在企业初创期和成长期很少支付股利，进入成熟期以后才会有较多的股利支付。因此，历史增长率法很少单独应用，它仅仅是估计股利增长率的一个参考，或者是一个需要调整的基础。

2. 可持续增长率

假设未来不增发新股（或股票回购），并且保持当前的经营效率和财务政策不变，则可根据可持续增长率来确定股利的增长率。

股利增长率=可持续增长率=期初权益预期净利率×预计利润留存率

【例4-7】 某公司预计未来不增发新股或回购股票，保持经营效率、财务政策不变，预计的股利支付率为20%，期初权益预期净利率为6%，则股利的增长率为：

$$g=6\%\times(1-20\%)=4.8\%$$

根据可持续增长率估计股利增长率，实际上隐含了一些重要的假设：利润留存率不变；预期新投资的权益净利率等于当前期望报酬率；公司不发行新股（或股票回购）。如果这些假设与未来的状况有较大区别，则可持续增长率法不宜单独使用，需要与其他方法结合使用。

3. 采用证券分析师的预测

证券服务机构的分析师会经常发布大多数上市公司的增长率预测值。估计增长率时，可以将不同分析师的预测值进行汇总，并求其平均值。在计算平均值时，可以给权威性较强的机构以较大的权重，而其他机构的预测值给以较小的权重。

证券分析师发布的各公司增长率预测值，通常是分年度或季度的，而不是一个唯一的长期增长率。对此，有两种解决办法：（1）将不稳定的增长率平均化：转换的方法是计算未来足够长期间的年度增长率的几何平均数。通常，只保留30年或50年的数据，舍去更远的数据，它们对计算结果的影响甚微。（2）根据不均匀的增长率直接计算股权成本。

【例4－8】 A公司的当前股利为2元/股，股票的实际价格为23元。证券分析师预测，未来5年的股利增长率逐年递减，第5年及其以后年度为5%。

（1）计算几何平均增长率。预计未来30年的股利，如表4－5所示。

表4－5　对A公司的股利预测

年度	0	1	2	3	4	5	30
增长率		9%	8%	7%	6%	5%	5%
股利	2	2.1800	2.3544	2.5192	2.6704	2.8039	9.4950

设平均增长率为 g：

$2\times(1+g)^{30}=9.4950$

$g=5.3293\%$

如果按照 $g=5.3293\%$ 计算股权成本：

股权成本 $=2\times(1+5.3293\%)/23+5.3293\%=9.15907\%+5.3293\%=14.49\%$

（2）根据不均匀的增长率直接计算股权成本。根据固定增长股利估价模型，设股权成本为 r_S，则第4年年末的股价为：

$P_4=2.8039/(r_S-5\%)$

当前的股价等于前4年的股利现值与第4年年末股价现值之和：

$$P_0=\sum_{t=1}^{4}\frac{D_t}{(1+r_S)^t}+\frac{P_4}{(1+r_S)^4}$$

$$23=\frac{2.1800}{(1+r_S)^1}+\frac{2.3544}{(1+r_S)^2}+\frac{2.5192}{(1+r_S)^3}+\frac{2.6704}{(1+r_S)^4}+\frac{2.8039/(r_S-5\%)}{(1+r_S)^4}$$

最后求解上述方程式：

$r_S=14.91\%$

为了计算股权成本 r_S 需要使用内插法，手工计算十分麻烦。Excel的“单变量求解”功能可以方便地解决这种问题。

其计算结果可以通过表4－6验证。

表4－6　股权成本的验证

年度	0	1	2	3	4	5
增长率		9%	8%	7%	6%	5%
股利（元/股）	2	2.1800	2.3544	2.5192	2.6704	2.8039

续表

年度	0	1	2	3	4	5
现值因数（14.91%）		0.8702	0.7573	0.659	0.5735	
股利现值合计	6.8716	1.8970	1.7830	1.6602	1.5315	
期末价值及其现值	16.2263				28.2934	
股票价值合计	23					

期末（第4年年末）价值 =2.8039/(14.91% -5%) =28.2934（元）

期末价值的现值 =28.2934 ×0.5735 =16.2263（元）

股票价值 =4年的股利现值 + 期末价值 =6.8716 +16.2263 =23（元）

计算结果与实际股价一致，说明股权成本14.91%是正确的。

两者的误差是舍去了30年以后的股利数据造成的。这种误差还是可以接受的，比起现金流量的估计误差要小得多。

以上三种增长率的估计方法中，采用分析师的预测增长率可能是最好的方法。投资者在为股票估价时也经常采用它作为增长率，而多数投资人的预期对于实际股价有重要影响。

（三）债券收益率风险调整模型

根据投资“风险越大，要求的报酬率越高”的原理，普通股股东对企业的投资风险大于债券投资者，因而会在债券投资者要求的收益率上再要求一定的风险溢价。依照这一理论，权益的成本公式为：

$r_S = r_{dt} + RP_c$

式中：r_{dt}——税后债务成本；

RP_c——股东比债权人承担更大风险所要求的风险溢价。

风险溢价是凭借经验估计的。一般认为，某企业普通股风险溢价对其自己发行的债券来讲，大约在3% ~5%之间。对风险较高的股票用5%，风险较低的股票用3%。

例如，对于债券成本为9%、中等风险的企业来讲，其普通股成本为：

$r_S = 9\% + 4\% = 13\%$

而对于债券成本为13%的另一家中等风险企业，其普通股成本则为：

$r_S = 13\% + 4\% = 17\%$

估计RP_c的另一种方法是使用历史数据分析，即比较过去不同年份的权益报酬率和债券收益率。通常在比较时会发现，虽然权益报酬率和债券收益率有较大波动，但两者的差额RP_c相当稳定。正因为如此，历史的RP_c可以用来估计未来普通股成本。

前面讲述了三种计算普通股成本的估计方法，这三种方法的计算结果经常不一致，我们不知道哪一个更接近真实的普通股成本。实际上不存在一个公认的确定普通股真实成本的方法。一种常见的做法是将每种方法计算出来的普通股成本进行算术平均。有时决策者基于他对某种方法所采用的数据更有信心，而注重其中的一种方法。

此外，估计增长率需要经验和判断。例如，一个公司的长期增长率不太可能与GDP的增长率相差太多。长期的市场竞争会使高增长企业的优势逐渐消失，并淘汰增长缓慢的企业。只有那些具有独特资源和垄断优势的少数公司，才可能较长时期维持高增长率。如果给一个公司较高的增长率估值，必须要知道它的长期竞争优势是如何取得和维持的。

公司的留存收益来源于净利润，归属于股东权益。从表面上看，留存收益并不花费资本成本。实际上，股东愿意将其留用于公司，其必要报酬率与普通股相同，要求与普通股等价的报酬。因此，留存收益也有资本成本，是一种典型的机会成本。留存收益资本成本的估计与不考虑发行费用的普通股资本成本相同。

二、考虑发行费用的普通股资本成本的估计

新发行普通股的资本成本，也被称为外部股权成本。新发行普通股会发生发行费用，所以它比留存收益进行再投资的内部股权成本要高一些。

把发行费用考虑在内，新发行普通股资本成本的计算公式则为：

$$r_S=\frac{D_1}{P_0\times(1-F)}+g$$

式中：F——发行费用率。

【例4－9】 ABC公司现有资产10 000万元，没有负债，全部为权益资本。其总资产净利率为15%，每年净收益1 500万元，全部用于发放股利，公司的增长率为零。公司发行在外的普通股1 000万股，每股收益1.5元（1 500万元/1 000万股）。股票的价格为每股10元。公司为了扩大规模购置新的资产（该资产的期望报酬率与现有资产相同），拟以每股10元的价格增发普通股1 000万股，发行费用率为10%。该增资方案是否可行？

该公司未经发行费用调整的普通股资本成本：

$$r_{S1}=\frac{1.5}{10}+0=15\%$$

该公司经发行费用调整的普通股资本成本：

$$r_{S2}=\frac{1.5}{10\times(1-10\%)}+0=16.67\%$$

由于资产报酬率只有15%，因此该增资方案不可行。

该结论的正确性可以通过每股收益和股价的变化来验证：

增发获得资金＝10×1 000×(1－10%)＝9 000(万元)

新增资产净收益＝9 000×15%＝1 350(万元)

每股收益＝(1 500＋1 350)/(1 000＋1 000)＝1.425(元/股)

假设市盈率不变，则股价下降为：

股价＝(10/1.5)×1.425＝9.5(元/股)

为了维持现有的股价，投资报酬率必须达到筹资成本16.67%。

新增资产净收益＝9 000×16.67%＝1 500(万元)

每股收益＝(1 500＋1 500)/(1 000＋1 000)＝1.5(元/股)

假设市盈率不变，则股价为：

股价＝(10/1.5)×1.5＝10(元/股)

因此，外部权益筹资的成本高于来自留存收益的内部权益筹资。发行新股的公司需要赚更多的钱，才可以达到投资人的要求。

第四节　混合筹资资本成本的估计

混合筹资兼具债权和股权筹资双重属性，主要包括优先股筹资、永续债筹资、附认股权证债券筹资和可转换债券筹资等。由于本书第十章第三节将详细介绍后两种混合筹资，此处仅以优先股和永续债筹资为例讲述混合筹资资本成本的估计。优先股资本成本包括股息和发行费用。优先股股息通常是固定的，公司税后利润在派发普通股股利之前，优先派发优先股股息。

优先股资本成本的估计如下：

$r_p = D_p / P_p(1-F)$

式中，r_p表示优先股资本成本；D_p表示优先股每股年股息；P_p表示优先股每股发行价格，F表示优先股发行费用率。

【例4-10】 某公司拟发行一批优先股，每股发行价格105元，每股发行费用5元，预计每股年股息10元，其资本成本测算为：$r_p = 10/(105-5) = 10\%$。

永续债是没有明确到期日或期限非常长的债券，债券发行方只需支付利息，没有还本义务（实际操作中会附加赎回及利率调整条款）。永续债是具有一定权益属性的债务工具，其利息是一种永续年金。永续债资本成本的估计与优先股类似，公式如下：

$$r_{pd} = \frac{I_{pd}}{P_{pd}(1-F)}$$

式中，r_{pd}表示永续债资本成本；I_{pd}表示永续债每年利息①；P_{pd}表示永续债发行价格；F表示永续债发行费用率。

第五节　加权平均资本成本的计算

一、加权平均资本成本的意义

加权平均资本成本是公司全部长期资本的平均成本，一般按各种长期资本的比例加权计算，故称加权平均资本成本。

二、加权平均资本成本的计算方法

计算公司的加权平均资本成本，有三种权重依据可供选择，即账面价值权重、实际市场价值权重和目标资本结构权重。

（一）账面价值权重

账面价值权重是根据企业资产负债表上显示的会计价值来衡量每种资本的比例。资产负债

---

① 如果计息期小于1年，需将计息期r_{pd}按照每年复利次数转换为有效年利率，即有效年利率＝$(1+r_{pd})^m-1$，式中m表示每年复利次数。优先股如分次计息，亦如此。

表提供了负债和权益的金额，计算时很方便。但是，账面结构反映的是历史的结构，不一定符合未来的状态；账面价值权重会歪曲资本成本，因为账面价值与市场价值有极大的差异。

（二）实际市场价值权重

实际市场价值权重是根据当前负债和权益的市场价值比例衡量每种资本的比例。由于市场价值不断变动，负债和权益的比例也随之变动，计算出的加权平均资本成本数额也是经常变化的。

（三）目标资本结构权重

目标资本结构权重是根据按市场价值计量的目标资本结构衡量每种资本要素的比例。

公司的目标资本结构，代表未来将如何筹资的最佳估计。如果公司向目标资本结构发展，目标资本结构权重更为适合。这种权重可以选用平均市场价格，回避证券市场价格变动频繁的不便；可以适用于公司评价未来的资本结构，而账面价值权重和实际市场价值权重仅反映过去和现在的资本结构。

【例4-11】 ABC公司按平均市场价值计量的目标资本结构是：40%的长期债务、10%的优先股、50%的普通股。长期债务的税后成本是3.90%，优先股的成本是8.16%，普通股的成本是11.80%。

该公司的加权平均资本成本是：

$$
\begin{aligned}
WACC &= 40\% \times 3.9\% + 10\% \times 8.16\% + 50\% \times 11.80\% \\
&= 1.56\% + 0.816\% + 5.9\% \\
&= 8.276\%
\end{aligned}
$$

加权平均资本成本是公司未来全部资本的加权平均成本，而不是过去所有资本的平均成本。其中，债务成本是发行新债务的成本，而不是已有债务的利率；股权成本是新筹集权益资本的成本，而不是过去的股权成本。加权平均资本成本0.08276元是每1元新资金使用权的成本，它由0.0156元的税后债务成本、0.00816元的优先股成本和0.059元的普通股成本组成。

第五章　投资项目资本预算

第一节　投资项目的类型和评价程序

项目是指具有明确目标的一系列复杂并相互关联的活动。公司尤其是实业公司为实现增长，进而达到财务管理目标，往往进行项目投资。开发新产品、建造生产线都是实业公司的重要项目，需要投入资本等资源并需要进行项目的资本预算。开发新产品、建造生产线项目，具有目标性、长期性、唯一性和不可逆性等基本特征。

一、投资项目的类型

按照不同的分类标准，投资项目可划分为不同类型。

按所投资对象，经营性长期资产投资项目可分为五种类型：

（1）新产品开发或现有产品的规模扩张项目。通常需要添置新的固定资产，并增加企业的营业现金流入。

（2）设备或厂房的更新项目。通常需要更换固定资产，但不改变企业的营业现金收入。

（3）研究与开发项目。通常不直接产生现实的收入，而是得到一项是否投产新产品的选择权。

（4）勘探项目。通常使企业得到一些有价值的信息。

（5）其他项目。包括劳动保护设施建设、购置污染控制装置等。这些决策不直接产生营业现金流入，而使企业在履行社会责任方面的形象得到改善。它们有可能减少未来的现金流出。

这些投资项目的现金流量分布有不同的特征，分析的具体方法也有区别。最具一般意义的是第一种投资即新添置固定资产的投资项目。

按投资项目之间的相互关系，投资项目可分为独立项目和互斥项目。

独立项目是相容性投资，各投资项目之间互不关联、互不影响，可以同时并存。独立投资项目决策考虑的是方案本身是否满足某种决策标准。互斥项目是非相容性投资，各投资项目之间相互关联、相互替代，不能同时并存。因此，互斥投资项目决策考虑的是各方案之间的互斥性，互斥决策需要从每个可行方案中选择最优方案。

二、投资项目的评价程序

投资项目的评价一般包含下列基本步骤：

（1）提出各种项目的投资方案。新产品方案通常来自研发部门或营销部门，设备更新的建议通常来自生产部门等。

（2）估计投资方案的相关现金流量。

（3）计算投资方案的价值指标，如净现值、内含报酬率等。

（4）比较价值指标与可接受标准。

（5）对已接受的方案进行敏感分析。

第二节　投资项目的评价方法

一、独立项目的评价方法

投资项目评价使用的基本方法是现金流量折现法，主要有净现值法和内含报酬率法。此外，还有一些辅助方法，主要是回收期法和会计报酬率法。

（一）净现值法

净现值是指特定项目未来现金净流量现值与原始投资额现值的差额，它是评价项目是否可行的最重要的指标。按照这种方法，所有未来现金流入和流出都要用资本成本折算现值，然后用流入的现值减流出的现值得出净现值。如果净现值为正数，表明投资报酬率大于资本成本，该项目可以增加股东财富，应予采纳。如果净现值为零，表明投资报酬率等于资本成本，不改变股东财富，可选择采纳或不采纳该项目。如果净现值为负数，表明投资报酬率小于资本成本，该项目将减损股东财富，应予放弃。

计算净现值的公式：

净现值 = 未来现金净流量现值 − 原始投资额现值

【例5－1】 设企业的资本成本为10%，有三项投资项目。有关数据如表5－1所示。

净现值(A) = (11 800 × 0.9091 + 13 240 × 0.8264) − 20 000
　　　　= 21 669 − 20 000
　　　　= 1 669（万元）

净现值(B) = (1 200 × 0.9091 + 6 000 × 0.8264 + 6 000 × 0.7513) − 9 000
　　　　= 10 558 − 9 000
　　　　= 1 557（万元）

表5－1　　投资项目数据　　单位：万元

年份	A项目			B项目			C项目		
	净利润	折　旧	现金净流量	净利润	折　旧	现金净流量	净利润	折　旧	现金净流量
0			(20 000)			(9 000)			(12 000)

续表

年份	A项目			B项目			C项目		
	净利润	折　旧	现金净流量	净利润	折　旧	现金净流量	净利润	折　旧	现金净流量
1	1 800	10 000	11 800	(1 800)	3 000	1 200	600	4 000	4 600
2	3 240	10 000	13 240	3 000	3 000	6 000	600	4 000	4 600
3				3 000	3 000	6 000	600	4 000	4 600
合计	5 040		5 040	4 200		4 200	1 800		1 800

注：表内使用括号的数字为负数（下同）。

$$
\begin{aligned}
\text{净现值(C)} &= 4\,600 \times 2.487 - 12\,000 \\
&= 11\,440 - 12\,000 \\
&= -560\text{(万元)}
\end{aligned}
$$

A、B两个项目投资的净现值为正数，说明这两个项目的投资报酬率均超过10%，都可以采纳。C项目净现值为负数，说明该项目的报酬率达不到10%，应予放弃。

净现值法所依据的原理是：假设原始投资额是按资本成本借入的，当净现值为正数时偿还本息后该项目仍有剩余的收益，当净现值为零时偿还本息后一无所获，当净现值为负数时该项目收益不足以偿还本息。资本成本是投资人要求的必要报酬率，净现值为正数表明项目可以满足投资人的要求。这一原理可以通过A、C两项目的还本付息表来说明，如表5－2和表5－3所示。

表5－2　　A项目还本付息表　　单位：万元

年份	年初债款	年息10%	年末债款	偿还现金	债款余额
1	20 000	2 000	22 000	11 800	10 200
2	10 200	1 020	11 220	13 240	(2 020)

表5－3　　C项目还本付息表　　单位：万元

年份	年初债款	年息10%	年末债款	偿还现金	债款余额
1	12 000	1 200	13 200	4 600	8 600
2	8 600	860	9 460	4 600	4 860
3	4 860	486	5 346	4 600	746

A项目在第二年年末还清本息后，尚有2 020万元剩余，折合成现值为1 669万元（2 020×0.8264），即为该项目的净现值。C项目第三年年末没能还清本息，尚欠746万元，折合成现值为560万元（746×0.7513），即为C项目的净现值。

净现值法具有广泛的适用性，在理论上也比其他方法更完善。净现值反映一个项目按现金流量计量的净收益现值，它是个金额的绝对值，在比较投资额不同的项目时有一定的局限性。

上例中，A项目和B项目相比，哪一个更好？不能根据净现值直接判断。两个项目的期限和投资额不同，A项目用20 000万元投资、2年时间取得较多的净现值，B项目用

9 000 万元投资、3 年时间取得较少的净现值，两个净现值没有直接可比性。这就如同一个大企业 2 年的利润多一些，一个小企业的 3 年利润少一些，不好判断哪个更好。比较投资额不同的项目之间的效率问题，可以使用现值指数法。

所谓现值指数，是指投资项目未来现金净流量现值与原始投资额现值的比值，亦称现值比率或获利指数。

计算现值指数的公式：

现值指数 = 未来现金净流量现值 ÷ 原始投资额现值

根据表 5 - 1 的资料，三个项目的现值指数如下：

现值指数(A) = 21 669 ÷ 20 000 = 1.08

现值指数(B) = 10 557 ÷ 9 000 = 1.17

现值指数(C) = 11 440 ÷ 12 000 = 0.95

现值指数表示 1 元初始投资取得的现值毛收益。A 项目的 1 元投资取得 1.08 元的现值毛收益，也就是取得 0.08 元的现值净收益，或者说用股东的 1 元钱为他们创造了 0.08 元的财富。B 项目的 1 元投资取得 1.17 元的现值毛收益，也就是 0.17 元的现值净收益。C 项目的 1 元投资只取得 0.95 元的毛收益，1 元投资净损失 0.05 元，股东财富减少了 5%。

现值指数是相对数，反映投资的效率，B 项目的效率高；净现值是绝对数，反映投资的效益，A 项目的效益大。两者各有自己的用途。那么，是否可以认为 B 项目比 A 项目好呢？不一定。因为它们持续的时间不同，现值指数消除了投资额的差异，但是没有消除项目期限的差异。我们在下一节再进一步讨论这个问题。

（二）内含报酬率法

内含报酬率是指能够使未来现金净流量现值等于原始投资额现值的折现率，或者说是使投资项目净现值为零的折现率。

当净现值 = 0 时，即当未来现金净流量现值 = 原始投资额现值时，

i = 内含报酬率

净现值法和现值指数法虽然考虑了时间价值，可以说明投资项目的报酬率高于或低于资本成本，但没有揭示项目本身可以达到的报酬率是多少。内含报酬率是根据项目的现金流量计算的，是项目本身的投资报酬率。

内含报酬率的计算，通常需要"逐步测试法"。首先估计一个折现率，用它来计算项目的净现值；如果净现值为正数，说明项目本身的报酬率超过折现率，应提高折现率后进一步测试；如果净现值为负数，说明项目本身的报酬率低于折现率，应降低折现率后进一步测试。经过多次测试，寻找出使净现值接近于零的折现率，即为项目本身的内含报酬率。

根据［例 5 - 1］的资料，已知 A 项目的净现值为正数，说明它的投资报酬率大于 10%。因此，应提高折现率进一步测试。假设以 18% 为折现率进行测试，其结果净现值为 - 499 万元。下一步降低到 16% 重新测试，结果净现值为 9 万元，已接近于零，可以认为 A 项目的内含报酬率是 16%。测试过程参见表 5 - 4。B 项目用 18% 作为折现率测试，净现值为 - 22 万元，接近于零，可认为其内含报酬率为 18%。测

试过程如表 5－5 所示。

表 5－4　　A 项目内含报酬率的测试　　单位：万元

年份	现金净流量	折现率＝18%		折现率＝16%	
		折现系数	现　值	折现系数	现　值
0	(20 000)	1	(20 000)	1	(20 000)
1	11 800	0.847	9 995	0.862	10 172
2	13 240	0.718	9 506	0.743	9 837
净现值			(499)		9

表 5－5　　B 项目内含报酬率的测试　　单位：万元

年份	现金净流量	折现率＝18%		折现率＝16%	
		折现系数	现　值	折现系数	现　值
0	(9 000)	1	(9 000)	1	(9 000)
1	1 200	0.847	1 016	0.862	1 034
2	6 000	0.718	4 308	0.743	4 458
3	6 000	0.609	3 654	0.641	3 846
净现值			(22)		338

如果对测试结果的精确度不满意，可以使用内插法来改善。

$$内含报酬率(A) = 16\% + \left(2\% \times \frac{9}{9+499}\right) = 16.04\%$$

$$内含报酬率(B) = 16\% + \left(2\% \times \frac{338}{22+338}\right) = 17.88\%$$

C 项目各期现金净流量相等，符合年金形式，内含报酬率可直接利用年金现值表来确定，不需要进行逐步测试。

设现金净流量现值与原始投资额现值相等：

原始投资额现值＝每年现金净流量×年金现值系数

$12\,000 = 4\,600 \times (P/A, i, 3)$

$(P/A, i, 3) = 2.609$

查阅“年金现值系数表”，寻找 n＝3 时系数 2.609 所指的利率。查表结果，与 2.609 接近的现值系数 2.624 和 2.577 分别指向 7% 和 8%。用内插法确定 C 项目的内含报酬率为 7.32%。

$$\begin{aligned}内含报酬率(C) &= 7\% + \left(1\% \times \frac{2.624-2.609}{2.624-2.577}\right)\\ &= 7\% + 0.32\%\\ &= 7.32\%\end{aligned}$$

计算出各项目的内含报酬率以后，可以根据企业的资本成本对项目进行取舍。由于资本成本是10%，那么A、B两个项目都可以接受，而C项目则应放弃。

内含报酬率是项目本身的盈利能力。如果以内含报酬率作为贷款利率，通过借款来投资本项目，那么，还本付息后将一无所获。这一原理可以通过C项目的数据来证明，如表5-6所示。

表5-6　C项目还本付息表　单位：万元

年份	年初借款	利率=7.32%	年末借款	偿还现金	借款余额
1	12 000	878	12 878	4 600	8 278
2	8 278	607	8 885	4 600	4 285
3	4 285	314	4 599	4 600	-1①

内含报酬率法和现值指数法有相似之处，都是根据相对比率来评价项目，而不像净现值法那样使用绝对数来评价项目。在评价项目时要注意到，比率高的项目绝对数不一定大，反之也一样。这种不同和利润率与利润额不同是类似的。

内含报酬率法与现值指数法也有区别。在计算内含报酬率时不必事先估计资本成本，只是最后才需要一个切合实际的资本成本来判断项目是否可行。现值指数法需要一个合适的资本成本，以便将现金流量折为现值，折现率的高低有时会影响方案的优先次序。

（三）回收期法

回收期是指投资引起的现金净流量累计到与原始投资额相等所需要的时间。它代表收回投资所需要的年限。回收年限越短，项目越有利。

在原始投资额一次支出，每年现金净流量相等时：

$$回收期=\frac{原始投资额}{每年现金净流量}$$

［例5-1］的C项目属于这种情况：

$$回收期(C)=\frac{12\ 000}{4\ 600}=2.61(年)$$

如果现金净流量每年不等，或原始投资额是分几年投入的，则使累计现金净流量等于原始投资额的时间为回收期。

根据［例5-1］的资料，A项目和B项目的回收期分别为1.62年和2.30年，计算过程如表5-7所示。

① 第三年末借款余额-1是计算时四舍五入所致。

表 5－7　　A、B 项目回收期计算表　　单位：万元

A 项目：	现金流量	回收额	未回收额
原始投资	(20 000)		
现金流入：			
第一年	11 800	11 800	8 200
第二年	13 240	8 200	0
回收期＝1＋(8 200÷13 240)＝1.62（年）			
B 项目：	现金流量	回收额	未回收额
原始投资	(9 000)		
现金流入：			
第一年	1 200	1 200	7 800
第二年	6 000	6 000	1 800
第三年	6 000	1 800	0
回收期＝2＋(1 800÷6 000)＝2.30（年）			

回收期法的优点是：计算简便；容易为决策人所正确理解；可以大体上衡量项目的流动性和风险。

回收期法的缺点是：忽视了时间价值，把不同时间的货币收支看成是等效的；没有考虑回收期以后的现金流，也就是没有衡量盈利性；促使公司接受短期项目，放弃有战略意义的长期项目。

一般说来，回收期越短的项目风险越低，因为时间越长越难以预计，风险越大。短期项目给企业提供了较大的灵活性，快速收回的资金可用于别的项目。因此，回收期法可以粗略地快速衡量项目的流动性和风险。事实上有战略意义的长期投资往往早期收益较低，而中后期收益较高。回收期法优先考虑急功近利的项目，可能导致放弃长期成功的项目。

为了克服回收期法不考虑时间价值的缺点，人们提出了折现回收期法。折现回收期是指在考虑资金时间价值的情况下以项目现金流量流入抵偿全部投资所需要的时间。它是使下式成立的 n。

$$\sum_{t=0}^{n}\frac{I_t-O_t}{(1+i)^t}=0$$

根据［例 5－1］的资料，A 项目的折现回收期为 1.8 年，计算过程如表 5－8 所示。

表 5－8　　A 项目投资回收期计算表　　单位：万元

A 项目	现金流量	折现系数（10%）	现值	累计净现值
原始投资	(20 000)	0	(20 000)	(20 000)
第 1 年流入	11 800	0.9091	10 727	(9 272)
第 2 年流入	13 240	0.8264	10 942	1 670
折现回收期＝1＋(9 272÷10 942)＝1.85（年）				

折现回收期也被称为动态回收期。折现回收期法出现以后，为了区分，将传统的回收期称为非折现回收期或静态回收期。

（四）会计报酬率法

这种方法计算简便，应用范围很广。它在计算时使用会计报表上的数据。

$$会计报酬率=\frac{年平均净利润}{原始投资额}\times 100\%$$

仍以［例5-1］的资料计算：

$$会计报酬率(A)=\frac{(1\,800+3\,240)\div 2}{20\,000}\times 100\%=12.6\%$$

$$会计报酬率(B)=\frac{(-1\,800+3\,000+3\,000)\div 3}{9\,000}\times 100\%=15.6\%$$

$$会计报酬率(C)=\frac{600}{12\,000}\times 100\%=5\%$$

会计报酬率的优点是：它是一种衡量盈利性的简单方法，使用的概念易于理解；使用财务报告的数据，容易取得；考虑了整个项目寿命期的全部利润；该方法揭示了采纳一个项目后财务报表将如何变化，使经理人员知道业绩的预期，也便于项目的后评价。

会计报酬率法的缺点是：使用账面利润而非现金流量，忽视了折旧对现金流量的影响；忽视了净利润的时间分布对项目经济价值的影响。

二、互斥项目的优选问题

互斥项目，是指接受一个项目就必须放弃另一个项目的情况。通常，它们是为解决一个问题设计的两个备选方案。例如，为了生产一个新产品，可以选择进口设备，也可以选择国产设备，它们的使用寿命、购置价格和生产能力均不同。企业只需购买其中之一就可解决目前的问题，而不会同时购置。

面对互斥项目，仅仅评价哪一个项目方案可以接受是不够的，它们都有正的净现值。我们现在需要知道哪一个更好些。如果一个项目方案的所有评价指标，包括净现值、内含报酬率、回收期和会计报酬率，均比另一个项目方案好一些，我们在选择时不会有什么困扰。问题是这些评价指标出现矛盾时，尤其是评价的基本指标净现值和内含报酬率出现矛盾时，我们如何选择？

评价指标出现矛盾的原因主要有两种：一是投资额不同；二是项目寿命不同。如果是投资额不同引起的（项目的寿命相同），对于互斥项目应当净现值法优先，因为它可以给股东带来更多的财富。股东需要的是实实在在的报酬，而不是报酬的比率。

如果净现值与内含报酬率的矛盾是项目有效期不同引起的，我们有两种解决办法，一个是共同年限法，另一个是等额年金法。

（一）共同年限法

如果两个互斥项目不仅投资额不同，而且项目期限也不同，则其净现值没有可比性。例如，一个项目投资3年创造了较少的净现值，另一个项目投资6年创造了较多的净现值，后者的盈利性不一定比前者好。

共同年限法的原理是：假设投资项目可以在终止时进行重置，通过重置使两个项目达到相同的年限，然后比较其净现值。该方法也被称为重置价值链法。

【例5-2】 假设公司资本成本是10%，有A和B两个互斥的投资项目。A项目的年限为6年，净现值12 441万元，内含报酬率19.73%；B项目的年限为3年，净现值为8 324万元，内含报酬率32.67%。两个指标的评价结论有矛盾，A项目净现值大，B项目内含报酬率高。此时，如果认为净现值法更可靠，A项目一定比B项目好，其实是不对的。

我们用共同年限法进行分析：假设B项目终止时可以进行重置一次，该项目的期限就延长到了6年，与A项目相同。两个项目的现金净流量分布如表5－9所示。其中重置B项目第3年年末的现金净流量－5 800万元是重置初始投资－17 800万元与第一期项目第三年年末现金流入12 000万元的合计。经计算，重置B项目的净现值为14 577万元。因此，B项目优于A项目。

表5－9　项目的现金流量分布　　单位：万元

项目		A		B		重置B	
时间	折现系数（10%）	现金净流量	现值	现金净流量	现值	现金净流量	现值
0	1	－40 000	－40 000	－17 800	－17 800	－17 800	－17 800
1	0.9091	13 000	11 818	7 000	6 364	7 000	6 364
2	0.8264	8 000	6 612	13 000	10 744	13 000	10 744
3	0.7513	14 000	10 518	12 000	9 016	－5 800	－4 358
4	0.6830	12 000	8 196			7 000	4 781
5	0.6209	11 000	6 830			13 000	8 072
6	0.5645	15 000	8 467			12 000	6 774
净现值			12 441		8 324		14 577
内含报酬率		19.73%		32.67%			

共同年限法有一个困难问题：共同比较期的时间可能很长，例如，一个项目7年，另一个项目9年，则共同比较期为63年。计算量大还在其次，计算机可以帮助解决，关键是60多年后的现金流量（尤其是重置时的原始投资），因技术进步和通货膨胀等因素，难以可靠估计。

（二）等额年金法

等额年金法是用于年限不同项目比较的另一种方法。它比共同年限法要简单。其计算步骤如下：

（1）计算两项目的净现值；

（2）计算净现值的等额年金额；

（3）假设项目可以无限重置，并且每次都在该项目的终止期，等额年金的资本化就是项目的净现值。

依据前例数据：

A项目的净现值＝12 441万元

A项目净现值的等额年金＝12 441/4.3553＝2 857（万元）

A项目的永续净现值＝2 857/10%＝28 570（万元）

B项目的净现值＝8 324万元

B项目的净现值的等额年金＝8 324/2.4869＝3 347（万元）

B 项目的永续净现值 =3 347/10% =33 470(万元)

比较永续净现值，B 项目优于 A 项目，结论与共同年限法相同。

其实，等额年金法的最后一步即永续净现值的计算，并非总是必要的。在资本成本相同时，等额年金大的项目永续净现值肯定大，根据等额年金大小就可以直接判断项目的优劣。

以上两种分析方法有区别。共同年限法比较直观，易于理解，但是预计现金流的工作很困难。等额年金法应用简单，但不便于理解。

两种方法存在共同的缺点：

(1) 有的领域技术进步快，目前就可以预期升级换代不可避免，不可能原样复制；

(2) 如果通货膨胀比较严重，必须考虑重置成本的上升，这是一个非常具有挑战性的任务，对此两种方法都没有考虑；

(3) 从长期来看，竞争会使项目净利润下降，甚至被淘汰，对此分析时没有考虑。

通常在实务中，只有重置概率很高的项目才适宜采用上述分析方法。对于预计项目年限差别不大的项目，例如，8 年期限和 10 年期限的项目，直接比较净现值，不需要做重置现金流的分析，因为预计现金流量和资本成本的误差比年限差别还大。预计项目的有效年限本来就很困难，技术进步和竞争随时会缩短一个项目的经济年限，不断的维修和改进也会延长项目的有效年限。有经验的分析人员，历来不重视 10 年以后的数据，因其现值已经很小，往往直接舍去 10 年以后的数据，只进行 10 年内的重置现金流分析。

三、总量有限时的资本分配

在现实世界中会有许多总量资本受到限制的情况出现，无法为全部盈利项目筹资。这时需要考虑有限的资本分配给哪些项目。资本分配问题是指在企业投资项目有总量预算约束的情况下，如何选择相互独立的项目。

【例 5 -3】 甲公司可以投资的资本总量为 10 000 万元，资本成本为 10%。现有三个投资项目，有关数据如表 5 -10 所示。

表 5 -10 投资项目净现值与现值指数 单位：万元

项目	时间（年末）	0	1	2	未来现金净流量总现值	净现值	现值指数
	现值系数（10%）	1	0.9091	0.8264			
A	现金净流量	-10 000	9 000	5 000			
	现值	-10 000	8 182	4 132	12 314	2 314	1.23
B	现金净流量	-5 000	5 057	2 000			
	现值	-5 000	4 600	1 653	6 253	1 253	1.25
C	现金净流量	-5 000	5 000	1 881			
	现值	-5 000	4 546	1 555	6 100	1 100	1.22

根据净现值分析：三个项目的净现值都是正数，它们都可以增加股东财富。由于可用于投资的资本总量有限即只有 10 000 万元。按照净现值的一般排序规则，应当优先安排净现值最大的项目。A 项目的净现值最大，优先被采用，B 项目和 C 项目只能放

弃。这个结论其实是不对的。因为 B 项目和 C 项目的总投资是 10 000 万元，总净现值为 2 353 万元（1 253 + 1 100），大于 A 项目的净现值 2 314 万元。

实际上在选择项目时比上述举例复杂。例如，C 项目的投资需要 6 000 万元如何处理？具有一般意义的做法是：首先，将全部项目排列出不同的组合，每个组合的投资需要不超过资本总量；计算各项目的净现值以及各组合的净现值合计；选择净现值最大的组合作为采纳的项目。

可投资资本总量受限本身不符合资本市场的原理。按照资本市场的原理，好的项目就可以筹到所需资金。公司有很多投资机会时，经理的责任是到资本市场去筹资，并且应该可以筹到资金，而不管其规模有多大。有了好的项目，但筹不到资金，只能说明资本市场有缺点，合理分配资源的功能较差。这种状况阻碍了公司接受盈利性项目，使其无法实现股东财富最大化的目标。

不过，现实中确有一些公司筹不到盈利项目所需资金，还有一些公司只愿意在一定的限额内筹资。总量资本分配的需要是一种不合理的现实。此时，现值指数排序并寻找净现值最大的组合就成为有用的工具，有限资源的净现值最大化成为具有一般意义的原则。

值得注意的是，这种资本分配方法仅适用于单一期间的资本分配，不适用于多期间的资本分配问题。所谓多期间资本分配，是指资本的筹集和使用涉及多个期间。例如，今年筹资的限额是 10 000 万元，明年又可以筹资 10 000 万元；与此同时，已经投资的项目可不断收回资金并及时用于另外的项目。此时，需要进行更复杂的多期间规划分析，不能用现值指数排序这一简单方法解决。

第三节　投资项目现金流量的估计

一、投资项目的现金流量构成

在估算投资项目现金流量时，因该项目而产生的税后增量现金流量是相关现金流量。一般来讲，项目现金流量可分为三部分：

（1）项目初始现金流量；

（2）项目寿命期内现金流量；

（3）项目寿命期末现金流量。

（一）项目初始现金流量

项目初始现金流量主要涉及购买资产和使之正常运行所必须的直接现金流出，包括设备购置及安装支出、垫支营运资本等非费用性支出。另外，初始现金流量还可能包括机会成本。

（二）项目寿命期内现金流量

项目寿命期内现金流量主要包括新项目实施所带来的税后增量现金流入和流出。行政管理人员及辅助生产部门等费用，如果不受新项目实施的影响，可不计入；若有关，则必须计入项目寿命期内的现金流出。但项目以债务方式融资带来的利息支付和本金偿还以及以股权方式融资带来的现金股利支付等，均不包括在内，因为折现率中已经包含了该项目的筹资成本。

（三）项目寿命期末现金流量

项目寿命期末现金流量主要是与项目终止有关的现金流量，如设备变现税后净现金流入、收回营运资本现金流入等。另外，可能还会涉及弃置义务等现金流出。

二、投资项目现金流量的估计方法

估计投资方案所需的净经营性长期资产总投资，以及该方案每年能产生的现金净流量，会涉及很多变量，并且需要企业有关部门的参与。诸如，销售部门负责预测售价和销量，涉及产品价格弹性、广告效果、竞争者动向等；产品开发和技术部门负责估计投资方案的净经营性长期资产总投资，涉及研制费用、设备购置、厂房建筑等；生产和成本部门负责估计制造成本，涉及原材料采购价格、生产工艺安排、产品成本等。财务人员的主要任务是：为销售、生产等部门的预测建立共同的基本假设条件，如物价水平、折现率、可供资源的限制条件等；协调参与预测工作的各部门人员，使之能相互衔接与配合；防止预测者因个人偏好或部门利益而高估或低估收入和成本。

在确定投资方案相关的现金流量时，应遵循的最基本的原则是：只有增量现金流量才是与项目相关的现金流量。所谓增量现金流量，是指接受或拒绝某个投资方案后，企业总现金流量因此发生的变动。只有那些由于采纳某个项目引起的现金支出增加额，才是该项目的现金流出；只有那些由于采纳某个项目引起的现金流入增加额，才是该项目的现金流入。

（一）投资项目现金流量的影响因素

为了正确计算投资方案的增量现金流量，需要正确判断哪些支出会引起企业总现金流量的变动，哪些支出不会引起企业总现金流量的变动。在进行这种判断时，要注意以下四个问题：

1. 区分相关成本和非相关成本

相关成本是指与特定决策有关的、在分析评价时必须加以考虑的成本。例如，边际成本、机会成本、重置成本、付现成本、可避免成本、可延缓成本、专属成本、差量成本等都属于相关成本。与之相反，与特定决策无关的、在分析评价时不必加以考虑的成本是非相关成本。例如，沉没成本、不可避免成本、不可延缓成本、共同成本等往往是非相关成本。

例如，某公司在20×1年曾经打算新建一个车间，并请一家会计公司做过可行性分析，支付咨询费5万元。后来由于公司有了更好的投资机会，该项目被搁置下来，该笔咨询费作为费用已经入账了。20×3年旧事重提，在进行投资分析时，这笔咨询费是否仍是相关成本呢？答案应当是否定的。该笔支出已经发生，不管公司是否采纳新建一个车间的方案，它都已无法收回，与公司未来的总现金流量无关。

如果将非相关成本纳入投资方案的总成本，则一个有利的方案可能因此变得不利，一个较好的方案可能变为较差的方案，从而造成决策错误。

2. 不要忽视机会成本

在投资方案的选择中，如果选择了一个投资方案，则必须放弃投资于其他途径的机会。其他投资机会可能取得的收益是实行本方案的一种代价，被称为这项投资方案的机会成本。

例如，上述公司新建车间的投资方案，需要使用公司拥有的一块土地。在进行投资分析时，因为公司不必动用资金去购置土地，可否不将此土地的成本考虑在内呢？答案是否定的。因为该公司若不利用这块土地来兴建车间，则它可将这块土地移作他用，并取得一定的收入。只是由于在这块土地上兴建车间才放弃了这笔收入，而这笔收入代表兴建车间使用土地的机会成本。假设这块土地出售可净得15万元，它就是兴建车间的一项机会成本。值得注意的是，不管该公司当初是以5万元还是20万元购进这块土地，都应以现行市价作为这块土地的机会成本。

机会成本不是我们通常意义上的“成本”，它不是一种支出或费用，而是失去的收益。这种收益不是实际发生的，而是潜在的。机会成本总是针对具体方案的，离开被放弃的方案就无从计量确定。

3. 要考虑投资方案对公司其他项目的影响

当我们采纳一个新的项目后，该项目可能对公司的其他项目造成有利或不利的影响。

例如，若新建车间生产的产品上市后，原有其他产品的销路可能减少，而且整个公司的销售额也许不增加甚至减少。因此，公司在进行投资分析时，不应将新车间的销售收入作为增量收入来处理，而应扣除其他项目因此减少的销售收入。当然，也可能发生相反的情况，新产品上市后将促进其他项目的销售增长。这要看新项目和原有项目是竞争关系还是互补关系。

当然，诸如此类的交互影响，事实上很难准确计量。但决策者在进行投资分析时仍要将其考虑在内。

4. 对营运资本的影响

在一般情况下，当公司开办一个新业务并使销售额扩大后，对于存货和应收账款等经营性流动资产的需求也会增加，公司必须筹措新的资金以满足这种额外需求；另一方面，公司扩充的结果，应付账款与一些应付费用等经营性流动负债也会同时增加，从而降低公司营运资金的实际需要。所谓营运资本的需要，指增加的经营性流动资产与增加的经营性流动负债之间的差额。

当投资方案的寿命周期快要结束时，公司将与项目有关的存货出售，应收账款变为现金，应付账款和应付费用也随之偿付，营运资本恢复到原有水平。通常，在进行投资分析时，假定开始投资时筹措的营运资本在项目结束时收回。

（二）投资项目现金流量的估计举例

现以固定资产更新项目为例。固定资产更新是对技术上或经济上不宜继续使用的旧资产，用新的资产更换，或用先进的技术对原有设备进行局部改造。

固定资产更新决策主要研究两个问题：一个是决定是否更新，即继续使用旧资产还是更换新资产；另一个是决定选择什么样的资产来更新。实际上，这两个问题是结合在一起考虑的，如果市场上没有比现有设备更适用的设备，那么就继续使用旧设备。由于旧设备总可以通过修理继续使用，所以更新决策是继续使用旧设备与购置新设备的选择。

1. 更新决策的现金流量分析

更新决策不同于一般的投资决策。一般说来，设备更换并不改变企业的生产能力，不增加企业的现金流入。更新决策的现金流量主要是现金流出。即使有少量的残值变现收入，也属于支出抵减，而非实质上的流入增加。由于只有现金流出，而没有现金流入，就给采用折现现金流量分析带来了困难。

【例5-4】 某企业有一旧设备，工程技术人员提出更新要求，有关数据如表5-11所示。

表5-11　　新旧设备数据　　单位：元

项目	旧设备	新设备
原值	2 200	2 400
预计使用年限	10	10
已经使用年限	4	0
最终残值	200	300
变现价值	600	2 400
年运行成本	700	400

假设该企业要求的必要报酬率为15%，继续使用与更新的现金流量如图5-1所示。

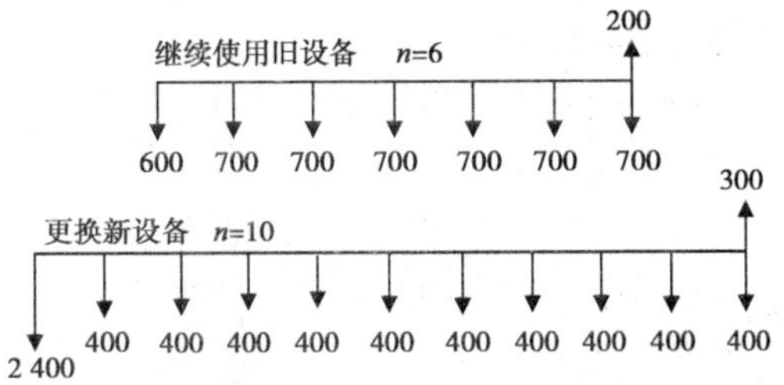

图5-1　继续使用与更新设备的现金流量

由于没有适当的现金流入，无论哪个方案都不能计算其净现值和内含报酬率。通常，在收入相同时，我们认为成本较低的方案是好方案。那么，我们可否通过比较两个方案的总成本来判别方案的优劣呢？仍然不妥。因为旧设备尚可使用6年，而新设备可使用10年，两个方案取得的“产出”并不相同。因此，我们应当比较其1年的成本，即获得1年的生产能力所付出的代价，据以判断方案的优劣。

我们是否可以使用差额分析法，根据实际的现金流量进行分析呢？仍然有问题。两个方案投资相差1 800元（2 400-600），作为更新的现金流出；每年运行成本相差300元（700-400），是更新带来的成本节约额，视同现金流入。问题在于旧设备第6

年报废，新设备第7~10年仍可使用，后4年无法确定成本节约额。因此，这种办法仍然不妥。除非新、旧设备未来使用年限相同（这种情况十分罕见），或者能确定继续使用旧设备时第7年选择何种设备（这也是相当困难的），根据实际现金流量进行分析会碰到困难。

因此，较好的分析方法是比较继续使用和更新的年成本，以较低者作为好方案。

2. 固定资产的平均年成本

固定资产的平均年成本，是指该资产引起的现金流出的年平均值。如果不考虑货币的时间价值，它是未来使用年限内的现金流出总额与使用年限的比值。如果考虑货币的时间价值，它是未来使用年限内现金流出总现值与年金现值系数的比值，即平均每年的现金流出。

（1）不考虑货币的时间价值。

如［例5-4］资料，不考虑货币的时间价值时：

$$\text{旧设备平均年成本}=\frac{600+700\times 6-200}{6}=\frac{4\ 600}{6}=767(\text{元})$$

$$\text{新设备平均年成本}=\frac{2\ 400+400\times 10-300}{10}=\frac{6\ 100}{10}=610(\text{元})$$

（2）考虑货币的时间价值。

如果考虑货币的时间价值，则需计算现金流出的总现值，然后分摊给每一年。

$$\begin{aligned}\text{旧设备平均年成本}&=\frac{600+700\times(P/A,15\%,6)-200\times(P/F,15\%,6)}{(P/A,15\%,6)}\\&=\frac{600+700\times 3.784-200\times 0.432}{3.784}\\&=836(\text{元})\end{aligned}$$

$$\begin{aligned}\text{新设备平均年成本}&=\frac{2\ 400+400\times(P/A,15\%,10)-300\times(P/F,15\%,10)}{(P/A,15\%,10)}\\&=\frac{2\ 400+400\times 5.019-300\times 0.247}{5.019}\\&=863(\text{元})\end{aligned}$$

通过上述计算可知，使用旧设备的平均年成本较低，不宜进行设备更新。

（3）使用平均年成本法时要注意的问题。

①平均年成本法是把继续使用旧设备和购置新设备看成是两个互斥的方案，而不是一个更换设备的特定方案。也就是说，要有正确的“局外观”，即从局外人角度来考察：一个方案是用600元购置旧设备，可使用6年；另一个方案是用2 400元购置新设备，可使用10年。在此基础上比较各自的平均年成本孰高孰低，并作出选择。由于两者的使用年限不同，前一个方案只有6年的现金流量数据，后一个方案持续10年，缺少后4年的差额现金流量数据。因此，不能根据各年现金净流量的差额计算净现值和内含报酬率。对于更新决策来说，除非未来使用年限相同，否则，不能根据实际现金流动分析的净现值法或内含报酬率法解决问题。

②平均年成本法的假设前提是将来设备再更换时，可以按原来的平均年成本找到可代替的设备。例如，旧设备6年后报废时，仍可找到使用年成本为836元的可代替设备。如果有明显证据表明，6年后可替换设备平均年成本会高于当前更新设备的市场年成本（863元），则需要把6年后更新设备的成本纳入分析范围，合并计算当前使用旧设备及6年后更新设备的综合平均年成本，然后与当前更新设备的平均年成本进行比较。这就会成为多阶段决策问题。由于未来数据的估计有很大主观性，时间越长越靠不住，因此，平均年成本法通常以旧设备尚可使用年限（6年）为"比较期"，一般情况下不会有太大误差。如果以新设备可用年限（10年）为比较期，则要有旧设备报废时再购置新设备的可靠成本资料。另一种替代方法是预计当前拟更换新设备6年后的变现价值，计算其6年的平均年成本，与旧设备的平均年成本进行比较。不过，预计6年后尚可使用设备的变现价值也是很困难的，其实际意义并不大。

③固定资产的经济寿命。通过固定资产的平均年成本概念，我们很容易发现，固定资产的使用初期运行费比较低，以后随着设备逐渐陈旧，性能变差，维护费用、修理费用、能源消耗等运行成本会逐步增加。与此同时，固定资产的价值逐渐减少，资产占用的资金应计利息等持有成本也会逐步减少。随着时间的递延，平均年运行成本和平均年持有成本呈反方向变化，两者之和呈马鞍形，如图5－2所示，这样必然存在一个最经济的使用年限，即使固定资产的平均年成本最小的那一年限。

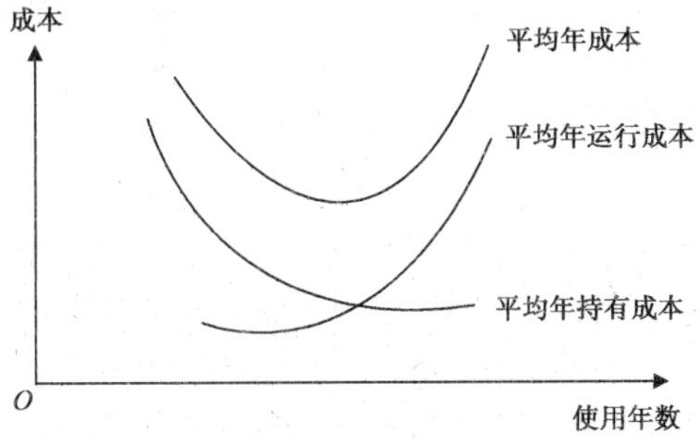

图5－2　固定资产的平均年成本

设：C——固定资产原值；

S_n——n年后固定资产余值；

C_t——第t年运行成本；

n——预计使用年限；

i——投资必要报酬率；

UAC——固定资产平均年成本。

则：
$$UAC = \left[C - \frac{S_n}{(1+i)^n} + \sum_{t=1}^{n} \frac{C_t}{(1+i)^t}\right] \div (P/A, i, n)$$

【例5－5】　设某资产原值为1 400元，运行成本逐年增加，折余价值逐年下降。有关数据如表5－12所示。

表 5-12　　固定资产的经济寿命　　单位：元

更新年限	原值 ①	余值 ②	折现系数 ③ ($i=8\%$)	余值现值 ④=②×③	运行成本 ⑤	运行成本现值 ⑥=⑤×③	更新时运行成本现值 ⑦=∑⑥	现值总成本 ⑧=①-④+⑦	年金现值系数 ($i=8\%$) ⑨	平均年成本 ⑩=⑧÷⑨
1	1 400	1 000	0.926	926	200	185	185	659	0.926	711.7
2	1 400	760	0.857	651	220	189	374	1 123	1.783	629.8
3	1 400	600	0.794	476	250	199	573	1 497	2.577	580.9
4	1 400	460	0.735	338	290	213	786	1 848	3.312	558
5	1 400	340	0.681	232	340	232	1 018	2 186	3.993	547.5
6	1 400	240	0.630	151	400	252	1 270	2 519	4.623	544.9
7	1 400	160	0.583	93	450	262	1 532	2 839	5.206	545.3
8	1 400	100	0.541	54	500	271	1 803	3 149	5.749	547.8

该项资产如果使用6年后更新，每年的平均成本是544.9元，比其他时间更新的成本低。因此，6年是其经济寿命。

3. 所得税和折旧[①]对现金流量的影响

现在进一步讨论所得税对投资决策的影响。所得税是企业的一种现金流出，它取决于利润大小和税率高低，而利润大小受折旧方法的影响。因此，讨论所得税问题必然会涉及折旧问题。在前面部分未讨论所得税问题，在那种情况下，折旧与现金流量无关，自然也不可能讨论折旧问题。折旧对投资决策产生影响，实际是由所得税引起的。因此，这两个问题要放在一起讨论。

（1）税后收入和税后费用。如果问一位企业家，他的工厂厂房租金是多少，他的答案比实际每个月付出的租金要少一些。因为租金是一项可以减免所得税的费用，所以应以税后的基础来观察。凡是可以减免税负的项目，实际支付额并不是真实的成本，而应将因此而减少的所得税考虑进去。扣除了所得税影响以后的费用净额，称为税后费用。

【例5-6】 某公司目前的损益状况如表5-13所示。该公司正在考虑一项广告计划，每月支付2 000元，假设所得税税率为25%，该项广告的税后费用是多少？

表 5-13　　公司损益数据　　单位：元

项　目	目前（不做广告）	做广告方案
营业收入	15 000	15 000
成本和费用	5 000	5 000
新增广告		2 000
税前经营利润	10 000	8 000
所得税费用（25%）	2 500	2 000
税后经营净利润	7 500	6 000
新增广告税后成本		1 500

---

① 此处折旧是广义的折旧费用，包括固定资产的折旧费用和无形资产的摊销费用。下同。

从表5－13可以看出，该项广告的税后费用为每月1 500元。这个结论是正确无误的，两个方案（不做广告与做广告）的唯一差别是广告费2 000元，对净利的影响为1 500元。

税后费用的一般公式为：

税后费用＝费用金额×(1－税率)

据此公式计算广告的税后费用为：

税后费用＝2 000×(1－25%)＝1 500(元)

与税后费用相对应的概念是税后收入。如果你刚刚出版了一本书，有人问你得到多少稿酬，你的答案比出版社计算的稿酬要少一些。因为通常一本书的稿酬需要征税。

由于所得税的作用，企业营业收入的金额有一部分会流出企业，企业实际得到的现金流入是税后收入：

税后收入＝收入金额×(1－税率)

这里所说的"收入金额"是指根据税法规定需要纳税的营业收入，不包括项目结束时收回垫支营运资本等现金流入。

（2）折旧的抵税作用。加大成本会减少利润，从而使所得税减少。如果不计提折旧，企业的所得税将会增加许多。折旧可以起到减少税负的作用，这种作用称之为"折旧抵税"。

【例5－7】 假设有甲公司和乙公司，全年营业收入、付现营业费用均相同，所得税税率为25%。两者的区别是甲公司有一项可计提折旧的资产，每年折旧额相同。两家公司的现金流量如表5－14所示。

表5－14　　折旧对税负的影响　　单位：元

项　目	甲公司	乙公司
营业收入	20 000	20 000
费用：		
付现营业费用	10 000	10 000
折旧	3 000	0
合计	13 000	10 000
税前经营利润	7 000	10 000
所得税费用（25%）	1 750	2 500
税后经营净利润	5 250	7 500
营业现金毛流量：		
税后经营净利润	5 250	7 500
折旧	3 000	0
合计	8 250	7 500
甲公司比乙公司拥有较多现金	750	

甲公司税后经营净利润虽然比乙公司少2 250元，但现金净流入却多出750元，其原因在于有3 000元的折旧计入费用，使应纳税所得额减少3 000元，从而少纳750元

(3 000×25%)。这笔现金保留在企业里，不必缴出。从增量分析的观点来看，由于增加了一笔3 000元折旧，企业获得750元的现金流入。折旧对税负的影响可按下式计算：

折旧抵税＝折旧×税率

＝3 000×25%

＝750(元)

(3) 税后现金流量。在加入所得税因素以后，现金流量的计算有三种方法。

第一种是直接法。根据现金流量的定义，所得税是一种现金支付，应当作为每年营业现金毛流量的一个减项。

营业现金毛流量＝营业收入－付现营业费用－所得税 (公式1)

第二种是间接法。营业现金毛流量＝税后经营净利润＋折旧 (公式2)

上述两个公式的结果是一致的，推导如下：

营业现金毛流量＝营业收入－付现营业费用－所得税

＝营业收入－(营业费用－折旧)－所得税

＝税前经营利润＋折旧－所得税

＝税后经营净利润＋折旧

第三种是根据所得税对收入、费用和折旧的影响计算。

营业现金毛流量＝税后营业收入－税后付现营业费用＋折旧抵税

＝营业收入×(1－税率)－付现营业费用×(1－税率)＋折旧×税率 (公式3)

公式3也可以由公式2推导出来：

营业现金毛流量＝税后经营净利润＋折旧

＝(营业收入－营业费用)×(1－税率)＋折旧

＝(营业收入－付现营业费用－折旧)×(1－税率)＋折旧

＝营业收入×(1－税率)－付现营业费用×(1－税率)－折旧×(1－税率)＋折旧

＝营业收入×(1－税率)－付现营业费用×(1－税率)－折旧＋折旧×税率＋折旧

＝营业收入×(1－税率)－付现营业费用×(1－税率)＋折旧×税率

上述三个公式，最常用的是公式3，因为企业的所得税是根据企业利润总额计算的。在决定某个项目是否投资时，我们往往使用差额分析法确定现金流量，并不知道整个企业的税后经营净利润及与此有关的所得税，这就妨碍了公式1和公式2的使用。公式3并不需要知道企业的税后经营净利润是多少，使用起来比较方便。尤其是有关固定资产更新的决策，我们没有办法计量某项资产给企业带来的收入和利润，以至于无法使用前两个公式。

【例5－8】 某公司有1台设备，购于3年前，现在考虑是否需要更新。该公司所得税税率为25%，假设税法允许大修支出一次性税前扣除，其他有关资料如表5－15所示。

表 5－15　　设备有关资料　　单位：元

项　目	旧设备	新设备
原价	60 000	50 000
税法规定残值（10%）	6 000	5 000
税法规定使用年限（年）	6	4
已用年限	3	0
尚可使用年限	4	4
每年操作成本	8 600	5 000
两年末大修支出	28 000	
最终报废残值	7 000	10 000
目前变现价值	10 000	
每年折旧额：	（直线法）	（年数总和法）
第一年	9 000	18 000
第二年	9 000	13 500
第三年	9 000	9 000
第四年	0	4 500

假设两台设备的生产能力相同，并且未来可使用年限相同。因此，我们可通过比较其现金流出的总现值，判断方案优劣（见表 5－16）。更换新设备的现金流出总现值为 46 574.88 元，比继续使用旧设备的现金流出总现值 43 336.5 元要多出 3 238.38 元。因此，继续使用旧设备较好。如果未来的尚可使用年限不同，则需要将总现值转换成平均年成本，然后进行比较。

表 5－16　　新旧设备现值　　单位：元

项　目	现金流量	时间（年次）	系数－10%	现值
继续用旧设备：				
旧设备变现价值	－10 000	0	1	－10 000
旧设备变现损失减税	（10 000－33 000）×0.25＝－5 750	0	1	－5 750
每年付现操作成本	－8 600×（1－0.25）＝－6 450	1～4	3.170	－20 446.5
每年折旧抵税	9 000×0.25＝2 250	1～3	2.487	5 595.75
两年末大修成本	－28 000×（1－0.25）＝－21 000	2	0.826	－17 346
残值变现收入	7 000	4	0.683	4 781
残值变现利得纳税	－（7 000－6 000）×0.25＝－250	4	0.683	－170.75
合计				－43 336.5
更换新设备：				
设备投资	－50 000	0	1	－50 000
每年付现操作成本	－5 000×（1－0.25）＝－3 750	1～4	3.170	－11 887.5
每年折旧抵税：				

续表

项　目	现金流量	时间（年次）	系数 - 10%	现值
第一年	18 000 ×0. 25 =4 500	1	0. 909	4 090. 5
第二年	13 500 ×0. 25 =3 375	2	0. 826	2 787. 75
第三年	9 000 ×0. 25 =2 250	3	0. 751	1 689. 75
第四年	4 500 ×0. 25 =1 125	4	0. 683	768. 38
残值变现收入	10 000	4	0. 683	6 830
残值变现利得纳税	-（10 000 -5 000）×0. 25 = -1 250	4	0. 683	-853. 75
合计				-46 574. 88

第四节　投资项目折现率的估计

任何投资项目都有风险或不确定性。针对投资项目的风险，可以通过调整折现率即资本成本进行衡量，再计算净现值。

一、使用企业当前加权平均资本成本作为投资项目的资本成本

使用企业当前的资本成本作为项目的资本成本，应具备两个条件：一是项目的经营风险与企业当前资产的平均经营风险相同；二是公司继续采用相同的资本结构为新项目筹资。

（一）项目经营风险与企业当前资产的平均经营风险相同

用当前的资本成本作为折现率，隐含了一个重要假设，即新项目是企业现有资产的复制品，它们的经营风险相同。这种情况是经常会出现的，例如，固定资产更新、现有生产规模的扩张等。

如果新项目与现有项目的经营风险有较大差别，必须小心从事。例如，北京首钢公司是从事传统行业的企业，其经营风险较小，最近进入了信息产业。在评价其信息产业项目时，使用公司目前的资本成本作折现率就不合适了。新项目的经营风险和现有资产的平均经营风险有显著差别。

（二）继续采用相同的资本结构为新项目筹资

所谓企业的加权平均资本成本，通常是根据当前的数据计算的，包含了资本结构因素。有关企业当前资本成本的计算我们已经在第四章“资本成本”中讨论过。

如果假设市场是完善的，资本结构不改变企业的平均资本成本，则平均资本成本反映了当前资产的平均风险。

如果承认资本市场是不完善的，筹资结构就会改变企业的平均资本成本。例如，当前的资本结构是债务为40%，而新项目所需资金全部用债务筹集，将使负债上升至70%。由于负债比重上升，股权现金流量的风险增加，他们要求的报酬率会迅速上升，引起企

业平均资本成本上升；与此同时，扩大了成本较低的债务筹资，会引起企业平均资本成本下降。这两种因素共同的作用，使得企业平均资本成本发生变动。因此，继续使用当前的平均资本成本作为折现率就不合适了。

总之，在等经营风险假设或资本结构不变假设明显不能成立时，不能使用企业当前的平均资本成本作为新项目的资本成本。

二、运用可比公司法估计投资项目的资本成本

如果新项目的风险与现有资产的平均风险显著不同，就不能使用公司当前的加权平均资本成本，而应当估计项目的系统风险，并计算项目的资本成本即投资人对于项目要求的必要报酬率。

项目系统风险的估计，比企业系统风险的估计更为困难。股票市场提供了股价，为计算企业的β值提供了数据。项目没有充分的交易市场，没有可靠的市场数据时，解决问题的方法是使用可比公司法。

可比公司法是寻找一个经营业务与待评价项目类似的上市公司，以该上市公司的β值作为待评价项目的β值。

运用可比公司法，应该注意可比公司的资本结构已反映在其β值中。如果可比公司的资本结构与项目所在企业显著不同，那么在估计项目的β值时，应针对资本结构差异作出相应调整。

调整的基本步骤如下：

（一）卸载可比公司财务杠杆

根据可比公司股东收益波动性估计的β值，是含有财务杠杆的$\beta_{权益}$。可比公司的资本结构与目标公司不同，要将资本结构因素排除，确定可比公司不含财务杠杆的β值，即$\beta_{资产}$。该过程通常叫“卸载财务杠杆”。卸载使用的公式是：

$$\beta_{资产}=\beta_{权益}\div[1+(1-税率)\times(负债/股东权益)]$$

$\beta_{资产}$是假设全部用权益资本融资的β值，此时没有财务风险。或者说，此时股东权益的风险与资产的风险相同，股东只承担经营风险即资产的风险。

（二）加载目标企业财务杠杆

根据目标企业的资本结构调整β值，该过程称“加载财务杠杆”。加载使用的公式是：

$$\beta_{权益}=\beta_{资产}\times[1+(1-税率)\times(负债/权益)]$$

（三）根据得出的目标企业的β权益计算股东要求的报酬率

此时的β权益既包含了项目的经营风险，也包含了目标企业的财务风险，可据以计算股东权益成本：

$$股东要求的报酬率=股东权益成本=无风险利率+\beta_{权益}\times风险溢价$$

如果使用股东现金流量法计算净现值，它就是适宜的折现率。

（四）计算目标企业的加权平均成本

如果使用实体现金流量法计算净现值，还需要计算加权平均成本：

$$加权平均成本=负债成本\times(1-税率)\times\frac{负债}{资本}+股东权益成本\times\frac{股东权益}{资本}$$

【例5-9】 某大型联合企业A公司，拟开始进入飞机制造业。A公司目前的资本结构为负债/股东权益为2/3，进入飞机制造业后仍维持该目标结构。在该目标资本结构下，债务税前成本为6%。飞机制造业的代表企业是B公司，其资本结构为债务/权益为7/10，股东权益的β值为1.2。已知无风险利率为5%，市场风险溢价为8%，两个公司的所得税税率均为30%。

（1）将B公司的$\beta_{权益}$转换为无负债的$\beta_{资产}$。

$\beta_{资产}=1.2\div[1+(1-30\%)\times(7/10)]=0.8054$

（2）将无负债的β值转换为A公司含有负债的股东权益β值。

$\beta_{权益}=0.8054\times[1+(1-30\%)\times2/3]=1.1813$

（3）根据$\beta_{权益}$计算A公司的股东权益成本。

权益成本$=5\%+1.1813\times8\%=5\%+9.4504\%=14.45\%$

如果采用股东现金流量计算净现值，14.45%是适合的折现率。

（4）计算加权平均资本成本。

$$
\begin{aligned}
加权平均资本成本 &= 6\%\times(1-30\%)\times(2/5)+14.45\%\times(3/5)\\
&=1.68\%+8.67\%\\
&=10.35\%
\end{aligned}
$$

尽管可比公司不是一个完美的方法，但它在估算项目的系统风险时还是比较有效的。

第五节 投资项目的敏感分析

敏感分析是投资项目评价中常用的一种研究不确定性的方法。它在确定性分析的基础上，进一步分析不确定性因素对投资项目的最终经济效果指标的影响及影响程度。

敏感因素一般可选择主要参数（如销售收入、经营成本、生产能力、初始投资、寿命期、建设期、达产期等）进行分析。若某参数的小幅度变化能导致经济效果指标的较大变化，则称此参数为敏感因素，反之则称其为非敏感因素。

一、敏感分析的作用

（1）确定影响项目经济效益的敏感因素。寻找出影响最大、最敏感的主要变量因素，进一步分析、预测或估算其影响程度，找出产生不确定性的根源，采取相应有效措施。

（2）计算主要变量因素的变化引起项目经济效益评价指标变动的范围，使决策者全面了解建设项目投资方案可能出现的经济效益变动情况，以减少和避免不利因素的影响，改善和提高项目的投资效果。

（3）通过各种方案敏感度大小的对比，区别敏感度大或敏感度小的方案，选择敏感度小的，即风险小的项目作投资方案。

（4）通过可能出现的最有利与最不利的经济效果变动范围的分析，为决策者预测可能出现的风险程度，并对原方案采取某些控制措施或寻找可替代方案，为最后确定可行的投资方案提供可靠的决策依据。

二、敏感分析的方法

敏感分析是一项有广泛用途的分析技术。投资项目的敏感分析，通常是在假定其他变量不变的情况下，测定某一个变量发生特定变化时对净现值（或内含报酬率）的影响。敏感分析主要包括最大最小法和敏感程度法两种分析方法。

（一）最大最小法

最大最小法的主要步骤是：

（1）给定计算净现值的每个变量的预期值。计算净现值时需要使用预期的原始投资、营业现金流入、营业现金流出等变量。这些变量都是最可能发生的数值，称为预期值。

（2）根据变量的预期值计算净现值，由此得出的净现值称为基准净现值。

（3）选择一个变量并假设其他变量不变，令净现值等于零，计算选定变量的临界值。如此往复，测试每个变量的临界值。

通过上述步骤，可以得出使基准净现值由正值变为负值（或相反）的各变量最大（或最小）值，可以帮助决策者认识项目的特有风险。

【例5-10】 A公司拟投产一个新产品，预期每年增加税后营业现金流入100万元，增加税后营业现金流出69万元；预计需要初始投资90万元，项目寿命为4年；公司的所得税税率20%。有关数据如表5-17的“预期值”栏所示，根据各项预期值计算的净现值为22.53万元。

由于各变量具有不确定性，据此计算的净现值也具有不确定性。假设主要的不确定性来自营业现金流，因此，只分析营业流入和流出变动对净现值的影响。首先分析每年税后营业流入变动的影响：令净现值等于零，其他因素不变，求解此时的每年税后营业现金流入，其结果为92.89万元。该数据表示，如果每年税后营业现金流入下降到92.89万元，则净现值变为零，该项目不再具有投资价值。其次分析每年税后营业流出的影响：令净现值为零，因素保持基准状态，求解此时的每年税后营业现金流出，其结果为76.11万元。该数据表明，每年税后营业现金流出上升至76.11万元，则项目不再具有投资价值。如果决策者对于上述每年税后最小营业流入和最大营业流出有信心，则项目是可行的。如果相反，决策者认为每年税后现金流入很可能低于上述最小值，或者每年税后现金流出很可能超出上述最大值，则项目风险很大，应慎重考虑是否应承担该风险。

表5-17 **最大最小法敏感分析表** 单位：万元

项　目	预期值	每年税后营业流入最小值	每年税后营业流出最大值
每年税后营业现金流入	100	*92.89*	100
每年税后营业现金流出	69	69	*76.11*
折旧抵税（20%）	4.5	4.5	4.5
每年税后营业现金净流量	35.5	28.39	28.39
年金现值系数（10%，4年）	3.1699	3.1699	3.1699

续表

项　目	预期值	每年税后营业流入最小值	每年税后营业流出最大值
每年税后营业现金净流量总现值	112.53	90.00	90.00
初始投资	90.00	90.00	90.00
净现值	22.53	0.00	0.00

还可分析初始投资额、项目的寿命等的临界值，或者进一步分析营业现金流量的驱动因素，如销量最小值、单价最小值、单位变动成本最大值等，更全面地认识项目风险。

（二）敏感程度法

敏感程度法的主要步骤如下：

（1）计算项目的基准净现值（方法与最大最小法相同）。

（2）选定一个变量，如每年税后营业现金流入，假设其发生一定幅度的变化，而其他因素不变，重新计算净现值。

（3）计算选定变量的敏感系数：

敏感系数 = 目标值变动百分比/选定变量变动百分比

它表示选定变量变化1%时导致目标值变动的百分数，可以反映目标值对于选定变量变化的敏感程度。

（4）根据上述分析结果，对项目的敏感性作出判断。

依照前例数据，先计算税后营业现金流入增减5%和增减10%（其他因素不变）的净现值，以及税后营业现金流入变动净现值的敏感系数（计算过程见表5－18）。然后按照同样方法，分别计算税后营业现金流出和初始投资变动对净现值的影响（见表5－19和表5－20）。

表5－18　　敏感程度法：每年税后营业现金流入变化　　单位：万元

变动百分比	－10%	－5%	基准情况	+5%	+10%
每年税后营业现金流入	90	95	100	105.00	110.00
每年税后营业现金流出	69	69	69	69	69
每年折旧抵税（20%）	4.5	4.5	4.5	4.5	4.5
每年税后营业现金净流量	25.5	30.5	35.5	40.5	45.5
年金现值系数（10%，4年）	3.1699	3.1699	3.1699	3.1699	3.1699
每年税后营业现金净流量总现值	80.83	96.68	112.53	128.38	144.23
初始投资	90.00	90.00	90.00	90.00	90.00
净现值	－9.17	6.68	22.53	38.38	54.23
每年税后营业现金流入的敏感系数	［(54.23－22.53)/22.53］÷10%＝140.7%/10%＝14.07				

表 5-19　　敏感程度法：每年税后营业现金流出变化　　单位：万元

变动百分比	-10%	-5%	基准情况	+5%	+10%
每年税后营业现金流入	100	100	100	100	100
每年税后营业现金流出	62.10	65.55	69.00	72.45	75.9
每年折旧抵税（20%）	4.50	4.50	4.50	4.50	4.50
每年税后营业现金净流量	42.40	38.95	35.50	32.05	28.60
年金现值系数（10%，4年）	3.1699	3.1699	3.1699	3.1699	3.1699
每年税后营业现金净流量总现值	134.40	123.47	112.53	101.60	90.66
初始投资	90.00	90.00	90.00	90.00	90.00
净现值	44.40	33.47	22.53	11.60	0.66
每年税后营业现金流出的敏感系数	［（0.66-22.53）/22.53］÷10% = -97.07% ÷10% = -9.71				

表 5-20　　敏感程度法：初始投资变化　　单位：万元

变动百分比	-10%	-5%	基准情况	5%	10%
每年税后营业现金流入	100	100	100	100	100
每年税后营业现金流出	69	69	69	69	69
每年折旧抵税（20%）	4.05	4.275	4.5	4.725	4.95
每年税后营业现金净流量	35.05	35.275	35.5	35.725	35.95
年金现值系数（10%，4年）	3.1699	3.1699	3.1699	3.1699	3.1699
每年税后营业现金净流量总现值	111.10	111.82	112.53	113.24	113.96
初始投资	81	85.5	90	94.5	99
净现值	30.10	26.32	22.53	18.74	14.96
初始投资的敏感系数	［（14.96-22.53）/22.53］÷10% = -33.60% ÷10% = -3.36				

上列表中分别计算了三个变量变化一定百分比对净现值的影响，向决策人展示了不同前景出现时的后果。这些信息可以帮助决策人认识项目的特有风险和应关注的重点。例如，税后营业现金流入降低10%就会使该项目失去投资价值，若这种可能性较大就应考虑放弃项目，或者重新设计项目加以避免，至少要有应对的预案。该变量是引发净现值变化的主要敏感因素，营业收入每减少1%，项目净现值就损失14.07%，或者说营业收入每增加1%，净现值就提高14.07%。若实施该项目，应予以重点关注。次要敏感因素是税后营业现金流出，相对不很敏感的因素是投资额，但都具一定的影响。因此，从总体上看该项目风险较大。

敏感分析是一种最常用的风险分析方法，计算过程简单易于理解，但也存在局限性，主要有：

（1）在进行敏感分析时，只允许一个变量发生变动，而假设其他变量保持不变，但在现实世界中这些变量通常是相互关联的，会一起发生变动，但是变动的幅度不同；

（2）每次测算一个变量变化对净现值的影响，可以提供一系列分析结果，但是没有给出每一个数值发生的可能性。

第六章　债券、股票价值评估

第一节　债券价值评估

债券估值具有重要的实际意义。企业通过发行债券从资本市场上筹资，必须要知道它如何定价。如果定价偏低，企业会因付出更多现金而遭受损失；如果定价偏高，企业会因发行失败而遭受损失。对于已经发行在外的上市交易的债券，估值仍然有重要意义。债券的价值体现了债券投资人要求的报酬。对于经理人员来说，不知道债券如何定价就是不知道投资人的要求，也就无法使他们满意。

一、债券的类型

（一）债券的概念

1. 债券

债券是发行者为筹集资金发行的、在约定时间支付一定比例的利息，并在到期时偿还本金的一种有价证券。

2. 债券面值

债券面值是指设定的票面金额，它代表发行人承诺于未来某一特定日期偿付给债券持有人的金额。

3. 债券票面利率

债券票面利率是指债券发行者预计一年内向投资者支付的利息占票面金额的比率。票面利率不同于有效年利率。有效年利率通常是指按复利计算的一年期的利率。债券的计息和付息方式有多种，可能使用单利或复利计息，利息支付可能半年一次、一年一次或到期日一次总付，这就使得票面利率可能不等于有效年利率。

4. 债券的到期日

债券的到期日指偿还本金的日期。债券一般都规定到期日，以便到期时归还本金。

（二）债券的分类

1. 按债券是否记名分类

按债券上是否记有持券人的姓名或名称，分为记名债券和无记名债券。在公司债券上记载持券人姓名或名称的为记名公司债券；反之为无记名公司债券。

2. 按债券能否转换为股票分类

按能否转换为公司股票，分为可转换债券和不可转换债券。若公司债券能转换为本公司股票，为可转换债券；反之为不可转换债券。一般来讲，前种债券的利率要低于后种债券。

3. 按债券能否提前赎回分类

按能否在到期前提前偿还，分为可提前赎回债券和不可提前赎回债券。如果企业在债券到期前有权定期或随时购回全部或部分债券，为可提前赎回债券；反之为不可提前赎回债券。一般来讲，前种债券的利率要高于后种债券。

4. 按有无财产抵押分类

按有无特定的财产担保，分为抵押债券和信用债券。发行公司以特定财产作为抵押品的债券为抵押债券；没有特定财产作为抵押，凭信用发行的债券为信用债券。抵押债券又分为：一般抵押债券，即以公司全部资产作为抵押品而发行的债券；不动产抵押债券，即以公司的不动产为抵押而发行的债券；设备抵押债券，即以公司的机器设备为抵押而发行的债券；证券信托债券，即以公司持有的股票证券以及其他担保证书交付给信托公司作为抵押而发行的债券等。

5. 按能否上市分类

按能否上市，分为上市债券和非上市债券。可在证券交易所挂牌交易的债券为上市债券；反之为非上市债券。上市债券信用度高，且变现速度快，故而容易吸引投资者，但上市条件严格，并要承担上市费用。

6. 按偿还方式分类

按照偿还方式，分为到期一次债券和分期债券。发行公司于债券到期日一次集中清偿本息的，为到期一次债券；一次发行而分期、分批偿还的债券为分期债券。分期债券的偿还又有不同办法。

7. 按债券的发行人分类

按照发行人不同，债券分为以下类别：

（1）政府债券：通常指中央政府发行的债券，也称政府债券。一般认为，政府债券会按时偿还利息和本金，没有拖欠风险。但是，在市场利率上升时，政府债券的市场流通价格会下降，因此也是有风险的。

（2）地方政府债券：指地方政府发行的债券，地方政府债券有违约风险，因此利率会高于中央政府债券。

（3）公司债券：指公司发行的债券。公司债券有违约风险，不同的公司债券拖欠风险有很大差别。违约风险越大，债券的利率越高。

（4）国际债券：指外国政府或外国公司发行的债券。不仅外国公司债有违约风险，有些外国政府债券也有违约风险。此外，如果国际债券以国外货币结算，购买者还需要承担汇率风险。

二、债券价值的评估方法

债券的价值是发行者按照合同规定从现在至债券到期日所支付的款项的现值。计算现值时使用的折现率，取决于当前等风险投资的市场利率。

（一）债券的估值模型

1. 债券估值的基本模型

典型的债券是固定利率、每年计算并支付利息、到期归还本金。按照这种模式，债券价值计算的基本模型是：

$$V_d = \frac{I_1}{(1+r_d)^1} + \frac{I_2}{(1+r_d)^2} + \cdots + \frac{I_n}{(1+r_d)^n} + \frac{M}{(1+r_d)^n}$$

式中：V_d——债券价值；I——每年利息；M——面值；r_d——年折现率，一般采用当前等风险投资的市场利率；n——到期前的年数。

【例6－1】 ABC公司拟于20×1年2月1日发行面额为1 000元的债券，其票面利率为8%，每年2月1日计算并支付一次利息，并于5年后的1月31日到期。同等风险投资的必要报酬率为10%，则债券的价值为：

$$V_d = \frac{80}{(1+10\%)^1} + \frac{80}{(1+10\%)^2} + \frac{80}{(1+10\%)^3} + \frac{80}{(1+10\%)^4} + \frac{80+1\,000}{(1+10\%)^5}$$

$$= 80 \times (P/A, 10\%, 5) + 1\,000 \times (P/F, 10\%, 5)$$

$$= 80 \times 3.791 + 1\,000 \times 0.621$$

$$= 303.28 + 621$$

$$= 924.28（元）$$

2. 其他模型

（1）平息债券。平息债券是指利息在期间内平均支付的债券。支付的频率可能是一年一次、半年一次或每季度一次等。

平息债券价值的计算公式如下：

$$V_d = \sum_{t=1}^{mn} \frac{I/m}{(1+\frac{r_d}{m})^t} + \frac{M}{(1+\frac{r_d}{m})^{mn}}$$

式中：V_d——债券价值；I——每年利息；M——面值；m——年付息次数；n——到期前的年数；r_d——年折现率。

【例6－2】 有一债券面值为1 000元，票面利率为8%，每半年支付一次利息，5年到期。假设年折现率为10.25%。

按惯例，票面利率为债券按年计算的报价利率，每半年计息时按票面利率的1/2计算利息，即按4%计息，每次支付40元。年折现率为按年计算的有效年利率，每半年期的折现率为 $(1+10.25\%)^{\frac{1}{2}} - 1 = 5\%$。该债券的价值为：

$$V_d = \frac{80}{2} \times (P/A, 5\%, 5\times2) + 1\,000 \times (P/F, 5\%, 5\times2)$$

$$= 40 \times 7.7217 + 1\,000 \times 0.6139$$

$$= 308.868 + 613.9$$

$$= 922.77（元）$$

（2）纯贴现债券。纯贴现债券是指承诺在未来某一确定日期按面值支付的债券。这种债券在到期日前购买人不能得到任何现金支付，因此，也称为“零息债券”。零息债券没有标明利息计算规则的，通常采用按年计息的复利计算规则。

纯贴现债券的价值：

$$V_d=\frac{F}{(1+r_d)^n}$$

式中：V_d——债券价值；F——到期日支付额；r_d——年折现率；n——到期时间的年数。

【例6－3】 有一纯贴现债券，面值1 000元，20年期。假设年折现率为10%，其价值为：

$$R_d=\frac{1\ 000}{(1+10\%)^{20}}=148.6(\text{元})$$

【例6－4】 有一5年期国债，面值1 000元，票面利率12%，单利计息，到期时一次还本付息。假设年折现率为10%，其价值为：

$$V_d=\frac{1\ 000+1\ 000\times12\%\times5}{(1+10\%)^5}=\frac{1\ 600}{1.6105}=993.48(\text{元})$$

在到期日一次还本付息债券，实际上也是一种纯贴现债券，只不过到期日不是按票面额支付而是按本利和作单笔支付。

（3）流通债券的价值。流通债券是指已发行并在二级市场上流通的债券。它们不同于新发行债券，已经在市场上流通了一段时间，在估值时需要考虑现在至下一次利息支付的时间因素。

【例6－5】 有一面值为1 000元的债券，票面利率为8%，每年支付一次利息，20×1年5月1日发行，20×6年4月30日到期。现在是20×4年4月1日，假设年折现率为10%，问该债券的价值是多少？

流通债券的特点是：①到期时间小于债券发行在外的时间；②估值的时点不在发行日，可以是任何时点，会产生“非整数计息期”问题。新发行债券，总是在发行日估计现值的，到期时间等于发行在外时间，如图6－1所示。

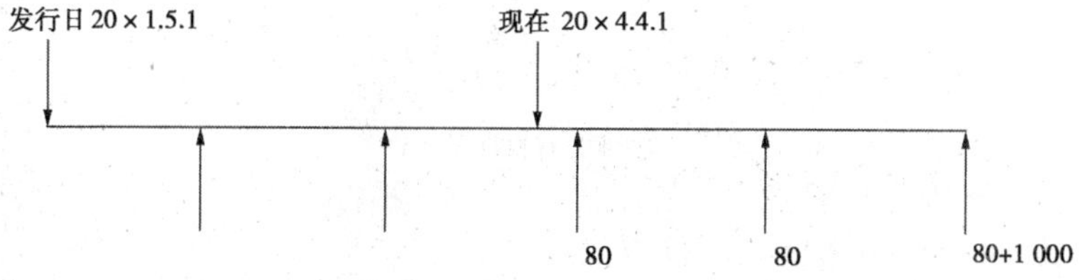

图6－1　流通债券的价值

流通债券的估值方法有两种：①以现在为折算时间点，历年现金流量按非整数计息期折现；②以最近一次付息时间（或最后一次付息时间）为折算时间点，计算历次现金流量现值，然后将其折算到现在时点。无论哪种方法，都需要计算非整数期的折现系数。

第一种计算办法：分别计算4笔现金流入的现值，然后求和。由于计息期数不是整数，而是1/12，13/12，25/12，需要计算现值因数。

另一种计算办法：就是先计算20×4年5月1日的价值，然后将其折算为4月1日的价值。

20×4 年 5 月 1 日价值 $=80\times1.7355+80+1\ 000\times0.8264=1\ 045.24$（元）

20×4 年 4 月 1 日价值 $=1\ 045.24/(1+10\%)^{1/12}=1\ 037$（元）

流通债券的价值在两个付息日之间呈周期性变动。对于折价发行债券来说，发行后价值逐渐升高，在付息日由于割息而价值下降，然后又逐渐上升。总的趋势是波动上升，如图 6－2 所示。越临近付息日，利息的现值越大，债券的价值有可能超过面值。付息日后债券的价值下降，会低于其面值。

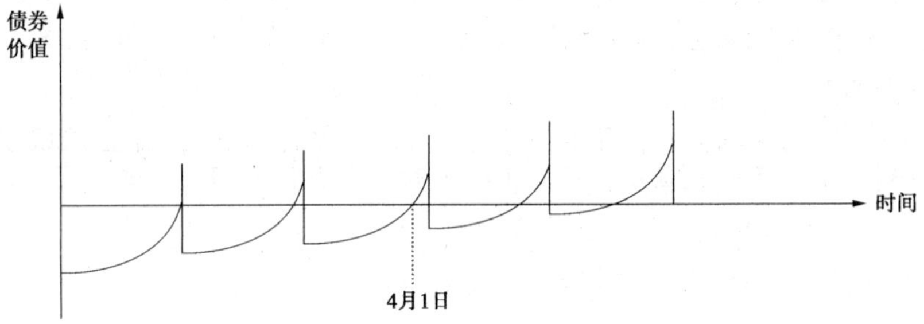

图 6－2 流通债券价值的周期性

流通债券估值时必须注意付息日，分别对每期利息和最后的本金折现。本例中，2 年 1 个月的剩余期限中，含有 3 个付息日，发生 3 次利息流入，要计算 3 次利息。

20×4 年 5 月 1 日利息的现值为：

$$PV(1)=\frac{1\ 000\times8\%}{(1+10\%)^{\frac{1}{12}}}=\frac{80}{1.0080}=79.3651（元）$$

20×5 年 5 月 1 日利息的现值为：

$$PV(2)=\frac{1\ 000\times8\%}{(1+10\%)^{1\frac{1}{12}}}=\frac{80}{1.1088}=72.1501（元）$$

20×6 年 5 月 1 日利息的现值为：

$$PV(3)=\frac{1\ 000\times8\%}{(1+10\%)^{2\frac{1}{12}}}=\frac{80}{1.2196}=65.5953（元）$$

20×6 年 5 月 1 日本金的现值为：

$$PV(M)=\frac{1\ 000}{(1+10\%)^{2\frac{1}{12}}}=\frac{1\ 000}{1.2196}=819.9410（元）$$

该债券 20×4 年 4 月 1 日的价值为：

$$\begin{aligned}V_d&=79.3651+72.1501+65.5953+819.9410\\&=1\ 037.05（元）\end{aligned}$$

（二）债券价值的影响因素

通过上述模型可以看出，影响债券价值的因素除债券面值、票面利率和计息期以外，还有折现率和到期时间。

1. 债券价值与折现率

债券价值与折现率有密切的关系。债券定价的基本原则是：折现率等于债券利率时，债券价值就是其面值；如果折现率高于债券利率，债券的价值就低于面值；如果折现率低于债券利率，债券的价值就高于面值。对于所有类型的债券估值，都必须遵循这一原理。

如果在［例6-1］中，折现率是8%，则债券价值为：

$$V_d = 80 \times (P/A, 8\%, 5) + 1\ 000 \times (P/F, 8\%, 5)$$
$$= 80 \times 3.9927 + 1\ 000 \times 0.6806$$
$$= 1\ 000(\text{元})$$

如果在［例6-1］中，折现率是6%，则债券价值为：

$$V_d = 80 \times (P/A, 6\%, 5) + 1\ 000 \times (P/F, 6\%, 5)$$
$$= 80 \times 4.2124 + 1\ 000 \times 0.7473$$
$$= 1\ 084.29(\text{元})$$

【例6-6】 某两年期债券，每半年付息一次，票面利率8%，面值1 000元。假设年折现率是8.16%，请计算该债券的价值。

由于债券在一年内复利两次，给出的票面利率是以一年为计息期的报价利率。实际付息时，以半年为计息期，按8%的一半即4%计算利息。年折现率为按年计算的有效年利率，每半年期的折现率为 $(1+8.16\%)^{\frac{1}{2}}-1=4\%$。由于计息期票面利率与折现率相同，该债券的价值应当等于其面值（1 000元）。验证如下：

$$V_d = PV(\text{利息}) + PV(\text{本金})$$
$$= \frac{40}{1.04} + \frac{40}{1.04^2} + \frac{40}{1.04^3} + \frac{40}{1.04^4} + \frac{1\ 000}{1.04^4} = 1\ 000(\text{元})$$

应当注意，当一年内要复利几次时，报价利率应除以年内付息次数得出计息期利率，年折现率为有效年利率，应开年计息次数方得出计息期折现率。

在发债时，票面利率是根据等风险投资的折现率（即必要报酬率）确定的。假设当前等风险债券的年折现率为10%，拟发行面值为1 000元、每年付息的债券，则票面利率应确定为10%。此时，折现率和票面利率相等，债券的公允价值为1 000元，可以按1 000元的价格发行。如果债券印制或公告后市场利率发生了变动，可以通过溢价或折价调节发行价，而不应修改票面利率。假设其他条件不变，如果拟发行债券为每半年付息，票面利率应如何确定呢？发行人不会以5%作为半年的票面利率，因为半年付息5%比一年付息10%的成本高。他会按4.8809%（$\sqrt{1+10\%}-1$）作为半年的票面利率，这样报价利率为 $2 \times 4.8809\% = 9.7618\%$，同时指明半年付息。它与每年付息、报价利率为10%的债券有效年利率相同，在经济上是等效的。

影响利息高低的因素不仅有票面利率，还有计息期。因此，票面利率和计息期必须同时报价，不能分割。反过来说，对于平价发行的半年付息债券来说，若票面利率（即报价利率）为10%，则它的定价依据是有效年利率10.25%，或者说计息期折现率5%。

2. 债券价值与到期时间

债券的到期时间，是指当前日至债券到期日之间的时间间隔。随着时间的延续，债券的到期时间逐渐缩短，至到期日时该间隔为零。

对于平息债券，在折现率一直保持不变的情况下，不管它高于或低于票面利率，债券价值随到期时间的缩短逐渐向债券面值靠近，至到期日债券价值等于债券面值。这种变化情况如图6-3所示。当折现率高于票面利率时，随着时间向到期日靠近，债券价值逐渐提高，最终等于债券面值；当折现率等于票面利率时，债券价值一直等于票面价值；当折现率低于票面利率时，随着时间向到期日靠近，债券价值逐渐下降，最终等于债券面值。

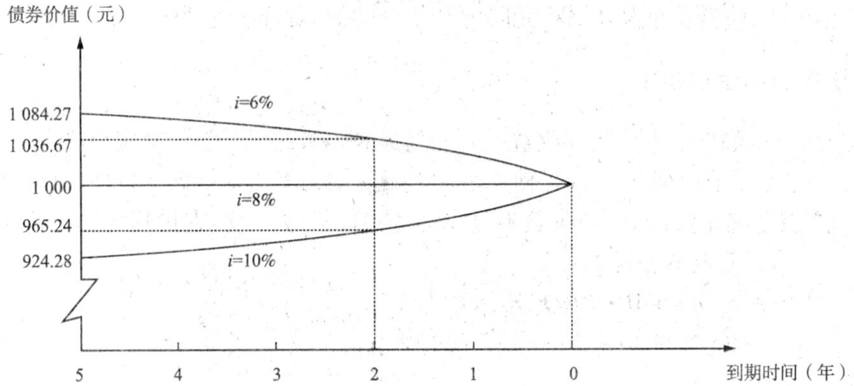

图 6－3　债券价值与到期时间

图 6－3 显示的是连续支付利息的情景，或者说是支付期无限小的情景。如果不是这样，而是每间隔一段时间支付一次利息，债券价值会呈现周期性波动，例如前面所述的流通债券价值的周期性波动情况。

在［例 6－1］中，如果到期时间缩短至 2 年，在年折现率等于 10% 的情况下，债券价值为：

$$V_d = 80 \times (P/A, 10\%, 2) + 1\,000 \times (P/F, 10\%, 2)$$
$$= 80 \times 1.7355 + 1\,000 \times 0.8264$$
$$= 965.24(\text{元})$$

在年折现率为 10% 并维持不变的情况下，到期时间为 5 年时，债券价值为 924.28 元，3 年后到期时间为 2 年时，债券价值上升至 965.24 元，向面值 1 000 元靠近了。

在［例 6－1］中，如果折现率为 6%，到期时间为 2 年时，债券价值为：

$$V_d = 80 \times (P/A, 6\%, 2) + 1\,000 \times (P/F, 6\%, 2)$$
$$= 80 \times 1.8334 + 1\,000 \times 0.8900$$
$$= 1\,036.67(\text{元})$$

在年折现率为 6% 并维持不变的情况下，到期时间为 5 年时，债券价值为 1 084.72 元，3 年后到期时间为 2 年时，债券价值下降至 1 036.67 元，向面值 1 000 元靠近了。

在年折现率为 8% 并维持不变的情况下，到期时间为 2 年时，债券价值为：

$$V_d = 80 \times (P/A, 8\%, 2) + 1\,000 \times (P/F, 8\%, 2)$$
$$= 80 \times 1.7833 + 1\,000 \times 0.8573$$
$$= 1\,000(\text{元})$$

在折现率等于票面利率时，到期时间的缩短对债券价值没有影响。在付息日，付息后债券价值为 1 000 元。

综上所述，对于平息债券，当折现率一直保持至到期日不变时，随着到期时间的缩短，债券价值逐渐接近其票面价值。

如果折现率在债券发行后发生变动，债券价值也会因此而变动。随着到期时间的缩短，折现率变动对债券价值的影响越来越小。这就是说，债券价值对折现率特定变化的反应越来越不灵敏。

从上述计算中，可以看出，在到期时间为5年时，如果折现率从8%上升到10%，债券价值从1 000元降至924.28元，下降了7.6%。在到期时间为2年时，如果折现率从8%上升至10%，债券价值从1 000元降至965.24元，仅下降3.5%。

三、债券的期望报酬率

债券的期望报酬率通常用到期收益率来衡量。到期收益率是指以特定价格购买债券并持有至到期日所能获得的报酬率。它是使未来现金流量现值等于债券购入价格的折现率。

计算到期收益率的方法是求解含有折现率的方程，即：购进价格 = 每年利息 × 年金现值系数 + 面值 × 复利现值系数

$$P_0 = I \cdot (P/A, r_d, n) + M \cdot (P/F, r_d, n)$$

式中：P_0——债券价格；I——每年的利息；M——面值；n——到期前的年数；r_d——年折现率。

【例6-7】 ABC公司20×1年2月1日用平价购买一张面额为1 000元的债券，其票面利率为8%，每年2月1日计算并支付一次利息，并于5年后的1月31日到期。该公司持有该债券至到期日，计算其到期收益率。

$$1\,000 = 80 \times (P/A, r_d, 5) + 1\,000 \times (P/F, r_d, 5)$$

解该方程要用内插法。

用$r_d = 8\%$试算：

$$\begin{aligned}&80 \times (P/A, 8\%, 5) + 1\,000 \times (P/F, 8\%, 5)\\&= 80 \times 3.9927 + 1\,000 \times 0.6806\\&= 1\,000(\text{元})\end{aligned}$$

可见，平价购买的每年付息一次的债券的到期收益率等于票面利率。

如果债券的价格高于面值，则情况将发生变化。例如，买价是1 105元，则：

$$1\,105 = 80 \times (P/A, r_d, 5) + 1\,000 \times (P/F, r_d, 5)$$

通过前面试算已知，$r_d = 8\%$时等式右方为1 000元，小于1 105元，可判断报酬率低于8%，降低折现率进一步试算：

用$r_d = 6\%$试算：

$$\begin{aligned}&80 \times (P/A, 6\%, 5) + 1\,000 \times (P/F, 6\%, 5)\\&= 80 \times 4.212 + 1\,000 \times 0.747\\&= 336.96 + 747 = 1\,083.96(\text{元})\end{aligned}$$

由于折现结果仍小于1 105元，还应进一步降低折现率。用$r_d = 5\%$试算：

$$\begin{aligned}&80 \times (P/A, 5\%, 5) + 1\,000 \times (P/F, 5\%, 5)\\&= 80 \times 4.3295 + 1\,000 \times 0.7835\\&= 346.36 + 783.5\\&= 1\,129.86(\text{元})\end{aligned}$$

折现结果高于1 105元，可以判断，报酬率高于5%。用内插法计算近似值：

$$\begin{aligned}r_d &= 5\% + \frac{1\,129.86 - 1\,105}{1\,129.86 - 1\,083.96} \times (6\% - 5\%)\\&= 5.54\%\end{aligned}$$

从此例可以看出，如果买价和面值不等，则报酬率和票面利率不同。

第二节 普通股价值评估

股票是股份公司发给股东的所有权凭证，是股东借以取得股利的一种证券。股票持有者即为该公司的股东，对该公司财产有要求权。股票可以按不同的方法和标准分类：按股东所享有的权利，可分为普通股和优先股；按票面是否标明持有者姓名，分为记名股票和不记名股票；按股票票面是否记明入股金额，分为有面值股票和无面值股票；按能否向股份公司赎回自己的财产，分为可赎回股票和不可赎回股票。

一、普通股价值的评估方法

普通股是指股份公司依法发行的具有表决权和剩余索取权的一类股票。普通股价值评估有两种常用方法：现金流量折现模型、相对价值评估模型。本章重点介绍现金流量折现模型中的股利折现模型，其余模型请参见本书第八章第二节相关内容。

（一）股票估值的基本模型

股票带给持有者的现金流入包括两部分：股利收入和出售时的售价。股票的内在价值由一系列的股利和将来出售股票时售价的现值所构成。

如果股东永远持有股票，他只获得股利，是一个永续的现金流入。这个现金流入的现值就是股票的价值：

$$V_s = \frac{D_1}{(1+r_s)^1} + \frac{D_2}{(1+r_s)^2} + \cdots + \frac{D_n}{(1+r_s)^n}$$

$$= \sum \frac{D_t}{(1+r_s)^t}$$

式中：V_s——普通股价值；D_t——第 t 年的股利；r_s——年折现率，一般采用资本成本率或投资的必要报酬率。

如果投资者不打算永久地持有该股票，而在一段时间后出售，他的未来现金流入是几次股利和出售时的股价。因此，买入时的价值 V_0（一年的股利现值加上一年后股价的现值）和一年后的价值 V_1（第二年股利在第二年年初的价值加上第二年年末股价在第二年年初的价值）为：

$$V_0 = \frac{D_1}{1+r_s} + \frac{V_1}{1+r_s} \tag{1}$$

$$V_1 = \frac{D_2}{1+r_s} + \frac{V_2}{1+r_s} \tag{2}$$

将式（2）代入式（1）：

$$V_0 = \frac{D_1}{1+r_s} + \left(\frac{D_2}{1+r_s} + \frac{V_2}{1+r_s}\right) \div (1+r_s)$$

$$= \frac{D_1}{(1+r_s)^1} + \frac{D_2}{(1+r_s)^2} + \frac{V_2}{(1+r_s)^2}$$

如果不断继续上述代入过程，则可得出：

$$V_0 = \sum_{t=1}^{\infty} \frac{D_t}{(1+r_s)^t} \tag{3}$$

式（3）是股票估值的基本模型。它在实际应用时，面临的主要问题是如何预计未来每年的股利，以及如何确定折现率。

股利的多少，取决于每股盈利和股利支付率两个因素。对其估计的方法是历史资料的统计分析，例如回归分析、时间序列的趋势分析等。股票评价的基本模型要求无限期地预计历年的股利（D_t），实际上不可能做到。因此，应用的模型都是各种简化办法，如每年股利相同或固定比率增长等。

折现率的主要作用是把所有未来不同时间的现金流入折算为现在的价值。折现率应当是投资的必要报酬率。那么，投资的必要报酬率应当是多少呢？我们将在本章稍后再讨论这个问题。

（二）零增长股票的价值

假设未来股利不变，其支付过程是一个永续年金，则股票价值为：$V_0 = D \div r_s$

【例 6－8】 每年分配股利 2 元，必要报酬率为 16%，则：$V_0 = 2 \div 16\% = 12.5$（元）

这就是说，该股票每年给你带来 2 元的收益，在必要报酬率为 16% 的条件下，它相当于 12.5 元资本的收益，所以其价值是 12.5 元。当然，市场上的股价不一定就是 12.5 元，还要看投资人对风险的态度，可能高于或低于 12.5 元。如果当时的市价不等于股票价值，例如市价为 12 元，每年固定股利 2 元，则其预期报酬率为：$r_s = 2 \div 12 \times 100\% = 16.67\%$。可见，市价低于股票价值时，期望报酬率高于必要报酬率。

（三）固定增长股票的价值

有些企业的股利是不断增长的。当公司进入可持续增长状态时，其增长率是固定的，则股票价值的估计方法如下：

假设 ABC 公司今年的股利为 D_0，则 t 年的股利应为：

$$D_t = D_0 \cdot (1+g)^t$$

若 $D_0 = 2$，$g = 10\%$，则 5 年后的每年股利为：

$$D_t = D_0 \cdot (1+g)^5 = 2 \times (1+10\%)^5 = 2 \times 1.6105 = 3.22\text{（元）}$$

固定增长股票的股价计算公式如下：

$$V_0 = \sum \frac{D_0 \cdot (1+g)^t}{(1+r_s)^t}$$

当 g 为常数，并且 $r_s > g$ 时，上式可简化为：

$$V_0 = \frac{D_0 \cdot (1+g)}{r_s - g} = \frac{D_1}{r_s - g}$$

【例 6－9】 ABC 公司报酬率为 16%，年增长率为 12%，$D_0 = 2$ 元，$D_1 = 2 \times (1 + 12\%) = 2 \times 1.12 = 2.24$（元），则股票的内在价值为：

$$V_0 = (2 \times 1.12) \div (0.16 - 0.12) = 56\text{（元）}$$

（四）非固定增长股票的价值

在现实生活中，有的公司股利是不固定的。例如，在一段时间里高速增长，在另一段时间里正常固定增长或固定不变。在这种情况下，就要分段计算，才能确定股票的价值。

【例 6－10】 一个投资人持有 ABC 公司的股票，投资必要报酬率为 15%。预计 ABC 公司未来 3 年股利将高速增长，增长率为 20%。在此以后转为正常增长，增长率为 12%。公司最近支付的股利是 2 元。现计算该公司股票的价值。

首先，计算非正常增长期的股利现值，如表 6－1 所示：

表 6－1 非正常增长期的股利现值计算 单位：元

年 份	股利（D_t）	现值系数（15%）	现值（V_t）
1	2×1.2＝2.4	0.870	2.088
2	2.4×1.2＝2.88	0.756	2.177
3	2.88×1.2＝3.456	0.658	2.274
	合计（3 年股利的现值）	6.539	

其次，计算第三年年底的普通股价值：

$$V_3=\frac{D_4}{r_s-g}=\frac{D_3\cdot(1+g)}{r_s-g}=\frac{3.456\times1.12}{0.15-0.12}=129.02(\text{元})$$

计算其现值：

$$PV(V_3)=129.02\times(P/F,15\%,3)=129.02\times0.6575=84.831(\text{元})$$

最后，计算股票目前的价值：$V_0=6.539+84.831=91.37(\text{元})$

二、普通股的期望报酬率

前面主要讨论如何估计普通股的价值，以判断某种股票被市场高估或低估。现在，假设股票价格是公平的市场价格，证券市场处于均衡状态；在任一时点证券价格都能完全反映有关该公司的任何可获得的公开信息，而且证券价格对新信息能迅速作出反应。在这种假设条件下，股票的期望报酬率等于其必要报酬率。

根据固定增长股利模型，我们知道：

$$P_0=D_1/(r_s-g)$$

如果把公式移项整理，求 R，可以得到：

$$r_s=D_1/P_0+g$$

这个公式告诉我们，股票的总报酬率可以分为两个部分：第一部分是 D_1/P_0，叫做股利收益率，它是根据预期现金股利除以当前股价计算出来的。第二部分是增长率 g，叫做股利增长率。由于股利的增长速度也就是股价的增长速度，因此，g 可以解释为股价增长率或资本利得收益率。g 的数值可以根据公司的可持续增长率估计。P_0是股票市场形成的价格，只要能预计出下一期的股利，就可以估计出股东预期报酬率，在有效市场中它就是与该股票风险相适应的必要报酬率。

【例 6－11】 某普通股每股价格 20 元，预计下一期股利为 1 元，该股利将以 10% 的速度持续增长。该股票的期望报酬率为：

$$r_s=1/20+10\%=15\%$$

如果股东要求的必要报酬率也为 15%，则一年后的股价为：

$$P_1=D_1\times(1+g)/(r_s-g)$$

$$=1\times(1+10\%)/(15\%-10\%)$$

$=1.1/5\%$

$=22$(元)

如果现在用 20 元购买该股票，年末将收到 1 元股利，并且得到 2 元（22 元 - 20 元）的资本利得：

总报酬率 = 股利收益率 + 资本利得收益率

$=1/20+2/20$

$=5\%+10\%$

$=15\%$

这个例子验证了股票期望报酬率模型的正确性。如果股东要求的必要报酬率大于期望报酬率，他就不会进行这种投资；如果股东要求的必要报酬率小于期望报酬率，就会争购该股票，使得价格升上去。

第三节 混合筹资工具价值评估

混合筹资工具是既带有债务融资特征又带有权益融资特征的特殊融资工具，常见的有优先股、永续债、附认股权证债券、可转换债券等，此处以优先股为例讲述混合筹资工具的价值评估。

优先股是指在一般规定的普通种类股份之外，另行规定的其他种类股份，其股份持有人优先于普通股股东分配公司利润和剩余财产，但参与公司决策管理等权利受到限制。

一、优先股的特殊性

相对普通股而言，优先股有如下特殊性：

（一）优先分配利润

优先股股东按照约定的票面股息率，优先于普通股股东分配公司利润。公司应当以现金的形式向优先股股东支付股息，在完全支付约定的股息之前，不得向普通股股东分配利润。

公司应当在公司章程中明确以下事项：（1）优先股股息率是采用固定股息率还是浮动股息率，并相应明确固定股息率水平或浮动股息率计算方法。（2）公司在有可分配税后利润的情况下是否必须分配利润。（3）如果公司因本会计年度可分配利润不足而未向优先股股东足额派发股息，差额部分是否累积到下一会计年度。（4）优先股股东按照约定的股息率分配股息后，是否有权同普通股股东一起参加剩余利润分配。（5）优先股利润分配涉及的其他事项。

（二）优先分配剩余财产

公司因解散、破产等原因进行清算时，公司财产在按照公司法和破产法有关规定进行清偿后的剩余财产，应当优先向优先股股东支付未派发的股息和公司章程约定的清算金额，不足以支付的按照优先股股东持股比例分配。

（三）表决权限制

除以下情况外，优先股股东不出席股东大会会议，所持股份没有表决权：（1）修改公司章程中与优先股相关的内容；（2）一次或累计减少公司注册资本超过10%；（3）公司合并、分立、解散或变更公司形式；（4）发行优先股；（5）公司章程规定的其他情形。上述事项的决议，除须经出席会议的普通股股东（含表决权恢复的优先股股东）所持表决权的2/3以上通过之外，还须经出席会议的优先股股东（不含表决权恢复的优先股股东）所持表决权的2/3以上通过。

其中，表决权恢复是指公司累计3个会计年度或连续2个会计年度未按约定支付优先股股息的，优先股股东有权出席股东大会，每股优先股股份享有公司章程规定的表决权。对于股息可累积到下一会计年度的优先股，表决权恢复直至公司全额支付所欠股息。对于股息不可累积的优先股，表决权恢复直至公司全额支付当年股息。公司章程可规定优先股表决权恢复的其他情形。

二、优先股价值的评估方法

优先股按照约定的票面股息率支付股利，其票面股息率可以是固定股息率或浮动股息率。公司章程中规定优先股采用固定股息率的，可以在优先股存续期内采取相同的固定股息率，或明确每年的固定股息率，各年度的股息率可以不同；公司章程中规定优先股采用浮动股息率的，应当明确优先股存续期内票面股息率的计算方法。

无论优先股采用固定股息率还是浮动股息率，优先股价值均可通过对未来优先股股利的折现进行估计，即采用股利的现金流量折现模型估值。其中，当优先股存续期内采用相同的固定股息率时，每期股息就形成了无限期定额支付的年金，即永续年金，优先股则相当于永久债券。其估值公式如下：

$$V_p = D_p / r_p$$

式中：V_p——优先股的价值；D_p——优先股每期股息；r_p——折现率，一般采用资本成本率或投资的必要报酬率。

永续债的估值与优先股类似，公式如下：

$$V_{pd} = \frac{I}{r_{pd}}$$

式中：V_{pd}——永续债的价值；I——每年的利息；r_{pd}——年折现率，一般采用当前等风险投资的市场利率。

三、优先股的期望报酬率

优先股股息通常是固定的，优先股股东的期望报酬率估计如下：

$$r_p = D_p / P_p$$

式中，r_p——优先股期望报酬率；D_p——优先股每股年股息；P_p——优先股当前股价。

永续债的期望报酬率与优先股类似，公式如下：

$$r_{pd} = \frac{I}{P_{pd}}$$

式中，r_{pd}——永续债期望报酬率；I——永续债每年的利息；P_{pd}——永续债当前价格。

第七章　期权价值评估

第一节　期权的概念、类型和投资策略

一、期权的概念

期权是指一种合约，该合约赋予持有人在某一特定日期或该日之前的任何时间以固定价格购进或售出一种资产的权利。

例如，王先生 20×0 年以 100 万元的价格购入一处房产，同时与房地产商 A 签订了一项期权合约。合约赋予王先生享有在 20×2 年 8 月 16 日或者此前的任何时间，以 120 万元的价格将该房产出售给 A 的权利。如果在到期日之前该房产的市场价格高于 120 万元，王先生则不会执行期权，而选择在市场上出售或者继续持有。如果该房产的市价在到期日之前低于 120 万元，则王先生可以选择执行期权，将房产出售给 A 并获得 120 万元现金。

期权定义的要点如下：

（一）期权是一种权利

期权合约至少涉及购买人和出售人两方。获得期权的一方称为期权购买人，出售期权的一方称为期权出售人。交易完成后，购买人成为期权持有人。

期权赋予持有人做某件事的权利，但他不承担必须履行的义务，可以选择执行或者不执行该权利。持有人仅在执行期权有利时才会利用它，否则该期权将被放弃。在这种意义上说期权是一种“特权”，因为持有人只享有权利而不承担相应的义务。

期权合约不同于远期合约和期货合约。在远期和期货合约中，双方的权利和义务是对等的，双方互相承担责任，各自具有要求对方履约的权利。当然，与此相适应，投资人签订远期或期货合约时不需要向对方支付任何费用，而投资人购买期权合约必须支付期权费，作为不承担义务的代价。

（二）期权的标的资产

期权的标的资产是指选择购买或出售的资产。它包括股票、政府债券、货币、股票指数、商品期货、房地产等。期权是这些标的物“衍生”的，因此，称为衍生金融工具。

值得注意的是，期权出售人不一定拥有标的资产。例如出售 IBM 公司股票期权的人，

不一定是IBM公司本身，他也未必持有IBM的股票，期权是可以“卖空”的。期权购买人也不一定真的想购买标的资产。因此，期权到期时双方不一定进行标的物的实物交割，而只需按价差补足价款即可。

一个公司的股票期权在市场上被交易，该期权的源生股票发行公司并不能影响期权市场，该公司并不从期权市场上筹集资金。期权持有人没有选举公司董事、决定公司重大事项的投票权，也不能获得该公司的股利。

（三）到期日

双方约定的期权到期的那一天称为“到期日”。在那一天之后，期权失效。

按照期权执行时间分为欧式期权和美式期权。如果该期权只能在到期日执行，则称为欧式期权。如果该期权可以在到期日或到期日之前的任何时间执行，则称为美式期权。

（四）期权的执行

依据期权合约购进或售出标的资产的行为称为“执行”。在期权合约中约定的、期权持有人据以购进或售出标的资产的固定价格，称为“执行价格”。

二、期权的类型

按照合约授予期权持有人权利的类别，期权分为看涨期权和看跌期权两大类。

首先是看涨期权。看涨期权是指期权赋予持有人在到期日或到期日之前，以固定价格购买标的资产的权利。其授予权利的特征是“购买”。因此，也可以称为“择购期权”、“买入期权”或“买权”。

例如，一股每股执行价格为80元的ABC公司股票的3个月后到期的看涨期权，允许其持有人在到期日之前的任意一天，包括到期日当天，以80元的价格购入ABC公司的股票。当ABC公司的股票超过80元时，期权持有人有可能会以执行价格购买标的资产。如果标的股票的价格一直低于80元，持有人则不会执行期权。他并不被要求必须执行该期权。期权未被执行，过期后不再具有价值。

看涨期权的执行净收入，被称为看涨期权到期日价值，它等于股票价格减去执行价格的价差。如果在到期日股票价格高于执行价格，看涨期权的到期日价值随标的资产价值上升而上升；如果在到期日股票价格低于执行价格，则看涨期权没有价值。期权到期日价值没有考虑当初购买期权的成本。期权的购买成本称为期权费（或权利金），是指看涨期权购买人为获得在对自己有利时执行期权的权利所必须支付的补偿费用。期权到期日价值减去期权费后的剩余，称为期权购买人的“损益”。

其次是看跌期权。看跌期权是指期权赋予持有人在到期日或到期日前，以固定价格出售标的资产的权利。其授予权利的特征是“出售”。因此，也可以称为“择售期权”、“卖出期权”或“卖权”。

例如，一股每股执行价格为80元的ABC公司股票的7月份看跌期权，允许其持有人在到期日之前的任意一天，包括到期日当天，以80元的价格出售ABC公司的股票。当ABC公司的股票低于80元时，看跌期权持有人会要求以执行价格出售标的资产，看跌期权的出售方必须接受。如果标的股票的价格一直高于80元，持有人则不会执行期权。他并不被要求必须执行该期权。期权未被执行，过期后不再具有价值。

看跌期权的执行净收入，被称为看跌期权到期日价值，它等于执行价格减去股票价格的价差。如果在到期日股票价格低于执行价格，看跌期权的到期日价值随标的资产价值下降而上升；如果在到期日股票价格高于执行价格则看跌期权没有价值。看跌期权到期日价值没有考虑当初购买期权的成本。看跌期权的到期日价值减去期权费后的剩余，称为期权购买人的“损益”。

为了评估期权的价值，需要先知道期权的到期日价值。期权的到期日价值，是指到期时执行期权可以取得的净收入，它依赖于标的股票的到期日价格和执行价格。执行价格是已知的，而股票到期日的市场价格此前是未知的。但是，期权的到期日价值与股票的市场价格之间存在函数关系。这种函数关系，因期权的类别而异。

对于看涨期权和看跌期权，到期日价值的计算又分为买入和卖出两种。下面我们分别说明这四种情景下期权到期日价值和股价的关系。为简便起见，我们假设各种期权均持有至到期日，不提前执行，并且忽略交易成本。

（一）买入看涨期权

买入看涨期权形成的金融头寸，被称为“多头看涨头寸”①。

【例7－1】 投资人购买一项看涨期权，标的股票的当前市价为100元，执行价格为100元，到期日为1年后的今天，期权价格为5元。买入后，投资人就持有了看涨头寸，期待未来股价上涨以获取净收益。

多头看涨期权的净损益有以下四种可能：

（1）股票市价小于或等于100元，看涨期权买方不会执行期权，没有净收入，即期权到期日价值为零，其净损益为－5元（期权价值0元－期权成本5元）。

（2）股票市价大于100元并小于105元，例如股票市价为103元，投资人会执行期权。以100元购买ABC公司的1股股票，在市场上将其出售得到103元，净收入为3元（股票市价103元－执行价格100元），即期权到期日价值为3元，买方期权净损益为－2元（期权价值3元－期权成本5元）。

（3）股票市价等于105元，投资人会执行期权，取得净收入5元（股票市价105元－执行价格100元），即期权到期日价值为5元。多头看涨期权的净损益为0元（期权价值5元－期权成本5元）。

（4）股票市价大于105元，假设为110元，投资人会执行期权，净收入为10元（股票市价110元－执行价格100元），即期权的到期日价值为10元。投资人的净损益为5元（期权价值10元－期权成本5元）。

---

① 在金融领域广泛使用“头寸”一词。“头寸”最初是指款项的差额。银行在预计当天全部收付款项时，收入款项大于付出款项称为“多头寸”（亦称多单）；付出款项大于收入款项称为“空头寸”（亦称空单或缺单）。对于头寸多余或短缺的预计，俗称“轧头寸”。轧多时可以把余额出借，轧空时需要设法拆借并轧平。为了轧平而四处拆借，称为“调头寸”。市面上多头者较多时，称“头寸松”；空头者较多时，称“头寸紧”。在期货交易出现以后，交易日和交割日分离，为套利提供了时间机会。预计标的资产将会跌价的人，先期售出，在跌价后再补进，借以获取差额利润。卖掉自己并不拥有的资产，称为卖空（抛空、做空）。卖空者尚未补进标的资产以前，手头短缺一笔标的资产，持有“空头寸”。人们称卖空者为“空头”。与此相反，人们称期货的购买者为“多头”，他们持有“多头寸”。在期权交易中，将期权的出售者称为“空头”，他们持有“空头寸”；将期权的购买者称为“多头”，他们持有“多头寸”；“头寸”是指标的资产市场价格和执行价格的差额。

综合上述四种情况，可以概括为以下表达式：

多头看涨期权到期日价值 = max（股票市价 - 执行价格，0）

该式表明：如果股票市价 > 执行价格，会执行期权，看涨期权价值等于“股票市价 - 执行价格”；如果股票市价 < 执行价格，不会执行期权，看涨期权价值为零。因此，看涨期权到期日价值为“股票市价 - 执行价格”和“0”之间较大的一个。

多头看涨期权净损益 = 多头看涨期权到期日价值 - 期权价格

多头看涨期权的损益状况，如图 7 - 1 所示。

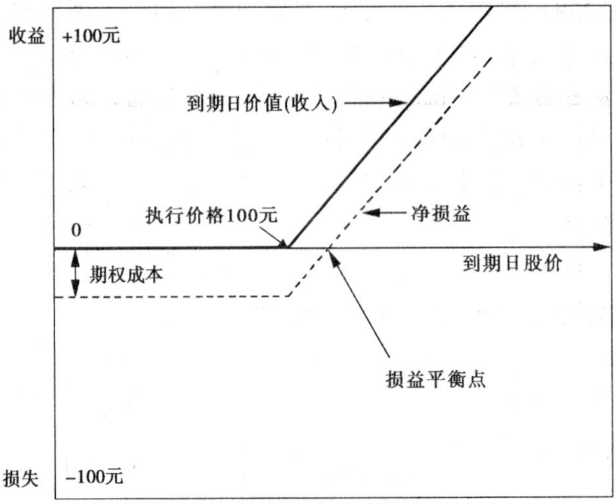

图 7 - 1　多头看涨期权

看涨期权损益的特点是：净损失有限（最大值为期权价格），而净收益却潜力巨大。那么，是不是投资期权一定比投资股票更好呢？不一定。例如，你有资金 100 元。投资方案一：以 5 元的价格购入前述 ABC 公司的 20 股看涨期权。投资方案二：购入 ABC 公司的股票 1 股。如果到期日股价为 120 元，购买期权的净损益 = 20 ×（120 - 100）- 20 × 5 = 300（元），报酬率 = 300 ÷ 100 × 100% = 300%；购买股票的净损益 = 120 - 100 = 20（元），报酬率 = 20 ÷ 100 × 100% = 20%。投资期权有巨大杠杆作用。因此，对投机者有巨大的吸引力。如果股票的价格在此期间没有变化，购买期权的净收入为零，其净损失为 100 元；股票的净收入为 100 元，其净损失为零。股价无论下降得多么厉害，只要不降至零，股票投资人手里至少还有一股可以换一点钱的股票。期权投资人的风险要大得多，只要股价低于执行价格，无论低得多么微小，他们就什么也没有了，投入的期权成本全部损失了。

（二）卖出看涨期权

看涨期权的出售者收取期权费，成为或有负债的持有人，负债的金额不确定。他处于空头状态，持有看涨期权空头头寸。

【例 7 - 2】 卖方售出 1 股看涨期权，其他数据与前例相同。标的股票的当前市价为 100 元，执行价格为 100 元，到期日为 1 年后的今天，期权价格为 5 元。其到期日的损益有以下四种可能：

（1）股票市价小于或等于 100 元，买方不会执行期权。由于期权价格为 5 元，空头看涨期权的净收益为 5 元（期权价格 5 元 + 期权到期日价值 0 元）。

(2) 股票市价大于100元并小于105元，例如，股票市价为103元，买方会执行期权。卖方有义务以100元执行价格出售股票，需要以103元补进ABC公司的股票，他的净收入（即空头看涨期权到期日价值）为 -3 元（执行价格100元 - 股票市价103元）。空头看涨期权净收益为2元（期权价格5元 + 期权到期日价值 -3 元）。

(3) 股票市价等于105元，期权买方会执行期权，空头净收入 -5 元（执行价格100元 - 股票市价105元），空头看涨期权的净损益为0元（期权价格5元 + 期权到期日价值 -5 元）。

(4) 股票市价大于105元，假设为110元，多头会执行期权，空头净收入 -10 元（执行价格100元 - 股票市价110元）。空头看涨期权净损益为 -5 元（期权价格5元 + 期权到期日价值 -10 元）。

空头看涨期权到期日价值 = -max（股票市价 - 执行价格，0）

空头看涨期权净损益 = 空头看涨期权到期日价值 + 期权价格

空头看涨期权的损益状态，如图7-2所示。对于看涨期权来说，空头和多头的价值不同。如果标的股票价格高于执行价格，多头的价值为正值，空头的价值为负值，金额的绝对值相同。如果标的股票价格低于执行价格，期权被放弃，双方的价值均为零。无论怎样，空头得到了期权费，而多头支付了期权费。

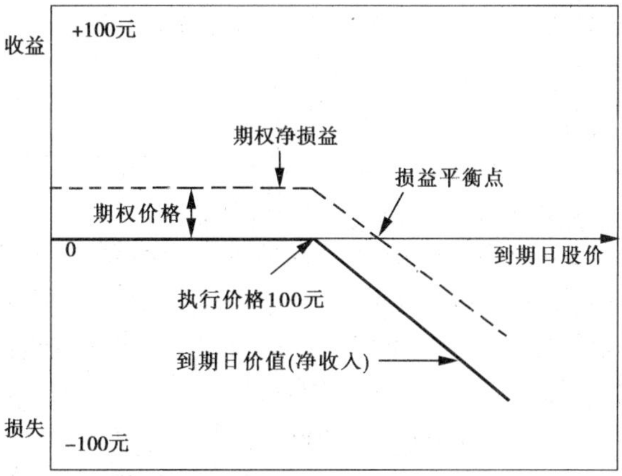

图7-2 空头看涨期权

（三）买入看跌期权

看跌期权买方拥有以执行价格出售股票的权利。

【例7-3】 投资人持有执行价格为100元的看跌期权，到期日股票市价为80元，他可以执行期权，以80元的价格购入股票，同时以100元的价格售出，获得20元收益。如果股票价格高于100元，他放弃期权，什么也不做，期权到期失效，他的收入为零。

因此，到期日看跌期权买方损益可以表示为：

多头看跌期权到期日价值 = max（执行价格 - 股票市价，0）

多头看跌期权净损益 = 多头看跌期权到期日价值 - 期权价格

看跌期权买方的损益状况，如图7-3所示。

（四）卖出看跌期权

看跌期权的出售者收取期权费，成为或有负债的持有人，负债的金额不确定。

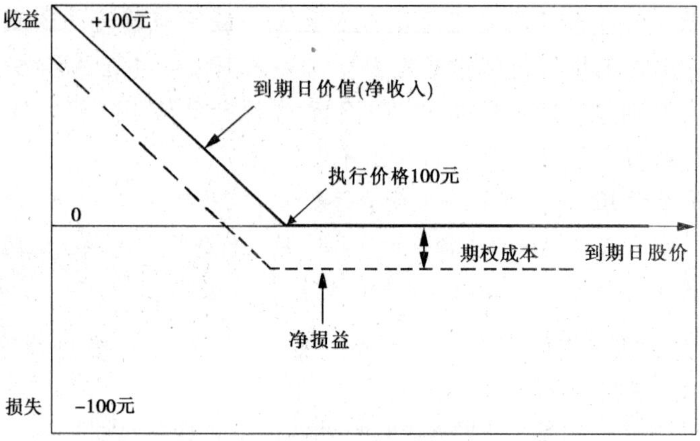

图7-3 多头看跌期权

【例7-4】 看跌期权出售者收取期权费5元，售出1股执行价格100元、1年后到期的ABC公司股票的看跌期权。如果1年后股价高于100元，期权持有人不会去执行期权，期权出售者的负债变为零。该头寸的最大利润是期权价格。如果情况相反，1年后股价低于100元，期权持有人就会执行期权，期权出售者必须依约按执行价格收购股票。该头寸的最大损失是执行价格减去期权价格。

因此，到期日看跌期权卖方损益可以表示为：

空头看跌期权到期日价值 = -max（执行价格 - 股票市价，0）

空头看跌期权净损益 = 空头看跌期权到期日价值 + 期权价格

看跌期权卖方的损益状况如图7-4所示。

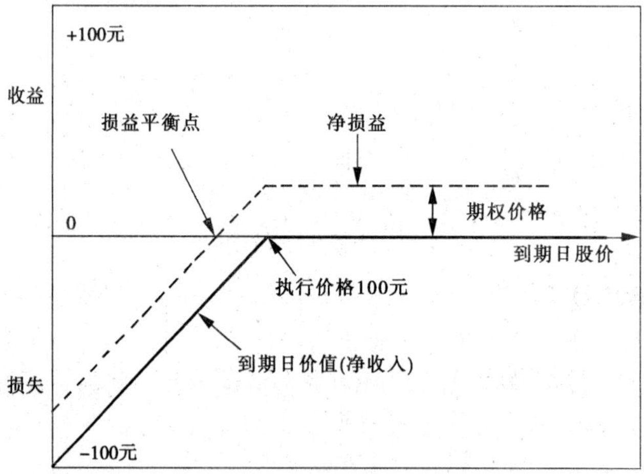

图7-4 空头看跌期权

总之，如果标的股票的价格上涨，对于买入看涨期权和卖出看跌期权的投资者有利；如果标的股票的价格下降，对于卖出看涨期权和买入看跌期权的投资者有利。

三、期权的投资策略

前面我们讨论了单一股票期权的损益状态。买入期权的特点是最小的净收入为零，不会发生进一步的损失。因此，具有构造不同损益的功能。从理论上讲，期权可以帮助我们建立任意形式的损益状态，用于控制投资风险。这里只介绍三种投资策略。

（一）保护性看跌期权

股票加多头看跌期权组合，是指购买1股股票，同时购入该股票的1股看跌期权。这种组合被称为保护性看跌期权。单独投资于股票风险很大，同时增加一股看跌期权，情况就会有变化，可以降低投资的风险。

【例7-5】 购入1股ABC公司的股票，购入价格$S_0=100$元；同时购入该股票的1股看跌期权，执行价格$X=100$元，期权价格$P=2.56$元，1年后到期。在不同股票市场价格下的净收入和净损益，如表7-1和图7-5所示。

表7-1 保护性看跌期权的损益 单位：元

项目	股价小于执行价格			股价大于执行价格		
	符号	下降20%	下降50%	符号	上升20%	上升50%
股票净收入	S_T	80	50	S_T	120	150
看跌期权净收入	$X-S_T$	20	50	0	0	0
组合净收入	X	100	100	S_T	120	150
股票净损益	S_T-S_0	-20	-50	S_T-S_0	20	50
期权净损益	$X-S_T-P$	17.44	47.44	$0-P$	-2.56	-2.56
组合净损益	$X-S_0-P$	-2.56	-2.56	S_T-S_0-P	17.44	47.44

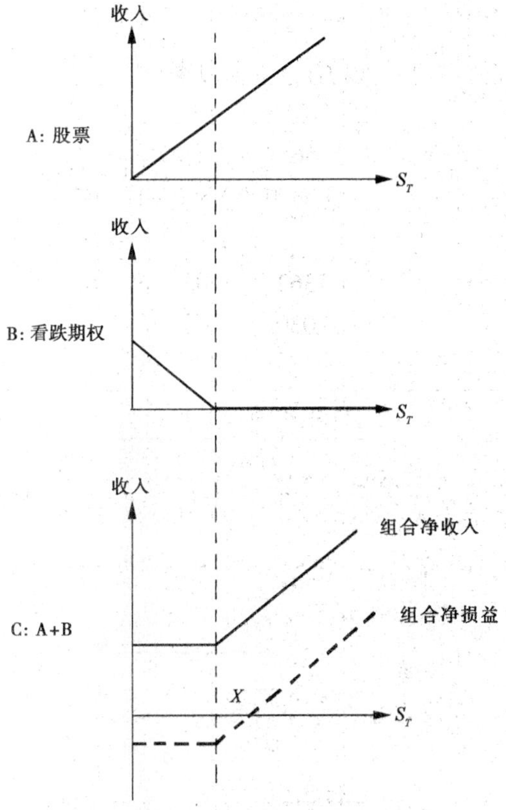

图7-5 保护性看跌期权

保护性看跌期权锁定了最低净收入（100 元）和最低净损益（-2.56 元）。但是，净损益的预期也因此降低了。上述四种情形下，投资于股票最好时能取得 50 元的净收益，而投资于组合最好时只能取得 47.44 元的净收益。

（二）抛补性看涨期权

股票加空头看涨期权组合，是指购买 1 股股票，同时出售该股票的 1 股看涨期权。这种组合被称为抛补性看涨期权。抛出看涨期权所承担的到期出售股票的潜在义务，可以被组合中持有的股票抵补，不需要另外补进股票。

【例 7-6】 依前例数据，购入 1 股 ABC 公司的股票，购入价格 $S_0=100$ 元，同时出售该股票的 1 股看涨期权，期权价格 $C=5$ 元，执行价格 $X=100$ 元，1 年后到期。在不同股票市场价格下的净收入和净损益，如表 7-2 和图 7-6 所示。

表 7-2　　抛补看涨期权的损益　　单位：元

项　目	股价小于执行价格			股价大于执行价格		
	符号	下降 20%	下降 50%	符号	上升 20%	上升 50%
股票净收入	S_T	80	50	S_T	120	150
看涨期权净收入	-（0）	0	0	$-(S_T-X)$	-20	-50
组合净收入	S_T	80	50	X	100	100
股票净损益	S_T-S_0	-20	-50	S_T-S_0	20	50
期权净损益	$C-0$	5	5	$C-(S_T-X)$	-15	-45
组合净损益	S_T-S_0+C	-15	-45	$X-S_0+C$	5	5

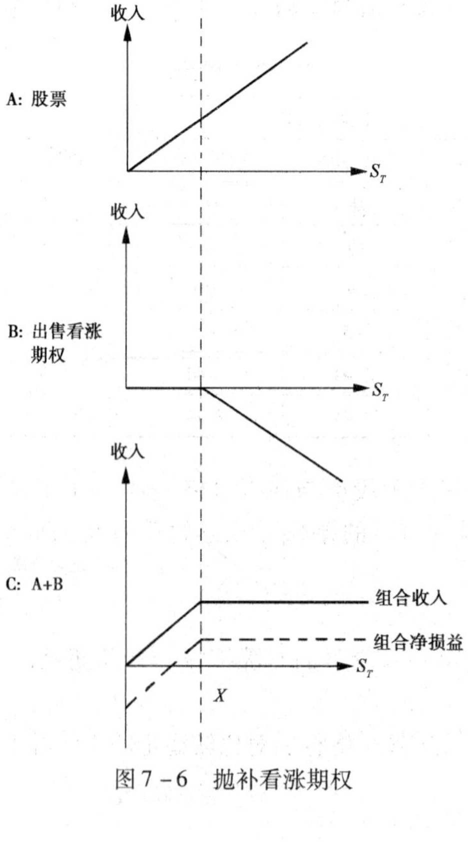

图 7-6　抛补看涨期权

抛补期权组合缩小了未来的不确定性。如果到期日股价超过执行价格，则锁定了净收入和净收益，净收入最多是执行价格（100 元），由于不需要补进股票也就锁定了净损益。相当于“出售”了超过执行价格部分的股票价值，换取了期权收入。如果到期日股价低于执行价格，净损失比单纯购买股票要小一些，减少的数额相当于期权价格。

出售抛补的看涨期权是机构投资者常用的投资策略。如果基金管理人计划在未来以 100 元的价格出售股票，以便套现分红，他现在就可以抛补看涨期权，赚取期权费。如果股价高于执行价格，他虽然失去了 100 元以上部分的额外收入，但是仍可以按计划取得 100 元现金。如果股价低于执行价格，还可以减少损失（相当于期权费收入）。因此，成为一个有吸引力的策略。

（三）对敲

对敲策略分为多头对敲和空头对敲。

1. 多头对敲

多头对敲是指同时买进一只股票的看涨期权和看跌期权，它们的执行价格、到期日都相同。

多头对敲策略对于预计市场价格将发生剧烈变动，但是不知道升高还是降低的投资者非常有用。例如，得知一家公司的未决诉讼将要宣判，如果该公司胜诉，预计股价将翻一番，如果败诉，预计股价将下跌一半。无论结果如何，多头对敲策略都会取得收益。

【例 7－7】 依前例数据，同时购入 ABC 公司股票的 1 股看涨期权和 1 股看跌期权。在不同股票市场价格下，多头对敲组合的净收入和净损益如表 7－3 和图 7－7 所示。

表 7－3　　多头对敲的损益　　单位：元

项　目	股价小于执行价格			股价大于执行价格		
	符号	下降 20%	下降 50%	符号	上升 20%	上升 50%
看涨期权净收入	0	0	0	S_T-X	20	50
看跌期权净收入	$X-S_T$	20	50	0	0	0
组合净收入	$X-S_T$	20	50	S_T-X	20	50
看涨期权净损益	$0-C$	－5	－5	S_T-X-C	15	45
看跌期权净损益	$X-S_T-P$	17.44	47.44	$0-P$	－2.56	－2.56
组合净损益	$X-S_T-P-C$	12.44	42.44	$S_T-X-P-C$	12.44	42.44

多头对敲的最坏结果是到期股价与执行价格一致，白白损失了看涨期权和看跌期权的购买成本。股价偏离执行价格的差额必须超过期权购买成本，才能给投资者带来净收益。

2. 空头对敲

空头对敲是指同时卖出一只股票的看涨期权和看跌期权，它们的执行价格、到期日都相同。

空头对敲策略对于预计市场价格将相对比较稳定的投资者非常有用。

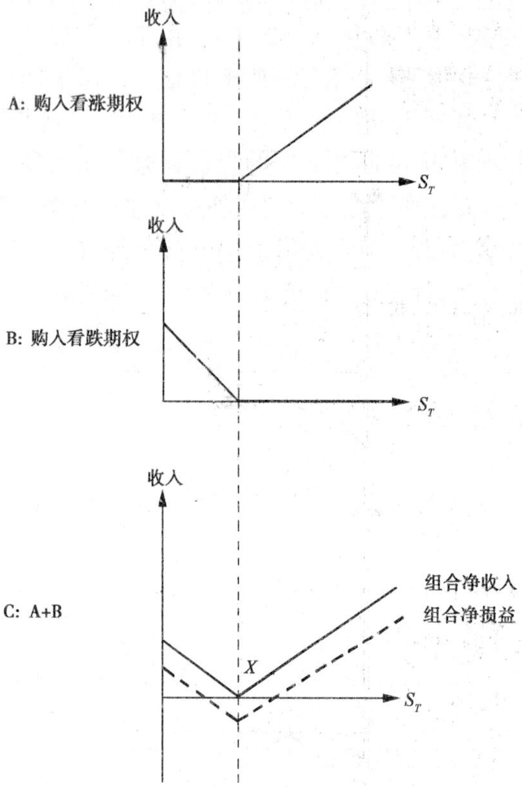

图7－7　多头对敲

【例7－8】 依前例数据，同时卖出ABC公司股票的1股看涨期权和1股看跌期权。在不同股票市场价格下，空头对敲组合的净收入和损益如表7－4和图7－8所示。

表7－4　　空头对敲的损益　　单位：元

项　目	股价小于执行价格			股价大于执行价格		
	符号	下降20%	下降50%	符号	上升20%	上升50%
看涨期权净收入	0	0	0	$-(S_T-X)$	－20	－50
看跌期权净收入	$-(X-S_T)$	－20	－50	0	0	0
组合净收入	$-(X-S_T)$	－20	－50	$-(S_T-X)$	－20	－50
看涨期权净损益	C	5	5	$C-(S_T-X)$	－15	－45
看跌期权净损益	$P-(X-S_T)$	－17.44	－47.44	P	2.56	2.56
组合净损益	$P+C-(X-S_T)$	－12.44	－42.44	$P+C-(S_T-X)$	－12.44	－42.44

空头对敲的最好结果是到期股价与执行价格一致，投资者白白赚取出售看涨期权和看跌期权的收入。空头对敲的股价偏离执行价格的差额必须小于期权出售收入，才能给投资者带来净收益。

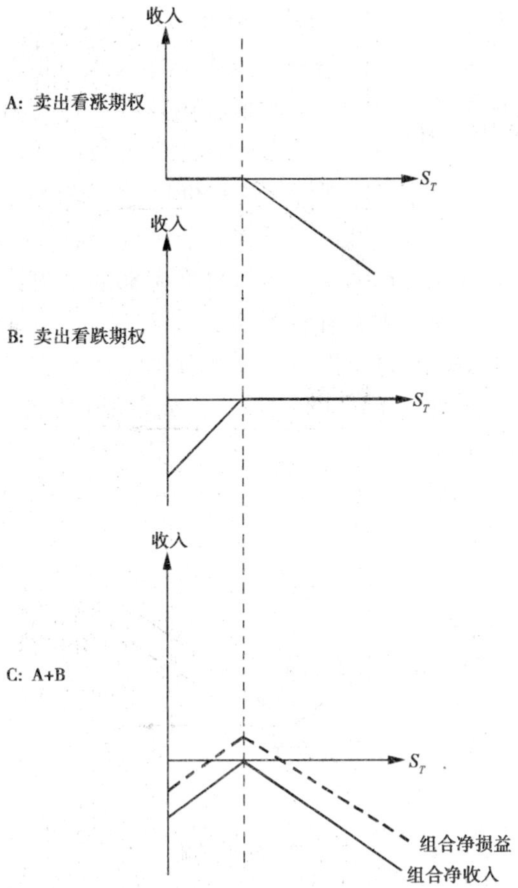

图 7－8　空头对敲

第二节　金融期权价值评估

一、金融期权价值的影响因素

（一）期权的内在价值和时间溢价

期权价值由两部分构成：即内在价值和时间溢价。

1. 期权的内在价值

期权的内在价值，是指期权立即执行产生的经济价值。内在价值的大小，取决于期权标的资产的现行市价与期权执行价格的高低。内在价值不同于到期日价值，期权的到期日价值取决于“到期日”标的股票市价与执行价格的高低。如果现在已经到期，则内在价值与到期日价值相同。

对于看涨期权来说，现行资产价格高于执行价格时，立即执行期权能够给持有人带来净收入，其内在价值为现行价格与执行价格的差额（S_0-X）。如果资产的现行市价等于或低于执行价格时，立即执行不会给持有人带来净收入，持有人也不会去执行期权，此时看涨期权的内在价值为零。例如，看涨期权的执行价格为100元，现行价格为120元，其内在价值为20元（120－100）。如果现行价格变为80元，则内在价值为零。

对于看跌期权来说，现行资产价格低于执行价格时，其内在价值为执行价格减去现行价格（$X-S_0$）。如果资产的现行市价等于或高于执行价格，看跌期权的内在价值等于零。例如，看跌期权的执行价格为100元，现行价格为80元，其内在价值为20元（100－80）。如果现行价格变为120元，则内在价值为零。

由于标的资产的价格是随时间变化的，所以内在价值也是变化的。当执行期权能给持有人带来正回报时，称该期权为"实值期权"，或者说它处于"实值状态"（溢价状态）；当执行期权将给持有人带来负回报时，称该期权为"虚值期权"，或者说它处于"虚值状态"（折价状态）；当资产的现行市价等于执行价格时，称期权为"平价期权"，或者说它处于"平价状态"。

对于看涨期权来说，标的资产现行市价高于执行价格时，该期权处于实值状态；当资产的现行市价低于执行价格时，该期权处于虚值状态。对于看跌期权来说，资产现行市价低于执行价格时，该期权处于"实值状态"；当资产的现行市价高于执行价格时，称期权处于"虚值状态"。

期权处于虚值状态或平价状态时不会被执行，只有处于实值状态才有可能被执行，但也不一定会被执行。

例如，2×19年4月3日，ABC公司股票的市场价格为79元。有1股看跌期权，执行价格为80元，2×19年6月到期，期权售价为4元，持有者可以在6月18日前的任意一天执行。如果持有人购买后立即执行，执行收入为1元（80－79）。期权发行时处于实值状态，或者说发行日是实值期权。此时，持有人并不会立即执行以获取1元收益，因为他花掉了4元钱成本，马上换回1元钱，并不划算。持有人购买看跌期权是预料将来股价会下跌。因此，他会等待。只有到期日的实值期权才肯定会被执行，此时已不能再等待。

2. 期权的时间溢价

期权的时间溢价是指期权价值超过内在价值的部分。

时间溢价＝期权价值－内在价值

例如，股票的现行价格为120元，看涨期权的执行价格为100元，期权价格为21元，则时间溢价为1元（21－20）。如果现行价格等于或小于100元，则21元全部是时间溢价。

期权的时间溢价是一种等待的价值。期权买方愿意支付超出内在价值的溢价，是寄希望于标的股票价格的变化可以增加期权的价值。很显然，对于美式期权在其他条件不变的情况下，离到期时间越远，股价波动的可能性越大，期权的时间溢价也就越大。如果已经到了到期时间，期权的价值（价格）就只剩下内在价值（时间溢价为零），因为已经不能再等待了。

1股看涨期权处于虚值状态，仍然可以按正的价格售出，尽管其内在价值为零，但它还有时间溢价。在未来的一段时间里，如果价格上涨进入实值状态，投资人可以获得净收入；如果价格进一步下跌，也不会造成更多的损失，选择权为其提供了下跌保护。

时间溢价有时也称为“期权的时间价值”，但它和“货币的时间价值”是不同的概念。时间溢价是时间带来的“波动的价值”，是未来存在不确定性而产生的价值，不确定性越强，期权时间价值越大。而货币的时间价值是时间“延续的价值”，时间延续得越长，货币时间价值越大。

（二）影响期权价值的主要因素

期权价值是指期权的现值，不同于期权的到期日价值。影响期权价值的主要因素有股票市价、执行价格、到期期限、股价波动率、无风险利率和预期红利。

1. 股票的市价

如果看涨期权在将来某一时间执行，其收入为股票价格与执行价格的差额。如果其他因素不变，随着股票价格的上升，看涨期权的价值也增加。

看跌期权与看涨期权相反，看跌期权在未来某一时间执行，其收入是执行价格与股票价格的差额。如果其他因素不变，当股票价格上升时，看跌期权的价值下降。

2. 执行价格

执行价格对期权价格的影响与股票价格相反。看涨期权的执行价格越高，其价值越小。看跌期权的执行价格越高，其价值越大。

3. 到期期限

对于美式期权来说，较长的到期时间能增加看涨期权的价值。到期日离现在越远，发生不可预知事件的可能性越大，股价变动的范围也越大。此外，随着时间的延长，执行价格的现值会减少，从而有利于看涨期权的持有人，能够增加期权的价值。

对于欧式期权来说，较长的时间不一定能增加期权价值。虽然较长的时间可以降低执行价格的现值，但并不增加执行的机会。到期日价格的降低，有可能超过时间价值的差额。例如，两个欧式看涨期权，一个是1个月后到期，另一个是3个月后到期，预计标的公司两个月后将发放大量现金股利，股票价格会大幅下降，则有可能使时间长的期权价值低于时间短的期权价值。

4. 股票价格的波动率

股票价格的波动率，是指股票价格变动的不确定性，通常用标准差衡量。股票价格的波动率越大，股票上升或下降的机会越大。对于股票持有者来说，两种变动趋势可以相互抵消，期望股价是其均值。

对于看涨期权持有者来说，股价上升对其有利，股价下降对其不利，最大损失以期权费为限，两者不会抵消。因此，股价的波动率增加会使看涨期权价值增加。对于看跌期权持有者来说，股价下降对其有利，股价上升对其不利，最大损失以期权费为限，两者不会抵消。因此，股价的波动率增加会使期权价值增加。

在期权估值过程中，股价的波动性是最重要的因素。如果一种股票的价格波动性很小，其期权也值不了多少钱。

【例7－9】 有A和B两种股票，其现行价格相同，未来股票价格的期望值也相同（50元）。以该股票为标的的看涨期权有相同的执行价（48元），只要股价的变动性不同，则期权值就会有显著不同（见表7－5）。

这种情况说明，期权的价值并不依赖股票价格的期望值，而是股票价格的变动性（方差）。这是期权估值的基本原理之一。为便于理解，此处的举例说的是期权的“到期日价值”，对于期权的现值该原理仍然适用。

表 7－5 股价变动性与期权价值 单位：元

概　率	0.1	0.25	0.3	0.25	0.1	合计
A 股票：						
未来股票价格	40	46	50	54	60	
股票价格期望值	4	11.5	15	13.5	6	50
期权执行价格	48	48	48	48	48	
期权到期日价值	0	0	2	6	12	
期权到期日价值期望值	0	0	0.6	1.5	1.2	3.3
B 股票：						
未来股票价格	30	40	50	60	70	
股票价格期望值	3	10	15	15	7	50
期权执行价格	48	48	48	48	48	
期权到期日价值	0	0	2	12	22	
期权到期日价值期望值	0	0	0.6	3	2.2	5.8

5. 无风险利率

利率对于期权价格的影响是比较复杂的。一种简单而不全面的解释是：假设股票价格不变，高利率会导致执行价格的现值降低，从而增加看涨期权的价值。还有一种理解的办法是：投资于股票需要占用投资人一定的资金，投资于同样数量的该股票的看涨期权需要较少的资金。在高利率的情况下，购买股票并持有到期的成本越大，购买期权的吸引力越大。因此，无风险利率越高，看涨期权的价格越高。对于看跌期权来说，情况正好与此相反。

6. 期权有效期内预计发放的红利

在除息日后，红利的发放引起股票价格降低，看涨期权价格降低。与此相反，股票价格的下降会引起看跌期权价格上升。因此，看跌期权价值与预期红利大小呈正向变动，而看涨期权与预期红利大小呈反向变动。

以上变量对于期权价格的影响，如表 7－6 所示。

表 7－6 一个变量增加（其他变量不变）对期权价格的影响

变量	欧式看涨期权	欧式看跌期权	美式看涨期权	美式看跌期权
股票价格	+	–	+	–
执行价格	–	+	–	+
到期期限	不一定	不一定	+	+
股价波动率	+	+	+	+
无风险利率	+	–	+	–
红利	–	+	–	+

这些变量之间的关系，如图 7－9 所示。

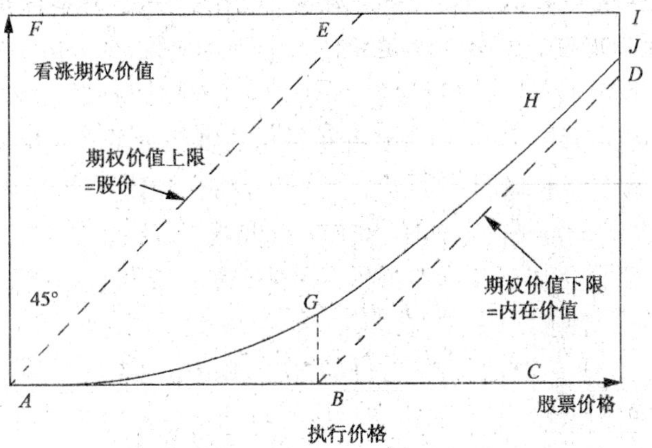

图 7－9　影响期权价值的因素

在图 7－9 中，横坐标为股票价格，纵坐标为看涨期权（以下简称期权）价值；曲线 *AGH* 表示股票价格上升时期权价格也随之上升的关系，称为期权价值线；由点划线 *AB*、*BD* 和 *AE* 围成的区域表示期权价值的可能范围，左侧点划线 *AE* 表示期权价值上限，右侧的点划线 *BD* 表示期权价值的下限，下部的点划线 *AB* 表示股票价格低于执行价格时期权价值为零；左右两侧的点划线平行。

有关的含义说明如下：

（1）*A* 点为原点，表示股票价格为零时，期权的价值也为零。为什么此时期权价值为零？股票价格为零，表明它未来没有任何现金流量，也就是将来没有任何价值。股票将来没有价值，期权到期时肯定不会被执行，即期权到期时将一文不值，所以期权的现值也为零。

（2）线段 *AB* 和 *BD* 组成期权的最低价值线。线段 *AB* 表示执行日股票价格低于执行价格（50 元），看涨期权不会执行，期权内在价值为零。线段 *BD* 表示执行日股票价格高于执行价格，看涨期权的内在价值等于股票价格与执行价格的差额。

在执行日之前，期权价值永远不会低于最低价值线。

为什么？例如，你有 1 股股票，今天的股价 90 元，若该股票的期权价格定为 39 元（执行价格为 50 元），小于立即执行的收入（40 元），你就可以卖出股票得到 90 元，用 39 元购买期权，然后花 50 元执行期权把股票买回来，你就可以净赚 1 元。这种套利活动，会使期权的需求上涨，回升到右侧的点划线 *BD* 的 *D* 点上方（例如 *J* 点）。

（3）左侧的点划线 *AE* 是期权价值的上限。在执行日，股票的最终收入总要高于期权的最终收入。例如，假设看涨期权的价格等于股价，甲用 40 元购入 1 股股票，乙用 40 元购入该股票的 1 股看涨期权（执行价格 50 元）；如果到期日股票价格高于执行价格（假设股价为 60 元），乙会借入 50 元执行期权，并将得到的股票出售，还掉借款后手里剩 10 元钱；甲出售股票，手中有 60 元（高于乙）。如果到期日股票价格为 49 元，乙会放弃期权，手中一无所有；甲出售股票，手中有 49 元（高于乙）。这就是说，期权价格如果等于股票价格，无论未来股价高低（只要它不为零），购买股票总比购买期权有利。在这种情况下，投资人必定抛出期权，购入股票，迫使期权价格下降。所以，看涨期权的价值上限是股价。

（4）曲线 AGJ 是期权价值线。期权价值线从 A 点出发后，呈一弯曲线向上，逐渐与 BD 趋于平行。该线反映股价和期权价值的关系，期权价值随股票价格上涨而上涨。

除原点外，期权价值线（AGJ）必定会在最低价值线（ABD）的上方。只要股价大于零，期权价值必定会高于最低价值线对应的最小价值。为什么这样说呢？我们观察 G 点：今天股价等于执行价格，如果执行则收入为零。此时，我们无法预计未来执行日的股价，可以假设有 50% 的可能会高于执行价格，另有 50% 的可能会低于执行价格。那么，有 50% 的可能股价上涨，执行期权则收入为股价减 50 元的差额；另有 50% 的可能股价下降，放弃期权则收入为零。因此，产生正的收入的概率大于零，最坏的结果是收入为零，期权肯定有价值。这就是说，只要尚未到期，期权的价格就会高于其价值的下限。

（5）股价足够高时，期权价值线与最低价值线的上升部分逐步接近。

股价越高，期权被执行的可能性越大。股价高到一定程度，执行期权几乎是可以肯定的，或者说，股价再下降到执行价格之下的可能性已微乎其微。此时，期权持有人已经知道他的期权将被执行，可以认为他已经持有股票，唯一的差别是尚未支付执行所需的款项。该款项的支付，可以推迟到执行期权之时。在这种情况下，期权执行几乎是肯定的，而且股票价值升高，期权的价值也会等值同步增加。

二、金融期权价值的评估方法

从 20 世纪 50 年代开始，现金流量折现法成为资产估值的主流方法，任何资产的价值都可以用其预期未来现金流量的现值来估值。现金流量折现法估值的基本步骤是：首先，预测资产的期望现金流量；其次，估计投资的必要报酬率；最后，用必要报酬率折现现金流量。人们曾力图使用现金流量折现法解决期权估值问题，但是一直没有成功。问题在于期权的必要报酬率非常不稳定。期权的风险依赖于标的资产的市场价格，而市场价格是随机变动的，期权投资的必要报酬率也处于不断变动之中。既然找不到一个适当的折现率，现金流量折现法也就无法使用。因此，必须开发新的模型，才能解决期权定价问题。

1973 年，布莱克—斯科尔斯期权定价模型被提出，人们终于找到了实用的期权定价方法。此后，期权市场和整个衍生金融工具交易飞速发展。由于对期权定价问题研究的杰出贡献，斯科尔斯和默顿获得 1997 年诺贝尔经济学奖。

如果没有足够的数学背景知识，要全面了解期权定价模型是非常困难的。出于本教材的目的，不打算全面介绍期权估值模型，而主要通过举例的方法介绍期权估值的基本原理和主要模型的使用方法。

（一）期权估值原理

1. 复制原理

复制原理的基本思想是：构造一个股票和借款的适当组合，使得无论股价如何变动，投资组合的损益都与期权相同，那么，创建该投资组合的成本就是期权的价值。

下面我们通过一个假设的简单举例，说明复制原理。

【例7-10】 假设ABC公司的股票现在的市价为50元。有1股以该股票为标的资产的看涨期权，执行价格为52.08元，到期时间是6个月。6个月以后股价有两种可能：上升33.33%，或者下降25%，无风险利率为每年4%。拟建立一个投资组合，包括购进适量的股票以及借入必要的款项，使得该组合6个月后的价值与购进该看涨期权相等。

我们可以通过下列过程来确定该投资组合：

(1) 确定6个月后可能的股票价格。假设股票当前价格为S_0，未来变化有两种可能：上升后股价S_u和下降后股价S_d。为便于用当前价格表示未来价格，设：$S_u = u \times S_0$，u称为股价上行乘数；$S_d = d \times S_0$，d为股价下行乘数。用二叉树图形表示的股价分布如图7-10所示，图的左侧是一般表达式，右侧是将［例7-10］的数据带入的结果。其中，$S_0=50$元，$u=1.3333$，$d=0.75$。

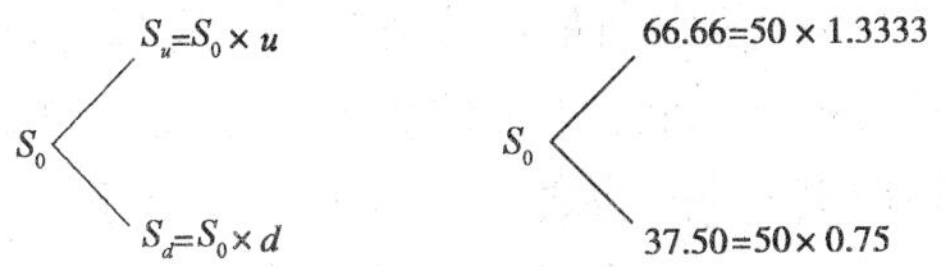

图7-10 股票价格分布

(2) 确定看涨期权的到期日价值。由于执行价格$X=52.08$元，到期日看涨期权的价值如图7-11所示。左边是一般表达式，右边是代入本例数据后的结果。

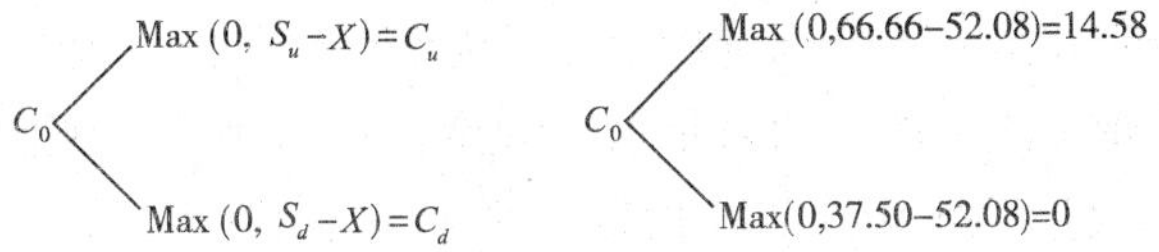

图7-11 看涨期权到期日价值分布

(3) 建立对冲组合。上面我们已经知道了期权的到期日价值有两种可能：股价上行时为14.58元，股价下行时为0元。已知借款的利率为2%（半年）。我们要复制一个股票与借款的投资组合，使之到期日的价值与看涨期权相同。

该投资组合为：购买0.5股的股票，同时，以2%的利息借入18.38元。这个组合的收入同样也依赖于年末股票的价格，如表7-7所示。

表7-7　　投资组合的收入　　单位：元

股票到期日价格	66.66	37.50
组合中股票到期日收入	66.66×0.5=33.33	37.5×0.5=18.75
组合中借款本利和偿还	18.38×1.02=18.75	18.75
到期日收入合计	14.58	0

该组合的到期日净收入分布与购入看涨期权一样。因此，看涨期权的价值应当与建立投资组合的成本一样。

组合投资成本=购买股票支出-借款=50×0.5-18.38=6.62（元）

因此，该看涨期权的价格应当是6.62元（见图7－12）。

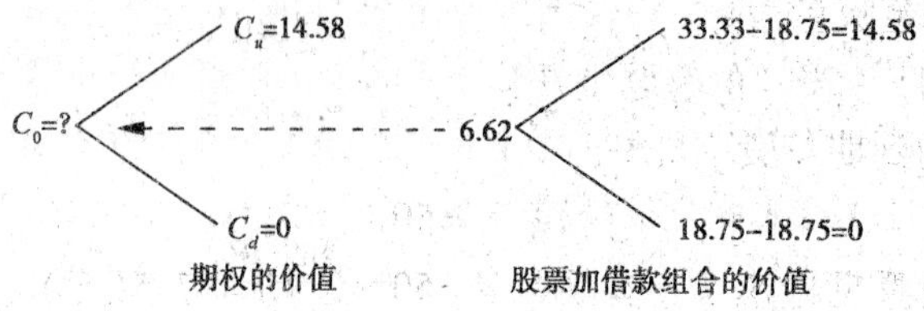

图7－12

2. 套期保值原理

在看了［例7－10］之后，你可能会产生一个疑问：如何确定复制组合的股票数量和借款数量，使投资组合的到期日价值与期权相同。

这个比率称为套期保值比率（或称套头比率、对冲比率、德尔塔系数），我们用 H 来表示。

$$套期保值比率\ H=\frac{C_u-C_d}{S_u-S_d}=\frac{C_u-C_d}{S_0\times(u-d)}$$

该公式可以通过以下方法证明：

既然［例7－10］中的两个方案在经济上是等效的，那么，购入0.5股股票，同时，卖空1股看涨期权，就应该能够实现完全的套期保值。我们可以通过表7－8加以验证。

表7－8　股票和卖出看涨期权　单位：元

交易策略	当前（0时刻）	到期日 S_u＝66.66	到期日 S_d＝37.50
购入0.5股股票	$-H\times S_0=-0.5\times50=-25$	$H\times S_u=0.5\times66.66=33.33$	$H\times S_d=0.5\times37.50=18.75$
抛出1股看涨期权	$+C_0$	$-C_u=-14.58$	$-C_d=0$
合计净现金流量	$+C_0-25$	18.75	18.75

无论到期日的股票价格是多少，该投资组合得到的净现金流量都是一样的。只要股票和期权的比例配置适当，就可以使风险完全对冲，锁定组合的现金流量。可见，股票和期权的比例取决于它们的风险是否可以实现完全对冲。

根据到期日“股价上行时的现金净流量”等于“股价下行时的净现金流量”可知：

$$H\times S_u-C_u=H\times S_d-C_d$$

$$H=(C_u-C_d)\div(S_u-S_d)$$

$$套期保值比率\ H=\frac{C_u-C_d}{S_u-S_d}=\frac{C_u-C_d}{S_0\times(u-d)}$$

将上例数据带入：

$$H=\frac{14.58-0}{50\times(1.3333-0.75)}=0.5$$

借款数额＝(到期日下行股价×套期保值比率－股价下行时期权到期日价值)÷$(1+r)$

＝(0.5×37.50－0)÷1.02

＝18.38(元)

由于看涨期权在股价下跌时不会被执行，组合的现金流量仅为股票的收入，在归还借款后组合的最终现金流量为0。

我们再回顾［例7－10］的解题过程：

（1）确定可能的到期日股票价格。

上行股价 S_u = 股票现价 S_0 × 上行乘数 $u = 50 \times 1.3333 = 66.66$（元）

下行股价 S_d = 股票现价 S_0 × 下行乘数 $d = 50 \times 0.75 = 37.5$（元）

（2）根据执行价格计算确定到期日期权价值。

股价上行时期权到期日价值 C_u = 上行股价 − 执行价格

$= 66.67 - 52.08 = 14.58$（元）

股价下行时期权到期日价值 $C_d = 0$

（3）计算套期保值比率。

套期保值比率 H = 期权价值变化 ÷ 股价变化

$= (14.58 - 0) \div (66.66 - 37.5) = 0.5$

（4）计算投资组合的成本（期权价值）。

购买股票支出 = 套期保值比率 × 股票现价 $= 0.5 \times 50 = 25$（元）

借款 =（到期日下行股价 × 套期保值比率 − 股价下行时期权到期日价值）÷（1 + r）

$= (37.5 \times 0.5 - 0) \div 1.02 = 18.38$（元）

期权价值 = 投资组合成本 = 购买股票支出 − 借款 $= 25 - 18.38 = 6.62$（元）

3. 风险中性原理

从上面的例子可以看出，运用财务杠杆投资股票来复制期权是很麻烦的。［例7－10］是一个再简单不过的期权，如果是复杂期权或涉及多个期间，复制就成为令人苦恼的工作。好在有一个替代办法，使我们不用每一步计算都要复制投资组合，它被称为风险中性原理。

所谓风险中性原理，是指假设投资者对待风险的态度是中性的，所有证券的预期报酬率都应当是无风险利率。风险中性的投资者不需要额外的收益补偿其承担的风险。在风险中性的世界里，将期望值用无风险利率折现，可以获得现金流量的现值。

在这种情况下，期望报酬率应符合下列公式：

期望报酬率 = 上行概率 × 上行时报酬率 + 下行概率 × 下行时报酬率

假设股票不派发红利，股票价格的上升百分比就是股票投资的报酬率，因此：

期望报酬率 = 上行概率 × 股价上升百分比 + 下行概率 × 股价下降百分比

根据这个原理，在期权定价时只要先求出期权执行日的期望值，然后用无风险利率折现，就可以求出期权的现值。

续［例7－10］中的数据：

期望报酬率 = 2% = 上行概率 × 33.33% + 下行概率 ×（−25%）

2% = 上行概率 × 33.33% +（1 − 上行概率）×（−25%）

上行概率 = 0.4629

下行概率 = 1 - 0.4629 = 0.5371

期权 6 个月后的期望价值 = 0.4629 × 14.58 + 0.5371 × 0 = 6.75(元)

期权的现值 = 6.75 ÷ 1.02 = 6.62(元)

期权定价以套利理论为基础。如果期权的价格高于 6.62 元，就会有人购入 0.5 股股票，卖出 1 股看涨期权，同时借入 18.38 元，肯定可以盈利。如果期权价格低于 6.62 元，就会有人卖空 0.5 股股票，买入 1 股看涨期权，同时借出 18.38 元，他也肯定可以盈利。因此，只要期权定价不是 6.62 元，市场上就会出现一台“造钱机器”。套利活动会促使期权只能定价为 6.62 元。

（二）二叉树期权定价模型

1. 单期二叉树定价模型

（1）二叉树模型的假设。

与任何估值模型一样，都需要假设。二叉树期权定价模型建立在以下假设基础之上：①市场投资没有交易成本；②投资者都是价格的接受者；③允许完全使用卖空所得款项；④允许以无风险利率借入或贷出款项；⑤未来股票的价格将是两种可能值中的一个。

（2）单期二叉树公式的推导。

二叉树模型的推导始于建立一个投资组合：①一定数量的股票多头头寸；②该股票的看涨期权的空头头寸。股票的数量要使头寸足以抵御资产价格在到期日的波动风险，即该组合能实现完全套期保值，产生无风险利率。

设：

S_0 = 股票现行价格；

u = 股价上行乘数；

d = 股价下行乘数；

r = 无风险利率；

C_0 = 看涨期权现行价格；

C_u = 股价上行时期权的到期日价值；

C_d = 股价下行时期权的到期日价值；

X = 看涨期权执行价格；

H = 套期保值比率。

推导过程如下：

初始投资 = 股票投资 - 期权收入 = $HS_0 - C_0$

投资到期日终值 = $(HS_0 - C_0) \times (1 + r)$

由于无论价格上升还是下降，该投资组合的收入（价值）都一样，我们采用价格上升后的收入，即股票出售收入减去期权买方执行期权的支出：

在股票不派发红利的情况下，投资组合到期日价值 = $uHS_0 - C_u$

令到期日投资终值等于投资组合到期日价值：

$$(1 + r)(HS_0 - C_0) = uHS_0 - C_u$$

化简：

$$C_0 = HS_0 - \frac{uHS_0 - C_u}{1+r}$$

由于套期保值比率 H 为：

$$H = \frac{C_u - C_d}{(u-d)S_0}$$

将其代入上述化简后的等式，并再次化简得：

$$C_0 = \left(\frac{1+r-d}{u-d}\right) \times \frac{C_u}{1+r} + \left(\frac{u-1-r}{u-d}\right) \times \frac{C_d}{1+r}$$

如果根据公式直接计算［例 7 - 10］的期权价格：

$$C_0 = \frac{1+2\% - 0.75}{1.3333 - 0.75} \times \frac{14.58}{1+2\%} + \frac{1.3333 - 1 - 2\%}{1.3333 - 0.75} \times \frac{0}{1+2\%}$$

$$= \frac{0.27}{0.5833} \times \frac{14.58}{1.02}$$

$$= 6.62 \text{（元）}$$

我们利用［例 7 - 10］的数据回顾一下公式的推导思路：最初，投资于 0.5 股股票，需要投资 25 元；收取 6.62 元的期权价格，尚需借入 18.38 元资金。半年后如果股价涨到 66.66 元，投资人 0.5 股股票收入 33.33 元；借款本息为 18.75 元（18.38 × 1.02），看涨期权持有人会执行期权，期权出售人补足价差 14.58 元（66.66 - 52.08），投资人的净损益为零。半年后如果股价跌到 37.50 元，投资人 0.5 股股票收入 18.75 元；支付借款本息 18.75 元，看涨期权持有人不会执行期权，期权出售人没有损失，投资人的净损益为零。因此，该看涨期权的公平价值就是 6.62 元。

2. 两期二叉树模型

单期的定价模型假设本来股价只有两个可能，对于时间很短的期权来说是可以接受的。若到期时间很长，如［例 7 - 10］的半年时间，就与事实相去甚远。改善的办法是把到期时间分割成两部分，每期 3 个月，这样就可以增加股价的选择。还可以进一步分割，如果每天为一期，情况就好多了。如果每个期间无限小，股价就成了连续分布，布莱克—斯科尔斯模型就诞生了。

简单地说，由单期模型向两期模型的扩展，不过是单期模型的两次应用。

【例 7 - 11】 继续采用［例 7 - 10］中的数据，把 6 个月的时间分为两期，每期 3 个月。变动以后的数据如下：ABC 公司的股票现在的市价为 50 元，看涨期权的执行价格为 52.08 元，每期股价有两种可能：上升 22.56% 或下降 18.4%；无风险利率为每 3 个月 1%。

为了直观地显示有关数量的关系，仍然使用二叉树图示。二期二叉树的一般形式如图 7 - 13 所示。将［例 7 - 11］中的数据填入后如图 7 - 14 所示。

我们解决问题的办法是：先利用单期定价模型，根据 C_{uu} 和 C_{ud} 计算节点 C_u 的价值，利用 C_{ud} 和 C_{dd} 计算 C_d 的价值；然后，再次利用单期定价模型，根据 C_u 和 C_d 计算 C_0 的价值。从后向前推进。

计算 C_u 的价值，我们现在已经有两种办法：

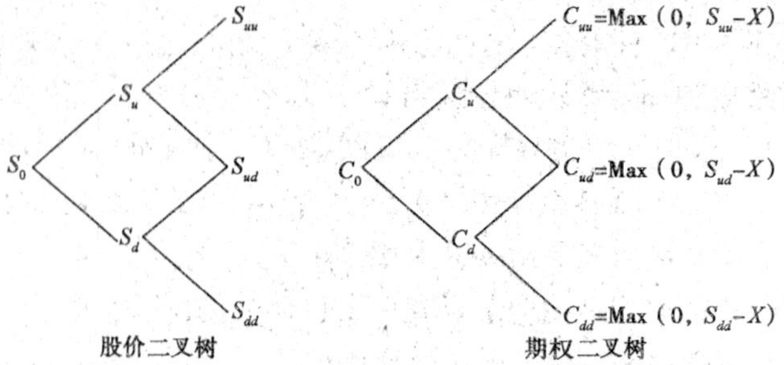

图 7－13

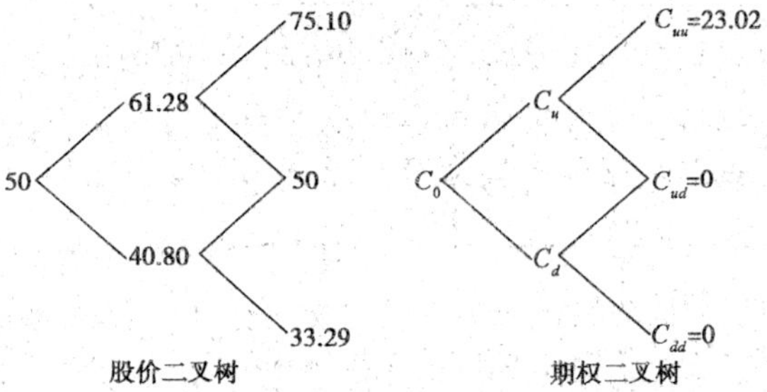

图 7－14

（1）复制组合定价：

$H=(23.02-0)\div(75.10-50)=0.91713$

借款 $=(50\times0.91713)\div1.01=45.855\div1.01=45.40$(元)

组合收入的计算如表 7－9 所示。

表 7－9　　　　投资组合的收入　　　　单位：元

股票价格	6 个月后股价 = 75.10	6 个月后股价 = 50
组合中股票到期日收入	75.10 × 0.91713 = 68.88	50 × 0.91713 = 45.86
组合中借款本利和偿还	−45.86	−45.86
组合的收入合计	23.02	0

3 个月后股票上行的价格是 61.28 元。

C_u = 投资成本 = 购买股票支出 − 借款 $=61.28\times0.91713-45.40$

$=10.80$(元)

由于 C_{ud} 和 C_{dd} 的值均为零，所以 C_d 的值也为零。

（2）风险中性定价：

期望回报率 = 1% = 上行概率 × 22.56% + 下行概率 × (−18.4%)

1% = 上行概率 × 22.56% + (1 − 上行概率) × (−18.4%)

上行概率 = 0.47363

期权价值 6 个月后的期望值 $=0.47363\times23.02+(1-0.47363)\times0$

$=10.9030$(元)

$C_u = 10.9030 \div 1.01 = 10.80$(元)

下面根据 C_u 和 C_d 计算 C_0 的价值：

(1) 复制组合定价：

H = 期权价值变化 ÷ 股价变化 = (10.80 − 0) ÷ (61.28 − 40.80)

= 10.80 ÷ 20.48 = 0.5273

借款 = (40.80 × 0.5273) ÷ 1.01 = 21.3008(元)

组合收入的计算如表 7−10 所示。

表 7−10 投资组合的收入 单位：元

股票价格	3 个月后股价 = 61.28	3 个月后股价 = 40.80
组合中股票到期日收入	61.28 × 0.5273 = 32.31	40.80 × 0.5273 = 21.51
组合中借款本利和偿还	21.30 × 1.01 = 21.51	21.51
收入合计	10.80	0

C_0 = 投资成本 = 购买股票支出 − 借款 = 50 × 0.5273 − 21.3008 = 5.06(元)

(2) 风险中性定价：

$C_0 = 0.47363 \times 10.80 \div 1.01 = 5.06$(元)

两期二叉树模型的公式推导过程如下：

设：

C_{uu} = 标的资产两个时期都上升的期权价值

C_{dd} = 标的资产两个时期都下降的期权价值

C_{ud} = 标的资产一个时期上升、另一个时期下降的期权价值

其他参数使用的字母与单期定价模型相同。

利用单期定价模型，计算 C_u 和 C_d：

$$C_u = \left(\frac{1+r-d}{u-d}\right)\frac{C_{uu}}{1+r} + \left(\frac{u-1-r}{u-d}\right)\frac{C_{ud}}{1+r}$$

$$C_d = \left(\frac{1+r-d}{u-d}\right)\frac{C_{ud}}{1+r} + \left(\frac{u-1-r}{u-d}\right)\frac{C_{dd}}{1+r}$$

计算出 C_u 和 C_d 后，再根据单期定价模型计算出 C_0。

根据公式计算［例 7−11］中的期权价值：

$$C_u = \frac{1+1\% - 0.8160}{1.2256 - 0.8160} \times \frac{23.02}{1+1\%} + \frac{1.2256 - 1 - 1\%}{1.2256 - 0.8160} \times \frac{0}{1+1\%}$$

$= 0.47363 \times 22.7921$

$= 10.80$(元)

$C_d = 0$(元)

$$C_0 = 0.47363 \times \frac{10.80}{1+1\%} = 5.06\text{(元)}$$

3. 多期二叉树模型

如果继续增加分割的期数，就可以使期权价值更接近实际。从原理上看，与两期模

型一样，从后向前逐级推进，只不过多了一个层次。期数增加以后带来的主要问题是股价上升与下降的百分比如何确定问题。期数增加以后，要调整价格变化的升降幅度，以保证年报酬率的标准差不变。把年报酬率标准差和升降百分比联系起来的公式是：

$u=1+$ 上升百分比 $=e^{\sigma\sqrt{t}}$

$d=1-$ 下降百分比 $=1\div u$

式中：e——自然常数，约等于2.7183；

σ——标的资产连续复利报酬率的标准差；

t——以年表示的时段长度。

［例7－10］采用的标准差 $\sigma=0.4068$。

$u=e^{0.4068\times\sqrt{0.5}}=e^{0.2877}=1.3333$

该数值可以利用函数计算器直接求得，或者使用 Excel 的 EXP 函数功能，输入0.2877，就可以得到以 e 为底、指数为0.2877的值为1.3333。

$d=1\div1.3333=0.75$

如果间隔期为1/4年，$u=1.2256$ 即上升22.56%，$d=0.816$ 即下降18.4%，这正是我们在［例7－11］中采用的数据；如果间隔期为1/6年，$u=1.1807$ 即上升18.07%，$d=0.847$ 即下降15.30%；如果间隔期为1/52年，$u=1.058$ 即上升5.8%，$d=0.945$ 即下降5.5%；如果间隔期为1/365年，$u=1.0215$ 即上升2.15，$d=0.9790$ 即下降2.1%。

【例7－12】 沿用［例7－10］中的数据，将半年的时间分为6期，即每月1期。已知：股票价格 $S_0=50$ 元，执行价格为52.08元，年无风险利率为4%，股价波动率（标准差）为0.4068，到期时间为6个月，划分期数为6期（即每期1个月）。

（1）确定每期股价变动乘数。

$u=e^{0.4068\times\sqrt{1/12}}=e^{0.1174}=1.1246$

$d=1\div1.1246=0.8892$

（2）建立股票价格二叉树（见表7－11中的"股票价格"部分）。

第一行从当前价格50元开始，以后是每期上升12.46%的价格路径，6期后为101.15元。第二行为第1期下降，第2期~6期上升的路径。以下各行以此类推。这种二叉树与图7－14只是形式不同，目的是便于在Excel表中计算。

（3）根据股票价格二叉树和执行价格，构建期权价值的二叉树（见表7－11中的"买入期权价格"部分）。

构建顺序为由后向前，逐级推进。

①确定第6期的各种价格下的期权价值：

$C_{u6}=S_{u6}-X=101.15-52.08=49.07$（元）

$C_{du5}=S_{du5}-X=79.98-52.08=27.90$（元）

$C_{d2u4}=S_{d2u4}-X=63.24-52.08=11.16$（元）

以下4项的股票价格均低于或等于执行价格，所以期权价值为零。

②确定第5期的期权价值：

上行百分比 $=u-1=1.1246-1=12.46\%$

下行百分比 $=1-d=1-0.8892=11.08\%$

4% ÷12 = 上行概率 ×12.46% +(1 - 上行概率) ×(-11.08%)

上行概率 =0.4848

下行概率 =1 -0.4848 =0.5152

C_{u5} =(上行期权价值 × 上行概率 + 下行期权价值 × 下行概率) ÷(1 +r)

=(49.07 ×0.4848 +27.90 ×0.5152) ÷(1 +4% ÷12)

=38.04(元)

C_{u4d} =(27.90 ×0.4848 +11.16 ×0.5152) ÷(1 +4% ÷12)

=19.21(元)

C_{u3d2} =(11.16 ×0.4848 +0 ×0.5152) ÷(1 +4% ÷12) =5.39(元)

以下各项，因为第6期上行和下行的期权价值均为零，第5期价值也为零。

第4期、第3期、第2期和第1期的期权价值以此类推。

③确定期权的现值：

期权现值 =(8.52 ×0.4848 +2.30 ×0.5152) ÷(1 +4% ÷12)

=5.30(元)

表7-11　　股票期权的6期二叉树　　单位：元

序号	0	1	2	3	4	5	6
时间（年）	0	0.083	0.167	0.250	0.333	0.417	0.500
上行乘数	1.1246						
下行乘数	0.8892						
股票价格	50	56.23	63.24	71.12	79.98	89.94	101.15
		44.46	50.00	56.23	63.24	71.12	79.98
			39.53	44.46	50.00	56.23	63.24
				35.15	39.53	44.46	50.00
					31.26	35.15	39.53
						27.80	31.26
							24.72
执行价格							52.08
上行概率							0.4848
下行概率							0.5152
买入期权价格	5.30	8.52	13.26	19.84	28.24	38.04	49.07
		2.30	4.11	7.16	12.05	19.21	27.90
			0.61	1.26	2.61	5.39	11.16
				0	0	0	0
					0	0	0
						0	0
							0

二叉树方法是一种近似的方法。不同的期数划分，可以得到不同的近似值。期数越

多，计算结果与布莱克—斯科尔斯定价模型的计算结果的差额越小。

（三）布莱克—斯科尔斯期权定价模型

布莱克—斯科尔斯期权定价模型（简称 BS 模型）是理财学中最复杂的公式之一，其证明和推导过程涉及复杂的数学问题，但使用起来并不困难。该公式有非常重要的意义，它对理财学具有广泛的影响，是近代理财学不可缺少的内容。该模型具有实用性，被期权交易者广泛使用，实际的期权价格与模型计算得到的价格非常接近。

1. 布莱克—斯科尔斯模型的假设

（1）在期权寿命期内，买方期权标的股票不发放股利，也不做其他分配；

（2）股票或期权的买卖没有交易成本；

（3）短期的无风险利率是已知的，并且在期权寿命期内保持不变；

（4）任何证券购买者都能以短期的无风险利率借得任何数量的资金；

（5）允许卖空，卖空者将立即得到所卖空股票当天价格的资金；

（6）看涨期权只能在到期日执行；

（7）所有证券交易都是连续发生的，股票价格随机游走。

2. 布莱克—斯科尔斯模型

布莱克—斯科尔斯模型的公式如下：

$$C_o = S_o[N(d_1)] - Xe^{-r_c t}[N(d_2)]$$

$$或 = S_0[N(d_1)] - PV(X)[N(d_2)]$$

其中：

$$d_1 = \frac{\ln(S_0 \div X) + [r_c + (\sigma^2 \div 2)]t}{\sigma\sqrt{t}}$$

$$或 = \frac{\ln[S_0/PV(X)]}{\sigma\sqrt{t}} + \frac{\sigma\sqrt{t}}{2}$$

$$d_2 = d_1 - \sigma\sqrt{t}$$

式中：C_0——看涨期权的当前价值；

S_0——标的股票的当前价格；

$N(d)$——标准正态分布中离差小于 d 的概率；

X——期权的执行价格；

e——自然对数的底数，约等于 2.7183；

r_c——连续复利的年度的无风险利率；

t——期权到期日前的时间（年）；

$\ln(S_0 \div X)$——$S_0 \div X$ 的自然对数；

σ^2——连续复利的以年计的股票回报率的方差。

如果直观（不准确）地解释，它的第一项是最终股票价格的期望现值，第二项是期权执行价格的期望现值，两者之差是期权的价值。

公式的第一项是当前股价和概率 $N(d_1)$ 的乘积。股价越高，第一项的数值越大，期权 C_0 价值越大。公式的第二项是执行价格的现值 $Xe^{-r_c t}$ 和概率 $N(d_2)$ 的乘积。$Xe^{-r_c t}$

是按连续复利计算的执行价格 X 的现值，也可以写成 PV（X）。执行价格越高，第二项的数值越大，期权的价值 C_0 越小。

概率 N（d_1）和 N（d_2）可以大致看成看涨期权到期时处于实值状态的风险调整概率。当前股价和 N（d_1）的乘积是股价的期望现值，执行价格的现值与 N（d_2）的乘积是执行价格的期望现值。

在股价上升时，d_1 和 d_2 都会上升，N（d_1）和 N（d_2）也都会上升，股票价格越是高出执行价格，期权越有可能被执行。极而言之，N（d_1）和 N（d_2）接近 1 时，期权肯定被执行，此时期权价值等于 $S_0 - Xe^{-r_c t}$。前一项是期权持有者拥有的对当前价格为 S_0 的要求权，后一项是期权持有者的期权执行价格的现值。反过来看，假定 N（d_1）和 N（d_2）接近零时，意味着期权几乎肯定不被执行，看涨期权的价值 c_0 接近零。如果 N（d_1）和 N（d_2）等于 0－1 之间的数值，看涨期权的价值是其潜在收入的现值。

【例 7－13】 沿用［例 7－10］的数据，某股票当前价格为 50 元，执行价格为 52.08 元，期权到期日前的时间为 0.5 年。每年复利一次的无风险利率为 4%，相当连续复利的无风险利率 $r_c = \ln(1.04) = 3.9221\%$，连续复利的标准差 $\sigma = 0.4068$，即方差 $\sigma^2 = 0.1655$。

根据以上资料计算期权价格如下：

$$d_1 = \frac{\ln(50 \div 52.08) + [0.039221 + (0.1655 \div 2)] \times 0.5}{0.4068 \times \sqrt{0.5}}$$

$$= \frac{-0.04076 + 0.061}{0.2877}$$

$$= 0.07$$

$$d_2 = 0.07 - 0.4068 \times \sqrt{0.5}$$

$$= 0.07 - 0.2877$$

$$= -0.217$$

$$N(d_1) = N(0.070) = 0.5280$$

$$N(d_2) = N(-0.217) = 0.4140$$

$$C_0 = 50 \times 0.5280 - 52.08 \times e^{-3.9221\% \times 0.5} \times 0.4140$$

$$= 26.40 - 52.08 \times 0.9806 \times 0.4140$$

$$= 26.40 - 21.14$$

$$= 5.26\text{（元）}$$

根据［例 7－10］的资料，采用单期二叉树模型计算的期权价值是 6.62 元，采用两期二叉树模型计算的期权价值是 5.06，采用 6 期二叉树模型计算的期权价值是 5.30 元，采用 BS 模型计算的期权价值是 5.26 元。随着二叉树模型设置期数的增加，其计算结果不断逼近 BS 模型。

通过该模型可以看出，决定期权价值的因素有五个：股价、股价的标准差、利率、执行价格和到期时间。它们对于期权价值的影响，可以通过敏感分析表来观察（见表 7－12）。

表 7-12　　期权价值的敏感分析

项目	基准	股价提高	标准差增大	利率提高	执行价格提高	时间延长
当前股价（S）	50	60	50	50	50	50
标准差，年（s）	0.4068	0.4068	0.4882	0.4068	0.4068	0.4068
连续复利率，年（r）	3.9221%	3.9221%	3.9221%	4.7065%	3.9221%	3.9221%
执行价格（X）	52.08	52.08	52.08	52.08	62.50	52.08
到期时间，年（t）	0.50	0.50	0.50	0.50	0.50	0.60
d_1	0.0703	0.7041	0.1113	0.0839	-0.5637	0.1029
d_2	-0.2173	0.4165	-0.2339	-0.2037	-0.8514	-0.2122
$N(d_1)$	0.5280	0.7593	0.5443	0.5334	0.2865	0.5410
$N(d_2)$	0.4140	0.6615	0.4075	0.4193	0.1973	0.4160
期权价值（C）	5.26	11.78	6.40	5.34	2.23	5.89
期权价值增长率		123.92%	21.73%	1.58%	-57.55%	11.95%

（1）当前股票价格：如果当前股票价格提高 20%，由 50 元提高到 60 元，期权价值由 5.26 元提高到 11.78 元，提高 123.92%。可见，期权价值的增长率大于股价增长率。

（2）标准差：如果标准差提高 20%，期权价值提高 21.73%。可见，标的股票的风险越大，期权的价值越大。

（3）利率：如果利率提高 20%，期权价值提高 1.58%。可见，虽然利率的提高有助于期权价值的提高，但是期权价值对于无风险利率的变动并不敏感。

（4）执行价格：执行价格提高 20%，期权价值降低 57.55%。可见，期权价值的变化率大于执行价格的变化率。值得注意的是，此时期权价值的下降额（5.26 - 2.23 = 3.03）小于执行价格的上升额（62.50 - 52.08 = 10.42）。

（5）期权期限：期权期限由 0.5 年延长到 0.6 年，期权价值由 5.26 元提高到 5.89 元。

3. 模型参数的估计

布莱克—斯科尔斯模型有 5 个参数。其中，现行股票价格和执行价格容易取得。至到期日的剩余年限计算，一般按自然日（1 年 365 天或为简便用 360 天）计算，易于确定。但无风险利率和股票报酬率的标准差，难以估计。

（1）无风险利率的估计。

无风险利率应当用无违约风险的固定证券收益来估计，例如政府债券的利率。政府债券的到期时间不等，其利率也不同。应选择与期权到期日相同的政府债券利率，例如期权还有 3 个月到期，就应选择 3 个月到期的政府债券利率。如果没有相同时间的，应选择时间最接近的政府债券利率。

这里所说的政府债券利率是指其市场利率，而不是票面利率。政府债券的市场利率是根据市场价格计算的到期报酬率。再有，模型中的无风险利率是指按连续复利计算的利率，而不是常见的年复利。由于布莱克—斯科尔斯模型假设套期保值率是连续变化的，因此，利率要使用连续复利。连续复利假定利息是连续支付的，利息支付的频率比每秒1次还要频繁。

如果用 F 表示终值，P 表示现值，r_c 表示连续复利率，t 表示时间（年），则：

$$F = P \times e^{r_c t}$$

$$r_c = \frac{\ln\left(\frac{F}{P}\right)}{t}$$

式中：ln——求自然对数。

自然对数的值，很容易在具有函数功能的计算器上计算求得，或者利用“自然对数表”（见本书附表五）查找，也可以利用Excel的LN函数功能求得。e^{rt}为连续复利的终值系数，可利用“连续复利终值系数表”（见本书附表六）查找。

【例7-14】 假设 $t=1$ 年，$F=104$ 元，$P=100$ 元，则：

$$r_c = \ln(104 \div 100) \div 1$$
$$= \ln(1.04) \div 1$$
$$= 3.9221\%$$

严格说来，期权估值中使用的利率都应当是连续复利，包括二叉树模型和BS模型。即使在资本预算中，使用的折现率也应当是连续复利率，因为全年收入和支出总是陆续发生的，只有连续复利率才能准确完成终值和现值的折算。在使用计算机运算时，采用连续复利通常没有什么困难，但是手工计算则比较麻烦。为了简便，手工计算时往往使用分期复利作为连续复利的近似替代。由于期权价值对于利率的变化并不敏感，因此这种简化通常是可以接受的。

使用分期复利时也有两种选择：①按有效年利率折算。例如，有效年利率为4%，则等价的半年利率为 $\sqrt{(1+4\%)}-1=1.98\%$。②按报价利率折算。例如，报价利率为4%，则半年利率为 $4\% \div 2 = 2\%$。

（2）报酬率标准差的估计。

股票报酬率的标准差可以使用历史报酬率来估计。计算连续复利标准差的公式与年复利相同：

$$\sigma = \sqrt{\frac{1}{n-1}\sum_{t=1}^{n}(R_t - \bar{R})^2}$$

其中：R_t指报酬率的连续复利值。

连续复利的报酬率公式与分期复利报酬率不同：

分期复利的股票报酬率：

$$R_t = \frac{P_t - P_{t-1} + D_t}{P_{t-1}}$$

连续复利的股票报酬率：

$$R_t = \ln\left(\frac{P_t + D_t}{P_{t-1}}\right)$$

式中：R_t——股票在 t 时期的报酬率；

P_t——t 期的价格；

P_{t-1}——$t-1$ 期的价格；

D_t——t 期的股利。

【例 7-15】 ABC 公司过去 11 年的股价如表 7-13 第 2 列所示，假设各年均没有发放股利，据此计算的连续复利报酬率和年复利报酬率如第 3 列和第 4 列所示。

表 7-13　　连续复利与年复利的标准差

年　份	股价（元）	连续复利报酬率（%）	年复利报酬率（%）
1	10		
2	13.44	29.57	34.40
3	21.33	46.19	58.71
4	43.67	71.65	104.74
5	33.32	-27.05	-23.70
6	32.01	-4.01	-3.93
7	27.45	-15.37	-14.25
8	35.16	24.75	28.09
9	32.14	-8.98	-8.59
10	54.03	51.94	68.11
11	44.11	-20.29	-18.36
平均值	31.51	14.84	22.52
标准差		34.52	43.65

在期权估值中，严格说来应当使用连续复利报酬率的标准差。有时为了简化，也可以使用分期复利报酬率的标准差作为替代。

4. 看跌期权估值

前面的讨论主要针对看涨期权，那么，如何对看跌期权估值呢？

在套利驱动的均衡状态下，看涨期权价格、看跌期权价格和股票价格之间存在一定的依存关系。对于欧式期权，假定看涨期权和看跌期权有相同的执行价格和到期日，则下述等式成立：

看涨期权价格 C - 看跌期权价格 P = 标的资产价格 S - 执行价格现值 $PV(X)$

这种关系被称为看涨期权-看跌期权平价定理（关系）。利用该定理，已知等式中的 4 个数据中的 3 个，就可以求出另外 1 个。

$$C = S + P - PV(X)$$

$$P = -S + C + PV(X)$$

$$S = C - P + PV(X)$$

$$PV(X) = S - C + P$$

该公式的有效性，可以通过表 7-14 验证。

表 7－14 看涨和看跌期权的平价关系

交易策略	现金流量		
	购买日	到期日	
		$S_t \geqslant X$	$S_t < X$
购入 1 股看涨期权	$-C_0$	$S_t - X$	0
卖空 1 股股票	$+S_0$	$-S_t$	$-S_t$
借出 $X/(1+r)^t$	$-X/(1+r)^t$	X	X
抛出 1 股看跌期权	$+P_0$	0	$-(X-S_t)$
净现金流量合计	$-C_0+S_0-X/(1+r)^t+P_0$	0	0

【例 7－16】 两种期权的执行价格均为 30 元，6 个月到期，6 个月的无风险利率为 4%，股票的现行价格为 35 元，看涨期权的价格为 9.20 元，则看跌期权的价格为：

$$
\begin{aligned}
P &= -S + C + PV(X) \\
&= -35 + 9.20 + 30 \div (1 + 4\%) \\
&= -35 + 9.20 + 28.8 \\
&= 3(\text{元})
\end{aligned}
$$

5. 派发股利的期权定价

布莱克—斯科尔斯期权定价模型假设在期权寿命期内买方期权标的股票不发放股利，在标的股票派发股利的情况下应如何对期权估值呢?

股利的现值是股票价值的一部分，但是只有股东可以享有该收益，期权持有人不能享有。因此，在期权估值时要从股价中扣除期权到期日前所派发的全部股利的现值。也就是说，把所有到期日前预期发放的未来股利视同已经发放，将这些股利的现值从现行股票价格中扣除。此时，模型建立在调整后的股票价格而不是实际价格基础上。

考虑派发股利的期权定价公式如下：

$$C_0 = S_0 e^{-\delta t} N(d_1) - X e^{-r_c t} N(d_2)$$

式中：$d_1 = \dfrac{\ln(S_0/X) + (r_c - \delta + \sigma^2/2)t}{\sigma\sqrt{t}}$；

$d_2 = d_1 - \sigma\sqrt{t}$；

δ 表示标的股票的年股利报酬率（假设股利连续支付，而不是离散分期支付）。

如果标的股票的年股利报酬率 δ 为零，则与前面介绍的布莱克—斯科尔斯模型相同。

6. 美式期权估值

布莱克—斯科尔斯期权定价模型假设看涨期权只能在到期日执行，即模型仅适用于欧式期权，那么，美式期权如何估值呢?

美式期权在到期前的任意时间都可以执行，除享有欧式期权的全部权利之外，还有提前执行的优势。因此，美式期权的价值应当至少等于相应欧式期权的价值，在某种情况下比欧式期权的价值更大。

第八章　企业价值评估

第一节　企业价值评估的目的和对象

企业价值评估简称企业估值，目的是分析和衡量一个企业或一个经营单位的公平市场价值，并提供有关信息以帮助投资人和管理当局改善决策。

价值评估是一种经济“评估”方法。“评估”一词不同于“计算”。评估是一种定量分析，但它并不是完全客观和科学的。一方面它使用许多定量分析模型，具有一定的科学性和客观性；另一方面它又使用许多主观估计的数据，带有一定的主观估计性质。

一、企业价值评估的目的

价值评估的目的是帮助投资人和管理当局改善决策，具体体现在以下三个方面：

（一）价值评估可以用于投资分析

价值评估是基本分析的核心内容。投资人信奉不同的投资理念，有的人相信技术分析，有的人相信基本分析。相信基本分析的人认为企业价值与财务数据之间存在函数关系，这种关系在一定时间内是稳定的，证券价格与价值的偏离经过一段时间的调整会向价值回归。他们据此原理寻找并且购进被市场低估的证券或企业，以期获得高于必要报酬率的收益。

（二）价值评估可以用于战略分析

战略是指一整套的决策和行动方式，包括刻意安排的有计划的战略和非计划的突发应变战略。战略管理是指涉及企业目标和方向、带有长期性、关系企业全局的重大决策和管理。战略管理可以分为战略分析、战略选择和战略实施。战略分析是指使用定价模型清晰地说明经营设想和发现这些设想可能创造的价值，目的是评价企业目前和今后增加股东财富的关键因素是什么。价值评估在战略分析中起核心作用。例如，收购属于战略决策，收购企业要估计目标企业的合理价格，在决定收购价格时要对合并前后的价值变动进行评估，以判断收购能否增加股东财富，以及依靠什么来增加股东财富。

（三）价值评估可以用于以价值为基础的管理

如果把企业的目标设定为增加股东财富，而股东财富就是企业的价值，那么，企业决策正确性的根本标志是能否增加企业价值。不了解一项决策对企业价值的影响，就无法对决策进行评价。从这种意义上来说，价值评估是改进企业一切重大决策的手段。为了搞清楚财务决策对企业价值的影响，需要清晰地描述财务决策、企业战略和企业价值之间的关系。在此基础上实行以价值为基础的管理，依据价值最大化原则制定和执行经营计划，通过度量价值的增加来监控经营业绩并确定相应报酬。

企业价值评估提供的信息不仅仅是企业价值一个数字，还包括评估过程产生的大量信息。例如，企业价值是由哪些因素驱动的，销售净利率对企业价值的影响有多大，提高投资资本报酬率对企业价值的影响有多大等。即使企业价值的最终评估值不是很准确，这些中间信息也是很有意义的。因此，不要过分关注最终结果而忽视评估过程产生的其他信息。

价值评估提供的是有关“公平市场价值”的信息。价值评估不否认市场的有效性，但是不承认市场的完善性。在完善的市场中，企业只能取得投资者要求的风险调整后收益，市场价值与内在价值相等，价值评估没有什么实际意义。价值评估认为：市场只在一定程度上有效，即并非完全有效。价值评估正是利用市场的缺点寻找被低估的资产。当评估价值与市场价格相差悬殊时必须十分慎重，评估人必须令人信服地说明评估值比市场价格更好的原因。

企业价值受企业状况和市场状况的影响，随时都会变化。价值评估依赖的企业信息和市场信息也在不断流动，新信息的出现随时可能改变评估的结论。因此，企业价值评估提供的结论有很强的时效性。

二、企业价值评估的对象

企业价值评估的首要问题是明确“要评估的是什么”，也就是价值评估的对象是什么。价值评估的一般对象是企业整体的经济价值。企业整体的经济价值是指企业作为一个整体的公平市场价值。

企业整体价值可以分为实体价值和股权价值、持续经营价值和清算价值、少数股权价值和控股权价值等类别。

（一）企业的整体价值

企业的整体价值观念主要体现在以下三个方面：

1. 整体不是各部分的简单相加

企业作为整体虽然是由部分组成的，但是它不是各部分的简单相加，而是有机的结合。这种有机的结合，使得企业总体具有它各部分所没有的整体性功能，所以整体价值不同于各部分的价值。这就如同收音机是各种零件的有序结合，使得收音机具有整体功能，这种功能是任何一个零件都不具备的，所以收音机的价值不同于零件的价值。企业的整体性功能，表现为它可以通过特定的生产经营活动为股东增加财富，这是任何单项资产所不具有的。企业是有组织的资源，资源的结合方式不同，就可以产生不同效率的企业。

企业单项资产价值的总和不等于企业整体价值。会计报表反映的资产价值，都是单项资产的价值。资产负债表的“资产总计”是单项资产价值的合计，而不是企业作为整体的价值。

企业整体能够具有价值，在于它可以为投资人带来现金流量。这些现金流量是所有资产联合起来运用的结果，而不是资产分别出售获得的现金流量。

2. 整体价值来源于要素的结合方式

企业的整体价值来源于各部分之间的联系。只有整体内各部分之间建立有机联系时，才能使企业成为一个有机整体。各部分之间的有机联系是企业形成整体的关键。一堆建筑材料不能称为房子，厂房、机器和人简单地加在一起也不能称之为企业，关键是按一定的要求将它们有机地结合起来。相同的建筑材料，可以组成差别巨大的建筑物。因此，企业资源的重组即改变各要素之间的结合方式，可以改变企业的功能和效率。

3. 部分只有在整体中才能体现出其价值

企业是整体和部分的统一。部分依赖于整体，整体支配部分。部分只有在整体中才能体现出它的价值，一旦离开整体，这个部分就失去了作为整体中一部分的意义，这就如同人的手臂一旦离开人体就失去了手臂的作用一样。企业的一个部门在企业整体中发挥它的特定作用，一旦将其从整体中剥离出来，它就具有了另外的意义。企业的有些部分是可以剥离出来单独存在的，如一台设备；有些部分是不能单独存在的，如商誉。可以单独存在的部分，其单独价值不同于作为整体一部分的价值。因此，一个部门被剥离出来，其功能会有别于它原来作为企业一部分时的功能和价值，剥离后的企业也会不同于原来的企业。

（二）企业的经济价值

经济价值是经济学家所持的价值观念。它是指一项资产的公平市场价值，通常用该资产所产生的未来现金流量的现值来计量。对于习惯于使用历史成交价格的会计师，特别要注意区分会计价值、现时市场价值与公平市场价值。

1. 会计价值与现时市场价值

会计价值是指资产、负债和所有者权益的账面价值。会计价值与现时市场价值是两回事。例如，青岛海尔电冰箱股份有限公司2000年的资产负债表显示，股东权益的账面价值为28.9亿元，总股份数为5.65亿股。该股票全年平均市价为20.79元/股，现时市场价值约为117亿元，与股权的会计价值相差悬殊。

会计计量大多使用历史成本。例如，某项资产以1 000万元的价格购入，该价格客观地计量了资产的价值，并且有原始凭证支持，会计师就将它记入账簿。过了几年，由于技术进步，更新该资产的市场价值已经大大低于1 000万元，或者由于通货膨胀，其价值已远高于最初的购入价格，记录在账面上的历史成交价格与现时市场价值已经毫不相关了，会计师仍然不修改他的记录。

会计师选择历史成本而舍弃现时市场价值的理由有两点：（1）历史成本具有客观性，可以重复验证，而这也正是现时市场价值所缺乏的。会计师以及审计师的职业地位，需要客观性的支持。（2）如果说历史成本与投资人的决策不相关，那么现时市场价值也同样与投资人决策不相关。投资人购买股票的目的是获取未来收益，而不是企业资产的价值。企业资产不是被出售，而是被使用并在产生未来收益的过程中消耗殆尽。与投资人决策相关的信息，是资产在使用中可以带来的未来收益，而不是其现时市场价值。由于财务报告采用历史成本报告资产价值，其符合逻辑的结果之一是否认资产收益和股权成本，只承认已实现收益和已发生费用。

历史成本计价受到很多批评：（1）制定经营或投资决策必须以现实的和未来的信息为依据，历史成本计价提供的信息是面向过去的，与管理人员、投资人和债权人的决策缺乏相关性。（2）历史成本不能反映企业真实的财务状况，资产的报告价值是未分配的历史成本（或剩余部分），并不是可以支配的资产或可以抵偿债务的资产。（3）历史成本计价缺乏方法上的一致性。货币性资产不按历史成本反映，非货币性资产在使用历史成本计价时也有很多例外，所以历史成本会计是各种计价方法的混合，不能为经营和投资决策提供有用的信息。（4）历史成本计价缺乏时间上的一致性。资产负债表把不同会计期间的资产购置价格混合在一起，导致其缺乏明确的经济意义。

由于历史成本计价存在上述缺点，各国会计准则的制定机构陆续引入公允价值、可变现净值、重置成本、现值等多种计量属性，以改善财务报告信息与报告使用人决策的相关性。

其实，财务报表数据的真正缺点，主要不是没有采纳现时市场价值，而在于没有关注未来。会计准则的制定者不仅很少考虑现有资产可能产生的未来收益，而且把许多影响未来收益的资产和负债项目从报表中排除。表外的资产包括良好管理、商誉、忠诚的顾客、先进的技术等；表外的负债包括未决诉讼、过时的生产线、低劣的管理等。因此，价值评估通常不使用历史价格，只有在其他方法无法获得恰当的数据时才将其作为质量不高的替代品。

2. 区分现时市场价值与公平市场价值

企业价值评估的目的是确定一个企业的公平市场价值。所谓“公平的市场价值”是指在公平的交易中，熟悉情况的双方，自愿进行资产交换或债务清偿的金额。资产被定义为未来的经济利益。所谓“经济利益”，其实就是现金流入。资产就是未来可以带来现金流入的资源。由于不同时间的现金不等价，需要通过折现处理，因此，资产的公平市场价值就是未来现金流量的现值。未来现金流量现值面向的是未来，而不是历史或现在，符合决策面向未来的时间属性。经济学家认为，未来现金流量的现值是资产的一项最基本的属性，是资产的经济价值。

要区分现时市场价值与公平市场价值。现时市场价值是指按现行市场价格计量的资产价值，它可能是公平的，也可能是不公平的。

首先，作为交易对象的企业，通常没有完善的市场，也没有现成的市场价格。非上市企业或者它的一个部门，由于没有在市场上出售，其价格也就不得而知。对于上市企业来说，每天参加交易的只是少数股权，多数股权不参加日常交易，因此，市价只是少数股东认可的价格，未必代表公平价值。

其次，以企业为对象的交易双方，存在比较严重的信息不对称。人们对于企业的预期会有很大差距，成交的价格不一定是公平的。

再次，股票价格是经常变动的，人们不知道哪一个是公平的。

最后，评估的目的之一是寻找被低估的企业，也就是价格低于价值的企业。如果用现时市场价值作为企业的估值，则企业的价值与价格相等，我们什么有意义的信息也得不到。

（三）企业整体经济价值的类别

我们已经明确了价值评估的对象是企业的总体价值，但这还不够，还需要进一步明确是“哪一种”整体价值。

1. 实体价值与股权价值

当一家企业收购另一家企业的时候，可以收购卖方的资产，而不承担其债务；或者购买它的股份，同时承担其债务。例如，A企业以10亿元的价格买下了B企业的全部股份，并承担了B企业原有的5亿元的债务，收购的经济成本是15亿元。通常，人们说A企业以10亿元收购了B企业，这种说法其实并不准确。对于A企业的股东来说，他们不仅需要支付10亿元现金（或者印制价值10亿元的股票换取B企业的股票），而且要以书面契约形式承担5亿元的债务。实际上，他们需要支付15亿元，10亿元现在支付，另外5亿元将来支付，因此，他们用15亿元购买了B企业的全部资产。可见，企业的资产价值与股权价值是不同的。

企业全部资产的总体价值，称为“企业实体价值”。企业实体价值是股权价值与净债务价值之和。

企业实体价值 = 股权价值 + 净债务价值

股权价值在这里不是指所有者权益的会计价值（账面价值），而是股权的公平市场价值。净债务价值也不是指它们的会计价值（账面价值），而是净债务的公平市场价值。

大多数企业购并是以购买股份的形式进行的，因此，评估的最终目标和双方谈判的焦点是卖方的股权价值。但是，如果买方收购的是整个企业实体，其实际收购成本应等于股权成本加上所承接的债务。

2. 持续经营价值与清算价值

企业能够给所有者提供价值的方式有两种：一种是由营业所产生的未来现金流量的现值，称为持续经营价值（简称续营价值）；另一种是停止经营，出售资产产生的现金流，称为清算价值。这两者的评估方法和评估结果有明显区别。我们必须明确拟评估的企业是一个持续经营的企业还是一个准备清算的企业，评估的价值是其持续经营价值还是其清算价值。在大多数的情况下，评估的是企业的持续经营价值。

一个企业的公平市场价值，应当是其持续经营价值与清算价值中较高的一个，如图8－1所示。

一个企业持续经营的基本条件，是其持续经营价值超过清算价值。依据理财的“自利原则”，当未来现金流的现值大于清算价值时，投资人会选择持续经营。如果现金流量下降，或者资本成本提高，使得未来现金流量现值低于清算价值时，则投资人会选择清算。

一个企业的持续经营价值已经低于其清算价值，本应当进行清算。但是，也有例外，那就是控制企业的人拒绝清算，企业得以持续经营。这种持续经营，将持续削减股东本来可以通过清算得到的价值。

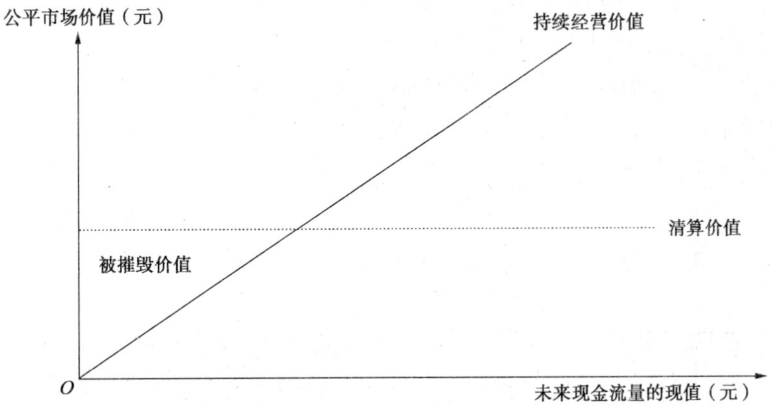

图 8－1 持续经营价值与清算价值下的公平市场价值

3. 少数股权价值与控股权价值

企业的所有权和控制权是两个极为不同的概念。首先，少数股权对于企业事务发表的意见无足轻重，只有获取控制权的人才能决定企业的重大事务。我国的多数上市企业"一股独大"，大股东决定了企业的生产经营，少数股权基本上没有决策权。其次，从世界范围来看，多数上市企业的股权高度分散化，没有哪一个股东可以控制企业，此时，有效控制权被授予董事会和高层管理人员，所有股东只是"搭车的乘客"，不满意的乘客可以"下车"，但是无法控制"方向盘"。

在股票市场上交易的只是少数股权，大多数股票并没有参加交易。掌握控股权的股东，不参加日常的交易。我们看到的股价，通常只是少数已经交易的股票价格，它们衡量的只是少数股权的价值。少数股权与控股股权的价值差异，明显地出现在收购交易当中。一旦控股权参加交易，股价会迅速飙升，甚至达到少数股权价值的数倍。在评估企业价值时，必须明确拟评估的对象是少数股权价值，还是控股权价值。

买入企业的少数股权和买入企业的控股权，是完全不同的两回事。买入企业的少数股权，是承认企业现有的管理和经营战略，买入者只是一个旁观者。买入企业的控股权，投资者获得改变企业生产经营方式的充分自由，或许还能增加企业的价值。这两者如此不同，以至于可以认为：同一企业的股票在两个分割开来的市场上交易。一个是少数股权市场，它交易的是少数股权代表的未来现金流量；另一个是控股权市场，它交易的是企业控股权代表的现金流量。获得控股权，不仅意味着取得了未来现金流量的索取权，而且同时获得了改组企业的特权。在两个不同市场里交易的，实际上是不同的资产。

如图 8－2 所示，从少数股权投资者来看，V（当前）是企业股票的公平市场价值。它是现有管理和战略条件下企业能够给股票投资人带来的现金流量现值。对于谋求控股权的投资者来说，V（新的）是企业股票的公平市场价值。它是企业进行重组，改进管理和经营战略后可以为投资人带来的未来现金流量的现值。新的价值与当前价值的差额称为控股权溢价，它是由于转变控股权而增加的价值。

控股权溢价 = V(新的) － V(当前)

总之，在进行企业价值评估时，首先要明确拟评估的对象是什么，搞清楚是企业实体价值还是股权价值，是持续经营价值还是清算价值，是少数股权价值还是控股权价值。

它们是不同的评估对象，有不同的用途，需要使用不同的方法进行评估。

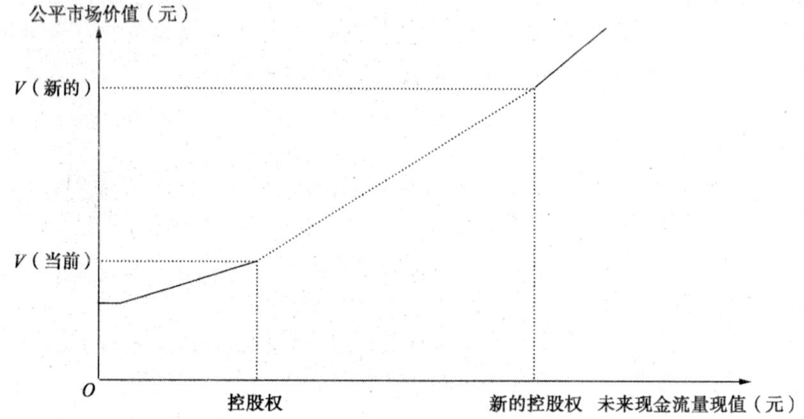

图 8－2　少数股权价值与控股权价值

第二节　企业价值评估方法

企业价值评估是现代市场经济的产物，是对评估基准日特定目的下的企业价值进行评定估算，实际上是一种模拟市场判断企业价值的过程。企业价值评估方法是实现评定估算企业价值的技术手段，是在工程技术、统计、会计等学科的基础上，结合自身特点形成的一整套方法体系。该体系按分析原理和技术路线不同可以分为多种不同方法①。结合企业财务管理的特点，本教材重点介绍两种常用方法：现金流量折现模型、相对价值评估模型。

一、现金流量折现模型

现金流量折现模型是企业价值评估使用最广泛、理论上最健全的模型，主导着当前实务和教材。它的基本思想是增量现金流量原则和时间价值原则，也就是任何资产的价值是其产生的未来现金流量按照含有风险的折现率计算的现值。

企业也是资产，具有资产的一般特征。但是，它又与实物资产有区别，是一种特殊的资产。企业价值评估与项目价值评估既有类似之处，也有明显区别。

---

① 通常，资产评估专业将企业价值评估方法归纳为三种基本类型：收益法、市场法和资产基础法。其中，收益法的技术思路是通过对未来收益加以折现来评估企业价值，一般包括实体自由现金流量折现模型、股权自由现金流量折现模型、股利折现模型、经济利润折现模型等；市场法又称相对估值法，是将评估对象与可比上市公司或者可比交易案例进行比较以确定评估对象价值，一般包括上市公司比较法、交易案例比较法；资产基础法又称成本途径或资产负债表调整法（简称成本法），是以估算获得标的资产的现实成本途径进行估价。由此可见，本教材中的现金流量折现模型属于收益法的具体方法，相对价值评估模型属于市场法的具体方法。因资产基础法的基本原理是将企业资产、负债的历史成本调整为现实价值进行估值，涉及企业会计准则的具体内容，故本教材对该方法不作介绍。

从某种意义上来说，企业也是一个大项目，是一个由若干投资项目组成的复合项目，或者说是一个项目组合。因此，企业价值评估与投资项目评价有许多类似之处：(1) 无论是企业还是项目，都可以给投资主体带来现金流量，现金流越大则经济价值越大；(2) 它们的现金流都具有不确定性，其价值计量都要使用风险概念；(3) 它们的现金流都是陆续产生的，其价值计量都要使用现值概念。因此，我们可以使用前面介绍过的现金流量折现法对企业价值进行评估。净现值不过是项目产生的企业价值增量，它们在理论上是完全一致的。

企业价值评估与投资项目评价也有许多明显区别：(1) 投资项目的寿命是有限的，而企业的寿命是无限的，因此，要处理无限期现金流折现问题；(2) 典型的项目投资有稳定的或下降的现金流，而企业通常将收益再投资并产生增长的现金流，它们的现金流分布有不同特征；(3) 项目产生的现金流属于投资人，而企业产生的现金流仅在决策层决定分配它们时才流向所有者，如果决策层决定向较差的项目投资而不愿意支付股利，则少数股东除了将股票出售外别无选择。这些差别，也正是企业价值评估比项目评价更困难的地方，或者说是现金流量折现模型用于企业价值评估需要解决的问题。

(一) 现金流量折现模型的参数和种类

1. 现金流量折现模型的参数

任何资产都可以使用现金流量折现模型来估价：

$$价值 = \sum_{t=1}^{n} \frac{现金流量_t}{(1 + 资本成本)^t}$$

该模型有三个参数：现金流量、资本成本和时间序列 (n)。

模型中的“$现金流量_t$”，是指各期的预期现金流量。对于投资者来说，企业现金流量有三种：股利现金流量、股权现金流量和实体现金流量。

模型中的“资本成本”，是计算现值使用的折现率。折现率是现金流量风险的函数，风险越大则折现率越大，因此，折现率和现金流量要相互匹配。股权现金流量只能用股权资本成本来折现，实体现金流量只能用企业的加权平均资本成本来折现。

模型中的时间按序列“n”，是指产生现金流量的时间，通常用“年”数来表示。从理论上来说，现金流量的持续年数应当等于资源的寿命。企业的寿命是不确定的，通常采用持续经营假设，即假设企业将无限期地持续下去。预测无限期的现金流量数据是很困难的，时间越长，远期的预测越不可靠。为了避免预测无限期的现金流量，大部分估值将预测的时间分为两个阶段。第一阶段是有限的、明确的预测期，称为“详细预测期”，简称“预测期”，在此期间需要对每年的现金流量进行详细预测，并根据现金流量模型计算其预测期价值；第二阶段是预测期以后的无限时期，称为“后续期”或“永续期”，在此期间假设企业进入稳定状态，有一个稳定的增长率，可以用简便方法直接估计后续期价值。后续期价值也被称为“永续价值”或“残值”。这样，企业价值被分为两部分：

$$企业价值 = 预测期价值 + 后续期价值$$

其中，$后续期价值 = [现金流量_{t+1} \div (资本成本 - 增长率)] \times (P/F, i, t)$

2. 现金流量折现模型的种类

依据现金流量的不同种类，企业估值的现金流量折现模型也可分为股利现金流量折现模型（简称股利现金流量模型）、股权现金流量折现模型（简称股权现金流量模型）和实体现金流量折现模型（简称实体现金流量模型）三种。

（1）股利现金流量模型。

股利现金流量模型的基本形式是：

$$股权价值 = \sum_{t=1}^{\infty} \frac{股利现金流量_t}{(1 + 股权资本成本)^t}$$

股利现金流量是企业分配给股权投资人的现金流量。

（2）股权现金流量模型。

股权现金流量模型的基本形式是：

$$股权价值 = \sum_{t=1}^{\infty} \frac{股权现金流量_t}{(1 + 股权资本成本)^t}$$

股权现金流量是一定期间企业可以提供给股权投资人的现金流量，它等于企业实体现金流量扣除对债权人支付后剩余的部分，也可以称为“股权自由现金流量”，简称“股权现金流量”。

股权现金流量 = 实体现金流量 − 债务现金流量

有多少股权现金流量会作为股利分配给股东，取决于企业的筹资和股利分配政策。如果把股权现金流量全部作为股利分配，则上述两个模型相同。

（3）实体现金流量模型。

实体现金流量模型的基本形式是：

$$实体价值 = \sum_{t=1}^{\infty} \frac{实体自由现金流量_t}{(1 + 加权平均资本成本)^t}$$

股权价值 = 实体价值 − 净债务价值

$$净债务价值 = \sum_{t=1}^{\infty} \frac{偿还债务现金流量_t}{(1 + 等风险债务成本)^t}$$

实体现金流量是企业全部现金流入扣除成本费用和必要的投资后的剩余部分，它是企业一定期间可以提供给所有投资人（包括股权投资人和债权投资人）的税后现金流量。

在数据假设相同的情况下，三种模型的评估结果是相同的。由于股利分配政策有较大变动，股利现金流量很难预计，所以，股利现金流量模型在实务中很少被使用。如果假设企业不保留多余的现金，而将股权现金全部作为股利发放，则股权现金流量等于股利现金流量，股权现金流量模型可以取代股利现金流量模型，避免了对股利政策进行估计的麻烦。因此，大多数的企业估值使用股权现金流量模型或实体现金流量模型。

（二）现金流量折现模型参数的估计

现金流量模型的参数包括预测期的年数、各期的现金流量和资本成本。这些参数是相互影响的，需要整体考虑，不可以完全孤立地看待和处理。资本成本的估计在前面的章节已经介绍过，这里主要说明现金流量的估计和预测期的确定。

未来现金流量的数据需要通过财务预测取得。财务预测可以分为单项预测和全面预测。单项预测的主要缺点是容易忽视财务数据之间的联系，不利于发现预测假设的不合理之处。全面预测是指编制成套的预计财务报表，通过预计财务报表获取需要的预测数据。由于计算机的普遍应用，人们越来越多地使用全面预测。

1. 预测销售收入

预测销售收入是全面预测的起点，大部分财务数据与销售收入有内在联系。

销售收入取决于销售数量和销售价格两个因素，但是财务报表不披露这两项数据，企业外部的报表使用人无法得到价格和销量的历史数据，也就无法分别预计各种产品的价格和销量。他们只能直接对销售收入的增长率进行预测，然后根据基期销售收入和预计增长率计算预测期的销售收入。销售增长率的预测以历史增长率为基础，根据未来的变化进行修正。在修正时，要考虑宏观经济、行业状况和企业的经营战略。如果预计未来在这三个方面不会发生明显变化，则可以按上年增长率进行预测。如果预计未来有较大变化，则需要根据其主要影响因素调整销售增长率。

【例 8－1】 A 公司目前正处在高速增长的时期，20×0 年的销售增长了 12%。预计 20×1 年可以维持 12% 的增长率，20×2 年增长率开始逐步下降，每年下降 2 个百分点，20×5 年下降 1 个百分点，即增长率为 5%。自 20×5 年，公司进入稳定增长状态，永续增长率为 5%，如表 8－1 所示。

表 8－1　　A 公司的销售预测

年　份	基期	20×1	20×2	20×3	20×4	20×5	20×6	…
销售增长率	12%	12%	10%	8%	6%	5%	5%	5%

2. 确定预测期间

预测的时间范围涉及预测基期、详细预测期和后续期。

（1）预测的基期。

基期是指作为预测基础的时期，它通常是预测工作的上一个年度。基期的各项数据被称为基数，它们是预测的起点。基期数据不仅包括各项财务数据的金额，还包括它们的增长率以及反映各项财务数据之间联系的财务比率。

确定基期数据的方法有两种：一种是以上年实际数据作为基期数据；另一种是以修正后的上年数据作为基期数据。如果通过历史财务报表分析认为，上年财务数据具有可持续性，则以上年实际数据作为基期数据。如果通过历史财务报表分析认为，上年的数据不具有可持续性，就应适当进行调整，使之适合未来的情况。

A 公司的预测以 20×0 年为基期，以经过调整的 20×0 年的财务报表数据为基数。该企业的财务预测将采用销售百分比法，需要根据历史数据确定主要报表项目的销售百分比，作为对未来进行预测的假设。

（2）详细预测期和后续期的划分。

实务中的详细预测期通常为 5～7 年，如果有疑问还应当延长，但很少超过 10 年。企业增长的不稳定时期有多长，预测期就应当有多长。这种做法与竞争均衡理论有关。

竞争均衡理论认为，一个企业不可能永远以高于宏观经济增长的速度发展下去。如果是这样，它迟早会超过宏观经济总规模。这里的“宏观经济”是指该企业所处的宏观经济系统，如果一个企业的业务范围仅限于国内市场，宏观经济增长率是指国内的预期经济增长率；如果一个企业的业务范围是世界性的，宏观经济增长率则是指世界的经济增长速度。竞争均衡理论还认为，一个企业通常不可能在竞争的市场中长期取得超额收益，其净投资资本报酬率会逐渐恢复到正常水平。净投资资本报酬率是指税后经营净利润与净投资资本（净负债加股东权益）的比率，它反映企业净投资资本的盈利能力。如果一个行业的净投资资本报酬率较高，就会吸引更多的投资并使竞争加剧，导致成本上升或价格下降，使得净投资资本报酬率降低到社会平均水平。如果一个行业的净投资资本报酬率较低，就会有一些竞争者退出该行业，减少产品或服务的供应量，导致价格上升或成本下降，使得净投资资本报酬率上升到社会平均水平。一个企业具有较高的净投资资本报酬率，往往会比其他企业更快地扩展投资，增加净投资资本总量。如果新增投资与原有投资的盈利水平相匹配，则能维持净投资资本报酬率。但是，通常企业很难做到这一点，竞争使盈利的增长跟不上投资的增长，因而净投资资本报酬率最终会下降。实践表明，只有很少的企业具有长时间的可持续竞争优势，它们都具有某种特殊的因素，可以防止竞争者进入。绝大多数企业都会在几年内恢复到正常的报酬率水平。

竞争均衡理论得到了实证研究的有力支持。各企业的销售收入的增长率往往趋于恢复到正常水平。拥有高于或低于正常水平的企业，通常在3~10年中恢复到正常水平。

3. 估计详细预测期现金流量

续［例8-1］，A公司基期营业收入1 000万元，其他相关信息预测如表8-2所示。

相应地，A公司的预计现金流量如表8-3所示。

表8-2　　A公司的相关财务比率预测

项　目	预测
销售成本/营业收入	70%
销售和管理费用/营业收入	5%
净经营资产/营业收入	80%
净负债/营业收入	40%
债务利息率	6%
所得税税率	25%

表8-3　　A公司的预计现金流量　　单位：万元

年　份	基期	20×1	20×2	20×3	20×4	20×5	20×6
一、营业收入	1 000.00	1 120.00	1 232.00	1 330.56	1 410.39	1 480.91	1 554.96
减：营业成本		784.00	862.40	931.39	987.28	1 036.64	1 088.47
销售和管理费用		56.00	61.60	66.53	70.52	74.05	77.75
二、税前经营利润		280.00	308.00	332.64	352.60	370.23	388.74
减：经营利润所得税		70.00	77.00	83.16	88.15	92.56	97.18
三、税后经营净利润		210.00	231.00	249.48	264.45	277.67	291.55

续表

年　份	基期	20×1	20×2	20×3	20×4	20×5	20×6
减：净经营资产增加		96.00	89.60	78.85	63.87	56.42	59.24
四、实体现金流量		114.00	141.40	170.63	200.58	221.26	232.32
减：税后利息费用		20.16	22.18	23.95	25.39	26.66	27.99
加：净负债增加		48.00	44.80	39.42	31.93	28.21	29.62
五、股权现金流量		141.84	164.02	186.10	207.12	222.81	233.95

以20×1年为例，营业收入=1 000×（1+12%）=1 120（万元）

营业成本=1 120×70%=784（万元）

销售和管理费用=1 120×5%=56（万元）

税前经营利润=1 120－784－56=280（万元）

经营利润所得税=280×25%=70（万元）

税后经营净利润=280－70=210（万元）

净经营资产增加=1 000×12%×80%=96（万元）

实体现金流量=210－96=114（万元）

税后利息费用=1 120×40%×6%×（1－25%）=20.16（万元）

净负债增加=1 000×12%×40%=48（万元）

股权现金流量=114－20.16+48=141.84（万元）

4. 估计后续期现金流量增长率

后续期价值的估计方法有许多种，包括永续增长模型、剩余收益模型、价值驱动因素模型、价格乘数模型、延长预测期法、账面价值法、清算价值法和重置成本法等。这里只讨论永续增长模型。

永续增长模型如下：

后续期价值=[现金流量$_{t+1}$÷(资本成本－现金流量增长率)]×(P/F,i,t)

现金流量的预计在前面已经讨论过，这里说明现金流量增长率估计。

在稳定状态下，实体现金流量、股权现金流量和营业收入的增长率相同，因此，可以根据销售增长率估计现金流量增长率。

为什么这三个增长率会相同呢？因为在“稳定状态下”，经营效率和财务政策不变，即净经营资产净利率、资本结构和股利分配政策不变，财务报表将按照稳定的增长率在扩大的规模上被复制。影响实体现金流量和股权现金流量的各因素都与销售额同步增长，因此，现金流量增长率与销售增长率相同。

那么，销售增长率如何估计呢？

根据竞争均衡理论，后续期的销售增长率大体上等于宏观经济的名义增长率。如果不考虑通货膨胀因素，宏观经济的增长率大多在2%～6%之间。

极少数企业凭借其特殊的竞争优势，可以在较长时间内超过宏观经济增长率。判定一个企业是否具有特殊的、可持续的优势，应当掌握具有说服力的证据，并且被长期的历史所验证。即使是具有特殊优势的企业，后续期销售增长率超过宏观经济的幅度也不会超过2%。绝大多数可以持续生存的企业，其销售增长率可以按宏观经济增长率估计。

（三）现金流量折现模型的应用

1. 股权现金流量模型

根据现金流量分布的特征，股权现金流量模型分为两种类型：永续增长模型和两阶段增长模型。

（1）永续增长模型。

永续增长模型假设企业未来长期稳定、可持续地增长。在永续增长的情况下，企业价值是下期现金流量的函数。

永续增长模型的一般表达式如下：

$$股权价值=\frac{下期股权现金流量}{股权资本成本-永续增长率}$$

永续增长模型的特例是永续增长率等于零，即零增长模型。

$$股权价值=\frac{下期股权现金流量}{股权资本成本}$$

永续增长模型的使用条件：企业必须处于永续状态。所谓永续状态是指企业有永续的增长率和净投资资本报酬率。使用永续增长模型，企业价值对增长率的估计值很敏感，当增长率接近折现率时，股票价值趋于无限大。因此，对于增长率和股权成本的预测质量要求很高。

【例8-2】 B公司是一个规模较大的跨国公司，目前处于稳定增长状态。20×1年每股股权现金流量为2.5元。假设长期增长率为6%。预计该公司的长期增长率与宏观经济相同。据估计，该企业的股权资本成本为10%。请计算该企业20×1年每股股权价值。

$$每股股权价值=[2.5\times(1+6\%)]/(10\%-6\%)=66.25（元/股）$$

（2）两阶段增长模型。

两阶段增长模型的一般表达式：

$$股权价值=预测期价值+后续期价值=\begin{matrix}预测期股权\\现金流量现值\end{matrix}+\begin{matrix}后续期股权\\现金流量现值\end{matrix}$$

假设预测期为n，则：

$$股权价值=\sum_{t=1}^{n}\frac{股权现金流量_t}{(1+股权资本成本)^t}+\frac{股权现金流量_{n+1}/(股权资本成本-永续增长率)}{(1+股权资本成本)^n}$$

两阶段增长模型的使用条件：两阶段增长模型适用于增长呈现两个阶段的企业。通常，第二个阶段具有永续增长的特征。

【例8-3】 C公司是一家高技术企业，具有领先同业的优势。预计20×1~20×5年每股股权现金流量如表8-4所示，自20×6年进入稳定增长状态，永续增长率为3%。企业股权资本成本为12%。

要求：计算目前的每股股权价值。

表 8－4　　　　C 公司每股股权价值　　　　单位：元/股

年　份	2000	2001	2002	2003	2004	2005	2006
每股股权现金流量：	1.0030	1.2000	1.4400	1.7280	2.0736	2.4883	5.1011
折现系数（12%）		0.8929	0.7972	0.7118	0.6355	0.5674	
预测期价值	6.1791	1.0715	1.1480	1.2300	1.3178	1.4119	
后续期价值	32.1596					56.6789	
每股股权价值	38.3384						

$$\text{后续期每股股权现金流量终值} = \frac{\text{后续期第一年}}{\text{每股股权现金流量}} \div (\text{股权资本成本} - \text{永续增长率})$$

$$= 5.1011 \div (12\% - 3\%)$$

$$= 56.6789(\text{元/股})$$

$$\text{后续期每股股权现金流量现值} = 56.6789 \times 0.5674 = 32.16(\text{元/股})$$

$$\text{预测期每股股权现金流量现值} = \sum_{t=1}^{n} \frac{\text{每股股权现金流量}_t}{(1 + \text{股权资本成本})^t} = 6.18(\text{元/股})$$

$$\text{每股股权价值} = 32.16 + 6.18 = 38.34(\text{元/股})$$

2. 实体现金流量模型

在实务中，大多使用实体现金流量模型。主要原因是股权成本受资本结构的影响较大，估计起来比较复杂。债务增加时，风险上升，股权成本会上升，而上升的幅度不容易测定。加权平均资本成本受资本结构的影响较小，比较容易估计。债务成本较低，增加债务比重使加权平均资本成本下降。与此同时，债务增加使风险增加，股权成本上升，使得加权平均资本成本上升。在无税和交易成本的情况下，两者可以完全抵消，这就是资本结构无关论。在有税和交易成本的情况下，债务成本的下降也会大部分被股权成本的上升所抵消，平均资本成本对资本结构变化不敏感，估计起来比较容易。

实体现金流量模型，如同股权现金流量模型一样，也可以分为两种：

（1）永续增长模型。

$$\text{实体价值} = \frac{\text{下期实体现金流量}}{\text{加权平均资本成本} - \text{永续增长率}}$$

（2）两阶段增长模型。

$$\text{实体价值} = \text{预测期价值} + \text{后续期价值}$$

$$= \text{预测期实体现金流量现值} + \text{后续期实体现金流量现值}$$

设预测期为 n，则：

$$\text{实体价值} = \sum_{t=1}^{n} \frac{\text{实体现金流量}_t}{(1 + \text{加权平均资本成本})^t} + \frac{\text{实体现金流量}_{n+1}/(\text{加权平均资本成本} - \text{永续增长率})}{(1 + \text{加权平均资本成本})^n}$$

下面通过一个例子说明实体现金流量模型的应用。

【例 8－4】 D 企业预计 20×1～20×5 年实体现金流量如表 8－5 所示，自 20×6 年进入稳定增长状态，永续增长率为 5%。企业当前的加权平均资本成本为 11%，20×6 年及以后年份资本成本降为10%。债务当前的市场价值为4 650万元，普通股当前每股市价12元，流通在外的普通股股数为1 000万股。

要求：通过计算分析，说明该股票被市场高估还是低估了。

表8－5　D企业每股股权价值　单位：万元

年　份	20×0	20×1	20×2	20×3	20×4	20×5	20×6
实体现金流量		614.00	663.12	716.17	773.46	835.34	1 142.40
资本成本（%）		11	11	11	11	11	10
折现系数		0.9009	0.8116	0.7312	0.6587	0.5935	
预测期价值	2 620.25	553.15	538.20	523.66	509.50	495.73	
后续期价值	13 559.21					22 848.05	
实体价值	16 179.46						
净债务价值	4 650.00						
股权价值	11 529.46						
股数（万股）	1 000						
每股价值（元）	11.53						

预测期实体现金流量现值＝2 620.25万元

后续期实体现金流量终值＝1 142.40÷(10%－5%)＝22 848.05(万元)

后续期实体现金流量现值＝22 848.05×$(1+11\%)^{-5}$＝13 559.21(万元)

实体价值＝2 620.25＋13 559.21＝16 179.46(万元)

股权价值＝实体价值－净债务价值

＝16 179.46－4 650

＝11 529.46(万元)

每股股权价值＝11 529.46/1 000＝11.53(元/股)

该股票目前每股市价12元，所以它被市场高估了。

二、相对价值评估模型

现金流量折现模型在概念上很健全，但是在应用时会碰到较多的技术问题。有一种相对容易的估值方法，就是相对价值法，也称价格乘数法或可比交易价值法等。

这种方法是利用类似企业的市场定价来估计目标企业价值的一种方法。它的假设前提是存在一个支配企业市场价值的主要变量（如净利等）。市场价值与该变量（如净利等）的比值，各企业是类似的、可以比较的。

其基本做法是：首先，寻找一个影响企业价值的关键变量（如净利）；其次，确定一组可以比较的类似企业，计算可比企业的市价/关键变量的平均值（如平均市盈率）；最后，根据目标企业的关键变量（如净利）乘以得到的平均值（平均市盈率），计算目标企业的评估价值。

相对价值法，是将目标企业与可比企业对比，用可比企业的价值衡量目标企业的价值。如果可比企业的价值被高估了，则目标企业的价值也会被高估。实际上，所得结论是相对于可比企业来说的，以可比企业价值为基准，是一种相对价值，而非目标企业的内在价值。

例如，某投资者准备购买商品住宅，出售者报价 50 万元。如何评估这个报价呢？一个简单的办法就是寻找一个类似地段、类似质量的商品住宅，计算每平方米的价格（价格与面积的比率）。假设类似商品住宅每平方米价格 0.5 万元，拟购置的住宅是 80 平方米，利用相对价值法评估其价值是 40 万元。于是，投资者认为出售者的报价偏高。投资者对报价高低的判断是相对于类似商品住宅而言的。实际上，也可能是类似住宅的价格偏低。

这种做法虽简单，但真正使用起来却并不容易。因为类似商品住宅与拟购置的商品住宅有“不类似”之处，类似商品住宅的价格也未必是公平市场价格。准确的评估还需要对计算结果进行另外的修正，而这种修正比一般人想象的要复杂，它涉及每平方米价格的决定因素等问题。

现金流量折现模型的假设是明确显示的，而相对价值法的假设是隐含在比率内部的。因此，它看起来简单，实际应用时并不简单。

（一）相对价值模型的原理

相对价值模型分为两大类，一类是以股票市价为基础的模型，包括每股市价/每股收益、每股市价/每股净资产、每股市价/每股销售收入等模型。另一类是以企业实体价值为基础的模型，包括实体价值/息税折旧摊销前利润、实体价值/税后经营净利润、实体价值/实体现金流量、实体价值/投资资本、实体价值/销售收入等模型；我们这里只讨论三种最常用的股票市价模型。

1. 市盈率模型

（1）基本模型。

市盈率是指普通股每股市价与每股收益的比率。

$$市盈率=\frac{每股市价}{每股收益}$$

运用市盈率估值的模型如下：

$$目标企业每股价值=可比企业市盈率\times目标企业每股收益$$

该模型假设每股市价是每股收益的一定倍数。每股收益越大，则每股价值越大。同类企业有类似的市盈率，所以目标企业的每股价值可以用每股收益乘以可比企业市盈率计算。

（2）模型原理。

为什么市盈率可以作为计算股价的乘数呢？影响市盈率高低的基本因素有哪些？

根据股利折现模型，处于稳定状态企业的每股价值为：

$$每股价值\ P_0=\frac{每股股利_1}{股权成本-增长率}$$

两边同时除以每股收益$_0$：

$$\frac{P_0}{每股收益_0}=\frac{每股股利_1/每股收益_0}{股权成本-增长率}$$

$$=\frac{[\text{每股收益}_0\times(1+\text{增长率})\times\text{股利支付率}]/\text{每股收益}_0}{\text{股权成本}-\text{增长率}}$$

$$=\frac{\text{股利支付率}\times(1+\text{增长率})}{\text{股权成本}-\text{增长率}}$$

=本期市盈率

上述根据当前市价和同期净收益计算的市盈率，称为本期市盈率，简称市盈率。

这个公式表明，市盈率的驱动因素是企业的增长潜力、股利支付率和风险（股权成本的高低与其风险有关）。这三个因素类似的企业，才会具有类似的市盈率。可比企业实际上应当是这三个比率类似的企业，同业企业不一定都具有这种类似性。

如果把公式两边同除的当前“每股收益$_0$”，换为预期下期“每股收益$_1$”，其结果称为“内在市盈率”或“预期市盈率”：

$$\frac{P_0}{\text{每股收益}_1}=\frac{\text{每股股利}_1/\text{每股收益}_1}{\text{股权成本}-\text{增长率}}$$

$$\text{内在市盈率}=\frac{\text{股利支付率}}{\text{股权成本}-\text{增长率}}$$

在影响市盈率的三个因素中，关键是增长潜力。所谓“增长潜力”类似，不仅指具有相同的增长率，还包括增长模式的类似性，例如，同为永续增长，还是同为由高增长转为永续低增长。

上述内在市盈率模型是根据永续增长模型推导的。如果企业符合两阶段模型的条件，也可以通过类似的方法推导出两阶段情况下的内在市盈率模型。它比永续增长的内在市盈率模型形式复杂，但是仍然由这三个因素驱动。

（3）模型的优缺点及适用性。

市盈率模型的优点：首先，计算市盈率的数据容易取得，并且计算简单；其次，市盈率把价格和收益联系起来，直观地反映投入和产出的关系；最后，市盈率涵盖了风险、增长率、股利支付率的影响，具有很高的综合性。

市盈率模型的局限性：如果收益是负值，市盈率就失去了意义。因此，市盈率模型最适合连续盈利的企业。

【例8-5】 甲企业今年的每股收益是0.5元，分配股利0.35元/股，该企业净利润和股利的增长率都是6%，β值为0.75。政府长期债券利率为7%，市场风险溢价为5.5%。问该企业的本期市盈率和预期市盈率各是多少？

乙企业与甲企业是类似企业，今年实际每股净利为1元，根据甲企业本期市盈率对乙企业估值，其股票价值是多少？乙企业预期明年每股净利是1.06元，根据甲企业预期市盈率对乙企业估值，其股票价值是多少？

甲企业股利支付率=每股股利÷每股收益

=0.35÷0.5

=70%

甲企业股权成本=无风险利率+β×市场风险溢价

=7%+0.75×5.5%

=11.125%

甲企业本期市盈率 = [股利支付率 ×(1 + 增长率)] ÷(股权成本 − 增长率)

= [70% ×(1 + 6%)] ÷(11.125% − 6%)

= 14.48

甲企业预期市盈率 = 股利支付率 ÷(股权成本 − 增长率)

= 70% ÷(11.125% − 6%)

= 13.66

乙企业股票价值 = 目标企业本期每股收益 × 可比企业本期市盈率

= 1 × 14.48

= 14.48(元/股)

乙企业股票价值 = 目标企业预期每股收益 × 可比企业预期市盈率

= 1.06 × 13.66

= 14.48(元/股)

通过这个例子可知：如果目标企业的预期每股收益变动与可比企业相同，则根据本期市盈率和预期市盈率进行估值的结果相同。

值得注意的是：在估值时目标企业本期净利必须要乘以可比企业本期市盈率，目标企业预期净利必须要乘以可比企业预期市盈率，两者必须匹配。这一原则不仅适用于市盈率，也适用于市净率和市销率；不仅适用于未修正的价格乘数，也适用于后面所讲的各种修正的价格乘数。

2. 市净率模型

(1) 基本模型。

市净率是指每股市价与每股净资产的比率。

市净率 = 每股市价 ÷ 每股净资产

这种方法假设股权价值是净资产的函数，类似企业有相同的市净率，净资产越大则股权价值越大。因此，股权价值是净资产的一定倍数，目标企业的每股价值可以用每股净资产乘以市净率计算。

目标企业每股价值 = 可比企业市净率 × 目标企业每股净资产

(2) 模型原理。

市净率是由哪些因素决定的?

如果把股利折现模型的两边同时除以同期每股净资产，就可以得到市净率：

$$\frac{P_0}{\text{每股净资产}_0}=\frac{\text{每股股利}_0\times(1+\text{增长率})/\text{每股净资产}_0}{\text{股权成本}-\text{增长率}}$$

$$=\frac{\dfrac{\text{每股股利}_0}{\text{每股收益}_0}\times\dfrac{\text{每股收益}_0}{\text{每股净资产}_0}\times(1+\text{增长率})}{\text{股权成本}-\text{增长率}}$$

$$=\frac{\text{股利支付率}\times\text{权益净利率}_0\times(1+\text{增长率})}{\text{股权成本}-\text{增长率}}$$

= 本期市净率

该公式表明，驱动市净率的因素有权益净利率、股利支付率、增长潜力和风险。其中权益净利率是关键因素。这四个比率类似的企业，会有类似的市净率。不同企业市净率的差别，也是由于这四个比率不同引起的。

如果把公式中的“每股净资产$_0$”换成预期下期的“每股净资产$_1$”，则可以得出内在市净率，或称预期市净率。

$$\frac{P_0}{\text{每股净资产}_1}=\frac{\text{每股股利}_0\times(1+\text{增长率})/\text{每股净资产}_1}{\text{股权成本}-\text{增长率}}$$

$$=\frac{\dfrac{\text{每股股利}_0}{\text{每股收益}_1}\times\dfrac{\text{每股收益}_1}{\text{每股净资产}_1}\times(1+\text{增长率})}{\text{股权成本}-\text{增长率}}$$

$$=\frac{\text{股利支付率}\times\text{权益净利率}_1}{\text{股权成本}-\text{增长率}}$$

$$=\text{内在市净率}$$

（3）模型的优缺点及适用性。

市净率估值模型的优点：首先，净利为负值的企业不能用市盈率进行估值，而市净率极少为负值，可用于大多数企业。其次，净资产账面价值的数据容易取得，并且容易理解。再次，净资产账面价值比净利稳定，也不像利润那样经常被人为操纵。最后，如果会计标准合理并且各企业会计政策一致，市净率的变化可以反映企业价值的变化。

市净率的局限性：首先，账面价值受会计政策选择的影响，如果各企业执行不同的会计标准或会计政策，市净率会失去可比性。其次，固定资产很少的服务性企业和高科技企业，净资产与企业价值的关系不大，其市净率比较没有什么实际意义。最后，少数企业的净资产是负值，市净率没有意义，无法用于比较。

因此，这种方法主要适用于需要拥有大量资产、净资产为正值的企业。

【例8-6】 表8-6中列出了20×0年汽车制造业6家上市公司的市盈率和市净率，以及全年平均实际股价。请用这6家企业的平均市盈率和市净率评价江铃汽车的股价？

表8-6　　20×0年6家上市公司的市盈率和市净率

公司名称	每股收益（元）	每股净资产（元）	平均价格（元）	市盈率	市净率
上海汽车	0.53	3.43	11.98	22.6	3.49
东风汽车	0.37	2.69	6.26	16.92	2.33
一汽四环	0.52	4.75	15.4	29.62	3.24
一汽金杯	0.23	2.34	6.1	26.52	2.61
天津汽车	0.19	2.54	6.8	35.79	2.68
长安汽车	0.12	2.01	5.99	49.92	2.98
平均				30.23	2.89
江铃汽车	0.06	1.92	6.03		

按市盈率估值=0.06×30.23=1.81(元/股)

按市净率估值 = 1.92 × 2.89 = 5.55（元/股）

市净率的评价更接近实际价格。因为汽车制造业是一个需要大量资产的行业。由此可见，合理选择模型的种类对于正确估值是很重要的。

3. 市销率模型

（1）基本模型。

市销率是指每股市价与每股营业收入的比率。

市销率 = 每股市价 ÷ 每股营业收入

这种方法是假设影响每股价值的关键变量是营业收入，每股价值是每股营业收入的函数，每股营业收入越大则每股价值越大。既然每股价值是每股营业收入的一定倍数，那么目标企业的每股价值可以用每股营业收入乘以可比企业市销率估计。

目标企业每股价值 = 可比企业市销率 × 目标企业每股营业收入

（2）模型原理。

市销率是由哪些财务比率决定的？

如果将股利折现模型的两边同时除以每股营业收入，则可以得出市销率：

$$\frac{P_0}{\text{每股收入}_0}=\frac{\text{每股股利}_0\times(1+\text{增长率})/\text{每股收入}_0}{\text{股权成本}-\text{增长率}}$$

$$=\frac{\dfrac{\text{每股股利}_0}{\text{每股收益}_0}\times\dfrac{\text{每股收益}_0}{\text{每股收入}_0}\times(1+\text{增长率})}{\text{股权成本}-\text{增长率}}$$

$$=\frac{\text{股利支付率}\times\text{营业净利率}_0\times(1+\text{增长率})}{\text{股权成本}-\text{增长率}}$$

$$=\text{本期市销率}$$

根据上述公式可以看出，市销率的驱动因素是营业净利率、股利支付率、增长潜力和风险。其中，营业净利率是关键因素。这四个比率类似的企业，会有类似的市销率。

如果把公式中的“每股收入$_0$”换成预期下期的“每股收入$_1$”，则可以得出内在市销率的计算公式：

$$\frac{P_0}{\text{每股收入}_1}=\frac{\text{每股股利}_0\times(1+\text{增长率})/\text{每股收入}_1}{\text{股权成本}-\text{增长率}}$$

$$=\frac{\dfrac{\text{每股股利}_0}{\text{每股收益}_1}\times\dfrac{\text{每股收益}_1}{\text{每股收入}_1}\times(1+\text{增长率})}{\text{股权成本}-\text{增长率}}$$

$$=\frac{\text{股利支付率}\times\text{营业净利率}_1}{\text{股权成本}-\text{增长率}}$$

$$=\text{内在市销率}$$

（3）模型的优缺点及适用性。

市销率估值模型的优点：首先，它不会出现负值，对于亏损企业和资不抵债的企业，也可以计算出一个有意义的市销率。其次，它比较稳定、可靠，不容易被操纵。最后，市销率对价格政策和企业战略变化敏感，可以反映这种变化的后果。

市销率估值模型的局限性：不能反映成本的变化，而成本是影响企业现金流量和价值的重要因素之一。

因此，这种方法主要适用于销售成本率较低的服务类企业，或者销售成本率趋同的传统行业的企业。

【例8－7】 甲公司是一个大型连锁超市，具有行业代表性。该公司目前每股营业收入为83.06元，每股收益为3.82元。公司采用固定股利支付率政策，股利支付率为74%。预期净利润和股利的长期增长率为6%。该公司的β值为0.75，假设无风险利率为7%，平均风险股票报酬率为12.5%。乙公司也是一个连锁超市企业，与甲公司具有可比性，目前，每股营业收入为50元。请根据市销率模型估计乙公司的股票价值。

营业净利率 $=3.82\div83.06=4.6\%$

股权成本 $=7\%+0.75\times(12.5\%-7\%)=11.125\%$

$$市销率=\frac{4.6\%\times74\%\times(1+6\%)}{11.125\%-6\%}=0.704$$

乙公司股票价值 $=50\times0.704=35.20$（元）

（二）相对价值模型的应用

1. 可比企业的选择

相对价值法应用的主要困难是选择可比企业。通常的做法是选择一组同业的上市企业，计算出它们的平均市价比率，作为估计目标企业价值的乘数。

根据前面的分析可知，市盈率取决于增长潜力、股利支付率和风险（股权成本）。选择可比企业时，需要先估计目标企业的这三个比率，然后按此条件选择可比企业。在三个因素中，最重要的驱动因素是增长率，应给予格外重视。处在生命周期同一阶段的同业企业，大体上有类似的增长率，可以作为判断增长率类似的主要依据。

如果符合条件的企业较多，可以进一步根据规模的类似性进一步筛选，以提高可比性的质量。

按照这种方法，如果能找到一些符合条件的可比企业，余下的事情就好办了。

【例8－8】 乙公司是一个制造业企业，其每股收益为0.5元/股，股票价格为15元。假设制造业上市公司中，增长率、股利支付率和风险与乙公司类似的有3家，它们的本期市盈率如表8－7所示。用市盈率法评估，乙公司的股价被市场高估了还是低估了？

表8－7　　3家上市公司市盈率

公司名称	本期市盈率
A	24.3
B	32.1
C	33.3
平均数	29.9

由于：股票价值 $=0.5\times29.9=14.95$（元/股），实际股票价格是15元，所以乙企业的股价被市场高估了。

"价格/收益"的平均数通常采用简单算术平均。

在使用市净率和市销率模型时，选择可比企业的方法与市盈率类似，只是它们的驱动因素有区别。

2. 修正的市价比率

选择可比企业的时候，往往没有像上述举例那么简单。经常找不到符合条件的可比企业。尤其是要求的可比条件较严格，或者同行业的上市企业很少的时候，经常找不到足够的可比企业。

解决问题的办法之一是采用修正的市价比率。

（1）修正市盈率。

在影响市盈率的诸驱动因素中，关键变量是增长率。增长率的差异是市盈率差异的主要驱动因素。因此，可以用增长率修正市盈率，把增长率不同的同业企业纳入可比范围。

修正市盈率 = 可比企业市盈率 ÷（可比企业预期增长率 ×100）

修正的市盈率排除了增长率对市盈率的影响，剩下的部分是由股利支付率和股权成本决定的市盈率，可以称为"排除增长率影响的市盈率"。

【例 8－9】 依［例 8－8］数据，各可比公司的预期增长率如表 8－8 所示。

表 8－8　可比公司的预期增长率

企业名称	本期市盈率	预期增长率（%）
A	24.3	11
B	32.1	17
C	33.3	18
平均数	29.9	15.33

乙公司的每股收益是 0.5 元/股，假设预期增长率是 15.5%。

有两种评估方法：

①修正平均市盈率法。

修正平均市盈率 = 可比公司平均市盈率 ÷（可比公司平均预期增长率 ×100）

= 29.9 ÷ 15.33 = 1.95

乙公司每股价值 = 修正平均市盈率 × 目标公司预期增长率 ×100 × 目标公司每股收益

= 1.95 × 15.5% ×100 ×0.5

= 15.11（元/股）

可比公司本期市盈率和预期增长率的"平均数"通常采用简单算术平均。修正平均市盈率根据可比企业平均本期市盈率和平均预期增长率计算。

②股价平均法。这种方法是根据各可比企业的修正市盈率估计乙公司的价值：

目标公司每股价值 = 修正市盈率 × 目标公司预期增长率 ×100 × 目标公司每股收益

然后，将得出的股票估值进行算术平均，计算过程如表 8－9 所示。

表 8－9　乙公司每股价值

企业名称	本期市盈率	预期增长率（%）	修正市盈率	乙公司每股收益（元）	乙公司预期增长率（%）	乙公司每股价值（元）
A	24.3	11	2.21	0.5	15.5	17.13
B	32.1	17	1.89	0.5	15.5	14.65
C	33.3	18	1.85	0.5	15.5	14.34
平均数						15.37

这两种评估方法，同样适用于修正市净率和修正市销率估值。

（2）修正市净率。

市净率的修正方法与市盈率类似。市净率的驱动因素有增长率、股利支付率、权益净利率和风险。其中，关键因素是权益净利率。因此：

修正市净率＝可比企业市净率÷（可比企业预期权益净利率×100）

目标企业每股价值＝修正市净率×目标企业预期权益净利率×100×目标企业每股净资产

（3）修正市销率。

市销率的修正方法与市盈率类似。市销率的驱动因素是增长率、股利支付率、销售净利率和风险。其中，关键因素是销售净利率。因此：

修正市销率＝可比公司市销率÷（可比公司预期销售净利率×100）

目标公司每股价值＝修正市销率×目标公司预期销售净利率×100×目标公司每股销售收入

第九章　资本结构

第一节　资本结构理论

资本结构，是指企业各种长期资本来源的构成和比例关系。通常情况下，企业的资本由长期债务资本和权益资本构成，资本结构指的就是长期债务资本和权益资本各占多大比例。一般来说，在资本结构概念中不包含短期负债。短期资本的需要量和筹集是经常变化的，且在整个资本总量中所占的比重不稳定，因此不列入资本结构管理范围，而作为营运资本管理。

一、资本结构的 MM 理论

现代资本结构理论是由莫迪格利安尼与米勒（简称 MM）基于完善资本市场的假设条件提出的，MM 的资本结构理论所依据的直接及隐含的假设条件如下：

（1）经营风险可以用息税前利润的方差来衡量，具有相同经营风险的公司称为风险同类（homogeneous risk class）。

（2）投资者等市场参与者对公司未来的收益与风险的预期是相同的（homogeneous expectations）。

（3）完善的资本市场（perfect capital markets），即在股票与债券进行交易的市场中没有交易成本，且个人与机构投资者的借款利率与公司相同。

（4）借债无风险，即公司或个人投资者的所有债务利率均为无风险利率，与债务数量无关。

（5）全部现金流是永续的，即所有公司预计是零增长率，因此具有“预期不变”的息税前利润，所有债券也是永续的。

在上述假设的基础上，MM 首先研究“没有企业所得税”情况下的资本结构，其后又研究了“有企业所得税”情况下的资本结构。因此，MM 的资本结构理论可以分为“无税 MM 理论”和“有税 MM 理论”。

（一）无税 MM 理论

在不考虑企业所得税的情况下，MM 理论研究了两个命题：

命题 I：在没有企业所得税的情况下，有负债企业的价值与无负债企业的价值相等，即无论企业是否有负债，企业的资本结构与企业价值无关。其表达式如下：

$$V_L=\frac{EBIT}{r_{WACC}^0}=V_U=\frac{EBIT}{r_s^u}$$

式中，V_L表示有负债企业的价值；V_U表示无负债企业的价值；$EBIT$ 表示企业全部资产的预期收益（永续）；r_{WACC}^0表示有负债企业的加权资本成本；r_s^u 表示既定风险等级的无负债企业的权益资本成本。

命题Ⅰ的表达式说明了无论企业是否有负债，加权平均资本成本将保持不变，企业价值仅由预期收益所决定，即全部预期收益（永续）按照与企业风险等级相同的必要报酬率所计算的现值；如果有负债企业的价值等于无负债企业的价值，就说明了有负债企业的加权平均资本成本，无论债务多少，都与风险等级相同的无负债企业的权益资本成本相等；企业加权资本成本与其资本结构无关，仅取决于企业的经营风险。

命题Ⅱ：有负债企业的权益资本成本随着财务杠杆的提高而增加。有负债企业权益资本成本等于无负债企业的权益资本成本加上风险溢价，而风险溢价与以市值计算的财务杠杆（债务/股东权益）成正比。其表达式如下：

$$r_s^L=r_s^u+\text{风险溢价}=r_s^u+\frac{D}{E}(r_s^u-r_d)$$

式中，r_s^L 表示有负债企业的权益资本成本；r_s^u 表示无负债企业的权益资本成本；D 表示有负债企业的债务市场价值；E 表示其权益的市场价值；r_d 表示税前债务资本成本。风险报酬是对有负债企业财务风险的补偿，其大小由无负债企业的股权资本成本与债务资本成本之差以及债务权益价值比决定。

在不考虑所得税的情形下，命题Ⅰ的一个推论是有负债企业的加权平均资本成本与无负债企业的资本成本相同，即 $r_{WACC}^0=r_s^u$。企业加权平均资本成本的表达式为：

$$\frac{E}{E+D}r_s^L+\frac{D}{E+D}r_d=r_{WACC}^0=r_s^u$$

上式变形后可以得出：$r_s^L=r_s^u+\frac{D}{E}(r_s^u-r_d)$，亦即 MM 命题Ⅱ。

命题Ⅱ的表达式说明：有负债企业的股权成本随着负债程度增大而增加。

无企业所得税情况下的 MM 理论可用图 9－1 来表示。

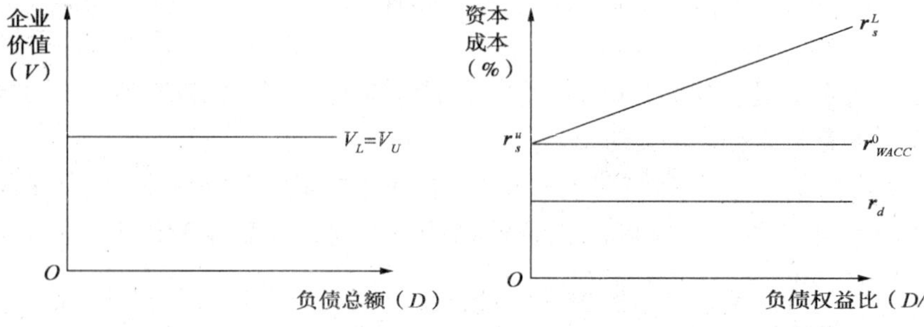

图 9－1　无企业所得税条件下 MM 的命题Ⅰ和命题Ⅱ

（二）有税 MM 理论

有税 MM 理论也研究两个基本命题。

命题Ⅰ：有负债企业的价值等于具有相同风险等级的无负债企业的价值加上债务利息抵税收益的现值。其表达式如下：

$$V_L = V_U + T \times D$$

式中，V_L表示有负债企业的价值；V_U表示无负债企业的价值；T 为企业所得税税率；D 表示企业的债务数量。债务利息的抵税价值 $T \times D$ 又称为杠杆收益，是企业为支付债务利息从实现的所得税抵扣中获得的所得税支出节省，等于抵税收益的永续年金现金流的现值，即债务金额与所得税税率的乘积（将债务利息率作为贴现率）。

命题Ⅰ的表达式说明了由于债务利息可以在税前扣除，形成了债务利息的抵税收益，相当于增加了企业的现金流量，增加了企业的价值。随着企业负债比例的提高，企业价值也随之提高，在理论上全部融资来源于负债时，企业价值达到最大。

命题Ⅱ：有债务企业的权益资本成本等于相同风险等级的无负债企业的权益资本成本加上与以市值计算的债务与权益比例成比例的风险报酬，且风险报酬取决于企业的债务比例以及所得税税率。其表达式如下：

$$r_s^L = r_s^u + \text{风险报酬} = r_s^u + (r_s^u - r_d)(1-T)\frac{D}{E}$$

式中，r_s^L 表示有负债企业的权益资本成本；r_s^u 表示无负债企业的权益资本成本；D 表示有负债企业的债务市场价值；E 表示有负债企业的权益市场价值；r_d表示不变的税前债务资本成本；T 表示企业所得税税率。风险报酬等于无负债企业股权成本与税前债务成本之差、负债权益比率以及所得税税后因子（$1-T$）相乘。

有税条件下 *MM* 命题Ⅱ与无税条件下命题Ⅱ所表述的有负债企业权益资本成本的基本含义是一致的，其仅有的差异是由（$1-T$）引起的。由于（$1-T$）<1，使有税时有负债企业的权益资本成本比无税时的要小。

有税条件下的 MM 理论的两个命题如图 9－2 所示。

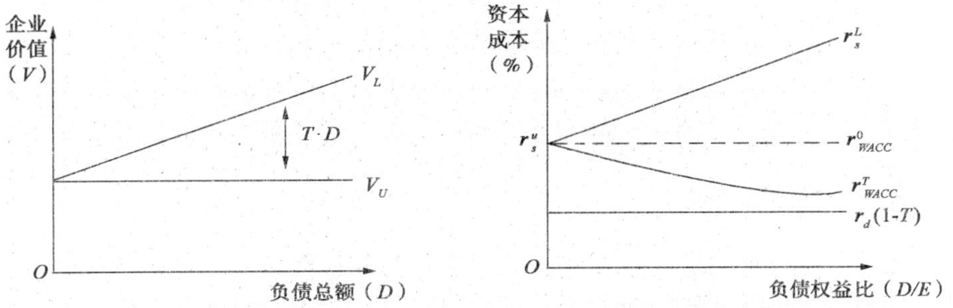

图 9－2　考虑企业所得税条件下 MM 的命题Ⅰ和命题Ⅱ

基于考虑企业所得税条件下的 MM 理论，最显著的特征是债务利息抵税对企业价值的影响。

企业使用债务时，给投资者（股东与债权人）的现金流要比无债务时的多，多出的部分就是利息抵税。企业每年因利息抵税形成的所得税支出节省，等于抵税收益年金现金流的现值，即用债务数量、债务利息率以及所得税税率的积作为抵税收益的永续年金现金流，再以债务利息率为贴现率计算的现值。有负债企业的现金流量等于（除资本结构不同外所有其他方面完全相同）无负债企业的现金流量与利息抵税现金流之和，根据无套利原理，这些现金流的现值也必定相同。据此，考虑所得税条件下的有负债企业的价值，即有税的 MM 命题 I 也用下式表示：

$$V_L = V_U + PV(\text{利息抵税})$$

为了计算债务利息抵税引起的企业总价值的增加，需要预测企业各期的债务利息现金流以及是否受风险因素的影响，再用与其风险相适应的折现率将各期债务利息的抵税收益现金流进行贴现，其现值即为利息抵税对企业价值的影响。

在考虑所得税的条件下，有负债企业的利息抵税收益也可以用加权平均资本成本来表示。在企业使用债务筹资时所支付的利息成本中，有一部分被利息抵税所抵消，使实际债务利息成本为 $r_d(1-T)$。考虑所得税时的负债企业加权平均资本成本为：

$$r_{WACC}^{T} = \frac{E}{E+D}r_s^L + \frac{D}{E+D}r_d(1-T) = \frac{E}{E+D}r_s^L + \frac{D}{E+D}r_d - \frac{D}{E+D}r_d T$$

上式表明，在考虑所得税的条件下，有负债企业的加权平均资本成本 r_{WACC}^{T} 随着债务筹资比例的增加而降低。

如果企业想通过调整债务结构来维持目标债务与股权比率，并计算债务利息抵税对企业价值的影响，可以利用公式 $V_L = V_U + PV$（利息抵税）计算有负债与无负债企业的价值之差（$V_L - V_U$）求得。由无税条件下的 *MM* 理论可知，资本结构与企业价值无关，有负债企业的加权平均资本成本与无负债企业的资本成本相同。显然，可以根据在预期的目标债务与权益结构下，通过计算税前加权平均资本成本折现企业的自由现金流，得出无负债企业的价值。最后，利用有负债企业的加权平均资本成本折现企业的自由现金流，得出有负债企业的价值，并计算价值之差。

上述修正的 MM 理论考虑了企业所得税，但是并没有考虑个人所得税对债务比例与企业价值之间关系的影响。米勒（Merton Miller）在 1977 年进一步提出了同时考虑个人所得税和企业所得税的资本结构理论模型。他认为：在其他条件不变时，个人所得税会降低无负债公司的价值，并且当普通股投资收益的有效税率通常低于债券投资的有效税率时，有负债企业的价值会低于 MM 考虑所得税时有负债企业的价值。

二、资本结构的其他理论

现代资本结构研究的起点是 MM 理论。在完美资本市场的一系列严格假设条件下，得出资本结构与企业价值无关的结论。在现实世界中，这些假设是难以成立的，最初 MM 理论推导出的结论并不完全符合现实情况，但已成为资本结构研究的基础。此后，在 MM 理论的基础上不断放宽假设，从不同的视角对资本结构进行了大量研究，推动了资本结构理论的发展。这其中具有代表性的理论有权衡理论、代理理论与优序融资理论。

（一）权衡理论

未来现金流不稳定以及对经济冲击高度敏感的企业，如果使用过多的债务，会导致其陷入财务困境（financial distress），出现财务危机甚至破产。企业陷入财务困境后所引发的成本分为直接成本与间接成本。财务困境的直接成本是指企业因破产、进行清算或重组所发生的法律费用和管理费用等；间接成本则通常比直接成本大得多，是指因财务困境所引发企业资信状况恶化以及持续经营能力下降而导致的企业价值损失。具体表现为企业客户、供应商、员工的流失，投资者的警觉与谨慎导致的融资成本增加，被迫接受保全他人利益的交易条款等。因此，负债在为企业带来抵税收益的同时也给企业带来了陷入财务困境的成本。所谓权衡理论（trade-off theory），就是强调在平衡债务利息的抵税收益与财务困境成本的基础上，实现企业价值最大化时的最佳资本结构。此时所确定的债务比率是债务抵税收益的边际价值等于增加的财务困境成本的现值。

基于修正的 MM 理论的命题，有负债企业的价值是无负债企业价值加上抵税收益的现值，再减去财务困境成本的现值。其表达式为：

$V_L = V_U + PV$(利息抵税) $- PV$(财务困境成本)

式中，V_L表示有负债企业的价值；V_U表示无负债企业的价值；PV 表示利息抵税的现值；PV 表示财务困境成本的现值。权衡理论的表述如图 9－3 所示。

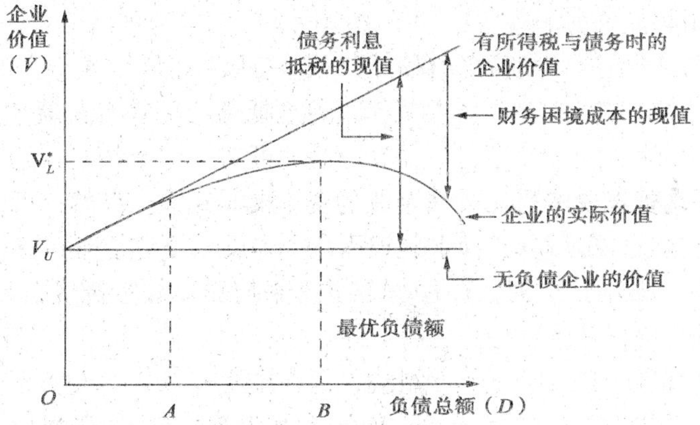

图 9－3 基于权衡理论的企业价值与资本结构

由于债务利息的抵税收益，负债增加会增加企业的价值。随着债务比率的增加，财务困境成本的现值也会增加。在图 9－3 中，负债总额达到 A 点前，债务利息抵税收益的增量大于财务困境成本的增量，债务抵税收益起主导作用；达到 A 点之后，财务困境成本的作用逐渐加强，直到 B 点，债务利息抵税收益的现值的增量与财务困境成本的现值的增量相平衡，债务利息抵税收益的现值与财务困境成本的现值之间的差额最大，企业价值达到最大 V_L^*，因此，B 点的债务与权益比率即为最佳资本结构；超过 B 点，财务困境的不利影响的增量超过抵税收益的增量，企业价值甚至可能加速下降。

财务困境成本的现值由两个重要因素决定：（1）发生财务困境的可能性；（2）企业发生财务困境的成本大小。一般情形下，发生财务困境的可能性与企业收益现金流的波动程度有关。现金流与资产价值稳定程度低的企业，因违约无法履行偿债义务而发生财务困境的可能性相对较高，而现金流稳定可靠、资本密集型的企业，如公用事业公司，就能利用较高比率的债务融资，且债务违约的可能性很小。企业财务困境成本的大小取决于这些成本来源的相对重要性以及行业特征。如果高科技企业陷入财务困境，由于潜在客户与核心员工的流失以及缺乏容易清算的有形资产，致使财务困境成本可能会很高。相反，不动产密集性高的企业财务困境成本可能较低，因为企业价值大多来自相对容易出售和变现的资产。

权衡理论有助于解释有关企业债务的难解之谜。财务困境成本的存在有助于解释为什么有的企业负债水平很低而没有充分利用债务抵税收益。财务困境成本的大小和现金流的波动性有助于解释不同行业之间的企业杠杆水平的差异。

（二）代理理论

在资本结构的决策中，不完全契约、信息不对称以及经理、股东与债权人之间的利益冲突将影响投资项目的选择，特别是在企业陷入财务困境时，更容易引起过度投资问题与投资不足问题，导致发生债务代理成本。债务代理成本损害了债权人的利益，降低了企业价值，最终将由股东承担这种损失。

1. 过度投资问题

过度投资问题，是指因企业采用不盈利项目或高风险项目而产生的损害股东以及债权人的利益并降低企业价值的现象。发生过度投资问题的两种情形：一是当企业经理与股东之间存在利益冲突时，经理的自利行为产生的过度投资问题；二是当企业股东与债权人之间存在利益冲突时，经理代表股东利益采纳成功率低甚至净现值为负的高风险项目产生的过度投资问题。

当企业的所有权与控制权发生分离时，经理与股东之间的利益冲突会表现为经理的机会主义行为。具体表现形式为：如果企业的自由现金流相对富裕，即使在企业缺乏可以获利的投资项目和成长机会时，经理也会倾向于通过扩大企业规模来扩大自身对企业资源的管理控制权，表现为随意支配企业自由现金流量，投资于净现值甚至为负的投资项目，而不是向股东分配股利。有时经理也会过分乐观，并自信地认为其行为是有助于提升股东价值的，如果在并非真正意识到项目的投资风险与价值情况下进行投资，也会导致过度投资行为。企业经理这种随意支配自由现金流的行为是以损失股东利益为代价的，为抑制这种过度投资带来的对股东利益以致最终对企业价值的损害，通过提高债务筹资的比例，增加了债务利息固定支出在自由现金流中的比例，实现对经理的自利性机会主义行为的制约。

当经理代表股东利益时，经理和股东倾向于选择高风险的投资项目，特别是当企业遇到财务困境时，即使投资项目的净现值为负，股东仍有动机投资于净现值为负的高风险项目。这是因为企业股东与债权人之间存在潜在的利益冲突，表现为在信息不对称条件下，股东可能会把资金投资于一个风险程度超过债权人对债务资金原有预期水平的项目上。如果这一高风险项目最终成功了，股东将获得全部剩余收益，但如果该项目失败了，由于股东只承担有限责任，主要损失将由债权人承担。显然，企业股东凭借选择高风险项目提高了债务资金的实际风险水平，降低了债务价值，这种通过高风险项目的过度投资实现把债权人的财富转移到股东手中的现象被称为“资产替代问题”（asset substitution)。

例如，某公司有一笔100万元年末到期的债务，如果公司的策略不变，年末的资产市值仅为90万元，显然公司将违约。公司经理正在考虑一项新策略，这一策略看似有前途，但仔细分析后，实际充满风险。新策略不需要预先投资，但成功的可能性只有50%。公司的预期价值为80万元（50% ×130 +50% ×30），与原先90万元的企业价值相比，减少了10万元。尽管如此，公司经理仍然建议采纳新策略。

如表9－1所示，如果公司不实施新策略，公司最终将违约，股东必定一无所获，如果公司尝试这个高风险策略，股东也不会发生额外损失。但是，如果新策略成功，公司在偿付100万元的债务后，股东将得到30万元。假定成功的可能性是50%，则股东的期望所得为15万元。

表9－1　　两种策略下债务与股权的价值　　单位：万元

项　目	原策略	新策略		
		成功	失败	期望值
资产价值	90	130	30	80
债务	90	100	30	65
股权	0	30	0	15

新策略的总体期望价值下降，但股东仍可以从实施新项目中获利，而债权人将遭受损失；若公司采取新策略，债权人的总体期望所得为65万元，与原策略将会收到90万元相比，损失了25万元。债权人损失的25万元，相应地包含了股东得到的15万元，以及因新策略的风险加大而招致的预期损失10万元。实际上，经理/股东是在运用债权人的钱冒险，即如果该公司在财务困境时不进行高风险冒险投资，债务价值是90万元，在经理与股东投资后，债务价值为65万元，与原来相比多损失的15万元则是转移到股权的价值。这个例子表明了一个基本观点：在企业遭遇财务困境时，即使投资了净现值为负的投资项目，股东仍可能从企业的高风险投资中获利，说明股东有动机投资于净现值为负的高风险项目，并伴随着风险从股东向债权人的转移，即产生了过度投资问题。

2. 投资不足问题

投资不足问题，是指因企业放弃净现值为正的投资项目而使债权人利益受损并进而降低企业价值的现象。投资不足问题发生在企业陷入财务困境且有比例较高的债务时，如果用股东的资金去投资一个净现值为正的项目，可以在增加股东权益价值的同时，也增加债权人的债务价值。但是，当债务价值的增加超过权益价值的增加时，即从企业整体角度而言是净现值为正的新项目，而对股东而言则成为净现值为负的项目，投资新项目后将会发生财富从股东转移至债权人。因此，如股东事先预见到投资新项目后的大部分收益将由债权人获得并导致自身价值下降时，就会拒绝为净现值为正的新项目投资。

陷入财务困境的企业股东如果预见采纳新投资项目会以牺牲自身利益为代价补偿债

权人，因股东与债权人之间存在利益冲突，股东就缺乏积极性选择该项目进行投资。

又如，假设该公司不采取高风险的投资项目。相反，经理考虑另一个有吸引力的投资机会，该投资要求投资10万元，预期将产生50%的报酬率。如果当前的等风险报酬率为5%，这项投资的净现值明显为正。问题是企业并无充裕的剩余现金投资这一新项目。由于公司已陷入财务困境，无法发行新股筹资，假设现有股东向企业提供所需要的10万元新资本，股东与债权人在年末的所得如表9－2所示。

表9－2　有新项目和无新项目时债权人和股东收到的支付　单位：万元

项目	无新项目	有新项目
现有资产	90	90
新项目		15
公司的总价值	90	105
债务	90	100
股权	0	5

如果股东为项目提供10万元，那他们只能收回5万元。项目产生的另外10万元将流向债权人，债权人的所得从90万元增加到100万元。由于债权人得到该项目的大部分收益，所以，尽管该项目为公司提供了正的净现值，对股东来说却只能得到净现值为负的投资回报（5－10＝－5）。

这一例子表明：当企业面临财务困境时，股东会拒绝净现值为正的项目，放弃投资机会的净现值，即产生了投资不足问题。股东主动放弃净现值为正的投资项目，将对债权人和企业的总价值造成损失。对于那些未来可能有大量的盈利性增长机会需要进行投资的企业而言，这种成本将更高。

3. 债务的代理收益

债务的代理成本既可以表现为因过度投资问题使经理和股东受益而发生债权人价值向股东的转移，也可以表现为因投资不足问题而发生股东为避免价值损失而放弃给债权人带来的价值增值。然而，债务在产生代理成本的同时，也会伴生相应的代理收益。债务的代理收益将有利于减少企业的价值损失或增加企业价值，具体表现为债权人保护条款引入、对经理提升企业业绩的激励措施以及对经理随意支配现金流浪费企业资源的约束等。

当债权人意识到发生债务代理成本可能产生对自身价值的损失时，会采取必要措施保护自身利益，通常是在债务合同中加入一些限制性条款，如提出较高的利率要求以及对资产担保能力的要求，此外，法律以及资本市场的相关规定也会出于保护债权人利益对发债公司作出一些限制性规定。这些保护债权人利益的措施有效地抑制了债务代理成本。如企业发生新债务时，理性的投资者会谨慎地关注企业的资信状况、盈利能力、财务政策、成长机会以及投资的预期收益与风险。新投资者与现有债权人与股东均会对新发生债务的预期收益以及对原有债务的影响作出合理判断，以避免发生企业价值受损的潜在风险。

债务利息支付的约束性特征有利于激励企业经理尽力实现营业现金流的稳定性，保证履行偿付义务，在此基础上，进一步提高企业创造现金流的能力，提高债权人与股东的价值，维护自身的职业声誉。与此同时，因经理与股东之间的潜在利益冲突，从资本结构的设计角度出发，通过适当增加债务，提高债务现金流的支付比率，约束经理随意支配企业自由现金流的浪费性投资与在职消费行为，抑制以损害股东利益为代价的机会主义行为所引发的企业价值下降。

4. 债务代理成本与收益的权衡

企业负债所引发的代理成本以及相应的代理收益，最终均反映在对企业价值产生的影响上。在考虑了企业债务的代理成本与代理收益后，资本结构的权衡理论模型可以扩展为如下形式：

$$V_L = V_U + PV(\text{利息抵税}) - PV(\text{财务困境成本}) - PV(\text{债务的代理成本}) + PV(\text{债务的代理收益})$$

代理理论为资本结构如何影响企业价值的主要因素以及内在逻辑关系提供了一个基本分析框架。但这些结论并非与企业的实际做法完全一致。如同投资等其他财务决策一样，资本结构决策通常是由经理人员在符合自身基本动机的基础上并综合考虑其他多种因素作出的。

（三）优序融资理论

优序融资理论（pecking order theory）是当企业存在融资需求时，首先选择内源融资，其次会选择债务融资，最后选择股权融资。优序融资理论解释了当企业内部现金流不足以满足净经营性长期资产总投资的资金需求时，更倾向于债务融资而不是股权融资。优序融资理论揭示了企业筹资时对不同筹资方式选择的顺序偏好。

优序融资理论是在信息不对称框架下研究资本结构的一个分析。这里的信息不对称，是指企业内部管理层通常要比外部投资者拥有更多更准的关于企业的信息。在这种情况下，企业管理层的许多决策，如筹资方式选择、股利分配等，不仅具有财务上的意义，而且向市场和外部投资者传递着信号。外部投资者只能通过管理层的这些决策所传递出的信息了解企业未来收益预期和投资风险，间接地评价企业价值。企业债务比例或资本结构就是一种把内部信息传递给市场的工具。

在信息不对称的情况下，如果外部投资者掌握的关于企业资产价值的信息比企业管理层掌握的少，那么，企业权益的市场价值就可能被错误地定价。当企业股票价值被低估时，管理层将避免增发新股，而采取其他融资方式筹集资金，如内源融资或发行债券；而在企业股票价值被高估时，管理层将尽量通过增发新股为新项目融资，让新的股东分担投资风险。这一结论可通过下面的例子证明。

如表9-3所示，情况一是在企业前景较好而股票价值被低估时发行股票，新投资者将获得超额收益，而现有股东会蒙受损失；相反，情况二是在企业前景看淡而股票价值被高估时发行新股，能维护现有股东的价值。如果企业管理层站在现有股东的立场，代表现有股东的利益，只有当企业预期业绩并不乐观且股票价值又被高估时，才会为了新项目进行股权融资。如果企业股票价值被低估，将会偏好使用留存收益或债务为投资项目筹资，而不是依赖股权融资。由此，外部投资者会产生逆向选择的心理：认为当企业预期业绩好并且确定性程度较高时，经理人员会选择债务方式筹资，以增加每股收益，提高企业价值；而一旦经理人员对外宣称企业拟发行新股，实际上是在向市场传递其未来投资收益并非有把握实现经理人员预期目标的信号，是经理在企业价值被高估条件下的行为。于是，这种信号传递的结果降低了投资者对发行股票企业价值的预期，导致股票市价下跌。

表 9－3　　优序融资理论

	当前股价	管理层预期	权益定价结果	增发新股票结果
情况一	50 元	60 元	股票价值被低估	新投资者仅支付 50 元便可获得价值 60 元的股票
情况二	50 元	40 元	股票价值被高估	新投资者支付 50 元却只能获得价值 40 元的股票

既然投资者担心企业在发行股票或债券时价值被高估，经理人员在筹资时为摆脱利用价值高估进行外部融资的嫌疑，尽量以内源融资方式从留存收益中筹措项目资金。如果留存收益的资金不能满足项目资金需求，有必要进行外部融资时，在外部债务融资和股权融资之间总是优先考虑债务融资，这是因为投资者认为企业股票被高估的可能性超过了债券。因此，企业在筹集资本的过程中，遵循着先内源融资后外源融资的基本顺序。在需要外源融资时，按照风险程度的差异，优先考虑债务融资（先普通债券后可转换债券），不足时再考虑权益融资。

优序融资理论只是在考虑了信息不对称与逆向选择行为对融资顺序的影响，解释了企业筹资时对不同筹资方式选择的顺序偏好，但该理论并不能够解释现实生活中所有的资本结构规律。

第二节　资本结构决策分析

一、资本结构的影响因素

长期有息债务与权益资本的组合形成了企业的资本结构。债务融资虽然可以实现抵税收益，但在增加债务的同时也会加大企业的风险，并最终要由股东承担风险的成本。因此，企业资本结构决策的主要内容是权衡债务的收益与风险，实现合理的目标资本结构，从而实现企业价值最大化。

影响资本结构的因素较为复杂，大体可以分为企业的内部因素和外部因素。内部因素通常有营业收入、成长性、资产结构、盈利能力、管理层偏好、财务灵活性以及股权结构等；外部因素通常有税率、利率、资本市场、行业特征等。一般而言，收益与现金流量波动较大的企业要比现金流量较稳定的类似企业的负债水平低；成长性好的企业因其快速发展，对外部资金需求比较大，要比成长性差的类似企业的负债水平高；盈利能力强的企业因其内源融资的满足率较高，要比盈利能力较弱的类似企业的负债水平低；

一般性用途资产比例高的企业因其资产作为债务抵押的可能性较大，要比具有特殊用途资产比例高的类似企业的负债水平高；财务灵活性大的企业要比财务灵活性小的类似企业的负债能力强。这里财务灵活性是指企业利用闲置资金和剩余的负债能力以应付可能发生的偶然情况和把握未预见机会（新的好项目）的能力。

需要强调的是，公司实际资本结构往往受企业自身状况与政策条件及市场环境多种因素的共同影响，并同时伴随着企业管理层的偏好与主观判断，从而使资本结构的决策难以形成统一的原则与模式。

二、资本结构决策的分析方法

适当利用负债可以降低公司资本成本，但当债务比率过高时，杠杆利益会被债务成本抵消，公司面临较大财务风险。因此，企业应该确定其最佳的债务比率（资本结构），使加权平均资本成本最低，企业价值最大。由于每个公司都处于不断变化的经营条件和外部经济环境中，使得确定最佳资本结构十分困难。资本结构决策分析有不同的方法，常用的方法有资本成本比较法、每股收益无差别点法、企业价值比较法。

（一）资本成本比较法

资本成本比较法，是指在不考虑各种融资方式在数量与比例上的约束以及财务风险差异时，通过计算各种基于市场价值的长期融资组合方案的加权平均资本成本，并根据计算结果选择加权平均资本成本最小的融资方案，确定为相对最优的资本结构。

【例 9－1】 某企业初始成立时需要资本总额为 7 000 万元，有以下三种筹资方案，如表 9－4 所示。

表 9－4　各种筹资方案基本数据　　单位：万元

筹资方式	方案一		方案二		方案三	
	筹资金额	资本成本	筹资金额	资本成本	筹资金额	资本成本
长期借款	500	4.5%	800	5.25%	500	4.5%
长期债券	1 000	6%	1 200	6%	2 000	6.75%
优先股	500	10%	500	10%	500	10%
普通股	5 000	15%	4 500	14%	4 000	13%
资本合计	7 000		7 000		7 000	

其他资料：表中债务资本成本均为税后资本成本，所得税税率为 25%。

将表 9－4 中的数据代入计算三种不同筹资方案的加权平均资本成本：

方案一：

$$r_{WACC}^{A}=\frac{500}{7\ 000}\times 4.5\%+\frac{1\ 000}{7\ 000}\times 6\%+\frac{500}{7\ 000}\times 10\%+\frac{5\ 000}{7\ 000}\times 15\%=12.61\%$$

方案二：

$$r_{WACC}^{B}=\frac{800}{7\ 000}\times 5.25\%+\frac{1\ 200}{7\ 000}\times 6\%+\frac{500}{7\ 000}\times 10\%+\frac{4\ 500}{7\ 000}\times 14\%=11.34\%$$

方案三：

$$r_{WACC}^{C}=\frac{500}{7\ 000}\times 4.5\%+\frac{2\ 000}{7\ 000}\times 6.75\%+\frac{500}{7\ 000}\times 10\%+\frac{4\ 000}{7\ 000}\times 13\%=10.39\%$$

通过比较不难发现，方案三的加权平均资本成本最低。因此，在适度的财务风险条件下，企业应按照方案三的各种资本比例筹集资金，由此形成的资本结构为相对最优的资本结构。

资本成本比较法仅以资本成本最低为选择标准，因测算过程简单，是一种比较便捷的方法。但这种方法只是比较了各种融资组合方案的资本成本，难以区别不同融资方案之间的财务风险因素差异，在实际计算中有时也难以确定各种融资方式的资本成本。

（二）每股收益无差别点法

当企业因扩大经营规模需要筹措长期资本时，一般可供选择的筹资方式有普通股融资、优先股融资与长期债务融资。后面财务杠杆原理解释了当企业选择具有固定融资成本的融资方式时会显现出杠杆效应，且财务杠杆系数越大，财务风险也越大。由于财务杠杆更多是关注息税前利润的变化程度引起每股收益变动的程度，主要应用于具有不同债务融资规模或比率的不同方案的财务风险比较，显然相对于单纯比较资产负债率或产权比率等债务比率来判断财务风险具有更好的说服力。但如果想解决在某一特定预期盈利水平下的融资方式选择问题，特别是在长期债务融资与普通股融资之间进行选择时，因全部融资为普通股时不存在财务杠杆效应，可以运用每股收益无差别点法。每股收益无差别点为企业管理层解决在某一特定预期盈利水平下是否应该选择债务融资方式问题提供了一个简单的分析方法。

每股收益无差别点法是在计算不同融资方案下企业的每股收益（*EPS*）相等时所对应的息税前利润（*EBIT*）基础上，通过比较在企业预期盈利水平下的不同融资方案的每股收益，进而选择每股收益较大的融资方案。显然，基于每股收益无差别点法的判断原则是比较不同融资方式能否给股东带来更大的净收益。

【例9-2】 某企业目前已有1 000万元长期资本，均为普通股，股价为10元/股。现企业希望再实现500万元的长期资本融资以满足扩大经营规模的需要。有三种筹资方案可供选择：方案一：全部通过年利率为10%的长期债券融资；方案二：全部是优先股股利率为12%的优先股筹资；方案三：全部依靠发行普通股股票筹资，按照目前的股价，需增发50万股新股。假设企业预期的息税前利润为210万元，企业所得税税率为25%。要求：在预期的息税前利润水平下进行融资方案的选择。

利用 *EBIT-EPS* 方法进行分析，直观的方法是画出每股收益无差别点图。如图9-4所示，横轴为 *EBIT*，纵轴为 *EPS*，每条直线代表一个筹资方案的 *EBIT-EPS* 关系。如果采用方案一，则必须有息税前利润50万元（500×10%），才能够支付长期债务利息。因此，50万元就是债务融资与横轴（息税前利润）的交点，也是长期债务线的起点。若采用方案二，优先股股利=500×12%=60（万元）。由于优先股股利在税后支付，所以应以优先股股利除以（1-税率），才能得出足以支付优先股股利的息税前利润，60÷（1-25%）=80（万元），即为优先股线与横轴（息税前利润）的交点，也是优先股的起点。普通股筹资没有固定性的财务费用，因此以 0 为起点。

假设企业预期的息税前利润为 210 万元，计算三种方案的每股收益，有关数据如表 9－5 所示。

表 9－5　　三种筹资方案每股收益（EPS）比较　　单位：元

项目	方案一（债券）	方案二（优先股）	方案三（普通股）
EBIT	2 100 000	2 100 000	2 100 000
利息支出	500 000	—	—
税前收益	1 600 000	2 100 000	2 100 000
所得税（25%）	400 000	525 000	525 000
税后收益	1 200 000	1 575 000	1 575 000
优先股股利	—	600 000	—
普通股收益	1 200 000	975 000	1 575 000
普通股股数（N）	100 万股	100 万股	150 万股
EPS	1.2	0.975	1.05

由表 9－5 可知，息税前利润为 210 万元时，长期债务筹资每股收益为 1.2 元，优先股每股收益为 0.975 元，普通股每股收益为 1.05 元，由此可画出长期债务线、优先股线和普通股线的另一点。分别将两点连接起来，画出长期债务线、优先股线和普通股线（见图 9－4）。

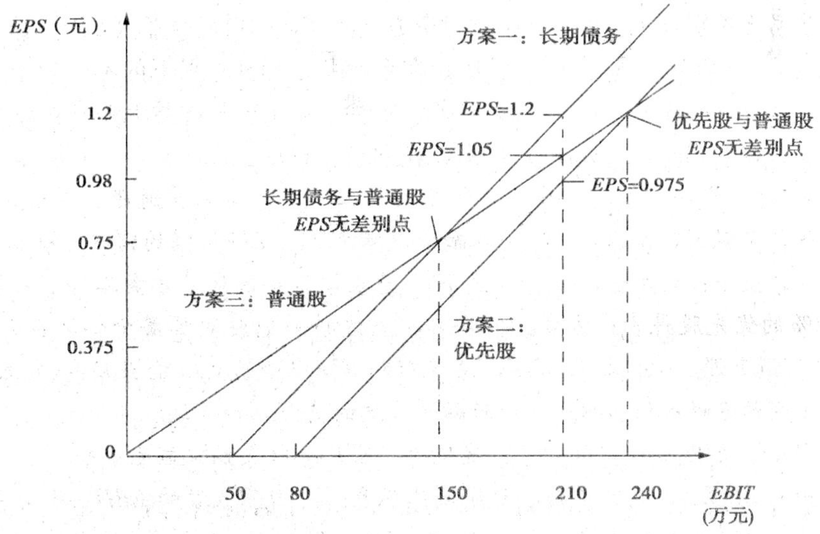

图 9－4　EBIT－EPS 分析

无差别点的计算公式如下：

$$EPS=\frac{(EBIT-I_1)\ (1-T)\ -PD_1}{N_1}=\frac{(EBIT-I_2)\ (1-T)\ -PD_2}{N_2}$$

式中：$EBIT$——每股收益无差别时的息税前利润；

I_i——年利息支出；

T——企业所得税税率；

PD_i——支付的优先股股利；

N_i——筹资后流通在外的普通股股数。

方案一与方案三，即长期债务和普通股筹资方式的每股收益无差别点，$EPS_1 = EPS_3$：

$$\frac{(EBIT - I_1)(1 - T) - PD_1}{N_1} = \frac{(EBIT - I_3)(1 - T) - PD_3}{N_3}$$

$$\frac{(EBIT - 50)(1 - 25\%) - 0}{100} = \frac{(EBIT - 0)(1 - 25\%) - 0}{150}$$

解方程得方案一与方案三的每股收益无差别点所对应的 EBIT 为 150 万元。

同样方法可求得方案二与方案三，即优先股和普通股筹资的每股收益无差别点所对应的 EBIT 为 240 万元。

长期债务线与普通股线相交于息税前利润为 150 万元的点上，此时，这两种筹资方式带来的每股收益相同。此为长期债务与普通股筹资的每股收益无差别点。如果预期息税前利润低于此点，则普通股融资比长期债务融资能提供更高的每股收益，应采用普通股筹资；如果预期息税前利润高于此点，债务融资优于普通股融资。

普通股线和优先股线相交于息税前利润为 240 万元的点上，此时，这两种筹资方式带来的每股收益相同。此为优先股与普通股筹资的每股收益无差别点。如果预期息税前利润低于此点，增发普通股为更好的筹资方案；如果预期息税前利润高于此点，则发行优先股能提供更高的每股收益。

由于预期的息税前利润为 210 万元，在方案一与方案三比较时选择长期债务融资。而在方案二与方案三比较时选择普通股融资。方案一与方案二即长期债务线与优先股线是平行的，不会产生每股收益无差别点，这说明债务融资在任何同一预期收益条件下均比发行优先股能提供更高的每股收益。但如果将三个方案综合起来考虑，选择长期债务融资方案能够实现最大的每股收益。

每股收益无差别点法为企业管理层解决在某一特定预期盈利水平下的融资方式选择问题，提供了一个简单的分析方法。显然，这种方法侧重于对不同融资方式下的每股收益进行比较，但预期盈利水平与每股收益无差别点所对应的盈利水平之间的距离不同，反映的状态稳定性也不同。在上例中，长期债务和普通股筹资方式的每股收益无差别点所对应的息税前利润为 150 万元，当预期息税前利润超过 150 万元时，债务融资方式的每股收益总是大于普通股融资方式的每股收益，且距离每股收益无差别点对应的息税前利润 150 万元越远，两种融资方式的每股收益差距越大，债务融资相对于普通股融资的优势越明显。

（三）企业价值比较法

以上以每股收益的高低作为衡量标准对筹资方式进行了选择。这种方法的缺点在于没有考虑风险因素。从根本上讲，财务管理的目标在于追求股东财富最大化。然而，只有在风险不变的情况下，每股收益的增长才会直接导致股东财富上升，实际上经常是随着每股收益的增长，风险也会加大。如果每股收益的增长不足以补偿风险增加所需的报酬时，尽管每股收益增加，股东财富仍然会下降。所以，公司的最佳资本结构应当是使公司的总价值最高，即市净率最高，而不一定是使每股收益最大的资本结构。同时，在该资本结构下，公司的加权平均资本成本也是最低的。

衡量企业价值的一种合理的方法是：企业的市场价值 V 等于其股票的市场价值 S 加上长期债务的价值 B 再加上优先股的价值 P，即：

$$V = S + B + P$$

为使计算简便，设长期债务（长期借款和长期债券）和优先股的现值等于其账面价值，且长期债券和优先股的账面价值等于其面值；股票的现值则等于企业未来的净收益按股东要求的报酬率折现。假设企业的经营利润永续，股东要求的回报率（权益资本成本）不变，则股票的市场价值为：

$$S = \frac{(EBIT - I)(1 - T) - PD}{r_s}$$

式中：$EBIT$——息税前利润；

I——年利息额；

T——公司所得税税率；

r_s——权益资本成本；

PD——优先股股息。

采用资本资产定价模型计算股票的资本成本 r_s：

$$r_s = r_{RF} + \beta(r_m - r_{RF})$$

式中：r_{RF}——无风险利率；

β——股票的贝塔系数；

r_m——平均风险股票报酬率。

通过上述公式计算出企业的总价值和加权平均资本成本，以企业价值最大化为标准确定最佳资本结构。此时的加权平均资本成本最小。

而公司的资本成本则应用加权平均资本成本（r_{WACC}）来表示。在不存在优先股的情况下，其公式为：

加权平均资本成本 = 债务税前资本成本 × 债务额占总资本比重 ×（1 - 税率）
+ 权益资本成本 × 股票额占总资本比重

$$r_{WACC} = r_d(1 - T) \times \frac{B}{V} + r_s \times \frac{S}{V}$$

式中：r_d——债务税前资本成本。

【例 9-3】 某企业的长期资本构成均为普通股，无长期债务资本和优先股资本。股票的账面价值为 3 000 万元。预计未来每年 $EBIT$ 为 600 万元，所得税税率为 25%。该企业认为目前的资本结构不合理，准备通过发行债券回购部分股票的方式，调整资本结构，提高企业价值。假设长期债务利率等于债务税前资本成本，债务市场价值等于债务面值。经咨询，目前的长期债务利率和权益资本成本的情况如表 9-6 所示。

表 9－6　不同债务水平下的债务资本成本和权益资本成本

债务市场价值 B（万元）	债务税前资本成本 r_d（%）	股票 β 值	无风险利率 r_{RF}（%）	平均风险股票报酬率 r_m（%）	权益资本成本 r_s（%）
0	—	1.2	8	12	12.8
300	10	1.3	8	12	13.2
600	10	1.4	8	12	13.6
900	12	1.55	8	12	14.2
1 200	14	1.7	8	12	14.8
1 500	16	2.1	8	12	16.4

根据表 9－6 的资料，即可计算出不同长期债务规模下的企业价值和加权平均资本成本。计算结果如表 9－7 所示。

表 9－7　企业市场价值和加权平均资本成本

企业市场价值 V（万元）①＝②＋③	债务市场价值 B（万元）②	股票市场价值 S（万元）③	市净率 $\frac{S}{3\ 000-B}$	债务税前资本成本 r_d（%）	权益资本成本 r_s（%）	加权平均资本成本 r_{WACC}（%）
3 515.63	0	3 515.63	1.1719	—	12.8	12.8
3 538.64	300	3 238.64	1.1995	10	13.2	12.72
3 577.94	600	2 977.94	1.2408	10	13.6	12.58
3 498.59	900	2 598.59	1.2374	12	14.2	12.86
3 389.19	1 200	2 189.19	1.2162	14	14.8	13.28
3 146.34	1 500	1 646.34	1.0976	16	16.4	14.3

从表 9－7 可以看出，初始情况下，企业没有长期债务，企业的价值 $V=S=3\ 515.63$（万元）；加权平均资本成本 $r_{WACC}=r_s=12.8\%$。当企业开始发行债务回购股票时，企业的价值上升，加权平均资本成本降低，直到长期债务 $B=600$（万元），企业价值达到最大，$V=3\ 577.94$（万元），加权平均资本成本最低，$r_{WACC}=12.58\%$。若企业继续增加负债，企业价值便开始下降，加权平均资本成本上升。因此，长期债务为 600 万元时的资本结构为该企业的最佳资本结构。

第三节　杠杆系数的衡量

在筹资方式选择和资本结构调整方面，公司需要考虑是否和如何利用经营杠杆和财务杠杆的作用。公司经营杠杆是由与产品生产或提供劳务有关的固定经营成本所引起的，而财务杠杆则是由债务利息等固定融资成本所引起的。两种杠杆具有放大盈利波动性的作用，从而影响公司的风险与收益。

一、经营杠杆系数的衡量

（一）息税前利润与盈亏平衡分析

息税前利润的计算公式为：

$$EBIT = Q(P - V) - F$$

式中：$EBIT$——息税前利润；

Q——产品销售数量；

P——单位销售价格；

V——单位变动成本；

F——固定成本总额。

当企业的营业收入总额与成本总额相等时，即当息税前利润等于零时，达到盈亏平衡点，此时的产品销售数量为 Q_{BE}。因此：

$$EBIT = Q_{BE}(P - V) - F = 0$$

$$Q_{BE} = \frac{F}{P - V}$$

【例 9－4】 某企业生产产品 A，销售单价为 50 元，单位变动成本为 25 元，固定成本总额为 100 000 元，则盈亏平衡点为：

$$Q_{BE} = \frac{F}{P - V} = \frac{100\ 000}{50 - 25} = 4\ 000(\text{件})$$

销售量超过盈亏平衡点时，企业处于盈利状态，此时距离盈亏平衡点越远，利润越大；销售量跌到盈亏平衡点以下时，企业处于亏损状态，此时距离盈亏平衡点越远，亏损越大。

（二）经营风险

经营风险，是指企业未使用债务时经营的内在风险。影响企业经营风险的因素很多，主要有以下几个方面：

（1）产品需求。市场对企业产品的需求稳定，则经营风险小；反之，经营风险大。

（2）产品售价。产品售价稳定，则经营风险小；反之，经营风险大。

（3）产品成本。产品成本是收入的抵减，成本不稳定，会导致利润不稳定，因此，产品成本变动大，则经营风险大；反之，经营风险小。

（4）调整价格的能力。当产品成本变动时，若企业具有较强的调整价格的能力，则经营风险小；反之，经营风险就大。

（5）固定成本的比重。在企业全部成本中，固定成本所占比重较大时，单位产品分摊的固定成本额较多，若产品数量发生变动则单位产品分摊的固定成本会随之变动，会最后导致利润更大的变动，经营风险就大；反之，经营风险就小。

（三）经营杠杆系数的衡量方法

在影响经营风险的诸多因素中，固定经营成本的影响是一个基本因素。在一定的销售量范围内，固定成本总额是不变的，随着销售量的增加，单位固定成本就会降低，从而单位产品的利润提高，息税前利润的增长率将大于销售量的增长率；相反，销售量的下降会提高产品单位固定成本，从而单位产品的利润减少，息税前利润的下降率将大于销售量的下降率。如果企业不存在固定成本，则息税前利润的变动率将与销售量的变动率保持一致。这种在某一固定成本比重的作用下，由于销售量一定程度的变动引起息税前利润产生更大程度变动的现象被称为经营杠杆效应。固定经营成本是引发经营杠杆效应的根源，但企业销售量水平与盈亏平衡点的相对位置决定了经营杠杆的大小，即经营杠杆的大小是由固定经营成本和息税前利润共同决定的。

【例9－5】 A、B、C为固定成本结构不同的公司，它们的有关情况如表9－8所示。需要分析的问题是：假设下一年度A、B、C三个企业的固定成本保持不变，当销售量均增加50%时，三家企业的息税前利润的变动程度分别是多少？

表9－8　　经营杠杆效应　　单位：元

	A企业	B企业	C企业
产品价格（P）	10	10	10
销售量（Q）	300	300	300
营业收入（S）	3 000	3 000	3 000
营业成本			
变动成本（VC）	1 800	1 800	1 800
固定成本（F）	0	600	800
盈亏平衡点（Q_{BE}）	0	150	200
息税前利润（$EBIT$）	1 200	600	400
成本比率（固定成本相对额）			
固定成本/总成本	0	0.25	0.308
固定成本/营业收入	0	0.20	0.27
下一年度数据			
营业收入（S）	4 500	4 500	4 500
经营成本			
变动成本（VC）	2 700	2 700	2 700
固定成本（F）	0	600	800
息税前利润（$EBIT$）	1 800	1 200	1 000
$EBIT$变动百分比（$\Delta EBIT/EBIT$）	50%	100%	150%

注：企业的变动成本率为60%。

表9－8中的分析结果可以说明两个现象：

第一，当三个企业预计下一年度营业收入均增长50%时，A企业由于没有固定经营成本，其息税前利润变动百分比也是50%，而B企业、C企业由于固定成本的存在，其息税前利润分别增长了100%和150%。这说明是固定成本引起了经营杠杆效应。

第二，C企业相对于B企业而言，固定成本总额与所占总成本的比率均较大，因此，息税前利润的变化程度也最大。C 企业增加了 150%，而 B 企业却增加了 100%。

经营杠杆放大了企业营业收入变化对息税前利润变动的影响程度，这种影响程度是经营风险的一种测度。经营杠杆的大小一般用经营杠杆系数表示，它是企业计算利息和所得税之前的盈余（简称息税前利润 *EBIT*）变动率与营业收入（销售量）变动率之间的比率。经营杠杆系数的定义表达式为：

$$DOL=\frac{\text{息税前利润变化的百分比}}{\text{营业收入变化的百分比}}=\frac{\Delta EBIT/EBIT}{\Delta S/S}$$

式中：*DOL*——经营杠杆系数；

$\Delta EBIT$——息税前利润变动额；

EBIT——变动前息税前利润；

ΔS——营业收入（销售量）变动量；

S——变动前营业收入（销售量）。

假定企业的成本—销量—利润保持线性关系，变动成本在营业收入中所占的比例不变，固定成本也保持稳定，经营杠杆系数便可通过营业收入和成本来表示。经营杠杆系数越大，表明经营杠杆作用越大，经营风险也就越大；经营杠杆系数越小，表明经营杠杆作用越小，经营风险也就越小。利用上述定义表达式可以推导出如下经营杠杆系数的两个计算公式：

$$DOL_q=\frac{Q(P-V)}{Q(P-V)-F}$$

式中：DOL_q——销售量为 *Q* 时的经营杠杆系数；

P——单位销售价格；

V——单位变动成本；

F——总固定成本。

$$DOL_s=\frac{S-VC}{S-VC-F}=\frac{EBIT+F}{EBIT}$$

式中：DOL_s——营业收入为 *S* 时的经营杠杆系数；

S——营业收入；

VC——变动成本总额。

在实际工作中，DOL_q 可用于计算单一产品的经营杠杆系数；DOL_s 除了用于单一产品外，还可用于计算多种产品的经营杠杆系数。从上述公式可以看出，如果固定成本等于 0，则经营杠杆系数为 1，即不存在经营杠杆效应。当固定成本为不为 0 时，通常经营杠杆系数都是大于 1 的，即显现出经营杠杆效应。

【例 9-6】 某企业生产 A 产品，固定成本为 60 万元，变动成本率为 40%，当企业的营业收入分别为 400 万元、200 万元、100 万元时，经营杠杆系数分别为：

$$DOL_{(1)}=\frac{400-400\times40\%}{400-400\times40\%-60}=1.33$$

$$DOL_{(2)}=\frac{200-200\times40\%}{200-200\times40\%-60}=2$$

$$DOL_{(3)}=\frac{100-100\times40\%}{100-100\times40\%-60}\to\infty$$

以上计算结果说明这样一些问题：

第一，在固定成本不变的情况下，经营杠杆系数说明了营业收入增长（减少）所引起息税前利润增长（减少）的幅度。比如，$DOL_{(1)}$说明在营业收入为400万元时，营业收入的增长（减少）会引起息税前利润1.33倍的增长（减少）；$DOL_{(2)}$说明在营业收入为200万元时，营业收入的增长（减少）会引起利润2倍的增长（减少）。

第二，在固定成本不变的情况下，营业收入越大，经营杠杆系数越小，经营风险也就越小；反之，营业收入越小，经营杠杆系数越大，经营风险也就越大。比如，当营业收入为400万元时，$DOL_{(1)}$为1.33；当营业收入为200万元时，$DOL_{(2)}$为2；而如果营业收入为100万元时，恰好处于盈亏平衡点，$DOL_{(3)}$为∞。显然，企业盈利状况越靠近盈亏平衡点，盈利的不稳定性越大，表明经营风险也越大。

企业管理层在控制经营风险时，不应仅考虑固定成本的绝对量，更应关注固定成本与盈利水平的相对关系。企业一般可以通过增加营业收入、降低单位变动成本、降低固定成本比重等措施使经营杠杆系数下降，降低经营风险，但这往往要受到条件的制约。

二、财务杠杆系数的衡量

（一）财务风险

财务风险，是指由于企业运用了债务筹资方式而产生的丧失偿付能力的风险，而这种风险最终是由普通股股东承担的。企业在经营中经常会发生借入资本进行负债经营，不论经营利润多少，债务利息是不变的。当企业在资本结构中增加了债务这类具有固定筹资成本的比例时，固定的现金流出量就会增加，特别是在利息费用的增加速度超过息税前利润增加速度的情况下，企业则因负担较多的债务成本将引发对净利润减少的冲击作用，发生丧失偿债能力的概率也会增加，导致财务风险增加；反之，当债务资本比率较低时，财务风险就小。

（二）财务杠杆系数的衡量方法

在影响财务风险的因素中，债务利息或优先股股息这类固定融资成本是基本因素。在一定的息税前利润范围内，债务融资的利息成本是不变的，随着息税前利润的增加，单位利润所负担的固定利息费用就会相对减少，从而单位利润可供股东分配的部分会相应增加，普通股股东每股收益的增长率将大于息税前利润的增长率。反之，当息税前利润减少时，单位利润所负担的固定利息费用就会相对增加，从而单位利润可供股东分配的部分相应减少，普通股股东每股收益的下降率将大于息税前利润的下降率。如果不存在固定融资费用，则普通股股东每股收益的变动率将与息税前利润的变动率保持一致。这种在某一固定的债务与权益融资结构下由于息税前利润的变动引起每股收益产生更大变动程度的现象被称为财务杠杆效应。固定融资成本是引发财务杠杆效应的根源，但息税前利润与固定融资成本之间的相对水平决定了财务杠杆的大小，即财务杠杆的大小是由固定融资成本和息税前利润共同决定的。

通过表9－9中的例子可以了解息税前利润变动对每股收益变动的影响程度。

【例9－7】 A、B、C为三家经营业务相同的公司，它们的有关情况如表9－9所示。

表 9-9　　各公司的融资方案　　单位：元

项　目	A公司	B公司	C公司
普通股股本	2 000 000	1 500 000	1 000 000
加权平均流通在外普通股股数（股）	20 000	15 000	10 000
债务（利率8%）	0	500 000	1 000 000
资本总额	2 000 000	2 000 000	2 000 000
资产负债率	0	25%	50%
息税前利润（*EBIT*）	200 000	200 000	200 000
债务利息	0	40 000	80 000
税前利润	200 000	160 000	120 000
所得税（税率为25%）	50 000	40 000	30 000
净利润	150 000	120 000	90 000
每股收益（*EPS*）	7.5	8.00	9.00
息税前利润增加额	200 000	200 000	200 000
息税前利润变动百分比（$\Delta EBIT/EBIT$）	100%	100%	100%
债务利息	0	40 000	80 000
税前利润	400 000	360 000	320 000
所得税（税率为25%）	100 000	90 000	80 000
净利润	300 000	270 000	240 000
每股收益	15.00	18.00	24.00
每股收益变动百分比（$\Delta EPS/EPS$）	100%	125%	167%

通过对表9-9的分析，可以得出以下结论：

第一，完全没有负债融资的A公司相对于具有债务融资的B公司、C公司而言，在息税前利润增加1倍的情况下（从200 000元增加到400 000元），每股收益也增加了1倍，说明每股收益与息税前利润同步变化，即没有显现出财务杠杆效应，而B公司、C公司每股收益的变化率则分别为125%和167%，变动幅度均超过了息税前利润所增加的1倍，显示出财务杠杆效应。

第二，除A公司没有负债外，B公司、C公司的资产负债率分别为25%和50%。当B公司、C公司各自的资产负债率保持不变时，在息税前利润增加均为1倍的情况下（从200 000元增加到400 000元），B公司、C公司的每股收益变化率分别为125%和167%，结果表明：资产负债率越高的公司显示出每股收益的变化程度越大，说明财务杠杆效应越明显。

第三，在A、B、C三家公司的资产负债率保持不变的条件下（其资产负债率分别为0、25%、50%），当息税前利润增加时（从200 000元增加到400 000元），债务利息占息税前利润的比例是下降的（A公司除外），B公司、C公司分别从20%与40%下降到10%与20%，表明企业的财务风险是下降的。

负债比率是可以控制的。企业可以通过合理安排资本结构，适度负债，使财务杠杆利益抵消风险增大所带来的不利影响。

财务杠杆放大了企业息税前利润变化对每股收益变动的影响程度，这种影响程度是财务风险的一种测度。财务杠杆的大小一般用财务杠杆系数表示，它是企业计算每股收益的变动率与息税前利润的变动率之间的比率。财务杠杆系数越大，表明财务杠杆作用越大，财务风险也就越大；财务杠杆系数越小，表明财务杠杆作用越小，财务风险也就越小。财务杠杆系数的定义表达式为：

$$DFL = \frac{\text{每股收益变化的百分比}}{\text{息税前利润变化的百分比}} = \frac{\Delta EPS/EPS}{\Delta EBIT/EBIT}$$

式中：DFL——财务杠杆系数；

ΔEPS——普通股每股收益变动额；

EPS——变动前的普通股每股收益；

$\Delta EBIT$——息税前利润变动额；

$EBIT$——变动前的息税前利润。

依据上述定义表达式，可以推导出如下财务杠杆系数的两个计算公式：

$$DFL = \frac{EBIT}{EBIT - I - PD/(1-T)}$$

式中：I——债务利息；

PD——优先股股利；

T——所得税税率。

从上述公式可以看出，如果固定融资成本（债务利息和优先股股利）等于0，则财务杠杆系数为1，即不存在财务杠杆效应。当债务利息和优先股股利不为0时，通常财务杠杆系数都是大于1的，即显现出财务杠杆效应。此外，该公式除了用于单一产品外，还可用于计算多种产品的财务杠杆系数。

在实际工作中，还可用下述公式计算单一产品的财务杠杆系数：

$$DFL = \frac{Q(P-V)-F}{Q(P-V)-F-I-PD/(1-T)}$$

利用财务杠杆系数计算公式，分别计算出A、B、C三家公司在息税前利润均是200 000元时的财务杠杆系数为：

$$DFL_A = \frac{EBIT}{EBIT - I_A} = \frac{200\ 000}{200\ 000 - 0} = 1$$

$$DFL_B = \frac{EBIT}{EBIT - I_B} = \frac{200\ 000}{200\ 000 - 40\ 000} = 1.25$$

$$DFL_C = \frac{EBIT}{EBIT - I_C} = \frac{200\ 000}{200\ 000 - 80\ 000} = 1.67$$

计算结果表明，除A公司外，B、C两家公司的财务杠杆系数随着债务利息的增大而增加。显然，如果三家公司的负债结构保持不变，当息税前利润增加1倍时（从200 000元增加到400 000元），用同样的计算方法，A公司仍维持财务杠杆系数是1，而B、C两家公司的财务杠杆系数分别为1.11和1.25（同样使用上述公式计算）。这说明，当盈利能力提高时，固定利息费用占全部盈利的比重下降，导致财务风险下降，表现为财务杠杆系数下降。

企业管理层在控制财务风险时，不应仅考虑负债融资的绝对量，更应关注负债利息成本与盈利水平的相对关系。

三、联合杠杆系数的衡量

从以上介绍可知，经营杠杆系数衡量营业收入变化对息税前利润的影响程度，而财务杠杆系数则衡量息税前利润变化对每股收益的影响程度。联系起来衡量考察营业收入的变化对每股收益的影响程度，即把这两种杠杆作用的叠加，称为联合杠杆（又称总杠杆）作用。

联合杠杆是指由于固定经营成本和固定融资成本的存在而导致的每股收益变动率大于营业收入变动率的杠杆效应。联合杠杆直接考察了营业收入的变化对每股收益的影响程度，联合杠杆作用的大小可以用联合杠杆系数（DTL）表示，其定义表达式为：

$$DTL=\frac{\text{每股收益变化的百分比}}{\text{营业收入变化的百分比}}=\frac{\Delta EPS/EPS}{\Delta S/S}$$

依据经营杠杆系数与财务杠杆系数的定义表达式，联合杠杆系数可以进一步表示为经营杠杆系数和财务杠杆系数的乘积，反映了企业经营风险与财务风险的组合效果。

$$DTL=DOL\cdot DFL$$

联合杠杆系数也有两个具体计算公式：

$$DTL=\frac{Q(P-V)}{Q(P-V)-F-I-PD/(1-T)}$$

$$DTL=\frac{EBIT+F}{EBIT-I-PD/(1-T)}$$

例如，甲公司的经营杠杆系数为2，财务杠杆系数为1.5，联合杠杆系数即为：

$2\times1.5=3$

联合杠杆作用是经营杠杆和财务杠杆的连锁作用。营业收入的任何变动都会放大每股收益。联合杠杆系数对公司管理层具有一定的意义：（1）使公司管理层在一定的成本结构与融资结构下，当营业收入变化时，能够对每股收益的影响程度作出判断，即能够估计出营业收入变动对每股收益造成的影响。例如，如果一家公司的联合杠杆系数是3，则说明当营业收入每增长（减少）1倍，就会造成每股收益增长（减少）3倍。（2）通过经营杠杆与财务杠杆之间的相互关系，有利于管理层对经营风险与财务风险进行管理，即为了控制某一联合杠杆系数，经营杠杆和财务杠杆可以有很多不同的组合。比如，经营杠杆系数较高的公司可以在较低的程度上使用财务杠杆；经营杠杆系数较低的公司可以在较高的程度上使用财务杠杆等等。这有待公司在考虑各相关具体因素之后作出选择。

第十章　长期筹资

第一节　长期债务筹资

一、长期债务筹资的特点

债务筹资是指通过负债筹集资金。负债是企业一项重要的资金来源，几乎没有一家企业是只靠自有资本，而不运用负债就能满足资金需要的。债务筹资是与普通股筹资性质不同的筹资方式。与后者相比，债务筹资的特点表现为：筹集的资金具有使用上的时间性，需到期偿还；不论企业经营好坏，需固定支付债务利息，从而形成企业固定的负担；其资本成本一般比普通股筹资成本低，且不会分散投资者对企业的控制权。

长期负债是指期限超过1年的负债。长期负债的优点是：可以解决企业长期资金的不足，如满足发展长期性固定资产的需要；由于长期负债的归还期长，债务人可对债务的归还作长期安排，还债压力或风险相对较小。缺点是：长期负债筹资一般成本较高，即长期负债的利率一般会高于短期负债利率；负债的限制较多，即债权人经常会向债务人提出一些限制性的条件以保证其能够及时、足额偿还债务本金和支付利息，从而形成对债务人的种种约束。

目前在我国，长期债务筹资主要有长期借款和长期债券两种方式。

二、长期借款筹资

长期借款是指企业向银行或其他非银行金融机构借入的使用期超过1年的借款，主要用于购建固定资产和满足长期流动资金占用的需要。

（一）长期借款的种类

长期借款的种类很多，各企业可根据自身的情况和各种借款条件选用。我国目前各金融机构的长期借款主要有：

（1）按照用途，分为固定资产投资借款、更新改造借款、科技开发和新产品试制借款等。

（2）按照提供贷款的机构，分为政策性银行贷款、商业银行贷款等。此外，企业还可从信托投资公司取得实物或货币形式的信托投资贷款，从财务公司取得各种中长期贷款等。

(3) 按照有无担保，分为信用贷款和抵押贷款。信用贷款指不需企业提供抵押品，仅凭其信用或担保人信誉而发放的贷款。抵押贷款是指要求企业以抵押品作为担保的贷款。长期贷款的抵押品常常是房屋、建筑物、机器设备、股票、债券等。

（二）长期借款的条件

金融机构对企业发放贷款的原则是：按计划发放、择优扶植、有物资保证、按期归还。企业申请贷款一般应具备的条件是：

(1) 独立核算、自负盈亏、有法人资格。

(2) 经营方向和业务范围符合国家产业政策，借款用途属于银行贷款办法规定的范围。

(3) 借款企业具有一定的物资和财产保证，担保单位具有相应的经济实力。

(4) 具有偿还贷款的能力。

(5) 财务管理和经济核算制度健全，资金使用效益及企业经济效益良好。

(6) 在银行设有账户，办理结算。

具备上述条件的企业欲取得贷款，先要向银行提出申请，陈述借款原因与金额、用款时间与计划、还款期限与计划。银行根据企业的借款申请，针对企业的财务状况、信用情况、盈利的稳定性、发展前景、借款投资项目的可行性等进行审查。银行审查同意贷款后，再与借款企业进一步协商贷款的具体条件，明确贷款的种类、用途、金额、利率、期限、还款的资金来源及方式、保护性条件、违约责任，等等，并以借款合同的形式将其法律化。借款合同生效后，企业便可取得借款。

（三）长期借款的保护性条款

由于长期借款的期限长、风险大，按照国际惯例，银行通常对借款企业提出一些有助于保证贷款按时足额偿还的条件。将这些条件写进贷款合同中，就形成了合同的保护性条款。归纳起来，保护性条款大致有如下两类：

1. 一般性保护条款

一般性保护条款应用于大多数借款合同，但根据具体情况会有不同内容，主要包括：(1) 对借款企业流动资金保持量的规定，其目的在于保持借款企业资金的流动性和偿债能力；(2) 对支付现金股利和再购入股票的限制，其目的在于限制现金外流；(3) 对净经营性长期资产总投资规模的限制，其目的在于减小企业日后不得不变卖固定资产以偿还贷款的可能性，仍着眼于保持借款企业资金的流动性；(4) 限制其他长期债务，其目的在于防止其他贷款人取得对企业资产的优先求偿权；(5) 借款企业定期向银行提交财务报表，其目的在于及时掌握企业的财务情况；(6) 不准在正常情况下出售较多资产，以保持企业正常的生产经营能力；(7) 如期缴纳税费和清偿其他到期债务，以防被罚款而造成现金流失；(8) 不准以任何资产作为其他承诺的担保或抵押，以避免企业负担过重；(9) 不准贴现应收票据或出售应收账款，以避免或有负债；(10) 限制租赁固定资产的规模，其目的在于防止企业负担巨额租金以致削弱其偿债能力，还在于防止企业以租赁固定资产的办法摆脱对其净经营性长期资产总投资和负债的约束。

2. 特殊性保护条款

特殊性保护条款是针对某些特殊情况而出现在部分借款合同中的，主要包括：（1）贷款专款专用；（2）不准企业投资于短期内不能收回资金的项目；（3）限制企业高级职员的薪金和奖金总额；（4）要求企业主要领导人在合同有效期间担任领导职务；（5）要求企业主要领导人购买人身保险；等等。

此外，“短期借款筹资”中的周转信贷协定、补偿性余额等条件，也同样适用于长期借款。

（四）长期借款的成本

长期借款的利息率通常高于短期借款，但信誉好或抵押品流动性强的借款企业，仍然可以争取到较低的长期借款利率。长期借款利率有固定利率和浮动利率两种。浮动利率通常有最高、最低限，并在借款合同中明确。对于借款企业来讲，若预测市场利率将上升，应与银行签订固定利率合同；反之，则应签订浮动利率合同。

除了利息之外，银行还会向借款企业收取其他费用，如实行周转信贷协定所收取的承诺费、要求借款企业在本银行中保持补偿余额所形成的间接费用。这些费用会增大长期借款的成本。

（五）长期借款的偿还方式

长期借款的偿还方式不一，包括：定期支付利息、到期一次性偿还本金的方式；如同短期借款那样的定期等额偿还方式；平时逐期偿还小额本金和利息、期末偿还余下的大额部分的方式。

（六）长期借款筹资的优点和缺点

与其他长期负债筹资相比，长期借款筹资的优缺点主要有：

1. 长期借款筹资的优点

（1）筹资速度快。发行各种证券筹集长期资金所需时间一般较长，做好证券发行的准备以及证券的发行都需要一定时间。而向金融机构借款与发行证券相比，一般借款所需时间较短，可以迅速地获取资金。

（2）借款弹性好。企业与金融机构可以直接接触，可通过直接商谈来确定借款的时间、数量、利息、偿付方式等条件。在借款期间，如果企业情况发生了变化，也可与金融机构进行协商，修改借款合同。借款到期后，如有正当理由，还可延期归还。

2. 长期借款筹资的缺点

（1）财务风险较大。企业举借长期借款，必须定期还本付息。在经营不利的情况下，可能会产生不能偿付的风险，甚至会导致破产。

（2）限制条款较多。企业与金融机构签订的借款合同中，一般都有较多的限制条款，这些条款可能会限制企业的经营活动。

三、长期债券筹资

债券是发行人依照法定程序发行，约定在一定期限内还本付息的有价证券。债券的发行人是债务人，投资于债券的人是债权人。这里所说的债券，指的是期限超过1年的公司债券，其发行目的通常是为建设大型项目筹集大笔长期资金。

(一) 债券发行价格

债券的发行价格是债券发行时使用的价格，亦即投资者购买债券时所支付的价格。公司债券的发行价格通常有三种：平价、溢价和折价。

平价指以债券的票面金额为发行价格；溢价指以高出债券票面金额的价格为发行价格；折价指以低于债券票面金额的价格为发行价格。债券发行价格的形成受诸多因素的影响，其中主要是票面利率与市场利率的一致程度。债券的票面金额、票面利率在债券发行前即已参照市场利率和发行公司的具体情况确定下来，一并载明于债券之上。但在发行债券时已确定的票面利率不一定与当时的市场利率一致。为了协调债券购销双方在债券利息上的利益，就要调整发行价格：当票面利率高于市场利率时，以溢价发行债券；当票面利率低于市场利率时，以折价发行债券；当票面利率与市场利率一致时，以平价发行债券。

以分期付息、到期还本债券为例，债券发行价格的计算公式为：

$$\text{债券发行价格} = \sum_{t=1}^{n} \frac{\text{票面金额} \times \text{票面利率}}{(1+\text{市场利率})^{t}} + \frac{\text{票面金额}}{(1+\text{市场利率})^{n}}$$

式中：n——债券期限；

t——付息期数。

上述债券发行价格的计算公式的基本原理是将债券的全部现金流按照债券发行时的市场利率进行贴现并求和。债券的全部现金流包括债券持续期间内各期的利息现金流与债券到期支付的面值现金流。

【例 10-1】 南华公司发行面值为 1 000 元，票面年利率为 10%，期限为 10 年，每年年末付息的债券。在公司决定发行债券时，认为 10% 的利率是合理的。如果到债券正式发行时，市场上的利率发生变化，那么就要调整债券的发行价格。现按以下三种情况分别讨论：

(1) 资金市场上的利率保持不变，南华公司的债券利率为 10% 仍然合理，则可采用平价发行。

$$\begin{aligned}\text{债券的发行价格} &= 1\,000 \times (P/F, 10\%, 10) + 1\,000 \times 10\% \times (P/A, 10\%, 10)\\ &= 1\,000 \times 0.3855 + 100 \times 6.1446\\ &= 1\,000\ (\text{元})\end{aligned}$$

(2) 资金市场上的利率有较大幅度的上升，达到 12%，则应采用折价发行。

$$\begin{aligned}\text{债券的发行价格} &= 1\,000 \times (P/F, 12\%, 10) + 1\,000 \times 10\% \times (P/A, 12\%, 10)\\ &= 1\,000 \times 0.322 + 100 \times 5.6502\\ &= 887.02\ (\text{元})\end{aligned}$$

也就是说，只有按 887.02 元的价格出售，投资者才会购买此债券，并获得 12% 的报酬。

(3) 资金市场上的利率有较大幅度的下降，达到 8%，则应采用溢价发行。

$$\begin{aligned}\text{债券的发行价格} &= 1\,000 \times (P/F, 8\%, 10) + 1\,000 \times 10\% \times (P/A, 8\%, 10)\\ &= 1\,000 \times 0.4632 + 100 \times 6.7101\\ &= 1\,134.21\ (\text{元})\end{aligned}$$

也就是说，投资者把 1 134.21 元的资金投资于南华公司面值为 1 000 元的债券，便可获得8%的报酬。

（二）债券评级

公司公开发行债券通常需要由债券评信机构评定等级。债券的信用等级对于发行公司和购买人都有重要影响。这是因为：（1）债券评级是度量违约风险的一个重要指标，债券的等级对于债务融资的利率以及公司债务成本有着直接的影响。一般说来，资信等级高的债券，能够以较低的利率发行；资信等级低的债券，风险较大，只能以较高的利率发行。另外，许多机构投资者将投资范围限制在特定等级的债券之内。（2）债券评级方便投资者进行债券投资决策。对广大投资者尤其是中小投资者来说，由于受时间、知识和信息的限制，无法对众多债券进行分析和选择，因此需要专业机构对债券还本付息的可靠程度进行客观、公正和权威的评定，为投资者决策提供参考。

国际上流行的债券等级是3等9级。AAA级为最高级，AA级为高级，A级为上中级，BBB级为中级，BB级为中下级，B级为投机级，CCC级为完全投机级，CC级为最大投机级，C级为最低级。

我国的债券评级工作正在开展，但尚无统一的债券等级标准和系统评级制度。根据中国人民银行的有关规定，凡是向社会公开发行的企业债券，需要由经中国人民银行认可的资信评级机构进行评信。这些机构对发行债券企业的企业素质、财务质量、项目状况、项目前景和偿债能力进行评分，以此评定信用级别。

（三）债券偿还

1. 债券的偿还时间

债券偿还时间按其实际发生与规定的到期日之间的关系，分为到期偿还、提前偿还与滞后偿还三类。

（1）到期偿还。到期偿还又包括分批偿还和一次偿还两种。如果一个企业在发行同一种债券的当时就为不同编号或不同发行对象的债券规定了不同的到期日，这种债券就是分批偿还债券。因为各批债券的到期日不同，它们各自的发行价格和票面利率也可能不相同，从而导致发行费较高。但由于这种债券便于投资人挑选最合适的到期日，因而便于发行。另外一种就是最为常见的到期一次偿还的债券。

（2）提前偿还。提前偿还又称提前赎回或收回，是指在债券尚未到期之前就予以偿还。只有在企业发行债券的契约中明确规定了有关允许提前偿还的条款，企业才可以进行此项操作。提前偿还所支付的价格通常要高于债券的面值，并随到期日的临近而逐渐下降。具有提前偿还条款的债券可使企业融资有较大的弹性。当企业资金有结余时，可提前赎回债券；当预测利率下降时，也可提前赎回债券，而后以较低的利率来发行新债券。

（3）滞后偿还。债券在到期日之后偿还叫滞后偿还。这种偿还条款一般在发行时便订立，主要是给予持有人以延长持有债券的选择权。滞后偿还有转期和转换两种形式。转期指将较早到期的债券换成到期日较晚的债券，实际上是将债务的期限延长。常用的办法有两种：一是直接以新债券兑换旧债券；二是用发行新债券得到的资金来赎回旧债券。转换通常指股份有限公司发行的债券可以按一定的条件转换成发行公司的股票。

2. 债券的偿还形式

债券的偿还形式是指在偿还债券时使用什么样的支付手段。可使用的支付手段包括现金、新发行的本公司债券（简称新债券）、本公司的普通股股票（简称普通股）和本公司持有的其他公司发行的有价证券（简称有价证券）。

（1）用现金偿还债券。由于现金是债券持有人最愿意接受的支付手段，因此这一形式最为常见。为了确保在债券到期时有足额的现金偿还债券，有时企业需要建立偿债基金。如果发行债券合同的条款中明确规定用偿债基金偿还债券，企业就必须每年都提取偿债基金，且不得挪作他用，以保护债券持有者的利益。

（2）以新债券换旧债券。也被称为“债券的调换”。企业之所以要进行债券的调换，一般有以下几个原因：①原有债券的契约中订有较多的限制条款，不利于企业的发展；②把多次发行、尚未彻底偿清的债券进行合并，以减少管理费；③有的债券到期，但企业现金不足。

（3）用普通股偿还债券。如果企业发行的是可转换债券，那么可通过转换变成普通股来偿还债券。

3. 债券的付息

债券的付息主要表现在利息率的确定、付息频率和付息方式三个方面。

（1）利息率的确定。利息率的确定有固定利率和浮动利率两种形式。浮动利率一般指由发行人选择一个基准利息率，按基准利息率水平在一定的时间间隔中对债务的利率进行调整。

（2）付息频率。付息频率越高，资金流发生的次数越多，对投资人的吸引力越大。债券付息频率主要有按年付息、按半年付息、按季付息、按月付息和一次性付息（利随本清，贴现发行）五种。

（3）付息方式。付息方式有两种：一种是采取现金、支票或汇款的方式；另一种是采用息票债券的方式。付息方式多随付息频率而定，在一次付息的情况下，或用现金或用支票；如果是贴现发行，发行人以现金折扣的形式出售债券，并不发生实际的付息行为；在分次的情况下，记名债券的利息以支票或汇款的形式支付，不计名债券则按息票付息。

（四）债券筹资的优点和缺点

1. 债券筹资的优点

（1）筹资规模较大。债券属于直接融资，发行对象分布广泛，市场容量相对较大，且不受金融中介机构自身资产规模及风险管理的约束，可以筹集的资金数量也较多。

（2）具有长期性和稳定性。债券的期限可以比较长，且债券的投资者一般不能在债券到期之前向企业索取本金，因而债券筹资方式具有长期性和稳定性的特点。金融机构对较长期限借款的比例往往会有一定的限制。

（3）有利于资源优化配置。由于债券是公开发行的，是否购买债券取决于市场上众多投资者自己的判断，并且投资者可以方便地交易并转让所持有的债券，有助于加速市场竞争，优化社会资金的资源配置效率。

2. 债券筹资的缺点

（1）发行成本高。企业公开发行公司债券的程序复杂，需要聘请保荐人、会计师、律师、资产评估机构以及资信评级机构等中介，发行的成本较高。

（2）信息披露成本高。发行债券需要公开披露募集说明书及其引用的审计报告、资产评估报告、资信评级报告等多种文件。债券上市后也需要披露定期报告和临时报告，信息披露成本较高。同时也对保守企业的经营、财务等信息及其他商业机密不利。

（3）限制条件多。发行债券的契约书中的限制条款通常比优先股及短期债务更为严格，可能会影响企业的正常发展和以后的筹资能力。

第二节　普通股筹资

相对于债券和借款的到期还本付息，普通股筹资通常不需要归还本金且没有固定的股利负担，投资者将承担更高的财务风险，故普通股筹资的资本成本也更高。普通股筹资包括内部股权筹资和外部股权筹资，反映在资产负债表上，前者是指留存收益的增加，后者则体现为股本或实收资本的增加（通常伴随资本公积的增加）。

一、普通股筹资的特点

普通股是最基本的一种股票形式，是相对于优先股的一种股票种类。它是指股份公司依法发行的具有表决权和剩余索取权的一类股票。普通股具有股票的最一般特征，通常每一份股权包含对公司财产享有的平等权利。

（一）普通股筹资的优点

与其他筹资方式相比，普通股筹资具有如下优点：

（1）没有固定利息负担。公司有盈余，并认为适合分配股利，就可以分给股东；公司盈余较少，或虽有盈余但资金短缺或有更有利的投资机会，就可少分配或不分配股利。

（2）没有固定到期日。利用普通股筹集的是永久性的资金，除非公司清算才需偿还。它对保证企业最低的资金需求有重要意义。

（3）财务风险小。由于普通股没有固定到期日，不用支付固定的利息，因此财务风险小。

（4）能增加公司信誉。股本与留存收益是公司债务所面临风险的缓冲地带。较多的自有资金，可为债权人提供较大的保障，因而，普通股筹资既可以提高公司的信用价值，同时也为使用更多的债务资金提供了强有力的支持。

（5）筹资限制较少。利用优先股或债券筹资，通常有许多限制，这些限制往往会影响公司经营的灵活性，而利用普通股筹资则没有这种限制。

另外，由于普通股预期收益较高并可在一定程度上抵消通货膨胀的影响（通常在通货膨胀期间，不动产升值时普通股也随之升值），因此普通股筹资更容易吸收资金。

（二）普通股筹资的缺点

与其他筹资方式相比，普通股筹资也有一些缺点：

（1）普通股资本成本较高。首先，从投资者角度讲，投资于普通股风险较高，因此要求较高的投资报酬率。其次，对筹资公司而言，普通股股利来自净利润，不像债券利息那样作为费用从税前支付，因而不具有抵税作用。此外，普通股的发行费用一般也高于其他证券。

（2）以普通股筹资会增加新股东，这可能会分散公司的控制权，削弱原有股东对公司的控制。

（3）如果公司股票上市，需要履行严格的信息披露制度，接受公众的监督，会带来较大的信息披露成本，也增加了公司保护商业秘密的难度。

（4）股票上市会增加公司被收购的风险。公司股票上市后，其经营状况会受到社会的广泛关注，一旦公司经营或财务出现问题，可能面临被收购的风险。

二、普通股的发行方式

除通过增加留存收益进行普通股筹资外，股票发行（即股票经销出售）是另一种普通股筹资方式。股票发行遵循公平、公正等原则，必须同股同权、同股同利。同次发行的股票，每股的发行条件和价格应当相同。同时，发行股票还应接受国务院证券监督管理机构的管理和监督。

由于各国的金融市场监管制度、金融体系结构和金融市场结构不同，股票发行方式也有所不同。股票的发行方式，可按不同标准分类：（1）以发行对象为标准，可划分为公开发行和非公开发行；（2）以发行中是否有中介机构（证券承销商）协助为标准，可划分为直接发行和间接发行；（3）以发行股票能否带来现款为标准，可划分为有偿增资发行、无偿增资发行和搭配增资发行。

1. 公开发行与非公开发行

公开发行又称公募，是指向不特定对象公开募集股份。这种发行方式的发行范围广、发行对象多，易于足额募集资本；股票的变现性强，流通性好；股票的公开发行还有助于提高发行公司的知名度和影响力。但这种发行方式也有不足，主要是手续繁杂，发行成本高。

我国2019年12月28日修订、2020年3月1日起施行的《证券法》（以下简称，我国《证券法》）规定，公开发行证券，必须符合法律、行政法规规定的条件，并依法报经国务院证券监督管理机构或者国务院授权的部门注册。未经依法注册，任何单位和个人不得公开发行证券。证券发行注册制的具体范围、实施步骤，由国务院规定。有下列情形之一的，为公开发行：（1）向不特定对象发行证券；（2）向特定对象发行证券累计超过200人，但依法实施员工持股计划的员工人数不计算在内；（3）法律、行政法规规定的其他发行行为。

非公开发行又称私募，是指上市公司采用非公开方式，向特定对象发行股票的行为。这种发行方式灵活性较大，发行成本低，但发行范围小，股票变现性差。

我国《证券法》规定，非公开发行证券，不得采用广告、公开劝诱和变相公开方式。我国证券监督管理委员会2020年2月14日重新发布的《上市公司证券发行管理办法》（以下简称我国《上市公司证券发行管理办法》）规定，非公开发行股票的特定对象应当符合下列规定：（1）特定对象符合股东大会决议规定的条件；（2）发行对象不超过35名。发行对象为境外战略投资者的，应当遵守国家的相关规定。

2. 直接发行与间接发行

直接发行，是指发行公司自己承担股票发行的一切事务和发行风险，直接向认购者推销出售股票的方式。这种销售方式优点是可由发行公司直接控制发行过程，并可节省发行费用；缺点是筹资时间长，发行公司要承担全部发行风险，并需要发行公司有较高的知名度、信誉和实力。

间接发行又叫委托发行，是指发行公司将股票销售业务委托给证券经营机构代理。这种销售方式是股票发行普遍采用的方式。委托销售又分为包销和代销。所谓包销，是根据承销协议商定的价格，证券经营机构一次性购进发行公司公开募集的全部股份，然后以较高的价格将其出售给社会上的认购者。对发行公司来说，包销的方式可及时筹足资本，免于承担发行风险（股款未募足的风险由承销商承担），但股票以较低的价格出售给承销商会损失部分溢价。所谓代销，是证券经营机构为发行公司代售股票，并由此获取一定的佣金，但不承担股款未募足的风险。

我国《证券法》规定，发行人向不特定对象发行的证券，法律、行政法规规定应当由证券公司承销的，发行人应当同证券公司签订承销协议。证券承销业务采取代销或者包销方式。证券代销是指证券公司代发行人发售证券，在承销期结束时，将未售出的证券全部退还给发行人的承销方式。证券包销是指证券公司将发行人的证券按照协议全部购入或者在承销期结束时将售后剩余证券全部自行购入的承销方式。公开发行证券的发行人有权依法自主选择承销的证券公司。证券的代销、包销期限最长不得超过 90 日。证券公司在代销、包销期内，对所代销、包销的证券应当保证先行出售给认购人，证券公司不得为本公司预留所代销的证券和预先购入并留存所包销的证券。股票发行采用代销方式，代销期限届满，向投资者出售的股票数量未达到拟公开发行股票数量 70% 的，为发行失败。发行人应当按照发行价并加算银行同期存款利息返还股票认购人。

3. 有偿增资发行、无偿增资发行与搭配增资发行

有偿增资发行，是指认购者必须按股票的某种发行价格支付现款，方能获得股票的一种发行方式。公开增发、配股和定向增发都采用有偿增资的方式。采用这种方式发行股票，可以直接从外界募集股本，增加公司的资本金。

无偿增资发行，是指认购者不必向公司缴纳现金就可获得股票的发行方式，发行对象只限于原股东，采用这种方式发行的股票，不直接从外界募集股本，而是依靠减少公司的资本公积或留存收益来增加资本金。一般只在分配股票股利、资本公积或盈余公积转增资本时采用。公司按比例将新股票无偿发行给原股东，其目的主要是为增强股东信心和公司信誉。

搭配增资发行，是指发行公司向原股东发行新股时，仅让股东支付发行价格的一部分就可获得一定数额股票的发行方式，例如股东认购面额为 100 元的股票，只需支付 50 元即可，其余部分由资本公积或留存收益转增。这种发行方式通常是对原股东的一种优惠。

三、普通股的发行条件

1. 公开发行普通股

对于公开发行证券，我国《上市公司证券发行管理办法》规定，上市公司的盈利能

力具有可持续性，符合下列规定：（1）最近3个会计年度连续盈利。扣除非经常性损益后的净利润与扣除前的净利润相比，以低者作为计算依据；（2）业务和盈利来源相对稳定，不存在严重依赖于控股股东、实际控制人的情形；（3）现有主营业务或投资方向能够可持续发展，经营模式和投资计划稳健，主要产品或服务的市场前景良好，行业经营环境和市场需求不存在现实或可预见的重大不利变化；（4）高级管理人员和核心技术人员稳定，最近12个月内未发生重大不利变化；（5）公司重要资产、核心技术或其他重大权益的取得合法，能够持续使用，不存在现实或可预见的重大不利变化；（6）不存在可能严重影响公司持续经营的担保、诉讼、仲裁或其他重大事项；（7）最近24个月内曾公开发行证券的，不存在发行当年营业利润比上年下降50%以上的情形。上市公司的财务状况良好，符合下列规定：（1）会计基础工作规范，严格遵循国家统一会计制度的规定。（2）最近3年及一期财务报表未被注册会计师出具保留意见、否定意见或无法表示意见的审计报告；被注册会计师出具带强调事项段的无保留意见审计报告的，所涉及的事项对发行人无重大不利影响或者在发行前重大不利影响已经消除。（3）资产质量良好。不良资产不足以对公司财务状况造成重大不利影响。（4）经营成果真实，现金流量正常。营业收入和成本费用的确认严格遵循国家有关企业会计准则的规定，最近3年资产减值准备计提充分合理，不存在操纵经营业绩的情形。（5）最近3年以现金方式累计分配的利润不少于最近3年实现的年均可分配利润的30%。

2. 非公开发行普通股

对于非公开发行股票，我国《上市公司证券发行管理办法》规定，非公开发行股票的特定对象应当符合下列规定：（1）特定对象符合股东大会决议规定的条件；（2）发行对象不超过35名。发行对象为境外战略投资者的，应当遵守国家的相关规定。上市公司非公开发行股票，应当符合下列规定：（1）发行价格不低于定价基准日前20个交易日公司股票均价的80%。（2）本次发行的股份自发行结束之日起，6个月内不得转让；控股股东、实际控制人及其控制的企业认购的股份，18个月内不得转让。（3）募集资金使用符合本办法的相关规定。（4）本次发行将导致上市公司控制权发生变化的，还应当符合中国证监会的其他规定。

四、普通股的发行定价

股票发行价格通常有等价、时价和中间价三种。等价是指以股票面额为发行价格，即股票的发行价格与其面额等价，也称平价发行或面值发行。时价是以公司原发行同种股票的现行市场价格为基准来确定增发新股的发行价格，也称市价发行。中间价是取股票市场价格与面额的中间值作为股票的发行价格。以中间价和时价发行都可能是溢价发行，也可能是折价发行。发行人通常会参考公司经营业绩、净资产、发展潜力、发行数量、行业特点、股市状态等，确定发行价格。

值得注意的是，我国2018年10月26日修订的《公司法》规定，股票发行价格可以按票面金额，也可以超过票面金额，但不得低于票面金额。我国《证券法》规定，股票发行采取溢价发行的，其发行价格由发行人与承销的证券公司协商确定。我国《上市公司证券发行管理办法》规定，公开增发股票的发行价格，应不低于公告招股意向书前20

个交易日公司股票均价或前1个交易日的均价；非公开发行股票①的发行价格不低于定价基准日前20个交易日公司股票均价的80%。

五、普通股的发行程序

我国《上市公司证券发行管理办法》规定：

（1）上市公司申请发行证券，董事会应当依法就下列事项作出决议，并提请股东大会批准：①本次证券发行的方案；②本次募集资金使用的可行性报告；③前次募集资金使用的报告；④其他必须明确的事项。

（2）股东大会就发行股票作出的决定，至少应当包括下列事项：①本次发行证券的种类和数量；②发行方式、发行对象及向原股东配售的安排；③定价方式或价格区间；④募集资金用途；⑤决议的有效期；⑥对董事会办理本次发行具体事宜的授权；⑦其他必须明确的事项。

（3）股东大会就发行证券事项作出决议，必须经出席会议的股东所持表决权的2/3以上通过。

（4）上市公司申请公开发行证券或者非公开发行新股，应当由保荐人保荐，并向中国证监会申报。

（5）中国证监会依照下列程序审核发行证券的申请：①收到申请文件后，5个工作日内决定是否受理；②中国证监会受理后，对申请文件进行初审；③发行审核委员会审核申请文件；④中国证监会作出核准或者不予核准的决定。

（6）自中国证监会核准发行之日起，上市公司应在12个月内发行证券；超过12个月未发行的，核准文件失效，须重新经中国证监会核准后方可发行。

（7）上市公司发行证券前发生重大事项的，应暂缓发行，并及时报告中国证监会。该事项对本次发行条件构成重大影响的，发行证券的申请应重新经过中国证监会核准。

六、普通股的首次公开发行

普通股的首次公开发行，即IPO（Initial Public Offering），是指一家公司第一次将其普通股向公众出售。

（一）发行条件

对于普通股首次公开发行，除符合前述公开发行的基本条件外，我国2018年6月6日修订的《首次公开发行股票并上市管理办法》还规定，发行人应当是依法设立且合法存续的股份有限公司。经国务院批准，有限责任公司在依法变更为股份有限公司时，可以采取募集设立方式公开发行股票。发行人自股份有限公司成立后，持续经营时间应当在3年以上，但经国务院批准的除外。有限责任公司按原账面净资产值折股整体变更为股份有限公司的，持续经营时间可以从有限责任公司成立之日起计算。发行人应当符合下列条件：（1）最近3个会计年度净利润均为正数且累计超过人民币3 000万元，净利润以

---

① 我国《上市公司证券发行管理办法》未对配股发行价格作具体规定，本书按照以往惯例，参照非公开发行股票的发行价格相关规定（即不低于定价基准日前20个交易日公司股票均价的80%）在下文举例。

扣除非经常性损益前后较低者为计算依据。(2) 最近3个会计年度经营活动产生的现金流量净额累计超过人民币5 000万元；或者最近3个会计年度营业收入累计超过人民币3亿元。(3) 发行前股本总额不少于人民币3 000万元。(4) 最近一期末无形资产（扣除土地使用权、水面养殖权和采矿权等后）占净资产的比例不高于20%。(5) 最近一期末不存在未弥补亏损。

（二）发行定价

我国2017年9月7日修订的《证券发行与承销管理办法》（以下简称我国《证券发行与承销管理办法》）规定，首次公开发行股票，可以通过向网下投资者询价的方式确定股票发行价格，也可以通过发行人与主承销商自主协商直接定价等其他合法可行的方式确定发行价格。公开发行股票数量在2 000万股（含）以下且无老股转让计划的，应当通过直接定价的方式确定发行价格。

七、股权再融资

股权再融资，即SEO（Seasoned Equity Offering），是指上市公司在首次公开发行以后，再次发行股票以进行股权融资的行为。

股权再融资包括向原股东配股和增发新股融资。配股是指向原普通股股东按其持股比例、以低于市价的某一特定价格配售一定数量新发行股票的融资行为。增发新股是指上市公司为了筹集权益资本而再次发行股票的融资行为，包括面向不特定对象的公开增发和面向特定对象的非公开增发（即定向增发）。其中，配股和公开增发属于公开发行，非公开增发属于非公开发行。

（一）配股

按照惯例，公司配股时新股的认购权按照原有股权比例在原股东之间分配。配股赋予企业现有股东配股权，使得现有股东拥有合法的优先购买新发股票的权利。

1. 配股权

配股权是指当股份公司为增加公司股本而决定发行新股时，原普通股股东享有的按其持股数量、以低于市价的某一特定价格优先认购一定数量新发行股票的权利。配股权是普通股股东的优惠权，实际上是一种短期的看涨期权。配股权在某一股权登记日前颁发，在此之前购买的股东享有配股权，即此时股票的市场价格中含有配股权的价值。

配股的目的有：(1) 不改变原控股股东对公司的控制权和享有的各种权利；(2) 发行新股将导致短期内每股收益稀释，通过折价配售的方式可以给原股东一定的补偿；(3) 鼓励原股东认购新股，以增加发行量。配股权与公司公开发行的、期限很长的认股权证不同，我们将在本章第三节混合筹资中讨论附认股权证相关问题。

2. 配股条件

除满足前述公开发行的基本条件外，我国《上市公司证券发行管理办法》要求，配股还应当符合下列规定：(1) 拟配售股份数量不超过本次配售股份前股本总额的30%；(2) 控股股东应当在股东大会召开前公开承诺认配股份的数量；(3) 采用证券法规定的代销方式发行。控股股东不履行认配股份的承诺，或者代销期限届满，原股东认购股票的数量未达到拟配售数量70%的，发行人应当按照发行价并加算银行同期存款利息返还已经认购的股东。

3. 配股价格

配股一般采取网上定价发行的方式。配股价格由主承销商和发行人协商确定。

4. 配股除权价格

通常配股股权登记日后要对股票进行除权处理。除权后股票的理论除权基准价格为：

$$配股除权参考价=\frac{配股前股票市值+配股价格\times配股数量}{配股前股数+配股数量}$$

$$=\frac{配股前每股价格+配股价格\times股份变动比例}{1+股份变动比例}$$

当所有股东都参与配股时，股份变动比例（即实际配售比例）等于拟配售比例。

除权参考价只是作为计算除权日股价涨跌幅度的基准，提供的只是一个参考价格。如果除权后股票交易市价高于该除权参考价，这种情形使得参与配股的股东财富较配股前有所增加，一般称之为填权；股价低于除权参考价则会减少参与配股股东的财富，一般称之为贴权。

5. 每股股票配股权价值

一般来说，原股东可以以低于配股前股票市价的价格购买所配发的股票，即配股权的执行价格低于当前股票价格，此时配股权是实值期权，因此配股权具有价值。利用配股除权参考价，可以估计每股股票配股权价值。每股股票配股权价值为：

$$每股股票配股权价值=\frac{配股除权参考价-配股价格}{购买一股新配股所需的原股数}$$

【例10-2】 A公司采用配股方式进行融资。2020年3月21日为配股除权登记日，以公司2019年12月31日总股数100 000股为基数，拟每10股配2股。配股价格为配股说明书公布前20个交易日公司股票交易均价5元/股的80%，即配股价格为4元/股。

假定在分析中不考虑新募集资金投资产生净现值引起的企业价值变化，计算并分析：①在所有股东均参与配股的情况下，配股后每股价格；②每一份配股权的价值；③是否参与配股将对股东财富的影响。

（1）以每股4元的价格发行了20 000股新股，筹集80 000元，由于不考虑新投资产生净现值引起的企业价值变化，普通股总市场价值增加了本次配股融资的金额，配股后股票的价格应等于配股除权参考价。

$$配股除权参考价=\frac{100\,000\times5+20\,000\times4}{100\,000+20\,000}=4.833\ （元/股）$$

假设股票市场价值增加正好反映新增资本，配股后每股价格为4.833元。

（2）由于原股东每10股股票将配售2股股票，故为得到一股新配股需要有5股原股票，因此每股原股票的配股权价值为0.167元［（4.833－4）/5］。

（3）假设某股东拥有10 000股A公司股票，配股前价值50 000元。如果所有股东都行使配股权参与配股，该股东配股后所拥有股票的总价值为58 000元（4.833×12 000）。也就是说，该股东花费8 000元（4×2 000）参与配股，持有的股票价值增加了8 000元，股东的财富没有变化。但如果该股东没有参与配股，配股后股票价格为4.847元/股［(100 000×5＋18 000×4)/(100 000＋18 000)］。该股东配股后仍持有10 000股A公司股票，则股票价值为48 470元（4.847×10 000），该股东财富损失了1 530元（50 000－48 470）。

（二）增发新股

公开增发与首次公开发行一样，没有特定的发行对象，股票市场上的投资者均可以认购。而非公开增发，有特定的发行对象，主要是机构投资者、大股东及关联方等。机构投资者大体可以划分为财务投资者和战略投资者。其中，财务投资者通常是以获利为目的、通过短期持有上市公司股票适时套现、实现获利的法人，他们一般不参与公司的重大战略决策。战略投资者通常是与发行人具有合作关系或合作意向和潜力并愿意按照发行人配售要求与发行人签署战略投资配售协议的法人，他们与发行公司业务联系紧密且欲长期持有发行公司股票。上市公司通过非公开增发引入战略投资者不仅获得战略投资者的资金，还有助于引入其管理理念与经验，改善公司治理。大股东及关联方是指上市公司的控股股东或关联方。一般来说，采取非公开增发的形式向控股股东认购资产，有助于上市公司与控股股东进行股份与资产置换，进行股权和业务的整合，同时也进一步提高了控股股东对上市公司的所有权。

1. 公开增发

除满足前述公开发行的基本条件外，我国《上市公司证券发行管理办法》要求，公开增发还应当符合下列规定：（1）最近3个会计年度加权平均净资产收益率平均不低于6%。扣除非经常性损益后的净利润与扣除前的净利润相比，以低者作为加权平均净资产收益率的计算依据；（2）除金融类企业外，最近一期末不存在持有金额较大的交易性金融资产和可供出售的金融资产、借予他人款项、委托理财等财务性投资的情形；（3）发行价格应不低于公告招股意向书前20个交易日公司股票均价或前1个交易日的均价。

公开增发新股的认购方式通常为现金认购。

【例10－3】 F上市公司2017～2019年度部分财务数据如表10－1所示。

表10－1　　**F上市公司2017～2019年度部分财务数据**

项　目	2017年度	2018年度	2019年度
归属于上市公司股东的净利润（万元）	55 000	19 000	31 000
归属于上市公司股东的扣除非经常性损益的净利润（万元）	53 000	17 000	25 000
加权平均净资产报酬率	31.75%	8.57%	12.46%
扣除非经常性损益后的加权平均净资产报酬率	30.96%	7.91%	10.28%
每股现金股利（含税）（元）	0.1	0.04	0.06
当年股利分配股数基数（万股）	60 000	60 000	60 000
当年实现可供分配利润（万元）	49 600	18 400	29 600

依据上述财务数据，判断F上市公司是否满足公开增发股票的基本条件：

首先，依据我国《上市公司证券发行管理办法》，上市公司公开增发对公司盈利持续性与盈利水平的基本要求是：（1）最近3个会计年度连续盈利（扣除非经常性损益后的净利润与扣除前的净利润相比，以低者作为计算依据）；（2）最近24个月内曾公开发行证券的，不存在发行当年营业利润比上年下降50%以上的情形；（3）最近3个会计年度加权平均净资产收益率平均不低于6%（扣除非经常性损益后的净利润与扣除前的净利润相比，以低者作为加权平均净资产收益率的计算依据）。

F上市公司2017～2019年3个会计年度连续盈利，未在24个月内公开发行证券，且加权平均净资产报酬率均高于6%。

其次，依据我国《上市公司证券发行管理办法》，上市公司最近3年以现金方式累计分配的利润不少于最近3年实现的年均可分配利润的30%。

F上市公司2017～2019年3个会计年度累计分配现金股利

$$=\sum_{1}^{3}(\text{各年度每股现金股利}\times\text{当年股利分配的股本基数})$$

$$=(0.1+0.04+0.06)\times 60\,000=12\,000\ (\text{万元})$$

F上市公司2017～2019年3个会计年度实现的年均可分配利润

$$=(49\,600+18\,400+29\,600)/3=32\,533.33\ (\text{万元})$$

F上市公司2017～2019年3个会计年度以现金方式累计分配的利润占最近3年实现的年均可分配利润的比重$=12\,000/32\,533.33=36.89\%>30\%$

依据上述条件，2020年F上市公司满足了公开增发再融资的基本财务条件。

【例10-4】 假设A公司总股数为10亿股，现采用公开增发方式发行2亿股，增发前一交易日股票市价为5元/股。老股东和新股东各认购了1亿股。假设不考虑新募集资金投资产生净现值引起的企业价值变化，在增发价格分别为5.5元/股、5元/股的情况下，老股东和新股东的财富将分别有什么变化?

以每股5.5元价格发行2亿股新股，筹集11亿元（5.5×2），由于不考虑新投资产生净现值引起的企业价值变化，普通股总市场价值增加了增发融资的金额。因此：

$$\text{增发后每股价格}=\frac{5\times10+5.5\times2}{10+2}=5.083\ (\text{元/股})$$

$$\text{老股东财富变化}=5.083\times(10+1)-(5\times10+5.5\times1)=0.413\ (\text{亿元})$$

$$\text{新股东财富变化}=5.083\times1-5.5\times1=-0.417\ (\text{亿元})$$①

可见，如果增发价格高于市价，老股东的财富增加，并且老股东财富增加额等于新股东财富减少额。

同理可以算出，增发价格为5元/股时，老股东和新股东财富没有变化。

2. 非公开增发

如前所述，非公开发行股票的发行价格不低于定价基准日前20个交易日公司股票均价的80%。此处，定价基准日前20个交易日股票交易均价的计算公式为：

$$\text{定价基准日前20个交易日股票交易均价}=\frac{\text{定价基准日前20个交易日股票交易总额}}{\text{定价基准日前20个交易日股票交易总量}}$$

请注意，并非每天收盘价加起来除以20。

对于以通过非公开发行进行重大资产重组或者引进长期战略投资为目的的，可以在董事会、股东大会阶段事先确定发行价格；对于以筹集现金为目的的，应在取得发行核准批文后采取竞价方式定价。

① 四舍五入导致尾数差异。

非公开增发新股的认购方式不限于现金，还包括股权、债权、无形资产、固定资产等非现金资产。通过非现金资产认购的非公开增发，往往是以重大资产重组或者引进长期战略投资为目的。因此非公开增发除了能为上市公司带来资金外，往往还能带来具有盈利能力的资产，提升公司治理水平，优化上下游业务等。但需要注意的是，使用非现金资产认购股份有可能会滋生通过资产定价不公允等手段侵害中小股东利益的现象。

【例 10－5】 H上市公司为扩大生产规模并解决经营项目融资问题，决定在2020年实施股权再融资计划。一方面，拟采取以股权支付方式取得原大股东及3家非关联方公司持有的其他公司的相关经营资产，即相当于将上述几家公司持有的相关经营资产注入H公司；另一方面，拟采取现金认购股票方式增加资金。但表10－2的财务数据显示，H公司在过去3年内的加权平均净资产报酬率和现金股利分配均不满足公开增发募集现金的基本条件，因此，H公司决定拟采取资产认购与现金认购组合形式的非公开增发方案。

表10－2　　H上市公司2017～2019年度部分财务数据

项　目	2017年度	2018年度	2019年度
归属于上市公司股东的净利润（万元）	2 832	8 167	23 820
归属于上市公司股东的扣除非经常性损益的净利润（万元）	1 672	4 313	9 210
加权平均净资产报酬率	1.82%	5.04%	11.97%
扣除非经常性损益后的加权平均净资产报酬率	1.58%	3.93%	6.64%
现金股利分配	无	无	无

据H公司《非公开发行股票发行情况报告及股份变动公告书》披露的信息显示，在2020年1月份完成此次非公开增发共计12 500万股，募集资金总额89 250万元人民币，扣除发行费用1 756.5万元后，募集资金净额为87 493.5万元人民币。其中，一部分是H公司向原控股股东及3家非关联公司以资产认购的形式发行股份共计80 401 951股，募集资金57 407万元；另一部分是5家机构投资者（基金公司）以现金形式认购本公司的股份共计44 598 049股，募集现金总额31 843万元。

H公司本次非公开增发的发行价格等于发行底价，为定价基准日（本次非公开发行股份的董事会决议公告日）前20个交易日公司股票均价的80%，为7.14元/股。

本次非公开发行完成后将会使公司的股本和资本公积发生变化。其中，采取资产认购的部分，按照每股1元面额计入股本，其认购资产价格高出面额部分计入资本公积，即股本增加额＝1×80 401 951＝80 401 951（元），资本公积增加额＝(7.14－1)×80 401 951＝493 667 979.14（元）。采取现金认购部分，股本增加额＝1×44 598 049＝44 598 049（元），资本公积增加额＝(7.14－1)×44 598 049＝273 832 020.86（元）。

此次非公开增发完成后，公司股本增加额＝80 401 951＋44 598 049＝125 000 000（元）；资本公积增加额＝资产认购部分增加的资本公积＋现金认购部分增加的资本公积－发行相关费用＝493 667 979.14＋273 832 020.87－17 565 000＝749 935 000（元）。

H上市公司在完成本次非公开增发后，原控股股东的持股比例增加到26.33%，对公司的控制权进一步加强。控股股东在此次非公开增发前的持股数量为63 407 989股，占总股数的比例为19.86%，此次非公开增发认购53 531 600股，增发后占总股数的比例为

26.33%。H公司分别通过资产认购方式和现金认购方式，分别引入了3家非关联公司（承诺此次非公开增发结束后18个月内不得转让其所持有的股份）和5家机构投资者（承诺此次非公开增发结束后6个月内不得转让其所持有的股份）成为公司股份持有者，在实现所有权结构多元化的同时，也有助于改善公司的治理结构。

（三）股权再融资的影响

股权再融资对企业产生的影响主要包括：

1. 对公司资本结构的影响

通常，权益资本成本高于债务资本成本，采用股权再融资会降低资产负债率，并可能会使资本成本增大；但如果股权再融资有助于企业目标资本结构的实现，增强企业的财务稳健性，降低债务的违约风险，就会在一定程度上降低企业的加权平均资本成本，增加企业的整体价值。

2. 对企业财务状况的影响

在企业运营及盈利状况不变的情况下，采用股权再融资筹集资金会降低企业的财务杠杆水平，并降低净资产报酬率。但企业如果能将股权再融资筹集的资金投资于具有良好发展前景的项目，获得正的投资活动净现值，或者能够改善企业的资本结构，降低资本成本，就有利于增加企业的价值。

3. 对控制权的影响

就配股而言，由于全体股东具有相同的认购权利，控股股东只要不放弃认购的权利，就不会削弱控制权。公开增发会引入新的股东，股东的控制权受到增发认购数量的影响。非公开增发相对复杂，若对财务投资者和战略投资者增发，则会降低控股股东的控股比例，但财务投资者和战略投资者大多与控股股东有良好的合作关系，一般不会对控股股东的控制权形成威胁；若面向控股股东的增发是为了收购其优质资产或实现集团整体上市，则会提高控股股东的控股比例，增强控股股东对上市公司的控制权。

第三节　混合筹资

一、优先股筹资

我国《公司法》没有关于优先股的规定。国务院在2013年11月30日发布了《关于开展优先股试点的指导意见》，证监会在2014年3月21日发布了《优先股试点管理办法》，这两项规定是我国目前关于优先股筹资的主要规范。按照我国《优先股试点管理办法》，上市公司可以发行优先股，非上市公众公司可以非公开发行优先股。本教材重点探讨上市公司优先股的发行。

（一）上市公司发行优先股的一般条件

1. 最近3个会计年度实现的年均可分配利润应当不少于优先股1年的股息。

2. 最近3年现金分红情况应当符合公司章程及中国证监会的有关监管规定。

3. 报告期不存在重大会计违规事项。公开发行优先股，最近3年财务报表被注册会计师出具的审计报告应当为标准审计报告或带强调事项段的无保留意见的审计报告；非公开发行优先股，最近1年财务报表被注册会计师出具的审计报告为非标准审计报告的，所涉及事项对公司无重大不利影响或者在发行前重大不利影响已经消除。

4. 已发行的优先股不得超过公司普通股股份总数的50%，且筹资金额不得超过发行前净资产的50%，已回购、转换的优先股不纳入计算。

（二）上市公司公开发行优先股的特别规定

1. 上市公司公开发行优先股，应当符合以下情形之一：

（1）其普通股为上证50指数成分股；

（2）以公开发行优先股作为支付手段收购或吸收合并其他上市公司；

（3）以减少注册资本为目的回购普通股的，可以公开发行优先股作为支付手段，或者在回购方案实施完毕后，可公开发行不超过回购减资总额的优先股。

中国证监会核准公开发行优先股后不再符合第（1）项情形的，上市公司仍可实施本次发行。

2. 最近3个会计年度应当连续盈利。扣除非经常性损益后的净利润与扣除前的净利润相比，以孰低者作为计算依据。

3. 上市公司公开发行优先股应当在公司章程中规定以下事项：

（1）采取固定股息率；

（2）在有可分配税后利润的情况下必须向优先股股东分配股息；

（3）未向优先股股东足额派发股息的差额部分应当累积到下一会计年度；

（4）优先股股东按照约定的股息率分配股息后，不再同普通股股东一起参加剩余利润分配。

商业银行发行优先股补充资本的，可就第（2）项和第（3）项事项另行约定。

4. 上市公司公开发行优先股的，可以向原股东优先配售。

5. 最近36个月内因违反工商、税收、土地、环保、海关法律、行政法规或规章，受到行政处罚且情节严重的，不得公开发行优先股。

6. 公司及其控股股东或实际控制人最近12个月内应当不存在违反向投资者作出的公开承诺的行为。

（三）其他规定

1. 优先股每股票面金额为100元。

优先股发行价格和票面股息率应当公允、合理，不得损害股东或其他利益相关方的合法利益，发行价格不得低于优先股票面金额。

公开发行优先股的价格或票面股息率以市场询价或证监会认可的其他公开方式确定。非公开发行优先股的票面股息率不得高于最近两个会计年度的年均加权平均净资产收益率。

2. 上市公司不得发行可转换为普通股的优先股。但商业银行可根据商业银行资本监管规定，非公开发行触发事件发生时强制转换为普通股的优先股，并遵守有关规定。

3. 上市公司非公开发行优先股仅向本办法规定的合格投资者发行，每次发行对象不得超过200人，且相同条款优先股的发行对象累计不得超过200人。

发行对象为境外战略投资者的，还应当符合国务院相关部门的规定。

（四）交易转让及登记结算

1. 优先股发行后可以申请上市交易或转让，不设限售期。

公开发行的优先股可以在证券交易所上市交易。上市公司非公开发行的优先股可以在证券交易所转让，非上市公众公司非公开发行的优先股可以在全国中小企业股份转让系统转让，转让范围仅限合格投资者。交易或转让的具体办法由证券交易所或全国中小企业股份转让系统另行制定。

2. 优先股交易或转让环节的投资者适当性标准应当与发行环节保持一致；非公开发行的相同条款优先股经交易或转让后，投资者不得超过200人。

3. 中国证券登记结算公司为优先股提供登记、存管、清算、交收等服务。

（五）优先股的筹资成本

从投资者来看，优先股投资的风险比债券大。当企业面临破产时，优先股的求偿权低于债权人。在公司财务困难的时候，债务利息会被优先支付，优先股股利则其次。因此，同一公司的优先股股东要求的必要报酬率比债权人的高。同时，优先股投资的风险比普通股低。当企业面临破产时，优先股股东的求偿权优先于普通股股东。在公司分配利润时，优先股股息通常固定且优先支付，普通股股利只能最后支付。因此，同一公司的优先股股东要求的必要报酬率比普通股股东的低。

（六）优先股筹资的优缺点

1. 优先股筹资优点

（1）与债券相比，不支付股利不会导致公司破产；没有到期期限，不需要偿还本金。

（2）与普通股相比，发行优先股一般不会稀释股东权益。

2. 优先股筹资缺点

（1）优先股股利不可以税前扣除，是优先股筹资的税收劣势；投资者购买优先股所获股利免税，是优先股筹资的税收优势。两者可以完全抵消，使优先股股息率与债券利率趋于一致。

（2）优先股的股利支付虽然没有法律约束，但是经济上的约束使公司倾向于按时支付其股利。因此，优先股的股利通常被视为固定成本，与负债筹资的利息没有什么差别，会增加公司的财务风险并进而增加普通股的成本。

与优先股类似，永续债作为具有一定权益属性的债务工具，也是一种混合筹资工具。虽然永续债具有一定的权益属性，但是其投资者并不能像普通股股东一样参与企业决策和股利分配。永续债持有者除公司破产等原因外，一般不能要求公司偿还本金，而只能定期获取利息。如果发行方出现破产重组等情形，从债务偿还顺序来看，大部分永续债偿还顺序在一般债券之后普通股之前。

二、附认股权证债券筹资

（一）认股权证的特征

认股权证是公司向股东发放的一种凭证，授权其持有者在一个特定期间以特定价格购买特定数量的公司股票。

1. 认股权证与股票看涨期权的共同点

（1）均以股票为标的资产，其价值随股票价格变动；

（2）均在到期前可以选择执行或不执行，具有选择权；

（3）均有一个固定的执行价格。

2. 认股权证与股票看涨期权的区别

（1）股票看涨期权执行时，其股票来自二级市场，而当认股权执行时，股票是新发股票。认股权证的执行会引起股份数的增加，从而稀释每股收益和股价。股票看涨期权不存在稀释问题。标准化的期权合约，在行权时只是与发行方结清价差，根本不涉及股票交易。

（2）股票看涨期权时间短，通常只有几个月。认股权证期限长，可以长达10年，甚至更长。

（3）布莱克—斯科尔斯模型假设没有股利支付，股票看涨期权可以适用。认股权证不能假设有效期限内不分红，5~10年不分红很不现实，不能用布莱克—斯科尔斯模型定价。

3. 发行认股权证的用途

（1）在公司发行新股时，为避免原有股东每股收益和股价被稀释，给原有股东配发一定数量的认股权证，使其可以按优惠价格认购新股，或直接出售认股权证，以弥补新股发行的稀释损失。这是认股权证最初的功能。

（2）作为奖励发给本公司的管理人员。所谓“奖励期权”，其实是奖励认股权证，它与期权并不完全相同。有时，认股权证还作为奖励发给投资银行机构。

（3）作为筹资工具，认股权证与公司债券同时发行，用来吸引投资者购买票面利率低于市场要求的长期债券。

我们这里主要讨论筹资问题，因此重点是认股权证与债券的捆绑发行。

（二）附认股权证债券的筹资成本

附认股权证债券，是指公司债券附认股权证，持有人依法享有在一定期间内按约定价格（执行价格）认购公司股票的权利，是债券加上认股权证的产品组合。通常，附认股权证债券可分为“分离型”与“非分离型”，和“现金汇入型”与“抵缴型”。其中，“分离型”指认股权证与公司债券可以分开，单独在流通市场上自由买卖；“非分离型”指认股权证无法与公司债券分开，两者存续期限一致，同时流通转让，自发行至交易均合二为一，不得分开转让。非分离型附认股权证公司债券近似于可转债。“现金汇入型”指当持有人行使认股权利时，必须再拿出现金来认购股票；“抵缴型”则指公司债票面金额本身可按一定比例直接转股，如现行可转换公司债的方式。把“分离型”“非分离型”与“现金汇入型”“抵缴型”进行组合，可以得到不同的产品类型。

下面以分离型附认股权证债券为例说明如何计算筹资成本。

【例10-6】 A公司目前股价20元/股，预计公司未来可持续增长率为5%。公司拟通过平价发行附认股权证债券筹集资金，债券面值为每份1 000元，期限20年，票面利率8%，同时每份债券附送20张认股权证，认股权证在10年后到期，在到期前每张认股权证可以按22元的价格购买1股普通股。相关数据如表10-3所示。

表 10－3　　例 10－6 的相关数据

每股价格	20 元
预期增长率	5%
每张债券面值	1 000 元
票面利率	8%
认股权执行价格	22 元
附认股权证数量	20 张

附认股权证债券的筹资成本，可以用投资人的内含报酬率来估计。

购买 1 份附认股权证债券的现金流量如下：

第 1 年年初：流出现金 1 000 元，购买债券和认股权证；

第 1～20 年，每年利息流入 80 元；

第 10 年年末，行权支出 = 22 元/股 × 20 股 = 440 元，取得股票的市价 = $20 \times (1 + 5\%)^{10}$ 元/股 × 20 股 = 32.58 元/股 × 20 股 = 651.6 元，现金净流入 = 651.6 － 440 = 211.6（元）；

第 20 年年末，取得归还本金 1 000 元。

根据上述现金流量计算内含报酬率（内插法或用计算机的函数功能）：8.98%。

这是投资者税前报酬率。假设等风险普通债券市场利率为 10%，附认股权证债券比直接投资普通债券低了 1.02%。这表明认股权证和债券组合的风险大于直接债务投资，但该组合的内含报酬率却低于等风险普通债券的必要报酬率 10%，投资人不会购买该项投资组合，他们宁可投资于普通债券。为了提高投资人的报酬率，发行公司需要降低执行价格或提高债券的票面利率。

投资者的期望报酬率，就是公司的税前资本成本。发行公司愿意承担这一较高的成本，以便及时取得所需资金。如果计算出的组合内含报酬率高于直接增发股份，发行公司就不会接受该方案。公司正是认为市场低估了自己的价值，才选择发行认股权证和债券组合。

计算出的内含报酬率必须处在债务市场利率和税前普通股成本之间，才可以被发行人和投资人同时接受。

（三）附认股权证债券筹资的优点和缺点

附认股权证债券筹资的主要优点是，发行附认股权证债券可以起到一次发行、二次融资的作用，而且可以有效降低融资成本。该债券的发行人主要是高速增长的小公司，这些公司有较高的风险，直接发行债券需要较高的票面利率。发行附认股权证债券，是以潜在的股权稀释为代价换取较低的利息。

附认股权证债券筹资的主要缺点是灵活性较差。相对于可转换债券，发行人一直都有偿还本息的义务，因无赎回和强制转股条款，从而在市场利率大幅降低时，发行人需要承担一定的机会成本。附认股权证债券的发行者，主要目的是发行债券而不是股票，是为了发债而附带期权。认股权证的执行价格，一般比发行时的股价高出 20% 至 30%。如果将来公司发展良好，股票价格会大大超过执行价格，原有股东也会蒙受较大损失。此外，附认股权证债券的承销费用通常高于债务融资。

三、可转换债券筹资

（一）可转换债券的主要条款

可转换债券，是一种特殊的债券，它在一定期间内依据约定的条件可以转换成普通股。

可转换债券通常有以下主要条款：

1. 可转换性

可转换债券，可以转换为特定公司的普通股。这种转换，在资产负债表上只是负债转换为普通股，并不增加额外的资本。认股权证与之不同，认股权会带来新的资本。这种转换是一种期权，证券持有人可以选择转换，也可选择不转换而继续持有债券。

2. 转换价格

可转换债券发行之时，明确了以怎样的价格转换为普通股，这一规定的价格就是可转换债券的转换价格（也称转股价格），即转换发生时投资者为取得普通股每股所支付的实际价格。转换价格通常比发行时的股价高出20%～30%。

3. 转换比率

转换比率是债权人将一份债券转换成普通股可获得的普通股股数。可转换债券的面值、转换价格、转换比率之间存在下列关系：

转换比率＝债券面值÷转换价格

【例10－7】 A公司20×0年发行了12.5亿元可转换债券，其面值1 000元，年利率为4.75%，2010年到期。转换可以在此前的任何时候进行，转换比率为6.41。其转换价格可以计算出来：

转换价格＝1 000/6.41＝156.01（元）

这就是说，为了取得A公司的1股，需要放弃金额为156.01元的债券面值。

4. 转换期

转换期是指可转换债券转换为股份的起始日至结束日的期间。可转换债券的转换期可以与债券的期限相同，也可以短于债券的期限。例如，某种可转换债券规定只能从其发行一定时间之后（如发行若干年之后）才能够行使转换权，这种转换期称为递延转换期，短于其债券期限。还有的可转换债券规定只能在一定时间内（如发行日后的若干年之内）行使转换权，超过这一段时间转换权失效，因此转换期也会短于债券的期限，这种转换期称为有限转换期。超过转换期后的可转换债券，不再具有转换权，自动成为不可转换债券（或普通债券）。

我国《上市公司证券发行管理办法》规定，自发行结束之日起6个月后方可转换为公司股票，转股期限由公司根据可转换公司债券的存续期限及公司财务状况决定。

5. 赎回条款

赎回条款是可转换债券的发行企业可以在债券到期日之前提前赎回债券的规定。赎回条款包括下列内容：

（1）不可赎回期。不可赎回期是可转换债券从发行时开始，不能被赎回的那段期间。例如，规定自发行日起两年之内不能由发行公司赎回，债券的前两年就是不可赎回期。设立不可赎回期的目的，在于保护债券持有人的利益，防止发行企业通过滥用赎回权，促使债券持有人及早转换债券。不过，并不是每种可转换债券都设有不可赎回条款。

（2）赎回期。赎回期是可转换债券的发行公司可以赎回债券的期间。赎回期安排在不可赎回期之后，不可赎回期结束之后，即进入可转换债券的赎回期。

（3）赎回价格。赎回价格是事前规定的发行公司赎回债券的出价。赎回价格一般高于可转换债券的面值，两者之差为赎回溢价。赎回溢价随债券到期日的临近而减少。例如，一种20×1年1月1日发行，面值100元，期限5年，不可赎回期为3年，赎回期为2年的可赎回债券，规定到期前1年（即20×4年）的赎回价格为110元，到期年度（即20×5年）的赎回价格为105元。

（4）赎回条件。赎回条件是对可转换债券发行公司赎回债券的情况要求，即需要在什么样的情况下才能赎回债券。赎回条件分为无条件赎回和有条件赎回。无条件赎回是在赎回期内发行公司可随时按照赎回价格赎回债券。有条件赎回是对赎回债券有一些条件限制，只有在满足了这些条件之后才能由发行公司赎回债券。

发行公司在赎回债券之前，要向债券持有人发出通知，要求他们在将债券转换为普通股与卖给发行公司（即发行公司赎回）之间作出选择。一般而言，债券持有人会将债券转换为普通股。可见，设置赎回条款是为了促使债券持有人转换股份，因此又被称为加速条款；同时也能使发行公司避免市场利率下降后，继续向债券持有人按较高的债券票面利率支付利息所蒙受的损失。

6. 回售条款

回售条款是在可转换债券发行公司的股票价格达到某种恶劣程度时，债券持有人有权按照约定的价格将可转换债券卖给发行公司的有关规定。回售条款也具体包括回售时间、回售价格等内容。设置回售条款是为了保护债券投资人的利益，使他们能够避免遭受过大的投资损失，从而降低投资风险。合理的回售条款，可以使投资者具有安全感，因而有利于吸引投资者。

7. 强制性转换条款

强制性转换条款是在某些条件具备之后，债券持有人必须将可转换债券转换为股票，无权要求偿还债券本金的规定。设置强制性转换条款，是为了保证可转换债券顺利地转换成股票，实现发行公司扩大权益筹资的目的。

（二）可转换债券的筹资成本

可转换债券的持有者，同时拥有1份债券和1份股票的看涨期权。它与拥有普通债券和认股权证的投资组合基本相同，不同的只是为了执行看涨期权必须放弃债券。因此，可以先把可转换债券作为普通债券分析，然后再当作看涨期权处理，就可以完成其估值。纯债券价值是不含看涨期权的普通债券的价值，转换价值是债券转换成的股票价值。这两者决定了可转换债券的价格。下面举例说明其估计方法。

【例10-8】 A公司拟平价发行可转换债券筹资5 000万元，有关资料如表10-4所示。

表10-4　　A公司筹资情况表　　单位：元

每张可转换债券售价	1 000
期限（年）	20
票面利率	10%
转换比率	20

续表

转换价格（可转换债券价值/转换比率 = 1 000/20）	50
年增长率	6%
当前期望股利（元/股）	2.8
当前股票市场价格（元/股）	35
等风险普通债券的市场利率（折现率）	12%
公司的股权成本（期望股利/股价 + 增长率 = 2.8/35 + 6%）	14.00%
不可赎回期（年）	10
赎回价格（10 年后 1 050 元，此后每年递减 5 元）	1 050

为确定可转换债券的成本，我们分析该债券的税前收益：

1. 分析纯债券部分的价值

$$发行日纯债券价值 = \sum_{t=1}^{20} \frac{每年利息}{(1+i)^t} + \frac{到期值}{(1+i)^{20}}$$

$$= \sum_{t=1}^{20} \frac{100}{(1.12)^t} + \frac{1\ 000}{(1.12)^{20}}$$

$$= 850.61\ （元）$$

此后，纯债券价值逐年递增，至到期时为其面值 1 000 元。如图 10－1 中的 GF 曲线所示。具体数字列在表 10－5 的“纯债券价值”的栏目中。

2. 分析期权部分的转换价值

如果在零时点转换，其价值为：

转换价值 = 股价 × 转换比例 = 35 × 20 = 700（元）

投资人不会为取得 700 元转换价值而放弃债券部分价值 850.61 元，他会继续等待，寄希望股价的增长。转换价值每年以 6% 的速度增加，第 5 年 936.76 元，第 10 年 1 253.56 元。如图 10－1 中的 *ABCD* 曲线所示。具体数字列在表 10－5 的“转换价值”的栏目中。

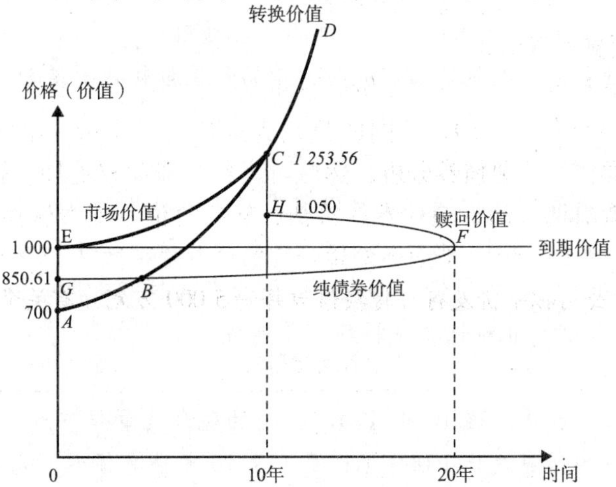

注：*ABCD*：转换价值　*ECD*：市场价值　*EF*：到期价值（面值）
GBF：纯债券价值　*HF*：赎回价值　*GBCD*：底线价值

图 10－1　可转换债券价值

表 10－5 可转换债券价值计算表 单位：元

时间	每年利息	纯债券价值	股价	转换价值	到期价值	市场价值	底线价值
0		850.61	35.00	700.00	1 000	1 000	850.61
1	100	852.68	37.10	742.00	1 000		852.68
2	100	855.01	39.33	786.52	1 000		855.01
3	100	857.61	41.69	833.71	1 000		857.61
4	100	860.52	44.19	883.73	1 000		883.73
5	100	863.78	46.84	936.76	1 000		936.76
6	100	867.44	49.65	992.96	1 000		992.96
7	100	871.53	52.63	1 052.54	1 000		1 052.54
8	100	876.11	55.78	1 115.69	1 000		1 115.69
9	100	881.25	59.13	1 182.64	1 000		1 182.64
10	100	887.00	62.68	1 253.56	1 000	1 253.56	1 253.56
11	100	893.44	66.44	1 328.81	1 000	1 328.81	1 328.81
20	100	1 000.00	112.25	2 244.99	1 000	2 244.99	2 244.99

3. 分析底线价值

可转换债券的最低价值，应当是纯债券价值和转换价值两者中较高者。这是市场套利的结果。如果可转换债券的市价低于纯债券价值，人们就会购入被低估的债券，使之价格升高；如果可转换债券的市价低于转换价值，人们就会购入债券并立即转换为股票后出售套利。

因此，纯债券价值和转换价值中较高者，形成了底线价值，如图 10－1 中的 *GBCD* 的曲线所示。具体数字列在表 10－5“底线价值”栏目。

4. 分析市场价值

我们不知道具体的可转换债券的市场价值变化情况。但是，我们知道它不会低于底线价值。持有可转换债券相当于持有看涨期权，在可提前赎回期前它的价值高于转换价值，也高于票面利率相同的纯债券价值。它以 1 000 元的价值出售，市场价值以此为出发点，随着时间推移纯债券部分会升值，期权部分会随股价上升而逐步升高，因此可转换债券的市场价值会逐步上升。到达赎回期时，市场价值被转换价值曲线替代，如图 10－1 中的 *CD* 曲线所示。

5. 赎回价值

可转换债券设置有赎回保护期，在此以前发行者不可以赎回。本债券的保护期为 10 年。在 10 年后，赎回价格是 1 050 元。如果 10 年后的债券价值同预期值一样为 887 元，转换价值为 1 253.56 元，可转换债券的底线价值为两者较高者即 1 253.56 元。公司要用 1 050 元将其赎回，这时的正确选择是转换为普通股。

6. 分析筹资成本

假设可转换债券的持有人在 10 年后转换，他的现金流量分布为：

零时点购买可转换债券支出 1 000 元；第 1 至 10 年持有债券并每年取得利息 100 元；第 10 年年底进行转换，取得转换价值 1 253.56 元。

转换价值 = 股价 × 转换比率

$=35\times(1+6\%)^{10}\times20$

$=35\times1.7908\times20$

$=1\ 253.56$（元）

根据上述现金流量计算内含报酬率为11.48%。

$$1\ 000=\sum_{(1+i)^t}^{10}\frac{100}{(1+i)^t}+\frac{1\ 253.56}{(1+i)^{10}}$$

$i=11.48\%$

这个投资人的报酬率，就是筹资人的税前成本。如果它的税后成本高于股权成本（14%），则不如直接增发普通股；如果它的税前成本低于普通债券的利率（12%）则对投资人没有吸引力。目前的方案，对于投资人缺乏吸引力，需要修改。

7. 筹资方案的修改

修改的途径包括：提高每年支付的利息、提高转换比率或延长赎回保护期间。如果企业的所得税税率为25%，股权的税前成本是14%/(1－25%)＝18.67%，修改的目标是使得筹资成本处于18.67%和12%之间。

如果将票面利率提高到11%，其他因素不变，则内含报酬率可以达到12.42%。

$$1\ 000=\sum_{t=1}^{10}\frac{110}{(1+i)^t}+\frac{1\ 253.56}{(1+i)^{10}}$$

$i=12.42\%$

如果转换比率提高到25，其他因素不变，则内含报酬率为13.07%。

转换价值＝股价×转换比率

$=35\times(1+6\%)^{10}\times25$

$=35\times1.7908\times25$

$=1\ 566.95$（元）

$$1\ 000=\sum_{t=1}^{10}\frac{100}{(1+i)^t}+\frac{1\ 566.95}{(1+i)^{10}}$$

$i=13.07\%$

也可同时修改票面利率、转换比率和赎回保护期年限，使内含报酬率达到双方可以接受的预想水平。

（三）可转换债券筹资的优点和缺点

1. 可转换债券筹资的优点

（1）与普通债券相比，可转换债券使得公司能够以较低的利率取得资金。债权人同意接受较低利率的原因是有机会分享公司未来发展带来的收益。可转换债券的票面利率低于同一条件下的普通债券的利率，降低了公司前期的筹资成本。与此同时，它向投资人提供了转为股权投资的选择权，使之有机会转为普通股并分享公司更多的收益。值得注意的是，可转换债券转换成普通股后，其原有的低息优势将不复存在，公司要承担普通股的筹资成本。

（2）与普通股相比，可转换债券使得公司取得了以高于当前股价出售普通股的可能性。有些公司本来是想要发行股票而不是债务，但是认为当前其股票价格太低，为筹集同样的资金需要发行更多的股票。为避免直接发行新股而遭受损失，才通过发行可转换债券变相发行普通股。因此，在发行新股时机不理想时，可以先发行可转换债券，然后通过转换实现较高价格的股权筹资。这样做不至于因为直接发行新股而进一步降低公司股票市价；而且因为转换期较长，即使在将来转换股票时，对公司股价的影响也较温和，从而有利于稳定公司股价。

2. 可转换债券筹资的缺点

（1）股价上涨风险。虽然可转换债券的转换价格高于其发行时的股票价格，但如果转换时股票价格大幅上涨，公司只能以较低的固定转换价格换出股票，会降低公司的股权筹资额。

（2）股价低迷风险。发行可转换债券后，如果股价没有达到转股所需要的水平，可转换债券持有者没有如期转换普通股，则公司只能继续承担债务。在订有回售条款的情况下，公司短期内集中偿还债务的压力会更明显。尤其是有些公司发行可转换债券的目的是筹集权益资本，股价低迷使其原定目的无法实现。

（3）筹资成本高于普通债券。尽管可转换债券的票面利率比普通债券低，但是加入转股成本之后的总筹资成本比普通债券要高。

（四）可转换债券和附认股权证债券的区别

（1）可转换债券在转换时只是报表项目之间的变化，没有增加新的资本；附认股权证债券在认购股份时给公司带来新的权益资本。

（2）灵活性不同。可转换债券允许发行者规定可赎回条款、强制转换条款等，种类较多，而附认股权证债券的灵活性较差。

（3）适用情况不同。发行附认股权证债券的公司，比发行可转换债券的公司规模小、风险更高，往往是新的公司启动新的产品。对这类公司，潜在的投资者缺乏信息，很难判断风险的大小，也就很难设定合适的利率。为了吸引投资者，他们有两种选择，一个是设定很高的利率，承担高成本；另一个选择是采用期权与债权捆绑，向投资者提供潜在的升值可能性，适度抵消遭受损失的风险。附认股权证债券的发行者，主要目的是发行债券而不是股票，是为了发债而附带期权，只是因为当前利率要求高，希望通过捆绑期权吸引投资者以降低利率。可转换债券的发行者，主要目的是发行股票而不是债券，只是因为当前股价偏低，希望通过将来转股以实现较高的股票发行价。

（4）两者的发行费用不同。可转换债券的承销费用与普通债券类似，而附认股权证债券的承销费用介于债务融资和普通股融资之间。

第四节　租赁筹资

一、租赁的概念及原因

租赁，是指在一定的期间内，出租人将资产使用权让与承租人以获取对价的合同。

（一）租赁的概念

租赁涉及的主要概念如下：

1. 租赁的当事人

租赁合约的当事人至少包括出租人和承租人两方，出租人是租赁资产的所有者，承租人是租赁资产的使用者。

按照当事人之间的关系，租赁可以划分为三种类型：

（1）直接租赁。该种租赁是指出租人（租赁企业或生产厂商）直接向承租人提供租赁资产的租赁形式。直接租赁只涉及出租人和承租人两方。

（2）杠杆租赁。该种租赁是有贷款者参与的一种租赁形式。在这种形式下，出租人引入资产时只支付引入所需款项（如购买资产的货款）的一部分（通常为资产价值的20%~40%），其余款项则以引入的资产或出租权等为抵押，向另外的贷款者借入；资产出租后，出租人以收取的租金向贷款者还贷。这样，出租人利用自己的少量资金就推动了大额的租赁业务，故称为杠杆租赁。对承租人（企业）来说，杠杆租赁和直接租赁没有什么区别，都是向出租人租入资产；而对出租人而言，其身份则有了变化，既是资产的出租者，同时又是款项的借入者。因此杠杆租赁是一种涉及三方关系人的租赁形式。

（3）售后租回。该种租赁是指承租人先将某资产卖给出租人，再将该资产租回的一种租赁形式。在这种形式下，承租人一方面通过出售资产获得了现金；另一方面又通过租赁满足了对资产的需要，而租赁费却可以分期支付。

2. 租赁资产

租赁合约涉及的资产称为租赁资产。早期租赁涉及的资产主要是土地和建筑物，20世纪50年代以后各种资产都进入了租赁领域，大到一个工厂，小到一部电话。企业生产经营中使用的资产，既可以通过购买取得其所有权，也可以通过租赁取得其使用权，它们都可以达到使用资产的目的。

3. 租赁期

租赁期是指租赁开始日至终止日的时间。根据租赁期的长短分为短期租赁和长期租赁，短期租赁的时间明显少于租赁资产的经济寿命，而长期租赁的时间接近租赁资产的经济寿命。

4. 租赁费用

租赁的基本特征是承租人向出租人承诺提供一系列的现金支付。租赁费用的报价形式和支付形式双方可以灵活安排，是协商一致的产物，没有统一的标准。

租赁费用的经济内容包括出租人的全部出租成本和利润。出租成本包括租赁资产的购置成本、营业成本以及相关的利息。如果出租人收取的租赁费用超过其成本，剩余部分则成为利润。

租赁费用的报价形式有三种：

（1）合同分别约定租赁费、利息和手续费。例如，租赁资产购置成本100万元，分10年偿付，每年租赁费10万元，在租赁开始日首付；尚未偿还的租赁资产购置成本按年利率6%计算利息，在租赁开始日首付；租赁手续费10万元，在租赁开始日一次付清。

（2）合同分别约定租赁费和手续费。如上例，租赁费136万元，分10年支付，每年

13.6 万元，在租赁开始日首付；租赁手续费 10 万元，在租赁开始日一次付清。

（3）合同只约定一项综合租赁费，没有分项的价格。如上例，租赁费 149 万元，分 10 年支付，每年 14.9 万元，在租赁开始日首付。

租赁费的支付形式也存在多样性。典型的租赁费支付形式是预付年金，即分期（年、半年、季度、月或日等）的期初等额系列付款。经过协商，也可以在每期期末支付租赁费，或者各期的支付额不等。利息支付可以各期等额支付，也可以根据各期期初负债余额计算并支付。手续费可以在租赁开始日一次支付，也可以分期等额支付。通常，租赁合约规定每月或每半年支付一笔等额的租赁费，第一笔租赁费大多在签约时就要支付，也有在每期期末支付的情况。有时候，根据承租人的要求也可以适当调整每期的支付额，例如，设备使用的第一年需要进行复杂的调试，则可能在租赁的第一年安排较低的租赁费，甚至约定免租期。

根据全部租赁费是否超过资产的成本，租赁分为不完全补偿租赁和完全补偿租赁。不完全补偿租赁，是指租赁费不足以补偿租赁资产的全部成本的租赁。完全补偿租赁，是指租赁费超过资产全部成本的租赁。

5. 租赁的撤销

根据租赁是否可以随时解除分为可以撤销租赁和不可撤销租赁。可以撤销租赁是指合同中注明承租人可以随时解除的租赁。通常，提前终止合同，承租人要支付一定的赔偿额。不可撤销租赁是指在合同到期前不可以单方面解除的租赁。如果经出租人同意或者承租人支付一笔足够大的额外款项从而得到对方认可，不可撤销租赁也可以提前终止。

6. 租赁资产的维修

根据出租人是否负责租赁资产的维护（维修、保险和财产税等）分为毛租赁和净租赁。毛租赁是指由出租人负责资产维护的租赁。净租赁是指由承租人负责资产维修的租赁。租赁资产的维修，也可以单独签订一个维修合同，与租赁合同分开处理。

（二）租赁的原因

租赁存在的主要原因有以下三方面：

1. 节税

如果承租方的有效税率高于出租方，并且租赁费可以抵税的情况下，通过租赁可以节税。即资产的使用者如处于较高税率级别，在购买方式下它从折旧中获得的抵税利益较少；在租赁方式下可获得较多的抵税利益。在竞争性的市场上，承租方和出租方分享税率差别引起的减税，会使资产使用者倾向于采用租赁方式。

如果资本市场的效率较高，等风险投资机会的筹资成本相差无几，租赁公司在这方面并不比承租人占有多少优势。如果不能取得税收的好处，大部分长期租赁在经济上都难以成立。如果双方的实际税率相等，承租人可以直接在资本市场上筹集借款，没有必要转手租赁公司筹资，增加无用的交易成本。

节税是长期租赁存在的重要原因。如果没有所得税制度，长期租赁可能无法存在。在一定程度上说，租赁是所得税制度的产物。所得税制度对于融资租赁的促进，主要表现在允许一部分融资租赁的租赁费税前扣除。所得税制度的调整，往往会促进或抑制某些租赁业务的发展。

守望相助 携手前行

——致广大考生的一封信

亲爱的考生：

见字如面！在这和风送暖、杨柳吐翠的崭新时节，我们在早春的北京向您和您的家人道一声健康如意，平安顺遂！

寒冬总会过去，病毒终将被战胜。面对今年的注册会计师全国统一考试，中国财经出版传媒集团急大家所急、想大家所想，百余名“逆行者”在春节期间默默返回工作岗位——编辑伏案疾书，排校精益求精，印制争分夺秒，仓储周密调度，物流不惜工本，专家精心串讲，资源免费开放……我们勠力同心，统筹协作，只为早日将这本教材送到您的手中；我们攻坚克难，战疫前行，只为初心的坚守和关爱的承诺。

陪伴是最长情的告白，相守是最诚挚的情感。作为财政部下属中央文化企业，中国财经出版传媒集团已出版注册会计师全国统一考试和全国会计专业技术资格考试教材二十余载，我们与大家的信任携手，早已如涓涓细流，汇入代代学子成长成才的大潮中，历久弥坚。

“山深未必得春迟，处处山樱花压枝。”让我们共同期待，在下一个春暖花开的路口，遇见那个更好的你！

中国财经出版传媒集团

2020 年 3 月

免费增值服务

操作方法：

1.扫描此二维码。

2.点击页面底端增值服务模块。

2020年注册会计师全国统一考试信息

考试科目

（一）专业阶段考试科目：会计、审计、财务成本管理、公司战略与风险管理、经济法、税法。专业阶段考试报名人员可以同时报考6个科目，也可以选择报考部分科目。

（二）综合阶段考试科目：职业能力综合测试。

报名时间

2020年4月1—3日、7—30日。

考试时间

2020年10月11日举行综合阶段及专业阶段部分科目考试。

2020年10月17—18日举行专业阶段考试。

2020年10月24—25日欧洲考区考试。

具体安排请关注中国注册会计师协会网站（www.cicpa.org.cn）发布的《2020年注册会计师全国统一考试报名简章》。

2. 降低交易成本

租赁公司可以大批量购置某种资产，从而获得价格优惠。对于租赁资产的维修，租赁公司可能更内行或者更有效率。对于旧资产的处置，租赁公司更有经验。交易成本的差别是短期租赁存在的主要原因。我国的资本市场存在某些缺陷，利率市场化不充分。租赁公司由于信用、规模和其他原因，融资成本往往比承租人低。这也是租赁存在的原因之一。尤其是中小企业融资成本比较高或者不能迅速借到款项，会倾向于采用租赁融资。

3. 减少不确定性

租赁的风险主要与租赁期满时租赁资产的余值有关。承租人不拥有租赁资产的所有权，不承担与此有关的风险。资产使用者如果自行购置，他就必须承担该项风险。

一般认为，不同公司对于风险的偏好有差别。规模较小或新成立的公司，公司的总风险较大，希望尽可能降低风险，较倾向于租赁。蓝筹公司有能力承担资产余值风险，更偏好自行购置。

二、租赁的会计处理和税务处理

（一）租赁的会计处理

2018 年 12 月 7 日，财政部修订发布了《企业会计准则第 21 号——租赁》（以下简称“新租赁准则”）。按照新租赁准则，承租人会计处理不再区分经营租赁和融资租赁，而是采用单一的会计处理模型，也就是说，除采用简化处理的短期租赁和低价值资产租赁外，对所有租赁均确认使用权资产和租赁负债，参照固定资产准则对使用权资产计提折旧，采用固定的周期性利率确认每期利息费用。

出租人租赁仍分为融资租赁和经营租赁两大类，并分别采用不同的会计处理方法。一项租赁属于融资租赁还是经营租赁取决于交易的实质，而不是合同的形式。如果一项租赁实质上转移了与租赁资产所有权有关的几乎全部风险和报酬，出租人应当将该项租赁分类为融资租赁。出租人应当将除融资租赁以外的其他租赁分类为经营租赁。

由于本章阐述的是长期筹资，故下文仅从承租人角度探讨租赁问题。

1. 采用简化处理的短期租赁和低价值资产租赁

短期租赁，是指在租赁期开始日，租赁期不超过 12 个月的租赁。包含购买选择权的租赁不属于短期租赁。

低价值资产租赁，是指单项租赁资产为全新资产时价值较低的租赁。承租人在判断是否是低价值资产租赁时，应基于租赁资产的全新状态下的价值进行评估，不应考虑资产已被使用的年限。低价值资产同时还应满足以下条件，即承租人能够从单独使用该低价值资产或将其与承租人易于获得的其他资源一起使用中获利，且该项资产与其他租赁资产没有高度依赖或高度关联关系。低价值资产租赁的标准应该是一个绝对金额，即仅与资产全新状态下的绝对价值有关，不受承租人规模、性质等影响，也不考虑该资产对于承租人或相关租赁交易的重要性。

对于短期租赁和低价值资产租赁，承租人可以选择不确认使用权资产和租赁负债。作出该选择的，承租人应当将短期租赁和低价值资产租赁的租赁付款额，在租赁期内各个期间按照直线法或其他系统合理的方法计入相关资产成本或当期损益。

2. 其他租赁

对除采用简化处理的短期租赁和低价值资产租赁外的租赁，在租赁期开始日，承租人应当对租赁确认使用权资产和租赁负债。

租赁负债应当按照租赁期开始日尚未支付的租赁付款额的现值进行初始计量。在计算租赁付款额的现值时，承租人应当采用租赁内含利率作为折现率；无法确定租赁内含利率的，应当采用承租人增量借款利率作为折现率。

租赁内含利率，是指使出租人的租赁收款额的现值与未担保余值的现值之和等于租赁资产公允价值与出租人的初始直接费用之和的利率。其中，未担保余值，是指租赁资产余值中，出租人无法保证能够实现或仅由与出租人有关的一方予以担保的部分。初始直接费用，是指为达成租赁所发生的增量成本。增量成本是指若企业不取得该租赁，则不会发生的成本，如佣金、印花税等。无论是否实际取得租赁都会发生的支出，不属于初始直接费用，例如为评估是否签订租赁而发生的差旅费、法律费用等，此类费用应当在发生时计入当期损益。

承租人增量借款利率，是指承租人在类似经济环境下为获得与使用权资产价值接近的资产，在类似期间以类似抵押条件借入资金须支付的利率。

使用权资产，是指承租人可在租赁期内使用租赁资产的权利。在租赁期开始日，承租人应当按照成本对使用权资产进行初始计量。该成本包括下列四项：（1）租赁负债的初始计量金额；（2）在租赁期开始日或之前支付的租赁付款额，存在租赁激励的，应扣除已享受的租赁激励相关金额；（3）承租人发生的初始直接费用；（4）承租人为拆卸及移除租赁资产、复原租赁资产所在场地或将租赁资产恢复至租赁条款约定状态预计将发生的成本。

承租人应当按照固定的周期性利率计算租赁负债在租赁期内各期间的利息费用，并计入当期损益或相关资产成本。周期性利率，是指承租人对租赁负债进行初始计量时所采用的折现率，或者因租赁付款额发生变动或因租赁变更而需按照修订后的折现率对租赁负债进行重新计量时，承租人所采用的修订后的折现率。承租人应当参照固定资产折旧，自租赁期开始日起对使用权资产计提折旧。

（二）租赁的税务处理

新租赁准则将原租赁准则下承租人的经营租赁和融资租赁会计处理方式进行了统一，即要求承租人对所有租赁（选择简化处理的短期租赁和低价值资产租赁除外）确认使用权资产和租赁负债，并分别确认折旧和利息费用。这种处理充分考虑了分期支付租金的货币时间价值。而税法通常不考虑货币时间价值，仅按照实际支付款项作为计税基础。

我国的所得税法没有关于租赁分类的条款，但规定，“在计算应纳税所得额时，企业财务、会计处理办法与税收法律、行政法规的规定不一致的，应当依照税收法律、行政法规的规定计算”。这一规定被理解为：税法没有规定租赁的分类标准，可以采用会计准则对租赁的分类和确认标准；税收法规规定了租赁资产的计税基础和扣除时间，并且与会计准则不一致，应遵循税收法规。

我国的所得税法实施条例规定，“企业根据生产经营活动的需要租入固定资产支付的租赁费，按照以下方法扣除：（一）以经营租赁方式租入固定资产发生的租赁费支出，按照租赁期限均匀扣除；（二）以融资租赁方式租入固定资产发生的租赁费支出，按照规定构成融资租入固定资产价值的部分应当提取折旧费用，分期扣除。”“融资租入的固定资产，以租赁合同约定的付款总额和承租人在签订租赁合同过程中发生的相关费用为计税基础，租赁合同未约定付款总额的，以该资产的公允价值和承租人在签订租赁合同过程中发生的相关费用为计税基础”。此外还规定，企业在生产经营活动中发生的利息支出（包括非金融企业向金融企业借款的利息支出），准予扣除，其中，金融企业包括从事租赁等业务的专业和综合性非银行金融机构。

财务管理主要关注估值。由于税法的相关规定将影响税后现金流量，故财务管理将采用税法的角度而不是会计的角度看待租赁问题。

三、租赁的决策分析

租赁的经济、法律关系十分复杂。世界各国对租赁的理解不尽相同，同一国家的合同法、税法和会计准则等对于租赁的规定也存在某些差别。实务中租赁合同种类繁多，分析模型专业且复杂。基于本教材的目的，不对这些复杂问题展开讨论，只简单介绍租赁分析的基本原理。

财务管理主要从承租人的融资角度研究租赁（出租人是从投资角度研究租赁），将租赁视为一种融资方式。如果租赁融资比其他融资方式更有利，则应优先考虑租赁融资。

1. 租赁分析的主要程序

租赁分析的主要程序如下：

（1）分析是否应该取得一项资产。这是租赁分析的前置程序。承租人在决定是否租赁一项资产之前，先要判断该项资产是否值得投资。这一决策通过常规的资本预算程序完成。通常，确信投资于该资产有正的净现值之后才会考虑如何筹资问题。

（2）分析公司是否有足够的现金用于该项资产投资。通常，运行良好的公司没有足够的多余现金用于固定资产投资，需要为新的项目筹资。

（3）分析可供选择的筹资途径。筹资的途径包括借款和发行新股等。租赁是可供选择的筹资途径之一。租赁和借款对于资本结构的影响类似，1 元的租赁等于 1 元的借款。如果公司拟通过借款筹资，就应分析借款和租赁哪个更有利。

（4）利用租赁分析模型计算租赁净现值。根据财务的基本原理，为获得同一资产的两个方案，现金流出的现值较小的方案是好方案。如果租赁方式取得资产的现金流出的总现值小于借款筹资，则租赁有利于增加股东财富。因此，租赁分析的基本模型如下：

租赁净现值 = 租赁的现金流量总现值 − 借款购买的现金流量总现值

应用该模型的主要问题是预计现金流量和估计折现率。预计现金流量包括：①预计借款筹资购置资产的现金流；②与可供选择的出租人讨论租赁方案；③判断租赁的税务性质；④预计租赁方案的现金流。估计折现率是个有争议的复杂问题，实务中大多采用简单的解决办法，即采用有担保债券的税后利率作为折现率，它比无风险利率稍微高一点。

（5）根据租赁净现值以及其他非计量因素，决定是否选择租赁。

【例 10 −9】 A 公司是一个制造企业，为增加产品产量决定添置一台设备，预计该设备将使用 4 年。公司正在研究是通过自行购置还是租赁取得该设备。有关资料如下：

（1）如果自行购置该设备，预计购置成本100万元。税法折旧年限为5年，折旧期满时预计净残值率为5%，直线法计提折旧。4年后该设备的变现价值预计为30万元。设备维护费用（保险、保养、修理等）预计每年1万元，假设发生在每年年末。

（2）B租赁公司可提供该设备的租赁服务，租赁期4年，年租赁费20万元，在年初支付。租赁公司负责设备的维护，不再另外收取费用。租赁期内不得撤租。租赁期届满时租赁资产所有权不转让。

（3）A公司的所得税税率为25%，税后借款（有担保）利率为8%。

根据上述资料进行的决策分析如表10－6所示。

表10－6　租赁方案决策分析　　单位：万元

时间（年末）	0	1	2	3	4
租赁方案：					
租金支付	－20	－20	－20	－20	
计税基础	*80*				
折旧		*15.2*	*15.2*	*15.2*	*15.2*
折旧抵税		3.8	3.8	3.8	3.8
期末资产变现流入					0
（期末资产账面价值）					*19.2*
（期末资产变现损益）					*－19.2*
期末资产变现损失减税					4.8
各年现金流量	－20	－16.2	－16.2	－16.2	8.6
折现系数（8%）	1	0.9259	0.8573	0.7938	0.735
各年现金流量现值	－20.00	－15.00	－13.89	－12.86	6.32
租赁的现金流量总现值	－55.43				
购买方案：					
购置设备	－100				
折旧		*19*	*19*	*19*	*19*
折旧抵税		4.75	4.75	4.75	4.75
维修费用		*－1*	*－1*	*－1*	*－1*
维修费用抵税		*0.25*	*0.25*	*0.25*	*0.25*
税后维修费用		－0.75	－0.75	－0.75	－0.75
期末资产变现流入					30
（期末资产账面价值）					*24*
（期末资产变现损益）					*6*
期末资产变现利得缴税					－1.5
各年现金流量	－100	4	4	4	32.5
折现系数（8%）	1	0.9259	0.8573	0.7938	0.735
各年现金流量现值	－100	3.70	3.43	3.18	23.89
借款购买的现金流量总现值	－65.80				
租赁优势	10.37				

有关项目说明如下：

（1）租赁方案。

①判断租赁的税务性质。该合同不属于选择简化处理的短期租赁和低价值资产租赁，符合融资租赁的认定标准，租赁费用每年20万元，不可在税前扣除。

②租赁资产的计税基础。由于合同约定了承租人的付款总额，租赁费是取得租赁资产的成本，全部构成其计税基础：

租赁资产的计税基础 = 20 × 4 = 80（万元）

③折旧抵税。按同类固定资产的折旧年限计提折旧费：

租赁资产的年折旧额 = 80 ×（1 − 5%）÷ 5 = 15.2（万元）

每年折旧抵税 = 15.2 × 25% = 3.8（万元）

④期末资产变现。该设备租赁期届满时租赁资产所有权不转让：

期末资产变现流入 = 0 万元

期末资产账面价值 = 80 − 15.2 × 4 = 19.2（万元）

期末资产变现损失 = 19.2 − 0 = 19.2（万元）

期末资产变现损失减税 = 19.2 × 25% = 4.8（万元）

⑤各年现金流量。

第1年年初（第0年年末）现金流量 = −20 万元

第1年至第3年年末现金流量 = −20 + 3.8 = −16.20（万元）

第4年年末现金流量 = 3.8 + 4.8 = 8.6（万元）

⑥租赁方案现金流量总现值 = −20 − 16.20 × 2.5771 + 8.60 × 0.7350

= −55.43（万元）

（2）购买方案。

①购置设备。

第1年年初购置设备 = 100 万元

②折旧抵税。按税法规定计提折旧费：

购买资产的年折旧额 = 100 ×（1 − 5%）÷ 5 = 19（万元）

每年折旧抵税 = 19 × 25% = 4.75（万元）

③税后维修费用。

每年年末税后维修费用 = 1 ×（1 − 25%）= 0.75（万元）

④期末资产变现。

期末资产变现流入 = 30 万元

期末资产账面价值 = 100 − 19 × 4 = 24（万元）

期末资产变现利得 = 30 − 24 = 6（万元）

期末资产变现利得缴税 = 6 × 25% = 1.5（万元）

⑤各年现金流量。

第1年年初（第0年年末）现金流量 = −100 万元

第1年至第3年年末现金流量 = 4.75 − 0.75 = 4（万元）

第4年年末现金流量 = 4.75 − 0.75 + 30 − 1.5 = 32.5（万元）

⑥购买方案现金流量总现值 $= -100 + 4 \times 2.5771 + 32.5 \times 0.7350$

$= -65.80$（万元）

（3）租赁方案相对购买方案的净现值。

租赁方案相对购买方案的净现值 $= -55.43 - (-65.80) = 10.37$（万元）

本例中，采用租赁方案更有利。

2. 租赁分析的折现率

计算租赁净现值使用什么折现率，是个曾经长期争论的问题。从原则上说，折现率应当体现现金流量的风险，租赁涉及的各种现金流风险并不同，应当使用不同的折现率。

（1）租赁费的折现率。租赁费定期支付，类似债券的还本付息，折现率应采用类似债务的利率。租赁资产的法定所有权属于出租人，如果承租人不能按时支付租赁费，出租人可以收回租赁资产，所以承租人必然尽力按时支付租赁费，租赁费现金流的不确定性很低。租赁资产就是租赁融资的担保物，租赁费现金流和有担保借款在经济上是等价的。因此，租赁费现金流的折现率应采用有担保债券的利率，它比无风险利率稍高一些。

（2）折旧抵税额的折现率。使用折旧额乘以所得税税率计算折旧抵税额，隐含了一个假设，就是全部折旧抵税额均有足够的应税所得用于抵税，并且公司适用的税率将来不会变化。实际上经营总有不确定性，有些公司的盈利水平很低，没有足够的应税所得用于折旧抵税，适用税率也可能有变化。因此，折旧抵税额的风险比租金大一些，折现率也应高一些。

（3）期末资产余值的折现率。通常认为，持有资产的经营风险大于借款的风险，因此期末资产余值的折现率要比借款利率高。多数人认为，资产余值应使用项目的必要报酬率即加权平均资本成本作为折现率。

对每一种现金流使用不同的折现率，会提高分析的合理性，也会增加其复杂性。除非租赁涉及的金额巨大，在实务中的惯例是采用简单的办法，就是统一使用有担保债券的利率作为折现率。与此同时，对于折旧抵税额和期末资产余值进行比较谨慎的估计，即根据风险大小适当调整预计现金流量。

3. 租赁决策对投资决策的影响

在前面的租赁分析中，我们把资产的投资决策和筹资决策分开考虑，并假设该项投资本身有正的净现值。这种做法通常是可行的，但有时并不全面。

有时一个投资项目按常规筹资有负的净现值，如果租赁的价值较大，抵补常规分析负的净现值后还有剩余，则采用租赁筹资可能使该项目具有投资价值。经过租赁净现值调整的项目净现值，称为“调整净现值”。

项目的调整净现值 = 项目的常规净现值 + 租赁净现值

四、售后租回

售后租回是一种特殊形式的租赁业务，是指卖主（即承租人）将一项自制或外购的资产出售后，又将该项资产从买主（即出租人）租回。在售后租回方式下，卖主同时是承租人，买主同时是出租人。通过售后租回交易，资产的原所有者（即承租人）在保留对资产使用权的前提下，将固定资产转化为资金，在出售时可取得资产全部价款的现金，而租金则分期支付；而资产的新所有者（即出租人）通过售后租回交易，找到了一个风险小、回报有保障的投资机会。

（一）售后租回的会计处理

当企业（卖方兼承租人）将资产转让给其他企业（买方兼出租人）并从买方兼出租人租回该项资产时，如果承租人在资产转移给出租人之前已经取得对标的资产的控制，则该交易属于售后租回交易；如果承租人未能在资产转移给出租人之前取得对标的资产的控制，那么即便承租人在资产转移给出租人之前先获得标的资产的法定所有权，该交易也不属于售后租回交易。

1. 售后租回交易中的资产转让属于销售

卖方兼承租人应当按原资产账面价值中与租回获得的使用权有关的部分，计量售后租回所形成的使用权资产，并仅就转让至买方兼出租人的权利确认相关利得或损失。买方兼出租人对资产购买和资产出租进行会计处理。

如果销售对价的公允价值与资产的公允价值不同，或者出租人未按市场价格收取租金，企业应当进行以下调整：

（1）销售对价低于市场价格的款项作为预付租金进行会计处理；

（2）销售对价高于市场价格的款项作为买方兼出租人向卖方兼承租人提供的额外融资进行会计处理。

同时，承租人按照公允价值调整相关销售利得或损失，出租人按市场价格调整租金收入。

在进行上述调整时，企业应当按以下二者中较易确定者进行：

（1）销售对价的公允价值与资产的公允价值的差异；

（2）合同付款额的现值与按市场租金计算的付款额的现值的差异。

2. 售后租回交易中的资产转让不属于销售

卖方兼承租人不终止确认所转让的资产，而应当将收到的现金作为金融负债。买方兼出租人不确认被转让资产，而应当将支付的现金作为金融资产。

（二）售后租回的税务处理

按照《国家税务总局关于融资性售后回租业务中承租方出售资产行为有关税收问题的公告》（国家税务总局公告 2010 年第 13 号），融资性售后回租业务是指承租方以融资为目的将资产出售给经批准从事融资租赁业务的企业后，又将该项资产从该融资租赁企业租回的行为。融资性售后回租业务中承租方出售资产时，资产所有权以及与资产所有权有关的全部报酬和风险并未完全转移。融资性售后回租业务中，承租人出售资产的行为，不确认为销售收入，对融资性租赁的资产，仍按承租人出售前原账面价值作为计税基础计提折旧。租赁期间，承租人支付的属于融资利息的部分，作为企业财务费用在税前扣除。

如前所述，财务管理从估值角度出发，关注的是税后现金流量，故将采用税法的角度而不是会计的角度看待售后租回。其中，税收法律、法规有规定的按税收法律、法规，未规定的按财务、会计处理办法。

第十一章　股利分配、股票分割与股票回购

第一节　股利理论与股利政策

一、股利理论

股利分配的核心问题是如何权衡公司股利支付决策与未来长期增长之间的关系，以实现公司价值最大化的财务管理目标。围绕着公司股利政策是否影响公司价值这一问题，主要有两类不同的股利理论：股利无关论和股利相关论。

（一）股利无关论

股利无关论认为股利分配对公司的市场价值（或股票价格）不会产生影响。这一理论是米勒（Merton Miller）与莫迪格利安尼（Franco Modigliani）于1961年在下面列举的一些假设之上提出的：

（1）公司的投资政策已确定并且已经为投资者所理解；

（2）不存在股票的发行和交易费用；

（3）不存在个人或公司所得税；

（4）不存在信息不对称；

（5）经理与外部投资者之间不存在代理成本。上述假设描述的是一种完美资本市场，因而股利无关论又被称为完全市场理论。

股利无关论认为：

1. 投资者并不关心公司股利的分配

若公司留存较多的利润用于再投资，会导致公司股票价格上升；此时尽管股利较低，但需用现金的投资者可以出售股票换取现金。若公司发放较多的股利，投资者又可以用现金再买入一些股票以扩大投资。也就是说，投资者对股利和资本利得并无偏好。

2. 股利的支付比率不影响公司的价值

既然投资者不关心股利的分配，公司的价值就完全由其投资政策及其获利能力所决定，公司的盈余在股利和保留盈余之间的分配并不影响公司的价值，既不会使公司价值增加，也不会使公司价值降低（即使公司有理想的投资机会而又支付了高额股利，也可以募集新股，新投资者会认可公司的投资机会）。

（二）股利相关论

股利无关理论是在完美资本市场的一系列假设下提出的，如果放宽这些假设条件，股利政策就会显现出对公司价值（或股票价格）产生的影响。

1. 税差理论

在 MM 的股利无关论中假设不存在税收，但在现实条件下，现金股利税与资本利得税不仅是存在的，而且表现出差异性。税差理论强调了税收在股利分配中对股东财富的重要作用。一般来说，出于保护和鼓励资本市场投资的目的，会采用股利收益税率高于资本利得税率的差异税率制度，致使股东会偏好资本利得而不是派发现金股利。即使股利与资本利得具有相同的税率，股东在支付税金的时间上也是存在差异的。股利收益纳税是在收取股利的当时，而资本利得纳税只是在股票出售时才发生，显然继续持有股票来延迟资本利得的纳税时间，可以体现递延纳税的时间价值。

因此，税差理论认为，如果不考虑股票交易成本，企业应采取低现金股利比率的分配政策，以提高留存收益再投资的比率，使股东在实现未来的资本利得中享有税收节省。税差理论说明了当股利收益税率与资本利得税率存在差异时，将使股东在继续持有股票以期取得预期资本利得与立即实现股利收益之间进行权衡。如果存在股票的交易成本，甚至当资本利得税与交易成本之和大于股利收益税时，偏好取得定期现金股利收益的股东自然会倾向于企业采用高现金股利支付率政策。

2. 客户效应理论

客户效应理论是对税差理论的进一步扩展，研究处于不同税收等级的投资者对待股利分配态度的差异，认为投资者不仅仅是对资本利得和股利收益有偏好，即使是投资者本身，因其所处不同等级的边际税率，对企业股利政策的偏好也是不同的。收入高的投资者因其边际税率较高表现出偏好低股利支付率的股票，希望少分现金股利或不分现金股利，以更多的留存收益进行再投资，从而提高所持有的股票价格。而收入低的投资者以及享有税收优惠的养老基金投资者表现出偏好高股利支付率的股票，希望支付较高而且稳定的现金股利。

投资者的边际税率差异性导致其对待股利政策态度的差异性。边际税率高的投资者会选择实施低股利支付率的股票，边际税率低的投资者则会选择实施高股利支付率的股票。这种投资者依据自身边际税率而显示出的对实施相应股利政策股票的选择偏好现象被称为“客户效应”。因此，客户效应理论认为，公司在制定或调整股利政策时，不应该忽视股东对股利政策的需求。

3. “一鸟在手”理论

股东的投资收益来自于当期股利和资本利得两个方面，利润分配决策的核心问题是在当期股利收益与未来预期资本利得之间进行权衡。企业的当期股利支付率较高时，企业盈余用于未来发展的留存资金会减少，虽然股东在当期获得了较高的股利，但未来的资本利得则有可能降低；而当企业的股利支付率较低时，用于发展企业的留存资金会增加，未来股东的资本利得将有可能提高。

由于企业在经营过程中存在着诸多的不确定性因素，股东会认为现实的现金股利要比未来的资本利得更为可靠，会更偏好于确定的股利收益。因此，资本利得好像林中之鸟，虽然看上去很多，但却不一定抓得到。而现金股利则好像在手之鸟，是股东有把握按时、按量得到的现实收益。股东在对待股利分配政策态度上表现出来的这种宁愿现在取得确定的股利收益，而不愿将同等的资金放在未来价值不确定性投资上的态度偏好，被称为“一鸟在手，强于二鸟在林”。

根据“一鸟在手”理论所体现的收益与风险的选择偏好，股东更偏好于现金股利而非资本利得，倾向于选择股利支付率高的股票。当企业股利支付率提高时，股东承担的收益风险越小，其所要求的权益资本报酬率也越低，权益资本成本也相应越低，则根据永续年金计算所得的企业权益价值（企业权益价值 = 分红总额/权益资本成本）将会上升；反之，随着股利支付率的下降，股东的权益资本成本升高，企业的权益价值将会下降。这说明股利政策会对股东价值产生影响，而“一鸟在手”理论所强调的为了实现股东价值最大化的目标，企业应实行高股利分配率的股利政策。

4. 代理理论

企业中的股东、债权人、经理人员等诸多利益相关者的目标并非完全一致，在追求自身利益最大化的过程中有可能会以牺牲另一方的利益为代价，这种利益冲突关系反映在公司股利分配决策过程中表现为不同形式的代理成本：反映两类投资者之间利益冲突的是股东与债权人之间的代理关系；反映股权分散情形下内部经理人员与外部投资者之间利益冲突的经理人员与股东之间的代理关系；反映股权集中情形下控制性大股东与外部中小股东之间利益冲突的是控股股东与中小股东之间的代理关系。

（1）股东与债权人之间的代理冲突。企业股东在进行投资与融资决策时，有可能为增加自身的财富而选择了加大债权人风险的政策，如股东通过发行债务支付股利或为发放股利而拒绝净现值为正的投资项目。在股东与债权人之间存在代理冲突时，债权人为保护自身利益，希望企业采取低股利支付率，通过多留存少分配的股利政策以保证有较为充裕的现金留在企业以防发生债务支付困难。因此，债权人在与企业签订借款合同时，习惯于制定约束性条款对企业发放股利的水平进行制约。

（2）经理人员与股东之间的代理冲突。当企业拥有较多的自由现金流时，企业经理人员有可能把资金投资于低回报项目，或为了取得个人私利而追求额外津贴及在职消费等，因此，实施高股利支付率的股利政策有利于降低因经理人员与股东之间的代理冲突而引发的这种自由现金流的代理成本。实施多分配少留存的股利政策，既有利于抑制经理人员随意支配自由现金流的代理成本，也有利于满足股东取得股利收益的愿望。

（3）控股股东与中小股东之间的代理冲突。如果所有权与控制权集中于一个或少数大股东手中，企业管理层通常由大股东直接出任或直接指派，管理层与大股东的利益趋于一致。由于所有权集中使控股股东有可能也有能力通过各种手段侵害中小股东的利益，控股股东为取得控制权私利而产生的与中小股东之间的代理冲突使企业股利政策也呈现出明显的特征。当法律制度较为完善，外部投资者保护受到重视时，有效地降低了大股东的代理成本，可以促使企业实施较为合理的股利分配政策。反之，法律制度建设滞后，外部投资者保护程度较低时，如果控股股东通过利益侵占取得的控制权私利机会较多，会使其忽视基于所有权的正常股利收益分配，甚至因过多的利益侵占而缺乏可供分配的现金。因此，处于外部投资者保护程度较弱环境的中小股东希望企业采用多分配少留存的股利政策，以防控股股东的利益侵害。正因为如此，有些企业为了向外部中小投资者表明自身盈利前景与企业治理良好的状况，则通过多分配少留存的股利政策向外界传递了声誉信息。

代理理论的分析视角为研究与解释处于特定治理环境中的企业股利分配行为提供了一个基本分析逻辑。如果在企业进行股利分配决策过程中，同时伴随着其他公司财务决策，并处于不同的公司治理机制条件下（如所有权结构、经理人员持股、董事会结构特征等），基于代理理论对股利分配政策选择的分析将是多种因素权衡的复杂过程。

5. 信号理论

MM 的股利无关论假设不存在信息不对称，即外部投资者与内部经理人员拥有企业投资机会与收益能力的相同信息。但在现实条件下，企业经理人员比外部投资者拥有更多的企业经营状况与发展前景的信息，这说明在内部经理人员与外部投资者之间存在信息不对称。在这种情形下，可以推测分配股利可以作为一种信息传递机制，使企业股东或市场中的投资者依据股利信息对企业经营状况与发展前景作出判断。内部经理人也认为股利分配政策具有信息含量，特别是股利支付信息向市场传递了企业的盈利能力能够为其项目投资和股利分配提供充分的内源融资，特别是本期与以前期间的股利支付水平以及变化程度的信息，甚至能够使投资者从中对企业盈利持续性及增长作出合理判断。

信号理论认为股利向市场传递企业信息可以表现为两个方面：一种是股利增长的信号作用，即如果企业股利支付率提高，被认为是经理人员对企业发展前景作出良好预期的结果，表明企业未来业绩将大幅度增长，通过增加发放股利的方式向股东与投资者传递了这一信息。此时，随着股利支付率提高，企业股票价格应该是上升的。另一种是股利减少的信号作用，即如果企业股利支付率下降，股东与投资者会感受到这是企业经理人员对未来发展前景作出无法避免衰退预期的结果。显然，随着股利支付率下降，企业股票价格应该是下降的。

当然，增发股利是否一定向股东与投资者传递了好消息，对这一点的认识是不同的。如果考虑处于成熟期的企业，其盈利能力相对稳定，此时企业宣布增发股利特别是发放高额股利，可能意味着该企业目前没有新的前景很好的投资项目，预示着企业成长性趋缓甚至下降，此时，随着股利支付率提高，股票价格应该是下降的；而当宣布减少股利，则意味着企业需要通过增加留存收益为新增投资项目提供融资，预示着未来前景较好，显然，随着股利支付率下降，企业股票价格应该是上升的。

股利信号理论为解释股利是否具有信息含量提供了一个基本分析逻辑，鉴于投资者对股利信号信息的理解不同，所作出的对企业价值的判断也不同。

二、股利政策的类型

在进行股利分配的实务中，公司经常采用的股利政策如下：

（一）剩余股利政策

股利分配与公司的资本结构相关，而资本结构又是由投资所需资金构成的，因此实际上股利政策要受到投资机会及其资本成本的双重影响。剩余股利政策就是在公司有着良好的投资机会时，根据一定的目标资本结构（最佳资本结构），测算出投资所需的权益资本，先从盈余当中留用，然后将剩余的盈余作为股利予以分配。

采用剩余股利政策时，应遵循四个步骤：

（1）设定目标资本结构，即确定权益资本与债务资本的比率，在此资本结构下，加权平均资本成本将达到最低水平；

（2）确定目标资本结构下投资所需的股东权益数额；

（3）最大限度地使用保留盈余来满足投资方案所需的权益资本数额；

（4）投资方案所需权益资本已经满足后若有剩余盈余，再将其作为股利发放给股东。

【例 11-1】 某公司当年利润下年分配股利。公司上年净利润600万元，今年年初讨论决定股利分配的数额。预计今年需要增加长期资本800万元。公司的目标资本结构是权益资本占60%，债务资本占40%，今年继续保持。按法律规定，至少要提取10%的公积金。公司采用剩余股利政策。问：公司应分配多少股利？

利润留存 = 800 × 60% = 480（万元）

股利分配 = 600 − 480 = 120（万元）

分析这类问题要注意以下几点：

（1）关于财务限制。在股利分配中，财务限制主要是指资本结构限制。资本结构是长期有息负债（长期借款和公司债券）和所有者权益的比率。题意要求“保持目标资本结构”，是指因目前资本结构已是目标资本结构，所以补充长期资本800万元时按目标比例筹集资金即可保持该结构，也就是留存480万元，另外的320万元通过长期有息负债筹集。

保持目标资本结构不是指保持全部资产的负债比率，无息负债和短期借款不可能也不需要保持某种固定比率。短期负债筹资是营运资本管理的问题，不是资本结构问题。

保持目标资本结构，不是指一年中始终保持同样的资本结构。利润分配后，随着生产经营的进行会出现损益，导致所有者权益的变化，使资本结构发生变化。因此，符合目标资本结构是指利润分配后（特定时点）新增长期资本的资本结构符合既定目标，而不管后续经营造成的所有者权益变化。

需要资金800万元是什么含义？是从什么基础增加800万元？如果以分配前的资金存量为基础，那么分出股利将减少资金存量，就要再补充资金，我们将陷入一个数字循环。因此，投资需要800万元是指需要800万元长期资本，不是指资产总额增加800万元。它要按照目标资本结构分别靠长期有息负债和权益资金（包括留存和增发股份）筹集。至于分配股利的现金问题，是营运资金管理问题，如果现金存量不足，可以通过短期借款解决，与筹集长期资本无直接关系。

（2）关于经济限制。出于经济上有利的原则，筹集资金要在确定目标结构的前提下，使用利润留存（如不足，增发股份）和长期借款补充资金。因此，800万元资金只能由利润留存补充480万元，借款部分补充320万元。不应当违背经济原则，把全部利润都分给股东，然后去按资本结构比率增发股份和借款。

（3）关于法律限制。法律规定必须提取10%的公积金，因此公司至少要提取600 × 10% = 60（万元），作为收益留存。如果公司出于经济原因决定留存利润480万元，这条法律规定并没有构成实际限制。法律规定留存的60万元同样可以长期使用，它是480万元的一部分。

法律的这条规定，实际上只是对本年利润“留存”数额的限制，而不是对股利分配的限制。由于以前年度的未分配利润也可以用来分配股利，所以法律对于股利分配的限制来源于“累计未分配利润”。就本题而言，“本年”利润中可用于股利分配的上限是600×90%=540（万元），如果有以前年度未分配利润，法律不禁止股利分配超过540万元。

在本题中，限制动用以前年度未分配利润分配股利的真正原因，来自财务限制和采用的股利分配政策。既然需要补充资金，为什么还要超过540万元的限制，动用以前年度未分配利润呢？只有在资金有剩余的情况下，才会超本年盈余进行分配。超量分配，然后再去借款或向股东要钱，不符合经济原则。因此，该公司不会动用以前年度未分配利润，只能分配本年利润的剩余部分（即120万元）给股东。

例如，假定［例11－1］中的这家公司除了当年取得税后利润600万元外，还有以前年度的累计未分配利润1 000万元，那么如果不考虑增加投资资本和保持现有资本结构的需要，只满足提取法定公积金的要求，该公司可用于分配股利的最高额则为：

最高可分配股利额＝600×（1－10%）＋1 000＝1 540（万元）

如果考虑增加投资资本的需要，按照剩余股利政策，即使留有以前年度的累计未分配利润，公司也只能以［例11－1］解答中的股利分配额120万元向股东分配股利。

奉行剩余股利政策，意味着公司只将剩余的盈余用于发放股利。这样做的根本理由是为了保持理想的资本结构，使加权平均资本成本最低。

（二）固定股利或稳定增长股利政策

固定股利或稳定增长股利政策是企业将每年派发的股利固定在某一特定水平或是在此基础上维持某一固定增长率从而逐年稳定增长。

其中，固定股利政策是将每年发放的股利固定在某一相对稳定的水平上并在较长的时期内不变，只有当公司认为未来盈余会显著地、不可逆转地增长时，才提高年度股利发放额。如图11－1中的虚线所示。

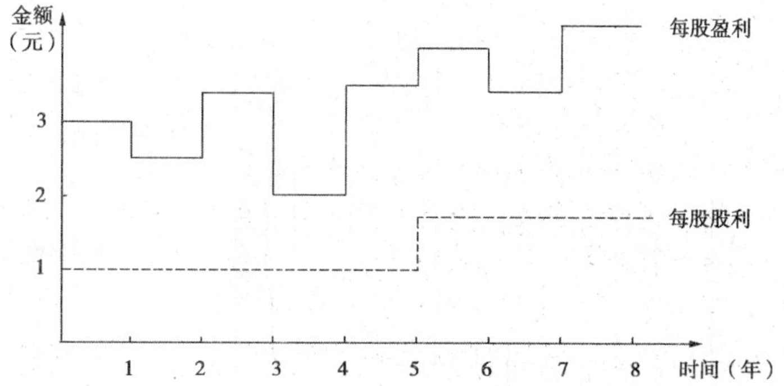

图11－1　固定股利政策

稳定增长股利政策是每年发放的股利在上一年股利的基础上按固定增长率稳定增长。如图11－2中的虚线所示。

固定股利或稳定增长股利政策的理论依据是“一鸟在手”理论和股利信号理论。该理论认为：

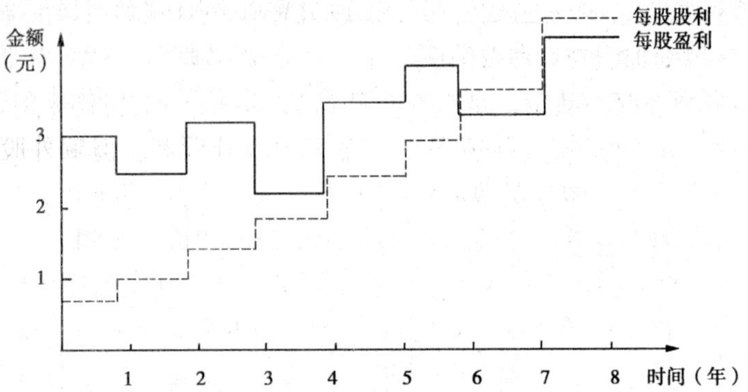

图 11－2　稳定增长股利政策

（1）固定或稳定增长的股利可以消除投资者内心的不确定性。等于向市场传递公司经营业绩正常或稳定增长的信息，有利于树立公司良好形象，增强投资者对公司的信心，从而使公司股票价格保持稳定或上升。

（2）固定或稳定增长的股利有利于投资者安排股利收入和支出，特别是对那些对股利有着很高依赖性的股东更是如此。而股利忽高忽低的股票，则不会受这些股东的欢迎，股票价格会因此而下降。

固定股利或稳定增长股利政策的缺点在于股利的支付与盈余相脱节。当盈余较低时仍要支付固定或稳定增长的股利，这可能导致资金短缺，财务状况恶化；同时，不能像剩余股利政策那样保持较低的资本成本。

固定股利或稳定增长股利政策适用于成熟的、盈利充分且获利能力比较稳定的、扩张需求减少的公司。从公司发展的生命周期考虑，稳定增长期的企业可采用稳定增长股利政策，成熟期的企业可采用固定股利政策。

（三）固定股利支付率政策

固定股利支付率政策，是公司确定一个股利占盈余的比率，长期按此比率支付股利的政策。在这一股利政策下，各年股利额随公司经营的好坏而上下波动，获得较多盈余的年份股利额高，获得盈余少的年份股利额就低。如图 11－3 中的虚线所示。

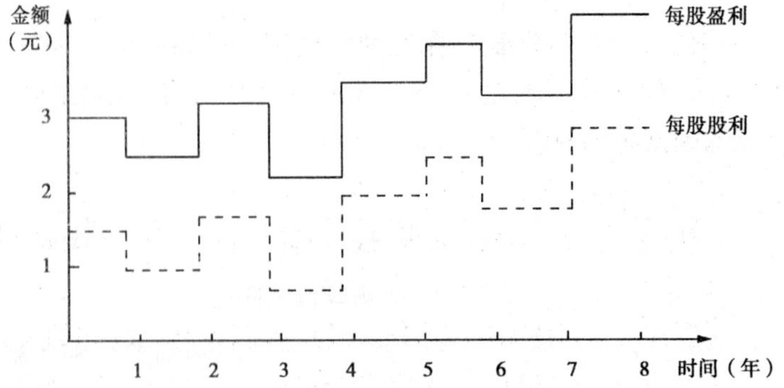

图 11－3　固定股利支付率政策

主张实行固定股利支付率的人认为，这样做能使股利与公司盈余紧密地配合，以体现多盈多分、少盈少分、无盈不分的原则，才算真正公平地对待了每一位股东。但是，在这种政策下各年的股利变动较大，极易造成公司不稳定的感觉，对于稳定股票价格不利。

（四）低正常股利加额外股利政策

低正常股利加额外股利政策，是公司一般情况下每年只支付固定的、数额较低的股利，在盈余多的年份，再根据实际情况向股东发放额外股利。但额外股利并不固定化，不意味着公司永久地提高了规定的股利率。如图 11－4 中的虚线所示。

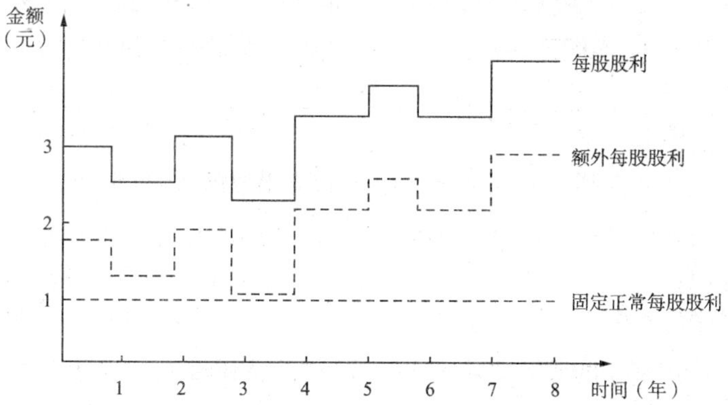

图 11－4　低正常股利加额外股利政策

采用低正常股利加额外股利政策的理由如下：

（1）这种股利政策使公司具有较大的灵活性。当公司盈余较少或投资需用较多资金时，可维持设定的较低但正常的股利，股东不会有股利跌落感；而当盈余有较大幅度增加时，则可适度增发股利，把经济繁荣的部分利益分配给股东，使他们增强对公司的信心，这有利于稳定股票的价格。

（2）这种股利政策可使那些依靠股利度日的股东每年至少可以得到虽然较低但比较稳定的股利收入，从而吸引住这部分股东。

以上各种股利政策各有所长，公司在分配股利时应借鉴其基本决策思想，制定适合自己具体实际情况的股利政策。

三、股利政策的影响因素

在现实生活中，公司的股利分配是在种种制约因素下进行的，采取何种股利政策虽然是由管理层决定的，但是实际上在其决策过程中会受到诸多主观与客观因素的影响。影响股利分配政策的因素主要有：

（一）法律限制

为了促进公司长期稳定发展，有关法规对公司的股利分配经常作如下限制：

1. 资本保全的限制

规定公司不能用资本（包括股本和资本公积）发放股利。股利的支付不能减少法定资本，如果一个公司的资本已经减少或因支付股利而引起资本减少，则不能支付股利。

2. 企业积累的限制

为了制约公司支付股利的任意性，按照法律规定，公司税后利润必须先提取法定公积金。此外还鼓励公司提取任意公积金，只有当提取的法定公积金达到注册资本的50%

时，才可以不再提取。提取法定公积金后的利润净额才可以用于支付股利。

3. 净利润的限制

规定公司年度累计净利润必须为正数时才可发放股利，以前年度亏损必须足额弥补。

4. 超额累积利润的限制

由于许多国家股东接受股利缴纳的所得税税率高于其进行股票交易的资本利得税税率，于是规定公司不得超额累积利润，一旦公司的保留盈余超过法律认可的水平，将被加征额外税额。

5. 无力偿付的限制

基于对债权人的利益保护，如果一个公司已经无力偿付负债，或股利支付会导致公司失去偿债能力，则不能支付股利。

（二）股东因素

公司的股利政策最终由股东大会决定，因此，股东的要求不可忽视。股东从自身经济利益需要出发，对公司的股利分配往往产生这样一些影响：

1. 稳定的收入和避税

一些股东的主要收入来源是股利，他们往往要求公司支付稳定的股利。他们认为通过保留盈余引起股价上涨而获得资本利得是有风险的。若公司留存较多的利润，将受到这部分股东的反对。另外，一些边际税率较高的股东出于避税的考虑，往往反对公司发放较多的股利。

2. 控制权的稀释

公司支付较高的股利，就会导致留存盈余减少，这又意味着将来发行新股的可能性加大，而发行新股必然稀释公司的控制权，这是公司拥有控制权的股东们所不愿看到的局面。因此，若他们拿不出更多的资金购买新股，宁肯不分配股利。

（三）公司因素

公司的经营情况和经营能力，影响其股利政策。

1. 盈余的稳定性

公司是否能获得长期稳定的盈余，是其股利决策的重要基础。盈余相对稳定的公司相对于盈余不稳定的公司而言具有较高的股利支付能力，因为盈余稳定的公司对保持较高股利支付率更有信心。收益稳定的公司面临的经营风险和财务风险较小，筹资能力较强，这些都是其股利支付能力的保证。

2. 公司的流动性

较多地支付现金股利会减少公司的现金持有量，使公司的流动性降低。这里公司流动性是指及时满足财务应付义务的能力；而公司保持一定的流动性，不仅是公司经营所必需的，也是在实施股利分配方案时需要权衡的。

3. 举债能力

具有较强举债能力（与公司资产的流动性相关）的公司因为能够及时地筹措到所需的现金，有可能采取高股利政策；而举债能力弱的公司则不得不多滞留盈余，因而往往采取低股利政策。

4. 投资机会

有着良好投资机会的公司，需要有强大的资金支持，因而往往少发放股利，将大部分盈余用于投资。缺乏良好投资机会的公司，保留大量现金会造成资金的闲置，于是倾向于支付较高的股利。正因为如此，处于成长中的公司多采取低股利政策；处于经营收缩中的公司多采取高股利政策。

5. 资本成本

与发行新股相比，保留盈余不需花费筹资费用，是一种比较经济的筹资渠道。所以，从资本成本考虑，如果公司有扩大资金的需要，也应当采取低股利政策。

6. 债务需要

具有较高债务偿还需要的公司，可以通过举借新债、发行新股筹集资金偿还债务，也可直接用经营积累偿还债务。如果公司认为后者适当的话（比如，前者资本成本高或受其他限制难以进入资本市场），将会减少股利的支付。

（四）其他限制

除了上述的因素以外，还有其他一些因素也会影响公司的股利政策选择。

1. 债务合同约束

公司的债务合同，特别是长期债务合同，往往有限制公司现金支付程度的条款，这使公司只得采取低股利政策。

2. 通货膨胀

在通货膨胀的情况下，由于货币购买力下降，公司计提的折旧不能满足重置固定资产的需要，需要动用盈余补足重置固定资产的需要，因此在通货膨胀时期公司股利政策往往偏紧。

第二节　股利的种类、支付程序与分配方案

一、股利的种类

股利支付方式有多种，主要方式有以下两种：

第一，现金股利。现金股利是以现金支付的股利，它是股利支付的主要方式。公司支付现金股利除了要有累计盈余（特殊情况下可用弥补亏损后的盈余公积金支付）外，还要有足够的现金，因此，公司在支付现金股利前需筹备充足的现金。

第二，股票股利。股票股利是公司以增发的股票作为股利的支付方式。

在我国上市公司的股利分配实践中，股利支付方式是现金股利、股票股利或者是两种方式兼有的组合分配方式。部分上市公司在实施现金股利和股票股利的利润分配方案时，有时也会同时实施从资本公积转增股本的方案。

此外，公司还可以使用财产和负债支付方式支付股利。财产股利是以现金以外的资产支付的股利，主要是以公司所拥有的其他企业的有价证券，如债券、股票，作为

股利支付给股东。负债股利是公司以负债支付的股利，通常以公司的应付票据支付给股东，在不得已的情况下也有发行公司债券抵付股利的。财产股利和负债股利实际上是现金股利的替代。这两种股利方式目前在我国公司实务中很少使用，但并非法律所禁止。

二、股利支付程序

（一）决策程序

上市公司股利分配的基本程序是：首先由公司董事会根据公司盈利水平和股利政策，制定股利分派方案，提交股东大会审议，通过后方能生效。在经过上述决策程序之后，公司方可对外发布股利分配公告、具体实施分配方案。我国股利分配决策权属于股东大会。我国上市公司的现金分红一般是按年度进行，也可以进行中期现金分红。

（二）分配信息披露

根据有关规定，股份有限公司利润分配方案、公积金转增股本方案须经股东大会批准，董事会应当在股东大会召开后两个月内完成股利派发或股份转增事项。在此期间，董事会必须对外发布股利分配公告，以确定分配的具体程序与时间安排。

股利分配公告一般在股权登记前3个工作日发布。如果公司股东较少，股票交易又不活跃，公告日可以与股利支付日在同一天。公告内容包括：

（1）利润分配方案。

（2）股利分配对象，为股权登记日当日登记在册的全体股东。

（3）股利发放方法。我国上市公司的股利分配程序应当按登记的证券交易所的具体规定进行。

此外，为提高上市公司现金分红的透明度，《关于修改上市公司现金分红若干规定的决定》要求上市公司在年度报告、半年度报告中分别披露利润分配预案，在报告期实施的利润分配方案执行情况的基础上，还要求在年度报告、半年度报告以及季度报告中分别披露现金分红政策在本报告期的执行情况。同时，要求上市公司以列表方式明确披露前三年现金分红的数额与净利润的比率。如果本报告期内盈利但公司年度报告中未提出现金利润分配预案，应详细说明未分红的原因、未用于分红的资金留存公司的用途。

（三）分配程序

以深圳证券交易所的规定为例：对于流通股份，其现金股利由上市公司于股权登记日前划入深交所账户，再由深交所于登记日后第3个工作日划入各托管证券经营机构账户，托管证券经营机构于登记日后第5个工作日划入股东资金账户。红股则于股权登记日后第3个工作日直接划入股东的证券账户，并自即日起开始上市交易。

（四）股利支付过程中的重要日期

（1）股利宣告日（declaration date），即公司董事会将股东大会通过本年度利润分配方案的情况以及股利支付情况予以公告的日期。公告中将宣布每股派发股利、股权登记日、除息日、股利支付日以及派发对象等事项。

（2）股权登记日（record date），即有权领取本期股利的股东其资格登记截止日期。只有在股权登记日这一天登记在册的股东（即在此日及之前持有或买入股票的股东）才有资格领取本期股利，而在这一天之后登记在册的股东，即使是在股利支付日之前买入的股票，也无权领取本期分配的股利。此外，我国部分上市公司在进行利润分配时除了分派现金股利以外，还伴随着送股或转增股，在股权登记日这一天仍持有或买进该公司的股票的投资者是可以享有此次分红、送股或转增股的股东，这部分股东名册由证券登记公司统计在案，届时将所应支付的现金红利、应送的红股或转增股划到这部分股东的账上。

（3）除息日（ex - dividend date），也称除权日，是指股利所有权与股票本身分离的日期，将股票中含有的股利分配权利予以解除，即在除息日当日及以后买入的股票不再享有本次股利分配的权利。我国上市公司的除息日通常是在登记日的下一个交易日。由于在除息日之前的股票价格中包含了本次派发的股利，而自除息日起的股票价格中则不包含本次派发的股利，通常需要除权调整上市公司每股股票对应的股利价值，以便投资者对股价进行对比分析。

（4）股利支付日（payment date），是公司确定的向股东正式发放股利的日期。公司通过资金清算系统或其他方式将股利支付给股东。

【例 11 -2】 Z 上市公司 2015 年度利润分配方案已经公司 2016 年 6 月 16 日召开的 2015 年年度股东大会审议通过。股东大会决议以公司 2015 年 12 月 31 日总股本（100 亿股）为基数，每股派发现金股利人民币 0.10 元（含税），共分配现金股利人民币 10 亿元。股权登记日为 2016 年 7 月 18 日，除息日为 2016 年 7 月 19 日，现金红利发放日为 2016 年 7 月 26 日。发放范围为截至 2016 年 7 月 18 日下午上海证券交易所收市后，在中国证券登记结算有限责任公司上海分公司（以下简称“中登上海分公司”）登记在册的本公司全体 A 股股东。

与我国上市公司不同，在美国的上市公司通常按季度发放股利，并把除息日确定在股权登记日之前的两个交易日。例如，在美国纳斯达克上市交易的 W 公司在 2016 年第一个季度股利公告显示：公告日，2016 年 1 月 9 日；除息日，2016 年 2 月 16 日和 17 日；登记日，2016 年 2 月 18 日；股利支付日，2016 年 3 月 11 日。在登记日的前两个交易日（即除息日）之前购买了公司的股票，才能成为本次股利的派发对象。如果是在除息日这两天或之后买入了股票，股利的发放对象依然是卖出股票的人。

三、股利分配方案

企业的股利分配方案一般包括以下几个方面：

（1）股利支付形式。决定是以现金股利、股票股利还是其他某种形式支付股利。

（2）股利支付率。股利支付率是指股利与净利润的比率。按年度计算的股利支付率非常不可靠。由于累计的以前年度盈余也可以用于股利分配，有时股利支付率甚至会大于 100%。作为一种财务政策，股利支付率应当是若干年度的平均值。

（3）股利政策的类型。决定采取固定股利政策，还是稳定增长股利政策，或是剩余股利政策等。

（4）股利支付程序。确定股利宣告日、股权登记日、除息日和股利支付日等具体事宜。

【例11-3】 C公司2015年度A股利润分配及资本公积金转增股本实施公告

（一）通过分配、转增股本方案的股东大会届次和日期

C公司2015年利润分配及资本公积转增股本方案已经本公司于2016年1月21日召开的2016年第一次临时股东大会审议通过。股东大会决议公告已于2016年1月22日登载在上海证券交易所及香港联合交易所有限公司网站，并同时刊登在《中国证券报》、《上海证券报》。

（二）利润分配、转增股本方案

1. 发放年度：2015年。

2. 发放范围及对象：截至2016年2月15日15:00时上海证券交易所收市后，在中国证券登记结算有限责任公司上海分公司（以下简称"中登公司上海分公司"）登记在册的本公司全体A股股东。

3. 利润分配及资本公积金转增股本方案：本次2015年利润分配以2015年12月31日的总股本30亿股为基数，向全体股东每10股派发股票股利10股，每10股派发现金红利人民币2.50元（含税），即每股派发股票股利1股并派发现金红利人民币0.25元（含税），共计派送股票股利30亿股，派发现金红利人民币7.5亿元（含税）；同时以资本公积金向全体股东每10股转增10股，即每股转增1股，共转增30亿股。本次股票股利派发和资本公积金转增股本实施完成后，本公司总股本增加60亿股，总股本变更为90亿股。

H股股东的现金红利发放不适用本公告。

4. 根据国家税法有关规定：

（1）对于持有本公司A股的自然人股东及证券投资基金，根据《关于上市公司股息红利差别化个人所得税政策有关问题的通知（财税〔2015〕101号）》的有关规定，本公司暂不扣缴个人所得税，现金红利按照每股0.25元派发。

自然人股东及证券投资基金在股权登记日后转让股票时，所转让的股票持股期限在1年以内（含1年）的，将按照上述通知有关规定执行差别化个人所得税。由中登公司上海分公司根据其持股期限计算实际应纳税额，超过已扣缴税款的部分，由证券公司等股份托管机构从个人资金账户中扣收并划付中登公司上海分公司，中登公司上海分公司于次月5个工作日内划付至本公司，本公司将在收到税款当月的法定申报期内向主管税务机关申报缴纳。相关持股期限（指个人从公开发行和转让市场取得上市公司股票之日至转让交割该股票之日前一日的持有时间）在1个月以内（含1个月）的，实际税负为20%；持股期限在1个月以上至1年（含1年）的，实际税负为10%；持股期限超过1年的，股息红利所得暂免征收个人所得税。

（2）对于A股的居民企业股东，其现金红利所得税自行缴纳，实际派发每股税前现金红利人民币0.25元。

（3）对于境外合格机构投资者（QFII）股东，根据国家税务总局于2009年1月23日颁布的《关于中国居民企业向QFII支付股息、红利、利息代扣代缴企业所得税有关问题的通知》（国税函〔2009〕47号）的规定，本公司按照10%的税率统一代扣代缴企业所得税，扣税后每股实际派发现金红利0.125元。本公司委托中国证券登记结算有限责任

公司上海分公司按照税后每股 0.125 元派发现金红利。如上述股东取得股息红利收入需要享受税收协定（安排）待遇的，可按照相关规定在取得股息红利后自行向主管税务机关提出退税申请。

(4) 对于香港联合交易所有限公司投资者（包括企业和个人）投资本公司 A 股股票（“沪股通”），其现金红利将由本公司通过中登公司上海分公司按股票名义持有人（香港中央结算有限公司）账户以人民币派发，扣税根据《财政部、国家税务总局、证监会关于沪港股票市场交易互联互通机制试点有关税收政策的通知》（财税〔2014〕81 号）的有关规定，按照 10% 的税率代扣股票股利及现金红利所得税，税后每股实际派发现金红利人民币 0.125 元。

(5) 对于其他股东，本公司未代扣代缴所得税，由纳税人自行缴纳。

（三）利润分配具体实施日期

A 股股权登记日：2016 年 2 月 15 日（周一）

除权（除息）日：2016 年 2 月 16 日（周二）

新增无限售条件流通股份上市日：2016 年 2 月 17 日（周三）

现金红利发放日：2016 年 2 月 16 日（周二）

（四）分配对象

截至 2016 年 2 月 15 日 15:00 时上海证券交易所收市后，在中国证券登记结算有限责任公司上海分公司登记在册的本公司全体 A 股股东。

（五）分配、转增股本实施办法

1. 现金红利的派送方法

本公司股东 M 公司的现金红利由本公司直接派发。

除 M 公司外，其他 A 股股东的现金红利，本公司委托中国证券登记结算有限责任公司上海分公司通过其资金清算系统，向股权登记日登记在册并在上海证券交易所各会员单位办理了指定交易的股东派发。已办理全面指定交易的投资者可于现金红利发放日在其指定的证券营业部领取现金红利，未办理指定交易的股东红利暂由中国证券登记结算有限责任公司上海分公司保管，待办理指定交易后再进行派发。

2. 股票股利及资本公积转增股本的派发方法

本次所送（转）股份，将按照中登上海分公司的有关规定，由中登上海分公司通过计算机网络根据股权登记日下午上海证券交易所收市后登记在册的公司股东持股数直接记入公司股东账户。

（六）实施利润分配及资本公积金转增股本方案后，按新股本 90 亿股摊薄计算的 2015 年每股收益为 0.50 元。

从 C 上市公司利润分配及资本公积金转增股本实施公告披露的信息得知，该公司的股利分配包括现金股利和股票股利。

股票股利是公司以发放的股票作为股利的支付方式，不涉及公司的现金流。股票股利并不直接增加股东的财富，不导致公司资产的流出或负债的增加，同时也并不因此而增加公司的财产，但会引起所有者权益各项目的结构发生变化。发放股票股利以后，如果盈利总额与市盈率不变，会由于普通股股数增加而引起每股收益和每股市价的下降。但由于股东所持股份的比例不变，每位股东所持有股票的市场价值总额仍保持不变。

发放股票股利对每股收益和每股市价的影响，可以通过对每股收益、每股市价的调整直接算出：

$$发放股票股利后的每股收益=\frac{E_0}{1+D_s}$$

式中：E_0——发放股票股利前的每股收益；

D_s——股票股利发放率。

$$发放股票股利后的每股除权参考价=\frac{M}{1+D_s}$$

式中：M——股利分配权转移日的每股市价；

D_s——股票股利发放率。

转增股本则是将资本公积转为股本，对企业而言属于所有者权益内项目之间的调整，对股东而言可以按照其所持有股份的比例获得相应的转增股份。从股东持有的股份数量上看，公司发放股票股利与从资本公积转增股本都会使股东具有相同的股份增持效果，但并未增加股东持有股份的价值。

我国上市公司在实施利润分配方案时，可以是单独实施发放现金股利或股票股利的分配方案，也可以是现金股利与股票股利组合方案，或者同时伴随着从资本公积转增股本的方案。由于股票股利与转增都会增加股数，但每个股东持有股份的比例并未改变，结果导致每股价值被稀释，从而使股票交易价格下降。

在除息日，上市公司发放现金股利、股票股利以及资本公积转增资本后，

$$股票的除权参考价=\frac{股权登记日收盘价-每股现金股利}{1+送股率+转增率}$$

第三节　股票分割与股票回购

一、股票分割

股票分割是指将面额较高的股票交换成面额较低的股票的行为。例如，将原来的一股股票交换成两股股票。股票分割不属于某种股利方式，但其所产生的效果与发放股票股利近似，故而在此一并介绍。

股票分割时，流通在外的股数增加，每股面额下降。而盈利总额和市盈率不变，则每股收益下降，但公司价值不变，股东权益总额以及股东权益内部各项目相互间的比例也不会改变。这与发放股票股利时的情况既有相同之处，又有不同之处。

【例 11-4】 某公司原发行面额 2 元的普通股 200 000 股，若按 1 股换成 2 股的比例进行股票分割，分割前、后的每股收益计算如表 11-1、表 11-2 所示。

表 11－1　股票分割前的股东权益　单位：元

项　目	金　额
普通股（面额 2 元，已发行 200 000 股）	400 000
资本公积	800 000
未分配利润	4 000 000
股东权益合计	5 200 000

表 11－2　股票分割后的股东权益　单位：元

项　目	金　额
普通股（面额 1 元，已发行 400 000 股）	400 000
资本公积	800 000
未分配利润	4 000 000
股东权益合计	5 200 000

假定公司本年净利润 440 000 元，那么股票分割前的每股收益为 2.2 元（440 000 ÷ 200 000）。

分割后的每股收益为 1.1 元，如果市盈率不变，每股市价也会因此而下降。

从实践效果看，由于股票分割与股票股利非常接近，所以一般要根据证券管理部门的具体规定对两者加以区分。例如，有的国家证券交易机构规定，发放 25% 以上的股票股利即属于股票分割。

对于公司来讲，实行股票分割的主要目的在于通过增加股票股数降低每股市价，从而吸引更多的投资者。此外，股票分割往往是成长中公司的行为，所以宣布股票分割后容易给人一种“公司正处于发展之中”的印象，这种利好信息会在短时间内提高股价。从纯粹经济的角度看，股票分割和股票股利没有什么区别。

尽管股票分割与发放股票股利都能达到降低公司股价的目的，但一般来说，只有在公司股价暴涨且预期难以下降时，才采用股票分割的办法降低股价；而在公司股价上涨幅度不大时，往往通过发放股票股利将股价维持在理想的范围之内。

相反，若公司认为自己股票的价格过低，为了提高股价，会采取反分割（也称股票合并）的措施。反分割是股票分割的相反行为，即将数股面额较低的股票合并为一股面额较高的股票。例如，若上例中原面额 2 元、发行 200 000 股、市价 20 元的股票，按 2 股换成 1 股的比例进行反分割，该公司的股票面额将成为 4 元，股数将成为 100 000 股，市价也将上升。

二、股票回购

股票回购是指公司出资购回自身发行在外的股票。

（一）股票回购的意义

股票回购时，公司以多余现金购回股东所持有的股份，使流通在外的股份减少，每股股利增加，从而会使股价上升，股东能因此获得资本利得，这相当于公司支付给股东现金股利。所以，可以将股票回购看作是一种现金股利的替代方式。

【例11－5】 某公司普通股的每股收益、每股市价等资料如表11－3所示。

表11－3 某公司普通股资料表

净利润	7 500 000元
流通股数	1 000 000股
每股收益（7 500 000/1 000 000）	7.5元/股
市盈率	8
预计分红后每股市价	60元

公司拟将4 000 000元用于发放现金股利，则：

每股股利＝4 000 000÷1 000 000＝4（元）

普通股股东将有每股价值60元的股票和每股4元的现金股利，即每股合计价值64元，股权价值合计64 000 000元（64×1 000 000＝64 000 000元）。

如果公司改用4 000 000元以每股64元价格回购股票，则：

回购股数＝4 000 000÷64＝62 500（股）

$$未被回购普通股每股价值=\frac{64\ 000\ 000-4\ 000\ 000}{1\ 000\ 000-62\ 500}=\frac{60\ 000\ 000}{937\ 500}=64\ （元）$$

被回购和未被回购的普通股股东的股票每股价值均为64元。

可见，公司不论采用支付现金股利的方式还是股票回购的方式，对股东而言都是等效的。

然而，股票回购却有着与发放现金股利不同的意义。

（1）对股东而言，股票回购后股东得到的资本利得需缴纳资本利得税，发放现金股利后股东则需缴纳股利收益税。在资本利得税率低于股利收益税率的情况下，股东将得到纳税上的好处。但另一方面，上述分析是建立在各种假设之上的，如假设股票以每股64元的价格回购、7 500 000元的净利润不受回购影响、回购后市盈率亦为8等。实际上这些因素是很可能因股票回购而发生变化的，其结果是否对股东有利难以预料。也就是说，股票回购对股东利益具有不确定的影响。

（2）对公司而言，股票回购有利于增加公司价值：

第一，公司进行股票回购的目的之一是向市场传递股价被低估的信号。股票回购具有与股票发行相反的作用。股票发行被认为是公司股票被高估的信号，如果公司管理层认为公司目前的股价被低估，通过股票回购，向市场传递了积极信息。股票回购的市场反应通常是提升了股价。

第二，当公司可支配的现金流明显超过投资项目所需的现金流时，可以用自由现金流进行股票回购，有助于提高每股收益。股票回购减少了公司自由现金流，起到了降低管理层代理成本的作用。管理层通过股票回购试图使投资者相信公司的股票具有投资吸引力，公司没有把股东的钱浪费在收益不好的投资中。

第三，避免股利波动带来的负面影响。当公司剩余现金流是暂时的或者是不稳定的，没有把握能够长期维持高股利政策时，可以在维持一个相对稳定的股利的基础上，通过股票回购回馈股东。

第四，发挥财务杠杆的作用。如果公司认为资本结构中权益资本的比例较高，可以通过股票回购提高负债率，改变公司的资本结构，并有助于降低加权平均资本成本。虽然发放现金股利也可以减少股东权益，增加财务杠杆，但两者在收益相同情形下的每股收益不同。特别是如果是通过发行债券融资回购本公司的股票，可以快速提高负债率。

第五，通过股票回购，可以减少外部流通股的数量，提高股票价格，在一定程度上降低公司被收购的风险。

第六，调节所有权结构。公司拥有回购的股票（库藏股），可以用来交换被收购或被兼并公司的股票，也可用来满足认股权证持有人认购公司股票或可转换债券持有人转换公司普通股的需要，还可以在执行管理层与员工股票期权时使用，避免发行新股而稀释收益。

我国《公司法》规定，公司只有在以下四种情形下才能回购本公司的股份：一是减少公司注册资本；二是与持有本公司股份的其他公司合并；三是将股份奖励给本公司职工；四是股东因对股东大会作出的合并、分立决议持异议，要求公司收购其股份。

公司因第一种情况收购本公司股份的，应当在收购之日起 10 日内注销；属于第二、第四种情况的，应当在6 个月内转让或者注销。公司因奖励职工回购股份的，不得超过本公司已发行股份总额的5%；用于回购的资金应当从公司的税后利润中支出；所收购的股份应当在1 年内转让给职工。可见，我国法规并不允许公司拥有西方实务中常见的库藏股。

（二）股票回购的方式

股票回购的方式按照不同的分类标准主要有以下几种。

（1）按照股票回购的地点不同，可以分为场内公开收购和场外协议收购两种。场内公开收购是指公司把自己等同于任何潜在的投资者，委托证券公司代自己按照公司股票当前市场价格回购。场外协议收购是指公司与某一类或某几类投资者直接见面，通过协商来回购股票的一种方式。协商的内容包括价格与数量的确定，以及执行时间等。很显然，这一种方式的缺点就在于透明度比较低。

（2）按照股票回购的对象不同，可以分为在资本市场上进行随机回购、向全体股东招标回购，向个别股东协商回购。在资本市场上随机收购的方式最为普遍，但往往受到监管机构的严格监控。在向全体股东招标回购的方式下，回购价格通常高于当时的股票价格，具体的回购工作一般要委托金融中介机构进行，成本费用较高。向个别股东协商回购由于不是面向全体股东，所以必须保持回购价格的公正合理性，以免损害其他股东的利益。

（3）按照筹资方式不同，可分为举债回购、现金回购和混合回购。举债回购是指企业通过银行等金融机构借款的办法来回购本公司的股份。其目的无非是防御其他公司的恶意兼备与收购。现金回购是指企业利用剩余资金来回购本公司的股票。如果企业既动用剩余资金，又向银行等金融机构举债来回购本公司股票，称之为混合回购。

（4）按照回购价格的确定方式不同，可以分为固定价格要约回购和荷兰式拍卖回购。

固定价格要约回购是指企业在特定时间发出的以某一高出股票当前市场价格的价格水平，回购既定数量股票的回购报价。为了在短时间内回购数量相对较多的股票，公司可以宣布固定价格回购要约。它的优点是赋予所有股东向公司出售其所持有股票的均等机会，而且通常情况下公司享有在回购数量不足时取消回购计划或延长要约有效期的权利。荷兰式拍卖回购首次出现于1981年Todd造船公司的股票回购。此种方式的股票回购在回购价格确定方面给予公司更大的灵活性。在荷兰式拍卖的股票回购中，首先公司指定回购价格的范围（通常较宽）和计划回购的股票数量（可以上下限的形式表示）；而后股东进行投标，说明愿意以某一特定价格水平（股东在公司指定的回购价格范围内任选）出售股票的数量；公司汇总所有股东提交的价格和数量，确定此次股票回购的“价格—数量曲线”，并根据实际回购数量确定最终的回购价格。

第十二章　营运资本管理

第一节　营运资本管理策略

营运资本是指流动资产和流动负债的差额，是投入日常经营活动（营业活动）的资本。营运资本管理可以分为流动资产管理和流动负债管理两个方面，前者是对营运资本投资的管理，后者是对营运资本筹资的管理。

一、营运资本投资策略

（一）适中型投资策略

在销售额不变情况下，企业安排较少的流动资产投资，可以缩短流动资产周转天数，节约投资成本。但是，投资不足可能会引发经营中断，增加短缺成本，给企业带来损失。企业为了减少经营中断的风险，在销售不变的情况下安排较多的营运资本投资，会延长流动资产周转天数。但是，投资过量会出现闲置的流动资产，白白浪费了投资，增加持有成本。因此，需要权衡得失，确定其最佳投资需要量，也就是短缺成本和持有成本之和最小化的投资额。这种投资政策要求短缺成本和持有成本大体相等称为适中型投资政策。

1. 短缺成本

短缺成本是指随着流动资产投资水平降低而增加的成本。

例如，因投资不足发生现金短缺，需要出售有价证券并承担交易成本；出售有价证券不足以解决问题时，需要紧急借款并承担较高的利息；借不到足够的款项就要违约并承担违约成本，或者被迫紧急抛售存货并承担低价出售损失。

再如，因投资不足出现存货短缺，会打乱原有生产进程或停工待料，需要重新调整生产并承担生产准备成本，或者需要紧急订货并承担较高的交易成本；若不能及时补充存货就会失去销售机会，甚至失去客户。

2. 持有成本

投资过度需要承担额外的持有成本。流动资产持有成本是指随着流动资产投资上升而增加的成本。持有成本主要是与流动资产相关的机会成本。这些投资如果不用于流动资产，可用于其他投资机会并赚取收益。这些失去的等风险投资的期望收益，就是流动资产投资的持有成本。它低于企业加权平均的资本成本，也低于总资产的平均报酬率，因为流动性越高的资产，其报酬率越低。一般情况，流动资产的流动性强，收益率就低，通常不会高于短期借款的利息。

3. 最优投资规模

流动资产最优的投资规模，取决于持有成本和短缺成本总计的最小化。企业持有成本随投资规模增加而增加，短缺成本随投资规模增加而减少，在两者相等时达到最佳的投资规模，如图 12－1 所示。

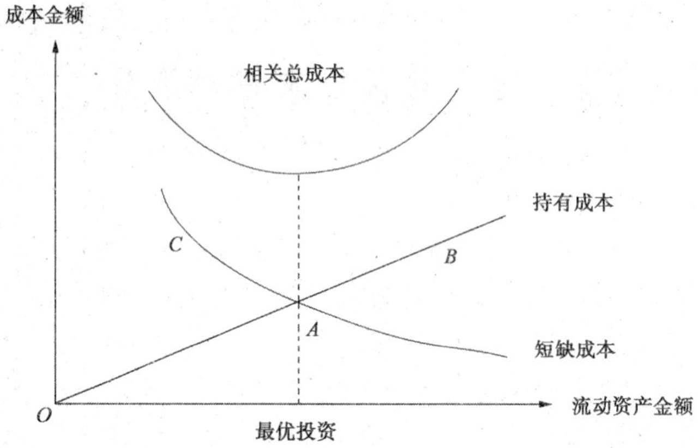

图 12－1　最优投资规模

适中的流动资产投资政策，就是按照预期的流动资产周转天数、销售额及其增长，成本水平和通货膨胀等因素确定的最优投资规模，安排流动资产投资。

（二）保守型投资策略

如果上述影响流动资产投资的诸因素都是确定并已知的，我们不难计算出特定企业所需要的流动资产投资。这些流动资产可以满足经营活动的平稳进行，保证企业按时支付到期债务，及时供应生产用材料，准时向客户提供产品。

问题在于现实世界中的流动资产周转天数、销售额及其增长和成本水平都是不确定的。因此，流动资产的需求是不稳定的。

例如，预计今年的销售收入为 1 000 万元，假设存货与收入比为 10%，计算出来的存货投资需求为 100 万元，企业据此储备了存货。如果实际销售额为 800 万元，有效的存货为 80 万元，过量存储 20 万元。假设等风险投资的资本成本为 10%，则企业损失了 2 万元（20 ×10%）。如果实际市场需求为 1 200 万元，由于存货不足，实际销售额为 1 000 万元，丢失销售收入 200 万元。假设销售利润率为 1%，则企业损失了 2 万元（200 ×1%）。

面对这种不确定性，企业应如何确定流动资产投资呢？是多投资一些还是少投资一些呢？这就需要权衡与之相关的收益和成本。流动资产投资管理的核心问题就是如何应对投资需求的不确定性。

保守型流动资产投资政策，就是企业持有较多的现金和有价证券，充足的存货，提供给客户宽松的付款条件并保持较高的应收账款水平。保守型流动资产投资政策，表现为安排较高的流动资产与收入比。

这种政策需要较多的流动资产投资，承担较大的流动资产持有成本，主要是资金的机会成本，有时还包括其他的持有成本。但是，充足的现金、存货和宽松的信用条件，使企业中断经营的风险很小，其短缺成本较小。

（三）激进型投资策略

激进型流动资产投资政策，就是公司持有尽可能低的现金和小额的有价证券投资；在存货上作少量投资；采用严格的销售信用政策或者禁止赊销。紧缩的流动资产投资政策，表现为较低的流动资产/收入比率。

该政策可以节约流动资产的持有成本，例如节约资金的机会成本。与此同时，公司要承担较大的风险，例如经营中断和丢失销售收入等短缺成本。

二、营运资本筹资策略

营运资本筹资策略，是指在总体上如何为流动资产筹资，采用短期资金来源还是长期资金来源，或者兼而有之。制定营运资本筹资政策，就是确定流动资产所需资金中短期资金和长期资金的比例。营运资本的筹资政策，通常用经营性流动资产中长期筹资来源的比重来衡量，该比率称为易变现率。

$$易变现率=\frac{(股东权益+长期债务+经营性流动负债)-长期资产}{经营性流动资产}$$

易变现率高，资金来源的持续性强，偿债压力小，管理起来比较容易，称为保守型的筹资政策。易变现率低，资金来源的持续性弱，偿债压力大，称为激进型筹资政策。从最保守型筹资政策到最激进型筹资政策之间，分布着一系列风险程度不同的筹资政策。它们大体上分为三类：适中型筹资政策、保守型筹资政策和激进型筹资政策。

（一）适中型筹资策略

适中型筹资政策的特点是：尽可能贯彻筹资的匹配原则，即长期投资由长期资金支持，短期投资由短期资金支持。筹资的匹配原则，不仅适用于流动资金筹集，也适用于长期资本筹资，具有普遍适用性。

为什么要遵循匹配原则？因为按照投资持续时间结构去安排筹资的时间结构，有利于降低利率风险和偿债风险。

例如，一个粮食购销公司，其中有一个仓库（长期资产），专门用于收购、存储和销售小麦（流动资产）。仓库的使用期限为10年，在购买时可以用长期借款，也可以用短期借款筹资。假设利率相等，使用长期借款的好处有两个：一是锁定借款利率，规避未来10年的利率风险；二是保持资金的可持续性，通过折旧形式陆续收回现金，可用来分期偿还长期借款，避免公司卖掉仓库偿债的风险。储存小麦采用短期借款筹资，购入小麦时借款，售出时还款，流动资产和流动负债同步同量即营运资本为零，在小麦全部出售以后流动资产为零。用于小麦的投资不应使用长期资金支持，因为小麦存量有季节性变化，处于低谷时会出现多余现金，白白浪费了筹资的利息。因此，长期资产用长期资金支持，流动资产用短期资金支持，可以减少利率风险和偿债风险。

现实中，大多数企业流动资产不会为零，只要企业存在，只要企业还在营业，流动资产就存在。

为什么流动资产不会为零？其原因是：首先，流动资产是不断周转的，一些流动资产被出售并形成现金，与此同时，企业用现金购入另一些流动资产。流动资产的实物形态不断更新，投资却被长期占用。其次，正常的企业是不断成长的，长期上升的销售收入，需要在流动资产上进行不断投资，因此流动资产不会下降为零，而是不断增长。

流动资产按照投资需求的时间长短分为两部分：稳定性流动资产和波动性流动资产。稳定性流动资产是指那些即使在企业处于经营淡季也仍然需要保留的、用于满足企业长期、稳定运行的流动资产所需的资金。波动性流动资产是那些受季节性、周期性影响的流动资产需要的资金，如季节性存货、销售旺季的应收账款等。从投资需求上看，稳定性流动资产是长期需求，甚至可以说是永久需求，应当用长期资金支持。只有季节性变化引起的资金需求才是真正的短期需求，可以用短期资金来源支持。现实中的筹资匹配原则是长期占用的资金（包括稳定性流动资产投资）应由长期资金来源支持，短期占用的资金（只是临时性流动资产需求，不是全部流动资产）应由短期资金来源支持。

适中型筹资政策的特点是：对于波动性流动资产，用临时性负债筹集资金，也就是利用短期银行借款等短期金融负债工具取得资金；对于稳定性流动资产需求和长期资产，用权益资本、长期债务和经营性流动负债筹集。该政策可以用以下公式表示：

长期资产 + 稳定性流动资产 = 股东权益 + 长期债务 + 经营性流动负债

波动性流动资产 = 短期金融负债

适中型筹资政策如图 12 – 2 所示。

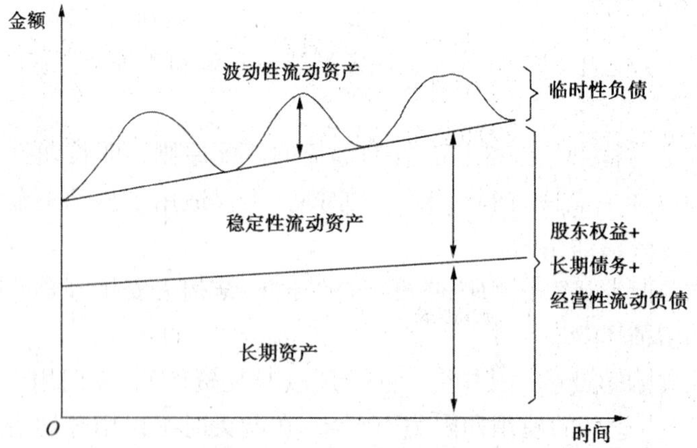

图 12 – 2　适中型筹资政策

适中型筹资政策要求企业的短期金融负债筹资计划严密，实现现金流动与预期安排相一致。企业应根据波动性流动资产需求时间和数量选择与之配合的短期金融负债。

【例 12 – 1】　某企业在生产经营的淡季，需占用 300 万元的流动资产和 500 万元的长期资产；在生产经营的高峰期，会额外增加 200 万元的季节性存货需求。按照适中型筹资政策，企业只在生产经营的高峰期才借入 200 万元的短期借款。800 万元长期性资产（即

300 万元稳定性流动资产和 500 万元长期资产之和）均由权益资本、长期债务和经营性流动负债解决其资金需要。

在营业高峰期，其易变现率为：

$$易变现率=\frac{800-500}{300+200}=60\%$$

在营业低谷期，其易变现率为：

$$易变现率=\frac{300}{300}=100\%$$

资金来源有效期和资产有效期的匹配，是一种战略性的安排，而不要求完全匹配。实际上，企业也做不到完全匹配。其原因是：

（1）企业不可能为每一项资产按其有效期配置单独的资金来源，只能分成短期来源和长期来源两大类来统筹安排筹资。

（2）企业必须有股东权益筹资，它是无限期的资本来源，而资产总是有期限的，不可能完全匹配。

（3）资产的实际有效期是不确定的，而还款期是确定的，必然会出现不匹配。例如，预计销售没有实现，无法按原计划及时归还短期借款，导致匹配失衡。

资金来源有效期结构和资产需求有效期结构的匹配，并非是所有企业在所有时间里的最佳筹资策略。有时预期短期利率会下降，那么，在整个投资有效期中短期负债的成本比长期负债成本低。有些企业会愿意承担利率风险和偿债风险，较多地使用短期负债。另外一些企业与此相反，宁愿让贷款的有效期超过资产的有效期，以求减少利率风险和偿债风险。因此，出现了保守型筹资政策和激进型筹资政策。

（二）保守型筹资策略

保守型筹资政策的特点是：短期金融负债只融通部分波动性流动资产的资金需要，另一部分波动性流动资产和全部稳定性流动资产，则由长期资金来源支持。极端保守的筹资政策完全不使用短期借款，全部资金都来自于长期资金来源。该筹资政策如图 12－3 所示。

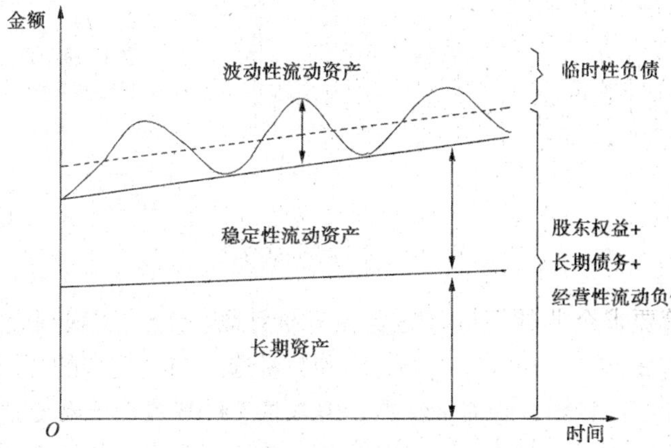

图 12－3 保守型筹资政策

从图 12－3 中可以看到，与适中型筹资政策相比，保守型筹资政策下短期金融负债占企业全部资金来源的比例较小，即易变现率较大。

沿用［例 12－1］的资料，如果企业只是在生产经营的旺季借入资金低于 200 万元，比如 100 万元的短期借款，而无论何时的长期负债、经营性流动负债和权益资本之和总是高于 800 万元，比如达到 900 万元，那么旺季季节性存货的资金需要只有一部分（100 万元）靠当时的短期借款解决，其余部分的季节性存货和全部长期性资金需要则由权益资本、长期债务和经营性流动负债提供。而在生产经营的淡季，企业则可将闲置的资金（100 万元）投资于短期有价证券。其易变现率为：

$$营业高峰期易变现率=\frac{900-500}{500}=80\%$$

$$营业低谷期易变现率=\frac{900-500}{300}=133\%$$

这种做法下，一方面，由于短期金融负债所占比重较小，所以企业无法偿还到期债务的风险较低，同时蒙受短期利率变动损失的风险也较低。然而，另一方面，却会因长期负债资本成本高于短期金融负债的资本成本，以及经营淡季时资金有剩余但仍需负担长期负债利息，从而降低企业的收益。所以，保守型筹资政策是一种风险和收益均较低的营运资本筹资政策。

（三）激进型筹资策略

激进型筹资政策的特点是：短期金融负债不但融通临时性流动资产的资金需要，还解决部分长期性资产的资金需要。极端激进的筹资政策是全部稳定性流动资产都采用短期借款。该筹资政策如图 12－4 所示。

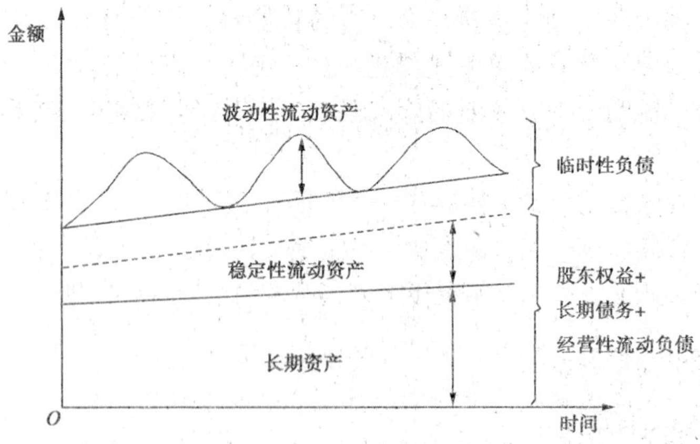

图 12－4　激进型筹资政策

从图 12－4 中可以看到，激进型筹资政策下短期金融负债在企业全部资金来源中所占比重大于适中型筹资政策。

沿用［例 12－1］的资料，该企业生产经营淡季占用 300 万元的流动资产和 500 万元的长期资产。在生产经营的高峰期，额外增加 200 万元的季节性存货需求。如果企业的权益资本、长期债务和经营性流动负债的筹资额低于 800 万元（即低于正常经营期的流动资产占用与长期资产占用之和），比如只有700万元，那么就会有100万元的长期性资产和200万元的临时性流动资产（在经营高峰期内）由短期金融负债筹资解决。这种情况表明，企业实行的是激进型筹资政策。其易变现率为：

$$营业高峰期易变现率=\frac{700-500}{500}=40\%$$

$$营业低谷期易变现率=\frac{700-500}{300}=67\%$$

一方面，由于短期金融负债的资本成本一般低于长期债务和权益资本的资本成本，而激进型筹资政策下短期金融负债所占比重较大，所以，该政策下企业的资本成本较低。但是另一方面，为了满足长期性资产的长期资金需要，企业必然要在短期金融负债到期后重新举债或申请债务展期，这样企业便会更为经常地举债和还债，从而加大筹资困难和风险；还可能面临由于短期负债利率的变动而增加企业资本成本的风险，所以，激进型筹资政策是一种收益性和风险性均较高的营运资本筹资政策。

流动资金筹资政策的稳健程度，可以用易变现率的高低识别。在营业低谷期的易变现率为1，是适中的流动资金筹资政策，大于1时比较稳健，小于1则比较激进。营业高峰期的易变现率，可以反映随营业额增加而不断增长的流动性风险，数值越小风险越大。

第二节　现金管理

现金是可以立即投入流动的交换媒介。它的首要特点是普遍的可接受性，即可以有效地立即用来购买商品、货物、劳务或偿还债务。因此，现金是企业中流动性最强的资产。属于现金内容的项目，包括企业的库存现金、各种形式的银行存款和银行本票、银行汇票。

有价证券是企业现金的一种转换形式。有价证券变现能力强，可以随时兑换成现金。企业有多余现金时，常将现金兑换成有价证券；现金流出量大于流入量需要补充现金时，再出让有价证券换回现金。在这种情况下，有价证券就成了现金的替代品。

一、现金管理的目标及方法

（一）现金管理的目标

企业置存现金的原因，主要是满足交易性需要、预防性需要和投机性需要。

交易性需要是指置存现金以用于日常业务的支付。企业经常得到收入，也经常发生支出，两者不可能同步同量。收入多于支出，形成现金置存；收入少于支出，需要借入现金。企业必须维持适当的现金余额，才能使业务活动正常地进行下去。

预防性需要是指置存现金以防发生意外支付。企业有时会出现意想不到的开支，现金流量的不确定性越大，预防性现金的数额也就应越大；反之，企业现金流量的可预测性强，预防性现金数额则可小些。此外，预防性现金数额还与企业的借款能力有关，如果企业能够很容易地随时借到短期资金，也可以减少预防性现金的数额；若非如此，则应扩大预防性现金数额。

投机性需要是指置存现金用于不寻常的购买机会，比如遇有廉价原材料或其他资产供应的机会，便可用手头现金大量购入；再如在适当时机购入价格有利的股票和其他有价证券，等等。当然，除了金融和投资公司外，一般来讲，其他企业专为投机性需要而特殊置存现金的不多，遇到不寻常的购买机会也常设法临时筹集资金。但拥有相当数额的现金，确实为突然的大批采购提供了方便。

企业缺乏必要的现金，将不能应付业务开支，使企业蒙受损失。企业由此而造成的损失，称之为短缺现金成本。短缺现金成本不考虑企业其他资产的变现能力，仅就不能以充足的现金支付购买费用而言，内容上大致包括：丧失购买机会（甚至会因缺乏现金不能及时购买原材料，而使生产中断造成停工损失）、造成信用损失和得不到折扣好处。其中失去信用而造成的损失难以准确计量，但其影响往往很大，甚至导致供货方拒绝或拖延供货，债权人要求清算等。但是，如果企业置存过量的现金，又会因这些资金不能投入周转无法取得盈利而遭受另一些损失。此外，在市场正常的情况下，一般说来，流动性强的资产，其收益性较低，这意味着企业应尽可能少地置存现金，即使不将其投入本企业的经营周转，也应尽可能多地投资于能产生高收益的其他资产，避免资金闲置或用于低收益资产而带来的损失。这样，企业便面临现金不足和现金过量两方面的威胁。企业现金管理的目标，就是要在资产的流动性和盈利能力之间作出抉择，以获取最大的长期利润。

（二）现金管理的方法

为了提高现金使用效率，可采用如下现金管理方法：

1. 力争现金流量同步

如果企业能尽量使它的现金流入与现金流出发生的时间趋于一致，就可以使其所持有的交易性现金余额降到最低水平。这就是所谓现金流量同步。

2. 使用现金浮游量

从企业开出支票，收票人收到支票并存入银行，至银行将款项划出企业账户，中间需要一段时间。现金在这段时间的占用称为现金浮游量。在这段时间里，尽管企业已开出了支票，却仍可动用在活期存款账户上的这笔资金。不过，在使用现金浮游量时，一定要控制好使用的时间，否则会发生银行存款的透支。

3. 加速收款

这主要指缩短应收账款的时间。发生应收账款会增加企业资金的占用，但它又是必要的，因为它可以扩大销售规模，增加销售收入。问题在于如何既利用应收账款吸引顾客，又缩短收款时间。这要在两者之间找到适当的平衡点，并需实施妥善的收账策略。

4. 推迟应付账款的支付

推迟应付账款的支付，是指企业在不影响自己信誉的前提下，尽可能地推迟应付款的支付期，充分运用供货方所提供的信用优惠。如遇企业急需现金，甚至可以放弃供货方的折扣优惠，在信用期的最后一天支付款项。当然，这要权衡折扣优惠与急需现金之间的利弊得失而定。

二、最佳现金持有量分析

现金的管理除了做好日常收支，加速现金流转速度外，还需控制好现金持有规模，即确定适当的现金持有量。下面是几种确定最佳现金持有量的方法。

（一）成本分析模式

成本分析模式是通过分析持有现金的成本，寻找持有成本最低的现金持有量。

企业持有的现金，将会有三种成本：

1. 机会成本

现金作为企业的一项资金占用，是有代价的，这种代价就是它的机会成本。现金资产的流动性极佳，但盈利性极差。持有现金则不能将其投入生产经营活动，失去因此而获得的收益。企业为了经营业务，有必要持有一定的现金以应付意外的现金需要。但现金拥有量过多，机会成本代价大幅度上升，就不合算了。

2. 管理成本

企业拥有现金，会发生管理费用，如管理人员工资、安全措施费等。这些费用是现金的管理成本。管理成本是一种固定成本，与现金持有量之间无明显的比例关系。

3. 短缺成本

现金的短缺成本，是因缺乏必要的现金，不能应付业务开支所需而使企业蒙受损失或为此付出的转换成本等代价。现金的短缺成本随现金持有量的增加而下降，随现金持有量的减少而上升。

上述三项成本之和最小的现金持有量，就是最佳现金持有量。如果把以上三种成本线放在一张图上，如图 12－5 所示，就能表现出持有现金的总成本（总代价），找出最佳现金持有量的点：机会成本线向右上方倾斜，短缺成本线向右下方倾斜，管理成本线为平行于横轴的平行线，总成本线便是一条抛物线，该抛物线的最低点即为持有现金的最低总成本。超过这一点，机会成本上升的代价又会大于短缺成本下降的好处；这一点之前，短缺成本上升的代价又会大于机会成本下降的好处。这一点横轴上的量，即是最佳现金持有量。

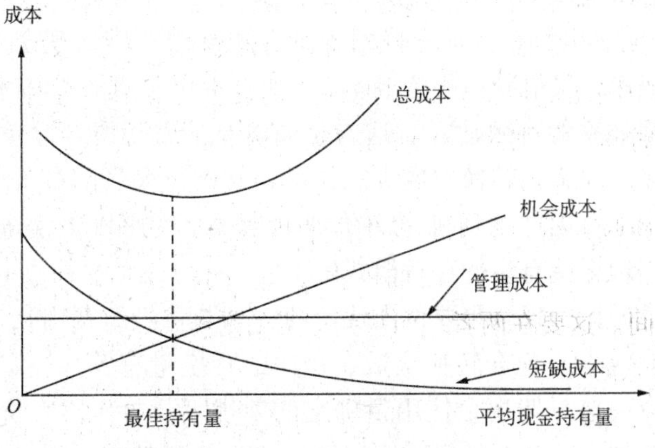

图 12－5 持有现金的总成本

最佳现金持有量的具体计算，可以先分别计算出各种方案的机会成本、管理成本、短缺成本之和，再从中选出总成本之和最低的现金持有量即为最佳现金持有量。

【例 12－2】 某企业有四种现金持有方案，它们各自的机会成本、管理成本、短缺成本如表 12－1 所示。

表 12－1 现金持有方案 单位：元

方案项目	甲	乙	丙	丁
平均现金持有量	25 000	50 000	75 000	100 000
机会成本	3 000	6 000	9 000	12 000
管理成本	20 000	20 000	20 000	20 000
短缺成本	12 000	6 750	2 500	0

注：机会成本率即该企业的资本收益率为 12%。

这四种方案的总成本计算结果如表 12－2 所示。

表 12－2 现金持有总成本 单位：元

方案项目	甲	乙	丙	丁
机会成本	3 000	6 000	9 000	12 000
管理成本	20 000	20 000	20 000	20 000
短缺成本	12 000	6 750	2 500	0
总成本	35 000	32 750	31 500	32 000

将以上各方案的总成本加以比较可知，丙方案的总成本最低，也就是说当企业平均持有 75 000 元现金时，各方面的总代价最低，对企业最合算，故 75 000 元是该企业的最佳现金持有量。

（二）存货模式

从上面的分析中我们已经知道，企业平时持有较多的现金，会降低现金的短缺成本，但也会增加现金占用的机会成本；而平时持有较少的现金，则会增加现金的短缺成本，却能减少现金占用的机会成本。如果企业平时只持有较少的现金，在有现金需要时（如手头的现金用尽），通过出售有价证券换回现金（或从银行借入现金），便能既满足现金的需要，避免短缺成本，又能减少机会成本。因此，适当的现金与有价证券之间的转换，是企业提高资金使用效率的有效途径。这与企业奉行的营运资金政策有关。采用保守型投资政策，保留较多的现金则转换次数少。如果经常进行大量的有价证券与现金的转换，则会加大转换交易成本，因此如何确定有价证券与现金的每次转换量，是一个需要研究的问题。这可以应用现金持有量的存货模式解决。

企业以有价证券转换回现金是要付出代价的（如支付经纪费用），这被称为现金的交易成本。现金的交易成本与现金转换次数、每次的转换量有关。假定现金每次的交易成本是固定的，在企业一定时期现金使用量确定的前提下，每次以有价证券转换回现金的金额越大，企业平时持有的现金量便越高，转换的次数便越少，现金的交易成本就越低；反之，每次转换回现金的金额越低，企业平时持有的现金量便越低，转换的次数会越多，现金的交易成本就越高，现金交易成本与持有量成反比。在现金成本构成图上，可以将现金的交易成本与现金的机会成本合并为同一条曲线，反映与现金持有量相关的总成本（见图 12 –6）。

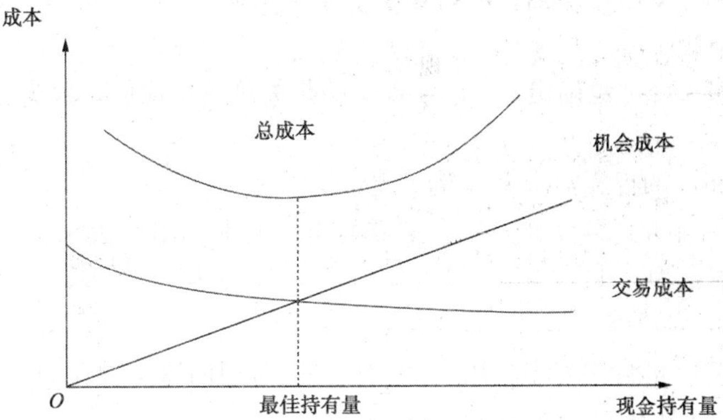

图 12 –6　现金的成本构成

在图 12 –6 中，现金的机会成本和交易成本是两条随现金持有量呈不同方向发展的曲线，两条曲线交叉点相应的现金持有量，即是总成本最低的现金持有量，它可以运用现金持有量存货模式求出。以下通过举例，说明现金持有量存货模式的应用。

某企业的现金使用量是均衡的，每周的现金净流出量为 100 000 元。若该企业第 0 周开始时持有现金 300 000 元，那么这些现金够企业支用 3 周，在第 3 周结束时现金持有量将降为 0，其 3 周内的平均现金持有量则为 150 000 元（300 000 ÷2）。第 4 周开始时，企业需将 300 000 元的有价证券转换为现金以备支用；待第 6 周结束时，现金持有量再次降为 0，这 3 周内的现金平均余额仍为 150 000 元。如此循环，企业一段时期内的现金持有状况可用图 12 –7 表示。

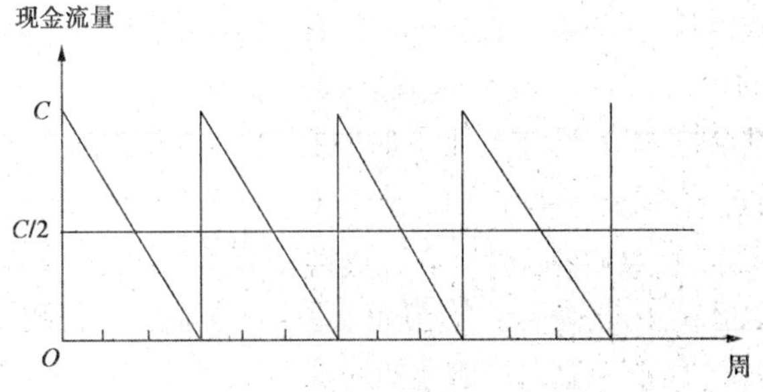

图 12 –7　一段时期内的现金持有状况

在图 12 –7 中，每 3 周为一个现金使用的循环期，以 C 代表各循环期之初的现金持有量，以 $C/2$ 代表各循环期内的现金平均持有量。

如果企业将 C 定得较高些，比如定为 600 000 元，每周的现金净流出量仍为 100 000 元，这些现金将够支用 6 周，企业可以在 6 周后再出售有价证券补充现金，这能够减少现金的交易成本；但 6 周内的现金平均余额将增加为 300 000 元（600 000 ÷2），这又会增加现金的机会成本。

如果企业将 C 定得较低些，比如定为 200 000 元，每周的现金净流出量还是 100 000 元，那么这些现金只够支用 2 周，企业必须频繁地每 2 周就出售有价证券，这必然增加现金的交易成本；不过 2 周循环期内的现金平均余额可降为 100 000 元（200 000 ÷ 2），这降低了现金的机会成本。

于是，企业需要合理地确定 C，以使现金的相关总成本最低。解决这一问题先要明确三点：

（1）一定期间内的现金需求量，用 T 表示。

（2）每次出售有价证券以补充现金所需的交易成本，用 F 表示；一定时期内出售有价证券的总交易成本为：

交易成本 $=(T/C)\times F$

（3）持有现金的机会成本率，用 K 表示；一定时期内持有现金的总机会成本为：

机会成本 $=(C/2)\times K$

在以上的举例中，企业一年的现金需求量为 100 000 × 52 = 5 200 000（元）。该企业有几种确定 C 的方案，每种方案对应的机会成本和交易成本如表 12－3、表 12－4 所示。

表 12－3　　现金持有的机会成本　　单位：元

初始现金持有量 C	平均现金持有量 $C/2$	机会成本（$K=0.1$）$(C/2)\times K$
600 000	300 000	30 000
400 000	200 000	20 000
300 000	150 000	15 000
200 000	100 000	10 000
100 000	50 000	5 000

表 12－4　　现金持有的交易成本　　单位：元

现金总需求 T	初始现金持有量 C	交易成本（$F=1\ 000$）$(T/C)\times F$
5 200 000	600 000	8 667
5 200 000	400 000	13 000
5 200 000	300 000	17 333
5 200 000	200 000	26 000
5 200 000	100 000	52 000

计算出了各种方案的机会成本和交易成本，将它们相加，就可以得到各种方案的总成本：

总成本 = 机会成本 + 交易成本 $=(C/2)\times K+(T/C)\times F$

该企业各种初始现金持有量方案的总成本如表 12－5 所示。

表 12-5 现金持有的总成本 单位：元

初始现金持有量	机会成本	交易成本	总成本
600 000	30 000	8 667	38 667
400 000	20 000	13 000	33 000
300 000	15 000	17 333	32 333
200 000	10 000	26 000	36 000
100 000	5 000	52 000	57 000

表 12-5 显示，当企业的初始现金持有量为 300 000 元时，现金总成本最低。以上结论是通过对各种初始现金持有量方案的逐次成本计算得出的。此外，也可以利用公式求出成本最低的现金持有量，这一现金持有量称为最佳现金持有量，以 C^* 表示。

从图 12-6 中已知，最佳现金持有量 C^* 是机会成本线与交易成本线交叉点所对应的现金持有量，因此 C^* 应当满足：

机会成本 = 交易成本，即：

$(C^*/2)\times K=(T/C^*)\times F$

整理后，可得出：

$C^{*2}=(2T\times F)/K$

等式两边分别取算术平方根，有：

$C^*=\sqrt{(2T\times F)/K}$

本例中，$T=5\ 200\ 000$ 元，$F=1\ 000$ 元，$K=0.1$，利用上述公式即可计算出最佳现金持有量为：

$C^*=\sqrt{(2\times 5\ 200\ 000\times 1\ 000)\div 0.1}=322\ 490$（元）

为了验证这一结果的正确性，可以计算出比 322 490 元略高和略低的几种现金持有量的成本，比较它们的高低，如表 12-6 所示。

表 12-6 现金持有的总成本 单位：元

初始现金持有量	机会成本	交易成本	总成本
335 000	16 750	15 522	32 272
330 000	16 500	15 758	32 258
322 490	16 125	16 125	32 250
310 000	15 500	16 774	32 274
305 000	15 250	17 049	32 299

表 12-6 说明，不论初始现金持有量高于还是低于 322 490 元，总成本都会升高，所以 322 490 元是最佳的现金持有量。

现金持有量的存货模式是一种简单、直观的确定最佳现金持有量的方法；但它也有缺点，主要是假定现金的流出量稳定不变，实际上这种情况很少出现。相比而言，那些适用于现金流量不确定的控制最佳现金持有量的方法，就显得更具普遍应用性。

（三）随机模式

随机模式是在现金需求量难以预知的情况下进行现金持有量控制的方法。对企业来讲，现金需求量往往波动大且难以预知，但企业可以根据历史经验和现实需要，测算出一个现金持有量的控制范围，即制定出现金持有量的上限和下限，将现金量控制在上下限之内。当现金量达到控制上限时，用现金购入有价证券，使现金持有量下降；当现金量降到控制下限时，则抛售有价证券换回现金，使现金持有量回升。若现金量在控制的上下限之内，便不必进行现金与有价证券的转换，保持它们各自的现有存量。这种对现金持有量的控制，如图 12－8 所示。

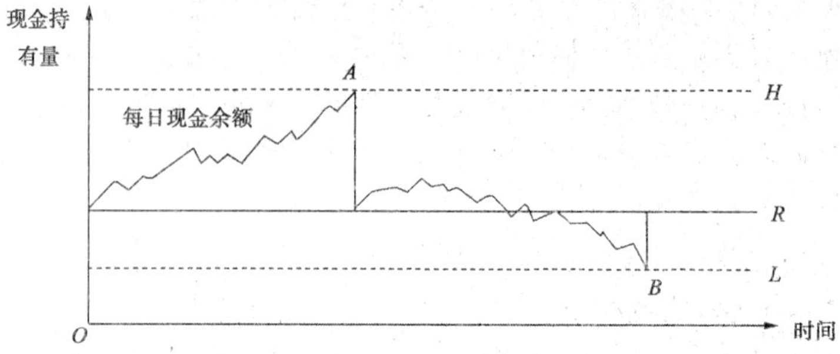

图 12－8　现金持有量的随机模式图

在图 12－8 中，虚线 H 为现金存量的上限，虚线 L 为现金存量的下限，实线 R 为现金返回线。从图 12－8 中可以看到，企业的现金存量（表现为现金每日余额）是随机波动的，当其达到 A 点时，即达到了现金控制的上限，企业应用现金购买有价证券，使现金持有量回落到现金返回线（R 线）的水平；当现金存量降至 B 点时，即达到了现金控制的下限，企业则应转让有价证券换回现金，使其存量回升至现金返回线的水平。现金存量在上下限之间的波动属控制范围内的变化，是合理的，不予理会。以上关系中的上限 H、现金返回线 R 可按下列公式计算：

$$R=\sqrt[3]{\frac{3b\delta^2}{4i}}+L$$

$$H=3R-2L$$

式中：b——每次有价证券的固定转换成本；

i——有价证券的日利息率；

δ——预期每日现金余额波动的标准差（可根据历史资料测算）。

而下限 L 的确定，则要受到企业每日的最低现金需要、管理人员的风险承受倾向等因素的影响。

【例 12－3】 假定某公司有价证券的年利率为 9%，每次固定转换成本为 50 元，公司认为任何时候其银行活期存款及现金余额均不能低于 1 000 元，又根据以往经验测算出现金余额波动的标准差为 800 元。现金返回线 R、现金控制上限 H 的计算为：

有价证券日利率＝9%÷360＝0.025%

$$R=\sqrt[3]{\frac{3b\delta^2}{4i}}+L=\sqrt[3]{\frac{3\times 50\times 800^2}{4\times 0.025\%}}+1\ 000=5\ 579\ (元)$$

$$H=3R-2L=3\times 5\ 576-2\times 1\ 000=14\ 737\ (元)$$

这样，当公司的现金余额达到14 737元时，即应以9 158元（14 738 - 5 579）的现金去投资于有价证券，使现金持有量回落为5 579元；当公司的现金余额降至1 000元时，则应转让4 579元（5 576 - 1 000）的有价证券，使现金持有量回升为5 579元，如图12-9所示。

随机模式建立在企业的现金未来需求总量和收支不可预测的前提下，因此计算出来的现金持有量比较保守。

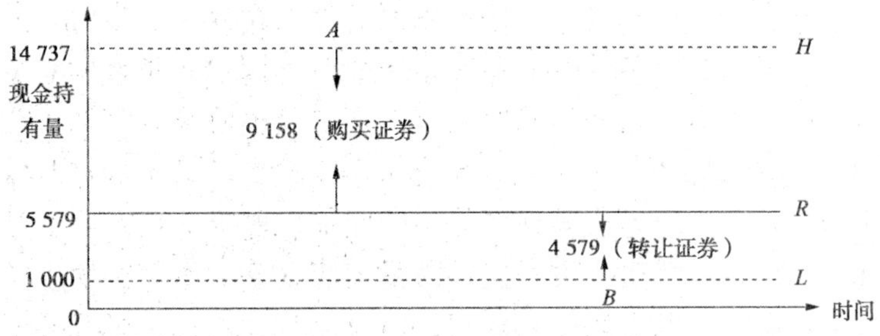

图12-9 随机模式的示例

第三节 应收款项管理

这里所说的应收款项是指因对外销售产品、材料、供应劳务及其他原因，应向购货单位或接受劳务的单位及其他单位收取的款项，包括应收账款、其他应收款、应收票据等。下文以应收账款为例，讲述应收款项管理。

一、应收账款的产生原因及管理方法

（一）应收账款的产生原因

发生应收账款的原因，主要有以下两种：

1. 商业竞争

这是发生应收账款的主要原因。在社会主义市场经济的条件下，存在着激烈的商业竞争。竞争机制的作用迫使企业以各种手段扩大销售。除了依靠产品质量、价格、售后服务、广告等外，赊销也是扩大销售的手段之一。对于同等的产品价格、类似的质量水平、一样的售后服务，实行赊销的产品或商品的销售额将大于现金销售的产品或商品的销售额。这是因为顾客将从赊销中得到好处。出于扩大销售的竞争需要，企业不得不以

赊销或其他优惠方式招揽顾客，于是就产生了应收账款。由竞争引起的应收账款，是一种商业信用。

2. 销售和收款的时间差距

商品成交的时间和收到货款的时间经常不一致，这也导致了应收账款。当然，现实生活中现金销售是很普遍的，特别是零售企业更常见。不过就一般批发和大量生产企业来讲，发货的时间和收到货款的时间往往不同。这是因为货款结算需要时间的缘故。结算手段越是落后，结算所需时间就越长，销售企业只能承认这种现实并承担由此引起的资金垫支。由于销售和收款的时间差而造成的应收账款，不属于商业信用，也不是应收账款的主要内容，不再对它进行深入讨论，而只论述属于商业信用的应收账款的管理。

应收账款是企业的一项资金投放，是为了扩大销售和盈利而进行的投资。而投资肯定要发生成本（包括承担风险），这就需要在应收账款信用政策所增加的盈利和这种政策的成本之间作出权衡。只有当应收账款所增加的盈利超过所增加的成本时，才应当实施应收账款赊销。

（二）应收账款的管理方法

应收账款发生后，企业应采取各种措施，尽量争取按期收回款项，否则会因拖欠时间过长而发生坏账，使企业蒙受损失。这些措施包括对应收账款回收情况的监督、对坏账损失的事先准备和制定适当的收账政策。

1. 应收账款回收情况的监督

企业已发生的应收账款时间有长有短，有的尚未超过收款期，有的则超过了收款期。一般来讲，拖欠时间越长，款项收回的可能性越小，形成坏账的可能性越大。对此，企业应实施严密的监督，随时掌握回收情况。实施对应收账款回收情况的监督，可以通过编制账龄分析表进行。

账龄分析表是一张能显示应收账款在外天数（账龄）长短的报告，其格式如表12－7所示。

表12－7　　　　账龄分析表

20×8年12月31日

应收账款账龄	账户数量	金额（万元）	百分率（%）
信用期内	200	8	40
超过信用期1～20天	100	4	20
超过信用期21～40天	50	2	10
超过信用期41～60天	30	2	10
超过信用期61～80天	20	2	10
超过信用期81～100天	15	1	5
超过信用期100天以上	5	1	5
合计	420	20	100

利用账龄分析表，企业可以了解到以下情况：

（1）有多少欠款尚在信用期内。表12－7显示，有价值80 000元的应收账款处在信用期内，占全部应收账款的40%。这些款项未到偿付期，欠款是正常的；但到期后能否收回，还要待时再定，故及时的监督仍是必要的。

（2）有多少欠款超过了信用期，超过时间长短的款项各占多少，有多少欠款会因拖欠时间太久而可能成为坏账。表12－7显示，有价值120 000元的应收账款已超过了信用期，占全部应收账款的60%。不过，其中拖欠时间较短的（20天内）有40 000元，占全部应收账款的20%，这部分欠款收回的可能性很大；拖欠时间较长的（21～100天）有70 000元，占全部应收账款的35%，这部分欠款的回收有一定难度；拖欠时间很长的（100天以上）有10 000元，占全部应收账款的5%，这部分欠款有可能成为坏账。对不同拖欠时间的欠款，企业应采取不同的收账方法，制定出经济、可行的收账政策；对可能发生的坏账损失，则应提前做好准备，充分估计这一因素对损益的影响。

2. 收账政策的制定

企业对各种不同过期账款的催收方式，包括准备为此付出的代价，就是它的收账政策。比如，对过期较短的顾客，不过多地打扰，以免将来失去这一市场；对过期稍长的顾客，可措辞婉转地写信催款；对过期较长的顾客，频繁地信件催款并电话催询；对过期很长的顾客，可在催款时措辞严厉，必要时提请有关部门仲裁或提起诉讼，等等。

催收账款要发生费用，某些催款方式的费用还会很高（如诉讼费）。一般说来，收账的花费越大，收账措施越有力，可收回的账款应越多，坏账损失也就越小。因此制定收账政策，又要在收账费用和所减少坏账损失之间作出权衡。制定有效、得当的收账政策很大程度上靠有关人员的经验；从财务管理的角度讲，也有一些数量化的方法可以参照。根据收账政策的优劣在于应收账款总成本最小化的道理，可以通过比较各收账方案成本的大小对其加以选择。

二、信用政策分析

应收账款赊销的效果好坏，依赖于企业的信用政策。信用政策包括：信用期间、信用标准和现金折扣政策。

（一）信用期间

信用期间是企业允许顾客从购货到付款之间的时间，或者说是企业给予顾客的付款期间。例如，若某企业允许顾客在购货后的50天内付款，则信用期为50天。信用期过短，不足以吸引顾客，在竞争中会使销售额下降；信用期过长，对销售额增加固然有利，但只顾及销售增长而盲目放宽信用期，所得的收益有时会被增长的费用抵消，甚至造成利润减少。因此，企业必须慎重研究，确定出恰当的信用期。

信用期的确定，主要是分析改变现行信用期对收入和成本的影响。延长信用期，会使销售额增加，产生有利影响；与此同时，应收账款、收账费用和坏账损失增加，会产生不利影响。当前者大于后者时，可以延长信用期，否则不宜延长。如果缩短信用期，情况与此相反。

【例12－4】 某公司现在采用30天按发票金额付款的信用政策，拟将信用期放宽至60天，仍按发票金额付款，即不给折扣。假设等风险投资的必要报酬率为15%，其他有关的数据如表12－8所示。

表 12-8　　某公司信用期放宽的有关资料表

信用期项目	30 天	60 天
销售量（件）	100 000	120 000
销售额（元）（单价 5 元）	500 000	600 000
变动成本（每件 4 元）	400 000	480 000
固定成本（元）	50 000	50 000
息税前利润：（元）	50 000	70 000
可能发生的收账费用（元）	3 000	4 000
可能发生的坏账损失（元）	5 000	9 000

在分析时，先计算放宽信用期得到的收益，然后计算增加的成本，最后根据两者比较的结果作出判断。

（1）收益的增加：

收益的增加 = 销售量的增加 × 单位边际贡献

$= (120\,000 - 100\,000) \times (5 - 4) = 20\,000$（元）

（2）应收账款占用资金的应计利息增加：

应收账款应计利息 = 应收账款占用资金 × 资本成本

应收账款占用资金 = 应收账款平均余额 × 变动成本率

应收账款平均余额 = 日销售额 × 平均收现期

30 天信用期应计利息 $= \frac{500\,000}{360} \times 30 \times \frac{400\,000}{500\,000} \times 15\% = 5\,000$（元）

60 天信用期应计利息 $= \frac{600\,000}{360} \times 60 \times \frac{480\,000}{600\,000} \times 15\% = 12\,000$（元）

应计利息增加 $= 12\,000 - 5\,000 = 7\,000$（元）

（3）收账费用和坏账损失增加：

收账费用增加 $= 4\,000 - 3\,000 = 1\,000$（元）

坏账损失增加 $= 9\,000 - 5\,000 = 4\,000$（元）

（4）改变信用期的税前损益：

收益增加 - 成本费用增加 $= 20\,000 - (7\,000 + 1\,000 + 4\,000) = 8\,000$（元）

由于收益的增加大于成本的增加，故应采用 60 天的信用期。

上述信用期分析的方法是比较简略的，可以满足一般制定信用政策的需要。如有必要，也可以进行更细致的分析，如进一步考虑销货增加引起存货增加而多占用的资金，等等。

【例 12-5】 续［例 12-4］资料，现假定信用期由 30 天改为 60 天，由于销售量的增加，平均存货水平将从 9 000 件上升到 20 000 件，每件存货成本按变动生产成本 4 元计算，其他情况不变。

由于增添了新的存货增加因素，需在原来分析的基础上，再考虑存货增加而多占用资金所带来的影响，重新计算放宽信用的损益。

存货增加而多占用资金的利息 $= (20\,000 - 9\,000) \times 4 \times 15\% = 6\,600$（元）

改变信用期的税前收益 = 8 000 - 6 600 = 1 400（元）

因为仍然可以获得税前收益，所以尽管会增加平均存货，还是应该采用 60 天的信用期。

更进一步地细致分析，还应考虑存货增加引起的应付账款的增加。这种负债的增加会节约企业的营运资金，减少营运资金的"应计利息"。因此，信用期变动的分析，一方面要考虑对利润表的影响（包括收入、成本和费用）；另一方面要考虑对资产负债表的影响（包括应收账款、存货、应付账款），并且要将对资金占用的影响用"资本成本"转化为"应计利息"，以便进行统一的得失比较。

此外，还有一个值得注意的细节，就是"应收账款占用资金"应当按"应收账款平均余额乘以变动成本率"计算确定，因为需要增加的营运资金数额仅仅是变动成本，既不是全部销售额，也不是全部制造成本。

（二）信用标准

信用标准，是指顾客获得企业的交易信用所应具备的条件。如果顾客达不到信用标准，便不能享受企业的信用或只能享受较低的信用优惠。

企业在设定某一顾客的信用标准时，往往先要评估其赖账的可能性。这可以通过"5C"系统来进行。所谓"5C"系统，是评估顾客信用品质的五个方面，即：品质（character）、能力（capacity）、资本（capital）、抵押（collateral）和条件（conditions）。

（1）品质。品质指顾客的信誉，即履行偿债义务的可能性。企业必须设法了解顾客过去的付款记录，看其是否有按期如数付款的一贯做法，及与其他供货企业的关系是否良好。这一点经常被视为评价顾客信用的首要因素。

（2）能力。能力指顾客的偿债能力，即其流动资产的数量和质量以及与流动负债的比例。顾客的流动资产越多，其转换为现金以支付款项的能力越强。同时，还应注意顾客流动资产的质量，看是否有存货过多、过时或质量下降，影响其变现能力和支付能力的情况。

（3）资本。资本指顾客的财务实力和财务状况。

（4）抵押。抵押指顾客拒付款项或无力支付款项时能被用作抵押的资产。这对于不知底细或信用状况有争议的顾客尤为重要。一旦收不到这些顾客的款项，便以抵押品抵补。如果这些顾客提供足够的抵押，就可以考虑向他们提供相应的信用。

（5）条件。条件指可能影响顾客付款能力的经济环境。比如，万一出现经济不景气，会对顾客的付款产生什么影响，顾客会如何做等，这需要了解顾客在过去困难时期的付款历史。

（三）现金折扣政策

现金折扣是企业对顾客在商品价格上所做的扣减。向顾客提供这种价格上的优惠，主要目的在于吸引顾客为享受优惠而提前付款，缩短企业的平均收款期。另外，现金折扣也能招揽一些视折扣为减价出售的顾客前来购货，借此扩大销售量。折扣的表示常采用如 5/10、3/20、*n*/30 这样一些符号形式。这三种符号的含义为：5/10 表示 10 天内付款，可享受 5% 的价格优惠，即只需支付原价的 95%，如原价为 10 000 元，只支付 9 500 元；3/20 表示 20 天内付款，可享受 3% 的价格优惠，即只需支付原价的

97%，若原价为10 000元，只支付9 700元；$n/30$表示付款的最后期限为30天，此时付款无优惠。

企业采用什么程度的现金折扣，要与信用期间结合起来考虑。比如，要求顾客最迟不超过30天付款，若希望顾客20天、10天付款，能给予多大折扣？或者给予5%、3%的折扣，能吸引顾客在多少天内付款？不论是信用期间还是现金折扣，都可能给企业带来收益，但也会增加成本。现金折扣带给企业的好处前面已讲过，它使企业增加的成本，则指的是价格折扣损失。当企业给予顾客某种现金折扣时，应当考虑折扣所能带来的收益与成本孰高孰低，权衡利弊，抉择决断。

因为现金折扣是与信用期间结合使用的，所以确定折扣程度的方法与程序实际上与前述确定信用期间的方法与程序一致，只不过要把所提供的延期付款时间和折扣综合起来，看各方案的延期与折扣能取得多大的收益增量，再计算各方案带来的成本变化，最终确定最佳方案。

【例12-6】 续［例12-4］资料，假定该公司在放宽信用期的同时，为了吸引顾客尽早付款，提出了0.8/30、$n/60$的现金折扣条件，估计会有一半的顾客（按60天信用期所能实现的销售量计）将享受现金折扣优惠。

（1）收益的增加：

收益的增加＝销售量的增加×单位边际贡献

$$=(120\,000-100\,000)\times(5-4)=20\,000\text{（元）}$$

（2）应收账款占用资金的应计利息增加：

$$30\text{天信用期应计利息}=\frac{500\,000}{360}\times30\times\frac{400\,000}{500\,000}\times15\%=5\,000\text{（元）}$$

平均收现期＝30×50%＋60×50%＝45（天）

$$45\text{天信用期应计利息}=(600\,000\div360)\times45\times80\%\times15\%=9\,000\text{（元）}$$

应计利息增加＝9 000－5 000＝4 000（元）

（3）收账费用和坏账损失增加：

收账费用增加＝4 000－3 000＝1 000（元）

坏账损失增加＝9 000－5 000＝4 000（元）

（4）估计现金折扣成本的变化：

现金折扣成本增加＝新的销售水平×新的现金折扣率×享受现金折扣的顾客比例－旧的销售水平×旧的现金折扣率×享受现金折扣的顾客比例

$$=600\,000\times0.8\%\times50\%-500\,000\times0\times0=2\,400\text{（元）}$$

（5）提供现金折扣后的税前损益：

收益增加－成本费用增加＝20 000－(4 000＋1 000＋4 000＋2 400)

＝8 600（元）

由于可获得税前收益，故应当放宽信用期，提供现金折扣。

第四节　存货管理

一、存货管理的目标

就工业企业而言，存货是指企业在日常活动中持有以备出售的产成品或商品、处于生产过程中的在产品、在生产过程或提供劳务过程中耗用的材料或物料等，包括原材料、燃料、低值易耗品、在产品、半成品、产成品、协作件、外购商品等。

如果工业企业能在生产投料时随时购入所需的原材料，或者商业企业能在销售时随时购入该项商品，就不需要存货。但实际上，企业总有储存存货的需要，并因此占用或多或少的资金。这种存货的需要出自以下原因：

第一，保证生产或销售的经营需要。实际上，企业很少能做到随时购入生产或销售所需的各种物资，即使是市场供应量充足的物资也如此。这不仅因为不时会出现某种材料的市场断档，还因为企业距供货点较远而需要必要的途中运输及可能出现运输故障。一旦生产或销售所需物资短缺，生产经营将被迫停顿，造成损失。为了避免或减少出现停工待料、停业待货等事故，企业需要储存存货。

第二，出自价格的考虑。零购物资的价格往往较高，而整批购买在价格上常有优惠。但是，过多的存货要占用较多的资金，并且会增加包括仓储费、保险费、维护费、管理人员工资在内的各项开支。存货占用资金是有成本的，占用过多会使利息支出增加并导致利润的损失；各项开支的增加更直接使成本上升。进行存货管理，就要尽力在各种存货成本与存货效益之间作出权衡，达到两者的最佳结合。这也就是存货管理的目标。

二、储备存货的成本

与储备存货有关的成本，包括以下三种：

（一）取得成本

取得成本指为取得某种存货而支出的成本，通常用 TC_a 来表示。其又分为订货成本和购置成本。

1. 订货成本

订货成本指取得订单的成本，如办公费、差旅费、邮资、电报电话费等支出。订货成本中有一部分与订货次数无关，如常设采购机构的基本开支等，称为订货的固定成本，用 F_1 表示；另一部分与订货次数有关，如差旅费、邮资等，称为订货的变动成本，每次订货的变动成本用 K 表示；订货次数等于存货年需要量 D 与每次进货量 Q 之商。订货成本的计算公式为：

$$订货成本 = F_1 + \frac{D}{Q}K$$

2. 购置成本

购置成本指存货本身的价值，经常用数量与单价的乘积来确定。年需要量用 D 表示，单价用 U 表示，于是购置成本为 DU。

订货成本加上购置成本，就等于存货的取得成本。其公式可表述为：

取得成本 = 订货成本 + 购置成本 = 订货固定成本 + 订货变动成本 + 购置成本

$$TC_a = F_1 + \frac{D}{Q}K + DU$$

（二）储存成本

储存成本指为保持存货而发生的成本，包括存货占用资金所应计的利息（若企业用现有现金购买存货，便失去了现金存放银行或投资于证券本应取得的利息，是为“放弃利息”；若企业借款购买存货，便要支付利息费用，是为“付出利息”）、仓库费用、保险费用、存货破损和变质损失，等等，通常用 TC_c 来表示。

储存成本也分为固定成本和变动成本。固定成本与存货数量的多少无关，如仓库折旧、仓库职工的固定月工资等，通常用 F_2 来表示。变动成本与存货的数量有关，如存货资金的应计利息、存货的破损和变质损失、存货的保险费用等，单位成本用 K_c 来表示。用公式表述的储存成本为：

储存成本 = 储存固定成本 + 储存变动成本

$$TC_c = F_2 + K_c\frac{Q}{2}$$ （$\frac{Q}{2}$ 表示存货的平均储存量）

（三）缺货成本

缺货成本指由于存货供应中断而造成的损失，包括材料供应中断造成的停工损失、产成品库存缺货造成的拖欠发货损失和丧失销售机会的损失（还应包括需要主观估计的商誉损失）；如果生产企业以紧急采购代用材料解决库存材料中断之急，那么缺货成本表现为紧急额外购入成本（紧急额外购入的开支会大于正常采购的开支）。缺货成本用 TC_s 表示。

如果以 TC 来表示储备存货的总成本，它的计算公式表述为：

$$TC = TC_a + TC_c + TC_s = F_1 + \frac{D}{Q}K + DU + F_2 + K_c\frac{Q}{2} + TC_s$$

企业存货的最优化，即是使上式 TC 值最小。

三、存货经济批量分析

存货的决策涉及四项内容：决定进货项目、选择供应单位、决定进货时间和决定进货批量。决定进货项目和选择供应单位是销售部门、采购部门和生产部门的职责。财务部门要做的是决定进货时间和决定进货批量（分别用 T 和 Q 表示）。按照存货管理的目的，需要通过合理的进货批量和进货时间，使存货的总成本最低，这个批量叫做经济订货量或经济批量。有了经济订货量，可以很容易地找出最适宜的进货时间。

与存货总成本有关的变量（即影响总成本的因素）很多，为了解决比较复杂的问题，有必要简化或舍弃一些变量，先研究解决简单的问题，然后再扩展到复杂的问题。这需要设立一些假设，在此基础上建立经济订货量的基本模型。

（一）经济订货量的基本模型

构建经济订货量基本模型需要的假设条件有：

（1）企业能够及时补充存货，即需要订货时便可立即取得存货。

（2）货物能集中到货，而不是陆续入库。

（3）不允许缺货，即无缺货成本，TC_s为零，这是因为良好的存货管理本来就不应该出现缺货成本。

（4）货物的年需求量稳定，并且能够预测，即 D 为已知常量。

（5）存货单价不变，即 U 为已知常量。

（6）企业现金充足，不会因现金短缺而影响进货。

（7）所需存货市场供应充足，不会因买不到需要的存货而影响其他方面。

在上列假设条件下，存货总成本的公式可以写成：

$$TC = F_1 + \frac{D}{Q}K + DU + F_2 + K_c\frac{Q}{2}$$

当 F_1、K、D、U、F_2、K_c为常数量时，TC 的大小取决于 Q。为了求出 TC 的最小值，对其进行求导演算，可得出下列公式：

$$Q^* = \sqrt{\frac{2KD}{K_c}}$$

这一公式称为经济订货量基本模型，求出的每次订货批量，可使 TC 达到最小值。

这个基本模型还可以演变为其他形式：

每年最佳订货次数公式：

$$N^* = \frac{D}{Q^*} = \frac{D}{\sqrt{\frac{2KD}{K_c}}} = \sqrt{\frac{DK_c}{2K}}$$

与批量有关的存货总成本公式：

$$TC(Q^*) = \frac{KD}{\sqrt{\frac{2KD}{K_c}}} + \frac{\sqrt{\frac{2KD}{K_c}}}{2} \times K_c = \sqrt{2KDK_c}$$

最佳订货周期公式：

$$t^* = \frac{1}{N^*} = \frac{1}{\sqrt{\frac{DK_c}{2K}}}$$

经济订货量占用资金：

$$I^* = \frac{Q^*}{2} \cdot U = \frac{\sqrt{\frac{2KD}{K_c}}}{2} \cdot U = \sqrt{\frac{KD}{2K_c}} \cdot U$$

【例 12-7】 某企业每年耗用某种材料 3 600 千克，该材料单位成本为 10 元，单位存储成本为 2 元，一次订货成本为 25 元。则：

$$Q^* = \sqrt{\frac{2KD}{K_c}} = \sqrt{\frac{2 \times 25 \times 3\ 600}{2}} = 300（千克）$$

$$N^* = \frac{D}{Q^*} = \frac{3\ 600}{300} = 12（次）$$

$$TC(Q^*) = \sqrt{2KDK_c} = \sqrt{2 \times 25 \times 3\ 600 \times 2} = 600（元）$$

$$t^* = \frac{1}{N^*} = 1/12（年）= 1（月）$$

$$I^* = \frac{Q^*}{2} \cdot U = \frac{300}{2} \times 10 = 1\ 500（元）$$

经济订货量也可以用图解法求得：先计算出一系列不同批量的各有关成本，然后在坐标图上描出由各有关成本构成的订货成本线、储存成本线和总成本线，总成本线的最低点（或者是订货成本线和储存成本线的交接点）相应的批量，即经济订货量。

不同批量下的有关成本指标如表 12－9 所示。

表 12－9　　不同批量下的有关成本指标

订货批量（千克）	100	200	300	400	500	600
平均存量（千克）	50	100	150	200	250	300
储存变动成本（元）	100	200	300	400	500	600
订货次数（次）	36	18	12	9	7.2	6
订货变动成本（元）	900	450	300	225	180	150
与批量相关总成本（元）	1 000	650	600	625	680	750

不同批量的有关成本变动情况如图 12－10 所示。从以上成本指标的计算和图形中可以很清楚地看出，当订货批量为 300 千克时总成本最低，小于或大于这一批量都是不合算的。

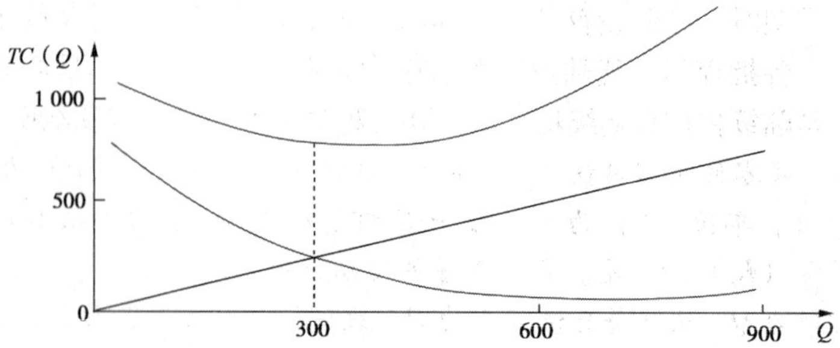

图 12－10　不同批量的成本变动情况

（二）经济订货量基本模型的扩展

经济订货量的基本模型是在前述各假设条件下建立的，但现实生活中能够满足这些假设条件的情况十分罕见。为使模型更接近于实际情况，具有较高的可用性，需逐一放宽假设，同时改进模型。

1. 订货提前期

一般情况下，企业的存货不能做到随用随时补充，因此不能等存货用光再去订货，而需要在没有用完时提前订货。在提前订货的情况下，企业再次发出订货单时，尚有存货的库存量，称为再订货点，用 R 来表示。它的数量等于平均交货时间（L）和每日平均需用量（d）的乘积：

$$R = L \cdot d$$

续［例 12 - 7］资料，企业订货日期至到货日期的时间为 10 天，每日存货需要量为 10 千克，那么：

$$R = L \cdot d = 10 \times 10 = 100 \text{（千克）}$$

即企业在尚存 100 千克存货时，就应当再次订货，等到下批订货到达时（再次发出订货单 10 天后），原有库存刚好用完。此时，有关存货的每次订货批量、订货次数、订货间隔时间等并无变化，与瞬时补充相同。订货提前期的情形如图 12 - 11 所示。这就是说，订货提前期对经济订货量并无影响，可仍以原来瞬时补充情况下的 300 千克为订货批量，只不过在达到再订货点（库存 100 千克）时即发出订货单罢了。

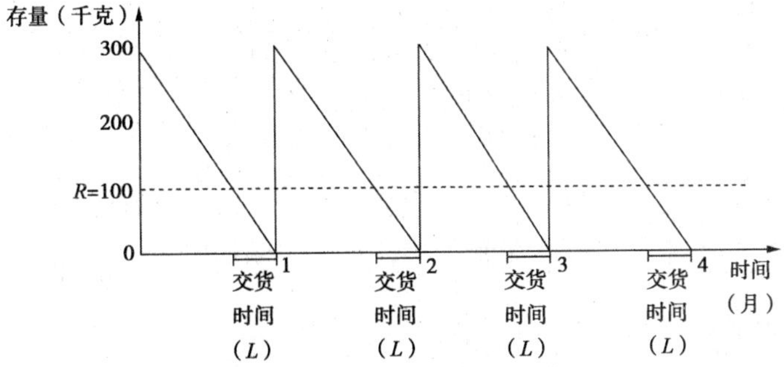

图 12 - 11　订货提前期

2. 存货陆续供应和使用

在建立基本模型时，是假设存货一次全部入库，故存货增加时存量变化为一条垂直的直线。事实上，各批存货可能陆续入库，使存量陆续增加。尤其是产成品入库和在产品转移，几乎总是陆续供应和陆续耗用的。在这种情况下，需要对基本模型做一些修改。

【例 12 - 8】 某零件年需用量（D）为 3 600 件，每日送货量（P）为 30 件，每日耗用量（d）为 10 件，单价（U）为 10 元，一次订货成本（生产准备成本）（K）为 24 元，单位储存变动成本（K_c）为 2 元。存货数量的变动如图 12 - 12 所示。

设每批订货数为 Q。由于每日送货量为 P，故该批货全部送达所需日数为 Q/P，称之为送货期。

因零件每日耗用量为 d，故送货期内的全部耗用量为：

$$\frac{Q}{P} \cdot d$$

由于零件边送边用，所以每批送完时，最高库存量为：

$$Q - \frac{Q}{P} \cdot d$$

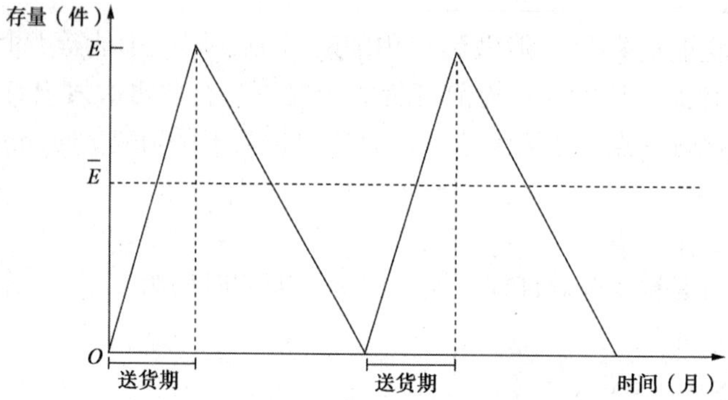

图 12－12　陆续供货时存货数量的变动

平均存量则为：

$$\frac{1}{2}\left(Q-\frac{Q}{P}\cdot d\right)$$

图 12－12 中的 E 表示最高库存量，$\overline{E}$表示平均库存量。

这样，与批量有关的总成本为：

$$TC(Q)=\frac{D}{Q}\cdot K+\frac{1}{2}\left(Q-\frac{Q}{P}\cdot d\right)\cdot K_c$$

$$=\frac{D}{Q}\cdot K+\frac{Q}{2}\left(1-\frac{d}{P}\right)\cdot K_c$$

在订货变动成本与储存变动成本相等时，$TC(Q)$有最小值，故存货陆续供应和使用的经济订货量公式为：

$$\frac{D}{Q}\cdot K=\frac{Q}{2}\left(1-\frac{d}{P}\right)\cdot K_c$$

$$Q^*=\sqrt{\frac{2KD}{K_c}\cdot\frac{P}{P-d}}$$

将这一公式代入上述 $TC(Q)$公式，可得出存货陆续供应和使用的经济订货量总成本公式为：

$$TC(Q^*)=\sqrt{2KDK_c\cdot\left(1-\frac{d}{P}\right)}$$

将上述［例 12－8］数据代入，则：

$$Q^*=\sqrt{\frac{2\times24\times3\ 600}{2}\times\frac{30}{30-10}}=360(\text{件})$$

$$TC(Q^*)=\sqrt{2\times24\times3\ 600\times2\times\left(1-\frac{10}{30}\right)}=480(\text{元})$$

陆续供应和使用的经济订货量模型，还可以用于自制和外购的选择决策。自制零件属于边送边用的情况，单位成本可能较低，但每批零件投产的生产准备成本比一次外购订货的订货成本可能高出许多。外购零件的单位成本可能较高，但订货成本可能比较低。要在自制零件和外购零件之间作出选择，需要全面衡量它们各自的总成本，才能得出正确的结论。这时，就可借用陆续供应或瞬时补充的模型。

【例 12-9】 某生产企业使用 A 零件，可以外购，也可以自制。如果外购，单价 4 元，一次订货成本 10 元；如果自制，单位成本 3 元，每次生产准备成本 600 元，每日产量 50 件。零件的全年需求量为 3 600 件，储存变动成本为零件价值的 20%，每日平均需求量为 10 件。

下面分别计算零件外购和自制的总成本，以选择较优的方案。

(1) 外购零件（瞬时补充模型）：

$$TC(Q^*)=\sqrt{2KDK_c}=\sqrt{2\times10\times3\ 600\times4\times0.2}=240\text{（元）}$$

$$TC=DU+TC(Q^*)=3\ 600\times4+240=14\ 640\text{（元）}$$

(2) 自制零件（陆续供应和使用模型）：

$$TC(Q^*)=\sqrt{2KDK_c\left(1-\frac{d}{P}\right)}$$

$$=\sqrt{2\times600\times3\ 600\times3\times0.2\times\left(1-\frac{10}{50}\right)}=1\ 440\text{（元）}$$

$$TC=DU+TC(Q^*)=3\ 600\times3+1\ 440=12\ 240\text{（元）}$$

由于自制的总成本（12 240 元）低于外购的总成本（14 640 元），故以自制为宜。

3. 保险储备

以前讨论假定存货的供需稳定且确知，即每日需求量不变，交货时间也固定不变。实际上，每日需求量可能变化，交货时间也可能变化。按照某一订货批量（如经济订货批量）和再订货点发出订单后，如果需求增大或送货延迟，就会发生缺货或供货中断。为防止由此造成的损失，就需要多储备一些存货以备应急之需，这称为保险储备（安全存量）。这些存货在正常情况下不动用，只有当存货过量使用或送货延迟时才动用。保险储备如图 12-13 所示。

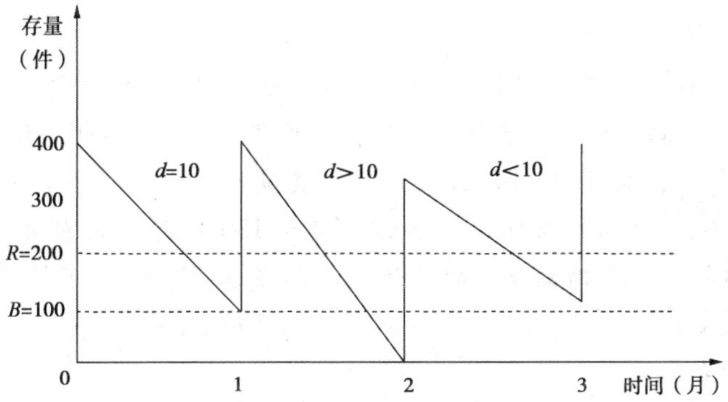

图 12-13 存货的保险储备

图 12-13 中，年需用量（D）为 3 600 件，已计算出经济订货量为 300 件，每年订货 12 次。又知全年平均日需求量（d）为 10 件，平均交货时间（L）为 10 天。为防止需求变化引起缺货损失，设保险储备量（B）为 100 件，再订货点 R 由此而相应提高为：

$$R=\text{平均交货时间}\times\text{平均日需求}+\text{保险储备}=L\cdot d+B=10\times10+100=200\text{（件）}$$

在第一个订货周期里，$d=10$，不需要动用保险储备；在第二个订货周期内，$d>10$，需求量大于供货量，需要动用保险储备；在第三个订货周期内，$d<10$，不仅不需动用保险储备，正常储备亦未用完，下次存货即已送到。

建立保险储备，固然可以使企业避免缺货或供应中断造成的损失，但存货平均储备量加大却会使储备成本升高。研究保险储备的目的，就是要找出合理的保险储备量，使缺货或供应中断损失和储备成本之和最小。方法上可先计算出各不同保险储备量的总成本，然后再对总成本进行比较，选定其中最低的。

如果设与此有关的总成本为 TC（S、B），缺货成本为 C_S，保险储备成本为 C_B，则：

$$TC(S、B)=C_S+C_B$$

设单位缺货成本为 K_U，一次订货缺货量为 S，年订货次数为 N，保险储备量为 B，单位储存变动成本为 K_C，则：

$$C_S=K_U\cdot S\cdot N$$

$$C_B=B\cdot K_C$$

$$TC(S、B)=K_U\cdot S\cdot N+B\cdot K_C$$

现实中，缺货量 S 具有概率性，其概率可根据历史经验估计得出；保险储备量 B 可选择而定。

【例 12－10】 假定某存货的年需要量 $D=3\,600$ 件，一次订货成本 $k=25$ 元，单位储存变动成本 $K_C=2$ 元，单位缺货成本 $K_U=4$ 元，平均交货时间 $L=10$ 天；已经计算出经济订货量 $Q=300$ 件，每年订货次数 $N=12$ 次。交货期内的存货需要量及其概率分布如表 12－10 所示。

表 12－10　　某种存货交货期内的需要量及其概率分布表

需要量（$10\times d$）	70	80	90	100	110	120	130
概率（P）	0.01	0.04	0.20	0.50	0.20	0.04	0.01

先计算不同保险储备的总成本：

（1）不设置保险储备量。即令 $B=0$，且以 100 件为再订货点。此种情况下，当需求量为 100 件或小于 100 件时，不会发生缺货，其概率为 0.75(0.01＋0.04＋0.20＋0.50)；当需求量为 110 件时，缺货 10 件(110－100)，其概率为 0.20；当需求量为 120 件时，缺货 20 件(120－100)，其概率为 0.04；当需求量为 130 件时，缺货 30 件(130－100)，其概率为 0.01。因此，$B=0$ 时缺货的期望值 S_0、总成本 $TC(S、B)$ 可计算如下：

$$S_0=(110-100)\times0.2+(120-100)\times0.04+(130-100)\times0.01$$
$$=3.1(件)$$

$$TC(S、B)=K_U\cdot S_0\cdot N+B\cdot K_C$$
$$=4\times3.1\times12+0\times2$$
$$=148.8(元)$$

（2）保险储备量为 10 件。即 $B=10$ 件，以 110 件为再订货点。此种情况下，当需求量为 110 件或小于 110 件时，不会发生缺货，其概率为 0.95(0.01＋0.04＋0.20＋0.50＋0.20)；当需求量为 120 件时，缺货 10 件(120－110)，其概率为 0.04；当需求量为 130

件时，缺货20件(130－110)，其概率为0.01。因此，$B=10$件时缺货的期望值S_{10}、总成本$TC(S、B)$可计算如下：

$$S_{10}=(120-110)\times0.04+(130-110)\times0.01=0.6(\text{件})$$

$$\begin{aligned}TC(S、B)&=K_U\cdot S_{10}\cdot N+B\cdot K_C\\&=4\times0.6\times12+10\times2\\&=48.8\ (\text{元})\end{aligned}$$

(3) 保险储备量为20件。同样运用以上方法，可计算S_{20}、$TC(S、B)$为：

$$S_{20}=(130-120)\times0.01=0.1\ (\text{件})$$

$$TC(S、B)=4\times0.1\times12+20\times2=44.8\ (\text{元})$$

(4) 保险储备量为30件。即$B=30$件，以130件为再订货点。此种情况下可满足最大需求，不会发生缺货，因此：

$$S_{30}=0$$

$$TC(S、B)=4\times0\times12+30\times2=60\ (\text{元})$$

然后，比较上述不同保险储备量的总成本，以其低者为最佳。

当$B=20$件时，总成本为44.8元，是各总成本中最低的。故应确定保险储备量为20件，或者说应确定以120件为再订货点。

以上举例解决了由于需求量变化引起的缺货问题。至于由于延迟交货引起的缺货，也可以通过建立保险储备量的方法来解决。确定其保险储备量时，可将延迟的天数折算为增加的需求量，其余计算过程与前述方法相同。如前例，若企业延迟到货3天的概率为0.01，则可认为缺货30件（3×10）或者交货期内需求量为130件(10×10＋30)的概率为0.01，这样就把交货延迟问题转换成了需求过量问题。

第五节　短期债务管理

一、短期债务筹资的特点

短期债务筹资所筹资金的可使用时间较短，一般不超过1年。短期债务筹资具有如下一些特点：

(1) 筹资速度快，容易取得。长期负债的债权人为了保护自身利益，往往要对债务人进行全面的财务调查，因而筹资所需时间一般较长且不易取得。短期负债在较短时间内即可归还，故债权人顾虑较少，容易取得。

(2) 筹资富有弹性。举借长期负债，债权人或有关方面经常会向债务人提出很多限定性条件或管理规定；而短期负债的限制则相对宽松些，使筹资企业的资金使用较为灵活、富有弹性。

(3) 筹资成本较低。一般地讲，短期负债的利率低于长期负债，短期负债筹资的成本也就较低。

(4) 筹资风险高。短期负债需在短期内偿还，因而要求筹资企业在短期内拿出足够的资金偿还债务，若企业届时资金安排不当，就会陷入财务危机。此外，短期负债利率的波动比较大，一时高于长期负债的水平也是可能的。

二、商业信用筹资

商业信用是指在商品交易中由于延期付款或预收货款所形成的企业间的借贷关系。商业信用产生于商品交换之中，是所谓的“自发性筹资”。虽然按照惯例，经常把它归入经营性流动负债，但严格说来它是企业主动选择的一种筹资行为，并非完全不可控的自发行为。商业信用运用广泛，在短期负债筹资中占有相当大的比重。

商业信用筹资的优越性：首先是容易取得，对于多数企业来说，商业信用是一种持续性的信贷形式，且无须办理正式筹资手续；其次，如果没有现金折扣或使用不带息票据，商业信用筹资不负担成本。商业信用筹资的缺陷是：如果有现金折扣，放弃现金折扣时所付出的成本较高。

商业信用的具体形式有应付账款、应付票据、预收账款等。

(一) 应付账款

应付账款是企业购买货物暂未付款而欠对方的账项，即卖方允许买方在购货后一定时期内支付货款的一种形式。卖方利用这种方式促销，而对买方来说，延期付款则等于向卖方借用资金购进商品，可以满足短期的资金需要。

与应收账款相对应，应付账款也有付款期、折扣等信用条件。应付账款可以分为：免费信用，即买方企业在规定的折扣期内享受折扣而获得的信用；有代价信用，即买方企业放弃折扣付出代价而获得的信用；展期信用，即买方企业超过规定的信用期推迟付款而强制获得的信用。

1. 应付账款的成本

倘若买方企业购买货物后在卖方规定的折扣期内付款，便可以享受免费信用，这种情况下企业没有因为享受信用而付出代价。

【例 12－11】 某企业按 2/10、n/30 的条件购入货物 10 万元。如果该企业在 10 天内付款，便享受了 10 天的免费信用期，并获得折扣 0.2 万元 (10×2%)，免费信用额为 9.8 万元 (10－0.2)。

倘若买方企业放弃折扣，在 10 天后 (不超过 30 天) 付款，该企业便要承受因放弃折扣而造成的隐含利息成本。一般而言，放弃现金折扣的成本[①]可由下式求得：

$$\text{放弃现金折扣成本} = \frac{\text{折扣百分比}}{1-\text{折扣百分比}} \times \frac{360}{\text{信用期}-\text{折扣期}}$$

运用上式，该企业放弃折扣所负担的成本为：

---

① 此处放弃现金折扣的成本是按单利计算的。如果按复利计算，公式为：

$$\text{放弃现金折扣成本} = \left(1+\frac{\text{折扣百分比}}{1-\text{折扣百分比}}\right)^{\frac{360}{\text{信用期}-\text{折扣期}}} - 1$$

则该企业放弃现金折扣的成本为：

$$\left(1+\frac{2\%}{1-2\%}\right)^{\frac{360}{30-10}} - 1 = 43.9\%$$

$$\frac{2\%}{1-2\%}\times\frac{360}{30-10}=36.7\%$$

公式表明，放弃现金折扣的成本与折扣百分比的大小、折扣期的长短同方向变化，与信用期的长短反方向变化。可见，如果买方企业放弃折扣而获得信用，其代价是较高的。然而，企业在放弃折扣的情况下，推迟付款的时间越长，其成本便会越小。比如，如果企业延至50天付款，其成本则为：

$$\frac{2\%}{1-2\%}\times\frac{360}{50-10}=18.4\%$$

2. 利用现金折扣的决策

在附有信用条件的情况下，因为获得不同信用要负担不同的代价，买方企业便要在利用哪种信用之间作出决策。一般说来：

如果能以低于放弃折扣的隐含利息成本（实质是一种机会成本）的利率借入资金，便应在现金折扣期内用借入的资金支付货款，享受现金折扣。比如，［例12－11］同期的银行短期借款年利率为12%，则买方企业应利用更便宜的银行借款在折扣期内偿还应付账款；反之，企业应放弃折扣。

如果在折扣期内将应付账款用于短期投资，所得的投资报酬率高于放弃折扣的隐含利息成本，则应放弃折扣而去追求更高的收益。当然，假使企业放弃折扣优惠，也应将付款日推迟至信用期内的最后一天（如［例12－11］中的第30天），以降低放弃折扣的成本。

如果企业因缺乏资金而欲展延付款期（如［例12－11］中将付款日推迟到第50天），则需在放弃折扣成本降低带来的好处与展延付款带来的损失之间进行权衡。展延付款期带来的损失主要是指因企业信誉恶化而丧失供应商乃至其他贷款人的信用，或日后招致苛刻的信用条件。

如果面对两家以上提供不同信用条件的卖方，应通过衡量放弃折扣成本的大小，选择信用成本最小（或所获利益最大）的一家。比如，［例12－11］中另有一家供应商提出1/20、n/30的信用条件，其放弃折扣的成本为：

$$\frac{1\%}{1-1\%}\times\frac{360}{30-20}=36.4\%$$

与［例12－11］中2/10、n/30信用条件的情况相比，后者的成本较低。

（二）应付票据

应付票据是企业进行延期付款商品交易时开具的反映债权债务关系的票据。根据承兑人的不同，应付票据分为商业承兑汇票和银行承兑汇票两种。支付期最长不超过6个月。应付票据可以带息，也可以不带息。应付票据的利率一般比银行借款的利率低，且不用保持相应的补偿余额和支付协议费，所以应付票据的筹资成本低于银行借款成本。但是，应付票据到期必须归还，如若延期便要交付罚金，因而风险较大。

（三）预收账款

预收账款是卖方企业在交付货物之前向买方预先收取部分或全部货款的信用形式。对于卖方来讲，预收账款相当于向买方借用资金后用货物抵偿。预收账款一般用于生产周期长、资金需要量大的货物销售。

此外，企业往往还存在一些在非商品交易中产生但亦为自发性筹资的应付费用，如应付职工薪酬、应交税费、其他应付款等。应付费用使企业受益在前、费用支付在后，相当于享用了收款方的借款，一定程度上缓解了企业的资金需要。应付费用的期限具有强制性，不能由企业自由斟酌使用，但通常不需花费代价。

三、短期借款筹资

短期借款是指企业向银行和其他非银行金融机构借入的期限在1年以内的借款。在短期负债筹资中，短期借款的重要性仅次于商业信用。短期借款可以随企业的需要安排，便于灵活使用，且取得亦较简便。但其突出的缺点是短期内要归还，特别是在带有诸多附加条件的情况下更使风险加剧。

（一）短期借款的种类

我国目前的短期借款按照目的和用途分为若干种，主要有生产周转借款、临时借款、结算借款等。按照国际通行做法，短期借款还可依偿还方式的不同，分为一次性偿还借款和分期偿还借款；依利息支付方法的不同，分为收款法借款、贴现法借款和加息法借款；依有无担保，分为抵押借款和信用借款等。

企业在申请借款时，应根据各种借款的条件和需要加以选择。

（二）短期借款的取得

企业举借短期借款，首先必须提出申请，经审查同意后借贷双方签订借款合同，注明借款的用途、金额、利率、期限、还款方式、违约责任等；然后企业根据借款合同办理借款手续；借款手续完毕，企业便可取得借款。

（三）短期借款的信用条件

按照国际通行做法，银行发放短期借款往往带有一些信用条件，主要有：

1. 信贷限额

信贷限额是银行对借款人规定的无担保贷款的最高额。信贷限额的有效期限通常为1年，但根据情况也可延期1年。一般来讲，企业在批准的信贷限额内，可随时使用银行借款。但是，银行并不承担必须提供全部信贷限额的义务。如果企业信誉恶化，即使银行曾同意过按信贷限额提供贷款，企业也可能得不到借款。这时，银行不会承担法律责任。

2. 周转信贷协定

周转信贷协定是银行具有法律义务的、承诺提供不超过某一最高限额的贷款协定。在协定的有效期内，只要企业的借款总额未超过最高限额，银行必须满足企业任何时候提出的借款要求。企业享用周转信贷协定，通常要就贷款限额的未使用部分付给银行一笔承诺费。

例如，某周转信贷额为1 000万元，承诺费率为0.5%，借款企业年度内使用了600万元，余额400万元，借款企业该年度就要向银行支付承诺费2万元（400×0.5%）。这是银行向企业提供此项贷款的一种附加条件。

周转信贷协定的有效期通常超过1年，但实际上贷款每几个月发放一次，所以这种信贷具有短期和长期借款的双重特点。

3. 补偿性余额

补偿性余额是银行要求借款企业在银行中保持按贷款限额或实际借用额一定百分比（一般为10%～20%）的最低存款余额。从银行的角度讲，补偿性余额可降低贷款风险，补偿遭受的贷款损失。对于借款企业来讲，补偿性余额则提高了借款的有效年利率。

例如，某企业按年利率8%向银行借款10万元，银行要求维持贷款限额15%的补偿性余额，那么，企业实际可用的借款只有8.5万元，该项借款的有效年利率则为：

$$有效年利率=\frac{10\times 8\%}{8.5}=9.4\%$$

4. 借款抵押

银行向财务风险较大的企业或对其信誉不甚有把握的企业发放贷款，有时需要有抵押品担保，以减少自己蒙受损失的风险。短期借款的抵押品经常是借款企业的应收账款、存货、股票、债券等。银行接受抵押品后，将根据抵押品的面值决定贷款金额，一般为抵押品面值的30%～90%。这一比例的高低，取决于抵押品的变现能力和银行的风险偏好。抵押借款的成本通常高于非抵押借款，这是因为银行主要向信誉好的客户提供非抵押贷款，而将抵押贷款看成是一种风险投资，故而收取较高的利率；同时银行管理抵押贷款要比管理非抵押贷款困难，为此往往另外收取手续费。

企业向贷款人提供抵押品，会限制其财产的使用和将来的借款能力。

5. 偿还条件

贷款的偿还有到期一次偿还和在贷款期内定期（每月、季）等额偿还两种方式。一般来讲，企业不希望采用后一种偿还方式，因为这会提高借款的有效年利率；而银行不希望采用前一种偿还方式，因为这会加重企业的财务负担，增加企业的拒付风险，同时会降低实际贷款利率。

6. 其他承诺

银行有时还要求企业为取得贷款而作出其他承诺，如及时提供财务报表、保持适当的财务水平（如特定的流动比率），等等。如企业违背所作出的承诺，银行可要求企业立即偿还全部贷款。

（四）短期借款利率及支付方法

短期借款的利率多种多样，利息支付方法也不一，银行将根据借款企业的情况选用。

1. 借款利率

借款利率分为以下三种：

（1）优惠利率。优惠利率是银行向财力雄厚、经营状况好的企业贷款时采用的利率，为贷款利率的最低限。

（2）浮动优惠利率。浮动优惠利率是一种随其他短期利率的变动而浮动的优惠利率，即随市场条件的变化而随时调整变化的优惠利率。

（3）非优惠利率。非优惠利率是银行贷款给一般企业时收取的高于优惠利率的利率。这种利率经常在优惠利率的基础上加一定的百分比。比如，银行按高于优惠利率1%的利率向某企业贷款，若当时的最优利率为8%，向该企业贷款收取的利率即为9%；若当时的最优利率为7.5%，向该企业贷款收取的利率即为8.5%。非优惠利率与优惠利率之间差距的大小，由借款企业的信誉、与银行的往来关系及当时的信贷状况所决定。

2. 借款利息的支付方法

一般来讲，借款企业可以用三种方法支付银行贷款利息。

（1）收款法。收款法是在借款到期时向银行支付利息的方法。银行向工商企业发放的贷款大都采用这种方法收息。

（2）贴现法。贴现法是银行向企业发放贷款时，先从本金中扣除利息部分，而到期时借款企业则要偿还贷款全部本金的一种计息方法。采用这种方法，企业可利用的贷款额只有本金减去利息部分后的差额，因此贷款的有效年利率高于报价利率。

例如，某企业从银行取得借款 10 000 元，期限 1 年，年利率（即报价利率）为 8%，利息额 800 元（10 000 ×8%）；按照贴现法付息，企业实际可利用的贷款为 9 200 元（10 000 - 800），该项贷款的有效年利率为：

$$有效年利率=\frac{800}{10\ 000-800}=8.7\%$$

（3）加息法。加息法是银行发放分期等额偿还贷款时采用的利息收取方法。在分期等额偿还贷款的情况下，银行要将根据报价利率计算的利息加到贷款本金上，计算出贷款的本息和，要求企业在贷款期内分期偿还本息之和的金额。由于贷款分期均衡偿还，借款企业实际上只大约平均使用了贷款本金的半数，却支付全额利息。这样，企业所负担的有效年利率便高于报价利率大约 1 倍。

例如，某企业借入（名义）年利率为 12% 的贷款 20 000 元，分 12 个月等额偿还本息。该项借款的有效年利率约为：

$$有效年利率=\frac{20\ 000\times 12\%}{20\ 000\div 2}\times 100\%=24\%$$

（五）企业对银行的选择

随着金融信贷业的发展，可向企业提供贷款的银行和非银行金融机构增多，企业有可能在各贷款机构之间作出选择，以对己最为有利。

选择银行时，重要的是要选用适宜的借款种类、借款成本和借款条件，此外还应考虑下列有关因素：

1. 银行对贷款风险的政策

通常银行对其贷款风险有着不同的政策，有的倾向于保守，只愿承担较小的贷款风险；有的富于开拓，敢于承担较大的贷款风险。

2. 银行对企业的态度

不同银行对企业的态度各不一样。有的银行肯于积极地为企业提供建议，帮助分析企业潜在的财务问题，有着良好的服务，乐于为具有发展潜力的企业发放大量贷款，在企业遇到困难时帮助其渡过难关；也有的银行很少提供咨询服务，在企业遇到困难时一味地为清偿贷款而施加压力。

3. 贷款的专业化程度

一些大银行设有不同的专业部门，分别处理不同类型、不同行业的贷款。企业与这些拥有丰富专业化贷款经验的银行合作，会更多地受益。

4. 银行的稳定性

稳定的银行可以保证企业的借款不致中途发生变故。银行的稳定性取决于它的资本规模、存款水平波动程度和存款结构。一般来讲，资本雄厚、存款水平波动小、定期存款比重大的银行稳定性好；反之，则稳定性差。

第二编

成 本 计 算

第十三章　产品成本计算

第一节　产品成本分类

成本通常是指对象化的费用。成本管理会计里有句俗语“不同的目的，不同的成本”。为了适应不同目的和需要，成本可以按照不同的标准进行分类。

一、制造成本与非制造成本

制造成本包括直接材料成本、直接人工成本和制造费用三项。

直接材料成本是指能够直接追溯到每个产品，并构成产品实体的原材料、辅助材料等，如，制造一辆汽车所耗用的钢材和轮胎的成本。直接人工成本是指能够直接追溯到每个产品上的人工成本，包括直接参与生产产品的员工的薪酬和福利费，如汽车生产人员的工资、福利。制造费用是指除直接材料成本和直接人工成本以外的所有制造成本，包括间接材料成本、间接人工成本和其他制造费用。

非制造成本包括销售费用、管理费用和财务费用，它们不构成产品的制造成本。

制造成本和非制造成本的区分，是产品成本计算和有关管理决策分析的重要依据。

二、产品成本与期间成本

在传统企业中，依据费用的发生与产品的关系可以将费用划分为产品成本和期间成本。产品成本是与产品生产直接相关的成本，包括产品生产中所耗用的直接材料成本、直接人工成本和制造费用等。期间成本是企业经营活动中所发生的与该会计期间的销售、经营和管理等活动相关的成本，例如管理费用、销售费用、财务费用等。

由此可见，成本是某个成本对象（在产品、产成品）所消耗的支出，是对象化了的费用；费用是某个期间发生的支出。

此处的制造成本与产品成本、非制造成本与期间成本，从内容上看有些类似，但其含义有所不同。制造成本与非制造成本是针对成本归集范围上看是制造环节还是属于非制造环节而言的，制造成本基本上只归集制造车间发生的成本。产品成本则是指计入到产品成本中的成本，当产品成本计算方法采用制造成本法时，产品成本与制造成本内容一致，但当采用变动成本法等其他方法时，产品成本与制造成本内容不一致。

三、直接成本与间接成本

产品成本按照其计入成本对象的方式分为直接成本和间接成本，直接成本是与成本对象直接相关的、可以用经济合理的方式直接追溯到成本对象的那一部分成本。间接成本是指与成本对象相关联的成本中不能用一种经济合理的方式追溯到成本对象，不适宜直接计入的那一部分成本。

第二节　产品成本的归集和分配

产品成本核算的过程实际上是通过多次的成本归集和分配，最终计算出产品总成本和单位成本的过程。

如前所述，成本是对象化了的费用。成本计算一般以制造业为例，在制造产品过程中，会发生生产费用和非生产费用。生产费用是指在产品生产过程中发生的材料、人工、燃料动力和制造费用等，包括基本生产费用和辅助生产费用。基本生产费用一般是指基本生产车间发生的生产费用，辅助生产车间发生的生产费用是辅助生产费用，其他的费用是非生产费用，一般也是期间费用，如管理费用、销售费用和财务费用。

一、基本生产费用的归集和分配

（一）材料费用的归集和分配

在企业的生产活动中，需要大量消耗各种材料，如各种原料及主要材料、辅助材料及燃料。它们有的用于产品生产，有的用于维护生产设备和管理、组织生产等。其中，应计入产品成本的生产用料，还应按照成本项目进行归集，如用于构成产品实体的原料及主要材料和有助于产品形成的辅助材料，计入“直接材料”项目；用于生产的燃料计入“燃料和动力”项目；用于维护生产设备和管理生产的各种材料列入“制造费用”项目。不应计入产品成本而属于期间费用的材料费用则应列入“管理费用”“销售费用”项目。用于购置和建造固定资产等的材料费用，则不得列入产品成本，也不得列入期间费用，构成固定资产的价值。

1. 材料费用计入产品成本和期间费用的方法

用于产品生产的原料及主要材料，如纺织用的原棉、铸造用的生铁、冶炼用的矿石、造酒用的大麦、制皂用的油脂等，通常是按照产品分别领用的，属于直接费用，应根据领料凭证直接记入各种产品成本的“直接材料”项目。但是，有时一批材料是被几批产品共同耗用。例如，某些化工生产的用料属于间接费用，则要采用一定的分配方法，分配计入各种产品成本。在消耗定额比较准确的情况下，通常采用材料定额消耗量比例或材料定额成本的比例进行分配，计算公式如下：

$$分配率=\frac{材料总消耗量（或实际成本）}{各种产品材料定额消耗量（或定额成本）之和}$$

某种产品应分配的材料数量（费用）=该种产品的材料定额消耗量（或定额成本）×分配率

【例13-1】　某生产车间实际领用某种原材料2 106千克，单价20元，原材料成本合计42 120元，投产甲产品400件，乙产品300件。甲产品消耗定额1.2千克，乙产品消耗定额1.1千克。甲、乙产品的材料费用分配结果如下：

$$分配率=\frac{42\ 120}{400\times1.2+300\times1.1}=\frac{42\ 120}{480+330}=52$$

应分配的材料费用：

甲产品：480×52=24 960（元）

乙产品：330×52=17 160（元）

合计：42 120元

原料及主要材料费用除按上述方法分配外，还可以采用其他方法分配。例如，不同规格的同类产品，如果产品的结构大小相近，也可以按产量或重量比例分配。具体的计算可以比照上例进行。

辅助材料费用计入产品成本的方法，与原材料及主要材料基本相同。凡用于产品生产、能够直接计入产品成本的辅助材料，如专用包装材料等，其费用应根据领料凭证直接计入。但在很多情况下，辅助材料是由几种产品共同耗用的，这就要求采用间接分配的方法。

上述耗用的基本生产产品的材料费用，应记入“生产成本”科目及所属明细账的借方，在明细账中还要按“直接材料”“燃料和动力”项目分别反映。此外，用于辅助生产的材料费用、用于生产车间和企业行政管理部门为管理和组织生产、经营所发生的材料费用，应分别记入“生产成本——辅助生产成本”“制造费用”“管理费用”等科目及其明细账的借方。至于用于非生产用的材料费用，则应记入其他有关科目。

2. 材料费用分配表的编制

在实际工作中，材料费用的分配通常通过“材料费用分配表”进行的。这种分配表应根据归类后的领料凭证，按照材料的用途和类别编制。其格式及内容举例如表13-1所示。

表13-1　　**材料费用分配表**　　单位：元

应借科目			共同耗用原材料的分配					直接领用的原材料	耗用原材料总额
总账及二级科目	明细科目	成本或费用项目	产量（件）	单位消耗定额（千克）	定额消耗用量（千克）	分配率	应分配材料费		
生产成本——基本生产成本	甲产品	直接材料	400	1.2	480		24 960	30 040	55 000
	乙产品	直接材料	300	1.1	330		17 160	12 840	30 000
	小计				810	52	42 120	42 880	85 000

续表

应借科目			共同耗用原材料的分配					直接领用的原材料	耗用原材料总额
总账及二级科目	明细科目	成本或费用项目	产量（件）	单位消耗定额（千克）	定额消耗用量（千克）	分配率	应分配材料费		
生产成本——辅助生产成本	供电车间	直接材料						1 200	1 200
	锅炉车间	直接材料						1 600	1 600
	小计							2 800	2 800
制造费用	基本车间	机物料消耗						2 500	2 500
管理费用		其他						2 700	2 700
合　计							42 120	50 880	93 000

根据表13－1“材料费用分配表”分配材料费用，记入有关科目，其会计分录如下：

借：生产成本——基本生产成本　　85 000
　　　　　　——辅助生产成本　　2 800
　　制造费用——基本车间　　2 500
　　管理费用　　2 700
　　贷：原材料　　93 000

（二）职工薪酬的归集和分配

职工薪酬，包括企业为职工在职期间和离职后提供的全部货币性薪酬和非货币性薪酬。企业提供给职工配偶、子女或其他被赡养人的福利等，也属于职工薪酬。职工薪酬的分配要划清计入产品成本与期间费用和不计入产品成本与期间费用的职工薪酬的界限。例如，有些职工薪酬应计入固定资产或无形资产成本，有些薪酬应计入销售费用和管理费用。应计入产品成本的职工薪酬，应按成本项目归集：凡属生产车间直接从事产品生产人员的职工薪酬，计入产品成本的“直接人工费”项目；企业各生产车间为组织和管理生产所发生的管理人员的职工薪酬，计入产品成本的“制造费用”项目；企业行政管理人员的职工薪酬，作为期间费用列入“管理费用”科目。

为方便阐述，以下“职工工资”与“职工薪酬”如无特别说明，不作严格区分，视为基本含义相同，均指人工费用。

1. 直接从事产品生产人员的职工工资费用计入产品成本的方法

由于工资制度的不同，生产工人工资费用计入产品成本的方法也不同。在计件工资制下，生产工人工资费用通常是根据产量凭证计算工资费用并直接计入产品成本；在计时工资制下，如果只生产一种产品，生产人员工资费用属于直接费用，可直接计入该种产品成本；如果生产多种产品，这就要求采用一定的分配方法在各种产品之间进行分配。工资费用的分配，通常采用按产品实用工时比例分配的方法。其计算公式如下：

$$分配率=\frac{生产工人工资总额}{各种产品实用工时之和}$$

某种产品应分配的工资费用 = 该种产品实用工时 × 分配率

按产品生产实用人工工时比例分配工资费用时，需要注意从人工工时上划清应计入与不应计入产品成本的工资费用界限。譬如，生产工人若为安装固定资产提供了服务，那么这部分人工工时应该划分出来，所分配的费用应计入固定资产的成本，不应计入产品成本。

按照规定工资总额的一定比例计提的职工福利、社会保险、工会经费和职工教育费，与工资费用一起分配。

2. 工资费用分配表的编制

为了按工资的用途和发生地点归集并分配工资及其他职工薪酬，月末应根据工资结算单和有关的生产工时记录，分别编制各生产部门“工资费用分配表”，然后汇总编制“工资及其他职工薪酬分配汇总表”。该表的格式及内容举例如表 13－2 所示。

表 13－2　　工资及其他职工薪酬分配汇总表　　单位：元

应借科目		工资				其他职工薪酬	职工薪酬合计
总账及二级科目	明细科目	分配标准（工时）	直接生产人员（0.5）	管理人员工资	工资合计		
生产成本——基本生产成本	甲产品	56 000	28 000		28 000	3 920.00	31 920.00
	乙产品	32 000	16 000		16 000	2 240.00	18 240.00
	小计	88 000	44 000		44 000	6 160.00	50 160.00
生产成本——辅助生产成本	供电车间		17 520		17 520	2 452.80	19 972.80
	锅炉车间		12 000		12 000	1 680.00	13 680.00
	小计		29 520		29 520	4 132.80	33 652.80
制造费用	基本车间			600	600	84.00	684.00
	供电车间			350	350	49.00	399.00
	锅炉车间			320	320	44.80	364.80
小计				1 270	1 270	177.80	1 447.80
管理费用				3 600	3 600	504.00	4 104.00
合计					78 390	10 974.60	89 364.60

【例 13－2】 根据表 13－2 即可登记总账和有关的明细账，其会计分录如下：

工资费用：

借：生产成本——基本生产成本	50 160	
——辅助生产成本	33 652.8	
制造费用——基本车间	684	
——供电车间	399	
——锅炉车间	364.8	
管理费用	4 104	
贷：应付职工薪酬		89 364.6

（三）外购动力费用的归集和分配

企业发生的外购动力（如电力、蒸汽），有的直接用于产品生产，有的用于照明、取暖等其他用途。动力费用应分别按用途和使用部门分配，按仪表记录、生产工时、定额消耗量比例进行分配。分配时，可编制“动力费用分配表”，据以进行明细核算和总分类核算。直接用于产品生产的动力费用，列入“燃料和动力费用”成本项目，记入“生产成本”科目及其明细账；属于照明、取暖等用途的动力费用，则按其使用部门分别记入“制造费用”“管理费用”等科目。

如果企业设有供电车间这类辅助生产车间，则外购电费应先记入“生产成本——辅助生产成本”科目，再加上供电车间本身发生的工资等各项费用，作为辅助生产成本进行分配。

（四）制造费用的归集和分配

制造费用是指企业各生产单位为组织和管理生产而发生的各项间接费用，包括工资和福利费、折旧费、修理费、办公费、水电费、机物料消耗、劳动保护费、租赁费、保险费、排污费及其他制造费用。

企业发生的各项制造费用，按其用途和发生地点，通过“制造费用”科目进行归集和分配。根据管理的需要，“制造费用”科目可以按生产车间开设明细账，账内按照费用项目开设专栏，进行明细核算。费用发生时，根据支出凭证借记“制造费用”科目及其所属有关明细科目，但材料、工资、折旧等费用，可在月末时，根据汇总编制的各种费用分配表记入。归集在“制造费用”科目借方的各项费用，月末时应全部分配转入“生产成本”科目，计入产品成本。“制造费用”科目一般月末没有余额。

在只生产一种产品的车间中，制造费用可直接计入其产品成本。在生产多种产品的车间中，需要采用合理、简便的分配方法，将制造费用分配计入各种产品成本。

制造费用分配计入产品成本的方法，常用的有按实用人工工时、定额人工工时、机器加工工时、直接人工费用等比例分配的方法。

在具备产品实用人工工时统计资料的生产车间，可按实用人工工时的比例分配制造费用。如果缺乏实用人工工时统计资料，但可以制定比较准确的人工工时定额，也可采用按产品定额人工工时的比例进行分配。在机械化程度较高的车间中，制造费用可按机器工时比例分配。其计算公式如下：

$$制造费用分配率=\frac{制造费用总额}{各种产品生产实用（或定额）人工工时（或机器加工工时）之和}$$

$$某产品应负担的制造费用=该种产品工时数\times分配率$$

会计分录如下：

借：生产成本

　　贷：制造费用

一般而言，制造费用的大部分属于产品生产的间接费用，因而不能按照产品制定定额，而只能按照车间、部门和费用项目编制制造费用计划加以控制。企业通过制造费用的归集和分配，反映和监督各项制造费用计划的执行情况，并将制造费用及时准确地计入产品成本。

【例 13－3】　假设某基本生产车间生产甲产品的实用人工工时为 56 000 小时，生产乙产品实用人工工时为 32 000 小时，本月发生制造费用 36 080 元。要求在甲、乙产品之间按照实用人工工时比例分配制造费用，并编制会计分录。

$$制造费用分配率 = \frac{36\ 080}{56\ 000 + 32\ 000} = 0.41$$

甲产品制造费用 = 56 000 × 0.41 = 22 960（元）

乙产品制造费用 = 32 000 × 0.41 = 13 120（元）

按照生产产品实用人工工时比例法编制“制造费用分配表”，如表 13－3 所示。

表 13－3　　制造费用分配表　　单位：元

借方科目	生产工时（小时）	分配金额（分配率：0.41）
生产成本——基本生产成本		
——甲产品	56 000	22 960
——乙产品	32 000	13 120
合　计	88 000	36 080

编制会计分录如下：

借：生产成本——基本生产成本——甲产品　　22 960
　　　　　　　　　　　　　——乙产品　　13 120
　　贷：制造费用　　36 080

通过以上各种费用的分配和归集，应计入本月产品成本的各种费用均已记入“生产成本——基本生产成本”科目的借方，并已在各种产品之间做了划分，同时按成本项目分别登记在各自的产品成本计算单（基本生产成本明细账）。

二、辅助生产费用的归集和分配

（一）辅助生产费用的归集

企业的辅助生产主要是为基本生产服务的。有的只生产一种产品或提供一种劳务，如供电、供气、运输等辅助生产；有的则生产多种产品或提供多种劳务，如从事工具、模具、备件的制造以及机器设备的修理等辅助生产。辅助生产提供的产品和劳务，有时也对外销售，但这不是辅助生产的主要目的。

辅助生产费用的归集和分配，是通过“生产成本——辅助生产成本”科目进行的。该科目应按车间和产品品种设置明细账，进行明细核算。辅助生产发生的直接材料、直接人工费用，分别根据“材料费用分配表”“工资及其他职工薪酬分配汇总表”和有关凭证，记入该科目及其明细账的借方；辅助生产发生的间接费用，应先记入“制造费用”科目的借方进行归集，然后再从该科目的贷方直接转入或分配转入“生产成本——辅助生产成本”科目及其明细账的借方。辅助生产车间完工的产品或劳务成本，应从“生产成本——辅助生产成本”科目及其明细账的贷方转出。“生产成本——辅助生产成本”科目的借方余额表示辅助生产的在产品成本。

（二）辅助生产费用的分配

归集在“生产成本——辅助生产成本”科目及其明细账借方的辅助生产费用，由于所生产的产品和提供的劳务不同，其所发生的费用分配转出的程序及方法也不一样。制造工具、模具、备件等产品所发生的费用，应计入完工工具、模具、备件等产品的成本。完工时，作为自制工具或材料入库，从“生产成本——辅助生产成本”科目及其明细账的贷方转入“原材料”科目的借方；领用时，按其用途和使用部门，一次或分期摊入成本。提供水、电、气和运输、修理等劳务所发生的辅助生产费用，大多按受益单位耗用的劳务数量在各单位之间进行分配，分配时，借记“制造费用”或“管理费用”等科目，贷记“生产成本——辅助生产成本”科目及其明细科目。在结算辅助生产明细账之前，还应将各辅助车间的制造费用分配转入各辅助生产明细账，归集辅助生产成本。

辅助生产车间提供的产品和劳务，主要是为基本生产车间和管理部门使用和服务的，但在某些辅助生产车间之间也有相互提供产品和劳务的情况。例如，锅炉车间为供电车间供气取暖，供电车间也为锅炉车间提供电力。由此，为了计算供气成本，就要确定供电成本；为了计算供电成本，又要确定供气成本。这里就存在一个辅助生产费用在各辅助生产车间交互分配的问题。辅助生产费用的分配通常采用直接分配法和交互分配法等。

1. 直接分配法

直接分配法是直接将各辅助生产车间发生的费用分配给辅助生产以外的各个受益单位或产品，即不考虑辅助生产内部相互提供的劳务量，不经过辅助生产费用的交互分配。直接分配法下的计算公式如下：

$$\text{辅助生产的单位成本}=\frac{\text{辅助生产费用总额}}{\begin{matrix}\text{辅助生产的产品}\\\text{（或劳务）总量}\end{matrix}-\begin{matrix}\text{对其他辅助部门提供的}\\\text{产品（或劳务）量}\end{matrix}}$$

公式中的“辅助生产的产品（或劳务）总量”不包括辅助生产各车间相互提供的产品（或劳务）。

各受益车间、产品或各部门应分配的费用 = 辅助生产的单位成本 × 该车间、产品或部门的耗用量

【例 13－4】 某企业设有供电和锅炉两个辅助生产车间，两个车间的辅助生产明细账所归集的费用分别是：供电车间 89 000 元，锅炉车间 21 000 元；供电车间为生产甲乙产品、各车间管理部门和企业行政管理部门提供 362 000 度电，其中锅炉车间耗电 6 000 度；锅炉车间为生产甲乙产品、各车间及企业行政管理部门提供 5 370 吨热力蒸汽，其中供电车间耗用 120 吨。采用直接分配法分配辅助生产费用，并编制“辅助生产费用分配表”，如表 13－4 所示。

表 13－4　　辅助生产费用分配表（直接分配法）

20×0 年 5 月　　单位：元

借方科目		生产成本——基本生产成本			制造费用（基本车间）	管理费用	合计
		甲产品	乙产品	小计			
供电车间	耗用量（度）	220 000	130 000	350 000	4 200	1 800	356 000
	分配率						(89 000 ÷ 356 000) 0.25
	金额	55 000	32 500	87 500	1 050	450	89 000

续表

借方科目		生产成本——基本生产成本			制造费用（基本车间）	管理费用	合　计
		甲产品	乙产品	小计			
锅炉车间	耗用量（吨）	3 000	2 200	5 200	30	20	5 250
	分配率						（21 000 ÷ 5 250）4
	金额	12 000	8 800	20 800	120	80	21 000
金额合计		67 000	41 300	108 300	1 170	530	110 000

根据表 13 – 4，将锅炉车间及供电车间的费用分配记入有关科目及所属明细账，其会计分录如下：

借：生产成本——基本生产成本——甲产品　　67 000
　　　　　　　　　　　　　　——乙产品　　41 300
　　制造费用——基本生产车间　　1 170
　　管理费用　　530
　　贷：生产成本——辅助生产成本——供电车间　　89 000
　　　　　　　　　　　　　　　　——锅炉车间　　21 000

在各辅助生产费用只是对外分配的情况下，采用直接分配法的计算工作简便。当辅助生产车间相互提供产品或劳务量差异较大时，如果使用直接分配法，其分配结果往往与实际不符。因此，直接分配法只适宜在辅助生产内部相互提供产品或劳务不多，不进行费用的交互分配对辅助生产成本和产品制造成本影响不大的情况下采用。

2. 交互分配法

交互分配法，是对各辅助生产车间的成本费用进行两次分配的方法。首先，根据各辅助生产车间相互提供的产品或劳务的数量和交互分配前的单位成本（费用分配率），在各辅助生产车间之间进行交互分配；然后，将各辅助生产车间交互分配后的实际费用（交互分配前的成本费用加上交互分配转入的成本费用，减去交互分配转出的成本费用），再按对外提供产品或劳务的数量和交互分配后的单位成本（费用分配率），在辅助生产车间以外的各受益单位进行一次对外分配。

【例 13 – 5】 沿用［例 13 – 4］资料，采用交互分配法分配辅助生产费用，并编制“辅助生产费用分配表”，如表 13 – 5 所示。

表 13 – 5　　辅助生产费用分配表（交互分配法）

20 × 0 年 5 月　　单位：元

项　目		供电车间			锅炉车间			合计
		耗用量（度）	单位成本	分配金额	耗用量（吨）	单位成本	分配金额	
待分配费用		362 000	0. 2459	89 000	5 370	3. 9106	21 000	110 000
交互分配	辅助生产——供电			469. 27	– 120		– 469. 27	
	辅助生产——锅炉	– 6 000		– 1 475. 14			1 475. 14	

续表

项目		供电车间			锅炉车间			合计
		耗用量（度）	单位成本	分配金额	耗用量（吨）	单位成本	分配金额	
对外分配辅助生产费用		356 000	0.2472	87 994.14	5 250	4.1916	22 005.86	110 000
对外分配	基本生产——甲产品	220 000		54 378.40	3 000		12 574.78	66 953.18
	基本生产——乙产品	130 000		32 132.69	2 200		9 221.51	41 354.20
	制造费用	4 200		1 038.13	30		125.75	1 163.88
	管理费用	1 800		444.91	20		83.83	528.75
	合计	356 000		87 994.14	5 250		22 005.86	110 000

根据表13-5编制以下分录：

（1）交互分配。

借：生产成本——辅助生产成本——供电车间　469.27

　　　　　　　　　　　　　——锅炉车间　1 475.14

　贷：生产成本——辅助生产成本——锅炉车间　469.27

　　　　　　　　　　　　　　——供电车间　1 475.14

（2）对外分配。

借：生产成本——基本生产成本——甲产品　66 953.18

　　　　　　　　　　　　　——乙产品　41 354.20

　制造费用——基本车间　1 163.88

　管理费用　528.75

　贷：生产成本——辅助生产成本——供电车间　87 994.14

　　　　　　　　　　　　　　——锅炉车间　22 005.86

采用交互分配法，辅助生产内部相互提供的产品或劳务全都进行了交互分配，从而提高了分配结果的准确性。但各辅助生产费用要计算两个单位成本（费用分配率），进行两次分配，因而增加了计算工作量。

三、完工产品和在产品的成本分配

通过前述各项费用的归集和分配，基本生产车间在生产过程中发生的各项费用，已经集中反映在“生产成本——基本生产成本”科目及其明细科目的借方，这些费用都是本月发生的产品生产费用，并不是本月完工产成品的成本。若计算出本月产成品成本，还需将本月发生的生产费用，加上月初在产品成本，然后再将其在本月完工产品和月末在产品之间进行分配，以计算本月产成品成本。

本月发生的生产费用，以及月初在产品成本、月末在产品成本和本月完工产成品成本这四项费用的关系，可用下列公式表达：

月初在产品成本＋本月发生生产费用＝本月完工产品成本＋月末在产品成本

月初在产品成本＋本月发生生产费用－月末在产品成本＝本月完工产品成本

上述公式中前两项是已知数，因此在完工产品与月末在产品之间分配费用的方法有两种：第一种是将前两项之和按一定比例在后两项之间进行分配，从而求得完工产品与月末在产品的成本；第二种是先确定月末在产品成本，再计算求得完工产品的成本。但无论采用哪一类方法，都必须取得在产品数量的核算资料。

（一）在产品收发结存的核算

企业的在产品是指没有完成全部生产过程、不能作为商品销售的在产品，包括正在车间加工中的在产品和已经完成一个或几个生产步骤但还需继续加工的半成品两部分。对外销售的自制半成品，属于商品产品，验收入库后不应列入在产品之内。以上在产品，是从广义的或者就整个企业来说的在产品。从狭义或者就某一车间或某一生产步骤而言，在产品仅包括该车间或该生产步骤正在加工中的那部分在产品，不包括车间或生产步骤完工的半成品。

在产品结存数量的核算管理，类同于其他材料物资，亦应同时具备账面核算资料和实际盘点资料。企业一方面要做好在产品收发结存的日常核算工作，另一方面要做好在产品的清查工作。做好这两项工作，既可以从账面上随时掌握在产品的变化动态，又可以清查在产品的实际数量。这对于保证账实相符、正确计算产品成本、加强生产和资产管理具有重要作用。

生产车间对在产品收发结存的日常核算，通常是通过在产品收发结存账簿进行的。在实际工作中，这种账簿通常称为“产品台账”，应区分车间，按照产品的品种和在产品名称（如零部件的名称）设立，以便用来反映车间各种在产品的转入、转出和结存的数量。各车间应认真做好在产品的计量、验收和交接工作，并在此基础上根据领料凭证、在产品内部转移凭证、产成品检验凭证和产品交库凭证，及时登记在产品收发结存账簿。该账簿由车间核算人员登记。

为了核实在产品的数量，保证在产品的安全完整，企业必须认真做好在产品的清查工作。在产品应定期进行清查，也进行不定期轮流清查。有的生产车间没有建立在产品的日常收发核算，则每月末都必须清查一次在产品，以便取得在产品的实际盘存资料。清查后，应根据盘点结果和账面资料编制在产品盘点表，填明在产品的账面数、实存数和盘存盈亏数，以及盈亏的原因和处理意见。对于报废和毁损的在产品，还要登记残值。

如果在产品的盘亏是由于没有办理领料或交接手续，或者由于某种产品的零件为生产另一种产品所耗用，则应补办相应手续，及时转账更正。

（二）完工产品与在产品的成本分配方法

生产成本在完工产品与在产品之间的分配，在成本计算工作中是一个重要而又比较复杂的问题。企业应当根据在产品数量的多少、各月在产品数量变化的大小、各项费用比重的大小以及定额管理基础的好坏等具体条件，选择既合理又简便的分配方法。常用的方法有以下六种：

1. 不计算在产品成本

这种方法是指虽然月末有结存在产品，但月末在产品数量很少，价值很低，并且各月在产品数量比较稳定，从而可对月末在产品成本忽略不计的一种分配方法。为简化产品成本计算工作，根据重要性原则，可以采用不计算在产品成本的方法，本月生产费用全部视为完工产品的成本，将本月各产品发生的生产耗费全部由完工产品负担。

2. 在产品成本按年初数固定计算

采用这种方法，某种产品本月发生的生产费用就是本月完工产品的成本。这种方法适用于月末在产品数量很少，或者在产品数量虽多但各月之间在产品数量变动不大，月初、月末在产品成本的差额对完工产品成本影响不大的情况。为简化核算工作，各月在产品成本可以固定按年初数计算。年终时，根据实地盘点的在产品数量，重新调整计算在产品成本，以避免在产品成本与实际出入过大，影响成本计算的正确性。

3. 在产品成本按其所耗用的原材料费用计算

这种方法是在产品成本按所耗用的原材料费用计算，其他费用全部由完工产品成本负担。这种方法适合于原材料费用在产品成本中所占比重较大，而且原材料是在生产开始时一次全部投入的情况下使用。为了简化核算工作，月末在产品可以只计算原材料费用，其他费用全部由完工产品负担。

4. 约当产量法

所谓约当产量，是指在产品按其完工程度约当于完工产品的数量。譬如，在产品10件，平均完工40%，则约当于完工产品4件。按约当产量比例分配的方法，就是将月末结存的在产品，按其完工程度折合成约当产量，然后再将产品应负担的全部生产费用，按完工产品产量和在产品约当产量的比例进行分配的一种方法。

约当产量法下具体分为加权平均法和先进先出法：

(1) 加权平均法

加权平均法的计算公式如下：

$$在产品约当产量 = 在产品数量 \times 完工程度$$

$$单位成本 = \frac{月初在产品成本 + 本月发生生产费用}{完工产品产量 + 月末在产品约当产量}$$

$$完工产品成本 = 单位成本 \times 完工产品产量$$

$$月末在产品成本 = 单位成本 \times 月末在产品约当产量$$

【例13-6】 某产品本月完工26件；月初无在产品；月末在产品10件，平均完工程度为40%，本月发生生产费用共3 000元。分配结果如下：

$$单位成本 = \frac{3\ 000}{26 + 10 \times 40\%} = 100\ （元/件）$$

$$完工产品成本 = 26 \times 100 = 2\ 600\ （元）$$

$$月末在产品成本 = 10 \times 40\% \times 100 = 400\ （元）$$

采用这种方法，道理不难理解，问题在于在产品完工程度的确定比较复杂。一般是根据月末在产品的数量，用技术测定或其他方法，计算在产品的完工程度。例如，在具备产品工时定额的条件下，可按每道工序累计单位工时定额除以单位产品工时总定额计算求得。因为存在于各工序内部的在产品加工程度不同，有的正在加工之中，有的已加工完毕，有的还尚未加工。为了简化核算，在计算各工序内在产品完工程度时，按平均完工50%计算。

【例13-7】 丙产品单位工时定额50小时，经两道工序制成。各工序单位工时定额为：第一道工序20小时，第二道工序30小时。在产品完工程度计算结果如下：

第一道工序：$\dfrac{20\times 50\%}{50}\times 100\% = 20\%$

第二道工序：$\dfrac{20+30\times 50\%}{50}\times 100\% = 70\%$

有了各工序在产品完工程度和各工序在产品盘存数量，即可求得在产品的约当产量。各工序在产品的完工程度可事先制定，产品工时定额不变时可长期使用。如果各工序在产品数量和单位工时定额都相差不多，在产品的完工程度也可按50%计算。

应当指出，在很多加工生产中，原材料是在生产开始时一次投入的。这时，每件在产品无论完工程度如何，都应和每件完工产品同样负担材料费用。如果原材料是随着生产过程陆续投入的，则应按照各工序投入的累计材料费用在全部材料费用中所占的比例计算在产品的投料程度约当产量。根据投料程度约当产量计算在产品应负担的材料费用。

【例13-8】 假如甲产品本月完工产品产量600件，在产品100件，完工程度按平均50%计算；原材料在开始时一次投入，其他费用按约当产量比例分配。甲产品本月月初在产品和本月耗用直接材料费用共计70 700元，直接人工费用39 650元，燃料动力费用85 475元，制造费用29 250元。

甲产品各项费用的分配计算如下：

因为材料是在生产开始时一次投入，所以按完工产品和在产品的数量作比例分配，不必计算约当产量。

（1）直接材料费的计算：

完工产品负担的直接材料费 $=\dfrac{70\ 700}{600+100}\times 600 = 60\ 600$（元）

在产品负担的直接材料费 $=\dfrac{70\ 700}{600+100}\times 100 = 10\ 100$（元）

直接人工费用、燃料和动力费、制造费用均按约当产量作比例分配，在产品100件折合约当产量50件（$100\times 50\%$）。

（2）直接人工费用的计算：

完工产品负担的直接人工费用 $=\dfrac{39\ 650}{600+50}\times 600 = 36\ 600$（元）

在产品负担的直接人工费用 $=\dfrac{39\ 650}{600+50}\times 50 = 3\ 050$（元）

（3）燃料和动力费的计算：

完工产品负担的燃料和动力费 $=\dfrac{85\ 475}{600+50}\times 600 = 78\ 900$（元）

在产品负担的燃料和动力费 $=\frac{85\ 475}{600+50}\times 50=6\ 575$（元）

（4）制造费用的计算：

完工产品负担的制造费用 $=\frac{29\ 250}{600+50}\times 600=27\ 000$（元）

在产品负担的制造费用 $=\frac{29\ 250}{600+50}\times 50=2\ 250$（元）

通过以上按约当产量法分配计算的结果，可以汇总出甲产品完工产品成本和在产品成本。

甲产品本月完工产品成本 $=60\ 600+36\ 600+78\ 900+27\ 000=203\ 100$（元）

甲产品本月末在产品成本 $=10\ 100+3\ 050+6\ 575+2\ 250=21\ 975$（元）

根据甲产品完工产品总成本编制完工产品入库的会计分录如下：

借：库存商品　　203 100

　　贷：生产成本——基本生产成本　　203 100

（2）先进先出法。在先进先出法下，假设先开始生产的产品先完工。这样，如果有月初在产品，生产车间就先完成月初在产品的生产，待月初在产品完工后，再开始本期投入的产品的生产。实际生产并不完全是这样的，但为了方便计算，必须假定。

先进先出法的计算公式如下：

月初在产品约当产量(直接材料) = 月初在产品数量 ×(1 − 已投料比例)

月初在产品约当产量(直接人工 + 制造费用即转换成本) = 月初在产品数量 ×(1 − 月初在产品完工程度)

本月投入本月完工产品数量 = 本月全部完工产品数量 − 月初在产品数量

月末在产品约当产量(直接材料) = 月末在产品数量 × 本月投料比例

月末在产品约当产量(转换成本) = 月末在产品数量 × 月末在产品完工程度

$$\text{单位成本(分配率)}=\frac{\text{本月发生生产费用}}{\text{月初在产品约当产量}+\text{本月投入本月完工产品数量}+\text{月末在产品约当产量}}$$

完工产品成本 = 月初在产品成本 + 月初在产品本月加工成本 + 本月投入本月完工产品数量 × 分配率 = 月初在产品成本 + 月初在产品约当产量 × 分配率 + 本月投入本月完工产品数量 × 分配率

月末在产品成本 = 月末在产品约当产量 × 分配率

【例 13－9】 假如甲产品月初在产品数量200件，月初在产品完工程度60%，本月投入生产700件，本月完工产品800件，月末在产品100件，月末在产品完工程度70%，原材料均在开始生产时一次投入。月初在产品成本3 200元，本月发生直接材料成本8 400元，发生转换成本（直接人工和制造费用）6 000元。假设在产品存货发出采用先进先出法，用约当产量法计算确定本月完工产品成本和月末在产品成本。

分配计算如表13－6和表13－7所示：

表 13－6　　先进先出法约当产量计算表　　单位：件

	实际数量（第1步）	约当产量（第2步）	
		直接材料	转换成本
月初在产品数量	200		
本月投入生产数量	700		
小计	900		
本月完工产品数量	800		
月末在产品数量	100		
小计	900		
月初在产品约当产量	200	200×(1－100%)＝0	200×(1－60%)＝80
本月投入本月完工产品数量	600	600	600
月末在产品约当产量	100	100×100%＝100	100×70%＝70
小计	900	700	750

表 13－7　　先进先出法下用约当产量法分配完工产品和在产品成本表　　单位：元

	生产成本	直接材料	转换成本
月初在产品成本	3 200		
（第3步）本期生产费用	14 400	8 400	6 000
总约当产量		700	750
（第4步）分配率（单位约当产量成本）		12	8
总成本	17 600		
（第5步）成本分配			
完工产品成本：			
月初在产品成本	3 200		
月初在产品本月加工成本	640	0	80×8＝640
本月投入本月完工产品直接材料	7 200	600×12＝7 200	
本月投入本月完工产品转换成本	4 800		600×8＝4 800
完工产品成本	15 840		
月末在产品成本			
月末在产品直接材料	1 200	100×12＝1 200	
月末在产品转换成本	560		70×8＝560
月末在产品成本	1 760		
总成本	17 600		

5. 在产品成本按定额成本计算

如果在产品数量稳定或者数量较少，并且制定了比较准确的定额成本时，可以使用这种方法。

这种方法是事先经过调查研究、技术测定或按定额资料，对各个加工阶段上的在产品直接确定一个定额单位成本，月终根据在产品数量，分别乘以各项定额单位成本，即可计算出月末在产品的定额成本。将月初在产品成本加上本月发生费用，减去月末在产品的定额成本，就可算出产成品的总成本了。产成品总成本除以产成品产量，即为产成品单位成本。这种方法的计算公式如下：

月末在产品成本＝月末在产品数量×在产品定额单位成本

产成品总成本＝（月初在产品成本＋本月发生费用）－月末在产品成本

$$产成品单位成本=\frac{产成品总成本}{产成品产量}$$

根据财政部《企业产品成本核算制度（试行）》，企业采用定额成本进行日常核算的，期末应当将定额成本调整为实际成本。

6. 按定额比例分配完工产品和月末在产品成本的方法（定额比例法）

如果各月末在产品数量变动较大，但制定了比较准确的消耗定额，生产费用可以在完工产品和月末在产品之间用定额消耗量或定额费用作比例分配。通常，材料费用按定额消耗量比例分配，而其他费用按定额工时比例分配。

计算公式如下（以按定额成本比例分配为例）：

$$材料费用分配率=\frac{月初在产品实际成本+本月投入的实际材料成本}{完工产品定额材料成本+月末在产品定额材料成本}$$

完工产品应分配的材料成本＝完工产品定额材料成本×材料费用分配率

月末在产品应分配的材料成本＝月末在产品定额材料成本×材料费用分配率

$$工资费用（或制造费用）分配率=\frac{月初在产品实际工资(费用)+本月投入的实际工资(费用)}{完工产品定额工时+月末在产品定额工时}$$

完工产品应分配的工资（费用）＝完工产品定额工时×工资(费用)分配率

月末在产品应分配的工资费用（或制造费用）＝月末在产品定额工时×工资费用(或制造费用)分配率

企业的完工产品包括产成品、自制材料和自制工具、模具等，以及为在建工程生产的专用设备和提供的修理劳务等。本月完工产品的成本应从“生产成本”科目的贷方转入有关科目：其中完工入库的产成品的成本，转入“产成品”科目的借方；完工自制材料、工具、模具等的成本，转入“原材料”等科目的借方；为企业在建工程提供的劳务费用，月末不论是否完工，都应将其实际成本转入“在建工程”科目的借方。“生产成本——基本生产成本”科目月末余额，就是基本生产车间在产品的成本。

四、联产品和副产品的成本分配

（一）联产品加工成本的分配

联产品，是指使用同种原料，经过同一生产过程同时生产出来的两种或两种以上的主要产品。譬如炼油厂，通常是投入原油后，经过加热、分馏等工艺过程，提炼或分解出汽油、柴油、蜡油和瓦斯等联产品。

在分离点以前发生的成本，称为联合成本。“分离点”，是指在联产品生产中，投入相同原料，经过同一生产过程，分离为各种联产品的时点。分离后的联产品，有的可以直接销售，有的还需进一步加工才可供销售。

联产品成本的计算，通常分为两个阶段进行：（1）联产品分离前发生的生产费用即联合成本，可按一个成本核算对象设置一个成本明细账进行归集，然后将其总额按一定分配方法（如售价法、实物数量法等）在各联产品之间进行分配；（2）分离后按各种产品分别设置明细账，归集其分离后所发生的加工成本。

1. 分离点售价法

在分离点售价法下，联合成本是以分离点上每种产品的销售价格为比例进行分配的。采用这种方法。要求每种产品在分离点时的销售价格能够可靠地计量。计算公式及例示如下：

$$联合成本分配率=\frac{待分配联合成本}{A产品分离点的总售价+B产品分离点的总售价}$$

A 产品应分配联合成本 = 联合成本分配率 × A 产品分离点的总售价

B 产品应分配联合成本 = 联合成本分配率 × B 产品分离点的总售价

【例 13－10】 某公司生产联产品 A 和 B。1 月份发生联合加工成本 500 万元。A 和 B 在分离点上的销售价格合计为 3 000 万元，其中，A 产品的销售总价为 1 800 万元，B 产品的销售总价为 1 200 万元。

采用售价法分配联合成本如下：

$$A产品应分配的成本=\frac{1\ 800}{3\ 000}\times 500=300（万元）$$

$$B产品应分配的成本=\frac{1\ 200}{3\ 000}\times 500=200（万元）$$

2. 可变现净值法

如果这些联产品尚需要进一步加工后才可供销售，可采用可变现净值进行分配。计算公式及例示如下：

$$联合成本分配率=\frac{待分配联合成本}{A产品可变现净值+B产品可变现净值}$$

A 产品应分配联合成本 = 联合成本分配率 × A 产品可变现净值

B 产品应分配联合成本 = 联合成本分配率 × B 产品可变现净值

【例 13－11】 某公司生产联产品 C 和 D。1 月份 C 和 D 在分离前发生联合加工成本为 400 万元。C 和 D 在分离后继续发生的单独加工成本分别为 300 万元和 200 万元，加工后 C 产品的销售总价为 1 800 万元，D 产品的销售总价为 1 200 万元。

采用可变现净值法分配联合成本：

C 产品的可变现净值 = 1 800 － 300 = 1 500（万元）

D 产品的可变现净值 = 1 200 － 200 = 1 000（万元）

$$C产品应分配的成本=\frac{1\ 500}{1\ 500+1\ 000}\times 400=240（万元）$$

$$D产品应分配的成本=\frac{1\ 000}{1\ 500+1\ 000}\times 400=160（万元）$$

3. 实物数量法

实物数量法是以产品的实物数量或重量为基础分配联合成本的方法。实物数量法通常适用于所生产的产品的价格很不稳定或无法直接确定的情况。例示如下：

$$单位数量（或重量）成本=\frac{联合成本}{各联产品的总数量（或总重量）}$$

【例 13－12】 沿用［例 13－10］资料，假定 A 产品为 560 件，B 产品为 440 件。采用实物数量法分配联合成本如下：

$$A产品应分配的成本=\frac{500}{560+440}\times560=280（万元）$$

$$B产品应分配的成本=\frac{500}{560+440}\times440=220（万元）$$

（二）副产品加工成本的分配

副产品，是指在同一生产过程中，使用同种原料，在生产主要产品的同时附带生产出来的非主要产品。它的产量取决于主产品的产量，随主产品产量的变动而变动，譬如，在肥皂的制作过程中，油脂和氢氧化钠共煮，水解为高级脂肪酸钠和甘油，前者经加工成形后是肥皂的主产品，甘油就是副产品。由于副产品价值相对较低，而且在全部产品生产中所占的比重较小，因而可以采用简化的方法确定其成本，然后从总成本中扣除，其余额就是主产品的成本。比如，副产品可以按预先规定的固定单价确定成本。

在分配主产品和副产品的加工成本时，通常先确定副产品的加工成本，然后确定主产品的加工成本。

第三节 产品成本计算的品种法

生产成本归集分配应按成本计算对象开设并登记基本生产成本明细账（即成本计算单），并选择一定的成本计算方法，计算各种产品的总成本和单位成本。企业可以根据生产工艺特点、生产经营组织类型和成本管理要求，具体确定成本计算方法。成本计算的基本方法有品种法、分批法和分步法三种。其中，品种法是最基础的，因为无论什么方法最终都要计算各种产品的成本，而且品种法的成本计算程序是成本计算的一般程序。

产品成本计算的品种法，也称简单法，是以产品品种为产品成本计算对象，归集和分配生产费用的方法。它适用于两种类型的企业：一是大量大批的单步骤生产的企业，在这种类型的生产中，产品的生产技术过程不能从技术上划分为步骤（如企业或车间的规模较小，或者车间是封闭式的，也就是从原材料投入到产品产出的全部生产过程都是在一个车间内进行的）；另一是生产是按流水线组织的、管理上不要求按照生产步骤计算产品成本的企业。

一、品种法的特点与适用情景条件

（1）成本计算对象是产品品种。如果企业只生产一种产品，全部生产费用都是直接费用，可直接记入该产品成本计算单的有关成本项目中，不存在在各成本计算对象之间分配费用的问题。如果是生产多种产品，间接费用则要采用适当的方法，在各成本计算对象之间进行分配。

（2）品种法下一般定期（每月月末）计算产品成本。

（3）如果企业月末有在产品，要将生产费用在完工产品和在产品之间进行分配。

二、品种法下产品成本的计算

按照产品的品种计算成本，是成本管理对于成本计算的最一般的要求，成本计算的一般程序也就是品种法的成本计算程序。这种计算程序如图 13－1 所示。

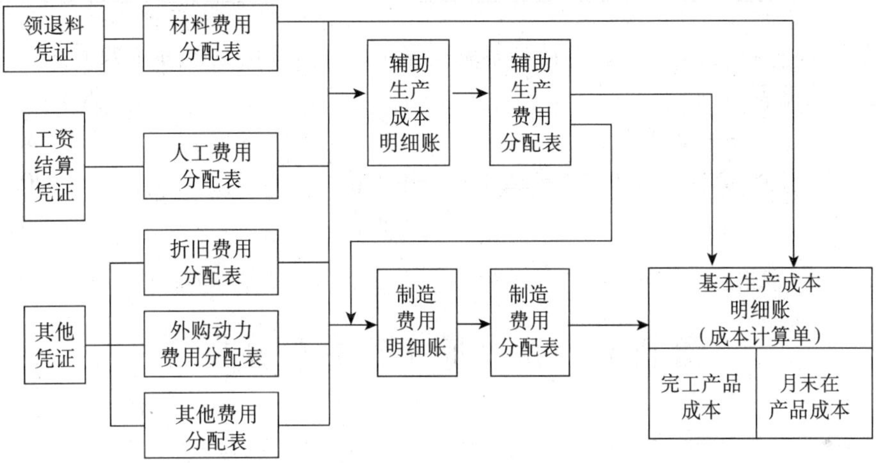

图 13－1 品种法成本计算的一般程序

各种成本计算方法除了成本计算单的开设和计算方法有所不同以外，其他核算程序基本相同。本章第二节所讲的成本计算的基本步骤中，所举的例子就是按照品种法的主要计算程序来说明的，现将其所列举的各种费用的归集和分配的数字按品种法的要求显示在甲、乙两种产品的成本计算单中，如表 13－8 和表 13－9 所示。

表 13－8 **产品成本计算单**

完工产成品数量：600 件

产品名称：甲产品 20×0 年 5 月 单位：元

成本项目	月初在产品成本	本月生产费用	生产费用合计	产成品成本		月末在产品成本
				总成本	单位成本	
直接材料费	15 700	55 000	70 700	60 600	101.00	10 100
直接人工费	7 730	31 920	39 650	36 600	61.00	3 050
燃料和动力费	18 475	67 000	85 475	78 900	131.50	6 575
制造费用	6 290	22 960	29 250	27 000	45.00	2 250
合计	48 195	176 880	225 075	203 100	338.50	21 975

表 13－9　　产品成本计算单

完工产成品数量：500 件

产品名称：乙产品　　20×0 年 5 月　　单位：元

成本项目	月初在产品成本	本月生产费用	生产费用合计	产成品成本		月末在产品成本
				总成本	单位成本	
直接材料费	9 468	30 000	39 468	29 900	59.80	9 568
直接人工费	2 544	18 240	20 784	17 320	34.64	3 464
燃料和动力费	8 020	41 300	49 320	41 100	82.20	8 220
制造费用	1 292	13 120	14 412	12 010	24.02	2 402
合计	21 324	102 660	123 984	100 330	200.66	23 654

根据表 13－8、表 13－9 成本计算单编制完工产品入库的会计分录如下：

借：库存商品——甲产品　　203 100

　　　　　——乙产品　　100 330

　贷：生产成本——基本生产成本——甲产品　　203 100

　　　　　　　　　　　　　　　——乙产品　　100 330

第四节　产品成本计算的分批法

产品成本计算的分批法，是按照产品批别归集生产费用、计算产品成本的方法。它主要适用于单件小批类型的生产，如造船业、重型机器设备制造业等；也可用于一般企业中的新产品试制或试验的生产、在建工程以及设备修理作业等。在小批单件组织生产的企业中，根据订货单位的订单签发工作号来组织生产，按产品批次计算产品成本，往往与按订单计算产品成本相一致。

一、分批法的特点与适用情景条件

（1）成本计算对象是产品的批别。由于产品的批别大多是根据销货订单确定的，因此，这种方法又称为订单法。

（2）分批法下，产品成本的计算是与生产任务通知单的签发和生产任务的完成紧密配合的，因此产品成本计算是不定期的。成本计算期与产品生产周期基本一致，而与核算报告期不一致。

（3）分批法下，由于成本计算期与产品的生产周期基本一致，因而在计算月末产品成本时，一般不存在完工产品与在产品之间分配费用的问题。但是，有时会出现同一批次产品跨月陆续完工的情况，为了提供月末完工产品成本，需要将归集的生产费用分配计入完工产品和期末在产品。

二、分批法下产品成本的计算

现以某企业小批生产产品的成本计算为例，说明产品成本计算分批法的应用。

【例 13－13】 某企业按照购货单位的要求，组织小批生产甲、乙两类产品，采用分批法计算产品成本。该厂 4 月份投产甲产品 10 件，批号为 401，5 月份全部完工；5 月份投产乙产品 60 件，批号为 501，当月完工 40 件，并已交货，还有 20 件尚未完工。401 批和 501 批产品成本计算单如表 13－10 和表 13－11 所示。各种费用的归集和分配过程省略。

表 13－10 **产品成本计算单**

开工日期：4 月 15 日

批号：401　　产品名称：甲产品　　完工日期：5 月 20 日

委托单位：东方公司　　批量：10 件　　单位：元

项　目	直接材料费	直接人工费	制造费用	合　计
4 月末余额	12 000	900	3 400	16 300
5 月发生费用：				
据材料费用分配表	4 600			4 600
据工资费用分配表		1 700		1 700
据制造费用分配表			8 000	8 000
合计	16 600	2 600	11 400	30 600
结转产成品（10 件）成本	16 600	2 600	11 400	30 600
单位成本	1 660	260	1 140	3 060

表 13－11 **产品成本计算单**

开工日期：5 月 5 日

批号：501　　产品名称：乙产品　　完工日期：5 月 25 日

委托单位：佳丽公司　　批量：60 件　　单位：元

项　目	直接材料费	直接人工费	制造费用	合　计
5 月发生费用：				
据材料费用分配表	18 000			18 000
据工资费用分配表		1 650		1 650
据制造费用分配表			4 800	4 800
合　计	18 000	1 650	4 800	24 450
结转产成品（40 件）成本	12 000	1 320	3 840	17 160
单位成本	300	33	96	429
月末在产品成本	6 000	330	960	7 290

［例 13－13］中，401 批甲产品 5 月份全部完工，所以发生的产品生产费用合计即为

完工产品总成本。501批甲产品月末部分完工，而且完工产品数量占总指标的比重较大，应采用适当的方法将产品生产费用在完工产品与在产品之间进行分配。本例由于原材料费用在生产开始时一次投入，所以原材料费用按完工产品和在产品的实际数量作比例分配，而其他费用则按约当产量法进行分配。

1. 材料费用按完工产品产量和在产品数量比例分配

$$产成品应分配的材料费用 = \frac{18\ 000}{40+20} \times 40 = 12\ 000（元）$$

$$在产品应分配的材料费用 = \frac{18\ 000}{40+20} \times 20 = 6\ 000（元）$$

2. 其他费用按约当产量法分配

（1）计算501批乙产品在产品约当产量，如表13－12所示。

表13－12　　乙产品约当产量计算表

工　序	完工程度	在产品（件）	在产品约当产量（件）	产量合计（件）	
	①	②	③=①×②	④	⑤=③+④
1	15%	4	0.6		
2	25%	4	1		
3	70%	12	8.4		
合计	—	20	10	40	50

（2）直接人工费用按约当产量法分配：

$$产成品应分配的直接人工费用 = \frac{1\ 650}{40+10} \times 40 = 1\ 320（元）$$

$$在产品应分配的直接人工费用 = \frac{1\ 650}{40+10} \times 10 = 330（元）$$

（3）制造费用按约当产量法分配：

$$产成品应分配的制造费用 = \frac{4\ 800}{40+10} \times 40 = 3\ 840（元）$$

$$在产品应分配的制造费用 = \frac{4\ 800}{40+10} \times 10 = 960（元）$$

将各项费用分配结果记入501批乙产品成本计算单（见表13－11）即可计算出乙产品的产成品成本和月末在产品成本。

第五节　产品成本计算的分步法

产品成本计算的分步法，是以产品生产步骤为成本计算对象，归集和分配生产费用、计算产品成本的方法。它适用于大量大批的多步骤生产，如纺织、冶金、汽车制造等大量大批的制造企业。在这类企业中，产品生产可以分为若干个生产步骤，管理上既要求按照产品品种计算成本，又要求按照生产步骤计算成本，以便为考核和分析各种产品及各生产步骤的成本计划的执行情况提供资料。

在实际工作中，根据成本管理对各生产步骤成本资料的不同要求（是否要求计算半成品成本）和简化核算的要求，各生产步骤成本的计算和结转，一般采用逐步结转和平行结转两种方法，称为逐步结转分步法和平行结转分步法。

一、逐步结转分步法

逐步结转分步法是按照产品加工的顺序，逐步计算并结转半成品成本，直到最后加工步骤才能计算出产成品成本的方法。它是按照产品加工顺序先计算第一个加工步骤的半成品成本，然后结转给第二个加工步骤，这时，第二步骤把第一步骤转来的半成品成本加上本步骤耗用的材料和加工费用，即可求得第二个加工步骤的半成品成本，如此顺序逐步转移累计，直到最后一个加工步骤才能计算出产成品成本。逐步结转分步法就是为了分步计算半成品成本而采用的一种分步法，也称计算半成品成本分步法。

（一）逐步结转分步法的特点

逐步结转分步法在完工产品与在产品之间分配费用，是指各步骤完工产品与在产品之间的分配。其优点：（1）能够提供各个生产步骤的半成品成本资料；（2）能够为各生产步骤的在产品实物管理及资金管理提供资料；（3）能够全面地反映各生产步骤的生产耗费水平，更好地满足各生产步骤成本管理的要求。

这种方法适用于大量大批连续式复杂生产的企业。这种企业，有的不仅将最终产成品作为商品对外销售，而且生产步骤所产半成品也经常作为商品对外销售。例如，钢铁厂的生铁、钢锭，汽车制造厂的各种零部件，纺织厂的棉纱等，需要计算半成品成本。

逐步结转分步法按照成本在下一步骤成本计算单中的反映方式，还可以分为综合结转和分项结转两种方法。综合结转法，是指上一步骤转入下一步骤的半成品成本，以“直接材料”或专设的“半成品”项目综合列入下一步骤的成本计算单中。分项结转法，是指上一步骤半成品成本按原始成本项目分别转入下一步骤成本计算单中相应的成本项目内。这里仅就综合结转加以介绍。

（二）逐步综合结转分步法

在逐步综合结转分步法下，半成品通过半成品库收发，由于各月所生产的半成品的单位成本不同，因而所耗半成品的单位成本可以如同材料核算一样，采用先进先出或加权平均等方法计算。综合结转可以按照半成品的实际成本结转，也可以按照半成品的计划成本结转。这里仅就按实际成本综合结转进行举例说明。

假定甲产品生产分两个步骤在两个车间内进行，第一车间为第二车间提供半成品，半成品收发通过半成品库进行。两个车间的月末在产品均按定额成本计价。成本计算程序如下：

（1）根据各种费用分配表、半成品产量月报和第一车间在产品定额成本资料（这些费用的归集分配同品种法一样，故过程均省略，下同），登记第一车间甲产品（半成品）成本计算单，如表13－13所示。

表13－13　甲产品（半成品）成本计算单

第一车间　20×0年5月　单位：元

项　目	产量（件）	直接材料费	直接人工费	制造费用	合　计
月初在产品成本（定额成本）		61 000	7 000	5 400	73 400
本月生产费用		89 500	12 500	12 500	114 500
合计		150 500	19 500	17 900	187 900
完工半成品转出	800	120 000	16 000	15 200	151 200
月末在产品定额成本		30 500	3 500	2 700	36 700

根据第一车间甲产品（半成品）成本计算单（见表13－13）和半成品入库单，编制会计分录如下：

借：自制半成品　151 200

　　贷：生产成本——基本生产成本——第一车间（甲产品）　151 200

（2）根据第一车间甲产品（半成品）成本计算单、半成品入库单以及第二车间领用半成品的领用单，登记半成品明细账，如表13－14所示。

表13－14　半成品明细账

月份	月初余额		本月增加		合　计			本月减少	
	数量（件）	实际成本（元）	数量（件）	实际成本（元）	数量（件）	实际成本（元）	单位成本（元）	数量（件）	实际成本（元）
5	300	55 600	800	151 200	1 100	206 800	188	900	169 200
6	200	37 600							

根据半成品明细账所列半成品单位成本资料和第二车间半成品领用单，编制会计分录如下：

借：生产成本——基本生产成本——第二车间（甲产品）　169 200

　　贷：自制半成品　169 200

（3）根据各种费用分配表、半成品领用单、产成品产量月报以及第二车间在产品定额成本资料，登记第二车间甲产品（产成品）成本计算单，如表13－15所示。

表13－15　甲产品（产成品）成本计算单

第二车间　20×0年5月　单位：元

项　目	产量（件）	直接材料费	直接人工费	制造费用	合　计
月初在产品（定额成本）		37 400	1 000	1 100	39 500

续表

项目	产量（件）	直接材料费	直接人工费	制造费用	合计
本月费用		169 200	19 850	31 450	220 500
合计		206 600	20 850	32 550	260 000
产成品转出	500	189 000	19 500	30 000	238 500
单位成本		378	39	60	477
月末在产品（定额成本）		17 600	1 350	2 550	21 500

根据第二车间甲产品（产成品）成本计算单和产成品入库单编制会计分录如下：

借：产成品　　238 500

　　贷：生产成本——基本生产成本——第二车间（甲产品）　　238 500

（三）综合结转的成本还原

从前面举例的第二车间产品成本明细账中可以看出，采用综合结转法的结果，表现在产成品成本中的绝大部分费用是第二车间所耗半成品的费用，直接人工、制造费用只在第二车间发生的费用，在产成品成本中所占比重很小。显然，这不符合产品成本构成的实际情况，不能据以从整个企业角度分析和考核产品成本的构成和水平。因此，在管理上要求从整个企业角度考核和分析产品成本的构成和水平时，还应将综合结转算出的产成品成本进行成本还原。所谓成本还原，就是从最后一个步骤起，把所耗上一步骤半成品的综合成本还原成直接材料、直接人工、制造费用等原始成本项目，从而求得按原始成本项目反映的产成品成本资料。

仍以前例资料为例，第二车间甲产品（产成品）成本明细账中算出的本月产成品所耗上一车间半成品费用为189 000元，按照第一车间产品成本明细账中算出的本月所产该种半成品成本151 200元的成本构成进行还原，求出按原始成本项目反映的甲产成品成本。根据两个车间产品成本明细账的有关资料，编制产成品成本还原计算表，如表13－16所示，成本还原分配率$=\frac{189\ 000}{151\ 200}=1.25$。

表13－16　　产成品成本还原计算表

产品名称：甲产品　　产品产量：500件　　单位：元

项目	还原分配率	半成品	直接材料	直接人工	制造费用	成本合计
还原前产成品成本		189 000		19 500	30 000	238 500
本月所产半成品成本			120 000	16 000	15 200	151 200
成本还原	1.25	－189 000	150 000	20 000	19 000	0
还原后产成品成本			150 000	39 500	49 000	238 500
还原后产成品单位成本			300	79	98	477

需要说明，关于成本还原分配率，目前几乎所有的成本会计教材中的计算公式均为：成本还原分配率$=\frac{\text{产成品所耗用的上一生产步骤半成品成本合计}}{\text{上一生产步骤所产该种半成品成本合计}}$。有学者对此研究认为，这个

计算公式仅适用于只有两个生产步骤情形下的成本还原分配率的计算。在有三个及以上步骤的情形下，应该修正为：成本还原分配率 = $\frac{\text{产成品所耗以前生产步骤半成品成本合计}}{\text{以前生产步骤所产该种半成品成本合计}}$。这个计算公式适用范围更为广泛，属于通用公式。

二、平行结转分步法

平行结转分步法是指在计算各步骤成本时，不计算各步骤所产半成品成本，也不计算各步骤所耗用上一步骤的半成品成本，而只计算本步骤发生的各项其他费用，以及这些费用中应计入产成品成本的份额，将相同产品的各步骤成本明细账中的这些份额平行结转、汇总，即可计算出该种产品的产成品成本。这种结转各步骤成本的方法，称为平行结转分步法，也称不计算半成品成本分步法。

（一）平行结转分步法的基本特点

采用平行结转分步法的成本计算对象是各种产成品及其经过的各生产步骤中的成本份额，而各步骤的产品生产费用并不伴随着半成品实物的转移而结转。其成本结转程序如图 13－2 所示。

从图 13－2 可以看出，各生产步骤不计算本步骤的半成品成本，尽管半成品的实物转入下一生产步骤继续加工，但其成本并不结转到下一生产步骤的成本计算单中去，只是当产品最终完工入库时，才将各步骤费用中应由完工产成品负担的份额，从各步骤成本计算单中转出，平行汇总计算产成品的成本。平行结转分步法的各步骤成本分配强调生产费用在最终完工产成品与广义在产品之间进行分配。广义在产品包括本步骤在产品，和本步骤已完工但未最终完工的所有后续仍需继续加工的在产品、半成品。

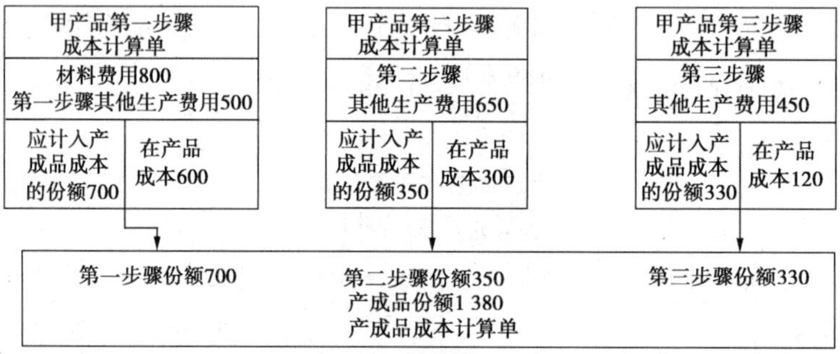

图 13－2　平行结转分步法的基本步骤

采用平行结转分步法，每一生产步骤的生产费用也要在其完工产品与月末在产品之间进行分配。但这里的完工产品是指企业最终完工的产成品；这里的某步骤在产品是指该步骤尚未加工完成的在产品和该步骤已完工但尚未最终完成的产品。

这种方法的优点有：（1）各步骤可以同时计算产品成本，平行汇总计入产成品成本，不必逐步结转半成品成本；（2）能够直接提供按原始成本项目反映的产成品成本资料，不必进行成本还原，因而能够简化和加速成本计算工作。缺点有：（1）不能提供各个步骤的半成品成本资料；在产品的费用在产品最后完成以前，不随实物转出而转出，即不按其所在的地点登记，而按其发生的地点登记，因而不能为各个生产步骤在产品的实物管理提供资料；（2）各生产步骤的产品成本不包括所耗半成品费用，因而不能全面地反映各步骤产品的生产耗费水平（第一步骤除外），不能更好地满足这些步骤成本管理的要求。

（二）平行结转分步法举例

某企业生产甲产品，生产分两个步骤在两个车间内进行，第一车间为第二车间提供半成品，第二车间加工为产成品。各种生产费用归集与分配过程省略，数字在各成本计算单中列示。产成品和月末在产品之间分配费用的方法采用定额比例法；材料费用按定额材料费用比例分配，其他费用按定额工时比例分配。

（1）定额材料，如表 13 – 17 所示。假如该厂月末没有盘点在产品，月末在产品的定额资料，需根据月初在产品定额资料加本月投产的定额资料减去产成品的定额资料计算得出。

表 13 – 17　　甲产品定额资料　　单位：元

生产步骤	月初在产品		本月投入		产成品				
					单件定额		产量（件）	总定额	
	材料费用	工时（小时）	材料费用	工时（小时）	材料费用	工时（小时）		材料费用	工时（小时）
第一车间份额	67 650	2 700	98 450	6 300	293	14	500	146 500	7 000
第二车间份额		2 400		9 600	—	20	500	—	10 000
合计	67 650	5 100	98 450	15 900	—	34	—	146 500	17 000

（2）根据定额资料、各种费用分配表和产成品产量月报，登记第一、第二车间成本计算单，如表 13 – 18、表 13 – 19 所示。

表 13 – 18　　甲产品成本计算单

第一车间　　20×0 年 5 月　　单位：元

项　　目	产成品产量（件）	直接材料费		定额工时（小时）	直接人工费用	制造费用	合　　计
		定额	实际				
月初在产品		67 650	61 651	2 700	7 120	10 000	78 771
本月生产费用		98 450	89 500	6 300	12 500	12 500	114 500
合　　计		166 100	151 151	9 000	19 620	22 500	193 271
分配率			0.91		2.18	2.50	
产成品中本步骤份额	500	146 500	133 315	7 000	15 260	17 500	166 075
月末在产品		19 600	17 836	2 000	4 360	5 000	27 196

表 13-19 甲产品成本计算单

第二车间 20×0 年 5 月 单位：元

项目	产成品产量（件）	直接材料费		定额工时（小时）	直接人工费用	制造费用	合计
		定额	实际				
月初在产品				2 400	8 590	8 150	16 740
本月生产费用				9 600	19 850	31 450	51 300
合计				12 000	28 440	39 600	68 040
分配率					2.37	3.30	
产成品中本步骤份额	500			10 000	23 700	33 000	56 700
月末在产品				2 000	4 740	6 600	11 340

（3）根据第一、第二车间成本计算单，平行汇总产成品成本，如表 13-20 所示。

表 13-20 甲产品成本汇总计算表

20×0 年 5 月 单位：元

生产车间	产成品数量（件）	直接材料费用	直接人工费用	制造费用	合计
第一车间		133 315	15 260	17 500	166 075
第二车间			23 700	33 000	56 700
合计	500	133 315	38 960	50 500	222 775
单位成本		266.63	77.92	101	445.55

第十四章　标准成本法

第一节　标准成本及其制定

标准成本法是为了克服实际成本计算系统的缺陷（尤其是不能提供有助于成本控制的确切信息的缺陷），而研究出来的一种会计信息系统和成本控制系统。

实施标准成本法一般有以下几个步骤：（1）制定单位产品标准成本；（2）根据实际产量和成本标准计算产品的标准成本；（3）汇总计算实际成本；（4）计算标准成本与实际成本的差异；（5）分析成本差异的发生原因（如果将标准成本纳入账簿体系，还要进行标准成本及其成本差异的账务处理）；（6）向成本负责人提供成本控制报告。

一、标准成本的概念

标准成本是通过精确的调查、分析与技术测定而制定的，用来评价实际成本、衡量工作效率的一种目标成本。在标准成本中，基本上排除了不应该发生的“浪费”，因此被认为是一种“应该成本”。标准成本和估计成本同属于预计成本，但后者不具有衡量工作效率的尺度性，主要体现可能性，供确定产品销售价格使用。标准成本要体现企业的目标和要求，主要用于衡量产品制造过程的工作效率和控制成本，也可用于存货和销货成本计价。

“标准成本”一词在实际工作中有两种含义：

一种是指单位产品的标准成本，它是根据单位产品的标准消耗量和标准单价计算出来的，准确地来说应称为“成本标准”。可表示为：

成本标准 = 单位产品标准成本 = 单位产品标准消耗量 × 标准单价

另一种是指实际产量的标准成本总额，是根据实际产品产量和单位产品成本标准计算出来的。可表示为：

标准成本（总额）= 实际产量 × 单位产品标准成本

二、标准成本的种类

（一）理想标准成本和正常标准成本

标准成本按其制定所依据的生产技术和经营管理水平，分为理想标准成本和正常标准成本。

理想标准成本是指在最优的生产条件下，利用现有的规模和设备能够达到的最低成本。制定理想标准成本的依据，是理论上的业绩标准、生产要素的理想价格和可能实现的最高生产经营能力利用水平。所谓“理论业绩标准”，是指在生产过程中毫无技术浪费时的生产要素消耗量，最熟练的工人全力以赴工作、不存在废品损失和停工时间等条件下可能实现的最优业绩。所谓“最高生产经营能力利用水平”，是指理论上可能达到的设备利用程度，只扣除不可避免的机器修理、改换品种、调整设备等时间，而不考虑产品销路不佳、生产技术故障等造成的影响。这里所说的理想价格，是指原材料、劳动力等生产要素在计划期间最低的价格水平。因此，这种标准很难成为现实，即使暂时出现也不可能持久。它的主要用途是提供一个完美无缺的目标，揭示实际成本下降的潜力。因其提出的要求太高，不宜作为考核的依据。

正常标准成本是指在效率良好的条件下，根据下期一般应该发生的生产要素消耗量、预计价格和预计生产经营能力利用程度制定出来的标准成本。在制定这种标准成本时，把生产经营活动中一般难以避免的损耗和低效率等情况也计算在内，使之切合下期的实际情况，成为切实可行的控制标准。要达到这种标准不是没有困难，但是，是可能达到的。从具体数量上看，它应大于理想标准成本，但又小于历史平均水平，实施以后实际成本更大的可能是逆差而不是顺差，是要经过努力才能达到的一种标准，因而可以调动职工的积极性。

在标准成本系统中，广泛使用正常的标准成本。它具有以下特点：它是用科学方法根据客观实验和过去实践经充分研究后制定出来的，具有客观性和科学性；它既排除了各种偶然性和意外情况，又保留了目前条件下难以避免的损失，代表正常情况下的消耗水平，具有现实性；它是应该发生的成本，可以作为评价业绩的尺度，成为督促职工去努力争取的目标，具有激励性；它可以在工艺技术水平和管理有效性水平变化不大时持续使用，不需要经常修订，具有稳定性。

（二）现行标准成本和基本标准成本

标准成本按其适用期，分为现行标准成本和基本标准成本。

现行标准成本，是指根据其适用期间应该发生的价格、效率和生产经营能力利用程度等预计的标准成本。在这些决定因素变化时，需要按照改变了的情况加以修订。这种标准成本可以成为评价实际成本的依据，也可以用来对存货和销货成本计价。基本标准成本是指一经制定，只要生产的基本条件无重大变化，就不予变动的一种标准成本。所谓生产的基本条件的重大变化是指产品的物理结构变化，重要原材料和劳动力价格的重要变化，生产技术和工艺的根本变化等。只有这些条件发生变化，基本标准成本才需要修订。由于市场供求变化导致的售价变化和生产经营能力利用程度的变化，由于工作方法改变而引起的效率变化等，不属于生产的基本条件变化，对此不需要修订基本标准成本。基本标准成本与各期实际成本对比，可反映成本变动的趋势。如果基本标准成本不按各期实际进行动态修订，就不宜用来直接评价工作效率和成本控制的有效性。

三、标准成本的制定

制定标准成本，通常首先确定直接材料和直接人工的标准成本；其次确定制造费用的标准成本；最后汇总确定单位产品的标准成本。

制定一个成本项目的标准成本，一般需要分别确定其用量标准和价格标准，两者相乘后得出单位产品该成本项目的标准成本。

用量标准包括单位产品材料消耗量、单位产品直接人工工时等，主要由生产技术部门主持制定，同时吸收执行标准的部门及职工参加。

价格标准包括标准的原材料单价、小时工资率、小时制造费用分配率等，由会计部门和有关其他部门共同研究确定。采购部门是材料价格的责任部门，劳资部门对小时工资率负有责任，各生产车间对小时制造费用率承担责任，在制定有关价格标准时要与有关部门协商。

无论是价格标准还是用量标准，都可以是理想状态下的或正常状态下的标准，据此得出理想的标准成本或正常的标准成本。下面介绍正常标准成本的制定。

（一）直接材料标准成本

直接材料的标准消耗量，一般采用统计方法、工业工程法或其他技术分析方法确定的。它是现有技术条件生产单位产品所需的材料数量，包括必不可少的消耗以及各种难以避免的损失。

直接材料的价格标准，是预计下一年度实际需要支付的进料单位成本，包括发票价格、运费、检验和正常损耗等成本，是取得材料的完全成本。

下面列举 A 产品所用甲、乙两种直接材料标准成本的实例，如表 14－1 所示。

表 14－1　　A 产品直接材料标准成本

标　　准	甲材料	乙材料
价格标准：		
发票单价（元）	1.00	4.00
装卸检验费（元）	0.07	0.28
每千克标准价格（元）	1.07	4.28
用量标准：		
图纸用量（千克）	3.0	2.0
允许损耗量（千克）	0.3	—
单产标准用量（千克）	3.3	2.0
成本标准：		
甲材料（3.3×1.07）（元）	3.53	
乙材料（2.0×4.28）（元）		8.56
单位产品直接材料标准成本（元）	12.09	

（二）直接人工标准成本

直接人工的用量标准是单位产品的标准工时。确定单位产品所需的直接生产工人工时，需要按产品的加工工序分别进行，然后加以汇总。标准工时是指在现有生产技术条件下，生产单位产品所需要的时间，包括直接加工操作必不可少的时间、必要的间歇和停工（如工间休息、设备调整准备时间）、不可避免的废品耗用工时等。标准工时应以作业研究和时间研究为基础，参考有关统计资料来确定。

直接人工的价格标准是指标准工资率。它可能是预定的工资率，也可能是正常的工资率。如果采用计件工资制，标准工资率是预定的每件产品支付的工资除以标准工时，或者是预定的小时工资；如果采用月工资制，需要根据月工资总额和可用工时总量来计算标准工资率，如表 14－2 所示。

表 14－2　　A 产品直接人工标准成本

小时工资率	第一工序	第二工序
基本生产工人人数（人）	20	50
每人每月工时（25.5 天×8 小时）（小时）	204	204
出勤率	98%	98%
每人平均可用工时（小时）	200	200
每月总工时（小时）	4 000	10 000
每月工资总额（元）	3 600	12 600
每小时工资（元）	0.90	1.26
单位产品工时：		
理想作业时间（小时）	1.5	0.8
调整设备时间（小时）	0.3	—
工间休息（小时）	0.1	0.1
其他（小时）	0.1	0.1
工序标准工时合计（小时）	2	1
工序直接人工标准成本（元）	1.80	1.26
单位产品直接人工标准成本（元）	3.06	

（三）制造费用标准成本

制造费用的标准成本是按部门分别编制，然后将同一产品涉及的各部门单位制造费用标准加以汇总，得出整个产品制造费用标准成本。

按照变动成本法原理，制造费用有变动制造费用和固定制造费用之划分，因此，各部门的制造费用标准成本分为变动制造费用标准成本和固定制造费用标准成本两部分。

1. 变动制造费用标准成本

变动制造费用的用量标准通常采用单位产品直接人工工时标准，它在制定直接人工标准成本时已经确定。有的企业采用机器工时或其他用量标准。作为用量标准的计量单位，应尽可能与变动制造费用保持较好的线性相关关系。

变动制造费用的价格标准是单位工时变动制造费用的标准分配率，它根据变动制造费用预算和直接人工总工时计算求得。如表 14－3 所示。

表 14－3　　A 产品变动制造费用标准成本　　单位：元

部　　门	第一车间	第二车间
变动制造费用预算：		
运输	800	2 100
电力	400	2 400
消耗材料	1 400	1 800

续表

部　门	第一车间	第二车间
间接人工	2 000	3 900
燃料	400	1 400
其他	200	400
合计	5 200	12 000
生产量标准（人工工时）	4 000	10 000
变动制造费用标准分配率	1.30	1.20
直接人工用量标准（人工工时）	2	1
车间变动制造费用标准成本	2.60	1.20
单位产品变动制造费用标准成本	3.80	

在表 14－3 中：

$$变动制造费用标准分配率=\frac{变动制造费用预算总数}{直接人工标准总工时}$$

确定用量标准和价格标准之后，两者相乘即可得出变动制造费用标准成本：

$$变动制造费用标准成本=单位产品直接人工标准工时\times 变动制造费用标准分配率$$

各车间变动制造费用标准成本确定之后，可汇总出单位产品的变动制造费用标准成本。

2. 固定制造费用标准成本

如果企业采用变动成本计算，固定制造费用不计入产品成本，因此单位产品的标准成本中不包括固定制造费用的标准成本。在这种情况下，不需要制定固定制造费用的标准成本，固定制造费用的控制则通过预算管理来进行。如果采用完全成本计算，固定制造费用要计入产品成本，还需要确定其标准成本。

固定制造费用的用量标准与变动制造费用的用量标准相同，包括直接人工工时、机器工时、其他用量标准等，并且两者要保持一致，以便进行差异分析。这个标准的数量在制定直接人工用量标准时已经确定。

固定制造费用的价格标准是单位工时的标准分配率，它根据固定制造费用预算和直接人工标准总工时来计算求得，如表 14－4 所示。

表 14－4　　A 产品固定制造费用标准成本　　单位：元

部　门	第一车间	第二车间
固定制造费用：		
折旧费	200	2 350
管理人员工资	700	1 800
间接人工	500	1 200
保险费	300	400
其他	300	250
合计	2 000	6 000

续表

部　　门	第一车间	第二车间
生产量标准（人工工时）	4 000	10 000
固定制造费用标准分配率	0.5	0.6
直接人工用量标准（人工工时）	2	1
车间固定制造费用标准成本	1	0.6
单位产品固定制造费用标准成本	1.60	

在表 14－4 中：

$$固定制造费用标准分配率=\frac{固定制造费用预算总额}{直接人工标准总工时}$$

确定了用量标准和价格标准之后，两者相乘，即可得出固定制造费用的标准成本：

固定制造费用标准成本＝单位产品直接人工标准工时×固定制造费用标准分配率

各车间固定制造费用的标准成本确定之后，可汇总出单位产品的固定制造费用标准成本。

将以上例示确定的直接材料、直接人工和制造费用的标准成本按产品加以汇总，即可确定有关产品完整的标准成本。通常，企业编制“标准成本卡”（见表 14－5），反映产成品标准成本的具体构成。在每种产品生产之前，它的标准成本卡要送达有关部门及职工（如各生产车间负责人、会计部门、仓库保管员等），作为领料、派工和支出其他费用的依据。

表 14－5　　A 产品单位产品标准成本卡

成本项目	用量标准	价格标准	标准成本
直接材料：			
甲材料	3.3 千克	1.07 元/千克	3.53 元
乙材料	2 千克	4.28 元/千克	8.56 元
直接材料合计			12.09 元
直接人工：			
第一车间	2 小时	0.9 元/时	1.80 元
第二车间	1 小时	1.26 元/时	1.26 元
直接人工合计			3.06 元
制造费用：			
变动费用（第一车间）	2 小时	1.30 元/时	2.60 元
变动费用（第二车间）	1 小时	1.20 元/时	1.20 元
变动制造费用合计			3.80 元
固定费用（第一车间）	2 小时	0.5 元/时	1.00 元
固定费用（第二车间）	1 小时	0.6 元/时	0.60 元
固定制造费用合计			1.60 元
单位产品标准成本总计	20.55 元		

第二节　标准成本的差异分析

标准成本是一种目标成本，由于各种原因，产品的实际成本与目标成本往往不一致。实际成本与标准成本之间的差额，称为标准成本差异，或简称成本差异。成本差异是反映实际成本脱离预定目标程度的信息。为控制乃至消除这种偏差，需要对产生的成本差异进行分析，找出原因和可能对策，以便采取措施加以纠正。

一、变动成本差异的分析

直接材料、直接人工和变动制造费用都属于变动成本，其成本差异分析的基本方法相同。由于它们的实际成本高低取决于实际用量和实际价格，标准成本的高低取决于标准用量和标准价格，所以其成本差异可以归结为价格脱离标准造成的价格差异与用量脱离标准造成的数量差异两类。计算公式列示如下：

成本差异 = 实际成本 − 标准成本
　　　　= 实际数量 × 实际价格 − 标准数量 × 标准价格
　　　　= 实际数量 × 实际价格 − 实际数量 × 标准价格 + 实际数量 × 标准价格
　　　　　− 标准数量 × 标准价格
　　　　= 实际数量 ×（实际价格 − 标准价格）+（实际数量 − 标准数量）× 标准价格
　　　　= 价格差异 + 数量差异

上列有关变量之间的关系如图 14 − 1 所示。

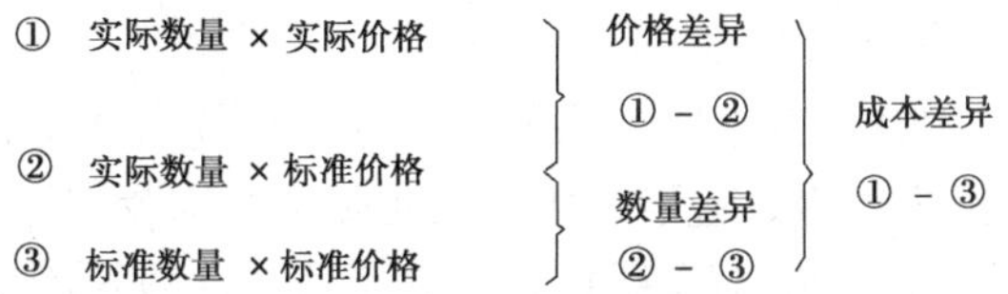

图 14 − 1　成本差异变量关系图

（一）直接材料差异分析

直接材料实际成本与标准成本之间的差额，是直接材料成本差异。一般有两个基本原因导致差异的形成：一是价格脱离标准形成的差异；二是用量脱离标准形成的差异。前者按实际用量计算，称为价格差异（价差）；后者按标准价格计算，称为数量差异（量差）。价格差异与数量差异之和，等于直接材料成本的总差异。计算公式列示如下：

直接材料成本差异 = 实际成本 − 标准成本

直接材料价格差异 = 实际数量 ×（实际价格 − 标准价格）

直接材料数量差异 =（实际数量 − 标准数量）× 标准价格

直接材料成本差异的计算结果，如是正数则是超支，属于不利差异，通常用 U 表示；如是负数则是节约，属于有利差异，通常用 F 表示（直接人工成本差异、变动制造费用差异与此同理)。

【例 14－1】 某企业本月生产产品 400 件，使用材料 2 500 千克，材料单价为 0.55 元/千克；单位产品的直接材料标准成本为 3 元，即每件产品耗用 6 千克直接材料，每千克材料的标准价格为 0.5 元。按照上列公式计算差异如下：

直接材料价格差异 = 2 500 × (0.55 − 0.5) = 125（元）(U)

直接材料数量差异 = (2 500 − 400 × 6) × 0.5 = 50（元）(U)

直接材料成本差异 = 实际成本 − 标准成本

= 2 500 × 0.55 − 400 × 6 × 0.5

= 1 375 − 1 200 = 175（元）(U)

或者：直接材料成本差异 = 直接材料价格差异 + 直接材料数量差异 = 125 + 50 = 175（元）(U)。直接材料的价格差异与数量差异之和，应当等于直接材料成本的总差异，并可据此验算差异分析计算的正确性。

材料价格差异是在材料采购过程中形成的，不应由耗用材料的生产部门负责，而应由材料的采购部门负责并说明原因。采购部门未能按标准价格进货的原因有许多，譬如，供应厂家调整售价，本企业未批量进货、未能及时订货造成的紧急订货、采购时舍近求远使运费和途耗增加、不必要的快速运输方式、违反合同被罚款、承接紧急订货造成额外采购等。对此需要进行具体分析和调查，才能明确最终原因和责任归属。

材料数量差异是在材料耗用过程中形成的，反映生产部门的成本控制业绩。材料数量差异形成的具体原因也有许多，譬如，工人操作疏忽造成废品或废料增加、操作技术改进而节省材料、新工人上岗造成用料增多、机器或工具不适造成用料增加等。有时用料量增多并非生产部门的责任，可能是由于购入材料质量低劣、规格不符使用量超过标准；也可能是由于工艺变更、检验过严使数量差异加大。对此，需要进行具体的调查研究才能明确责任归属。

（二）直接人工差异分析

直接人工成本差异，是指直接人工实际成本与标准成本之间的差额。它亦可区分为“价差”和“量差”两部分。价差是指直接人工实际工资率脱离标准工资率，其差额按实际工时计算确定的金额，又称为直接人工工资率差异。量差是指直接人工实际工时脱离标准工时，其差额按标准工资率计算确定的金额，又称直接人工效率差异（人工效率通常直接体现为时间的节约）。计算公式列示如下：

直接人工成本差异 = 实际直接人工成本 − 标准直接人工成本

直接人工工资率差异 = 实际工时 × (实际工资率 − 标准工资率)

直接人工效率差异 = (实际工时 − 标准工时) × 标准工资率

【例 14－2】 某企业本月生产产品 400 件，实际使用工时 890 小时，支付工资 4 539 元；直接人工的标准成本是 10 元/件，即每件产品标准工时为 2 小时，标准工资率为 5 元/小时。按上列公式计算差异如下：

直接人工工资率差异 = 890 × (4 539/890 − 5) = 890 × (5.10 − 5) = 89（元）(U)

直接人工效率差异 = (890 − 400 × 2) × 5 = (890 − 800) × 5 = 450（元）(U)

直接人工成本差异 = 实际直接人工成本 − 标准直接人工成本
= 4 539 − 400 × 10 = 539（元）（U）

或者：直接人工成本差异 = 直接人工工资率差异 + 直接人工效率差异
= 89 + 450 = 539（元）（U）。

直接人工工资率差异与直接人工效率差异之和，应当等于直接人工成本总差异，并可据此验算差异分析计算的正确性。

直接人工工资率差异的形成原因，包括直接生产工人升级或降级使用、奖励制度未产生实效、工资率调整、加班或使用临时工、出勤率变化等。一般而言，这主要由人力资源部门管控，形成差异的具体原因会涉及生产部门或其他部门。

直接人工效率差异的形成原因也很多，包括工作环境不良、工人经验不足、劳动情绪不佳、新工人上岗太多、机器或工具选用不当、设备故障较多、生产计划安排不当、产量规模太少而无法发挥经济批量优势等。这主要属于是生产部门的责任，但也不是绝对的，譬如，材料质量不高也会影响生产效率。

（三）变动制造费用差异分析

变动制造费用的差异，是指实际变动制造费用与标准变动制造费用之间的差额。它也可以分解为“价差”和“量差”两部分。价差是指变动制造费用的实际小时分配率脱离标准，按实际工时计算的金额，反映耗费水平的高低，故称为“耗费差异”。量差是指实际工时脱离标准工时，按标准的小时费用率计算确定的金额，反映工作效率变化引起的费用节约或超支，故称为“效率差异”。计算公式列示如下：

变动制造费用成本差异 = 实际变动制造费用 − 标准变动制造费用

变动制造费用耗费差异 = 实际工时 ×（变动制造费用实际分配率
− 变动制造费用标准分配率）

变动制造费用效率差异 =（实际工时 − 标准工时）× 变动制造费用标准分配率

【例 14 − 3】 本月实际产量 400 件，使用工时 890 小时，实际发生变动制造费用 1 958 元；变动制造费用标准成本为 4 元/件，即每件产品标准工时为 2 小时，标准的变动制造费用分配率为 2 元/小时。按上述公式计算：

变动制造费用耗费差异 = 890 ×（1 958/890 − 2）= 890 ×（2.2 − 2）= 178（元）（U）

变动制造费用效率差异 =（890 − 400 × 2）× 2 = 90 × 2 = 180（元）（U）

变动制造费用成本差异 = 1 958 − 400 × 4 = 358（元）（U）

验算：变动制造费用成本差异 = 变动制造费用耗费差异 + 变动制造费用效率差异
= 178 + 180 = 358（元）（U）

变动制造费用的耗费差异，是实际支出与按实际工时和标准费率计算的预算数之间的差额。由于后者承认实际工时是在必要的前提下计算出来的弹性预算数，因此该项差异反映耗费水平即每小时业务量支出的变动制造费用脱离了标准。耗费差异是部门经理的责任，他们有责任将变动制造费用控制在弹性预算限额之内。

变动制造费用效率差异，是由于实际工时脱离了标准工时，多用工时导致的费用增加，因此其形成原因与人工效率差异相似。

二、固定制造费用差异分析

固定制造费用的差异分析与各项变动成本差异分析不同，其分析方法有“二因素分析法”和“三因素分析法”两种。

（一）二因素分析法

二因素分析法，是将固定制造费用差异分为耗费差异和能量差异。

耗费差异是指固定制造费用的实际金额与固定制造费用预算金额之间的差额。固定费用与变动费用不同，不因业务量而变，故差异分析有别于变动费用。在考核时不考虑业务量的变动，以原来的预算数作为标准，实际数超过预算数即视为耗费过多。其计算公式为：

固定制造费用耗费差异 = 固定制造费用实际数 - 固定制造费用预算数

能量差异是指固定制造费用预算与固定制造费用标准成本的差额，或者说是生产能量与实际业务量的标准工时的差额用标准分配率计算的金额。它反映实际产量标准工时未能达到生产能量而造成的损失。其计算公式如下：

固定制造费用能量差异 = 固定制造费用预算数 - 固定制造费用标准成本

= 固定制造费用标准分配率 × 生产能量 - 固定制造费用标准分配率 × 实际产量标准工时

= (生产能量 - 实际产量标准工时) × 固定制造费用标准分配率

【例 14-4】 本月实际产量 400 件，发生固定制造成本 1 424 元，实际工时为 890 小时；企业生产能量为 500 件即 1 000 小时；每件产品固定制造费用标准成本为 3 元/件，即每件产品标准工时为 2 小时，标准分配率为 1.50 元/小时。

固定制造费用耗费差异 = 1 424 - 1 000 × 1.5 = -76（元）（F）

固定制造费用能量差异 = 1 000 × 1.5 - 400 × 2 × 1.5 = 1 500 - 1 200 = 300（元）（U）

固定制造费用成本差异 = 实际固定制造费用 - 标准固定制造费用

= 1 424 - 400 × 3 = 224（元）（U）

验算：固定制造费用成本差异 = 耗费差异 + 能量差异 = -76 + 300 = 224（元）（U）

（二）三因素分析法

三因素分析法，是将固定制造费用成本差异分为耗费差异、效率差异和闲置能量差异三部分。耗费差异的计算与二因素分析法相同。不同的是要将二因素分析法中的“能量差异”进一步分为两部分：一部分是实际工时未达到生产能量而形成的闲置能量差异；另一部分是实际工时脱离标准工时而形成的效率差异。因为固定制造费用一般与形成企业生产能力的机械设备和厂房相联系。比如一台机器，它每月设计可运行 1 000 小时，这是它的能力或能量，但实际一个月运转了 800 小时，那它就闲置了 200 小时/月，这就会产生闲置能量差异。实际产量标准工时是根据实际产量和每件产品在这些机器上加工的单位标准工时计算的工时，但实际加工有实际工时，这两者之间的差，体现了效率，由此产生的差异称为效率差异。其计算公式如下：

固定制造费用闲置能量差异 = 固定制造费用预算 - 实际工时 × 固定制造费用标准分配率

= (生产能量 - 实际工时) × 固定制造费用标准分配率

固定制造费用效率差异 = 实际工时 × 固定制造费用标准分配率 - 实际产量标准工时 × 固定制造费用标准分配率

= (实际工时 - 实际产量标准工时) × 固定制造费用标准分配率

沿用［例14－4］资料计算差异如下：

固定制造费用闲置能量差异＝(1 000－890)×1.5＝110×1.5＝165（元）（U）

固定制造费用效率差异＝(890－400×2)×1.5＝90×1.5＝135（元）（U）

三因素分析法的闲置能量差异（165元）与效率差异（135元）之和为300元，与二因素分析法中的“能量差异”金额相同。

第十五章　作业成本法

第一节　作业成本法的概念与特点

一、作业成本法的产生背景及其含义

（一）作业成本法的产生背景

随着“机器取代人”的自动化制造时代来临，企业的经营环境正在发生巨大改变。伴随这种改变，产品或劳务的成本结构亦发生重大改变，其特征就是直接人工成本比重大大下降，制造费用（主要是折旧费用等固定成本）比重大大增加，因此，制造费用的分配科学与否将很大程度上决定产品成本计算的准确性和成本控制的有效性。

传统的成本计算方法存在两个重要缺陷：

一个缺陷是将固定成本分摊给不同种类产品。按照这种做法，随着产量的增加，单位产品分摊的固定成本下降，即使单位变动成本不变，平均成本也会随产量增加而下降。在销售收入不变的情况下，增加生产量可以使部分固定成本被存货吸收，减少当期销货成本，增加当期利润，从而刺激经理人员过度生产。变动成本法是针对这个缺点提出来的。

另一个缺陷是产生误导决策的成本信息。在传统的成本计算方法下，制造费用通常按直接人工等产量基础分配。实际上，有许多制造费用项目不是产量的函数，而与生产批次等其他变量存在因果关系。全部按产量基础分配制造费用，会产生误导决策的成本信息。作业成本法是针对后一个缺陷提出来的。

（二）作业成本法的含义

作业成本法是将间接成本和辅助费用更准确地分配到产品和服务的一种成本计算方法。依据作业成本法的观念，企业的全部经营活动是由一系列相互关联的作业组成的，企业每进行一项作业都要耗用一定的资源；与此同时，产品（包括提供的服务）被一系列的作业生产出来。产品成本是全部作业所消耗资源的总和，产品是消耗全部作业的成果。在计算产品成本时，首先按经营活动中发生的各项作业来归集成本，计算出作业成本；然后再按各项作业成本与成本对象（产品、服务或顾客）之间的因果关系，将作业成本分配到成本对象，最终完成成本计算过程。

在作业成本法下，直接成本可以直接计入有关产品，与传统的成本计算方法并无差异，只是直接成本的范围比传统成本计算的要大，凡是便于追溯到产品的材料、人工和其他成本都可以直接归属于特定产品，尽量减少不准确的分配。不能追溯到产品的成本，则先追溯到有关作业或分配到有关作业，计算作业成本，然后再将作业成本分配到有关产品。

二、作业成本法的核心概念

作业成本法的核心概念是作业和成本动因。

（一）作业

作业是指企业中特定组织（成本中心、部门或产品线）重复执行的任务或活动。例如，签订材料采购合同、将材料运达仓库、对材料进行质量检验、办理入库手续、登记材料明细账等。每一项作业，是针对加工或服务对象重复执行特定的或标准化的活动。例如，轴承工厂的车工作业，无论加工何种规格型号的轴承外套，都须经过将加工对象（工件）的毛坯固定在车床的卡盘上，开动机器进行切削，然后将加工完毕的工件从卡盘上取下等相同的特定动作和程序。

一项作业可能是一项非常具体的活动，如车工作业；也可能泛指一类活动，如机加工车间的车、铣、刨、磨等所有作业可以统称为机加工作业；甚至可以将机加工作业、产品组装作业等统称为生产作业（相对于产品研发、设计、销售等作业而言）。由若干个相互关联的具体作业组成的作业集合，被称为作业中心。

执行任何一项作业都需要耗费一定的资源。资源是指作业耗费的人工、能源和实物资产（车床和厂房等）。任何一项产品的形成都要消耗一定的作业。作业是连接资源和产品的纽带，它在消耗资源的同时生产出产品。

（二）成本动因

成本动因是指作业成本或产品成本的驱动因素。例如，产量增加时，直接材料成本就增加，产量是直接材料成本的驱动因素，即直接材料的成本动因。再例如，检验成本随着检验次数的增加而增加，检验次数就是检验成本的驱动因素，即检验成本的成本动因。在作业成本法中，成本动因分为资源成本动因和作业成本动因两类。

1. 资源成本动因

资源成本动因是引起作业成本增加的驱动因素，用来衡量一项作业的资源消耗量。依据资源成本动因可以将资源成本分配给各有关作业。例如，产品质量检验工作（作业）需要有检验人员、专用的设备，并耗用一定的能源（电力）等。检验作业作为成本对象（亦称成本库），耗用的各项资源构成了检验作业的成本。其中，检验人员的工资、专用设备的折旧费等成本，一般可以直接归属于检验作业；而能源成本往往不能直接计入，需要根据设备额定功率（或根据历史资料统计的每小时平均耗电数量）和设备开动时间来分配。这里，“设备的额定功率乘以开动时间”就是能源成本的动因。设备开动导致能源成本发生，设备的功率乘以开动时间的数值（即动因数量）越大，耗用的能源越多。按“设备的额定功率乘以开动时间”这一动因作为能源成本的分配基础，可以将检验专用设备耗用的能源成本分配到检验作业当中。

2. 作业成本动因

作业成本动因是衡量一个成本对象（产品、服务或顾客）需要的作业量，是产品成本增加的驱动因素。作业成本动因计量各成本对象耗用作业的情况，并被用来作为作业成本的分配基础。例如，每批产品完工后都需进行质量检验，如果对任何产品的每一批次进行质量检验所发生的成本相同，则检验的“次数”就是检验作业的成本动因，它是引起产品检验成本增加的驱动因素。某一会计期间发生的检验作业总成本（包括检验人工成本、设备折旧、能源成本等）除以检验的次数，即为每次检验所发生的成本。某种产品应承担的检验作业成本，等于该种产品的批次乘以每次检验发生的成本。产品完成的批次越多，则需要进行检验的次数越多，应承担的检验作业成本越多；反之，则应承担的检验作业成本越少。

三、作业成本法的特点

作业成本法的主要特点，是相对于以产量为基础的传统成本计算方法而言的。

（一）成本计算分为两个阶段

作业成本法的基本指导思想是，“作业消耗资源、产品（服务或顾客）消耗作业”。根据这一指导思想，作业成本法把成本计算过程划分为两个阶段。

第一阶段，将作业执行中耗费的资源分配（包括追溯和间接分配）到作业，计算作业的成本；

第二阶段，根据第一阶段计算的作业成本分配（包括追溯和动因分配）到各有关成本对象（产品或服务）（见图 15－1）。

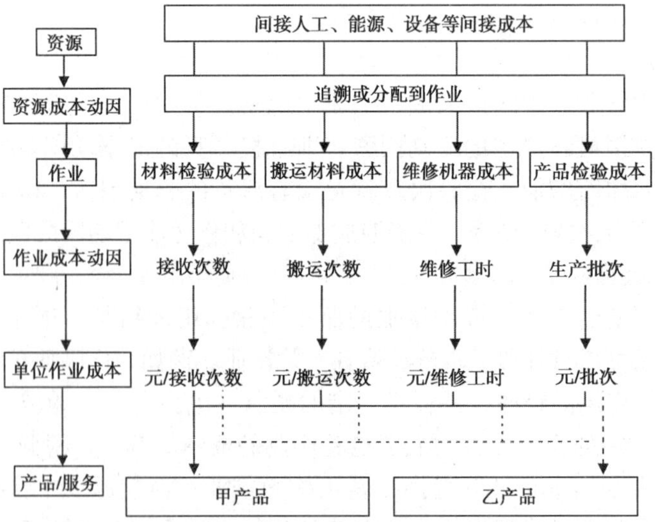

图 15－1　作业成本法分两阶段分配成本

传统的成本计算方法也是分两步进行，但是中间的成本中心是按部门建立的。第一步除了把直接成本追溯到产品之外，还要把不同性质的各种间接费用按部门归集在一起；第二步是以产量为基础，将间接费用分配到各种产品。传统成本计算方法下，间接成本的分配路径是“资源→部门→产品”。作业成本法下成本计算的第一阶段，除了把直接成本追溯到产品以外，还要将各项间接费用分配到各有关作业，并把作业看成是按产品生产需求重新组合的“资源”；在第二阶段，按照作业消耗与产品之间不同的因果关系，将作业成本分配到产品。因此，作业成本法下间接成本的分配路径是“资源→作业→产品”。

（二）成本分配强调因果关系

虽然作业成本法和传统成本法都分为两步分配程序，但是如何进行成本分配，两者有很大区别。作业成本法认为，将成本分配到成本对象有三种不同的形式：追溯、动因分配和分摊。

成本追溯，是指把成本直接分配给相关的成本对象。一项成本能否追溯到产品，可以通过实地观察来判断。例如，确认一台电视机耗用的液晶板、集成电路板、扬声器及其他零部件的数量是可以通过观察实现的。再比如，确认某种产品专用生产线所耗用的人工工时数，也是可以通过观察投入该生产线的工人人数和工作时间而实现的。显然，使用追溯方式得到的产品成本是最准确的。作业成本法强调尽可能扩大追溯到个别产品的成本比例，以减少成本分配引起的信息失真。传统成本计算的直接成本，通常仅限于直接人工和直接材料，其他成本都归集于制造费用进行统一分配。作业成本法认为，有些“制造费用”的项目可以直接归属于成本对象，例如特定产品的专用设备折旧费等。凡是能够追溯到个别产品、个别批次、个别品种的成本，就应追溯，而不要间接分配。

动因分配，是指根据成本动因将成本分配到各成本对象的过程。生产活动中耗费的各项资源，其成本不是都能追溯到成本对象的。对不能追溯的成本，作业成本法则强调使用动因（包括资源动因或作业动因）分配方式，将成本分配到有关成本对象（作业或产品）。传统成本计算，以产品数量作为间接费用唯一的成本动因，是不符合实际情况的。采用动因分配，首先必须找到引起成本变动的真正原因，即成本与成本动因之间的因果关系。如前面所说到的检验作业应承担的能源成本，以设备单位时间耗电数量和设备开动时间（即耗电量）作为资源动因进行分配，是因为设备单位时间耗电量和开动时间与检验作业应承担的能源成本之间存在着因果关系。又如，各种产品应承担的检验成本，以产品投产的批次数（即质量检验次数）作为作业动因进行分配，是因为检验次数与产品应承担的检验成本之间存在着因果关系。动因分配虽然不像追溯那样准确，但只要因果关系建立恰当，成本分配的结果同样可以达到较高的准确程度。

有些成本既不能追溯，也不能合理、方便地找到成本动因，只好使用产量作为分配基础，将其强制分摊给成本对象。

作业成本法的成本分配主要使用追溯和动因分配，尽可能减少不准确的分摊，因此能够提供更加真实、准确的成本信息。

（三）成本分配使用众多不同层面的成本动因

在传统的成本计算方法下，产量（或生产量相关的业务量，如人工工时、机器工时、人工工资等）被认为是能够解释产品成本变动的唯一动因，并以此作为分配基础进行间接费用的分配。而制造费用是一个由多种不同性质的间接费用组成的集合，这些性质不同的费用有些是随产量变动的，而多数则并不随产量变动，因此用单一的产量作为分配制造费用的基础显然是不合适的。

作业成本法的独到之处，在于它把资源的消耗首先追溯或分配到作业，然后使用不同层面和数量众多的作业动因将作业成本分配到产品。采用不同层面的、众多的成本动因进行成本分配，要比采用单一分配基础更加合理，更能保证产品成本计算的准确性。

第二节　作业成本计算

一、作业成本的计算原理

（一）作业的认定

建立作业成本系统从作业认定开始，即确认每一项作业完成的工作以及执行该作业耗用的资源成本。作业的认定需要对每项消耗资源的作业进行定义，识别每项作业在生产活动中的作用、与其他作业的区别，以及每项作业与耗用资源的联系。

作业认定有两种形式：一种是根据企业总的生产流程，自上而下进行分解；另一种形式是通过与员工和经理进行交谈，自下而上地确定他们所做的工作，并逐一认定各项作业。例如，根据生产流程分析和工厂的布局可知，由于原材料仓库与生产车间之间有0.5公里的距离，必然存在材料搬运作业，这项作业就是将生产用的原材料从仓库运送到生产车间。通过另一种形式，即与从事相关作业的员工或经理交谈，也可以识别和认定该项作业，比如与进行搬运作业的员工进行交谈，问“你是做什么的?”也很容易得出生产过程中有这样一项搬运作业，它的主要作用是把原材料从仓库运往车间。在实务中，自上而下和自下而上这两种方式往往需要结合起来运用。经过这样的程序，就可以把生产过程中的全部作业一一识别出来，并加以认定。为了对认定的作业进一步分析和归类，在作业认定后，需按顺序列出作业清单。表15-1是一个以变速箱制造企业为背景的作业清单示例。需要说明的是，这仅仅是一个示例，实际上对一个企业在产品生产过程中认定作业数量的多少，取决于该企业自身的产品生产特点。

表15-1　某企业作业清单

作业名称	作业说明
材料订购	包括选择供应商、签订合同、明确供应方式等
材料检验	对每批购入的材料进行质量、数量检验
生产准备	每批产品投产前，进行设备调整等准备工作
发放材料	每批产品投产前，将生产所需材料发往各生产车间
材料切割	将管材、圆钢切割成适于机加工的毛坯工件
车床加工	使用车床加工零件（轴和连杆）
铣床加工	使用铣床加工零件（齿轮）
刨床加工	使用刨床加工零件（变速箱外壳）

续表

作业名称	作业说明
产品组装	人工装配变速箱
产品质量检验	人工检验产品质量
包装	用木箱将产品包装
车间管理	组织和管理车间生产、提供维持生产的条件

（二）作业成本库的设计

作业认定后，接下来的工作是设计作业成本库，作业成本库包括如下四类：

1. 单位级作业成本库

单位级作业是指每一单位产品至少要执行一次的作业。例如，机器加工、组装。这些作业对每个产品都必须执行。这类作业的成本包括直接材料、直接人工工时、机器成本和直接能源消耗等。

单位级作业成本是直接成本，可以追溯到每个单位产品上，即直接计入成本对象的成本计算单。

2. 批次级作业成本库

批次级作业是指同时服务于每批产品或许多产品的作业。例如生产前机器调试、成批产品转移至下一工序的运输、成批采购和检验等。它们的成本取决于批次，而不是每批中单位产品的数量。

批次级作业成本需要单独进行归集，计算每一批的成本，然后分配给不同批次（如某订单），最后根据产品的数量在单个产品之间进行分配。

3. 品种级（产品级）作业成本库

品种级作业是指服务于某种型号或样式产品的作业。例如，产品设计、产品生产工艺规程制定、工艺改造、产品更新等。这些作业的成本依赖于产品的品种数或规格型号数，而不是产品数量或生产批次。产品比品种更综合、一种产品可能包括多种规格型号的品种，但产品级作业与品种级作业具有相似特征。

品种级作业成本仅仅因为某个特定的产品品种存在而发生，随产品品种数而变化，不随产量、批次数而变化。例如，维护某一产品的工程师的数量取决于产品的复杂程度，而生产的复杂程度是产品零件多少的函数，因此可以按零件数量为基础分配品种级成本至每一种产品，然后再分配给不同的批次（如某订单），最后根据产品的数量在单个产品之间进行分配。

4. 生产维持级作业成本库

生产维持级作业，是指服务于整个工厂的作业，例如，工厂保安、维修、行政管理、保险、财产税等。它们是为了维护生产能力而进行的作业，不依赖于产品的数量、批次和种类。

无法追溯到单位产品，并且和产品批次、产品品种无明显关系的成本，都属于生产维持级成本。这些成本首先被分配到不同产品品种，然后再分配到成本对象（如某订单），最后分配给单位产品。这种分配顺序不是唯一选择，也可以直接依据直接人工或机器工时分配给成本对象。这是一种不准确的成本分摊。不同层级的作业成本如图 15－2 所示。

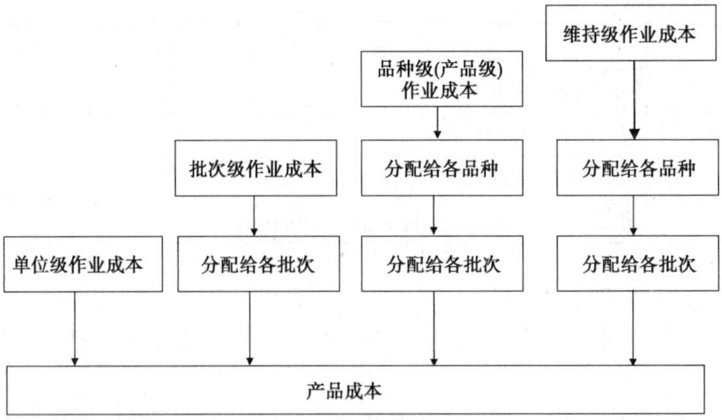

图 15－2　不同层级的作业成本

（三）资源成本分配到作业

资源成本借助于资源成本动因分配到各项作业。资源成本动因和作业成本之间一定要存在因果关系。

常用的资源成本动因如表 15－2 所示。

表 15－2　　作业的资源成本动因

作　　业	资源成本动因
机器运行作业	机器小时
安装作业	安装小时
清洁作业	平方米
材料移动作业	搬运次数、搬运距离、吨公里
人事管理作业	雇员人数、工作时间
能源消耗	电表、流量表、装机功率和运行时间
制作订单作业	订单数量
顾客服务作业	服务电话次数、服务产品品种数、服务的时间

（四）作业成本分配到成本对象

在确定了作业成本之后，根据作业成本动因计算单位作业成本，再根据作业量计算成本对象应负担的作业成本。

单位作业成本＝本期作业成本库归集总成本/作业量

作业量的计量单位即作业成本动因有三类：即业务动因、持续动因和强度动因。

1. 业务动因

业务动因通常以执行的次数作为作业动因，并假定执行每次作业的成本（包括耗用的时间和单位时间耗用的资源）相等，如前面我们所说的检验完工产品质量作业的次数就属于业务动因的范畴。

分配率＝归集期内作业成本总成本÷归集期内总作业次数

某产品应分配的作业成本＝分配率×该产品耗用的作业次数

2. 持续动因

持续动因是指执行一项作业所需的时间标准。当不同产品所需作业量差异较大的情况下，例如，如果检验不同产品所耗用的时间长短差别较大，则不宜采用业务动因作为分配成本的基础，而应改用持续动因作为分配的基础。否则，会直接影响作业成本分配的准确性。持续动因的假设前提是，执行作业的单位时间内耗用的资源是相等的。以持续动因为分配基础，分配不同产品应负担的作业成本，其计算公式如下：

分配率 = 归集期内作业总成本 ÷ 归集期内总作业时间

某产品应分配的作业成本 = 分配率 × 该产品耗用的作业时间

3. 强度动因

强度动因是在某些特殊情况下，将作业执行中实际耗用的全部资源单独归集，并将该项单独归集的作业成本直接计入某一特定的产品。强度动因一般适用于某一特殊订单或某种新产品试制等，用产品订单或工作单记录每次执行作业时耗用的所有资源及其成本，订单或工作单记录的全部作业成本也就是应计入该订单产品的成本。

在上述三类作业动因中，业务动因的精确度最差，但其执行成本最低；强度动因的精确度最高，但其执行成本最昂贵；而持续动因的精确度和成本则居中。作业成本驱动产品成本，是作业成本法最主要的创新，同时也是作业成本法最耗费时间和精力的。

如同传统成本计算法一样，作业成本分配时可以采用实际分配率或者预算分配率。采用预算分配率时，发生的成本差异可以直接结转本期营业成本，也可以计算作业成本差异率并据以分配给有关产品。

二、作业成本的计算例示

现举例说明作业成本的计算方法。

【例 15－1】 DBX 公司的主要业务是生产服装服饰。该公司的服装车间生产 3 种款式的夹克衫和 2 种款式的休闲西服。夹克衫和西服分别由两个独立的生产线进行加工，每个生产线有自己的技术部门。5 款服装均按批组织生产，每批 100 件。

（一）成本资料

该公司本月每种款式的产量和直接成本如表 15－3 所示。

表 15－3　　产量与直接人工和直接材料资料　　单位：元

产品品种	夹克			西服		合计
型号	夹克 1	夹克 2	夹克 3	西服 1	西服 2	
本月批次	8	10	6	4	2	30
每批产量（件）	100	100	100	100	100	
产量（件）	800	1 000	600	400	200	3 000
每批直接人工成本	3 300	3 400	3 500	4 400	4 200	
直接人工总成本	26 400	34 000	21 000	17 600	8 400	107 400
每批直接材料成本	6 200	6 300	6 400	7 000	8 000	
直接材料总成本	49 600	63 000	38 400	28 000	16 000	195 000

本月制造费用发生额如表 15－4 所示。

表 15－4　制造费用发生额　单位：元

项　目	金　额
生产准备、检验和供应成本（批次级成本）	84 000
夹克产品线成本（产品级作业成本）	54 000
西服产品线成本（产品级作业成本）	66 000
其他成本（生产维持级成本）	10 800
制造费用合计	214 800
制造费用分配率（直接人工）	200%

（二）按传统完全成本法计算成本

采用传统的完全成本法时，制造费用使用统一的分配率，如表 15－5 所示。

制造费用分配率＝制造费用/直接人工成本＝214 800/107 400＝200%

表 15－5　完全成本法汇总成本计算单　单位：元

产品型号	夹克 1	夹克 2	夹克 3	西服 1	西服 2	合计
直接人工	26 400	34 000	21 000	17 600	8 400	107 400
直接材料	49 600	63 000	38 400	28 000	16 000	195 000
制造费用分配率	200%	200%	200%	200%	200%	
制造费用	52 800	68 000	42 000	35 200	16 800	214 800
总成本	128 800	165 000	101 400	80 800	41 200	517 200
每批成本	16 100	16 500	16 900	20 200	20 600	
每件成本	161	165	169	202	206	

（三）按作业成本法计算成本

作业成本法先将间接制造费用归集到 4 个成本库：

（1）批次级作业成本库：生产准备、抽样检验和供应材料均属于批次级成本。由于每批产品都需要一次生产准备、一次抽样检验和一次送料，并且不同产品品种的上述成本没有重要差别，因此可以归入一个作业成本库，按生产批次数分配该作业成本。如果不是这样，就需要建立分品种（夹克和西服）、分作业的成本库（生产准备成本、检验成本和送料成本），并分别进行分配。

（2）夹克产品线作业成本库：本例选择生产批次作为产品级作业成本的分配基础。也可选择夹克产品的产量、相关成本等作为分配基础。

（3）西服产品线作业成本库：本例选择生产批次作为产品级作业成本的分配基础。也可选择夹克产品的产量、相关成本等作为分配基础。

（4）生产维持成本库：本例分配基础选择直接人工成本，据此分配给每批产品。也可以根据情况先将其分配给夹克西服和夹克产品，然后再分配给不同批次，最后按产品数量分配给单位产品。

作业成本分配的第一步是计算作业成本动因的单位成本，作为作业成本的分配率，见表 15－6 所示。

表 15－6 作业成本分配率的计算

作 业	成本（元）	批次（批数）	直接人工（元）	分配率
批次级作业成本	84 000	30		2 800（元/批）
夹克产品线成本	54 000	24		2 250（元/批）
西服产品线成本	66 000	6		11 000（元/批）
生产维持级成本	10 800		107 400	10.06%

作业成本分配的第二步是根据单位作业成本和作业量，将作业成本分配到产品，如表 15－7 所示。

表 15－7 汇总成本计算单 单位：元

型 号	夹克 1	夹克 2	夹克 3	西服 1	西服 2	合计
本月批次	8	10	6	4	2	30
直接人工	26 400	34 000	21 000	17 600	8 400	107 400
直接材料	49 600	63 000	38 400	28 000	16 000	195 000
制造费用：						
分配率（元/批）	2 800	2 800	2 800	2 800	2 800	
批次相关总成本	22 400	28 000	16 800	11 200	5 600	84 000
产品相关成本：						
分配率（元/批）	2 250	2 250	2 250	11 000	11 000	
产品相关总成本	18 000	22 500	13 500	44 000	22 000	120 000
生产维持成本：						
分配率（元/每元直接人工成本）	10.06%	10.06%	10.06%	10.06%	10.06%	
生产维持成本	2 655	3 419	2 112	1 770	845	10 800
间接费用合计	43 055	53 919	32 412	56 970	28 445	214 800
总成本	119 055	150 919	91 812	102 570	52 845	517 200
每批成本	14 882	15 092	15 302	25 642	26 422	
单件成本（作业成本法）	148.82	150.92	153.02	256.42	264.22	
单件成本（完全成本法）	161.00	165.00	169.00	202.00	206.00	
差异（作业成本－完全成本）	－12.18	－14.08	－15.98	54.42	58.22	
差异率（差异/完全成本）	－7.57%	－8.53%	－9.46%	26.94%	28.26%	

通过比较完全成本法和作业成本法的计算结果，可以看出：

首先，完全成本法扭曲了产品成本，即高估了简单产品夹克衫的成本，低估了复杂产品西服的成本。例如，在完全成本法下，夹克 1 负担间接制造费用 52 800 元，而作业成本法负担间接费用 43 055 元。引起差别的原因是由完全成本法按直接人工的 200% 分配全部制造费用，而不管这些费用的驱动因素是什么。作业成本法下，制造费用归集于三类（共 4 个）成本库，分别按不同成本动因分配，提高了合理性。

其次，作业成本法和完全成本法都是对全部生产成本进行分配，不区分固定成本和变动成本，这与变动成本法不同。从长远来看，所有成本都是变动成本，都应当分配给产品。

再次，作业成本法下，所有夹克产品的单位成本都比完全成本法低，而西服产品的单位成本比完全成本法高。其原因是完全成本法以直接人工作为间接费用的唯一分配率，夸大了高产量产品的单位成本。例如，夹克的人工成本合计 81 400 元，占总人工成本 107 400 元的 75.79%，并因此负担产品线总成本 120 000 元（54 000 + 66 000）的 75.79% 即 90 948 元。实际上，夹克的产品线成本只有 54 000 元。西服的产品复杂程度高，产品线成本较高，但只是因为产量小，只负担了 29 052 元（120 000 × 24.21%），低于实际的西服的产品线成本（66 000 元）。

第三节　作业成本管理

将产品或服务的成本准确计算出来是成本管理的先决条件，但不是目的，成本管理的根本目的是把成本管控住，努力降低成本，增强企业的竞争优势，为企业创造价值。作业成本管理的核心就是分析哪些作业是增值作业，哪些作业是非增值作业。实行基于作业的成本管理，消除转化或降低不增值作业，提高增值作业效率，降低成本，增加价值，创建企业的竞争优势。

一、增值作业与非增值作业的划分

增值作业与非增值作业是站在顾客角度划分的。最终增加顾客价值的作业是增值作业；否则就是非增值作业。在一个企业中，区别增值作业和非增值作业的标准就是看这个作业的发生是否有利于增加顾客的价值，或者说增加顾客的效用。作业管理的核心就是识别出不增加顾客价值的作业，从而找到进行改进的地方。一般而言，在一个制造企业中，非增值作业有：等待作业、材料或者在产品堆积作业、产品或者在产品在企业内部迂回运送作业、废品清理作业、次品处理作业、返工作业、无效率重复某工序作业、由于订单信息不准确造成没有准确送达需要再次送达的无效率作业等。

二、基于作业进行成本管理

作业成本管理是应用作业成本计算提供的信息，从成本的角度，在管理中努力提高增加顾客价值的作业效率，消除或遏制不增加顾客价值的作业，实现企业生产流程和生产经营效率效果的持续改善，增加企业价值。作业成本管理主要从成本方面来优化企业的作业链和价值链，是作业管理的中介，是作业管理的核心方面。不增加顾客价值的作业是非增值作业，由非增值作业引发的成本是非增值作业成本。作业成本管理就是要努力找到非增值作业成本并努力消除它、转化它或将之降到最低。作业成本管理一般包括确认和分析作业、作业链—价值链分析和成本动因分析、业绩评价以及报告非增值作业成本四个步骤。作业分析又包括辨别不必要或非增值的作业；对重点增值作业进行分析；

将作业与先进水平比较；分析作业之间的联系等。

三、作业成本法的优点、局限性与适用情景条件

（一）作业成本法的优点

1. 成本计算更准确

作业成本法的主要优点是减少了传统成本信息对于决策的误导。一方面作业成本法扩大了追溯到个别产品的成本比例，减少了成本分配对于产品成本的扭曲；另一方面采用多种成本动因作为间接成本的分配基础，使得分配基础与被分配成本的相关性得到改善。准确的成本信息，可以提高经营决策的质量，包括定价决策、扩大生产规模、放弃产品线等经营决策。

2. 成本控制与成本管理更有效

作业成本法提供了了解产品作业过程的途径，使管理人员知道成本是如何发生的。成本动因的确定，使他们将注意力集中于成本动因的耗用上，而不仅仅是关心产量和直接人工。从成本动因上改进成本控制，包括改进产品设计和生产流程等，可以消除非增值作业、提高增值作业的效率，有助于持续降低成本和不断消除浪费。

3. 为战略管理提供信息支持

战略管理需要相应的信息支持。例如，价值链分析是指企业用于评估客户价值感知重要性的一个战略分析工具。它包括确定当前成本和绩效标准，并评估整个供应链中哪些环节可以增加客户价值、减少成本费用的一整套工具和程序。由于产品价值是由一系列作业创造的，企业的价值链也就是其作业链。价值链分析需要识别供应作业、生产作业和分销作业，并且识别每项作业的成本驱动因素，以及各项作业之间的关系。作业成本法与价值链分析概念一致，可以为其提供信息支持。再例如，成本领先战略是公司竞争战略的选择之一。实现成本领先战略，除了规模经济之外，需要有低成本完成作业的资源和技能。这种有别于竞争对手的资源和技能，来源于技术创新和持续的作业管理。作业管理包括成本动因分析、作业分析和绩效衡量等，其主要数据来源于作业成本计算。

（二）作业成本法的局限性

1. 开发和维护费用较高

作业成本法的成本动因多于完全成本法，成本动因的数量越大，开发和维护费用越高。即使有了计算机和数据库技术，采用传统的作业成本法仍然是一件成本很高的事情。如果将作业成本法仅仅作为一项会计创举，不能通过作业成本数据的使用改善决策和作业管理，提高公司的竞争力，则很可能得不偿失。

2. 作业成本法不符合对外财务报告的需要

因为作业成本法计算出的产品成本既包含制造成本、也可能包含部分非制造成本。因此，采用作业成本法的企业，为了使对外财务报表符合会计准则的要求，需要重新调整成本数据。这种调整与变动成本法的调整相比，不仅工作量大，而且技术难度大，有可能出现混乱。

3. 确定成本动因比较困难

间接成本并非都与特定的成本动因相关联。有时找不到与成本相关的驱动因素，或

者设想的若干驱动因素与成本的相关程度都很低，或者取得驱动因素数据的成本很高。此时，就会出现人为主观分配，扭曲产品成本数据。

4. 不利于通过组织控制进行管理控制

完全成本法按部门建立成本中心，为实施责任会计和业绩评价提供了方便。作业成本法的成本库与企业的组织结构不一致，不利于提供管理控制信息，因此许多管理人员和会计人员持反对态度。作业成本法倾向于以牺牲管理控制信息为代价，换取经营决策信息的改善，减少了会计数据对管理控制的有用性。

（三）作业成本法的适用情景条件

采用作业成本法的公司一般应具备以下条件：

（1）从成本结构看，这些公司的制造费用在产品成本中占有较大比重。他们若使用单一的分配率，成本信息的扭曲会比较严重。

（2）从产品品种看，这些公司的产品多样性程度高，包括产品产量的多样性，规模的多样性，产品制造或服务复杂程度的多样性，原材料的多样性和产品组装的多样性。产品的多样性是引起传统成本系统在计算产品成本时发生信息扭曲的原因之一。

（3）从外部环境看，这些公司面临的竞争激烈。传统的成本计算方法是在竞争较弱、产品多样性较低的背景下设计的。当竞争变得激烈，产品的多样性增加时，传统成本计算方法的缺点被放大了，实施作业成本法变得有利。由于经济环境越来越动荡，竞争越来越激烈，相对于作业成本法而言，传统成本系统增加了决策失误引起的成本。

（4）从公司规模看，这些公司的规模比较大。由于大公司拥有更为强大的信息沟通渠道和完善的信息管理基础设施，并且对信息的需求更为强烈，所以他们比小公司对作业成本法更感兴趣。

总之，在企业生产自动化程度较高、直接人工较少、制造费用比重较大、作业流程较清晰、相关业务数据完备且可获得、信息化基础工作较好、以产量为基础计算产品成本容易产生成本扭曲时，适宜采用作业成本法。企业可以根据自身经营管理的特点和条件，利用现代信息技术，采用作业成本法对不能直接归属于成本核算对象的成本进行归集和分配，通过作业成本法对产品的盈利能力、客户的获利能力、企业经营中的增值作业和非增值作业等进行分析，发挥更强大的管理作用。

第三编

管 理 会 计

第十六章　本量利分析

第一节　本量利的一般关系

本量利分析是对成本、业务量、利润之间相互关系进行分析的一种系统方法。这种分析方法是在成本性态分析的基础上，运用数学模型以及图表形式，对成本、业务量、利润与单价等因素之间的依存关系进行具体的分析，为企业经营决策和目标控制提供有用信息，广泛应用于企业的预测、决策、计划和控制等活动中。运用本量利分析，首先需要识别本量利的基本关系。

一、成本性态分析

会计师把成本分为产品成本和期间成本，按成本用途将产品成本进一步分为若干成本项目。对于财务经理和其他管理人员来说，更重要的是按成本与业务量的依存关系分类，也就是把成本分为随业务量增加的变动成本和不随业务量增加的固定成本，以便他们在决定一项业务时预计它的成本和盈利。成本性态，又称成本习性，是指成本总额与业务量（如产品产量、销量等）之间的内在关系。成本按其性态分类，可分为固定成本、变动成本与混合成本三大类。

（一）固定成本

固定成本是指在特定的业务量范围内不受业务量变动影响，一定期间的总额能保持相对稳定的成本。例如，固定月工资、固定资产折旧费、取暖费、财产保险费、职工培训费、科研开发费、广告费等。

一定期间的固定成本的稳定性是有条件的，即业务量的变动是在特定的相关范围之内。譬如，照明用电一般不受业务量在特定范围内变动的影响，属于固定成本。然而，如果业务量变动超出了特定相关范围，需要调增或调减生产班次，照明用电的成本也会发生变动。能够使固定成本保持稳定的特定的业务量范围，可称为“相关范围”。

一定期间固定成本的稳定性是相对的，即对于业务量来说是稳定的，但这并不意味着每月该项成本的实际发生额都完全一样。例如，照明用电在相关范围内不受业务量变动的影响，但每个月实际用电度数和支付的电费仍然会有或多或少的变化。

固定成本的稳定性，是针对成本总额而言的，如果从单位产品分摊的固定成本来看则正好相反。在产量增加时，单位产品分摊的固定成本会相对小一些；在产量减少时，单位产品分摊的固定成本会相对大一些。

既然在一定的范围内，固定成本的发生额不取决于业务量，那么，它的多少是由什么决定的呢？

一般来说，固定成本的发生有两种情况：

（1）提供和维持生产经营所需设施、机构而发生的成本，譬如固定资产折旧费、财产保险、管理人员工资、取暖费、照明费等。其金额取决于设施和机构的规模和质量，它们是以前决策的结果，现在难以改变。这种不能通过当前的管理决策行动加以改变的固定成本，称为约束性固定成本。约束性固定成本给企业带来的是一定时期的持续生产能力，而不是产品。因此，它实质上是生产经营能力成本，而不是产品成本。如果企业不改变生产经营能力，就必须要承担这些成本。约束性固定成本属于企业“经营能力成本”，是企业为了维持一定的业务量所必须负担的最低成本。若降低约束性固定成本，只能合理利用经营能力、增加生产规模、进而降低单位固定成本。

（2）为完成特定活动而发生的固定成本。譬如科研开发费、广告费、职工培训费等，其发生额是根据企业的经营方针由经理人员决定的。这种可以通过管理决策行动而改变数额的固定成本，称为酌量性固定成本。酌量性固定成本虽然是由经理人员决定的，但对于期望保持长期稳定发展的企业来说，绝非可有可无。只是因为其经济效用难以准确计量，不易计算其最佳的合理支出额，所以，要由经理人员进行综合判断，以决定其预算数额。酌量性固定成本关系到企业的竞争能力，也是一种提供生产经营能力的成本，而不是生产产品的成本。从某种意义上来说，不是产量决定酌量性固定成本，反而是酌量性固定成本影响产量，因为广告宣传、技术改进、开发新产品，都会扩大产品销路或提高工作效率。由于酌量性固定成本通常按预算来支出，而预算是按计划期编制的，因此，预算一经确定，这类成本的支出额便与时间相联系，而与产量无关，故也应视为“期间成本”。

（二）变动成本

变动成本是指在特定的业务量范围内其总额随业务量变动而正比例变动的成本。例如，直接材料、直接人工、外部加工费、销售佣金等。

这类成本直接受产量的影响，两者保持正比例关系，比例系数稳定。这个比例系数就是单位产品的变动成本。

单位成本的稳定性也是有条件的，即业务量的变动是在特定的相关范围内。譬如，产品的材料消耗通常会与产量成正比，属于变动成本。如果产量很低，不能发挥套裁下料的节约潜力；或者产量过高，废品率上升，单位产品的材料成本都会增大。这就是说，变动成本和产量之间的线性关系，通常只在一定的相关范围内存在。在相关范围之外就可能表现为非线性的。

一般来说，变动成本的发生也有两种情况：一种是由技术或设计关系所决定的变动成本，譬如，一部汽车需装配一套发动机配件、一套传动系配件、一套制动系配件、一套转向系配件、一套行驶系配件等。这种与产量有明确的生产技术或产品结构设计关系的变动成本，称为技术性变动成本，也称约束性变动成本。这类成本是利用生产能力所必须发生的成本。固定成本给企业带来生产能力，如果不加以利用，不生产产品，则不会发生技术性变动成本。生产能力利用得越充分，则这种成本发生得越多。另一种单位成本的发生额是由经理人员决定的，譬如，按销售额一定的百分比开支的销售佣金、新产品研制费、技术转让费等。这种可以通过管理决策行动改变的变动成本，称为酌量性变动成本。这种成本的效用主要是提高竞争能力或改善企业形象，其最佳的合理支出难以计算，通常要依靠经理人员的综合判断来决定。经理人员的决策一经作出，其支出额将随业务量呈正比例变动，具有技术变动成本的同样特性。

如果把成本分为固定成本和变动成本两大类，业务量增加时固定成本总额不变，只有变动成本总额随业务量增加而增加，那么，总成本的增加额就是由变动成本总额增加引起的。因此，变动成本是产品生产的增量成本。

（三）混合成本

混合成本是指除固定成本和变动成本之外的成本，它们因业务量变动而变动，但不成正比例关系。

混合成本的情况比较复杂，需要进一步分类。至于如何对其进一步分类，人们的看法不尽相同。一般来说，可以将其分为三种主要类别：

1. 半变动成本

半变动成本，是指在初始成本的基础上随业务量正比例增长的成本。例如，电费和电话费等公用事业费、燃料、维护和修理费等，多属于半变动成本。

这类成本通常有一个初始成本，一般不随业务量变动而变动，相当于固定成本；在这个基础上，成本总额随业务量变化呈正比例变化，又相当于变动成本。这两部分混合在一起，构成半变动成本。

如果用方程式表示，设 y 代表这类总成本，a 代表固定成本部分，b 代表单位变动成本，x 代表业务量（产量、机器工时等）。则有：

$$y = a + bx$$

2. 阶梯式成本

阶梯式成本，是指总额随业务量呈阶梯式增长的成本，亦称步增成本或半固定成本。例如，受开工班次影响的动力费、整车运输费用、检验人员工资等。

这类成本在一定业务量范围内发生额不变，当业务量增长超过一定限度，其发生额会突然跳跃到一个新的水平，然后，在业务量增长的一定限度内其发生额又保持不变，直到另一个新的跳跃为止。

3. 延期变动成本

延期变动成本，是指在一定业务量范围内总额保持稳定，超出特定业务量则开始随业务量同比例增长的成本。例如，在正常业务量情况下给员工支付固定月工资，当业务量超过正常水平后则需支付加班费，这种人工成本就属于延期变动成本。

延期变动成本在某一业务量以下表现为固定成本，超过这一业务量则成为变动成本。

此外，有些成本和业务量有依存关系，但不是直线关系。例如，自备水源的成本，用水量越大则总成本越高，但两者不成正比例，而呈非线性关系。用水量越大则总成本越高，但增长越来越慢，变化率是递减的。再例如，各种违约金、罚金、累进计件工资等。这种成本随业务量增加而增加，而且比业务量增加得还要快，变化率是递增的。

各种非线性成本，在业务量相关范围内可以近似地看成是变动成本或半变动成本。在特定的产量范围内，它们的实际性态虽为非直线，但与直线的差别有限。忽略这种有限的差别，不至于影响信息的使用，却可以大大简化数据的加工过程，故我们可以用 $y=a+bx$ 来近似地表示这些非线性成本。

（四）混合成本的分解

如果特定成本是一项混合成本，就需要运用一定的方法分析成本与业务量之间的关系，并建立相应的成本函数模型。

混合成本的类型很多，情况也比较复杂。如何用方程式来表示它们与产量的关系，有两种选择：一种选择是尽可能对混合成本的实际性态进行真实的数学描述，这样得出的方程式不仅种类繁多，而且有的方程式还可能相当复杂。例如，曲线成本要使用二次方程或高次方程来描述。建立和使用这样的方程式，往往要花费很多时间和精力，有时甚至超过它们可能带来的好处。另一种选择是，尽可能使用简单的方程式来描述混合成本。我们已经知道，在各类混合成本中，最容易用简单方程式来描述的是半变动成本，因为它是直线形的成本，可以用 $y=a+bx$ 来表达。可以设想，把所有的混合成本都近似地看成是半变动成本，都用 $y=a+bx$ 来表达，则混合成本的数学描述问题可以大大简化。

当然，对所有的混合成本都用直线方程来描述，所得结果与实际成本性态会有一定的差别。但是这种差别可以用限定相关范围来限制。我们知道，任何一条曲线，在一定区间内都近似地表现为一条直线。因而，在特定业务量范围内，任何混合成本都可以近似地看成是半变动成本。此外，用于管理决策的数据并不要求十分精确，只要其误差不影响决策的结果，就不会妨碍模型的使用。

由于产品的总成本是各种性态的成本组合而成的，亦可将它看成是混合成本。因此，成本的分析不仅包括介乎于固定成本、变动成本之间的混合成本（包括半变动成本、延期变动成本、阶梯式成本和曲线成本等）的分析，还包括产品总成本的分析。混合成本的分解，一般是根据大量的历史成本资料或成本发生的具体过程进行分析计算，寻找混合成本与产量之间规律性的数量关系，最终确定固定成本和变动成本的历史平均值或标准值，它们代表正常的成本水平。

为确定固定成本和变动成本的历史平均值或标准值而进行成本性态估计，目的是建立总成本的直线方程，以便在决策和计划中使用。由于一定期间的固定成本的发生额是稳定的，它可以用 $y=a$ 来表示；变动成本的发生额随产量而变，它可以用 $y=bx$ 来表示；如果只有这两类成本，则总成本可以用 $y=a+bx$ 来表示。只要确定了 a 和 b，便可以方便地计算出在相关范围内任何产量 x 下的总成本 y。

混合成本分解的方法主要有回归直线法和工业工程法。

1. 回归直线法

回归直线法，是根据一系列历史成本资料，用数学上的最小平方法原理，计算能代表平均成本水平的直线截距和斜率，以其作为固定成本和单位变动成本的一种成本估计方法。

计算回归方程 $Y=a+bX$ 系数的计算公式如下：

$$a=\frac{\sum X_i^2\sum Y_i-\sum X_i\sum X_iY_i}{n\sum X_i^2-(\sum X_i)^2}$$

$$b=\frac{n\sum X_iY_i-\sum X_i\sum Y_i}{n\sum X_i^2-(\sum X_i)^2}$$

【例16-1】 某公司的业务量以直接人工小时为计量单位，其业务量在7万~14万小时范围内变化。该公司维修成本的历史资料如表16-1所示。

表16-1　维修成本的历史资料

月份	直接人工（千小时）X	实际成本（千元）Y	X^2	$X\times Y$
1	120	90	14 400	10 800
2	130	91	16 900	11 830
3	115	84	13 225	9 660
4	105	87	11 025	9 135
5	90	82	8 100	7 380
6	79	73	6 241	5 767
7	70	72	4 900	5 040
8	80	78	6 400	6 240
9	95	75	9 025	7 125
10	111	89	12 321	9 879
11	125	95	15 625	11 875
12	140	93	19 600	13 020
合计	1 260	1 009	137 762	107 751

将有关数据代入上述公式：

$$a=\frac{137\ 762\times1\ 009-1\ 260\times107\ 751}{12\times137\ 762-1\ 260^2}=49.37\text{（元）}$$

$$b=\frac{12\times107\ 751-1\ 260\times1\ 009}{12\times137\ 762-1\ 260^2}=0.3306\text{（元）}$$

维修成本的一般方程式为：

$Y=49.37+0.3306X$

用全年总产量来验证：

$Y=49.37\times12+0.3306\times1\ 260$

$=1\ 008.996$

$\sum Y_i=1\ 009$，预测值 $Y=1\ 008.996$，两者基本一致。

在采用传统成本计算方法时，可以用回归直线法估计固定成本和单位变动成本数据，以便用于成本计划和控制。

2. 工业工程法

工业工程法，在这里是指运用工业工程的研究方法，逐项研究确定成本高低的每个因素，在此基础上直接估算固定成本和单位变动成本的一种成本估计方法。

使用工业工程法估计成本的基本做法是：

（1）选择需要研究的成本项目；

（2）观察现行方法并记录全部事实，主要是投入的成本和产出的数量；

（3）进行全面的科学分析，研究出最实用、最有效、最经济的新的工作方法；

（4）把新的方法确定为标准的方法，并测定新方法的每项投入成本，将与产量有关的部分归集为单位变动成本，将与产量无关的部分汇集为固定成本。

【例16-2】 选择燃料成本作为研究对象。燃料用于铸造工段的熔炉，具体分为点火（耗用劈柴和焦炭）和熔化铁水（耗用焦炭）两项操作。对这两项操作进行观测和技术测定，寻找最佳的操作方法。按照最佳的操作方法，每次点火要耗用劈柴0.1吨、焦炭1.5吨，熔化1吨铁水耗用焦炭0.15吨；每个工作日点火一次，全月工作26天，点火燃料属于固定成本；熔化铁水所用燃料与产量相联系，属于变动成本。劈柴每吨价格为500元，焦炭每吨价格为1 800元。

根据上述资料计算燃料成本：

每日固定成本 $=0.1\times500+1.5\times1\ 800=2\ 750$（元）

每月固定成本 $=2\ 750\times26=71\ 500$（元）

每吨铸件变动成本 $=0.15\times1\ 800=270$（元）

设燃料总成本为 y，产量为 x 吨铸件，则每月燃料总成本为：

$y=71\ 500+270x$

工业工程法可以在没有历史成本数据、历史成本数据不可靠，或者需要对历史成本分析结论进行验证的情况下使用。尤其是在建立标准成本和制定预算时，使用工业工程法比历史成本分析更加科学。

二、变动成本法

变动成本法也称直接成本法、边际成本法。在此方法下，产品成本只包括直接材料、直接人工和变动制造费用，即变动生产成本，变动生产成本随生产量的变化呈正比例变化。在变动成本法下，固定制造费用和非生产成本全部作为制造边际贡献（销售额与变动生产成本的差额）的扣除项目。

在完全成本法下，产品成本包含直接材料、直接人工和变动制造费用、固定制造费用。两种方法的核心差别在于固定制造费用处理不同，在完全成本法下，固定制造费用进入了产品成本；而在变动成本法下，固定制造费用不进入产品成本，全部与期间费用一起一次进入当期损益。

变动成本法消除了在完全成本法下，销售不变但可通过增加生产、调节库存来调节利润的问题，可以使企业内部管理者更加注重销售，更加注重市场，便于进行更为合理的内部业绩评价，为企业内部管理提供有用的管理信息，为企业预测前景、规划未来和作出正确决策服务；能够揭示利润和业务量之间的正常关系；便于分清各部门经济责任，有利于进行成本控制和业绩评价；可以简化成本计算，便于加强日常管理。

三、本量利分析基本模型的相关假设

（一）相关范围假设

本量利分析是建立在成本按性态划分基础上的一种分析方法，所以成本按性态划分的基本假设也就构成了本量利分析的基本假设。区分一项成本是变动成本还是固定成本时，均限定在一定的相关范围内，这个相关范围就是成本按性态划分的基本假设，同时它也构成本量利分析的基本假设之一。

1. 期间假设

无论是固定成本还是变动成本，其固定性与变动性均体现在特定的期间内，其金额的大小也是在特定的期间内加以计量而得到的。随着时间的推移，固定成本的总额及其内容会发生变化，单位变动成本的数额及内容也会发生变化。所以对成本性态的划分应该限定在一定期间内。

2. 业务量假设

同样，对成本按性态进行划分而得到的固定成本和变动成本，是在一定业务量范围内分析和计量的结果，业务量发生变化特别是变化较大时，成本性态有可能变化，就需要重新加以计量，这就构成了新的业务量假设。

期间假设与业务量假设之间是一种相互依存的关系。这种依存性表现为在一定期间内业务量往往不变或者变化不大，而一定的业务量又是从属于特定期间的。换句话说，不同期间的业务量往往发生了较大变化，特别是不同期间相距较远时更是如此，而当业务量发生很大变化时，出于成本形态分析的需要，不同的期间也就由此划分了。

（二）模型线性假设

企业的总成本按性态可以或者可以近似地描述为 $y = a + bx$。站在本量利分析的立场上，由于利润只是收入与成本之间的一个差量，所以本假设只涉及成本与业务量两个方面，具体来说，模型线性假设包括以下几个方面：

1. 固定成本不变假设

在企业经营能力的相关范围内，固定成本是不变的，用模型来表示就是 $y = a + bx$ 中的 a，表示在平面直角坐标图中，就是一条与横轴平行的直线。

2. 变动成本与业务量呈完全线性关系假设

在相关范围内，变动成本与业务量呈完全线性关系，用模型来表示是 $y = a + bx$ 中的 bx，b 是单位变动成本，在坐标图中是一条过原点的直线，斜率就是单位变动成本。

3. 销售收入与销售数量呈完全线性关系

在本量利分析中，通常假设销售价格为一个常数，因此，销售收入与数量之间就呈现完全线性关系，用数学模型表示就是 $s = px$（s 为销售收入，p 为销售单价，x 为销售数量）。表示在坐标图中是一条过原点的直线，斜率就是销售单价。

（三）产销平衡假设

本量利分析中的“量”指的是销售数量而非生产数量，在销售价格不变的条件下，这个量有时是指销售收入。本量利分析的核心是分析收入与成本之间的对比关系。产量的变动对固定成本和变动成本都可能产生影响，这种影响也会影响到收入与成本之间的对比关系。所以，站在销售数量的角度进行本量利分析时，就必须假设产销关系是平衡的。

（四）品种结构不变假设

本假设指在一个多品种生产和销售的企业中，各种产品的销售收入在总收入中所占的比重不会发生变化。由于多品种条件下各种产品的获利能力一般会有所不同，有时差异较大，如企业产销的品种结构发生较大变动，势必会导致预计利润与实际利润之间出现较大的出入。

上述假设之间的关系是：相关范围假设是最基本的假设，是本量利分析的出发点；模型线性假设由相关范围假设派生而来，是相关范围假设的延伸和具体化；产销平衡假设与品种结构不变假设是对模型线性假设的进一步补充；同时，品种结构不变假设又是多品种条件下产销平衡假设的前提条件。

上述诸条假设的背后都有一条共同的假设，即企业的全部成本可以合理地或者比较准确地分解为固定成本与变动成本。

四、本量利分析基本模型

促使人们研究成本、数量和利润之间关系的动因，是传统的成本分类不能满足企业决策、计划和控制的要求。企业的这些内部经营管理工作，通常以数量为起点，以利润为目标。企业管理人员在决定生产和销售数量时，需要认知对企业利润的影响，这又需要确定收入和成本。对于收入，很容易根据数量和单价来估计，而成本则不然。无论是总成本还是单位成本，都感到难以把握。不能简单直接地按产品单位成本乘以产销数量来估计总成本，因为数量变化之后，单位成本也会变化。管理人员需要一个数学模型，这个模型应当除了业务量和利润之外都是常数，使业务量和利润之间建立起直接的函数关系。这样，他们可以利用这个模型，在业务量变动时估计其对利润的影响，或者在目标利润变动时计算出完成目标所需要的业务量水平。建立这样一个模型的主要障碍是成本与业务量之间的数量关系不清楚。为此，人们首先研究成本和业务量之间的关系，并确立了成本按性态的分类，然后在此基础上明确成本、数量和利润之间的相互关系。

在把成本分解成固定成本和变动成本两部分之后，再把收入和利润加进来，成本、销量和利润的关系就可以统一于一个数学模型。

（一）损益方程式

1. 基本的损益方程式

目前企业通常运用损益法来计算利润，即首先确定一定期间的收入，然后计算与收入相配比的成本，两者之差为期间利润。基本的损益方程式推演如下（式中，“单位售价”简写为“单价”。下同）：

息税前利润 = 销售收入 − 总成本

由于：总成本 = 变动成本 + 固定成本 = 单位变动成本 × 产量 + 固定成本

销售收入 = 单价 × 销量

假设产量和销量相等，则有：

息税前利润 = 单价 × 销量 − 单位变动成本 × 销量 − 固定成本

这个方程式是明确表达本量利之间数量关系的基本方程式，它含有5个相互联系的变量，给定其中4个，便可求出第5个变量的值。

在规划期间利润时，通常把单价、单位变动成本和固定成本视为稳定的常量，只有销量和利润两个自由变量。给定销量时，可利用方程式直接计算出预期利润；给定目标利润时，可直接计算出应达到的销售量。

【例16－3】 某企业每月固定成本为1 000元，仅生产一种产品，销售单价为10元，单位变动成本为6元，本月计划销量500件，问预期利润是多少？

将有关数据代入损益方程式：

息税前利润 = 单价 × 销量 − 单位变动成本 × 销量 − 固定成本

$= 10 \times 500 - 6 \times 500 - 1\ 000 = 1\ 000$（元）

这个方程式是一种最基本的形式，它可以根据所需计算的问题变换成其他形式，或者根据企业具体情况增加一些变量，成为更复杂、更接近实际的方程式。损益方程式实际上是损益表的模型化表达，不同的损益表可以构造出不同的模型。

2. 包含期间成本的损益方程式

为符合多步式利润表的结构，不但要分解产品的生产成本，而且要分解销售费用、管理费用等期间成本。将它们分解以后，方程式为：

税前利润 = 销售收入 −（变动生产成本 + 固定生产成本）−（变动销售和管理费用 + 固定销售和管理费用）

= 单价 × 销量 −（单位变动生产成本 + 单位变动销售和管理费用）× 销量 −（固定生产成本 + 固定销售和管理费用）

该损益方程式假设税前利润的影响因素只有销售收入、生产成本、管理费用和销售费用，省略了税金及附加、财务费用、资产减值损失、投资收益和营业外收支等因素。

3. 计算税后利润的损益方程式

企业所得税费用是基于企业利润总额和适用的企业所得税税率计算的，并从利润总额中减除，既不是变动成本也不是固定成本。计算税后利润的损益方程式推演如下：

税后利润 = 利润总额 − 所得税费用 = 利润总额 − 利润总额 × 所得税税率

= 利润总额 ×（1 − 所得税税率）

将损益方程式代入上式的“利润总额”：

税后利润 =（单价 × 销量 − 单位变动成本 × 销量 − 固定成本）×（1 − 所得税税率）

此方程式经常被用来计算实现目标利润所需的销量，为此，常用下式表达：

$$销量 = \frac{固定成本 + \dfrac{税后利润}{1 - 所得税税率}}{单价 - 单位变动成本}$$

关于实现目标利润的保利分析，本章第三节将展开讨论。

（二）边际贡献方程式

1. 边际贡献

边际贡献是指销售收入减去变动成本后的差额。其基本表达式为：

边际贡献 = 销售收入 − 变动成本

计算单位产品边际贡献的表达式如下：

单位边际贡献 = 单价 − 单位变动成本

边际贡献是产品扣除自身变动成本后给企业所作的贡献。它首先用于补偿企业的固定成本，如果还有剩余才形成利润，如果不足以补偿固定成本则产生亏损。

由于变动成本既包括生产制造过程的变动成本即产品的变动生产成本（简称产品变动成本），还包括销售、管理费用中的变动成本即变动期间成本，所以，边际贡献也可以具体分为制造边际贡献（生产边际贡献）和产品边际贡献（总营业边际贡献）。

销售收入 − 变动生产成本 = 制造边际贡献

制造边际贡献 − 变动销售和管理费用 = 产品边际贡献

通常，如果在“边际贡献”前未加任何定语时，则是指“产品边际贡献”。

2. 边际贡献率

边际贡献率，是指边际贡献在销售收入中所占的百分率。其表达式为：

$$\text{边际贡献率} = \frac{\text{边际贡献}}{\text{销售收入}} \times 100\% = \frac{\text{单位边际贡献} \times \text{销量}}{\text{单价} \times \text{销量}} \times 100\%$$

$$= \frac{\text{单位边际贡献}}{\text{单价}} \times 100\%$$

通常，“边际贡献率”是指产品边际贡献率。

边际贡献率，可以理解为每 1 元销售收入中边际贡献所占的比重，它反映产品给企业作出贡献的能力。

与边际贡献率相对应的概念是“变动成本率”，即变动成本在销售收入中所占的百分率。

$$\text{变动成本率} = \frac{\text{变动成本}}{\text{销售收入}} \times 100\% = \frac{\text{单位变动成本} \times \text{销量}}{\text{单价} \times \text{销量}} \times 100\%$$

$$= \frac{\text{单位变动成本}}{\text{单价}} \times 100\%$$

由于销售收入被分为变动成本和边际贡献两部分，前者是产品自身的耗费，后者是给企业作的贡献，两者百分率之和应等于 1。

$$\text{变动成本率} + \text{边际贡献率} = \frac{\text{单位变动成本}}{\text{单价}} + \frac{\text{单位边际贡献}}{\text{单价}}$$

$$= \frac{\text{单位变动成本} + (\text{单价} - \text{单位变动成本})}{\text{单价}}$$

$$= 1$$

3. 边际贡献方程式

由于创造了“边际贡献”这个新概念，前列的基本的损益方程式可以改写成新的形式。

因为：息税前利润 = 销售收入 − 变动成本 − 固定成本 = 边际贡献 − 固定成本

所以：息税前利润 = 销量 × 单位边际贡献 − 固定成本

这个方程式，也可以明确表达本量利之间的数量关系。

4. 边际贡献率方程式

上述边际贡献方程式，还可以利用“边际贡献率”改写成下列形式。

因为：$边际贡献率=\dfrac{边际贡献}{销售收入}\times 100\%$

$边际贡献=销售收入\times 边际贡献率$

$息税前利润=边际贡献-固定成本$

所以：$息税前利润=销售收入\times 边际贡献率-固定成本$

边际贡献率方程式可以用于多品种企业。由于多种产品的销售收入可以直接相加，所以，问题的关键是计算多种产品的加权平均边际贡献率。

关于加权平均边际贡献率的计算，本章第二节将展开讨论。

（三）本量利关系图

将成本、销量、利润的关系反映在直角坐标系中，即成为本量利关系图，因其能清晰地显示企业不盈不亏时应达到的产销量，故又称为盈亏临界图或损益平衡图。用图示表达本量利的相互关系，不仅形象直观、一目了然，而且容易理解。

根据资料的多少和目的不同，本量利关系图有多种形式。

1. 基本的本量利关系图

图 16 – 1 是根据［例 16 – 3］中的有关数据绘制的基本的本量利关系图。

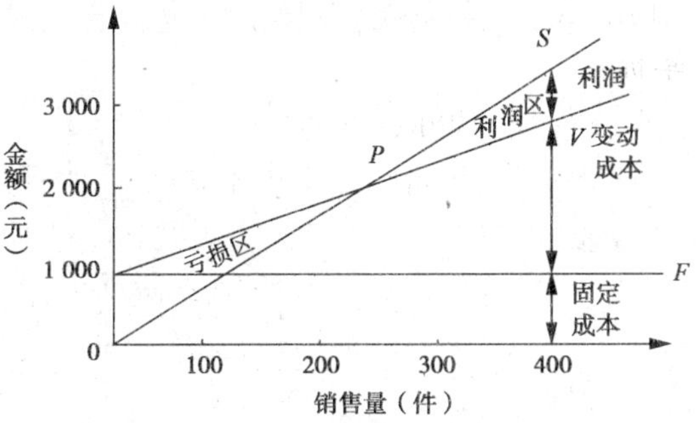

图 16 – 1　基本的本量利关系图

（1）基本的本量利关系图绘制步骤。①选定直角坐标系，以横轴表示销售数量，纵轴表示成本和销售收入的金额。②在纵轴上找出固定成本数值，以此点（0，固定成本值）为起点，绘制一条与横轴平行的固定成本线 F。③以点（0，固定成本值）为起点，以单位变动成本为斜率，绘制总成本线 V。④以坐标原点（0，0）为起点，以单价为斜率，绘制销售收入线 S。

（2）基本的本量利关系图表达的意义。①固定成本线与横轴之间的距离为固定成本值，它不因产量增减而变动。②总成本线与固定成本线之间的距离为变动成本，它随产量而呈正比例变化。③总成本线与横轴之间的距离为总成本，它是固定成本与变动成本之和。④销售收入线与总成本线的交点（P），是盈亏临界点。它在横轴上对应的销售量是 250 件，表明企业在此销售量下总收入与总成本相等，既没有利润，也不发生亏损。在此基础上，增加销售量，销售收入超过总成本，S 和 V 的距离为利润值，形成利润区；反之，形成亏损区。

图 16－1 中的销售量（横轴）不仅可以使用实物量，也可以使用金额来表示，其绘制方法与上面介绍的大体相同。通常，这种图画呈正方形，如图 16－2 所示。

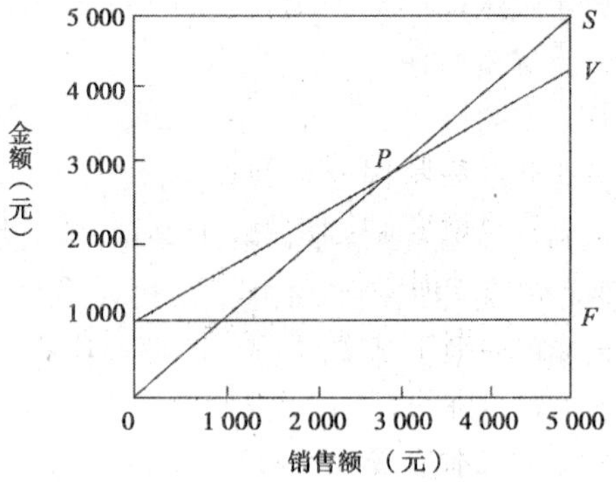

图 16－2　正方形本量利关系图

在绘制时，销售收入线 S 为从原点出发的对角线，其斜率为 1；总成本线 V 从点（0，固定成本值）出发，斜率为变动成本率。这种图不仅用于单一产品，还可用于多种产品的情况，只不过需要计算加权平均的变动成本率。

2. 边际贡献式的本量利关系图

图 16－3 是根据［例 16－3］中的有关资料绘制的边际贡献式的本量利关系图。

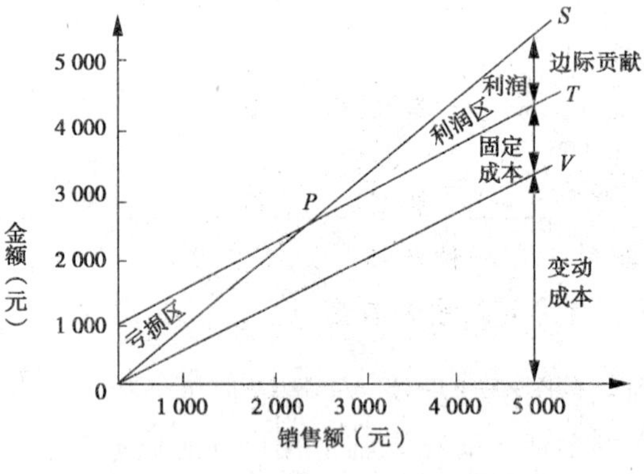

图 16－3　边际贡献式本量利关系图

绘制边际贡献式本量利关系图，是先画变动成本线 V，然后在此基础上以点（0，固定成本值）为起点画一条与变动成本线 V 平行的总成本线 T。其他部分，绘制方法与基本的本量利关系图相同。

这种图的主要优点是可以表示边际贡献的数值。企业的销售收入 S 随销售量呈正比例增长。这些销售收入首先用于补偿产品自身的变动成本，剩余额是边际贡献即 SV。边际贡献随销售量增加而扩大，当其达到固定成本值时（P 点），企业处于盈亏临界（或平衡）状态，即保本状态；当边际贡献超过固定成本后，企业进入盈利状态。

利用上述损益方程式、边际贡献方程式和本量利关系图，可以分析产销量、成本和价格发生变动时对利润的影响，以及实现目标利润所需的产销量、收入和成本。

第二节　保本分析

保本分析是基于本量利基本关系原理进行的损益平衡分析或盈亏临界分析。它主要研究如何确定保本点，以及有关因素变动的影响，为决策提供超过哪个业务量企业会有盈利，或者低于哪个业务量企业会亏损等信息。

保本点，亦称盈亏临界点（本书中“保本点”与“盈亏临界点”同义），是指企业收入和成本相等的经营状态，即边际贡献等于固定成本时企业所处的既不盈利又不亏损的状态。通常用一定的业务量（保本量或保本额）来表示。

一、保本量分析

对生产销售单一产品的企业来说，保本点的计算并不困难。

由于计算利润的公式为：

息税前利润 = 单价 × 销量 − 单位变动成本 × 销量 − 固定成本

令息税前利润 =0，此时的销售量即为保本量：

0 = 单价 × 保本量 − 单位变动成本 × 保本量 − 固定成本

$$保本量=\frac{固定成本}{单价-单位变动成本}$$

又由于：单价 − 单位变动成本 = 单位边际贡献

所以，上式又可写成：$保本量=\frac{固定成本}{单位边际贡献}$

【例 16 −4】　某企业仅产销一种产品，销售单价为 2 元，单位变动成本为 1.20 元，固定成本为 1 600 元/月，计算其盈亏保本量。

$$保本量=\frac{1\ 600}{2-1.20}=2\ 000\ （件）$$

二、保本额分析

在现代经济中，产销单一产品的企业已为数不多，大多数企业同时产销多种产品。在多品种情况下，由于不同品种产品销售量加总没有意义，因此，多品种情况下总体或综合盈亏平衡状态下销售额更有意义。

由于息税前利润计算的公式为：

息税前利润 = 销售额 × 边际贡献率 − 固定成本

令息税前利润 =0，此时的销售额即为保本额：

0 = 保本额 × 边际贡献率 − 固定成本

$$保本额=\frac{固定成本}{边际贡献率}$$

根据［例16－4］的资料：

$$保本额=\frac{1\ 600}{(2-1.20)\div 2}=\frac{1\ 600}{40\%}=4\ 000(元)$$

三、与保本点有关的指标

（一）盈亏临界点作业率

盈亏临界点作业率，是指盈亏临界点销售量占企业实际或预计销售量的比重。由于管理会计的主要任务是控制现在或规划未来，因此，实际或预计的销售量（额）就是指现在或未来的正常销售量（额），所谓正常销售量，是指正常市场和正常开工情况下企业的销售数量，也可以用销售额来计算。

盈亏临界点作业率的计算公式如下：

$$盈亏临界点作业率=\frac{盈亏临界点销售量}{实际或预计销售量}\times 100\%$$

这个比率表明企业保本的业务量在实际或预计业务量中所占的比重。由于多数企业的生产经营能力是按实际或预计销售量来规划的，生产经营能力与实际或预计销售量基本相同，所以，盈亏临界点作业率还表明保本状态下的生产经营能力的利用程度。

如果［例16－4］中的企业实际或预计销售额为5 000元，盈亏临界点销售额为4 000元，则：

$$盈亏临界点作业率=\frac{4\ 000}{5\ 000}\times 100\%=80\%$$

计算表明，该企业的作业率必须达到正常作业的80%以上才能取得盈利，否则就会发生亏损。

（二）安全边际和安全边际率

安全边际，是指实际或预计的销售额（量）超过盈亏临界点销售额（量）的差额，表明销售额（量）下降多少企业仍不至亏损。

安全边际的计算公式如下：

安全边际额＝实际或预计销售额－盈亏临界点销售额

安全边际量＝实际或预计销售量－盈亏临界点销售量

根据［例16－4］中的有关数据计算：

安全边际额＝5 000－4 000＝1 000（元）

$$安全边际量=\frac{5\ 000}{2}-\frac{4\ 000}{2}=500（件）$$

企业有时为了考察当年的生产经营安全情况，还可以用本年实际订货额（量）代替实际或预计销售额（量）来计算安全边际。企业生产经营的安全性，还可以用安全边际率来表示，即安全边际与实际或预计销售额（量）［或实际订货额（量）］的比值。安全边际率的计算公式如下：

$$安全边际率=\frac{安全边际额(量)}{实际或预计销售额(量)[或实际订货额(量)]}\times 100\%$$

根据［例16－4］的有关资料计算：

$$安全边际率=\frac{1\ 000}{5\ 000}\times100\%=20\%\quad（或=\frac{500}{5\ 000\div2}=20\%）$$

安全边际和安全边际率的数值越大，企业发生亏损的可能性越小，企业就越安全。安全边际率是相对指标，便于不同企业和不同行业的比较。盈亏临界点作业率和安全边际率可用图16－4来表示。

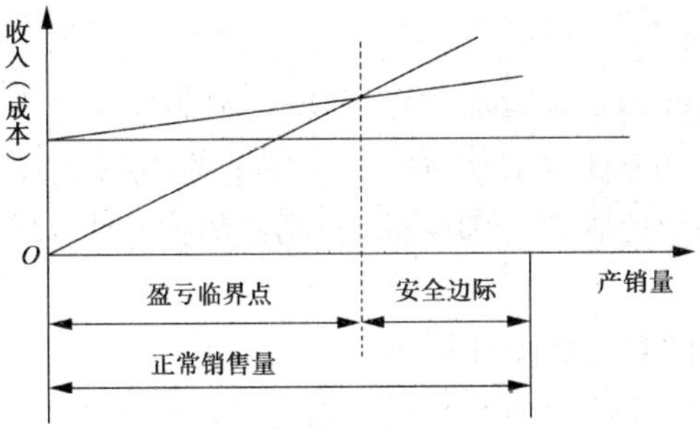

图16－4　盈亏临界点作业率和安全边际率

从图16－4可以看出，盈亏临界点把正常销售分为两部分：一部分是盈亏临界点销售额（量）；另一部分是安全边际额（量）。即：

正常销售额＝盈亏临界点销售额＋安全边际额
正常销售量＝盈亏临界点销售量－安全边际量　　（公式1）

上述公式两端同时除以正常销售额（量）得：

1＝盈亏临界点作业率＋安全边际率

根据［例16－4］中的有关数据计算：

盈亏临界点作业率＋安全边际率＝80%＋20%＝1

从图16－4还可以看出，只有安全边际才能为企业提供利润，而盈亏临界点销售额扣除变动成本后只能为企业补偿固定成本。安全边际部分的销售额减去其自身变动成本后成为企业息税前利润，即安全边际中的边际贡献等于企业利润。这个结论可以通过下式证明：

因为：息税前利润＝销售收入－变动成本－固定成本＝边际贡献－固定成本
＝销售收入×边际贡献率－固定成本
＝销售收入×边际贡献率－盈亏临界点销售收入×边际贡献率
＝（销售收入－盈亏临界点销售收入）×边际贡献率

所以：息税前利润＝安全边际额×边际贡献率　　（公式2）

对于单一产品，

$$息税前利润=安全边际量\times单价\times\frac{单位边际贡献}{单价}$$

$$=安全边际量\times单位边际贡献\quad（公式3）$$

根据［例16－4］中有关数据计算：

$$边际贡献率=\frac{单价-单位变动成本}{单价}\times100\%=\frac{2-1.2}{2}\times100\%=40\%$$

安全边际额 = 5 000 - 4 000 = 1 000（元）

息税前利润 = 安全边际额 × 边际贡献率 = 1 000 × 40% = 400（元）

用常规的方法计算利润，也会得到相同的结果。

息税前利润 = 销售收入 - 变动成本 - 固定成本

= 5 000 - 2 500 × 1.2 - 1 600 = 400（元）= 500 × (2 - 1.2) = 400（元）

如果将公式2两端同时除以销售收入，得：

$$\frac{\text{息税前利润}}{\text{销售收入}}=\frac{\text{安全边际额}}{\text{销售收入}}\times\text{边际贡献率}$$

销售息税前利润率 = 安全边际率 × 边际贡献率　　（公式4）

公式4为我们提供了一种计算销售利润率的新方法，并且表明，企业要提高销售息税前利润率，就必须提高安全边际率（即降低盈亏临界点作业率），或提高边际贡献率（即降低变动成本率）。

根据［例16-4］中的有关数据计算：

销售息税前利润率 = 安全边际率 × 边际贡献率 = 20% × 40% = 8%

用常规的计算方法，也会得到同样的结果：

$$\text{销售息税前利润率}=\frac{\text{息税前利润}}{\text{销售收入}}\times 100\%=\frac{400}{5\ 000}\times 100\%=8\%$$

一般而言，安全边际量或安全边际额的数值越大，企业发生亏损的可能性就越小，企业也就越安全。与此同理，安全边际率数值越大，企业发生亏损的可能性就越小，说明企业的业务经营也就越安全。

四、多品种情况下的保本分析

多品种下的保本点的确定采用边际贡献法。对于多个品种采用边际贡献法时，由于采用变动成本法，不需要在各种产品之间分配固定成本。由于每个产品的边际贡献率不同，这时采用加权平均边际贡献率。

边际贡献率方程式可以用于多品种企业。由于多种产品的销售收入可以直接相加，所以，问题的关键是计算多种产品的加权平均边际贡献率。

$$\text{加权平均边际贡献率}=\frac{\sum\text{各产品边际贡献}}{\sum\text{各产品销售收入}}\times 100\%$$

加权平均边际贡献率也可以用另外的方法计算。设有 n 种产品，以 CM 表示边际贡献，S 表示销售收入，则：

$$\text{加权平均边际贡献率}=\frac{CM}{S}=\frac{CM_1+CM_2+\cdots+CM_n}{S_1+S_2+\cdots+S_n}=\frac{CM_1}{S}+\frac{CM_2}{S}+\cdots+\frac{CM_n}{S}$$

$$=\frac{CM_1}{S_1}\times\frac{S_1}{S}+\frac{CM_2}{S_2}\times\frac{S_2}{S}+\cdots+\frac{CM_n}{S_n}\times\frac{S_n}{S}$$

由于：$\text{某产品边际贡献率}=\frac{CM_i}{S_i}$

$\text{某产品销售占总销售的比重}=\frac{S_i}{S}$

所以，加权平均边际贡献率 = $\sum$（各产品边际贡献率 × 各产品占总销售比重）

$$加权平均保本销售额=\frac{固定成本总额}{加权平均边际贡献率}$$

某种产品的销售百分比 = 该产品的销售额/所有产品的销售额 × 100%

某种产品的保本销售额 = 加权平均保本销售额 × 某种产品的销售百分比

用求得的保本销售额除以该产品的单价，就得到该产品的保本销售量：

$$某产品的保本销售量=\frac{该产品的保本销售额}{该产品的销售单价}$$

【例 16－5】 某企业计划生产 A、B、C 三种产品，固定成本总额为 50 000 元，它们的销售量、销售单价、单位变动成本资料如表 16－2 所示。

表 16－2　　产品销售与成本情况相关资料

项目	A 产品	B 产品	C 产品
预计销售量（件）	1 500	1 000	2 500
销售单价	20	15	14
单位变动成本（元）	10	6	7

现要求：

（1）计算企业计划期内的加权平均边际贡献率、加权平均保本销售额。

（2）计算 B 产品的盈亏平衡销售额和盈亏平衡销售量。

根据题目的已知条件，可以直接求出各种产品的边际贡献、边际贡献率、销售额、销售额的百分比，用多品种盈亏平衡点的公式，就可以求出加权平均盈亏平衡点。计算结果如表 16－3 所示。

表 16－3　　计算结果

项目	A 产品	B 产品	C 产品	合计
销售额（元）	30 000	15 000	35 000	80 000
销售百分比	37.50%	18.75%	43.75%	100%
单位边际贡献	10	9	7	—
边际贡献率	50%	60%	50%	—

$$（1）加权平均边际贡献率=\frac{\sum 各产品边际贡献}{\sum 各产品销售收入}\times 100\%$$

$$=\frac{1\ 500\times 10+1\ 000\times 9+2\ 500\times 7}{80\ 000}\times 100\%=51.875\%$$

或加权平均边际贡献率 = $\sum$（各产品边际贡献率 × 各产品占总销售比重）

$$=37.5\%\times 50\%+18.75\%\times 60\%+43.75\%\times 50\%$$

$$=51.875\%$$

$$加权平均保本销售额=\frac{固定成本总额}{加权平均边际贡献率}$$

$$=\frac{50\ 000}{51.875\%}$$

$$\approx 96\ 386\ (\text{元})$$

(2) B 产品的盈亏平衡销售额 = 加权平均保本销售额 × B 产品的销售百分比

$$=96\ 386\times 18.75\%\approx 18\ 072\ (\text{元})$$

$$\text{B 产品的盈亏平衡销售量}=\frac{\text{B 产品的盈亏平衡销售额}}{\text{B 产品的单价}}$$

$$=\frac{18\ 072}{15}$$

$$\approx 1\ 205\ (\text{件})$$

第三节 保利分析

保本分析是基于本量利基本关系原理进行的确保达到既定的目标利润的分析。它主要研究如何确定保利点，以及有关因素变动的影响（即敏感分析，将于下一节讨论）。

前述盈亏平衡分析或保本分析是以企业利润为零即不盈不亏为前提的，然而，企业不会满足于盈亏平衡，更需要有盈利目标，否则就无法生存和发展。

这里保利分析需确定的保利点，是在单价和成本水平一定的情况下，为确保预先制定的目标利润可以实现，而必须达到的销售量或销售额。

一、保利量分析

保利量就是使企业实现目标利润所需完成的业务量。

假设在没有企业所得税的情况下，目标利润 = 单价 × 销量 − 单位变动成本 × 销量 − 固定成本

$$\text{保利量}=\frac{\text{固定成本}+\text{目标利润}}{\text{单价}-\text{单位变动成本}}$$

$$=\frac{\text{固定成本}+\text{目标利润}}{\text{单位边际贡献}}$$

假设存在企业所得税，税后目标利润 = （单价 × 销量 − 单位变动成本 × 销量 − 固定成本） × （1 − 企业所得税税率）

$$\text{保利量}=\frac{\text{固定成本}+\dfrac{\text{税后目标利润}}{1-\text{企业所得税税率}}}{\text{单价}-\text{单位变动成本}}$$

$$=\frac{\text{固定成本}+\dfrac{\text{税后目标利润}}{1-\text{企业所得税税率}}}{\text{单位边际贡献}}$$

二、保利额分析

保利额是企业为实现既定的目标利润所需的业务额。保利额可在保利量计算公式的

基础上乘以单价加以计算，在不存在企业所得税的情况下，公式为：

$$保利额=\frac{固定成本+目标利润}{单价-单位变动成本}\times 单价$$

$$=\frac{固定成本+目标利润}{边际贡献率}$$

假设存在企业所得税，计算保利额的公式为：

$$保利额=\frac{固定成本+\dfrac{税后目标利润}{1-企业所得税税率}}{单价-单位变动成本}\times 单价$$

$$=\frac{固定成本+\dfrac{税后目标利润}{1-企业所得税税率}}{边际贡献率}$$

如果例［16－4］中目标利润为1 500元，不存在企业所得税，则：

$$保利量=\frac{1\ 600+1\ 500}{2-1.20}=3\ 875（件）$$

$$保利额=\frac{1\ 600+1\ 500}{(2-1.20)\div 2}=7\ 750（元）$$

假设企业所得税税率为25%，则：

$$保利量=\frac{1\ 600+1\ 500\div(1-25\%)}{2-1.20}=4\ 500（件）$$

$$保利额=\frac{1\ 600+1\ 500\div(1-25\%)}{(2-1.20)\div 2}=9\ 000（元）$$

第四节 利润敏感分析

一、利润敏感分析的含义

在前述保本分析和保利分析中，隐含着一个假定，即除待求变量外的其他参数都是确定不变的。实际上，由于市场的变化（譬如供求数量、原材料价格、产品价格等的变动）和企业生产技术条件的变化（譬如原材料消耗、工时消耗水平等的变动），会引起模型中的参数发生变化，势必对原已计算的盈亏临界点、目标利润或目标销售量产生影响。经营者希望事先预知掌握有关参数可能变化的影响程度，以便在变化发生时及时采取对策，调整企业计划，使生产经营活动始终控制在最有利的状态。敏感性是解决类似问题的一种可取的方法。

基于本量利关系的利润敏感分析，主要研究分析有关参数发生多大变化会使盈利转为亏损，各参数变化对利润变化的影响程度，以及各因素变动时如何调整应对，以保证原目标利润的实现。

【例16－6】 某企业只生产一种产品，销售单价为2元，单位变动成本为1.20元，预计明年固定成本为40 000元，产销量计划达100 000件。假设没有利息支出和所得税，则明年预计利润为：

$P = 100\ 000 \times (2 - 1.20) - 40\ 000 = 40\ 000$(元)

有关的敏感分析如下：

销售单价、单位变动成本、产销量和固定成本的变化，会影响利润的高低。这种变化达到一定程度，会使企业利润消失，进入盈亏临界状态，使企业的经营状况发生质变。敏感分析的目的之一，就是提供能引起目标发生质变的各参数变化的界限，其方法称为最大最小法。

(1) 销售单价的最小值。单价下降会使利润下降，下降到一定程度，利润将变为零，它是企业能忍受的销售单价最小值。

设销售单价为SP：

$100\ 000 \times (SP - 1.20) - 40\ 000 = 0$

$SP = 1.60$ (元)

销售单价降至1.60元，即降低20% (0.4 ÷ 2) 时企业由盈利转入亏损。

(2) 单位变动成本的最大值。单位变动成本上升会使利润下降，并逐渐趋近于零，此时的单位变动成本是企业能忍受的最大值。

设单位变动成本为VC：

$100\ 000 \times (2 - VC) - 40\ 000 = 0$

$VC = 1.60$ (元)

单位变动成本由1.20元上升至1.60元时，企业利润由40 000元降至零。此时，单位变动成本上升了33% (0.40 ÷ 1.20)。

(3) 固定成本最大值。固定成本上升也会使利润下降，并趋近于零。

设固定成本为FC：

$100\ 000 \times (2 - 1.20) - FC = 0$

$FC = 80\ 000$ (元)

固定成本增至80 000元时，企业由盈利转为亏损，此时固定成本增加了100% (40 000 ÷ 40 000)。

(4) 销售量最小值。销售量最小值，是指使企业利润为零的销售量，它就是盈亏临界点销售量，其计算方法在前面已介绍过。

$$B = \frac{40\ 000}{2 - 1.20} = 50\ 000(件)$$

销售计划如果只完成50% (50 000 ÷ 100 000)，则企业利润为零。

二、各参数的敏感系数计算

各参数变化都会引起利润的变化，但其影响程度各不相同。有的参数发生微小变化，就会使利润发生很大的变动，如果利润对这些参数的敏感系数绝对值大于1，我们称这类参数为敏感因素。如果利润对这些参数的敏感系数绝对值小于1，则我们称这类参数为不敏感因素。

反映敏感程度的指标是敏感系数：

$$敏感系数=\frac{目标值变动百分比}{参量值变动百分比}$$

下面仍以［例16－5］中的数字为基础，进行敏感程度的分析：

（1）单价的敏感程度。设单价增长20%，则：

$SP=2\times(1+20\%)=2.40$（元）

按此单价计算，利润为：

$P=100\ 000\times(2.40-1.20)-40\ 000=80\ 000$（元）

按原例利润为40 000元，其变化率为：

$$目标值变动百分比=\frac{80\ 000-40\ 000}{40\ 000}=100\%$$

$$单价的敏感系数=\frac{100\%}{20\%}=5$$

这就是说，单价对利润的影响很大，从百分率来看，利润以5倍的速率随单价变化。提价似乎是提高盈利的最有效手段，价格下跌也将是企业的最大威胁。经营者根据敏感系数知道，每降价1%，企业将失去5%的利润，必须格外予以关注。

（2）单位变动成本的敏感程度。设单位变动成本增长20%，则：

$VC=1.20\times(1+20\%)=1.44$（元）

按此单位变动成本计算，利润为：

$P=100\ 000\times(2-1.44)-40\ 000=16\ 000$（元）

按原例利润为40 000元，其变化率为：

$$目标值变动百分比=\frac{16\ 000-40\ 000}{40\ 000}=-60\%$$

$$单位变动成本的敏感系数=\frac{-60\%}{20\%}=-3$$

由此可见，单位变动成本对利润的影响比单价要小，单位变动成本每上升1%，利润将减少3%。但是，敏感系数绝对值大于1，说明变动成本的变化会造成利润更大的变化，仍属于敏感因素。

（3）固定成本的敏感程度。设固定成本增长20%，则：

$FC=40\ 000\times(1+20\%)=48\ 000$（元）

按此固定成本计算，利润为：

$P=100\ 000\times(2-1.20)-48\ 000=32\ 000$（元）

按原例利润为40 000元，其变化率为：

$$目标值变动百分比=\frac{32\ 000-40\ 000}{40\ 000}=-20\%$$

$$固定成本的敏感系数=\frac{-20\%}{20\%}=-1$$

这说明固定成本每上升1%，利润将减少1%。

（4）销售量的敏感程度。设销量增长20%，则：

$Q=100\ 000\times(1+20\%)=120\ 000$（件）

按此计算利润：

$P = 120\,000 \times (2 - 1.20) - 40\,000 = 56\,000$（元）

利润的变化率：

$$目标值变动百分比 = \frac{56\,000 - 40\,000}{40\,000} = 40\%$$

$$销量的敏感系数 = \frac{40\%}{20\%} = 2$$

就本例而言，影响利润的诸因素中，敏感因素依次为：（1）销售单价，敏感系数为5；（2）单位变动成本，敏感系数为 -3；（3）销量，敏感系数2；（4）固定成本，敏感系数 -1。其中敏感系数为正值的，表明它与利润为同向增减；敏感系数为负值的，表明它与利润为反向增减。

敏感系数提供了各因素变动百分比和利润变动百分比之间的比例，但不能直接显示变化后的利润额。为了弥补这种局限，有时需要编制利润的敏感分析表，列示各因素变动百分率及相应的利润金额，如表16 -4 所示。

表16 -4　　单因素变动敏感分析表　　单位：元

项目	-20%	-10%	0	+10%	+20%
单价	0	20 000	40 000	60 000	80 000
单位变动成本	64 000	52 000	40 000	28 000	16 000
固定成本	48 000	44 000	40 000	36 000	32 000
销量（件）	24 000	32 000	40 000	48 000	56 000

在表16 -4 中，各因素变动的百分比通常以 ±20% 为范围，便可以满足实际需要。表16 -4 以10% 为间隔，也可以根据实际需要改为5% 。

利润的敏感分析表的局限是不能提供表示变量之间关系的连续变化。为此，人们又设计了利润的敏感分析图，如图16 -5 所示。

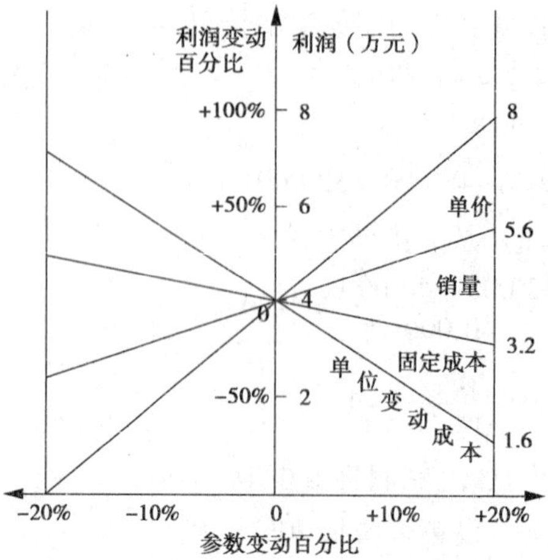

图16 -5　利润的敏感分析图

在图 16－5 中，横轴代表单位变动成本、固定成本、销量、销售单价等各因素变动百分比；纵轴代表利润。根据原来的目标利润点（0，40 000）和单位变动成本变化后的点（+20%，16 000），画出单位变动成本线。这条直线反映当单位变动成本处于所设定的各种变化水平时，所对应的利润额和利润变动百分比。其他因素的直线画法与变动成本线类似。这些直线与利润线的夹角越小，对利润的敏感程度越高。

第十七章　短期经营决策

第一节　短期经营决策概述

一、短期经营决策的含义与成本分类

企业的决策按照时间长短可以分为长期投资决策（也可以称为资本预算决策）和短期经营决策。长期投资决策是指对长期经营所进行的决策，已在本书投资项目资本预算做了阐述。短期经营决策是指对企业一年以内或者维持当前的经营规模的条件下所进行的决策。短期经营决策的主要特点是在既定的规模条件下决定如何有效地进行资源的配置，以获得最大的经济效益。通常不涉及固定资产投资和经营规模的改变，因此，短期经营决策通常是在成本性态分析时提到的“相关范围”内所进行的决策。

短期经营决策过程主要包括以下四个步骤：

（一）明确决策问题和目标

制定决策首先必须明确决策的问题和目标，例如，是否接受某一客户的特殊订单，或者生产何种产品。在一项决策作出之前，必须首先弄清楚该问题。弄清楚问题以后，就应该对决策的标准进行界定，目标是利润最大化，是尽可能扩大市场的份额，还是使成本最小化？在决策之前，必须清晰界定决策的标准，作为选择最优方案的依据和准绳。

（二）收集相关资料并制定备选方案

对决策问题明确之后，应该收集相关资料和数据，并充分考虑现实与可能，设计制定各种可能实现目标的备选方案。备选方案的制定要集思广益，充分考虑各种可能的情况和因素。各备选方案要尽可能详细，以有利于分析各方案的优劣。

（三）对备选方案作出评价，选择最优方案

这一过程需要对各备选方案进行详细的定性和定量分析，从各个方面分析各方案的可行性和优劣。这个过程是正确决策的关键，它要求对各方案的决策标准（例如利润）作出细致的分析，进而通过各方案的决策标准进行比较，从而得出最优方案。

（四）决策方案的实施与控制

最优方案选定以后，就要组织实施，在方案的实施过程中，可能会出现不曾预料的

新情况，根据新情况可能要调整和修改原方案，对方案实施过程的监控，可以保证决策的顺利实施，同时能够积累经验和数据，为今后的类似决策制定提供指导。

企业决策就在于从各个备选方案中选出最优方案。判断方案优劣的经济标准有两个：成本和经济效益，而成本又是影响经济效益高低的一个重要的制约因素。因此，为了使企业的决策更加准确可靠，我们首先必须弄清各种成本同决策之间的关系。从与企业决策是否相关，成本可分为两大类：即相关成本和不相关成本。

二、相关成本与不相关成本

（一）相关信息的特点

相关信息必须同时具备两个特点：

第一，相关信息是面向未来的。决策影响的是未来，不是过去。决策依据的信息必须是涉及未来的信息。由于相关信息面向未来事件，管理人员必须预测相关成本与效益的数额。作为预测的方法之一就是利用过去的数据进行分析。因此，对历史数据的分析是为了找到数据之间的适当关系，进而有利于未来进行更为准确的预测。

第二，相关信息在各个备选方案之间应该有所差异。在所有可获取的备选方案中，同样都发生的那部分成本或者收益对决策不会产生任何影响。例如，在选择生产何种产品的决策中，如果各种产品的固定成本是相同的，那么固定成本信息就属于无关信息，它并不影响决策过程。合理地选择相关信息是进行决策分析的基础，如果不区分相关信息与无关信息，往往会使信息的收集和加工陷入无序的信息陷阱中，分散决策者的注意力，降低决策的效率。

决策的相关信息应该同时具备上述两个特点，这两个特点也是区分相关成本和不相关成本的标准。在决策过程中，区分相关信息与无关信息是管理人员的十分重要的工作，企业经营的信息涉及面广，方方面面，纷繁复杂。管理者每天要面对大量的信息，如果不能区分出决策有用的相关信息和无用的无关信息，就可能会落入信息陷阱中去。一方面，任何管理者的精力都是有限的，无关信息会占用管理者的时间和精力，从而降低决策的效率；另一方面，大量无关信息可能会干扰管理者的决策，甚至造成决策错误。面对大量的信息，管理会计师需要根据其职业判断，区分哪些信息是与决策相关的，哪些是不相关的，对于不相关的信息，应该在决策时予以剔除。

（二）相关成本

相关成本（relevant cost）是指与决策相关的成本，在分析评价时必须加以考虑，它随着决策的改变而改变。

相关成本的表现形式有很多，诸如边际成本、变动成本、差量成本、重置成本、可避免成本、可延缓成本、付现成本、专属成本、机会成本等，熟悉并掌握这些成本概念对于企业的决策分析具有十分重要的意义。下面将就这些成本概念作详细的介绍。

1. 边际成本

边际成本（marginal cost）是西方经济学上的一个理论概念，它是指业务量变动一个单位时成本的变动部分。在实际的计量中，产量的无限小的变化也只能小到一个单位。所以边际成本的确切含义，就是产量增加或减少一个单位所引起的成本变动。

2. 机会成本

机会成本（opportunity cost）是指实行本方案的一种代价，即失去所放弃方案的潜在收益。

机会成本不是我们通常意义上的成本，它实际上不是一种支出和费用，而是失去的收益，是辩证的概念。这种收益不是实际的而是潜在的。

例如，有 A 和 B 两种方案可供选择，现在选择了 B 方案。如果选择 A 方案的话可以获利一万元，那么该一万元潜在收益就是选择方案 B 的机会成本。所以机会成本总是针对具体方案的，离开了被放弃的方案就无从确定。

机会成本要求我们在决策中全面考虑可能采取的各种方案，以便为既定资源寻求最为有利的使用途径。

3. 重置成本

重置成本（replacement cost）是指目前从市场上购置一项原有资产所需支付的成本，也可以称之为现时成本或现行成本，它带有现时估计的性质。与重置成本直接对应的概念是账面成本，即一项资产在账簿中所记录的成本。

有些备选方案需要动用企业现有的资产，在分析评价时不能根据账面成本来估价，而应该以重置成本为依据。

例如，某企业有库存商品账面单位成本为 200 元，重置成本为 250 元。若按历史成本考虑，售价定为 230 元，认为可获利 30 元；但是这些商品售出后再依据重置成本补进时，反而每件亏损 20 元。不难看出，重置成本在定价决策中是不可忽视的重要因素。

4. 付现成本

付现成本（out-of-pocket cost）是指需要在将来或最近期间支付现金的成本，是一种未来成本。付现成本是在某项决策需要付现但又要全面衡量该项决策在经济上是否真正有利时，应予认真考虑的，尤其是在企业资金紧张的时候更应慎重对待。在实际工作中，企业往往宁愿采纳总成本高而付现成本较低的方案，而不采纳总成本较低而付现成本较高的方案。在这种情况下，付现成本比总成本意义更大。只有符合企业目前实际支付能力的方案，才能算得上最优的方案。

例如，某企业需要更新设备一台，但企业资金紧张，银行存款余额为 6 000 元。有 A 和 B 两家工厂可提供设备，A 厂售价 50 000 元，一次付清货款；B 厂售价 60 000 元，只要求预付 4 000 元，余款 10 个月内付清，很显然在这种情况下，企业以选择 B 厂设备为最优，它可以使企业迅速恢复生产，多付总成本可以从提早恢复生产所获取的利润中得到补偿。

5. 可避免成本

可避免成本（avoidable cost），譬如酌量性固定成本就属此类。当方案或者决策改变时，这项成本可以避免或其数额发生变化。例如，利用挖掘潜力、改进劳动组织的办法去代替原先增加人员的方案节省下来的人工支出，就是可避免成本。有时几个方案在决策中，那些与落选方案关联的成本也称为可避免成本。

6. 可延缓成本

可延缓成本（deferrable cost）是指同已经选定、但可以延期实施而不会影响大局的某方案相关联的成本。例如，企业原定在计划年度新建办公大楼，预计共需资金3亿元，现因资金紧张而决定推迟该计划的实施，那么这3亿元的基建成本即为可延缓成本。

7. 专属成本

专属成本（specific cost）是指可以明确归属于某种、某批或某个部门的固定成本。例如，专门生产某种零件或某批产品而专用的厂房、机器的折旧费、某种物资的商品保险费等。

8. 差量成本

差量成本（differential cost）通常指两个备选方案的预期成本之间的差异数，亦称差别成本或差额成本。不同方案的经济效益，一般可通过差量成本的计算明显地反映出来。譬如，某公司的甲零件若自制，预期自制单位成本为48元；而若外购，预期单位购价为52元，后者与前者比较，有差量成本4元，说明自制方案较外购方案优越。

（三）不相关成本

不相关成本（irrelevant cost）是相关成本的反义，它是指与决策没有关联的成本。或者说不相关成本不随决策的改变而改变。不相关成本或者是过去已经发生的成本，或者是虽未发生，但在各种替代方案下数额相同，对未来决策没有影响，因此在决策分析中可以不考虑。

不相关成本的表现形式主要有沉没成本、不可延缓成本、不可避免成本和共同成本等，下面分别作一介绍。

1. 沉没成本

沉没成本（sunk cost）是指由于过去已经发生的，现在和未来的决策无法改变的成本。从广义上说，凡是过去已经发生，不是目前决策所能改变的成本，都是沉没成本。从狭义上说，沉没成本是指过去发生的，在一定情况下无法补偿的成本，与“历史成本”同义。例如，假定某企业有一台生产设备，原价20 000元，累计折旧18 000元，账面价值（净值）2 000元就是沉没成本。很明显，沉没成本一经耗费就一去不复返了。

2. 不可避免成本

不可避免成本（unavoidable cost）是指通过管理决策行动而不能改变其数额的成本。譬如约束性固定成本就属此类。企业的生产经营能力和生产组织机构一旦确定，约束性固定成本就不可避免地要发生，其发生的数额也不是企业的短期经营决策所能改变的。此外，企业现有厂房、建筑物等固定资产的年折旧费也属不可避免成本。

3. 不可延缓成本

不可延缓成本（undeferrable cost）是相对于可延缓成本而言的，它是指即使财力有限也必须在企业计划期间发生，否则就会影响企业大局的已选定方案的成本。例如，某企业的旧厂房因暴雨冲击而发生较大裂痕，必须在计划期内大修，否则会造成严重后果，那么这大修费用则属于不可延缓成本。

4. 共同成本

共同成本（common cost）是指那些需由几种、几批或有关部门共同分担的固定成本。共同成本具有共享性、基础性和无差别性等特征。例如，企业的管理人员工资、车间的照明费以及需由各种产品共同负担的联合成本，共享企业的共同基础设施等。

需要特别指出的是，将成本划分为相关成本和不相关成本两大类对于企业进行短期经营决策具有十分重要的意义，它可以使企业在决策中避免把精力耗费在收集那些无关紧要的信息和资料上，减少得不偿失的劳动。当然，在实际的决策中，我们一定要根据具体情况作细致的分析，切不可根据一般的原则进行机械的分类。

第二节 生产决策

生产决策是企业短期经营决策的重要内容，它主要针对企业短期内（或者当前经营规模范围内）是否生产、生产什么、怎样组织生产等问题进行的相关决策。典型的生产决策包括亏损产品是否需要停产的决策、零部件自制还是外购的决策、特殊订单是否接受的决策、约束资源如何最优利用的决策、产品是否进一步深加工的决策等。

一、生产决策的主要方法

（一）差量分析法

差量分析法就是分析备选方案之间的差额收入和差额成本，根据差额利润进行选择的方法。在差量分析中，差额利润等于差额收入减去差额成本。差额收入等于两个方案的相关收入之差，差额成本等于两个方案相关成本之差。如果差额大于零，则前一个方案优于后一个方案；反之，则后一个方案优于前一个方案。通常可以通过编制差量分析表来计算差额利润的高低。

这种方法在分析过程中，只考虑相关收入和相关成本，对不相关因素不予考虑，因此较为简单明了，但对于两个以上的备选方案，只能两两进行比较，逐次筛选，故比较烦琐。

（二）边际贡献分析法

边际贡献分析法，就是通过对比各个备选方案的边际贡献额的大小来确定最优方案的决策方法。边际贡献是销售收入与变动成本的差额。在短期生产决策过程中，固定成本往往稳定不变，因此，直接比较各备选方案边际贡献额的大小就可以作出判断。但当决策中涉及追加专属成本时，就无法直接使用边际贡献大小进行比较，此时，应该使用相关损益指标，某方案的相关损益是指该方案的边际贡献额与专属成本之差，或该方案的相关收入与相关成本之差。那个方案的相关损益大，那个方案为优，这种相关损益分析法可以看作是边际贡献法的一种特例。

（三）本量利分析法

本量利分析法就是利用成本、产量和利润之间的依存关系来进行生产决策。利用本量利分析的思路和各种分析指标，可以方便地分析判断各种方案对企业利润的影响程度。

二、亏损产品是否停产的决策

对于产品多元化的企业而言，通常企业利润的绝大部分是由几种核心产品所带来的，其他非核心产品提供的利润往往很少，有的甚至亏损。对于亏损的产品或者部门，企业是否应该立即停产呢？从短期经营决策的角度，关键是看该产品或者部门能否给企业带来正的边际贡献。

【例 17－1】 假定某企业生产甲、乙两种产品，两种产品的相关收益情况如表 17－1 所示。

表 17－1 相关数据资料 单位：元

	甲产品	乙产品	合计
销售收入	10 000	50 000	60 000
变动成本	6 000	30 000	36 000
边际贡献	4 000	20 000	24 000
固定成本	2 000	25 000	27 000
息税前利润	2 000	－5 000	－3 000

由于乙产品的息税前利润为－5 000 元，即亏损 5 000 元，因此，企业的管理层需要考虑是否应该停止乙产品的生产。对此，可以分析如下：在短期内，即使停产乙产品，固定成本也不会相应降低。如果停产乙产品，则企业的息税前利润将仅来源于甲产品的边际贡献 4 000 元扣除固定成本总额 27 000 元（2 000＋25 000），息税前利润将为－23 000 元（4 000－27 000），反而扩大了亏损。为什么会出现这种现象呢？原因在于乙产品虽然亏损，但是提供的边际贡献仍然为正。乙产品如果继续生产，其边际贡献 20 000 元能够抵减固定成本 20 000 元，但是如果停产，则连 20 000 元的固定成本也无法抵减，因此会造成息税前利润的下降。由此可见，在短期内，如果企业的亏损产品能够提供正的边际贡献，就不应该立即停产。

三、零部件自制与外购的决策

对于某些行业的企业来说，零部件可以自制也可以选择向外部供应商购买。例如，汽车制造企业所需要的汽车配件，可以自行生产，也可以向外部的零部件供应商采购。零部件是自制还是外购，从短期经营决策的角度，需要比较两种方案的相关成本，选择成本较低的方案即可。在决策时还需要考虑企业是否有剩余生产能力，如果企业有剩余生产能力，不需要追加设备投资，那么只需要考虑变动成本即可；如果企业没有足够的剩余生产能力，需要追加设备投资，则新增加的专属成本也应该属于相关成本。同时还需要把剩余生产能力的机会成本考虑在内。

【例 17－2】 兴达公司是一家越野用山地自行车制造商，每年制造自行车需要外胎 10 000 个，外购成本每条 58 元，自制外胎的单位相关成本资料如表 17－2 所示。

表 17－2 相关成本资料 单位：元

直接材料	32
直接人工	12
变动制造费用	7
固定制造费用	10
变动成本	51
生产成本	61

结合下列各种情况下，分别作出该自行车外胎是自制还是外购的决策。

（1）如果公司现在具有足够的剩余生产能力，且剩余生产能力无法转移，即该生产车间不制造外胎时，闲置下来的生产能力无法被用于其他方面。

由于有剩余生产能力可以利用，且无法转移，所以零件自制外胎的相关成本仅包含自制的变动成本。

自制的单位变动成本 =32 +12 +7 =51（元/条）

外购的相关成本 =58（元/条）

由于自制方案可比外购方案每年节约成本 70 000 元[（58 -51）×10 000]，这种外胎应采用自制方案。

（2）如果公司现在具备足够的剩余生产能力，但剩余生产能力可以转移用于加工自行车内胎，每年可以节省内胎的外购成本 20 000 元。

若选择自制外胎，则会放弃生产内胎所带来的成本节约 20 000 元，这可以看作是自制外胎的机会成本。相关差额成本分析如表 17 -3 所示。

表 17 -3　差额成本分析表　单位：元

	自制成本	外购成本	差额成本
变动成本	510 000	580 000	-70 000
机会成本	20 000		20 000
相关成本合计	530 000	580 000	-50 000

从表 17 -3 中可知，自制成本低于外购成本 50 000 元，公司应该自制该外胎。

（3）如果公司目前只有生产外胎 5 000 条的生产能力，且无法转移，若自制 10 000 条，则需租入设备一台，月租金 4 000 元，这样使外胎的生产能力达到 13 000 条，相关差额成本分析如表 17 -4 所示。

表 17 -4　差额成本分析表　单位：元

	自制成本	外购成本	差额成本
变动成本	510 000	580 000	-70 000
专属成本	4 000 ×12 =48 000		
相关成本合计	558 000	580 000	-22 000

从表 17 -4 中可知，自制外胎的年成本低于外购成本，差额成本为 22 000 元，公司应该选择自制该外胎。

（4）如果公司目前只有生产外胎 5 000 条的能力，可以采用自制和外购外胎两种方式的结合，既可自制一部分，又可外购一部分。

在这种情况下，公司应先按现有生产能力自制外胎 5 000 条，因为其自制成本低于外购成本，超过 5 000 条的部分，则应比较外购成本与自制成本的高低。对于超过 5 000 条部分的外胎，如果自制，单位成本为 60.6 元（=51 +48 000/5 000），超过了外购的单位成本，因此，超过部分应该选择外购。这样，企业应该自制 5 000 条，同时外购 5 000 条外胎。

在进行自制还是外购决策时，决策者除了要考虑相关成本因素以外，还要考虑外购产品的质量、送货的及时性、长期供货能力、供货商的新产品研发能力以及本企业有关职工的抱怨程度等因素，在综合考虑各方面因素之后才能进行最后的选择。

四、特殊订单是否接受的决策

企业往往会面对一些特殊的订货合同，这些订货合同的价格有时会低于市场价格，甚至低于平均单位成本。在决定是否接受这些特殊订货时，决策分析的基本思路是比较该订单所提供的边际贡献是否能够大于该订单所引起的相关成本。企业管理人员应针对各种不同情况，进行具体分析，并作出决策。

（1）如果追加订货不影响正常销售的完成，即利用剩余生产能力就可以完成追加订货，又不需要追加专属成本，而且剩余生产能力无法转移。这时，只要特殊订单的单价大于该产品的单位变动成本，就可以接受该追加订货。

（2）如果该订货要求追加专属成本，其他条件同（1），则接受该追加订货的前提条件就应该是：该方案的边际贡献大于追加的专属成本。

（3）如果相关的剩余生产能力可以转移，其余条件同（1），则应该将转移剩余生产能力的可能收益作为追加订货方案的机会成本予以考虑，当追加订货创造的边际贡献大于机会成本时，则可以接受该订货。

（4）如果追加订货影响正常销售，即剩余生产能力不够生产全部的追加订货，从而减少正常销售，其余条件同（1），则由此而减少的正常边际贡献作为追加订货方案的机会成本。当追加订货的边际贡献足以补偿这部分机会成本时，则可以接受订货。

【例 17－3】 某企业 A 产品的生产能力为 10 000 件，目前的正常订货量为 8 000 件，销售单价 10 元，单位产品成本为 8 元，成本构成如表 17－5 所示。

表 17－5　成本构成资料　　单位：元

直接材料	3
直接人工	2
变动制造费用	1
固定制造费用	2
单位产品成本	8

现有客户向该企业追加订货，且客户只愿意出价每件 7 元，如果有关情况如下：

（1）如果订货 2 000 件，剩余生产能力无法转移，且追加订货不需要追加专属成本。

（2）如果订货 2 000 件，剩余生产能力无法转移，但需要追加一台专用设备，全年需要支付专属成本 1 000 元。

（3）如果订货 2 500 件，剩余生产能力无法转移，也不需要追加专属成本。

（4）如果订货 2 500 件，剩余生产能力可以对外出租，可获租金 3 000 元，另外追加订货需要追加专属成本 1 000 元。

请分别针对上述不同情况，分析企业是否应该接受该订单。

下面我们分别分析如下：

（1）特殊订单的定价为每件 7 元，单位变动成本为 6 元（3＋2＋1），因此，接受该订单可以增加边际贡献 2 000 元，应该接受该订单。

（2）订货可增加边际贡献 2 000 元，扣除增加的专属成本 1 000 元，可以增加利润 1 000 元。因此应该接受该订单。

（3）接受订单会影响到正常的销售，企业的剩余生产能力能够生产2 000件。其余的500件要减少正常的订货量，因此500件正常销售所带来的边际贡献应该作为接受订单的机会成本。订单的2 500件会带来边际贡献额2 500×(7－6)＝2 500（元），扣除500件的机会成本500×(10－6)＝2 000（元），增加利润＝2 500－2 000＝500（元）。因此应该接受该订单。

（4）剩余生产能力的年租金应该作为接受订单的机会成本，因此，接受订单的差额利润计算如表17－6所示。

表17－6　差额利润计算表　单位：元

项　目	接受追加订货
增加的相关收入 增加的变动成本	7×2 500＝17 500 6×2 500＝15 000
增加的边际贡献	2 500
减：专属成本	1 000
机会成本（减少的正常销售）	500×(10－6)＝2 000
机会成本（租金收入）	3 000
增量收益	－3 500

接受订单带来的差额利润为－3 500元，即减少利润3 500元，显然此时企业不应该接受该订单。

五、约束资源最优利用决策

约束资源，是指企业实际拥有的资源能力小于需要的资源能力的资源，即制约企业实现生产经营目标的瓶颈资源，也称最紧缺资源，如流动资金、原材料、劳动力、生产设备、技术等要素及要素投入的时间安排等。

每个单位可能都有自己的最紧缺资源，有的企业最缺关键技术人才，有的企业最缺关键设备，有的企业最缺资金，有的企业最缺水，有的企业最缺电。约束资源满足不了企业的所有需要，因资源有限，就存在企业如何来安排生产的问题，即优先生产哪种产品，才能最大限度地利用好约束资源，让企业产生最大的经济效益。我们把这种决策叫约束资源最优利用决策。这类决策也是企业在日常生产经营活动中经常会遇到的决策问题。

在这类决策中，通常是短期的日常的生产经营安排，因此固定成本对决策没有影响，或者影响很小。决策原则是主要考虑如何安排生产才能最大化企业的总的边际贡献，这里需要运用一个核心指标：单位限制资源边际贡献，它等于单位产品边际贡献除以该单位产品耗用的限制资源量。即：

$$单位限制资源边际贡献=\frac{单位产品边际贡献}{该单位产品所需限制资源量}$$

【例17－4】 某企业生产A、B两种产品，这两种产品的有关数据资料如表17－7所示。该企业生产这两种产品时都需用同一项机器设备进行加工，该机器设备属于该企业的约束资源。该设备每月能提供的最大加工时间是12 000分钟。根据目前市场情况，该企业每月需要生产销售A产品4 000件，A产品每件需要该设备加工2分钟；该企业每月需要生产销售B产品7 000件，B产品每件需要该设备加工1分钟。现在企业生产需要每月该设备加工时间是15 000分钟（7 000×1+4 000×2）。而目前该设备能提供的加工时间是每月12 000分钟，无法完全满足生产需要。请问该企业如何安排生产，才能最有效利用该项机器设备？

表17-7　A、B产品相关数据　单位：元

	A产品	B产品
销售单价	25	30
单位变动成本	10	18
单位边际贡献	15	12
边际贡献率	60%	40%

从上表看出，生产产品A的单位边际贡献为15元，生产产品B的单位边际贡献是12元。是否应该先生产产品A？

从最优利用约束资源角度，我们可以看出，紧缺机器1分钟可以生产一件产品B，创造边际贡献是12元；同样一分钟，用来生产产品A，只能生产半件，创造的边际贡献是15/2=7.5元。如表17-8所示。

表17-8　单位限制资源边际贡献计算表

	A产品	B产品
单位产品边际贡献（元）	15	12
每件产品需要加工时间（分钟）	2	1
单位约束资源边际贡献（元/分钟）	7.5	12

从最优利用约束资源角度看，同样的时间，优先用来生产产品B效益高。因此，该企业可以优先安排生产产品B，剩余的机器加工资源再来安排生产产品A。如此，应该能产生最大经济效益。如表17-9所示。

表17-9　最有效利用紧缺机器的生产安排

项　目	生产安排
产品B的产销量	7 000件
产品B对紧缺机器加工时间需求	7 000×1=7 000（分钟）
能提供的紧缺机器加工时间/月	12 000分钟
安排产品B生产后剩余加工时间	12 000-7 000=5 000（分钟）
可用于产品A的机器加工时间	5 000分钟
可用于加工产品A的产量	5 000/2=2 500（件）

如上表所示，现在最优的生产安排是优先安排生产产品B，生产产品B 7 000件，剩余生产能力安排生产产品A，可生产产品A 2 500件。在这样的生产安排下，该企业能产

生的最大总边际贡献为 7 000 × 12 + 2 500 × 15 = 84 000 + 37 500 = 121 500（元）。该类决策最关键的指标是“单位约束资源的边际贡献”。

六、产品是否应进一步深加工的决策

有些企业生产的产品，既可以直接对外销售，也可以进一步加工后再出售。例如，纺织厂生产的棉纱可以直接出售，也可以进一步加工成坯布出售。牛肉加工企业生产的牛肉可以直接对外销售，也可以进一步加工成火腿肠等产品后出售。此时企业需要对产品是直接出售还是进一步深加工两种方案进行选择。

在这种决策类型中，进一步深加工前的半成品所发生的成本，都是无关的沉没成本。因为无论是否深加工，这些成本都已经发生而不能改变。相关成本只应该包括进一步深加工所需的追加成本，相关收入则是加工后出售和直接出售的收入之差。对这类决策通常采用差量分析的方法。

【例 17 – 5】 某企业生产 A 半成品 10 000 件，销售单价为 50 元，单位变动成本为 20 元，全年固定成本总额为 200 000 元，若把 A 半成品进一步加工为产品 B，则每件需要追加变动成本 20 元，产品的销售单价为 80 元。

（1）企业已经具备进一步加工 10 000 件 A 半成品的能力，该生产能力无法转移，且需要追加专属固定成本 50 000 元（见表 17 – 10）。

表 17 – 10　　差额利润分析表　　单位：元

	进一步加工	直接出售	差额
相关收入	80 × 10 000 = 800 000	50 × 10 000 = 500 000	300 000
相关成本	250 000	0	250 000
其中：变动成本	20 × 10 000 = 200 000	0	
专属成本	50 000	0	
差额利润			50 000

可见，进一步加工方案会提高收益 50 000 元，因此企业应该进一步深加工该产品。

（2）企业只具备进一步加工 7 000 件 A 半成品的能力，该能力可用于对外承揽加工业务，预计一年可获得边际贡献 75 000 元（见表 17 – 11）。

表 17 – 11　　差额利润分析表　　单位：元

	进一步加工	直接出售	差额
相关收入	80 × 7 000 = 560 000	50 × 7 000 = 350 000	210 000
相关成本	215 000	0	215 000
其中：变动成本	20 × 7 000 = 140 000	0	
机会成本	75 000	0	
差额利润			– 5 000

从表 17 – 11 可以看出，进一步加工会减少利润 5 000 元，因此企业应该直接出售该产品。

第三节　定价决策

一、产品销售定价决策原理

产品销售定价决策是企业生产经营活动中一个极为重要的问题，它关系到生产经营活动的全局。销售价格作为一种重要的竞争工具，在竞争激烈的市场上往往可以作为企业的制胜武器。在市场经济环境中，产品的销售价格是由供需双方的力量对比所决定的。根据微观经济学的分类，按照市场中供应方的力量大小可以将市场分为完全竞争、垄断竞争、寡头垄断和完全垄断四种不同的市场结构。而针对不同的市场类型，企业对销售价格的控制力是不同的。在完全竞争的市场中，市场价格是单个厂商所无法左右的，每个厂商只是均衡价格的被动接受者。在垄断竞争和寡头垄断市场中，厂商可以对价格有一定的影响力。而在完全垄断的市场中，企业可以自主决定产品的价格。因此，对于产品定价决策来说，通常是针对后三种市场类型的产品。

在企业的销售定价决策过程中，除了借助数学模型等工具外，还要根据企业的实践经验和自身的战略目标进行必要的定性分析，来选择合适的定价策略。严格地说，销售定价属于企业营销战略的重要组成部分，管理会计人员主要是从产品成本与销售价格之间的关系角度为管理者提供产品定价的有用信息。

二、产品销售定价的方法

从管理会计的角度，产品销售定价的基本规则是：从长期来看，销售收入必须足以弥补全部的生产、行政管理和营销成本，并为投资者提供合理的利润，以维持企业的生存和发展。因此，产品的价格应该是在成本的基础上进行一定的加成后得到的。

（一）成本加成定价法

成本加成定价法的基本思路是先计算成本基数，然后在此基础上加上一定的"成数"，通过"成数"获得预期的利润，以此得到产品的目标价格。这里所说的成本基数，既可以是完全成本计算法下的产品成本，也可以是变动成本计算法下的变动成本。

1. 完全成本加成法

在完全成本加成法下，成本基数为单位产品的制造成本。以这种制造成本进行加成，加成部分必须能弥补销售以及管理费用等非制造成本，并为企业提供满意的利润。也就是说，"加成"的内容应该包括非制造成本及合理利润。

【例 17－6】 某公司正在研究某新产品的定价问题，该产品预计年产量为 10 000 件。公司的会计部门收集到有关该产品的预计成本资料如表 17－12 所示。

表 17-12　相关数据资料　单位：元

成本项目	单位产品成本	总成本
直接材料	6	60 000
直接人工	4	40 000
变动制造费用	3	30 000
固定制造费用	7	70 000
变动销售及管理费用	2	20 000
固定销售及管理费用	1	10 000

假定该公司经过研究确定在制造成本的基础上，加成50%作为这项产品的目标销售价格。则产品的目标销售价格计算过程如表17-13所示。

表 17-13　目标销售价格的计算　单位：元

成本项目	单位产品
直接材料	6
直接人工	4
制造费用	10
单位产品制造成本	20
成本加成：制造成本的50%	10
目标销售价格	30

根据上表计算，按照制造成本进行加成定价，目标销售价格为30元。

2. 变动成本加成法

企业采用变动成本加成，成本基数为单位变动成本，加成的部分要求弥补全部的固定成本，并为企业提供满意的利润。此时，在确定“加成率”时，应该考虑是否涵盖了全部的固定成本和预期利润。

仍以上述公司为例，假设该公司经过研究确定采用变动成本加成法，在变动成本的基础上，加成100%作为该项产品的目标销售价格。计算过程如表17-14所示。

表 17-14　目标价格的计算　单位：元

成本项目	单位产品
直接材料	6
直接人工	4
变动生产成本	3
变动销售和管理费用	2
单位变动成本	15
成本加成：变动成本的100%	15
目标销售价格	30

根据上表的计算，目标销售价格仍然为30元。由此可见，变动成本加成法与完全成本加成法虽然计算的成本基数有所不同，但在思路上是相似的，都认为企业的定价必须弥补全部成本，只是成本基数的不同会引起加成比例的差异。此例中完全成本加成法下的加成率为50%，变动成本加成率为100%。

除了使用完全成本加成法和变动成本加成法以外，企业还可以使用标准成本法，即以标准成本作为成本基数，在此基础上进行加成定价。

（二）市场定价法

市场定价法，就是对于有活跃市场的产品，可以根据市场价格来定价，或者根据市场上同类或者相似产品的价格来定价。比如广州首次发交通卡—羊城通卡的时候，对该卡的定价，就曾经参考过香港的八达通卡和上海的交通卡的价格来进行定价。邯钢经验中的"模拟市场核算"，其核心要义就是对邯钢集团内部各种消耗和内部转让价格基本都根据同类产品的市场价格来进行定价。市场定价法有利于时刻保持对市场的敏感性，对同行的敏锐性。

（三）新产品的销售定价方法

新产品的定价一般具有"不确定性"的特点。因为新产品还没有被消费者所了解，因此需求量难以确定。企业对新产品定价时，通常要选择几个地区分别采用不同价格进行试销。通过试销，企业可以收集到有关新产品的市场反应信息，以此确定产品的最终销售价格。新产品定价基本上存在撇脂性定价和渗透性定价两种策略。

1. 撇脂性定价

撇脂性定价法是在新产品试销初期先定出较高的价格，以后随着市场的逐步扩大，再逐步把价格降低。这种策略可以使产品的销售初期获得较高的利润，但是销售初期的暴利往往会引来大量的竞争者，引起后期的竞争异常激烈，高价格很难维持。因此，这是一种短期性的策略，往往适用于产品的生命周期较短的产品。例如，"大哥大"，苹果智能手机刚进入市场时的定价。

2. 渗透性定价

渗透性定价法是在新产品试销初期以较低的价格进入市场，以期迅速获得市场份额，等到市场地位已经较为稳固的时候，再逐步提高销售价格，比如"小米"手机的定价。这种策略在试销初期会减少一部分利润，但是它能有效排除其他企业的竞争，以便建立长期的市场地位，所以这是一种长期的市场定价策略。

（四）有闲置能力条件下的定价方法

有闲置能力条件下的定价方法是指在企业具有闲置生产能力时，面对市场需求的变化所采用的定价方法。当企业参加订货会，或者参加某项投标的情况下，往往会遇到较强的竞争对手，虽然每个厂家都希望以高价得标而获得高额利润，但是通常只有报价较低的厂商才能中标。这时管理者为了确保中标，往往以该投标产品的增量成本作为定价基础。当公司存在剩余生产能力时，增量成本即为该批产品的变动成本。这种定价方法虽然定价会较低，但是短期内可以维持企业的正常运营，并维持员工的稳定，还可以抵补一部分固定成本。

在这种情况下，企业产品的价格应该在变动成本与目标价格之间进行选择。

变动成本＝直接材料＋直接人工＋变动制造费用＋变动销售和行政管理费用

目标价格＝变动成本＋成本加成

【例17-7】 某市政府按规划建造一座新的游船停泊港，拟向社会公开招标。某船舶运输公司主营各港口间的客运和货运服务，其下属的港口建设部准备参与该项目的竞标。经过会议讨论，公司管理层认为该港口工程项目对维持该部门的正常运转非常重要，因为港口建设部已经连续几个月处于施工能力以下，工程设备和人员大量闲置，并且该项目不会妨碍该部门承接其他工程项目。

根据公司会计部门提供的资料，港口建设工程成本估算如下：

直接物资成本（千元）	18 000
直接人工成本（千元）	30 000
变动建造费用（千元）	7 500
变动成本合计（千元）	55 500
固定成本估算（千元）	12 000
工程总成本估算（千元）	67 500

由于该港口建设部有剩余施工能力，因此只要价格超过该工程的变动成本55 500元，就能弥补一些固定制造费用，并提供边际贡献。可见，当企业有闲置施工能力时，企业的投标价格通常会更低一些，因为此时只要价格高于工程变动成本企业就可以接受。

第十八章　全面预算

第一节　全面预算概述

全面预算是通过企业内外部环境的分析，在预测与决策基础上，调配相应的资源，对企业未来一定时期的经营和财务等作出一系列具体计划。预算以战略规划目标为导向，它既是决策的具体化，又是控制经营和财务活动的依据。预算是计划的数字化、表格化、明细化的表达。全面预算体现了预算的全员、全过程、全部门的特征。

一、全面预算的体系

全面预算是由资本预算、经营预算和财务预算等类别的一系列预算构成的体系，各项具体预算之间相互联系、关系复杂。图 18－1 以制造业企业为例，勾画了全面预算体系中各项预算之间的关系。

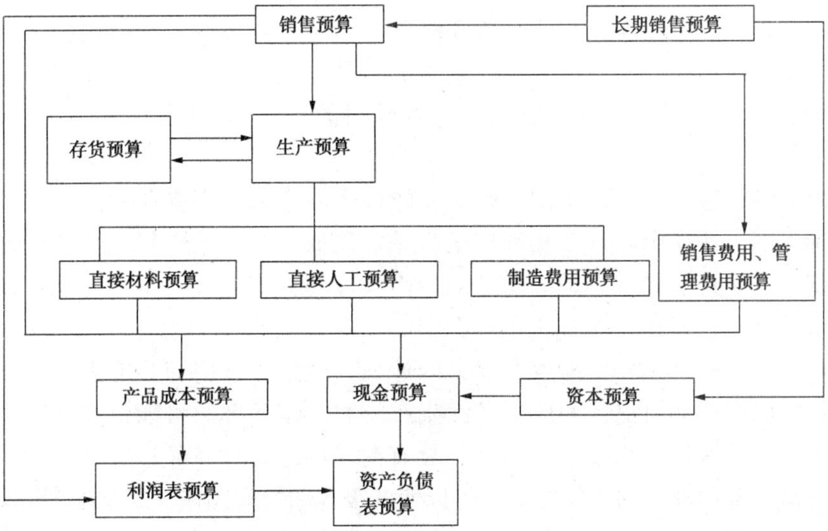

图 18－1　全面预算体系关系图

企业应根据长期市场预测和生产能力，编制长期销售预算，以此为基础，确定本年度的销售预算，并根据企业财力确定资本预算。销售预算是年度预算的编制起点，根据“以销定产”的原则确定生产预算，同时确定所需要的销售费用。生产预算的编制，除了考虑计划销售量外，还要考虑期初存货和期末存货。根据生产预算来确定直接材料、直接人工和制造费用预算。产品成本预算和现金预算是有关预算的汇总。利润表预算和资产负债表预算是全部预算的综合。

全面预算按其涉及的预算期分为长期预算和短期预算。长期预算包括长期销售预算和资本预算，有时还包括长期资本筹措预算和研究与开发预算。短期预算是指年度预算，或者时间更短的季度或月度预算，如直接材料预算、现金预算等。通常，长期和短期的划分以1年为界限，有时把2~3年期的预算称为中期预算。

全面预算按其涉及的内容分为专门预算和综合预算。专门预算是指反映企业某一方面经济活动的预算，如直接材料预算、制造费用预算。综合预算是指资产负债表预算和利润表预算，它反映企业的总体状况，是各种专门预算的综合。

全面预算按其涉及的业务活动领域分为投资预算（如资本预算）、营业预算和财务预算。营业预算或称经营预算，是关于采购、生产、销售业务的预算，包括销售预算、生产预算、成本预算等。财务预算是关于利润、现金和财务状况的预算，包括利润表预算、现金预算和资产负债表预算等。

本章主要讨论营业预算和财务预算。

二、全面预算的作用

企业预算是各级各部门工作的具体奋斗目标、协调工具、控制标准、考核依据，在经营管理中发挥着重大作用。

企业的目标是多重的，不能用唯一的数量指标来表达。企业的主要目标是盈利，但也要考虑社会的其他限制。因此，需要通过预算分门别类、有层次地表达企业的各种目标。企业的总目标，通过预算被分解成各级各部门的具体目标。它们根据预算安排各自的活动，如果各级各部门都完成了自己的具体目标，企业的总目标也就有了保障。预算中规定了企业一定时期的总目标以及各级各部门的子目标，可以动员全体职工为此而奋斗。

企业内部各级各部门必须协调一致，才能最大限度地实现企业的总目标。各级各部门因其职责不同，往往会出现互相冲突的现象。例如，企业的销售、生产、财务等各部门可以分别编出对自己来说是最好的计划，而该计划在其他部门不一定能行得通。销售部门根据市场预测，提出一个庞大的销售计划，生产部门可能没有那么大的生产能力；生产部门可以编制一个充分发挥生产能力的计划，但销售部门却可能无力将这些产品销售出去；销售和生产部门都认为应当扩大生产能力，财务部门可能认为无法筹集到必要的资金。现金预算运用货币度量来表达，具有高度的综合性，经过综合平衡以后，可以体现解决各级各部门冲突的最佳办法，可以使各级各部门的工作在此基础上协调起来。

预算一经确定，就进入了实施阶段，管理工作的重心转入控制过程，即设法使经济活动按计划进行。控制过程包括经济活动状态的计量、实际状态和标准的比较、两者差异的确定和分析，以及采取措施调整经济活动等。预算是控制经济活动的依据和衡量其合理性的标准，当实际状态和预算有了较大差异时，要查明原因并采取措施。

现代化生产是许多共同劳动的过程，不能没有责任制度，而有效的责任制度离不开对工作成绩的考核。通过考核，对每个人的工作进行评价，并据此实行奖惩和人事任免，可以促使人们更好地工作。考核与不考核是大不一样的。当管理人员知道将根据他们的工作实绩来评价其能力并实行奖惩时，他们将会更努力地工作。超过上年或历史最高水平，只能说明有所进步，而不说明这种进步已经达到了应有的程度。由于客观条件的变化，收入减少或成本增加并不一定是管理人员失职造成的，很难依据历史变化趋势说明工作的好坏。当然，考核时也不能只看预算是否被完全执行了，某些偏差可能是有利的，如增加销售费用可能对企业总体有利；反之，年终突击花钱，虽未超过预算，但也不是一种好的现象。

为使预算发挥上述作用，除了要编制一个高质量的预算外，还应制定合理的预算管理制度，包括编制程序、修改预算的办法、预算执行情况的分析方法、调查和奖惩办法等。

三、全面预算的编制程序

全面预算的编制，涉及企业经营管理的各个部门，只有执行人参与预算的编制，才能使预算成为他们自愿努力完成的目标，而不是外界强加于他们的枷锁。

全面预算的编制程序如下：

（1）企业决策机构根据长期规划，利用本量利分析等工具，提出企业一定时期的总目标，并下达规划指标；

（2）最基层成本控制人员自行草编预算，使预算能较为可靠、较为符合实际；

（3）各部门汇总部门预算，并初步协调本部门预算，编制出销售、生产、财务等预算；

（4）预算委员会审查、平衡各预算，汇总出公司的总预算；

（5）经过总经理批准，审议机构通过或者驳回修改预算；

（6）主要预算指标报告给董事会或上级主管单位，讨论通过或者驳回修改；

（7）批准后的预算下达给各部门执行。

第二节　全面预算的编制方法

企业全面预算的构成内容比较复杂，编制预算需要采用适当的方法。常用的预算方法主要包括增量预算法与零基预算法、固定预算法与弹性预算法、定期预算法与滚动预算法，这些方法广泛应用于营业预算的编制。

一、增量预算与零基预算

按出发点的特征不同，营业预算的编制方法可分为增量预算法和零基预算法两大类。

（一）增量预算法

增量预算法又称调整预算法，是指以历史期实际经济活动及其预算为基础，结合预算期经济活动及相关影响因素的变动情况，通过调整历史期经济活动项目及金额形成预算的预算编制方法。

增量预算法的前提条件是：（1）现有的业务活动是企业所必需的；（2）原有的各项业务都是合理的。

增量预算法的缺点是当预算期的情况发生变化时，预算数额会受到基期不合理因素的干扰，可能导致预算的不准确，不利于调动各部门达成预算目标的积极性。

（二）零基预算法

零基预算法，是指企业不以历史期经济活动及其预算为基础，以零为起点，从实际需要出发分析预算期经济活动的合理性，经综合平衡，形成预算的预算编制方法，采用零基预算法在编制费用预算时，不考虑以往期间的费用项目和费用数额，主要根据预算期的需要和可能分析费用项目和费用数额的合理性，综合平衡编制费用预算。运用零基预算法编制费用预算的具体步骤是：

（1）根据企业预算期利润目标、销售目标和生产指标等，分析预算期各项费用项目，并预测费用水平；

（2）拟订预算期各项费用的预算方案，权衡轻重缓急，划分费用支出的等级并排列先后顺序；

（3）根据企业预算期预算费用控制总额目标，按照费用支出等级及顺序，分解落实相应的费用控制目标，编制相应的费用预算。

应用零基预算法编制费用预算的优点是不受前期费用项目和费用水平的制约，能够调动各部门降低费用的积极性，但其缺点是编制工作量大。

零基预算适用于企业各项预算的编制，特别是不经常发生的预算项目或预算编制基础变化较大的预算项目。

二、固定预算与弹性预算

按业务量基础的数量特征的不同，营业预算的编制方法可分为固定预算法和弹性预算法两大类。

（一）固定预算法

固定预算法又称静态预算法，是指在编制预算时，只根据预算期内正常、可实现的某一固定的业务量（如生产量、销售量等）水平作为唯一基础来编制预算的方法。固定预算方法存在适应性差和可比性差的缺点，一般适用于经营业务稳定，生产产品产销量稳定，能准确预测产品需求及产品成本的企业，也可用于编制固定费用预算。

（二）弹性预算法

弹性预算法又称动态预算法，是在成本性态分析的基础上，依据业务量、成本和利润之间的联动关系，按照预算期内相关的业务量（如生产量、销售量、工时等）水平计算其相应预算项目所消耗资源的预算编制方法。

理论上，该方法适用于编制全面预算中所有与业务量有关的预算，但实务中主要用于编制成本费用预算和利润预算，尤其是成本费用预算。

编制弹性预算，要选用一个最能代表生产经营活动水平的业务量计量单位。例如，以手工操作为主的车间，就应选用人工工时；制造单一产品或零件的部门，可以选用实物数量；修理部门可以选用直接修理工时等。

弹性预算法所采用的业务量范围，视企业或部门的业务量变化情况而定，务必使实际业务量不至于超出相关的业务量范围。一般来说，可定在正常生产能力的70%～110%之间，或以历史上最高业务量和最低业务量为其上下限。弹性预算法编制预算的准确性，在很大程度上取决于成本性态分析的可靠性。

与按特定业务量水平编制的固定预算相比，弹性预算有两个显著特点：（1）弹性预算是按一系列业务量水平编制的，从而扩大了预算的适用范围；（2）弹性预算是按成本性态分类列示的，在预算执行中可以计算一定实际业务量的预算成本，以便于预算执行的评价和考核。

运用弹性预算法编制预算的基本步骤是：

（1）选择业务量的计量单位；

（2）确定适用的业务量范围；

（3）逐项研究并确定各项成本和业务量之间的数量关系；

（4）计算各项预算成本，并用一定的方式来表达。

弹性预算法又分为公式法和列表法两种具体方法：

1. 公式法

公式法是运用总成本性态模型，测算预算期的成本费用数额，并编制成本费用预算的方法。根据成本性态，成本与业务量之间的数量关系可用公式表示为：

$y = a + bx$

其中，y表示某项成本预算总额，a表示该项成本中的固定成本预算总额，b表示该项成本中的单位变动成本预算额，x表示预计业务量。

【例18－1】 某企业制造费用中的修理费用与修理工时密切相关。经测算，预算期修理费用中的固定修理费用为3 000元，单位工时的变动修理费用为2元；预计预算期的修理工时为3 500小时。运用公式法，测算预算期的修理费用总额为：3 000＋2×3 500 ＝10 000（元）。

因为任何成本都可用公式“$y = a + bx$”来近似地表示，所以，只要在预算中列示a（固定成本）和b（单位变动成本），便可随时利用公式计算任一业务量（x）的预算成本（y）。

【例18－2】 A企业经过分析得出某种产品的制造费用与人工工时密切相关，采用公式法编制的制造费用预算如表18－1所示。

表18－1 制造费用预算（公式法）

业务量范围	420～660（人工工时）	
费用项目	固定费用（元/每月）	变动费用（元/人工工时）
运输费用		0.20
电力费用		1.00

续表

费用项目	固定费用（元/每月）	变动费用（元/人工工时）
材料费用		0.10
修理费用	85	0.85
油料费用	108	0.20
折旧费用	300	
人工费用	100	
合计	593	2.35
备注	当业务量超过600工时后，修理费中的固定费用将由85元上升为185元	

公式法的优点是便于计算任何业务量的预算成本。但是，阶梯成本和曲线成本只能用数学方法修正为直线，才能应用公式法。必要时，还需在“备注”中说明适用不同业务量范围的固定费用和单位变动费用。

2. 列表法

列表法是在预计的业务量范围内将业务量分为若干个水平，然后按不同的业务量水平编制预算。

应用列表法编制预算，首先要在确定的业务量范围内，划分出若干个不同水平，然后分别计算各项预算值，汇总列入一个预算表格。

【例18-3】 A企业采用列表法编制的20×6年6月制造费用预算如表18-2所示。

表18-2 **制造费用预算**（列表法） 单位：元

业务量（直接人工工时）	420	480	540	600	660
占正常生产能力百分比	70%	80%	90%	100%	110%
变动成本：					
运输费用（$b=0.2$）	84	96	108	120	132
电力费用（$b=1.0$）	420	480	540	600	660
材料费用（$b=0.1$）	42	48	54	60	66
合计	546	624	702	780	858
混合成本：					
修理费用	442	493	544	595	746
油料费用	192	204	216	228	240
合计	634	697	760	823	986
固定成本：					
折旧费用	300	300	300	300	300
人工费用	100	100	100	100	100
合计	400	400	400	400	400
总计	1 580	1 721	1 862	2 003	2 244

列表法的优点是：不管实际业务量多少，不必经过计算即可找到与业务量相近的预算成本；混合成本中的阶梯成本和曲线成本，可按总成本性态模型计算填列，不必用数学方法修正为近似的直线成本。但是，运用列表法编制预算，在评价和考核实际成本时，往往需要使用插补法来计算“实际业务量的预算成本”，比较麻烦。

就表18－2提供的资料来说，如若仅按600小时直接人工工时来编制，就成为固定预算，其总额为2 003元。这种预算只有在实际业务量接近600小时的情况下，才能发挥作用。如果实际业务量与作为预算基础的600小时相差很多，而仍用2 003元去控制和评价成本，显然是不合适的。在表18－2中，分别列示了5种业务量水平的成本预算数据。根据企业情况，也可以按更多的业务量水平来列示。这样，无论实际业务量达到何种水平，都有适用的一套成本数据来发挥控制作用。

如果固定预算法是按600小时编制的，成本总额为2 003元。在实际业务量为500小时的情况下，不能用2 003元去评价实际成本的高低，也不能按业务量变动的比例调整后的预算成本1 669元（2 003×500/600）去考核实际成本，因为并不是所有的成本都一定同业务量成正比例关系。

如果采用弹性预算法，就可以根据各项成本同业务量的不同关系，采用不同方法确定“实际业务量的预算成本”，去评价和考核实际成本。例如，实际业务量为500小时，运输费等各项变动成本可用实际工时数乘以单位业务量变动成本来计算，即变动总成本650元（500×0.2＋500×1＋500×0.1）。固定总成本不随业务量变动，仍为400元。混合成本可用内插法逐项计算：500小时处在480小时和540小时两个水平之间，修理费应该在493～544元之间，设实际业务的预算修理费为x元，则：

$$\frac{500-480}{540-480}=\frac{x-493}{544-493}$$

$$x=510\text{（元）}$$

油料费用在480小时和540小时分别为204元和216元，500小时应为208元。可见：

500小时预算成本＝(0.2＋1＋0.1)×500＋510＋208＋400＝1 768（元）

这样计算出来的预算成本比较符合成本的变动规律。可以用来评价和考核实际成本，比较确切并容易为被考核人所接受。

三、定期预算与滚动预算

按预算期的时间特征不同，营业预算的编制方法可分为定期预算法和滚动预算法两类。

（一）定期预算法

定期预算法是以固定不变的会计期间（如年度、季度、月份）作为预算期间编制预算的方法。采用定期预算法编制预算，保证预算期间与会计期间在时期上配比，便于依据会计报告的数据与预算的比较，考核和评价预算的执行结果。但不利于前后各个期间的预算衔接，不能适应连续不断的业务活动过程的预算管理。

（二）滚动预算法

滚动预算法又称连续预算法或永续预算法，是在上期预算完成情况的基础上，调整和编制下期预算，并将预算期间逐期连续向后滚动推移，使预算期间保持一定的时期跨度。

采用滚动预算法编制预算，按照滚动的时间单位不同可分为逐月滚动、逐季滚动和混合滚动。

1. 逐月滚动方式

逐月滚动方式是指在预算编制过程中，以月份为预算的编制和滚动单位，每个月调整一次预算的方法。

如在 20×1 年 1 月至 12 月的预算执行过程中，需要在 1 月末根据当月预算的执行情况，修订 2 月至 12 月的预算，同时补充下一年 20×2 年 1 月份的预算；到 2 月末可根据当月预算的执行情况，修订 3 月至 20×2 年 1 月的预算，同时补充 20×2 年 2 月份的预算；以此类推。

逐月滚动预算方式示意图如图 18－2 所示。

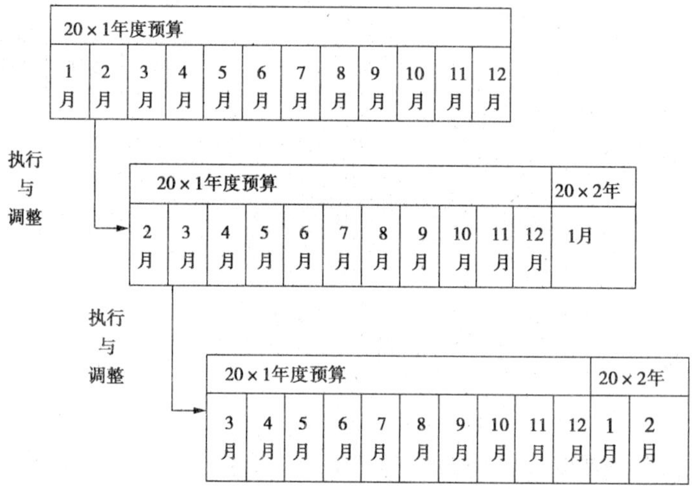

图 18－2　逐月滚动预算方式示意图

按照逐月滚动方式编制的预算比较精确，但工作量较大。

2. 逐季滚动方式

逐季滚动方式是指在预算编制过程中，以季度为预算的编制和滚动单位，每个季度调整一次预算的方法。

逐季滚动编制的预算比逐月滚动的工作量小，但精确度较差。

3. 混合滚动方式

混合滚动方式是指在预算编制过程中，同时以月份和季度作为预算的编制和滚动单位的方法。这种预算方法的理论依据是：人们对未来的了解程度具有对近期的预计把握较大，对远期的预计把握较小的特征。混合滚动预算方式示意图如图 18－3 所示。

运用滚动预算法编制预算，使预算期间依时间顺序向后滚动，能够保持预算的持续性，有利于结合企业近期目标和长期目标考虑未来业务活动；使预算随时间的推进不断加以调整和修订，能使预算与实际情况更相适应，有利于充分发挥预算的指导和控制作用。

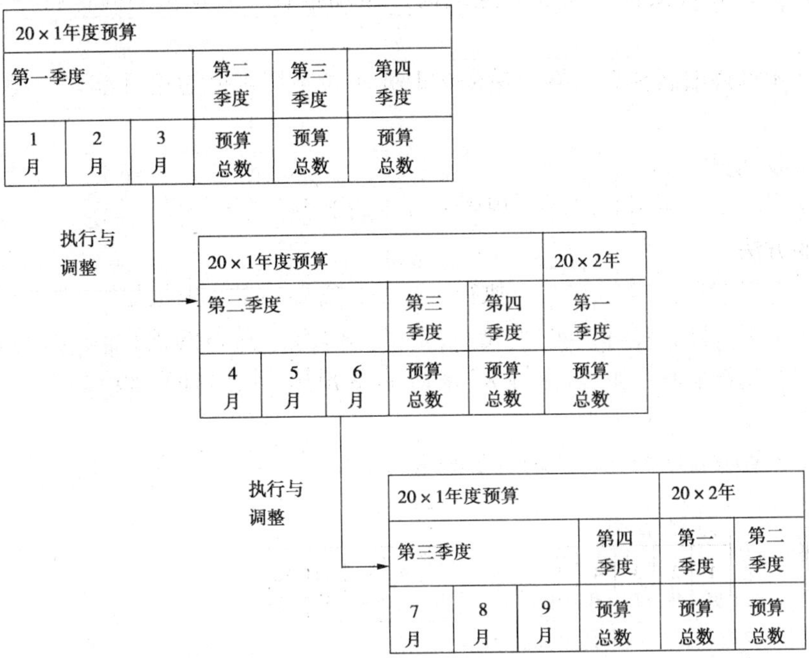

图 18－3　混合滚动预算方式示意图

第三节　营业预算的编制

营业预算是企业日常营业活动的预算，企业的营业活动涉及供产销等各个环节及其业务。营业预算包括销售预算、生产预算、直接材料预算、直接人工预算、制造费用预算、产品成本预算、销售费用预算和管理费用预算等。

一、销售预算

销售预算是整个预算的编制起点，其他预算的编制都以销售预算为基础。表 18－3 是 M 公司的销售预算。

表 18－3　　**销售预算**　　单位：元

季　度	一	二	三	四	全年
预计销售量（件）	100	150	200	180	630
预计单位售价	200	200	200	200	200
销售收入	20 000	30 000	40 000	36 000	126 000
预计现金收入					
上年应收账款	6 200				6 200

续表

季　度	一	二	三	四	全年
第一季度（销货20 000）	12 000	8 000			20 000
第二季度（销货30 000）		18 000	12 000		30 000
第三季度（销货40 000）			24 000	16 000	40 000
第四季度（销货36 000）				21 600	21 600
现金收入合计	18 200	26 000	36 000	37 600	117 800

销售预算的主要内容是销售数量、销售单价和销售收入。销售数量是根据市场预测或销货合同并结合企业生产能力确定的。销售单价是通过定价决策确定的。销售收入是两者的乘积，在销售预算中计算得出。

销售预算通常要分品种、分月份、分季度、分销售区域、分推销员来编制。上例是一个简例，仅划分了季度销售。

销售预算中通常还包括预计现金收入的计算，其目的是为编制现金预算提供必要的资料。第一季度的现金收入包括两部分，即上年应收账款在本年第一季度收到的货款，以及本季度销售中可能收到的货款部分。本例中，假设每季度销售收入中，本季度收到现金60%，另外的40%现金要到下季度才能收到。

二、生产预算

生产预算是在销售预算的基础上编制的，其主要内容有销售量、期初和期末产成品存货、生产量。表18－4是M公司的生产预算。

表18－4　　生产预算　　单位：件

季　度	一	二	三	四	全年
预计销售量	100	150	200	180	630
加：预计期末产成品存货	15	20	18	20	20
合计	115	170	218	200	650
减：预计期初产成品存货	10	15	20	18	10
预计生产量	105	155	198	182	640

通常，企业的生产和销售往往不能做到“同步同量”，因此需要设置一定的产成品存货，以保证能在发生意外需求时按时供货，并可均衡生产，节省赶工的额外支出。期末产成品存货数量通常按下期销售量的一定百分比确定，本例按10%安排期末产成品存货。年初产成品存货是编制预算时预计的，年末产成品存货根据长期销售趋势来确定。本例假设年初有产成品存货10件，年末留存20件。产成品存货预算也可单独编制。

生产预算的“预计销售量”来自销售预算，其他数据在表18－4中计算得出：

预计期末产成品存货＝下季度销售量×10%

预计期初产成品存货＝上季度期末产成品存货

预计生产量 =(预计销售量 + 预计期末产成品存货) - 预计期初产成品存货

生产预算在实际编制时是比较复杂的，产量受到生产能力的限制，产成品存货数量受到仓库容量的限制，只能在此范围内来安排产成品存货数量和各期生产量。此外，有的季度可能销量很大，可以用赶工方法增产，为此要多付加班费。如果提前在淡季生产，会因增加产成品存货而多付资金利息。因此，要权衡两者得失，选择成本最低的决策方案编制生产预算。

三、直接材料预算

直接材料预算，是以生产预算为基础编制的，同时要考虑材料存货水平。

表 18 - 5 是 M 公司的直接材料预算。其主要内容有直接材料的单位产品用量、生产需用量、期初和期末存量等。“预计生产量”的数据来自生产预算，“单位产品材料用量”的数据来自标准成本资料或消耗定额资料，“预计生产需用量”是上述两项的乘积。年初和年末的预计材料存货量，是根据当前情况和长期销售预测估计的。各季度“预计期末材料存量”根据下季度生产需用量的一定百分比确定，本例按 20% 计算。各季度“预计期初材料存量”是上季度的预计期末存货。本例假设年初原材料 300 千克，年末留存 400 千克预计各季度“材料采购量”根据下式计算确定：

预计材料采购量 =(预计生产需用量 + 预计期末材料存量) - 预计期初材料存量

表 18 - 5　　直接材料预算

季度	一	二	三	四	全年
预计生产量（件）	105	155	198	182	640
单位产品材料用量（千克/件）	10	10	10	10	10
预计生产需用量（千克）	1 050	1 550	1 980	1 820	6 400
加：预计期末材料存量（千克）	310	396	364	400	400
合计	1 360	1 946	2 344	2 220	6 800
减：预计期初材料存量（千克）	300	310	396	364	300
预计材料采购量（千克）	1 060	1 636	1 948	1 856	6 500
单价（元/千克）	5	5	5	5	5
预计采购金额（元）	5 300	8 180	9 740	9 280	32 500
预计现金支出					
上年应付账款	2 350				2 350
第一季度（采购 5 300 元）	2 650	2 650			5 300
第二季度（采购 8 180 元）		4 090	4 090		8 180
第三季度（采购 9 740 元）			4 870	4 870	9 740
第四季度（采购 9 280 元）				4 640	4 640
合计	5 000	6 740	8 960	9 510	30 210

为了便于以后编制现金预算，通常要预计材料采购各季度的现金支出。每个季度的

现金支出包括偿还上期应付账款和本期应支付的采购货款。本例假设材料采购的货款有50%在本季度内付清，另外50%在下季度付清。这个百分比是根据经验确定的。如果材料品种很多，需要单独编制材料存货预算。

四、直接人工预算

直接人工预算也是以生产预算为基础编制的。其主要内容有预计产量、单位产品工时、人工总工时、每小时人工成本和人工总成本。“预计产量”数据来自生产预算。单位产品人工工时和每小时人工成本数据，按照标准成本法确定。人工总工时和人工总成本是在直接人工预算中计算出来的。M 公司的直接人工预算如表 18 -6 所示。由于工资都需要使用现金支付，所以，不需另外预计现金支出，可直接汇入现金预算。

表 18 -6　　直接人工预算

季度	一	二	三	四	全年
预计产量（件）	105	155	198	182	640
单位产品工时（小时/件）	10	10	10	10	10
人工总工时（小时）	1 050	1 550	1 980	1 820	6 400
每小时人工成本（元/小时）	2	2	2	2	2
人工总成本（元）	2 100	3 100	3 960	3 640	12 800

五、制造费用预算

制造费用预算通常分为变动制造费用和固定制造费用两部分进行预算。变动制造费用以生产预算为基础来编制。如果有完善的标准成本资料，用单位产品的标准成本与产量相乘，即可得到相应的预算金额。如果没有标准成本资料，就需要逐项预计计划产量需要的各项制造费用。固定制造费用，需要逐项进行预计，通常与本期产量无关，按每季度实际需要的支付额预计，然后求出全年数。表 18 -7 是 M 公司的制造费用预算。

表 18 -7　　制造费用预算　　单位：元

季度	一	二	三	四	全年
变动制造费用：					
间接人工（1 元/件）	105	155	198	182	640
间接材料（1 元/件）	105	155	198	182	640
修理费（2 元/件）	210	310	396	364	1 280
水电费（1 元/件）	105	155	198	182	640
小计	525	775	990	910	3 200
固定制造费用：					
修理费	1 000	1 140	900	900	3 940
折旧	1 000	1 000	1 000	1 000	4 000
管理人员工资	200	200	200	200	800
保险费	75	85	110	190	460

续表

季度	一	二	三	四	全年
财产税	100	100	100	100	400
小计	2 375	2 525	2 310	2 390	9 600
合计	2 900	3 300	3 300	3 300	12 800
减：折旧	1 000	1 000	1 000	1 000	4 000
现金支出的费用	1 900	2 300	2 300	2 300	8 800

为了便于以后编制产品成本预算，需要计算小时费用率。

$$变动制造费用分配率=\frac{3\ 200}{6\ 400}=0.5\ （元/小时）$$

$$固定制造费用分配率=\frac{9\ 600}{6\ 400}=1.5\ （元/小时）$$

为了便于以后编制现金预算，需要预计现金支出。制造费用中，除折旧费外都须支付现金，所以，根据每个季度制造费用数额扣除折旧费后，即可得出“现金支出的费用”。

六、产品成本预算

产品成本预算，是销售预算、生产预算、直接材料预算、直接人工预算、制造费用预算的汇总。其主要内容是产品的单位成本和总成本。单位产品成本的有关数据，来自前述三个预算。生产量、期末存货量来自生产预算，销售量来自销售预算。生产成本、存货成本和销货成本等数据，根据单位成本和有关数据计算得出。表 18－8 是 M 公司的成本预算。

表 18－8　　产品成本预算

项目	单位成本			生产成本（640 件）	期末存货（20 件）	销货成本（630 件）
	元/每千克或每小时	投入量	成本（元）			
直接材料	5	10 千克	50	32 000	1 000	31 500
直接人工	2	10 小时	20	12 800	400	12 600
变动制造费用	0.5	10 小时	5	3 200	100	3 150
固定制造费用	1.5	10 小时	15	9 600	300	9 450
合计			90	57 600	1 800	56 700

* 假设期初存货 10 件，单位成本也为 90 元。

七、销售费用和管理费用预算

销售费用预算，是指为了实现销售预算所需安排的费用预算。它以销售预算为基础，分析销售收入、销售利润和销售费用的关系，力求实现销售费用的最有效使用。在安排销售费用时，要利用本量利分析方法，费用的支出应能获取更多的收益。在草拟销售费用预算时，要对过去的销售费用进行分析，考察过去销售费用支出的必要性和效果。销售费用预算应和销售预算相配合，应有按品种、按地区、按用途的具体预算数额。

表 18－9 是 M 公司的销售及管理费用预算。

表 18－9　　销售费用和管理费用预算　　单位：元

项　目	金　额
销售费用：	
销售人员工资	2 000
广告费	5 500
包装、运输费	3 000
保管费	2 700
管理费用：	
管理人员薪金	4 000
福利费	800
保险费	600
办公费	1 400
合计	20 000
每季度支付现金（20 000 ÷ 4）	5 000

管理费用是企业管理业务所必需的费用。随着企业规模的扩大，企业管理职能日益重要，其费用也相应增加。在编制管理费用预算时，要分析企业的业务成绩和一般经济状况，务必做到费用合理化。管理费用多属于固定成本，所以，一般是以过去的实际开支为基础，按预算期的可预见变化予以调整。管理费用预算必须充分考察每种费用是否必要，以便提高费用的合理性和有效性。

第四节　财务预算的编制

财务预算是企业的综合性预算，包括现金预算、利润表预算和资产负债表预算。

一、现金预算

现金预算由四部分组成：可供使用现金、现金支出、现金多余或不足、现金的筹措和运用，如表 18－10 所示。

表 18－10　　现金预算　　单位：元

季度	一	二	三	四	全年
期初现金余额	8 000	8 200	6 060	6 290	8 000
加：销货现金收入（表 18－3）	18 200	26 000	36 000	37 600	117 800
可供使用现金	26 200	34 200	42 060	43 890	125 800

续表

季度	一	二	三	四	全年
减：各项支出					
直接材料（表 18－5）	5 000	6 740	8 960	9 510	30 210
直接人工（表 18－6）	2 100	3 100	3 960	3 640	12 800
制造费用（表 18－7）	1 900	2 300	2 300	2 300	8 800
销售及管理费用（表 18－9）	5 000	5 000	5 000	5 000	20 000
所得税费用	4 000	4 000	4 000	4 000	16 000
购买设备		10 000			10 000
股利		8 000		8 000	16 000
支出合计	18 000	39 140	24 220	32 450	113 810
现金多余或不足	8 200	（4 940）	17 840	11 440	11 990
向银行借款		11 000			11 000
还银行借款			11 000		11 000
短期借款利息（年利率 10%）			550		550
长期借款利息（年利率 12%）				1 080	1 080
期末现金余额	8 200	6 060	6 290	10 360	10 360

"可供使用现金"部分包括期初现金余额和预算期现金收入，销货取得的现金收入是其主要来源。期初的"现金余额"是在编制预算时预计的，"销货现金收入"的数据来自销售预算，"可供使用现金"是期初余额与本期现金收入之和。

"现金支出"部分包括预算期的各项现金支出。"直接材料""直接人工""制造费用""销售及管理费用"的数据分别来自前述有关预算。此外，还包括所得税费用、购置设备、股利分配等现金支出，有关的数据分别来自另行编制的专门预算。

"现金多余或不足"部分列示可供使用现金与现金支出合计的差额。差额大于最低现金余额，说明现金有多余，可用于偿还过去向银行取得的借款，或者用于短期投资。差额小于最低现金余额，说明现金不足，要向银行取得新的借款。本例中，该企业需要保留的最低现金余额为 6 000 元，不足此数时需要向银行借款。假设银行借款的金额要求是 1 000 元的倍数，那么，第二季度借款额为：

借款额 = 最低现金余额 + 现金不足额

= 6 000 + 4 940

= 10 940

≈ 11 000（元）

第三季度现金多余，可用于偿还借款。一般按"期初借入，期末归还，利随本清"来预计借款利息，故本例借款期为 6 个月，假设年利率为 10%，则应计利息为 550 元：

借款利息 $= 11\ 000 \times 10\% \times \frac{6}{12}$

= 550（元）

此外，还应将长期借款利息纳入预算。本例中，长期借款余额为 9 000 元，年利率为 12%，预计在第四季度支付借款利息 1 080 元。

还款后，仍须保持最低现金余额，否则，只能部分归还借款本金。

现金预算的编制，以各项营业预算和资本预算为基础，它反映各预算期的收入款项和支出款项，并作对比说明。其目的在于现金不足时筹措现金，现金多余时及时处理现金余额，并且提供现金收支的控制限额，发挥现金管理的作用。

二、利润表预算

利润表预算和资产负债表预算是财务管理的重要工具。财务报表预算的作用与实际的财务报表不同。所有企业都要编报实际的年度财务报表，这是有关法规的强制性规定，其主要目的是向报表信息外部使用者提供财务信息。当然，这并不表明常规财务报表对企业经理人员没有价值。财务报表预算主要为企业财务管理服务，是控制企业成本费用、调配现金、实现利润目标的重要手段。

表 18－11 是 M 公司的利润表预算，它是根据上述各有关预算编制的。

表 18－11　　利润表预算　　单位：元

项　　目	金　　额
销售收入（取自表 18－3）	126 000
销货成本（取自表 18－8）	56 700
毛利	69 300
销售费用和管理费用（取自表 18－9）	20 000
借款利息（取自表 18－10）	1 630
利润总额	47 670
所得税费用（取自表 18－10）	16 000
净利润	31 670

其中，“销售收入”项目的数据，取自销售收入预算；“销售成本”项目的数据，取自产品成本预算；“毛利”项目的数据是前两项的差额；“销售费用和管理费用”项目的数据，取自销售费用和管理费用预算；“借款利息”项目的数据，取自现金预算。

另外，“所得税费用”项目是在利润预测时估计的，并已列入现金预算。它通常不是根据“利润总额”和所得税税率计算出来的，因为有诸多纳税调整的事项存在。此外，从预算编制程序上看，如果根据“利润总额”和企业所得税税率重新计算所得税，就需要修改“现金预算”，引起借款计划修订，进而改变“借款利息”，最终又要修改“利润总额”，从而陷入数据的循环修改。

利润表预算与会计的利润表的内容、格式相同，只不过数据是面向预算期的。它是在汇总销售收入、销货成本、销售及管理费用、营业外收支、资本支出等预算的基础上加以编制的。通过编制利润表预算，可以了解企业预期的盈利水平。如果预算利润与最初编制方针中的目标利润有较大的不一致，就需要调整部门预算，设法达到目标，或者经企业领导同意后修改目标利润。

三、资产负债表预算

资产负债表预算反映预算期末的财务状况。该预算是利用本期期初会计的资产负债表，根据有关营业和财务等预算的有关数据加以调整编制的。

表 18－12 是 M 公司的资产负债表预算。大部分项目的数据来源已注明在表中。普通股、长期借款两项指标本年度没有变化。年末“未分配利润”是这样计算的：

期末未分配利润＝期初未分配利润＋本期利润－本期股利

＝16 250＋31 670－16 000

＝31 920（元）

“应收账款”是根据表 18－3 中的第四季度销售额和本期收现率计算的。

表 18－12　　资产负债表预算　　单位：元

资产			负债和权益		
项目	年初	年末	项目	年初	年末
现金（取自表 18－10）	8 000	10 360	应付账款（取自表 18－5）	2 350	4 640
应收账款（取自表 18－3）	6 200	14 400	长期借款	9 000	9 000
直接材料（取自表 18－5）	1 500	2 000	普通股	20 000	20 000
产成品（取自表 18－8）	900	1 800	未分配利润	16 250	31 920
固定资产	31 000	37 000			
资产总额	47 600	65 560	负债和股东权益总额	47 600	65 560

期末应收账款＝本期销售额×(1－本期收现率)

＝36 000×(1－60%)

＝14 400（元）

“应付账款”是根据表 18－5 中的第四季度采购金额和付现率计算的。

期末应付账款＝本期采购金额×(1－本期付现率)

＝9 280×(1－50%)

＝4 640（元）

编制资产负债表预算的目的，在于判断预算反映的财务状况的稳定性和流动性。如果通过资产负债表预算的分析，发现某些财务比率不佳，必要时可修改有关预算，以改善企业未来的财务状况。

第十九章　责任会计

作为现代管理会计的一个重要分支，责任会计是指为适应企业内部经济责任制的要求，对企业内部各责任中心的经济业务进行规划与控制，以实现业绩考核与评价的一种内部会计控制制度。企业组织结构与其责任会计系统存在密切的关系，理想的责任会计系统应反映并支撑企业组织结构。

业绩包括企业业绩、部门业绩和个人业绩三个层面。业绩的三个层面之间是决定与制约的关系：个人业绩水平决定着部门的业绩水平，部门的业绩水平又决定着企业的业绩水平；反过来，企业业绩水平制约着部门的业绩水平，部门的业绩水平也制约着个人的业绩水平。与此相对应，业绩评价层次也可分为企业层面、部门层面和个人层面，本章通过责任会计介绍部门层面的业绩评价，下一章介绍企业层面的业绩评价，责任中心的业绩报告，统一在第二十一章管理会计报告中阐述。

公司实行分权管理体制，必须建立和健全有效的业绩评价和考核制度。公司整体的业绩目标，需要落实到内部各部门和经营单位，成为内部单位业绩评价的依据。根据内部单位职责范围和权限大小，可以将其分为成本中心、收入中心、利润中心和投资中心。由于收入中心比较简单，实务中也不多见，本章主要介绍成本中心、利润中心和投资中心。

第一节　企业组织结构与责任中心划分

一、企业的集权与分权

集权和分权是企业经营管理权限的分配方式。集权是把企业经营管理权限较多集中在企业上层。分权是把企业的经营管理权适当的分散在企业中下层的一种组织形式。

集权和分权虽然可以看作两种不同的组织结构形式，但实际上是上级与下级在权力分配上的比重和协调问题。采取分权的企业有一些决策也是交给上级主管作出的，特别是面对一些不经常发生的和关于企业整体发展的问题时。采取集权的企业也并不表示不让下级参与决策制定。实际上，在集权下，下级在某些事务上也拥有一定的灵活性。

集权的主要优点是便于提高决策效率，对市场作出迅速反应，容易实现目标的一致性，可以避免重复和资源浪费；缺点是容易形成对高层管理者的个人崇拜，形成独裁，导致将来企业高管更替困难，影响企业长远发展。分权的优点是可以让高层管理者将主要精力集中于重要事务，权力下放，可以充分发挥下属的积极性和主动性，增加下属的工作满足感，便于发现和培养人才，下属拥有一定的决策权，可以减少不必要的上下沟通，并可以对下属权限内的事情迅速作出反应；缺点是，可能产生与企业整体目标不一致的委托—代理问题。

二、科层组织结构

科层组织结构中，存在两类管理机构，一类是直线指挥机构，如总部、分部、车间、工段和班组等；一类是参谋职能机构，如研究开发部、人力资源部、财务部、营销部及售后服务部等。与此相对应，存在两类管理人员，一类是直线人员，如总经理、分部经理、车间主任、工段长和班组长等；一类是参谋人员，如人力资源部部长、财务部部长、营销部部长等。前者是主体，后者是辅助，企业生产经营的决策权力主要集中在最高层的直线领导手中。

在这类组织结构中，企业的生产经营活动主要由直线人员统一领导和指挥，他们有权在自己的职责范围内向下级发布命令和指示，并负全面的领导责任。职能部门则设置在直线领导之下，分别从事专业管理，是各级直线领导的参谋部。职能部门所拟定的计划、方案以及有关指示等，均应由直线领导批准后下达执行，职能部门对下级领导者和下属职能部门无权直接下达命令或进行指挥，只能提供建议、咨询以及进行业务指导的作用。

直线职能组织结构的优点是，各个职能部门目标明确，部门主管容易控制和规划。此外，同类专业的员工一起共事，易于相互学习，提高技能。此外，内部资源较为集中，由同一部门员工分享，可减少不必要的重复和浪费。但是，这种结构的缺点是，部门之间的工作协调常会出现困难，导致不同部门各自为政，甚至争夺公司内部资源。因此，整个企业对外在环境的反应会比较迟钝。而且员工较长时间在一个部门工作，往往眼光会变得狭隘，只看到本部门的目标和利益，缺乏整体意识和创新精神。

三、事业部制组织结构

事业部制是一种分权的组织结构。在这种组织结构中，它把分权管理与独立核算结合在一起，在总公司统一领导下，按照产品、地区或者市场（客户）来划分经营单位（即事业部）。各个事业部实行相对独立的经营和核算，具有从生产到销售的全部职能。它是在总公司控制下的利润中心，总公司以各事业部为单位制定利润预算。同时，各个事业部又是产品责任单位和市场责任单位，有自己的产品和独立的市场。事业部制的管理原则则可以概括为三个：集中决策、分散经营、协调控制。

事业部可以按照产品、地区，或者客户等内容划分。按照产品划分事业部是最为常见的形式。譬如，广东美的集团股份有限公司就按照产品划分为家用空调、厨房电器、洗衣机、冰箱、中央空调、生活电器、热水器、环境电器、部品等九大事业部，其中部品事业部主要包括压缩机和微型电机两大产品。国外通用汽车公司、福特汽车公司、日本松下电器公司等，也都是按照产品类别来划分事业部的。大型企业、银行等一般采用按照客户来划分事业部。按照地区来划分事业部是在产品销售区域很广、工厂很分散的情况下采取的一种组织形式。

事业部制的主要特点是：（1）在总公司之下，企业按照产品类别、地区类别或者顾客类别设置生产经营事业部；（2）每个事业部设置各自的执行总经理，每位执行总经理都有权进行采购、生产和销售，对其事业部的生产经营，包括收入、成本和利润的实现负全部责任；（3）总公司在重大问题上集中决策，各个事业部独立经营、独立核算、自负盈亏，是一个利润中心；（4）各个事业部的盈亏直接影响总公司的盈亏，总公司的利润是各个事业部利润之和，总公司对各个事业部下达利润指标，各个事业部必须保证对总公司下达的利润指标的实现。

四、网络组织结构

20 世纪 90 年代以来，以减少企业管理层次、强化分权管理为主要内容的组织形式变革更为强烈。英国电讯公司的管理层次由 12 层减为 6 层，在 1992 年和 1993 年两年中，该公司已经解雇了 900 名高级管理人员和 5 000 名中级管理人员；1994 年 2 月，该公司又宣布裁减 35 名年薪在 5 万—10 万英镑的高级主管。管理学家们预测，21 世纪就业机会消失最多的岗位是中层管理人员的职位，这实质上是组织扁平化趋势的必然结果。

与事业部制相比，这种新的组织模式的组织结构单元和单元之间的关系类似于一个网络，所以这种新企业组织形式称为扁平化网络组织（N 形组织）。从总体上看，它是一个由众多独立的创新经营单位组成的彼此有紧密联系的网络，其主要特点是：

（1）分散性。它不是几个或几十个大的战略经营单位的结合，而是由为数众多的小规模经营单位构成的企业联合体，这些经营单位具有很大的独立性。这种模式减少了基层单位对企业或对总公司在技术、财务和人力等方面的依赖，基层企业的权力和责任大大增强，充分调动和发挥了基层员工的主动性、积极性和创造性。这一特征使管理会计信息不仅为少数高层管理者服务，而且为更广泛的基层管理者服务，为整个企业集团服务。

（2）创新性。这种组织形式的发展所导致的基层企业权力和责任的增大，需要促进基层经理对本单位的经营绩效负责。最高管理层的权力主要集中在驱动创新过程，创新活动已由过去少数高层管理人员推动转变为企业基层人员的重要职责。现代管理会计为企业的创新提供必要的信息支持。

（3）高效性。在这种组织形式下，行政管理和辅助职能部门被精简。基层企业可以自主地根据具体的市场情况组织生产经营活动，快速地对市场作出反应。这一特征要求管理会计更加注重实用性，并在实践中不断学习和修正。

（4）协作性。在这种组织形式下，独立的小规模经营单位的资源是有限的，在生产经营中必须大量依赖与其他单位的广泛合作。这种基层经营单位之间主动的广泛合作，为知识、技能等资源在企业内的转移和企业能力的整合提供了重要渠道。管理会计信息开始“由内而外”，协调和服务于企业集团的整体利益。

第二节 成本中心

一、成本中心的划分和类型

成本中心是指只对其成本或费用承担经济责任并负责控制和报告成本或费用的责任中心。

成本中心往往是没有收入的。例如，一个生产车间，它的产成品或半成品并不由自己出售，没有销售职能，没有货币收入。有的成本中心可能有少量收入，但不成为主要的考核内容。例如，生产车间可能会取得少量外协加工收入，但这不是它的主要职能，不是考核车间的主要内容。一个成本中心可以由若干个更小的成本中心所组成。又如，一个分厂是成本中心，它由几个车间所组成，而每个车间还可以划分为若干个工段，这些工段是更小的成本中心。任何发生成本的责任领域，都可以确定为成本中心，大的成本中心可能是一个分公司，小的成本中心可能是一台卡车和两个司机组成的单位。成本中心的职责，是用一定的成本去完成规定的具体任务。

成本中心有两种类型：标准成本中心和费用中心。

（1）标准成本中心。标准成本中心必须是所生产的产品稳定而明确，并且已经知道单位产品所需要的投入量的责任中心。通常，标准成本中心的典型代表是制造业工厂、车间、工段、班组等。在生产制造活动中，每个产品都可以有明确的原材料、人工和制造费用的数量标准和价格标准。实际上，任何一种重复性的活动都可以建立标准成本中心，只要这种活动能够计量产出的实际数量，并且能够说明投入与产出之间可望达到的函数关系。因此，各种行业都可能建立标准成本中心。银行业根据经手支票的多少，医院根据接受检查或放射治疗的人数，快餐业根据售出的盒饭多少，都可建立标准成本中心。

（2）费用中心。对于那些产出不能用财务指标来衡量，或者投入和产出之间没有密切关系的部门或单位，适于划分为费用中心。这些部门或单位包括财务、人事、劳资、计划等行政管理部门，研究开发部门，销售部门等。这些部门有的产出难以度量，有的投入量与产出量之间没有密切的联系。对于费用中心，唯一可以准确计量的是实际费用，无法通过投入和产出的比较来评价其效果和效率，从而限制无效费用的支出，因此，有人称之为“无限制的费用中心”。

二、成本中心的考核指标

一般而言，标准成本中心的考核指标，是既定产品质量和数量条件下的标准成本。

标准成本中心不需要作出定价决策、产量决策或产品结构决策，这些决策由上级管理部门作出，或授权给销售部门。标准成本中心的设备和技术决策，通常由职能管理部门作出，而不是由成本中心的管理人员自己决定。因此，标准成本中心不对生产能力的利用程度负责，而只对既定产量的投入量承担责任。

值得强调的是，如果标准成本中心的产品没有达到规定的质量，或没有按计划生产，则会对其他单位产生不利的影响。因此，标准成本中心必须按规定的质量、时间标准和计划产量来进行生产。这个要求是“硬性”的，很少有伸缩余地。完不成上述要求，成本中心要受到批评甚至惩罚。过高的产量，提前产出造成积压，超产以后销售不出去，同样会给公司带来损失，也应视为未按计划进行生产。

确定费用中心的考核指标是一件困难的工作。由于缺少度量其产出的标准，并且投入和产出之间的关系不密切，运用传统的财务技术来评估这些中心的业绩非常困难。费用中心的业绩涉及预算、工作质量和服务水平。工作质量和服务水平的量化很困难，并且与费用支出关系密切。这正是费用中心与标准成本中心的主要差别。标准成本中心的产品质量和数量有良好的量化方法，如果能以低于预算水平的实际成本生产出相同的产品，则说明该中心业绩良好。而对于费用中心则不然，一个费用中心的支出没有超过预算，可能该中心的工作质量和服务水平低于计划的要求。

通常，使用费用预算来评价费用中心的控制业绩。由于很难依据一个费用中心的工作质量和服务水平来确定预算数额，一种解决办法是考察同行业类似职能的支出水平。例如，有的公司根据销售收入的一定百分比来制定研究开发费用预算。尽管很难解释为什么研究开发费用与销售额具有某种因果关系，但是百分比法还是使人们能够在同行业之间进行比较。另外一个解决办法是零基预算法，即详尽分析支出的必要性及其取得的效果，确定预算标准。还有许多公司依据历史经验来编制费用预算。这种方法虽然简单，但缺点也十分明显。管理人员为在将来获得较多的预算，倾向于把能花的钱全部花掉。越是勤俭度日的管理人员，将越容易面临严峻的预算压力。预算的有利差异只能说明比过去少花了钱，既不表明达到了应有的节约程度，也不说明成本控制取得了应有的效果。因此，依据历史实际费用数额来编制预算并不是个好办法。从根本上说，决定费用中心预算水平有赖于了解情况的专业人员的判断。上级主管人员应信任费用中心的经理，并与他们密切配合，通过协商确定适当的预算水平。在考核预算完成情况时，要利用有经验的专业人员对该费用中心的工作质量和服务水平作出有根据的判断，才能对费用中心的控制业绩作出客观评价。

三、责任成本

责任成本是以具体的责任单位（部门、单位或个人）为对象，以其承担的责任为范围所归集的成本，也就是特定责任中心的全部可控成本。

可控成本是指在特定时期内、特定责任中心能够直接控制其发生的成本。所谓可控成本通常应符合以下三个条件：（1）成本中心有办法知道将发生什么样性质的耗费；（2）成本中心有办法计量它的耗费；（3）成本中心有办法控制并调节它的耗费。凡不符合上述三个条件的，即为不可控成本。可控成本总是针对特定责任中心来说的。一项成本，对某个责任中心来说是可控的，对另外的责任中心来说则是不可控的。例如，耗用材料的进货成本，采购部门可以控制，使用材料的生产单位则不能控制。有些成本，对于下级单位来说是不可控的，而对于上级单位来说则是可控的。例如，车间主任不能控制自己的工资（尽管它通常要计入车间成本），而他的上级则可以控制。

区分可控成本和不可控成本，还要考虑成本发生的时间范围。一般来说，在消耗或支付的当期成本是可控的，一旦消耗或支付就不再可控。有些成本是以前决策的结果，如折旧费、租赁费等，在添置设备和签订租约时曾经是可控的，而使用设备或执行契约时已无法控制。

从整个公司的空间范围和很长的时间范围来观察，所有成本都是人的某种决策或行为的结果，都是可控的。但是，对于特定的人或时间来说，则有些是可控的，有些是不可控的。

需要进一步明确，可控成本与直接成本、变动成本是不同的概念。

直接成本和间接成本的划分依据，是成本的可追溯性。可追溯到个别产品或部门的成本是直接成本；由几个产品或部门共同引起的成本是间接成本。对生产的基层单位来说，大多数直接材料和直接人工是可控制的，但也有部分是不可控的。例如，工长的工资可能是直接成本，但工长无法改变自己的工资，对他来说该成本是不可控的。最基层单位无法控制大多数的间接成本，但有一部分是可控的。例如，机物料的消耗可能是间接计入产品的，但机器操作工却可以控制它。

变动成本和固定成本的划分依据，是成本依产量的变动性。随产量正比例变动的成本，称为变动成本。在一定幅度内不随产量变动而基本上保持不变的成本，称为固定成本。对生产单位来说，大多数变动成本是可控的，但也有部分不可控。例如，按产量和实际成本分摊的工艺装备费是变动成本，但使用工艺装备的生产车间未必能控制其成本的多少，因为产量是上级的指令，其实际成本是制造工艺装备的辅助车间控制的。固定成本和不可控成本也不能等同，与产量无关的广告费、科研开发费、教育培训费等酌量性固定成本都是可控的。

责任成本计算、变动（边际）成本计算和制造成本各自计算方法的主要区别有：第一，成本计算的目的不同：计算产品的制造成本是为了确定产品存货成本和销货成本；计算产品的变动成本是为了经营决策；计算责任成本是为了评价成本控制业绩。第二，成本计算对象不同：变动成本计算和制造成本计算以产品为成本计算的对象；责任成本以责任中心为成本计算的对象。第三，成本的范围不同：制造成本计算的范围是全部制造成本，包括直接材料、直接人工和全部制造费用；变动成本计算的范围是变动成本，包括直接材料、直接人工和变动制造费用，还包括变动的销售费用和管理费用；责任成本计算的范围是各责任中心的可控成本。第四，共同费用在成本对象间分摊的原则不同：制造成本计算按受益原则归集和分摊费用，谁受益谁承担，要分摊全部的制造费用；变动成本计算只分摊变动制造费用，不分摊固定制造费用；责任成本法按可控原则把成本归属于不同责任中心，谁能控制谁负责，不仅可控的变动间接费用要分配给责任中心，可控的固定间接费用也要分配给责任中心。责任成本法是介于完全成本法和变动成本法之间的一种成本方法，有人称之为“局部吸收成本法”或“变动成本和吸收成本法结合的成本方法”。

责任成本与标准成本、目标成本既有区别又有密切关系。标准成本和目标成本主要强调事先的成本计算，而责任成本重点是事后的计算、评价和考核，是责任会计的重要内容之一。标准成本在制定时是分产品进行的，事后对差异进行分析时才判别责任归属。目标成本管理要求在事先规定目标时就考虑责任归属，并按责任归属收集和处理实际数据。不管使用目标成本还是标准成本作为控制依据，事后的评价与考核都要求核算责任成本。

计算责任成本的关键是判别每一项成本费用支出的责任归属。

1. 判别成本费用支出责任归属的原则

通常，可以按以下原则确定责任中心的可控成本：

（1）假如某责任中心通过自己的行动能有效地影响一项成本的数额，那么该中心就要对这项成本负责。

（2）假如某责任中心有权决定是否使用某种资产或劳务，它就应对这些资产或劳务的成本负责。

（3）某管理人员虽然不直接决定某项成本，但是上级要求他参与有关事项，从而对该项成本的支出施加了重要影响，则他对该成本也要承担责任。

2. 制造费用的归属和分摊方法

将发生的直接材料和人工费用归属于不同的责任中心通常比较容易，而制造费用的归属则比较困难。为此，需要仔细研究各项消耗和责任中心的因果关系，采用不同的分配方法。一般是依次按下述五个步骤来处理：

（1）直接计入责任中心。将可以直接判别责任归属的费用项目，直接列入应负责的成本中心。例如，机物料消耗、低值易耗品的领用等，在发生时可判别耗用的成本中心，不需要采用其他标准进行分配。

（2）按责任基础分配。对不能直接归属于个别责任中心的费用，优先采用责任基础分配。有些费用虽然不能直接归属于特定成本中心，但它们的数额受成本中心的控制，能找到合理依据来分配，如动力费、维修费等。如果成本中心能自己控制使用量，可以根据其用量来分配。分配时要使用固定的内部结算价格，防止供应部门的责任向使用部门转嫁。

（3）按受益基础分配。有些费用不是专门属于某个责任中心的，也不宜用责任基础分配，但与各中心的受益多少有关，可按受益基础分配，如按装机功率分配电费等。

（4）归入某一个特定的责任中心。有些费用既不能用责任基础分配，也不能用受益基础分配，则考虑有无可能将其归属于一个特定的责任中心。例如，车间的运输费用和试验检验费用，难以分配到生产班组，不如建立专门的成本中心，由其控制此项成本，不向各班组分配。

（5）不能归属于任何责任中心的固定成本，不进行分摊。例如，车间厂房的折旧是以前决策的结果，短期内无法改变，可暂时不加控制，作为不可控费用。

第三节 利润中心

一、利润中心划分和类型

成本中心的决策权力是有限的。标准成本中心的管理人员可以决定投入，但产品的品种和数量往往要由其他人员来决定。费用中心为本公司提供服务或进行某一方面的管理。收入中心负责分配和销售产品，但不控制产品的生产。当某个责任中心被同时赋予生产和销售职能时，该中心的自主权就会显著地增加，管理人员能够决定生产什么、如何生产、产品质量的水平、价格的高低、销售的办法以及生产资源如何在不同产品之间进行分配等。这种责任中心出现在大型分散式经营的组织中，小公司很难或不必采用分散式组织结构，如果大公司采用集权式管理组织结构，也不会使下级具有如此广泛的决策权。这种具有几乎全部经营决策权的责任中心，可以被确定为利润中心或投资中心。

利润中心是指对利润负责的责任中心。由于利润等于收入减去成本或费用，所以利润中心是对收入成本或费用都要承担责任的责任中心。

利润中心有两种类型：一种是自然的利润中心，它直接向公司外部出售产品，在市场上进行购销业务。例如，某些公司采用事业部制，每个事业部均有销售、生产、采购的职能，有很大的独立性，这些事业部就是自然的利润中心。另一种是人为的利润中心，它主要在公司内部按照内部转移价格出售产品。例如，大型钢铁公司分成采矿、炼铁、炼钢、轧钢等几个部门，这些生产部门的产品主要在公司内部转移，它们只有少量对外销售，或者全部对外销售由专门的销售机构完成，这些生产部门可视为利润中心，并称为人为的利润中心。再如，公司内部的辅助部门，包括修理、供电、供水、供气等部门，可以按固定的价格向生产部门收费，它们也可以确定为人为的利润中心。

通常，利润中心被看成是一个可以用利润衡量其一定时期业绩的组织单位。但是，并不是可以计量利润的组织单位都是真正意义上的利润中心。利润中心组织的真正目的是激励下级制定有利于整个公司的决策并努力工作。仅仅规定一个组织单位的产品价格并把投入的成本归集到该单位，并不能使该组织单位具有自主权或独立性。从根本目的上来看，利润中心是指管理人员有权对其供货的来源和市场的选择进行决策的单位。一般来说，利润中心要向顾客销售其大部分产品，并且可以自由地选择大多数材料、商品和服务等项目的来源。根据这一定义，尽管某些公司也采用利润指标来计算各生产部门的经营成果，但这些部门不一定就是利润中心。把不具有广泛权力的生产或销售部门定为利润中心，并用利润指标去评价它们的业绩，往往会引起内部冲突或次优化，对加强管理反而是有害的。

二、利润中心的考核指标

对利润中心进行考核的指标主要是利润。诚然，任何一个单独的业绩衡量指标都不能够反映出某个组织单位的所有经济效果，利润指标也是如此。因此，尽管利润指标具有综合性，利润计算具有强制性和较好的规范化程度，但仍然需要一些非货币的衡量方法作为补充，包括生产率、市场地位、产品质量、职工态度、社会责任、短期目标和长期目标的平衡等。

在计量一个利润中心的利润时，需要解决两个问题：第一，选择一个利润指标，分配成本到该中心；第二，为在利润中心之间转移的产品或劳务规定价格。这里先讨论第一个问题，后一个问题将单独讨论。

利润并不是一个十分具体的概念，在这个名词前边加上不同的定语，可以得出不同的具体利润指标。在评价利润中心业绩时，至少有三种选择：部门边际贡献、部门可控边际贡献、部门税前经营利润。具体计算公式如下：

部门边际贡献 = 部门销售收入 − 部门变动成本总额

部门可控边际贡献 = 部门边际贡献 − 部门可控固定成本

部门税前经营利润 = 部门可控边际贡献 − 部门不可控固定成本

【例 19－1】 某公司一个生产部门的有关数据如表 19－1 所示。

表 19－1　　某公司某部门有关数据表　　单位：元

项　　目	成本费用	收　　益
部门销售收入		15 000
部门销货成本	8 000	
部门变动费用	2 000	
（1）部门边际贡献		5 000
部门可控固定成本	800	
（2）部门可控边际贡献		4 200
部门不可控固定成本	1 200	
（3）部门税前经营利润		3 000

以边际贡献[①] 5 000 元作为业绩评价依据不够全面。部门经理至少可以控制某些固定成本，并且在固定成本和变动成本的划分上有一定选择余地。以边际贡献为评价依据，可能导致部门经理尽可能多地支出固定成本以减少变动成本支出，尽管这样做并不能降低总成本。因此，业绩评价时至少应包括可控制的固定成本。

以可控边际贡献 4 200 元作为业绩评价依据可能是最佳选择，因之反映了部门经理在其权限和控制范围内有效使用资源的能力。部门经理可控制收入以及变动成本和部分固

① 为使表述简洁，本部分相关术语在正文讨论时省略“部门”二字。下同。

定成本，因而可以对可控边际贡献承担责任。这一衡量标准的主要问题是可控固定成本和不可控固定成本的区分比较困难。譬如，折旧费用、保险费用等，如果部门经理有权处置与此相关的资产，那么，它们就是可控的；反之，则是不可控的。又如，职工的工资水平通常是由公司集中决定的，如果部门经理有权决定本部门聘用多少职工，那么，工资费用是其可控成本；如果部门经理既不能决定工资水平，又不能决定职工人数，则工资费用是不可控成本。

以税前经营利润 3 000 元作为业绩评价依据，可能更适合评价该部门对公司利润和管理费用的贡献，而不适合于部门经理的评价。如果要决定该部门的取舍，可控边际贡献是有重要意义的信息。如果要评价部门经理的业绩，因为有一部分固定成本是过去最高管理层投资决策的结果，现在的部门经理已很难改变，故税前经营利润超出了经理人员的控制范围。

有的公司将总部的管理费用分配给各部门。公司总部的管理费用是部门经理无法控制的成本，由于分配公司管理费用而引起部门利润的不利变化，不能由部门经理负责。不仅如此，分配给各部门的管理费用的计算方法常常是任意的，部门本身的活动和分配来的管理费用高低并无因果关系。普遍采用的销售百分比、资产百分比等，会使其他部门分配基数的变化影响本部门分配管理费用的数额。许多公司把所有的总部管理费用分配给下属部门，意在提醒部门经理注意各部门提供的营业利润必须抵补总部的管理费用，否则公司作为一个整体就不会盈利。其实，通过给每个部门建立一个期望能达到的可控边际贡献标准，可以更好地达到上述目的。这样，部门经理可集中精力增加收入并降低可控成本，而不必在分析那些他们不可控的分配来的管理费用上花费精力。

三、内部转移价格

内部转移价格，是指企业内部分公司、分厂、车间、分部等责任中心之间相互提供产品（或服务）、资金等内部交易时所采用的计价标准。

分散经营的组织单位之间相互提供产品或劳务时，需要制定一个内部转移价格。转移价格对于提供产品或劳务的生产部门来说表示收入，对于使用这些产品或劳务的购买部门来说则表示成本。因此，转移价格会影响到这两个部门的获利水平，使得部门经理非常关心转移价格的制定，并经常引起争论。

制定转移价格的目的有两个：一是防止成本转移带来的部门间责任转嫁，使每个利润中心都能作为单独的组织单位进行业绩评价；二是作为一种价格机制引导下级部门采取明智的决策。生产部门据此确定提供产品的数量，购买部门据此确定所需要的产品数量。但是，这两个目的往往有矛盾。能够满足评价部门业绩的转移价格，可能引导部门经理采取并非对公司最优的决策；而能够正确引导部门经理的转移价格，可能使某个部门获利水平很高而另一个部门亏损。我们很难找到理想的转移价格来兼顾业绩评价和制定决策，而只能根据公司的具体情况选择基本满意的解决办法。

可以考虑的转移价格有以下几种：

1. 价格型内部转移价格

价格型内部转移价格，是指以市场价格为基础、由成本和毛利构成的内部转移价格，一般适用于内部利润中心。

责任中心提供的产品（或服务）经常外销且外销比例较大的，或提供的产品（或服务）有外部活跃市场可靠报价的，可以外销价格或活跃市场报价作为内部转移价格。

责任中心一般不对外销售且外部市场没有可靠报价的产品（或服务），或企业管理层和有关各方认为不需要频繁变动价格的，可参照外部市场或预测价格制定模拟市场价作为内部转移价格。

责任中心没有外部市场但企业出于管理需要设置为模拟利润中心的，可在生产成本基础上加一定比例毛利作为内部转移价格。

2. 成本型内部转移价格

成本型内部转移价格是指以标准成本等相对稳定的成本数据为基础制定的内部转移价格，一般适用于内部成本中心。

3. 协商型内部转移价格

协商型内部转移价格是指企业内部供求双方为使双方利益相对均衡，通过协商机制制定的内部转移价格，主要适用于分权程度较高的企业。协商价格的取值范围通常较宽，一般不高于市场价，不低于变动成本。

第四节 投资中心

一、投资中心的划分

投资中心是指某些分散经营的单位或部门，其经理所拥有的自主权不仅包括制定价格、确定产品和生产方法等经营决策权，而且还包括投资规模和投资类型等投资决策权。投资中心的经理不仅能控制除公司分摊管理费用外的全部成本和收入，而且能控制占用的资产，因此，对于投资中心不仅要衡量其利润，而且要衡量其资产的投资报酬率。

二、投资中心的考核指标

由于所得税是根据整个企业的收益确定的，与部门的业绩评价没有直接关系，因此通常使用税前经营利润和税前投资报酬率。

投资中心业绩的考核指标通常有以下两种：

1. 投资报酬率

这是最常见的考核投资中心业绩的指标。这里所说的投资报酬率是部门税前经营利润除以该部门所拥有的净经营资产。

部门投资报酬率 = 部门税前经营利润 ÷ 部门平均净经营资产

【例 19-2】 某公司有 A 和 B 两个部门，有关数据如表 19-2 所示。

表 19-2 某公司 A、B 部门相关数据 单位：元

项目	A 部门	B 部门
部门税前经营利润	108 000	90 000
所得税（税率 25%）	27 000	22 500
部门税后经营净利润	81 000	67 500
部门平均经营资产	900 000	600 000
部门平均经营负债	50 000	40 000
部门平均净经营资产（部门平均净投资资本）	850 000	560 000

A 部门投资报酬率 = 108 000 ÷ 850 000 = 12.71%

B 部门投资报酬率 = 90 000 ÷ 560 000 = 16.07%

用部门投资报酬率来评价投资中心业绩有许多优点：它是根据现有的会计资料计算的，比较客观，可用于部门之间以及不同行业之间的比较。部门投资报酬率可以分解为投资周转率和部门经营利润率两者的乘积，并可进一步分解为资产的明细项目和收支的明细项目，从而对整个部门的经营状况作出评价。

部门投资报酬率指标的不足也十分明显：部门经理会产生“次优化”行为。具体来讲，部门会放弃高于公司要求的报酬率而低于目前部门投资报酬率的机会，或者减少现有的投资报酬率较低但高于公司要求的报酬率的某些资产，使部门的业绩获得较好评价，但却损害了公司整体利益。

假设［例 19-2］中，公司要求的税前投资报酬率为 11%。B 部门经理面临一个税前投资报酬率为 13% 的投资机会，投资额为 100 000 元，每年部门税前经营利润 13 000 元。尽管对整个公司来说，由于投资报酬率高于公司要求的报酬率，应当利用这个投资机会，但却使该部门的投资报酬率由过去的 16.07% 下降到 15.61%。

$$\text{投资报酬率} = \frac{90\ 000 + 13\ 000}{560\ 000 + 100\ 000} \times 100\% = 15.61\%$$

同样道理，当情况与此相反，假设该 B 部门现有一项资产价值 50 000 元，每年税前获利 6 500 元，税前投资报酬率为 13%，超过了公司要求的报酬率，B 部门经理却愿意放弃该项资产，以提高部门的投资报酬率：

$$\text{投资报酬率} = \frac{90\ 000 - 6\ 500}{560\ 000 - 50\ 000} \times 100\% = 16.37\%$$

当使用投资报酬率作为业绩评价标准时，部门经理可以通过加大公式分子或减少公式的分母来提高这个比率。实际上，减少分母更容易实现。这样做，会失去可以扩大股东财富的机会。从引导部门经理采取与公司总体利益一致的决策来看，投资报酬率并不是一个很好的指标。

2. 剩余收益

作为业绩评价指标，它的主要优点是与增加股东财富的目标一致。为了克服由于使用比率来衡量部门业绩带来的次优化问题，许多公司采用绝对数指标来实现利润与投资之间的联系，这就是剩余收益。

部门剩余收益 = 部门税前经营利润 - 部门平均净经营资产应计报酬

= 部门税前经营利润 - 部门平均净经营资产 × 要求的税前投资报酬率

剩余收益的主要优点是可以使业绩评价与公司的目标协调一致，引导部门经理采纳高于公司资本成本的决策。

续［例 19 - 2］，假设 A 部门要求的税前投资报酬率为 10%，B 部门的风险较大，要求的税前投资报酬率为 12%。

A 部门剩余收益 = 108 000 - 850 000 × 10% = 23 000（元）

B 部门剩余收益 = 90 000 - 560 000 × 12% = 22 800（元）

B 部门经理如果采纳前面提到的投资机会（税前投资报酬率为 13%，投资额 100 000 元，每年税前获利 13 000 元），可以增加部门剩余收益：

采纳投资方案后剩余收益 = (90 000 + 13 000) - (560 000 + 100 000) × 12% = 23 800（元）

B 部门经理如果采纳前面提到的减少一项现有资产的方案（价值 50 000 元，每年税前获利 6 500 元，税前投资报酬率为 13%），会减少部门剩余收益：

采纳减资方案后剩余收益 = (90 000 - 6 500) - (560 000 - 50 000) × 12% = 22 300（元）

因此，B 部门经理会采纳投资方案而放弃减资方案，与公司总目标一致。

采用剩余收益指标还有一个好处，就是允许使用不同的风险调整资本成本。从现代财务理论来看，不同的投资有不同的风险，要求按风险程度调整其资本成本。因此，不同行业部门的资本成本不同，甚至同一部门的资产也属于不同的风险类型。例如，现金、短期应收款和长期资本投资的风险有很大区别，要求有不同的资本成本。在使用剩余收益指标时，可以对不同部门或者不同资产规定不同的资本成本百分数，使剩余收益这个指标更加灵活。

剩余收益指标的不足在于不便于不同规模的公司和部门的业绩比较。剩余收益指标是一个绝对数指标，不便于不同规模的公司和部门的比较，由此使其有用性下降。较大规模的公司即使运行效率较低，也能比规模较小的公司获得较大的剩余收益。规模大的部门容易获得较大的剩余收益，而它们的投资报酬率并不一定很高。另一个不足在于它依赖于会计数据的质量。剩余收益的计算要使用会计数据，包括净利润、投资的账面价值等。如果会计信息的质量低劣，也会导致低质量的剩余收益和业绩评价。

如果对三大责任中心的特征进行归纳总结，见表 19 - 3 所示。

表 19 - 3　　三大责任中心特征对比表

项目	应用范围	权利	考核范围	考核指标
成本中心	最广	可控成本的控制权	可控的成本、费用	标准成本中心：既定产品质量和数量条件下的标准成本 费用中心：费用预算

续表

项目	应用范围	权利	考核范围	考核指标
利润中心	较窄	有权对其供货的来源和市场的选择进行决策（经营决策权）	成本（费用）、收入、利润	部门边际贡献 部门可控边际贡献 部门税前经营利润
投资中心	最小	经营决策权、投资决策权	成本（费用）、收入、利润、投资效果（率）	部门投资报酬率 部门剩余收益

第二十章　业绩评价

第一节　财务业绩评价与非财务业绩评价

一、财务业绩评价的优点与缺点

财务业绩评价是根据财务信息来评价管理者业绩的方法，常见的财务评价指标包括净利润、资产报酬率、经济增加值（EVA）等。在责任会计中，各类责任中心的业绩评价指标所采用的基本上都是财务业绩评价指标。作为一种传统的评价方法，财务业绩一方面可以反映企业的综合经营成果，同时也容易从会计系统中获得相应的数据，操作简便，易于理解，因此被广泛使用。但财务业绩评价也有其不足之处。首先，财务业绩体现的是企业当期的财务成果，反映的是企业的短期业绩，无法反映管理者在企业的长期业绩改善方面所作的努力。其次，财务业绩是一种结果导向，即只注重最终的财务结果，而对达成该结果的改善过程则欠考虑。最后，财务业绩通过会计程序产生的会计数据进行考核，而会计数据则是根据公认的会计原则产生的，受到稳健性原则有偏估计的影响，因此可能无法公允地反映管理层的真正业绩。

二、非财务业绩评价的优点与缺点

非财务业绩评价，是指根据非财务信息指标来评价管理者业绩的方法。比如与顾客相关的指标：市场份额、关键客户订货量、顾客满意度、顾客忠诚度等。与企业内部营运相关的指标：及时送货率、存货周转率、产品或服务质量（缺陷率）、周转时间等。反映员工学习与成长的指标：员工满意度、员工建议次数、员工拥有并熟练使用电脑比率、员工第二专长人数、员工流动率等。非财务业绩评价的优点是可以避免财务业绩评价只侧重过去、比较短视的不足；非财务业绩评价更体现长远业绩，更体现外部对企业的整体评价。非财务业绩评价的缺点是一些关键的非财务业绩指标往往比较主观，数据的收集比较困难，评价指标数据的可靠性难以保证。

第二节 关键绩效指标法

关键绩效指标（key performance indicator，以下简称 KPI）法是被各类企业广泛应用的一种绩效管理方法。财政部财会〔2017〕24 号文印发的《管理会计应用指引第 601 号——关键绩效指标法》，对关键绩效指标法的含义、应用和优缺点进行了阐述。

一、关键绩效指标法的含义

关键绩效指标法，是指基于企业战略目标，通过建立关键绩效指标体系，将价值创造活动与战略规划目标有效联系，并据此进行绩效管理的方法。关键绩效指标，是对企业绩效产生关键影响力的指标，是通过对企业战略目标、关键成果领域的绩效特征分析，识别和提炼出的最能有效驱动企业价值创造的指标。关键绩效指标法可以单独使用，也可以与经济增加值法、平衡计分卡等其他方法结合使用。关键绩效指标法的应用对象可以是企业，也可以是企业所属的单位（部门）和员工。

二、关键绩效指标法的应用

企业应用关键绩效指标法，一般包括如下程序：制定以关键绩效指标为核心的绩效计划、制定激励计划、执行绩效计划与激励计划、实施绩效评价与激励、编制绩效评价报告与激励管理报告等。其中，与其他业绩评价方法的关键不同是制定和实施以关键绩效指标为核心的绩效计划。

制定绩效计划包括构建关键绩效指标体系、分配指标权重、确定绩效目标值等。

1. 构建关键绩效指标体系

对于一个企业，可以分三个层次来制定关键绩效指标体系。

第一，企业级关键绩效指标。企业应根据战略目标，结合价值创造模式，综合考虑企业内外部经营环境等因素，设定企业级关键绩效指标。

第二，所属单位（部门）级关键绩效指标。根据企业级关键绩效指标，结合所属单位（部门）关键业务流程，按照上下结合、分级编制、逐级分解的程序，在沟通反馈的基础上，设定所属单位（部门）级关键绩效指标。

第三，岗位（员工）级关键绩效指标。根据所属单位（部门）级关键绩效指标，结合员工岗位职责和关键工作价值贡献，设定岗位（员工）级关键绩效指标。

企业的关键绩效指标一般可分为结果类和动因类两类指标。结果类指标是反映企业绩效的价值指标，主要包括投资报酬率、权益净利率、经济增加值、息税前利润、自由现金流量等综合指标；动因类指标是反映企业价值关键驱动因素的指标，主要包括资本性支出、单位生产成本、产量、销量、客户满意度、员工满意度等。

关键绩效指标应含义明确、可度量、与战略目标高度相关。指标的数量不宜过多，每一层级关键绩效指标一般不超过 10 个。

2. 设定关键绩效指标权重

关键绩效指标的权重分配应以企业战略目标为导向，反映被评价对象对企业价值贡献或支持的程度，以及各指标之间的重要性水平。单项关键绩效指标权重一般设定在5%—30%之间，对特别重要的指标可适当提高权重。对特别关键、影响企业整体价值的指标可设立“一票否决”制度，即如果某项关键绩效指标未完成，无论其他指标是否完成，均视为未完成绩效目标。

3. 设定关键绩效指标目标值

企业确定关键绩效指标目标值，一般参考如下标准：一是参考国家有关部门或权威机构发布的行业标准或参考竞争对手标准，比如国务院国资委考核分配局编制并每年更新出版的《企业绩效评价标准值》；二是参照企业内部标准，包括企业战略目标、年度生产经营计划目标、年度预算目标、历年指标水平等；三是如果不能按照前面两种方法确定的，可以根据企业历史经验值确定。

三、关键绩效指标法的优点和缺点

关键绩效指标法的主要优点是：一是使企业业绩评价与企业战略目标密切相关，有利于企业战略目标的实现；二是通过识别价值创造模式把握关键价值驱动因素，能够更有效地实现企业价值增值目标；三是评价指标数量相对较少，易于理解和使用，实施成本相对较低，有利于推广实施。

关键绩效指标法的主要缺点是：关键绩效指标的选取需要透彻理解企业价值创造模式和战略目标，有效识别企业核心业务流程和关键价值驱动因素，指标体系设计不当将导致错误的价值导向和管理缺失。

第三节　经济增加值

剩余收益概念出现以后，陆续衍生出各种不同版本的用于业绩评价的指标，其中最引人注目的是经济增加值。经济增加值（economic value added，简称EVA）是美国思腾思特（Stern Stewart）管理咨询公司开发并于20世纪90年代中后期推广的一种价值评价指标。国务院国有资产监督管理委员会从2010年开始对中央企业负责人实行经济增加值考核并不断完善，2019年3月1日发布了第40号令，要求于2019年4月1日开始施行《中央企业负责人经营业绩考核办法》（以下简称《考核办法》[①]）。财政部于2017年9月29日发布了《管理会计应用指引第602号——经济增加值法》（以下简称《应用指引》）。

① 因国资委尚未出台与《考核办法》配套的经济增加值考核细则。本书关于国资委经济增加值指标的介绍，仍参考《中央企业负责人经营业绩考核暂行办法》（国资委令第30号，2012年12月29日，以下简称《暂行办法》）中的经济增加值考核细则。

一、经济增加值的概念

经济增加值（EVA）指从税后净营业利润扣除全部投入资本的成本后的剩余收益。经济增加值及其改善值是全面评价经营者有效使用资本和为企业创造价值的重要指标。经济增加值为正，表明经营者在为企业创造价值；经济增加值为负，表明经营者在损毁企业价值。

经济增加值 = 税后净营业利润①－平均资本占用×加权平均资本成本

其中：税后净营业利润衡量的是企业的经营盈利情况；平均资本占用反映的是企业持续投入的各种债务资本和股权资本；加权平均资本成本反映的是企业各种资本的平均成本率。

经济增加值与剩余收益有两点不同：一是在计算经济增加值时，需要对会计数据进行一系列调整，包括税后净营业利润和资本占用。二是需要根据资本市场的机会成本计算资本成本，以实现经济增加值与资本市场的衔接；而剩余收益根据投资要求的报酬率计算，该投资报酬率可以根据管理的要求作出不同选择，带有一定主观性。

尽管经济增加值的定义很简单，但它的实际计算却较为复杂。为了计算经济增加值，需要解决经营利润、资本成本和所使用资本数额的计量问题。不同的解决办法，形成了不同的经济增加值。

（一）基本经济增加值

基本经济增加值是根据未经调整的经营利润和总资产计算的经济增加值。

基本经济增加值 = 税后净营业利润－报表总资产×加权平均资本成本

基本经济增加值的计算很容易。但是，由于“经营利润”和“总资产”是按照会计准则计算的，它们歪曲了公司的真实业绩。不过，对于会计利润来说是个进步，因为它承认了股权资金的成本。

（二）披露的经济增加值

披露的经济增加值是利用公开会计数据进行调整计算出来的。这种调整是根据公布的财务报表及其附注中的数据进行的。据说它可以解释公司市场价值变动的50%。

典型的调整包括：（1）对于研究与开发费用，会计作为费用立即将其从利润中扣除，经济增加值要求将其作为投资并在一个合理的期限内摊销。（2）对于战略性投资，会计将投资的利息（或部分利息）计入当期财务费用，经济增加值要求将其在一个专门账户中资本化并在开始生产时逐步摊销。（3）对于为建立品牌、进入新市场或扩大市场份额发生的费用，会计作为费用立即从利润中扣除，经济增加值要求把争取客户的营销费用资本化并在适当的期限内摊销。（4）对于折旧费用，会计大多使用直线折旧法处理，经济增加值要求对某些大量使用长期设备的公司，按照更接近经济现实的“沉淀资金折旧法”处理。这是一种类似租赁资产的费用分摊方法，在前几年折旧较少，而后几年由于技术老化和物理损耗同时发挥作用需提取较多折旧。

---

① 本节为兼顾我国国资委《暂行办法》和财政部《应用指引》的相关规定，以“税后净营业利润”进行表述，其含义与本教材第二章介绍的管理用财务报表体系中的“税后经营净利润”相同。

（三）特殊的经济增加值

为了使经济增加值适合特定公司内部的业绩管理，还需要进行特殊的调整。这种调整要使用公司内部的有关数据，调整后的数值称为“特殊的经济增加值”。它是特定公司根据自身情况定义的经济增加值。它涉及公司的组织结构、业务组合、经营战略和会计政策，以便在简单和精确之间实现最佳的平衡。简单是指比较容易计算和理解，精确是指能够准确反映真正的经济利润。这是一种“量身定做”的经济增加值计算办法。这些调整项目都是“可控制”的项目即通过自身努力可以改变数额的项目。调整结果使得经济增加值更接近公司的内在价值。

（四）真实的经济增加值

真实的经济增加值是公司经济利润最正确和最准确的度量指标。它要对会计数据作出所有必要的调整，并对公司中每一个经营单位都使用不同的更准确的资本成本。

计算披露的经济增加值和特殊的经济增加值时，通常对公司内部所有经营单位使用统一的资本成本。例如，可口可乐公司用12%作为全球业务的统一的资本成本。这样可以避免什么是正确的资本成本的争论。当然，也有例外情况，就是各经营单位的资本成本大相径庭的场合。例如，传统业务部门和新兴业务部门风险差别巨大时，需要使用不同的资本成本。

真实的经济增加值要求对每一个经营单位使用不同的资本成本，以便更准确的计算部门的经济增加值。

从公司整体业绩评价来看，基本经济增加值和披露经济增加值是最有意义的。公司外部人员无法计算特殊的经济增加值和真实的经济增加值，他们缺少计算所需要的数据。斯特恩—斯图尔特公司在其公布的“市场增加值/经济增加值排名”中就使用了“披露的经济增加值”定义。

续［例19-2］，假设加权平均税前资本成本为11%，并假设没有需要调整的项目，计算A、B两部门的经济增加值。

（1）A部门经济增加值＝81 000－850 000×11%×（1－25%）＝10 875（元）

B部门经济增加值＝67 500－560 000×11%×（1－25%）＝21 300（元）

（2）B部门经理如果采纳前面提到的投资机会（投资额100 000元，每年税前获利13 000元，税前投资报酬率为13%），计算B部门经济增加值。

B部门采纳投资方案后经济增加值＝（90 000＋13 000）×（1－25%）－（560 000＋100 000）×11%×（1－25%）＝22 800（元）

由于经济增加值提高，因此B部门经理会接受该项目。

（3）B部门经理如果采纳前面提到的减少一项现有资产的方案（投资额50 000元，每年税前获利6 500元，税前投资报酬率为13%），计算B部门经济增加值。

采纳减资方案后经济增加值＝（90 000－6 500）×（1－25%）－（560 000－50 000）×11%×（1－25%）＝20 550（元）

因此，B部门经理会采纳投资方案而放弃减资方案，与公司总目标一致。

经济增加值和剩余收益都与投资报酬率相联系。剩余收益业绩评价旨在设定部门投资的最低报酬率，防止部门利益伤害整体利益；而经济增加值旨在使经理人员赚取超过资本成本的报酬，促进股东财富最大化。

经济增加值与剩余收益有区别。部门剩余收益通常使用部门税前经营利润和要求的税前投资报酬率计算，而部门经济增加值使用部门税后净营业利润和税后加权平均资本成本计算。当税金是重要因素时，经济增加值比剩余收益可以更好地反映部门盈利能力。如果税金与部门业绩无关时，经济增加值与剩余收益的效果相同，只是计算更复杂。由于经济增加值与公司的实际资本成本相联系，因此是基于资本市场的计算方法，资本市场上权益成本和债务成本变动时，公司要随之调整加权平均资本成本。计算剩余收益使用的部门要求的报酬率，主要考虑管理要求以及部门个别风险的高低。

二、简化的经济增加值的衡量

下面简要介绍我国国资委《暂行办法》中关于经济增加值的相关规定。

（一）经济增加值的定义及计算公式

经济增加值是指企业税后净营业利润减去资本成本后的余额。

经济增加值 = 税后净营业利润 − 资本成本 = 税后净营业利润 − 调整后资本 × 平均资本成本率

税后净营业利润 = 净利润 + (利息支出 + 研究开发费用调整项) × (1 − 25%)

企业通过变卖主业优质资产等取得的非经常性收益在税后净营业利润中全额扣除。

调整后资本 = 平均所有者权益 + 平均负债合计 − 平均无息流动负债 − 平均在建工程

（二）会计调整项目说明

（1）利息支出是指企业财务报表中“财务费用”项下的“利息支出”。

（2）研究开发费用调整项是指企业财务报表中“管理费用”项下的“研究与开发费”和当期确认为无形资产的研究开发支出。对于勘探投入费用较大的企业，经国资委认定后，将其成本费用情况表中的“勘探费用”视同研究开发费用调整项按照一定比例（原则上不超过50%）予以加回。

（3）无息流动负债是指企业财务报表中“应付票据”“应付账款”“预收款项”“应交税费”“应付利息”“应付职工薪酬”“应付股利”“其他应付款”和“其他流动负债（不含其他带息流动负债）”；对于“专项应付款”和“特种储备基金”，可视同无息流动负债扣除。

（4）在建工程是指企业财务报表中的符合主业规定的“在建工程”。

（三）资本成本率的确定

（1）中央企业资本成本率原则上定为5.5%。

（2）对军工等资产通用性较差的企业，资本成本率定为4.1%。

（3）资产负债率在75%以上的工业企业和80%以上的非工业企业，资本成本率上浮0.5个百分点。

（四）其他重大调整事项

发生下列情形之一，对企业经济增加值考核产生重大影响的，国资委酌情予以调整：

（1）重大政策变化。

（2）严重自然灾害等不可抗力因素。

（3）企业重组、上市及会计准则调整等不可比因素。

（4）国资委认可的企业结构调整等其他事项。

［例20－1］ A公司是一家中央企业上市公司，采用经济增加值（EVA）业绩考核办法进行业绩计量和评价，有关资料如下：

（1）2018年A公司的净利润为9.6亿元，利息支出为26亿元，研究与开发费用为1.8亿元，当期确认为无形资产的研究与开发支出为1.2亿元，非经常性损益调整为6.4亿元。

（2）2018年A公司的年末所有者权益为600亿元，年初所有者权益为550亿元，年末负债为850亿元，年初负债为780亿元，年末无息流动负债为250亿元，年初无息流动负债为150亿元，年末在建工程180亿元，年初在建工程200亿元。

（3）A公司的平均资本成本率为5.5%。

计算A公司2018年的经济增加值（EVA）

根据上述资料，

（1）计算税后净营业利润

税后净营业利润＝净利润＋（利息支出＋研究开发费用调整项－非经常性损益调整项×50%）×（1－25%）

研究开发费用调整项＝研究与开发费用＋当期确认为无形资产的研究与开发支出
＝1.8＋1.2＝3（亿元）

非经常性损益调整项＝6.4亿元

税后净营业利润＝9.6＋(26＋3－6.4×50%)×(1－25%)＝28.95（亿元）

（2）计算资本调整

调整后的资本＝平均所有者权益＋平均负债合计－平均无息流动负债
－平均在建工程

平均所有者权益＝(600＋550)/2＝575（亿元）

平均负债合计＝(850＋780)/2＝815（亿元）

平均无息流动负债＝(150＋250)/2＝200（亿元）

平均在建工程＝(180＋200)/2＝190（亿元）

调整后的资本成本＝575＋815－200－190＝1 000（亿元）

（3）经济增加值计算

EVA＝税后净营业利润－调整后资本×平均资本成本率

EVA＝28.95－1 000×5.5%＝－26.05（亿元）

三、经济增加值评价的优点和缺点

（一）经济增加值评价的优点

经济增加值考虑了所有资本的成本，更真实地反映了企业的价值创造能力；实现了企业利益，经营者利益和员工利益的统一，激励经营者和所有员工为企业创造更多价值；能有效遏制企业盲目扩张规模以追求利润总量和增长率的倾向，引导企业注重价值创造。

经济增加值不仅仅是一种业绩评价指标，它还是一种全面财务管理和薪酬激励框架。经济增加值的吸引力主要在于它把资本预算、业绩评价和激励报酬结合起来了。过去，人们使用净现值和内部报酬率评价资本预算，用权益资本报酬率或每股收益评价公司业绩，用另外的一些效益指标作为发放奖金的依据。经理人员在决策时，常常要考虑一堆乱七八糟、相互矛盾或互不联系的财务指标。经理们的奖金计划不断变更，使他们无所适从，只好糊里糊涂应付眼前事变。以经济增加值为依据的管理，其经营目标是经济增加值，资本预算的决策基础是以适当折现率折现的经济增加值，衡量生产经营效益的指标是经济增加值，奖金根据适当的目标单位经济增加值来确定。这种管理变得简单、直接、统一与和谐。经济增加值框架下的综合财务管理系统，可以指导公司的每一个决策，包括营业预算、年度资本预算、战略规划、公司收购和公司出售，等等。经济增加值是一种培训员工、甚至培训公司最普通员工的简单而有效的方法。经济增加值是一个独特的薪金激励制度的关键变量。它第一次真正把管理者的利益和股东利益统一起来，使管理者像股东那样思维和行动。经济增加值是一种治理公司的内部控制制度。在这种控制制度下，所有员工可以协同工作，积极地追求最好的业绩。

在经济增加值的框架下，公司可以向投资人宣传他们的目标和成就，投资人也可以用经济增加值选择最有前景的公司。经济增加值还是股票分析家手中的一个强有力的工具。

（二）经济增加值评价的缺点

首先，EVA 仅对企业当期或未来 1 ~3 年价值创造情况进行衡量和预判，无法衡量企业长远发展战略的价值创造情况；其次，EVA 计算主要基于财务指标，无法对企业的营运效率与效果进行综合评价；再次，不同行业、不同发展阶段、不同规模等的企业，其会计调整项和加权平均资本成本各不相同，计算比较复杂，影响指标的可比性。

此外，由于经济增加值是绝对数指标，不便于比较不同规模公司的业绩。

经济增加值也有许多和投资报酬率一样误导使用人的缺点，例如处于成长阶段的公司经济增加值较少，而处于衰退阶段的公司经济增加值可能较高。

在计算经济增加值时，对于净收益应作哪些调整以及资本成本的确定等，尚存在许多争议。这些争议不利于建立一个统一的规范。而缺乏统一性的业绩评价指标，只能在一个公司的历史分析以及内部评价中使用。

第四节 平衡计分卡

平衡计分卡，是指基于企业战略，从财务、客户、内部业务流程、学习与成长四个维度，将战略目标逐层分解转化为具体的、相互平衡的绩效指标体系，并据此进行绩效管理的方法。平衡计分卡打破了传统的只注重财务指标的业绩评价模式，认为传统的财务指标属于滞后性指标，对于指导和评价企业如何通过投资于客户、供应商、雇员、生产程序、技术和创新等来创造未来的价值是不够的。因而需要在传统财务指标的基础上，增加用于评估企业未来投资价值好坏的具有前瞻性的先行指标。另外，《财富》杂志指出，事实上只有不到10%的企业战略被有效地执行，真正的问题不是战略不好，而是执行能力不够，至少70%的原因归诸战略执行的失败，而非战略本身的错误。战略执行失败的原因是由沟通障碍、管理障碍、资源障碍和人员障碍造成的。为了解决有效的业绩评价问题和成功实施战略的问题，平衡计分卡应运而生，它是由哈佛商学院教授卡普兰（Robert S. Kaplan）和诺顿（David P. Norton）倡导和提出的，目前形成了平衡计分卡、战略核心组织和战略地图三大成果。

一、平衡计分卡框架

平衡计分卡通过将财务指标与非财务指标相结合，将企业的业绩评价同企业战略发展联系起来，设计出了一套能使企业高管迅速且全面了解企业经营状况的指标体系，用来表达企业进行战略性发展所必须达到的目标，把任务和决策转化成目标和指标。平衡计分卡的目标和指标来源于企业的愿景和战略，这些目标和指标从四个维度来考察企业的业绩，即财务、顾客、内部业务流程、学习与成长，这四个维度组成了平衡计分卡的框架（见图20－1）。

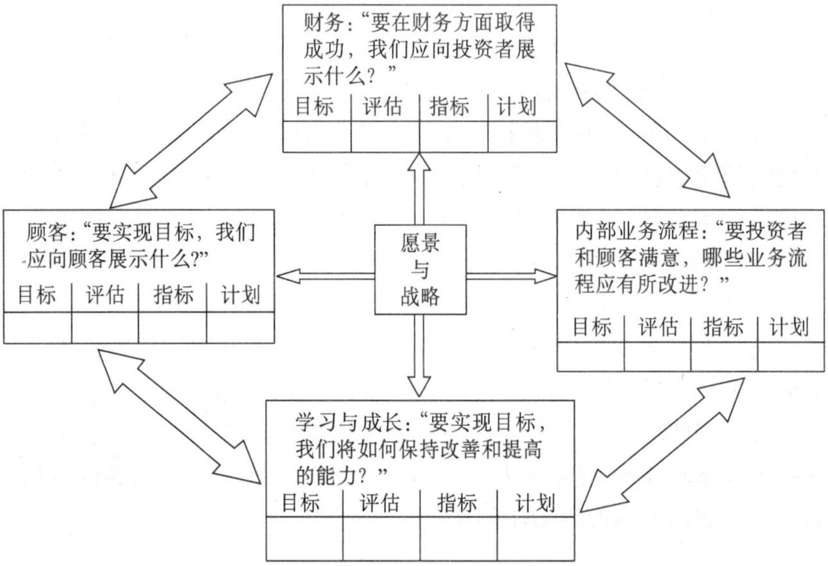

图20－1 化战略为行动的平衡计分卡框架

（一）财务维度

其目标是解决"股东如何看待我们?"这一类问题。表明企业的努力是否最终对企业的经济收益产生了积极的作用。众所周知，现代企业财务管理目标是企业价值最大化，而对企业价值目标的计量是离不开相关财务指标的。财务维度指标通常包括投资报酬率、权益净利率、经济增加值、息税前利润、自由现金流量、资产负债率、总资产周转率等。

（二）顾客维度

这一维度回答"顾客如何看待我们"的问题。顾客是企业之本，是现代企业的利润来源。顾客感受理应成为企业关注的焦点，应当从时间、质量、服务效率以及成本等方面了解市场份额、顾客需求和顾客满意程度。常用的顾客维度指标有市场份额、客户满意度、客户获得率、客户保持率、客户获利率、战略客户数量等。

（三）内部业务流程维度

着眼于企业的核心竞争力，解决“我们的优势是什么”的问题。企业要想按时向顾客交货，满足现在和未来顾客的需要，必须以优化企业的内部业务流程为前提。因此，企业应当遴选出那些对顾客满意度有最大影响的业务流程，明确自身的核心竞争能力，并把它们转化成具体的测评指标。反映内部业务流程维度的常用指标有交货及时率、生产负荷率、产品合格率、存货周转率、单位生产成本等。

（四）学习和成长维度

其目标是解决“我们是否能继续提高并创造价值”的问题。只有持续不断地开发新产品，为客户创造更多价值并提高经营效率，企业才能打入新市场，才能赢得顾客的满意，从而增加股东价值。企业的学习与成长来自于员工、信息系统和企业程序等。根据经营环境和利润增长点的差异，企业可以确定不同的产品创新、过程创新和生产水平提高指标，如新产品开发周期、员工满意度、员工保持率、员工生产率、培训计划完成率等。

传统的业绩评价系统仅仅将指标提供给管理者，无论财务的还是非财务的，很少看到彼此间的关联以及对企业最终目标的影响。但是，平衡计分卡则不同，它的各个组成部分是以一种集成的方式来设计的，公司现在的努力与未来的前景之间存在着一种“因果”关系，在企业目标与业绩指标之间存在着一条“因果关系链”。从平衡计分卡中，管理者能够看到并分析影响企业整体目标的各种关键因素，而不单单是短期的财务结果。它有助于管理者对整个业务活动的发展过程始终保持关注，并确保现在的实际经营业绩与公司的长期战略保持一致。

根据这四个不同的角度，平衡计分卡中的“平衡”包括外部评价指标（如股东和客户对企业的评价）和内部评价指标（如内部经营过程、新技术学习等）的平衡；成果评价指标（如利润、市场占有率等）和导致成果出现的驱动因素评价指标（如新产品投资开发等）的平衡；财务评价指标（如利润等）和非财务评价指标（如员工忠诚度、客户满意程度等）的平衡；短期评价指标（如利润指标等）和长期评价指标（如员工培训成本、研发费用等）的平衡。

二、平衡计分卡与企业战略管理

战略管理是企业管理的高级阶段，立足于企业的长远发展，根据外部环境及自身特点，围绕战略目标，采取独特的竞争战略，以求取得竞争优势。平衡计分卡则是突破了传统业绩评价系统的局限性，在战略高度评价企业的经营业绩，把一整套财务与非财务指标同企业的战略联系在一起，是进行战略管理的基础。建立平衡计分卡，明确企业的愿景目标，就能协助管理人员建立一个得到大家广泛认同的愿景和战略，并将这些愿景和战略转化为一系列相互联系的衡量指标，确保企业各个层面了解长期战略，驱使各级部门采取有利于实现愿景和战略的行动，将部门、个人目标同长期战略相联系。

（一）平衡计分卡和战略管理的关系

平衡计分卡和战略管理的关系可以由图 20 - 2 表示。

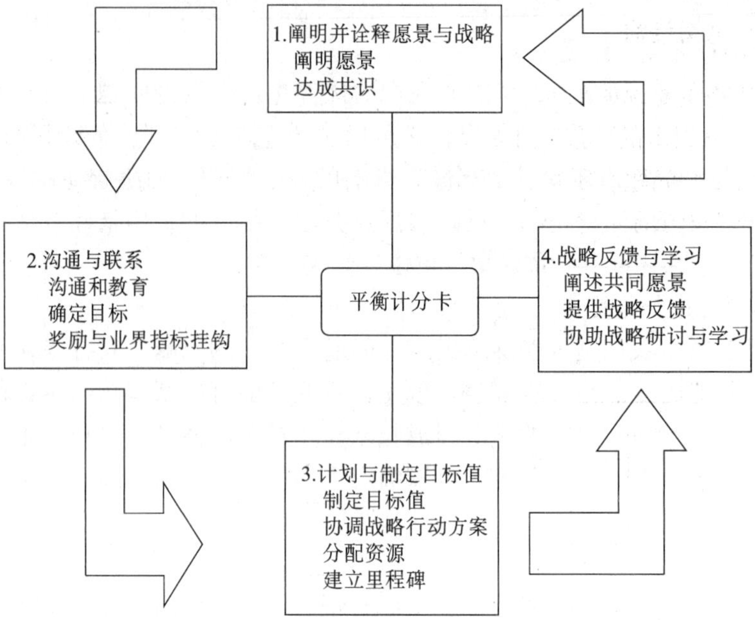

图 20－2　平衡计分卡与战略管理之间的关系

一方面，战略规划中所制定的目标是平衡计分卡考核的一个基准；另一方面，平衡计分卡又是一个有效的战略执行系统，它通过引入图 20－2 里的四个程序（说明愿景、沟通与联系、业务规划、反馈与学习），使得管理者能够把长期行为与短期行为联系在一起，具体的程序包括：

（1）阐释并诠释愿景与战略。所谓愿景，可以简单理解为企业所要达到的远期目标。有效地说明愿景，可以使其成为企业所有成员的共同理想和目标，从而有助于管理人员就企业的使命和战略达成共识，这样才能成为描述取得成功的长期因素。

（2）沟通与联系。它使得管理人员在企业中对战略上下沟通，并将它与部门及个人目标联系起来。

（3）计划与制定目标值。它使企业能够实现业务计划和财务计划一体化。

（4）战略反馈与学习。它使得企业以一个组织的形式获得战略型学习与改进的能力。

（二）平衡计分卡的要求

为了使平衡计分卡同企业战略更好地结合，必须做到以下几点：

（1）平衡计分卡的四个方面应互为因果，最终结果是实现企业的战略。一个有效的平衡计分卡，绝对不仅仅是业绩衡量指标的结合，而且各个指标之间应该互相联系、互相补充，围绕企业战略所建立的因果关系链，应当贯穿于平衡计分卡的四个方面。

（2）平衡计分卡中不能只有具体的业绩衡量指标，还应包括这些具体衡量指标的驱动因素。否则无法说明怎样行动才能实现这些目标，也不能及时显示战略是否顺利实施。一套出色的平衡计分卡应该是把企业的战略结果同驱动因素结合起来。

（3）平衡计分卡应该最终和财务指标联系起来，因为企业的最终目标是实现良好的经济利润。平衡计分卡必须强调经营成果，这关系到企业未来的生存与发展。

三、战略地图架构

组织的战略主要说明如何设法为其股东、顾客创造出价值。因此，如果组织的无形资产代表了75%以上的价值，那么，有关战略的形成以至执行就必须很明确地针对无形资产的动员与整合问题有所交代。图20－3所示的战略地图，为战略如何连接无形资产与价值创造的流程提供了一个架构。

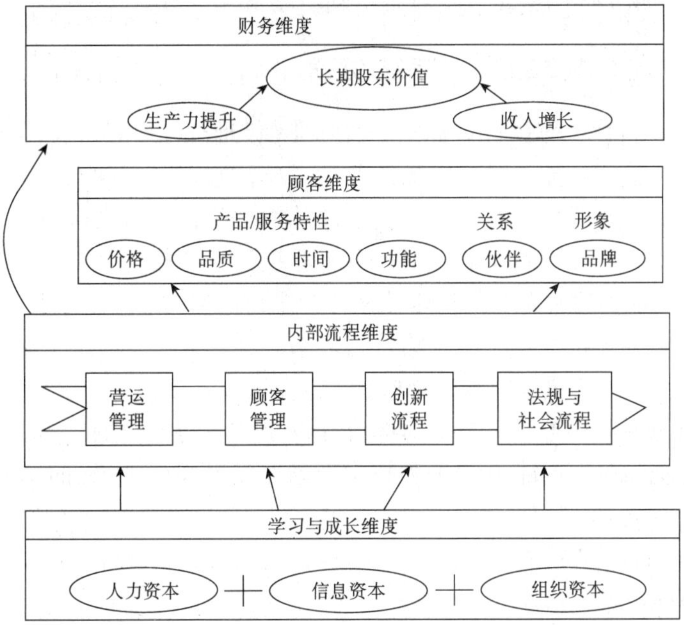

图20－3　战略地图架构

（一）财务维度：长短期对立力量的战略平衡

战略地图之所以保留了财务层面，是因为它们是企业的最终目标。财务绩效的衡量结果，代表了企业战略贯彻实施对公司营运数字改善的贡献高低。财务方面的目标通常都与获利能力的衡量相关。公司财务绩效的改善，主要是收入的增长与生产力的提升两种基本途径。

（二）顾客维度：战略本是基于差异化的价值主张

企业采取追求收入增长的战略，必须在顾客层面中选定价值主张。此价值主张说明了企业如何针对其目标顾客群创造出具有差异化而又可持续长久的价值。

基本上，所有的组织都希望能就常见的顾客衡量指标（如顾客满意度等）加以改进，但仅仅满足和维系顾客还称不上是战略。战略应该要标明特定的顾客群，作为企业成长和获利的标的。例如，美国的西南航空公司就是采用低价战略，满足并维系对价格非常敏感的顾客群。在公司确实了解目标顾客群的身份特性之后，就可根据所提出的价值主张来确定目标与衡量项目。价值主张界定了公司打算针对目标顾客群所提供的产品、价格、服务以及形象的独特组合。因此，价值主张应能达到宣扬公司如何优于竞争者，或者显著不同于竞争者的目的。

（三）内部流程维度：价值是由内部流程创造的

内部流程完成了组织战略的两个重要部分：针对顾客的价值主张加以生产与交货；为财务层面中的生产力要件进行流程改善与成本降低的作业，内部流程由营运管理流程、顾客管理流程、创新管理流程和法规与社会流程四个流程组成。

（四）学习与成长维度：无形资产的战略性整合

战略地图的学习与成长层面，主要说明组织的无形资产及它们在战略中扮演的角色。我们将无形资产归纳为人力资本、信息资本和组织资本三类。

四、平衡计分卡与传统业绩评价系统的区别

（1）从“制定目标——执行目标——实际业绩与目标值差异的计算与分析——采取纠正措施”的目标管理系统来看，传统的业绩考核注重对员工执行过程的控制，平衡计分卡则强调目标制订的环节。平衡计分卡方法认为，目标制订的前提应当是员工有能力为达成目标而采取必要的行动方案，因此设定业绩评价指标的目的不在于控制员工的行为，而在于使员工能够理解企业的战略使命并为之付出努力。

（2）传统的业绩评价与企业的战略执行脱节。平衡计分卡把企业战略和业绩管理系统联系起来，是企业战略执行的基础架构。

（3）平衡计分卡在财务、客户、内部流程以及学习与成长四个方面建立公司的战略目标。用来表达企业在生产能力竞争和技术革新竞争环境中所必须达到的、多样的、相互联系的目标。

（4）平衡计分卡帮助公司及时考评战略执行的情况，根据需要（每月或每季度）适时调整战略、目标和考核指标。

（5）平衡计分卡能够帮助公司有效地建立跨部门团队合作，促进内部管理过程的顺利进行。

五、平衡计分卡应用简例

联想集团运用平衡计分卡实施公司战略。平衡计分卡帮助联想集团把战略和愿景放在其变化和管理过程中，通过清楚定义战略，进行组织沟通并将其与变化驱动因素联系起来，构建“以战略为核心的开放性闭环组织结构”，使财务、客户、内部流程和学习与成长四因素互动互联，浑然一体，保持了财务指标和非财务指标之间的平衡、长期目标与短期目标之间的平衡、内部衡量与外部衡量之间的平衡、原因指标与结果指标之间的平衡、管理业绩与经营业绩之间的平衡，通过设计公司整体层面平衡计分卡、部门层面平衡计分卡和员工个人平衡计分卡，层层落实，上下联动，推动了公司战略目标的实现。

六、平衡计分卡的优点和缺点

（一）平衡计分卡的优点

1. 战略目标逐层分解并转化为被评价对象的绩效指标和行动方案，使整个组织行动协调一致；

2. 从财务、客户、内部业务流程、学习与成长四个维度确定绩效指标，使绩效评价更为全面完整；

3. 将学习与成长作为一个维度，注重员工的发展要求和组织资本、信息资本等无形资产的开发利用，有利于增强企业可持续发展的动力。

（二）平衡计分卡的缺点

1. 专业技术要求高，工作量比较大，操作难度也较大，需要持续地沟通和反馈，实施比较复杂，实施成本高；

2. 各指标权重在不同层级及各层级不同指标之间的分配比较困难，且部分非财务指标的量化工作难以落实；

3. 系统性强，涉及面广，需要专业人员的指导、企业全员的参与和长期持续地修正完善，对信息系统、管理能力的要求较高。

第二十一章　管理会计报告

管理会计报告是运用管理会计方法，根据财务和业务的基础信息加工整理形成的，满足企业价值管理需要或非营利组织目标管理需要的对内报告。管理会计报告与一般对外财务报告相比较，有四个特征：第一，管理会计报告没有统一的格式和规范，根据企业（或组织）内部的管理需要来提供。相对于报告形式，更注重报告实质内容；第二，管理会计报告遵循问题导向。根据企业（或组织）内部需要解决的具体管理问题来组织、编制、审批、报送和使用；第三，管理会计报告提供的信息不仅仅包括财务信息，也包括非财务信息；不仅仅包括内部信息，也可能包括外部信息；不仅仅包括结果信息，也可以包括过程信息，更应包括剖析原因、提出改进意见和建议的信息；第四，管理会计报告如果涉及会计业绩的报告，比如责任中心报告，其主要的报告格式应该是边际贡献格式，而不是财务会计准则中规范的对外财务报告格式。管理会计报告的对象是一个组织内部对管理会计信息有需求的各个层级、各个环节的管理者。

以企业为例，管理会计报告体系可以按照多种标志进行分类，包括但不限于：

（1）按照企业管理会计报告使用者所处的管理层级可以分为战略层管理会计报告、经营层管理会计报告和业务层管理会计报告；

（2）按照企业管理会计报告内容（整体性程度）不同可以分为综合（整体）企业管理会计报告和专项（分部）管理会计报告；

（3）按照管理会计功能可以分为管理规划报告、管理决策报告、管理控制报告和管理评价报告；

（4）按照责任中心可以分为成本中心报告、利润中心报告和投资中心报告。

因为管理会计报告通常根据要解决的问题可以灵活多样，本身并没有形成统一的格式规范。所以，我们仅仅对企业有一定共识基础的企业内部责任中心业绩报告和质量成本报告进行具体介绍。

第一节　内部责任中心业绩报告

企业内部责任中心，如前章所述可以划分为成本中心、利润中心和投资中心。责任中心的业绩评价和考核应该通过编制业绩报告来完成。业绩报告也称责任报告、绩效报告，它是反映责任预算实际执行情况，揭示责任预算与实际结果之间差异的内部管理会计报告。它着重于对责任中心管理者的业绩评价，其本质是要得到一个结论：与预期的目标相比较，责任中心管理者干得怎样。

业绩报告的主要目的在于将责任中心的实际业绩与其在特定环境下本应取得的业绩进行比较，因此实际业绩与预期业绩之间差异的原因应得到分析，并且应尽可能予以数量化。这样，业绩报告中应当传递出三种信息：

（1）关于实际业绩的信息；

（2）关于预期业绩的信息；

（3）关于实际业绩与预期业绩之间差异的信息。这也意味着合格业绩报告的三个主要特征：报告应当与个人责任相联系，实际业绩应该与最佳标准相比较，重要信息应当予以突出显示。

一、成本中心业绩报告

成本中心的业绩考核指标通常为该成本中心的所有可控成本，即责任成本。成本中心的业绩报告，通常是按成本中心可控成本的各明细项目列示其预算数、实际数和成本差异数的三栏式表格。由于各成本中心是逐级设置的，所以其业绩报告也应自下而上，从最基层的成本中心逐级向上汇编，直至最高层次的成本中心。每一级的业绩报告，除最基层只有本身的可控成本外，都应包括本身的可控成本和下属部门转来的责任成本。例如，某企业制造部是一个成本中心，下属两个分厂，每个分厂设有三个车间。其成本业绩报告的编制及相互关系如表 21 - 1 所示。

表 21 - 1　　成本中心的业绩报告　　单位：元

制造部一分厂甲车间业绩报告			
	预算成本	实际可控成本	不利差异
工人工资	58 100	58 000	100（F）
原材料	32 500	34 225	1 725（U）
行政人员工资	6 400	6 400	
水电费	5 750	5 690	60（F）
折旧费用	4 000	4 000	
设备维修	2 000	1 990	10（F）
保险费	975	975	
合　计	109 725	111 280	1 555（U）
制造部一分厂业绩报告			
	预算成本	实际可控成本	不利差异
管理费用	17 500	17 350	150（F）
甲车间	109 725	111 280	1 555（U）
乙车间	190 500	192 600	2 100（U）
丙车间	149 750	149 100	650（F）
合　计	467 475	470 330	2 855（U）

续表

制造部业绩报告			
	预算成本	实际可控成本	不利差异
管理费用	19 500	19 700	200（U）
一分厂	467 475	470 330	2 855（U）
二分厂	395 225	394 300	925（F）
合　计	882 200	884 330	2 130（U）

注：U表示不利差异，F表示有利差异，下同。

从上表可以看出，总体上看，在制造部，一分厂产生了不利差异，还比较大；从一分厂内部看，其不利差异主要是乙车间和甲车间引起的；从甲车间看，引起不利差异的主要原因是原材料成本超支了。成本中心的各级经理人，就其权责范围编制业绩报告并对其负责部门的成本差异负责。级别越低的成本中心，从事的经营活动越具体，其业绩报告涉及的成本项目分类也越详细。根据成本绩效报告，责任中心的各级经理人可以针对成本差异，寻找原因对症下药，以便对成本费用实施有效的管理控制，从而提高业绩水平。

二、利润中心业绩报告

利润中心的考核指标通常为该利润中心的部门边际贡献、分部经理可控边际贡献和部门可控边际贡献。利润中心的业绩报告，分别列出其可控的销售收入、变动成本、边际贡献、分部经理人员的可追溯固定成本、分部经理可控边际贡献、分部经理不可控但高层管理人员可控的可追溯固定成本、部门可控边际贡献的预算数和实际数；并通过实际与预算的对比，分别计算差异，据此进行差异的调查、分析产生差异的原因。利润中心的业绩报告也是自下而上逐级汇编的，直至整个企业的息税前利润。利润中心的业绩报告的基本形式如表21－2所示。

表21－2　利润中心业绩报告　单位：元

项　目	预　算	实　际	差　异
部门销售收入	245 000	248 000	3 000（F）
减：部门变动成本	111 000	112 000	1 000（U）
部门边际贡献	134 000	136 000	2 000（F）
分部经理可控的可追溯固定成本	24 000	24 500	500（U）
分部经理可控边际贡献	110 000	111 500	1 500（F）
分部经理不可控但高层管理人员可控的可追溯固定成本	18 000	18 900	900（U）
部门可控边际贡献	92 000	92 600	600（F）

从上表可以看出，无论从部门边际贡献，还是分部经理边际贡献，还是部门可控边际贡献都是有利差异，都超额完成了预算指标。

三、投资中心业绩报告

投资中心的主要考核指标是投资报酬率和剩余收益，补充的指标是现金回收率和剩余现金流量。投资中心不仅需要对成本、收入和利润负责，而且还要对所占用的全部资产（包括固定资产和营运资金）的经营效益承担责任。投资中心的业绩评价指标除了成本、收入和利润指标外，主要还包括投资报酬率、剩余收益等指标。因此，对于投资中心而言，它的业绩报告通常包含上述评价指标。现举例说明如下：

【例 21－1】 假定某公司 A 分公司为一投资中心，该公司规定的最低报酬率为 12%。现根据 A 分公司的有关原始凭证等资料，编制出该投资中心的业绩报告，如表 21－3 所示。

表 21－3　　投资中心业绩报告　　单位：元

项　目	预　算	实　际	差　异
部门销售收入	573 000	591 000	18 000（F）
部门变动成本	246 000	251 200	5 200（U）
部门边际贡献	327 000	339 800	12 800（F）
部门可控固定成本	140 000	141 400	1 400（U）
部门可控边际贡献	187 000	198 400	11 400（F）
部门不可控固定成本	12 000	15 000	3 000（U）
部门税前经营利润	175 000	183 400	8 400（F）
部门平均净经营资产	665 500	690 500	25 000
部门投资报酬率（%）	26.3%	26.6%	0.3%（F）
要求的税前投资报酬率	12%	12%	
要求的税前投资收益	79 860	82 860	
部门剩余收益	95 140	100 540	5 400（F）

从表 21－3 可知，A 分公司的实际投资报酬率与剩余收益均超过了预算数，说明该投资中心在本年度的经营业绩较好。

第二节　质量成本报告

质量与成本、时间（工期或交货期）是密切联系的三个要素。质量是企业生存和发展之本。质量包括两层含义，一是设计质量，即产品或劳务对顾客要求的满足程度；二是符合性质量，即产品或劳务的实际性能与其设计性能的符合程度。简单地说，前者是设计得怎样？是否满足顾客要求？后者是做得怎样，是否作出来的达到了设计的要求？

一、质量成本及其分类

产品和服务的质量提升需要付出相应的成本，从市场的调研，产品服务标准的制定、执行到产品的测试检验以及不合格产品的淘汰都需要企业付出相应的经济资源来保障。企业要想在市场竞争中占据有利地位，必须拥有比竞争对手更高的效率，质量管理的过程同样要强调其经济效益。质量成本是指企业为了保证产品达到一定质量标准而发生的成本，这一概念连接了企业管理中的生产技术与经济效益两个层面。

质量管理专家对质量成本的定义和划分都提出了不同的意见，但普遍认为质量成本可划分为以下四类：

（一）预防成本（Prevention Costs）

为了防止产品质量达不到预定标准而发生的成本，是为防止质量事故的发生，为了最大限度降低质量事故所造成的损失而发生的费用。一般地，预防成本发生在产品生产之前的各阶段。这类成本包括：

（1）质量工作费用。质量管理体系中，为预防、保证和控制产品质量而制定的质量政策、目标、标准，开展质量管理所发生的办公费、宣传费、搜集情报费，以及编制手册、制定全面质量管理计划、开展 QC 小组活动、组织质量管理工作和工序能力研究等所发生的费用。

（2）标准制定费用。质量管理需要制定相应的质量标准，而质量标准的评估，标准的测试审查等环节都会产生一定的费用。

（3）教育培训费用。质量管理的实施，最后都要落实到管理者和员工身上。对企业员工进行质量管理方面知识的教育，对员工作业水平的提升以及相关的后续培训形成的一系列费用可视为预防成本中的教育培训费用。

（4）质量奖励费用。在生产或服务过程中，为了激励员工达到质量标准而实行的奖励措施所带来的费用。

（二）鉴定成本（Appraisal Costs）

为了保证产品质量达到预定标准而对产品进行检测所发生的成本，如原材料或半成品的检测、作业的鉴定、流程验收、检测设备以及外部批准等方面发生的检验费用，具体可细分为：

（1）检测工作的费用。某些检验需要送到外部单位进行，此时需要支付一定的检测费用。

（2）检测设备的折旧。这类费用不仅包括了检测所需仪器的折旧或维护费用，还包括检测场所建筑的折旧或维护费用。

（3）检测人员的费用。具体包括对原材料、产品或流程进行检验的员工的工资福利费用。

（三）内部失败成本（Internal Failure Costs）

内部失败成本是指产品进入市场之前由于产品不符合质量标准而发生的成本，这部分成本包括：废料、返工、修复、重新检测、停工整修或变更设计等。鉴定成本以及内部失败成本都是发生在产品未到达顾客之前的所有阶段。

（四）外部失败成本（External Failure Costs）

外部失败成本是指存在缺陷的产品流入市场以后发生的成本，如产品因存在缺陷而错失的销售机会，问题产品的退还、返修，处理顾客的不满和投诉发生的成本。外部失败成本一般发生在产品被消费者接收以后的阶段。

一般来说，企业能够控制预防成本和鉴定成本的支出，因此这两种成本属于可控质量成本；而无论是内部还是外部失败成本，企业往往无法预料其发生，并且一旦产生失败成本，其费用的多少往往不能在事前得到，因此失败成本属于不可控质量成本。

质量成本报告和质量绩效报告承担了如何将质量成本信息传递给企业经营管理者的重任。

二、质量成本报告

质量成本报告是企业组织完善质量成本控制的必要措施。通过质量成本报告，企业组织的经理人可以全面地评价企业组织当前的质量成本情况。质量成本报告按质量成本的分类详细列示实际质量成本，并向企业组织的经理人提供以下两个方面的重要信息：

（1）显示各类质量成本的支出情况以及财务影响；

（2）显示各类质量成本的分布情况，以便企业组织的经理人判断各类质量成本的重要性。

通过了解这些信息，企业组织的经营管理人员就可以更有针对性地控制质量成本，改善成本结构。质量成本报告可以按各类质量成本项目分别列示。表21－4列示了某公司的质量成本报告范例。

表21－4　质量成本报告

质量成本项目	实际成本支出（元）	占质量成本总额比例	占销售额比例
预防成本：			
质量培训	20 000	28.45%	5.69%
供应商评估	12 000	17.07%	3.41%
预防成本合计	32 000	45.52%	9.10%
鉴定成本：			
产品验收	12 000	17.07%	3.41%
包装物检查	8 000	11.38%	2.28%
鉴定成本合计	20 000	28.45%	5.69%
内部失败成本：			
返工	11 000	15.65%	3.13%
内部失败成本合计	11 000	15.65%	3.13%
外部失败成本：			
顾客投诉处理	7 300	10.38%	2.08%
外部失败成本合计	7 300	10.38%	2.08%
质量成本合计	70 300	100%	20%

（注：实际销售额为351 500元）

根据表21－4，各质量成本项目占质量成本总额的比例，有助于该公司的经理人了解各成本项目分布情况及其重要性；而各成本项目占销售额的比例，则可以帮助该公司的经理人了解质量成本的财务重要性。

当然，企业组织也可以采用绘制统计图（比如饼形图、柱形图）或文字陈述的方式编制质量成本报告。

从上表可以看出，该企业的预防成本无论是占总质量成本的比重，还是占销售额的比重都是最大的，其次是鉴定成本，再其次是内部失败成本，最后是外部失败成本，质量成本的结构还算合理。

三、质量绩效报告

为了反映企业在质量管理方面所取得的进展及其绩效，企业还需要编制质量绩效报告（quality performance report）。企业质量绩效报告包括三种类型。

（一）中期报告

中期报告（interim program report）根据当期的质量目标列示质量管理的成效。企业要实现产品“零缺陷”目标是一项长期任务，不可能一蹴而就。这就需要制定一些短期（通常为1年）应该达到的质量成本控制目标，一方面可供企业的经理人报告当期质量管理取得的成效，另一方面也可以增强员工的信心，为最终达到“零缺陷”目标继续努力。企业期末编制质量绩效报告时，将实际质量成本与预算质量成本目标进行比较，确定其差异，分析差异产生的原因，明确应采取的改进措施。表21－5列示了某公司的中期质量绩效报告范例。

表21－5 中期质量绩效报告

	实际成本（元）	预算成本（元）	差异（元）
预防成本			
质量培训	40 000	40 000	0
质量审核	80 000	80 000	0
产品设计方案评审	35 000	30 000	5 000 U
预防成本合计	155 000	150 000	5 000 U
鉴定成本			
原料检验	38 000	42 000	4 000 F
产品验收	20 000	20 000	0
流程验收	40 000	35 000	5 000 U
鉴定成本合计	98 000	97 000	1 000 U
内部失败成本			
返工	28 000	22 000	6 000 U
废料	66 000	55 000	11 000 U
内部失败成本合计	94 000	77 000	17 000 U
外部失败成本			
处理顾客投诉	33 000	33 000	0
保修	47 500	37 000	10 500 U
外部失败成本合计	80 500	70 000	10 500 U
质量成本合计	427 500	394 000	33 500 U

续表

	实际成本（元）	预算成本（元）	差异（元）
质量成本占实际销售额比例（实际销售额为2 790 000元）	15.32%	14.12%	1.2% U

说明：F为有利差异，U为不利差异。

根据表21－5，该公司当期的质量管理成效并不理想。除原料检验这个项目属于有利差异之外，其他项目的差异都属于不利差异。整体绩效与预期目标相差33 500元，该公司质量成本管理的改善空间还很大。

（二）长期报告

长期报告（long－range report）根据长期质量目标列示企业质量管理成效。表21－6列示了某公司的长期质量绩效报告范例。

表21－6　　长期质量绩效报告

	实际成本（元）20×7年度	实际成本（元）20×6年度	差异（元）
预防成本			
质量培训	40 000	43 000	3 000 F
质量审核	80 000	80 000	0
产品设计方案评审	35 000	36 000	1 000 F
预防成本合计	155 000	159 000	4 000 F
鉴定成本			
原料检验	38 000	42 000	4 000 F
产品验收	20 000	20 000	0
流程验收	40 000	45 000	5 000 F
鉴定成本合计	98 000	107 000	9 000 F
内部失败成本			
返工	28 000	30 000	2 000 F
废料	66 000	66 000	0
内部失败成本合计	94 000	96 000	2 000 F
外部失败成本			
处理顾客投诉	33 000	36 000	3 000 F
保修	47 500	49 000	1 500 F
外部失败成本合计	80 500	85 000	4 500 F
质量成本合计	427 500	447 000	19 500 F
质量成本占实际销售额比例（实际销售额为2 790 000元）	15.32%	16.02%	0.699% F

根据表21－6，该公司20×7年度的质量管理成效与20×6年度相比，成本总额下降了，各项成本差异都表现为有利差异，说明该公司在质量管理方面取得了明显的成效。

（三）多期质量趋势报告

多期质量趋势报告（multiple－period trend report）列示了企业实施质量管理以来所取

得的成效。多期质量趋势报告的编制必须以多个期间企业组织的质量成本相关数据为基础，并绘出质量趋势图。趋势图可以采用坐标分析图、柱形比较图等多种方式，旨在向企业的经理人员评估其发展趋势是否合理，质量成本控制是否有效，以便作出相应的决策。图 21－1 为某企业的多期质量趋势折线图。该图显示该企业质量成本占销售额的百分比在逐年下降。2009 年与 2005 年相比较，下降了一半，说明该企业质量成本管理水平在不断提升。

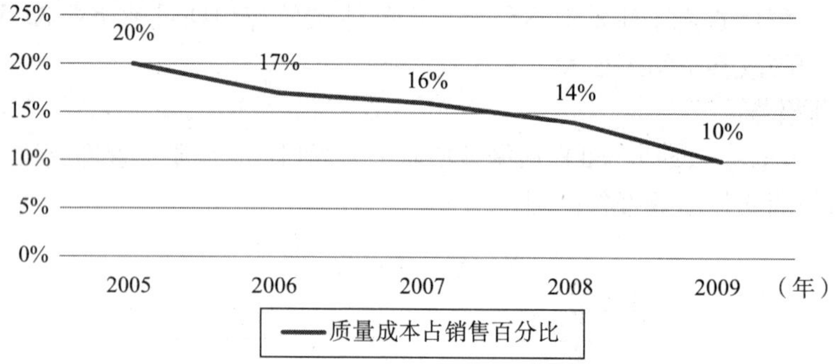

图 21－1　某企业多期质量趋势折线图

在企业管理实践中，质量、成本与时间（工期或交货期）成为紧密相关的三个要素。提高质量，短期会增加成本，尤其是预防成本和鉴定成本，但长期会降低成本，给企业带来好的市场声誉和长期经济效益。严格控制质量，也会影响时间（工期或交货期）。很多企业为了赶时间（工期或交货期），损害了产品或劳务（工程）的质量，影响了企业的声誉和市场份额。成本与时间（工期或交货期）也存在需要权衡的矛盾，工期或交货期紧会增加成本，如加班工资等。

总之，管理会计报告需要根据企业（或组织）所面临的管理问题，运用管理会计的工具和方法，融合业务与财务，整合财务信息和非财务信息，形成对企业（或组织）内部管理决策有用的报告信息。

附　　录

附表一　　复利终值系数表

期数	1%	2%	3%	4%	5%	6%	7%	8%	9%	10%
1	1.0100	1.0200	1.0300	1.0400	1.0500	1.0600	1.0700	1.0800	1.0900	1.1000
2	1.0201	1.0404	1.0609	1.0816	1.1025	1.1236	1.1449	1.1664	1.1881	1.2100
3	1.0303	1.0612	1.0927	1.1249	1.1576	1.1910	1.2250	1.2597	1.2950	1.3310
4	1.0406	1.0824	1.1255	1.1699	1.2155	1.2625	1.3108	1.3605	1.4116	1.4641
5	1.0510	1.1041	1.1593	1.2167	1.2763	1.3382	1.4026	1.4693	1.5386	1.6105
6	1.0615	1.1262	1.1941	1.2653	1.3401	1.4185	1.5007	1.5809	1.6771	1.7716
7	1.0721	1.1487	1.2299	1.3159	1.4071	1.5036	1.6058	1.7738	1.8280	1.9487
8	1.0829	1.1717	1.2668	1.3686	1.4775	1.5938	1.7182	1.8509	1.9926	2.1436
9	1.0937	1.1951	1.3048	1.4233	1.5513	1.6895	1.8385	1.9990	2.1719	2.3579
10	1.1046	1.2190	1.3439	1.4802	1.6289	1.7908	1.9672	2.1589	2.3674	2.5937
11	1.1157	1.2434	1.3842	1.5395	1.7103	1.8983	2.1049	2.3316	2.5804	2.8531
12	1.1268	1.2682	1.4258	1.6010	1.7959	2.0122	2.2522	2.5182	2.8127	3.1384
13	1.1381	1.2936	1.4685	1.6651	1.8856	2.1329	2.4098	2.7196	3.0658	3.4523
14	1.1495	1.3195	1.5126	1.7317	1.9799	2.2609	2.5785	2.9372	3.3417	3.7975
15	1.1610	1.3459	1.5580	1.8009	2.0789	2.3966	2.7590	3.1722	3.6425	4.1772
16	1.1726	1.3728	1.6047	1.8730	2.1829	2.5404	2.9522	3.4259	3.9703	4.5950
17	1.1843	1.4002	1.6528	1.9479	2.2920	2.6928	3.1588	3.7000	4.3276	5.0545
18	1.1961	1.4282	1.7024	2.0258	2.4066	2.8543	3.3799	3.9960	4.7171	5.5599
19	1.2081	1.4568	1.7535	2.1068	2.5270	3.0256	3.6165	4.3157	5.1417	6.1159
20	1.2202	1.4859	1.8061	2.1911	2.6533	3.2071	3.8697	4.6610	5.6044	6.7275
21	1.2324	1.5157	1.8603	2.2788	2.7860	3.3996	4.1406	5.0338	6.1088	7.4002
22	1.2447	1.5460	1.9161	2.3699	2.9253	3.6035	4.4304	5.4365	6.6586	8.1403
23	1.2572	1.5769	1.9736	2.4647	3.0715	3.8197	4.7405	5.8715	7.2579	8.2543
24	1.2697	1.6084	2.0328	2.5633	3.2251	4.0489	5.0724	6.3412	7.9111	9.8497
25	1.2824	1.6406	2.0938	2.6658	3.3864	4.2919	5.4274	6.8485	8.6231	10.835
26	1.2953	1.6734	2.1566	2.7725	3.5557	4.5494	5.8076	7.3964	9.3992	11.918
27	1.3082	1.7069	2.2213	2.8834	3.7335	4.8823	6.2139	7.9881	10.245	13.110
28	1.3213	1.7410	2.2879	2.9987	3.9201	5.1117	6.6488	8.6271	11.167	14.421
29	1.3345	1.7758	2.3566	3.1187	4.1161	5.4184	7.1143	9.3173	12.172	15.863
30	1.3478	1.8114	2.4273	3.2434	4.3219	5.7435	7.6123	10.063	13.268	17.449
40	1.4889	2.2080	3.2620	4.8010	7.0400	10.286	14.794	21.725	31.408	45.259
50	1.6446	2.6916	4.3839	7.1067	11.467	18.420	29.457	46.902	74.358	117.390
60	1.8167	3.2810	5.8916	10.520	18.679	32.988	57.946	101.26	176.03	304.48

续表

期数	12%	14%	15%	16%	18%	20%	24%	28%	32%	36%
1	1. 1200	1. 1400	1. 1500	1. 1600	1. 1800	1. 2000	1. 2400	1. 2800	1. 3200	1. 3600
2	1. 2544	1. 2996	1. 3225	1. 3456	1. 3924	1. 4400	1. 5376	1. 6384	1. 7424	1. 8496
3	1. 4049	1. 4815	1. 5209	1. 5609	1. 6430	1. 7280	1. 9066	2. 0872	2. 3000	2. 5155
4	1. 5735	1. 6890	1. 7490	1. 8106	1. 9388	2. 0736	2. 3642	2. 6844	3. 036	3. 4210
5	1. 7623	1. 9254	2. 0114	2. 1003	2. 2878	2. 4883	2. 9316	3. 436	4. 0075	4. 6526
6	1. 9738	2. 1950	2. 3131	2. 4364	2. 6996	2. 9860	3. 6352	4. 3980	5. 2899	6. 3275
7	2. 2107	2. 5023	2. 6600	2. 8262	3. 1855	3. 5832	4. 5077	5. 6295	6. 9826	8. 6054
8	2. 4760	2. 8526	3. 0590	3. 2784	3. 7589	4. 2998	5. 5895	7. 2508	9. 2170	11. 703
9	2. 7731	3. 2519	3. 5179	3. 8030	4. 4355	5. 1598	6. 9310	9. 2234	12. 166	15. 917
10	3. 1058	3. 7072	4. 0456	4. 4114	5. 2338	6. 1917	8. 5944	11. 806	16. 060	21. 647
11	3. 4785	4. 2262	4. 6524	5. 1173	6. 1759	7. 4301	10. 657	15. 112	21. 119	29. 439
12	3. 8960	4. 8179	5. 3503	5. 9360	7. 2876	8. 9161	13. 215	19. 343	27. 983	40. 037
13	4. 3635	5. 4924	6. 1528	6. 8858	8. 5994	10. 699	16. 386	24. 759	36. 937	54. 451
14	4. 8871	6. 2613	7. 0757	7. 9875	10. 147	12. 839	20. 319	31. 691	48. 757	74. 053
15	5. 4736	7. 1379	8. 1371	9. 2655	11. 974	15. 407	25. 196	40. 565	64. 359	100. 71
16	6. 1304	8. 1372	9. 3576	10. 748	14. 129	18. 488	31. 243	51. 923	84. 954	136. 97
17	6. 8660	9. 2765	10. 761	12. 468	16. 672	22. 186	38. 741	66. 461	112. 14	186. 28
18	7. 6900	10. 575	12. 375	14. 463	19. 673	26. 623	48. 039	86. 071	148. 02	253. 34
19	8. 6128	12. 056	14. 232	16. 777	23. 214	31. 948	59. 568	108. 89	195. 39	344. 54
20	9. 6463	13. 743	16. 367	19. 461	27. 393	38. 338	73. 864	139. 38	257. 92	468. 57
21	10. 804	15. 668	18. 822	22. 574	32. 324	46. 005	91. 592	178. 41	340. 45	637. 26
22	12. 100	17. 861	21. 645	26. 186	38. 142	55. 206	113. 57	228. 36	449. 39	866. 67
23	13. 552	20. 362	24. 891	30. 376	45. 008	66. 247	140. 83	292. 30	593. 20	1 178. 7
24	15. 179	23. 212	28. 625	35. 236	53. 109	79. 497	174. 63	374. 14	783. 02	1 603. 0
25	17. 000	26. 462	32. 919	40. 874	62. 669	95. 396	216. 54	478. 90	1 033. 6	2 180. 1
26	19. 040	30. 167	37. 857	47. 414	73. 949	114. 48	268. 51	613. 00	1 364. 3	2 964. 9
27	21. 325	34. 390	43. 535	55. 00	87. 260	137. 37	332. 95	784. 64	1 800. 9	4 032. 3
28	23. 884	39. 204	50. 066	63. 800	102. 97	164. 84	412. 86	1 004. 3	2 377. 2	5 483. 9
29	26. 750	44. 693	57. 575	74. 009	121. 50	197. 81	511. 95	1 285. 6	3 137. 9	7 458. 1
30	29. 960	50. 950	66. 212	85. 850	143. 37	237. 38	634. 82	1 645. 5	4 142. 1	10 143
40	93. 051	188. 83	267. 86	378. 72	750. 38	1 469. 8	5 455. 9	19 427	66 521	*
50	289. 00	700. 23	1 083. 7	1 670. 7	3 927. 4	9 100. 4	46 890	*	*	*
60	897. 60	2 595. 9	4 384. 0	7 370. 2	20 555	56 348	*	*	*	*

* >99 999

附表二　　复利现值系数表

期数	1%	2%	3%	4%	5%	6%	7%	8%	9%	10%
1	.9901	.9804	.9709	.9615	.9524	.9434	.9346	.9259	.9174	.9091
2	.9803	.9712	.9426	.9246	.9070	.8900	.8734	.8573	.8417	.8264
3	.9706	.9423	.9151	.8890	.8638	.8396	.8163	.7938	.7722	.7513
4	.9610	.9238	.8885	.8548	.8227	.7921	.7629	.7350	.7084	.6830
5	.9515	.9057	.8626	.8219	.7835	.7473	.7130	.6806	.6499	.6209
6	.9420	.8880	.8375	.7903	.7462	.7050	.6663	.6302	.5963	.5645
7	.9327	.8606	.8131	.7599	.7107	.6651	.6227	.5835	.5470	.5132
8	.9235	.8535	.7874	.7307	.6768	.6274	.5820	.5403	.5019	.4665
9	.9143	.8368	.7664	.7026	.6446	.5919	.5439	.5002	.4604	.4241
10	.9053	.8203	.7441	.6756	.6139	.5584	.5083	.4632	.4224	.3855
11	.8963	.8043	.7224	.6496	.5847	.5268	.4751	.4289	.3875	.3505
12	.8874	.7885	.7014	.6246	.5568	.4970	.4440	.3971	.3555	.3186
13	.8787	.7730	.6810	.6006	.5303	.4688	.4150	.3677	.3262	.2897
14	.8700	.7579	.6611	.5775	.5051	.4423	.3878	.3405	.2992	.2633
15	.8613	.7430	.6419	.5553	.4810	.4173	.3624	.3152	.2745	.2394
16	.8528	.7284	.6232	.5339	.4581	.3936	.3387	.2919	.2519	.2176
17	.8444	.7142	.6050	.5134	.4363	.3714	.3166	.2703	.2311	.1978
18	.8360	.7002	.5874	.4936	.4155	.3503	.2959	.2502	.2120	.1799
19	.8277	.6864	.5703	.4746	.3957	.3305	.2765	.2317	.1945	.1635
20	.8195	.6730	.5537	.4564	.3769	.3118	.2584	.2145	.1784	.1486
21	.8114	.6598	.5375	.4388	.3589	.2942	.2415	.1987	.1637	.1351
22	.8034	.6468	.5219	.4220	.3418	.2775	.2257	.1839	.1502	.1228
23	.7954	.6342	.5067	.4057	.3256	.2618	.2109	.1703	.1378	.1117
24	.7876	.6217	.4919	.3901	.3101	.2470	.1971	.1577	.1264	.1015
25	.7798	.6095	.4776	.3751	.2953	.2330	.1842	.1460	.1160	.0923
26	.7720	.5976	.4637	.3604	.2812	.2198	.1722	.1352	.1064	.0839
27	.7644	.5859	.4502	.3468	.2678	.2074	.1609	.1252	.0976	.0763
28	.7568	.5744	.4371	.3335	.2551	.1956	.1504	.1159	.0895	.0693
29	.7493	.5631	.4243	.3207	.2429	.1846	.1406	.1073	.0822	.0630
30	.7419	.5521	.4120	.3083	.2314	.1741	.1314	.0994	.0754	.0573
35	.7059	.5000	.3554	.2534	.1813	.1301	.0937	.0676	.0490	.0356
40	.6717	.4529	.3066	.2083	.1420	.0972	.0668	.0460	.0318	.0221
45	.6391	.4102	.2644	.1712	.1113	.0727	.0476	.0313	.0207	.0137
50	.6080	.3715	.2281	.1407	.0872	.0543	.0339	.0213	.0134	.0085
55	.5785	.3365	.1968	.1157	.0683	.0406	.0242	.0145	.0087	.0053

续表

期数	12%	14%	15%	16%	18%	20%	24%	28%	32%	36%
1	.8929	.8772	.8696	.8621	.8475	.8333	.8065	.7813	.7576	.7353
2	.7972	.7695	.7561	.7432	.7182	.6944	.6504	.6104	.5739	.5407
3	.7118	.6750	.6575	.6407	.6086	.5787	.5245	.4768	.4348	.3975
4	.6355	.5921	.5718	.5523	.5158	.4823	.4230	.3725	.3294	.2923
5	.5674	.5194	.4972	.4762	.4371	.4019	.3411	.2910	.2495	.2149
6	.5066	.4556	.4323	.4104	.3704	.3349	.2751	.2274	.1890	.1580
7	.4523	.3996	.3759	.3538	.3139	.2791	.2218	.1776	.1432	.1162
8	.4039	.3506	.3269	.3050	.2660	.2326	.1789	.1388	.1085	.0854
9	.3606	.3075	.2843	.2630	.2255	.1938	.1443	.1084	.0822	.0628
10	.3220	.2697	.2472	.2267	.1911	.1615	.1164	.0847	.0623	.0462
11	.2875	.2366	.2149	.1954	.1619	.1346	.0938	.0662	.0472	.0340
12	.2567	.2076	.1869	.1685	.1373	.1122	.0757	.0517	.0357	.0250
13	.2292	.1821	.1625	.1452	.1163	.0935	.0610	.0404	.0271	.0184
14	.2046	.1597	.1413	.1252	.0985	.0779	.0492	.0316	.0205	.0135
15	.1827	.1401	.1229	.1079	.0835	.0649	.0397	.0247	.0155	.0099
16	.1631	.1229	.1069	.0980	.0709	.0541	.0320	.0193	.0118	.0073
17	.1456	.1078	.0929	.0802	.0600	.0451	.0259	.0150	.0089	.0054
18	.1300	.0946	.0808	.0691	.0508	.0376	.0208	.0118	.0068	.0039
19	.1161	.0829	.0703	.0596	.0431	.0313	.0168	.0092	.0051	.0029
20	.1037	.0728	.0611	.0514	.0365	.0261	.0135	.0072	.0039	.0021
21	.0926	.0638	.0531	.0443	.0309	.0217	.0109	.0056	.0029	.0016
22	.0826	.0560	.0462	.0382	.0262	.0181	.0088	.0044	.0022	.0012
23	.0738	.0491	.0402	.0329	.0222	.0151	.0071	.0034	.0017	.0008
24	.0659	.0431	.0349	.0284	.0188	.0126	.0057	.0027	.0013	.0006
25	.0588	.0378	.0304	.0245	.0160	.0105	.0046	.0021	.0010	.0005
26	.0525	.0331	.0264	.0211	.0135	.0087	.0037	.0016	.0007	.0003
27	.0469	.0291	.0230	.0182	.0115	.0073	.0030	.0013	.0006	.0002
28	.0419	.0255	.0200	.0157	.0097	.0061	.0024	.0010	.0004	.0002
29	.0374	.0224	.0174	.0135	.0082	.0051	.0020	.0008	.0003	.0001
30	.0334	.0196	.0151	.0116	.0070	.0042	.0016	.0006	.0002	.0001
35	.0189	.0102	.0075	.0055	.0030	.0017	.0005	.0002	.0001	*
40	.0107	.0053	.0037	.0026	.0013	.0007	.0002	.0001	*	*
45	.0061	.0027	.0019	.0013	.0006	.0003	.0001	*	*	*
50	.0035	.0014	.0009	.0006	.0003	.0001	*	*	*	*
55	.0020	.0007	.0005	.0003	.0001	*	*	*	*	*

* <.0001

附表三　　年金终值系数表

期数	1%	2%	3%	4%	5%	6%	7%	8%	9%	10%
1	1. 0000	1. 0000	1. 0000	1. 0000	1. 0000	1. 0000	1. 0000	1. 0000	1. 0000	1. 0000
2	2. 0100	2. 0200	2. 0300	2. 0400	2. 0500	2. 0600	2. 0700	2. 0800	2. 0900	2. 1000
3	3. 0301	3. 0604	3. 0909	3. 1216	3. 1525	3. 1836	3. 2149	3. 2464	3. 2781	3. 3100
4	4. 0604	4. 1216	4. 1836	4. 2465	4. 3101	4. 3746	4. 4399	4. 5061	4. 5731	4. 6410
5	5. 1010	5. 2040	5. 3091	5. 4163	5. 5256	5. 6371	5. 7507	5. 8666	5. 9847	6. 1051
6	6. 1520	6. 3081	6. 4684	6. 633	6. 8019	6. 9753	7. 1533	7. 3359	7. 5233	7. 7156
7	7. 2135	7. 4343	7. 6625	7. 8983	8. 1420	8. 3938	8. 6540	8. 9228	9. 2004	9. 4872
8	8. 2857	8. 5830	8. 8923	9. 2142	9. 5491	9. 8975	10. 260	10. 637	11. 028	11. 436
9	9. 3685	9. 7546	10. 159	10. 583	11. 027	11. 491	11. 978	12. 488	13. 021	13. 579
10	10. 462	10. 950	11. 464	12. 006	12. 578	13. 181	13. 816	14. 487	15. 193	15. 937
11	11. 567	12. 169	12. 808	13. 486	14. 207	14. 972	15. 784	16. 645	17. 560	18. 531
12	12. 683	13. 412	14. 192	15. 026	15. 917	16. 870	17. 888	18. 977	20. 141	21. 384
13	13. 809	14. 680	15. 618	16. 627	17. 713	18. 882	20. 141	21. 495	22. 953	24. 523
14	14. 947	15. 974	17. 086	18. 292	19. 599	21. 015	22. 550	24. 214	26. 019	27. 975
15	16. 097	17. 293	18. 599	20. 024	21. 579	23. 276	25. 129	27. 152	29. 361	31. 772
16	17. 258	18. 639	20. 157	21. 825	23. 657	25. 673	27. 888	30. 324	33. 003	35. 950
17	18. 430	20. 012	21. 762	23. 698	25. 840	28. 213	30. 840	33. 750	36. 974	40. 545
18	19. 615	21. 412	23. 414	25. 645	28. 132	30. 906	33. 999	37. 450	41. 301	45. 599
19	20. 811	22. 841	25. 117	27. 671	30. 539	33. 760	37. 379	41. 446	46. 018	51. 159
20	22. 019	24. 297	26. 870	29. 778	33. 066	36. 786	40. 995	45. 752	51. 16	57. 275
21	23. 239	25. 783	28. 676	31. 969	35. 719	39. 993	44. 865	50. 423	56. 765	64. 002
22	24. 472	27. 299	30. 537	34. 248	38. 505	43. 392	49. 006	55. 457	62. 873	71. 403
23	25. 716	28. 845	32. 453	36. 618	41. 430	46. 996	53. 436	60. 883	69. 532	79. 543
24	26. 973	30. 422	34. 426	39. 083	44. 502	50. 816	58. 177	66. 765	76. 79	88. 497
25	28. 243	32. 030	36. 459	41. 646	47. 727	54. 863	63. 294	73. 106	84. 701	98. 347
26	29. 526	33. 671	38. 553	44. 312	51. 113	59. 156	68. 676	79. 954	93. 324	109. 18
27	30. 821	35. 344	40. 710	47. 084	54. 669	63. 706	74. 484	87. 351	102. 72	121. 1
28	32. 129	37. 051	42. 931	49. 968	58. 403	68. 528	80. 698	95. 339	112. 97	134. 21
29	33. 450	38. 792	45. 219	52. 966	62. 323	73. 640	87. 347	103. 97	124. 14	148. 63
30	34. 785	40. 568	47. 575	56. 085	66. 439	79. 058	94. 461	113. 28	136. 31	164. 49
40	48. 886	60. 402	75. 401	95. 026	120. 80	154. 76	199. 64	259. 06	337. 88	442. 59
50	64. 463	84. 579	112. 80	152. 67	209. 35	290. 34	406. 53	573. 77	815. 08	1 163. 9
60	81. 670	114. 05	163. 05	237. 99	353. 58	533. 13	813. 52	1 253. 2	1 944. 8	3 034. 8

续表

期数	12%	14%	15%	16%	18%	20%	24%	28%	32%	36%
1	1.0000	1.0000	1.0000	1.0000	1.0000	1.0000	1.0000	1.0000	1.0000	1.0000
2	2.1200	2.1400	2.1500	2.1600	2.1800	2.2000	2.2400	2.2800	2.3200	2.3600
3	3.3744	3.4396	3.4725	3.5056	3.5724	3.6400	3.7776	3.9184	4.0624	4.2096
4	4.7793	4.9211	4.9934	5.0665	5.2154	5.3680	5.6842	6.0156	6.3624	6.7251
5	6.3528	6.6101	6.7424	6.8771	7.1542	7.4416	8.0484	8.6999	9.3983	10.146
6	8.1152	8.5355	8.7537	8.9775	9.4420	9.9299	10.980	12.136	13.406	14.799
7	10.089	10.730	11.067	11.414	12.142	12.916	14.615	16.534	18.696	21.126
8	12.300	13.233	13.727	14.240	15.327	16.499	19.123	22.163	25.678	29.732
9	14.776	16.085	16.786	17.519	19.086	20.799	24.712	29.369	34.895	41.435
10	17.549	19.337	20.304	21.321	23.521	25.959	31.643	38.593	47.062	57.352
11	20.655	23.045	24.349	25.733	28.755	32.150	40.238	50.398	63.122	78.998
12	24.133	27.271	29.002	30.850	34.931	39.581	50.895	65.510	84.320	108.44
13	28.029	32.089	34.352	36.786	42.219	48.497	64.110	84.853	112.30	148.47
14	32.393	37.581	40.505	43.672	50.818	59.196	80.496	109.61	149.24	202.93
15	37.280	43.842	47.580	51.660	60.965	72.035	100.82	141.30	198.00	276.98
16	42.753	50.980	55.717	60.925	72.939	87.442	126.01	181.87	262.36	377.69
17	48.884	59.118	65.075	71.673	87.068	105.93	157.25	233.79	347.31	514.66
18	55.750	68.394	75.836	84.141	103.74	128.12	195.99	300.25	459.45	770.94
19	63.440	78.969	88.212	98.603	123.41	154.74	244.03	385.32	607.47	954.28
20	72.052	91.025	102.44	115.38	146.63	186.69	303.60	494.21	802.86	1 298.8
21	81.699	104.77	118.81	134.84	174.02	225.03	377.46	633.59	1 060.8	1 767.4
22	92.503	120.44	137.63	157.41	206.34	271.03	469.06	812.00	1 401.2	2 404.7
23	104.60	138.30	159.28	183.60	244.49	326.24	582.63	1 040.4	1 850.6	3 271.3
24	118.16	185.66	184.17	213.98	289.49	392.48	723.46	1 332.7	2 443.8	4 450.0
25	133.33	181.87	212.79	249.21	342.60	471.98	898.09	1 706.8	3 226.8	6 053.0
26	150.33	208.33	245.71	290.09	405.27	567.38	1 114.6	2 185.7	4 260.4	8 233.1
27	169.37	238.50	283.57	337.50	479.22	681.85	1 383.1	2 798.7	5 624.8	11 198.0
28	190.70	272.89	327.10	392.50	566.48	819.22	1 716.1	3 583.3	7 425.7	15 230.3
29	214.58	312.09	377.17	456.30	669.45	984.07	2 129.0	4 587.7	9 802.9	20 714.2
30	241.33	356.79	434.75	530.31	790.95	1 181.9	2 640.9	5 873.2	12 941	28 172.3
40	767.09	1 342.0	1 779.1	2 360.8	4 163.2	7 343.2	27 290	69 377	*	*
50	2 400.0	4 994.5	7 217.7	10 436	21 813	45 497	*	*	*	*
60	7 471.6	18 535	29 220	46 058	*	*	*	*	*	*

* >99 999

附表四 年金现值系数表

期数	1%	2%	3%	4%	5%	6%	7%	8%	9%
1	0.9901	0.9804	0.9709	0.9615	0.9524	0.9434	0.9346	0.9259	0.9174
2	1.9704	1.9416	1.9135	1.8861	1.8594	1.8334	1.8080	1.7833	1.7591
3	2.9410	2.8839	2.8286	2.7751	2.7232	2.6730	2.6243	2.5771	2.5313
4	3.9020	3.8077	3.7171	3.6299	3.5460	3.4651	3.3872	3.3121	3.2397
5	4.8534	4.7135	4.5797	4.4518	4.3295	4.2124	4.1002	3.9927	3.8897
6	5.7955	5.6014	5.4172	5.2421	5.0757	4.9173	4.7665	4.6229	4.4859
7	6.7282	6.4720	6.2303	6.0021	5.7864	5.5824	5.3893	5.2064	5.0330
8	7.6517	7.3255	7.0197	6.7327	6.4632	6.2098	5.9713	5.7466	5.5348
9	8.5660	8.1622	7.7861	7.4353	7.1078	6.8017	6.5152	6.2469	5.9952
10	9.4713	8.9826	8.5302	8.1109	7.7217	7.3601	7.0236	6.7101	6.4177
11	10.3676	9.7868	9.2526	8.7605	8.3064	7.8869	7.4987	7.1390	6.8052
12	11.2551	10.5753	9.9540	9.3851	8.8633	8.3838	7.9427	7.5361	7.1607
13	12.1337	11.3484	10.6350	9.9856	9.3936	8.8527	8.3577	7.9038	7.4869
14	13.0037	12.1062	11.2961	10.5631	9.8986	9.2950	8.7455	8.2442	7.7862
15	13.8651	12.8493	11.9379	11.1184	10.3797	9.7122	9.1079	8.5595	8.0607
16	14.7179	13.5777	12.5611	11.6523	10.8378	10.1059	9.4466	8.8514	8.3126
17	15.5623	14.2919	13.1661	12.1657	11.2741	10.4773	9.7632	9.1216	8.5436
18	16.3983	14.9920	13.7535	12.6896	11.6896	10.8276	10.0591	9.3719	8.7556
19	17.2260	15.6785	14.3238	13.1339	12.0853	11.1581	10.3356	9.6036	8.9601
20	18.0456	16.3514	14.8775	13.5903	12.4622	11.4699	10.5940	9.8181	9.1285
21	18.8570	17.0112	15.4150	14.0292	12.8212	11.7641	10.8355	10.0168	9.2922
22	19.6604	17.6580	15.9369	14.4511	13.4886	12.3034	11.0612	10.2007	9.4424
23	20.4558	18.2922	16.4436	14.8568	13.4886	12.3034	11.2722	10.3711	9.5802
24	21.2434	18.9139	16.9355	15.2470	13.7986	12.5504	11.4693	10.5288	9.7066
25	22.0232	19.5235	17.4131	15.6221	14.0939	12.7834	11.6536	10.6748	9.8226
26	22.7952	20.1210	17.8768	15.9828	14.3752	13.0032	11.8258	10.8100	9.9290
27	23.5596	20.7059	18.3270	16.3296	14.6430	13.2105	11.9867	10.9352	10.0266
28	24.3164	21.2813	18.7641	16.6631	14.8981	13.4062	12.1371	11.0511	10.1161
29	25.0658	21.8444	19.1885	16.9837	15.1411	13.5907	12.2777	11.1584	10.1983
30	25.8077	22.3965	19.6004	17.2920	15.3725	13.7648	12.4090	11.2578	10.2737
35	29.4086	24.9986	21.4872	18.6646	16.3742	14.4982	12.9477	11.6546	10.5668
40	32.8347	27.3555	23.1148	19.7928	17.1591	15.0463	13.3317	11.9246	10.7574
45	36.0945	29.4902	24.5187	20.7200	17.7741	15.4558	13.6055	12.1084	10.8812
50	39.1961	31.4236	25.7298	21.4822	18.2559	15.7619	13.8007	12.2335	10.9617
55	42.1472	33.1748	26.7744	22.1086	18.6335	15.9905	13.9399	12.3186	11.0140

续表

期数	10%	12%	14%	15%	16%	18%	20%	24%	28%	32%
1	0. 9091	0. 8929	0. 8772	0. 8696	0. 8621	0. 8475	0. 8333	0. 8065	0. 7813	0. 7576
2	1. 7355	1. 6901	1. 6467	1. 6257	1. 6052	1. 5656	1. 5278	1. 4568	1. 3916	1. 3315
3	2. 4869	2. 4018	2. 3216	2. 2832	2. 2459	2. 1743	2. 1065	1. 9813	1. 8684	1. 7663
4	3. 1699	3. 0373	2. 9173	2. 8550	2. 7982	2. 6901	2. 5887	2. 4043	2. 2410	2. 0957
5	3. 7908	3. 6048	3. 4331	3. 3522	3. 2743	3. 1272	2. 9906	2. 7454	2. 5320	2. 3452
6	4. 3553	4. 1114	3. 8887	3. 7845	3. 6847	3. 4976	3. 3255	3. 0205	2. 7594	2. 5342
7	4. 8684	4. 5638	4. 2882	4. 1604	4. 0386	3. 8115	3. 6046	3. 2423	2. 9370	2. 6775
8	5. 3349	4. 9676	4. 6389	4. 4873	4. 3436	4. 0776	3. 8372	3. 4212	3. 0758	2. 7860
9	5. 7590	5. 3282	4. 9464	4. 7716	4. 6065	4. 3030	4. 0310	3. 5655	3. 1842	2. 8681
10	6. 1446	5. 6502	5. 2161	5. 0188	4. 8332	4. 4941	4. 1925	3. 6819	3. 2689	2. 9304
11	6. 4951	5. 9377	5. 4527	5. 2337	5. 0286	4. 6560	4. 3271	3. 7757	3. 3351	2. 9776
12	6. 8137	6. 1944	5. 6603	5. 4206	5. 1971	4. 7932	4. 4392	3. 8514	3. 3868	3. 0133
13	7. 1034	6. 4235	5. 8424	5. 5831	5. 3423	4. 9095	4. 5327	3. 9124	3. 4272	3. 0404
14	7. 3667	6. 6282	6. 0021	5. 7245	5. 4675	5. 0081	4. 6106	3. 9616	3. 4587	3. 0609
15	7. 6061	6. 8109	6. 1422	5. 8474	5. 5755	5. 0916	4. 6755	4. 0013	3. 4834	3. 0764
16	7. 8237	6. 9740	6. 2651	5. 9542	5. 6685	5. 1624	4. 7296	4. 0333	3. 5026	3. 0882
17	8. 0216	7. 1196	6. 3729	6. 0472	5. 7487	5. 2223	4. 7746	4. 0591	3. 5177	3. 0971
18	8. 2014	7. 2497	6. 4674	6. 1280	5. 8178	5. 2732	4. 8122	4. 0799	3. 5294	3. 1039
19	8. 3649	7. 3658	6. 5504	6. 1982	5. 8775	5. 3162	4. 8435	4. 0967	3. 5386	3. 1090
20	8. 5136	7. 4694	6. 6231	6. 2593	5. 9288	5. 3527	4. 8696	4. 1103	3. 5458	3. 1129
21	8. 6487	7. 5620	6. 6870	6. 3125	5. 9731	5. 3837	4. 8913	4. 1212	3. 5514	3. 1158
22	8. 7715	7. 6446	6. 7429	6. 3587	6. 0113	5. 4099	4. 9094	4. 1300	3. 5558	3. 1180
23	8. 8832	7. 7184	6. 7921	6. 3988	6. 0442	5. 4321	4. 9245	4. 1371	3. 5592	3. 1197
24	8. 9847	7. 7843	6. 8351	6. 4338	6. 0726	5. 4509	4. 9371	4. 1428	3. 5619	3. 1210
25	9. 0770	7. 8431	6. 8729	6. 4641	6. 0971	5. 4669	4. 9476	4. 1474	3. 5640	3. 1220
26	9. 1609	7. 8957	6. 9061	6. 4906	6. 1182	5. 4804	4. 9563	4. 1511	3. 5656	3. 1227
27	9. 2372	7. 9426	6. 9352	6. 5135	6. 1364	5. 4919	4. 9636	4. 1542	3. 5669	3. 1233
28	9. 3066	7. 9844	6. 9607	6. 5335	6. 1520	5. 5016	4. 9697	4. 1566	3. 5679	3. 1237
29	9. 3696	8. 0218	6. 9830	6. 5509	6. 1656	5. 5098	4. 9747	4. 1585	3. 5687	3. 1240
30	9. 4269	8. 0552	7. 0027	6. 5660	6. 1772	5. 5168	4. 9789	4. 1601	3. 5693	3. 1242
35	9. 6442	8. 1755	7. 0700	6. 6166	6. 2153	5. 5386	4. 9915	1. 1644	3. 5708	3. 1248
40	9. 7791	8. 2438	7. 1050	6. 6418	6. 2335	5. 5482	4. 9966	4. 1659	3. 5712	3. 1250
45	9. 8628	8. 2825	7. 1232	6. 6543	6. 2421	5. 5523	4. 9986	4. 1664	3. 5714	3. 1250
50	9. 9148	8. 3045	7. 1327	6. 6605	6. 2463	5. 5541	4. 9995	4. 1666	3. 5714	3. 1250
55	9. 9471	8. 3170	7. 1376	6. 6636	6. 2482	5. 5549	4. 9998	4. 1666	3. 5714	3. 1250

附表五　　　　自然对数表

N	0	1	2	3	4	5	6	7	8	9
1.0	0.0000	0.0100	0.0198	0.0296	0.0392	0.0488	0.0583	0.0677	0.0770	0.0862
1.1	0.0953	0.1044	0.1133	0.1222	0.1310	0.1398	0.1484	0.1570	0.1655	0.1740
1.2	0.1823	0.1906	0.1989	0.2070	0.2151	0.2231	0.2311	0.2390	0.2469	0.2546
1.3	0.2624	0.2700	0.2776	0.2852	0.2927	0.3001	0.3075	0.3148	0.3221	0.3293
1.4	0.3365	0.3436	0.3507	0.3577	0.3646	0.3716	0.3784	0.3853	0.3920	0.3988
1.5	0.4055	0.4121	0.4187	0.4253	0.4318	0.4383	0.4447	0.4511	0.4574	0.4637
1.6	0.4700	0.4762	0.4824	0.4886	0.4947	0.5008	0.5068	0.5128	0.5188	0.5247
1.7	0.5306	0.5365	0.5423	0.5481	0.5539	0.5596	0.5653	0.5710	0.5766	0.5822
1.8	0.5878	0.5933	0.5988	0.6043	0.6098	0.6152	0.6206	0.6259	0.6313	0.6366
1.9	0.6419	0.6471	0.6523	0.6575	0.6627	0.6678	0.6729	0.6780	0.6831	0.6881
2.0	0.6931	0.6981	0.7031	0.7080	0.7129	0.7178	0.7227	0.7275	0.7324	0.7372
2.1	0.7419	0.7467	0.7514	0.7561	0.7608	0.7655	0.7701	0.7747	0.7793	0.7839
2.2	0.7885	0.7930	0.7975	0.8020	0.8065	0.8109	0.8154	0.8198	0.8242	0.8286
2.3	0.8329	0.8372	0.8416	0.8459	0.8502	0.8544	0.8587	0.8629	0.8671	0.8713
2.4	0.8755	0.8796	0.8838	0.8879	0.8920	0.8961	0.9002	0.9042	0.9083	0.9123
2.5	0.9163	0.9203	0.9243	0.9282	0.9322	0.9361	0.9400	0.9439	0.9478	0.9517
2.6	0.9555	0.9594	0.9632	0.9670	0.9708	0.9746	0.9783	0.9821	0.9858	0.9895
2.7	0.9933	0.9969	1.0006	1.0043	1.0080	1.0116	1.0152	1.0188	1.0225	1.0260
2.8	1.0296	1.0332	1.0367	1.0403	1.0438	1.0473	1.0508	1.0543	1.0578	1.0613
2.9	1.0647	1.0682	1.0716	1.0750	1.0784	1.0818	1.0852	1.0886	1.0919	1.0953
3.0	1.0986	1.1019	1.1053	1.1086	1.1119	1.1151	1.1184	1.1217	1.1249	1.1282
3.1	1.1314	1.1346	1.1378	1.1410	1.1442	1.1474	1.1506	1.1537	1.1569	1.1600
3.2	1.1632	1.1663	1.1694	1.1725	1.1756	1.1787	1.1817	1.1848	1.1878	1.1909
3.3	1.1939	1.1969	1.2000	1.2030	1.2060	1.2090	1.2119	1.2149	1.2179	1.2208
3.4	1.2238	1.2267	1.2296	1.2326	1.2355	1.2384	1.2413	1.2442	1.2470	1.2499
3.5	1.2528	1.2556	1.2585	1.2613	1.2641	1.2669	1.2698	1.2726	1.2754	1.2782
3.6	1.2809	1.2837	1.2865	1.2892	1.2920	1.2947	1.2975	1.3002	1.3029	1.3056
3.7	1.3083	1.3110	1.3137	1.3164	1.3191	1.3218	1.3244	1.3271	1.3297	1.3324
3.8	1.3350	1.3376	1.3403	1.3429	1.3455	1.3481	1.3507	1.3533	1.3558	1.3584
3.9	1.3610	1.3635	1.3661	1.3686	1.3712	1.3737	1.3762	1.3788	1.3813	1.3838
4.0	1.3863	1.3888	1.3913	1.3938	1.3962	1.3987	1.4012	1.4036	1.4061	1.4085
4.1	1.4110	1.4134	1.4159	1.4183	1.4207	1.4231	1.4255	1.4279	1.4303	1.4327
4.2	1.4351	1.4375	1.4398	1.4422	1.4446	1.4469	1.4493	1.4516	1.4540	1.4563
4.3	1.4586	1.4609	1.4633	1.4656	1.4679	1.4702	1.4725	1.4748	1.4770	1.4793
4.4	1.4816	1.4839	1.4861	1.4884	1.4907	1.4929	1.4951	1.4974	1.4996	1.5019
4.5	1.5041	1.5063	1.5085	1.5107	1.5129	1.5151	1.5173	1.5195	1.5217	1.5239
4.6	1.5261	1.5282	1.5304	1.5326	1.5347	1.5369	1.5390	1.5412	1.5433	1.5454
4.7	1.5476	1.5497	1.5518	1.5539	1.5560	1.5581	1.5602	1.5623	1.5644	1.5665
4.8	1.5686	1.5707	1.5728	1.5748	1.5769	1.5790	1.5810	1.5831	1.5851	1.5872
4.9	1.5892	1.5913	1.5933	1.5953	1.5974	1.5994	1.6014	1.6034	1.6054	1.6074
5.0	1.6094	1.6114	1.6134	1.6154	1.6174	1.6194	1.6214	1.6233	1.6253	1.6273
5.1	1.6292	1.6312	1.6332	1.6351	1.6371	1.6390	1.6409	1.6429	1.6448	1.6467
5.2	1.6487	1.6506	1.6525	1.6544	1.6563	1.6582	1.6601	1.6620	1.6639	1.6658
5.3	1.6677	1.6696	1.6715	1.6734	1.6752	1.6771	1.6790	1.6808	1.6827	1.6845
5.4	1.6864	1.6882	1.6901	1.6919	1.6938	1.6956	1.6974	1.6993	1.7011	1.7029
5.5	1.7047	1.7066	1.7084	1.7102	1.7120	1.7138	1.7156	1.7174	1.7192	1.7210

续表

N	0	1	2	3	4	5	6	7	8	9
5.6	1.7228	1.7246	1.7263	1.7281	1.7299	1.7317	1.7334	1.7352	1.7370	1.7387
5.7	1.7405	1.7422	1.7440	1.7457	1.7475	1.7492	1.7509	1.7527	1.7544	1.7561
5.8	1.7579	1.7596	1.7613	1.7630	1.7647	1.7664	1.7681	1.7699	1.7716	1.7733
5.9	1.7750	1.7766	1.7783	1.7800	1.7817	1.7834	1.7851	1.7867	1.7884	1.7901
6.0	1.7918	1.7934	1.7951	1.7967	1.7984	1.8001	1.8017	1.8034	1.8050	1.8066
6.1	1.8083	1.8099	1.8116	1.8132	1.8148	1.8165	1.8181	1.8197	1.8213	1.8229
6.2	1.8245	1.8262	1.8278	1.8294	1.8310	1.8326	1.8342	1.8358	1.8374	1.8390
6.3	1.8405	1.8421	1.8437	1.8453	1.8469	1.8485	1.8500	1.8516	1.8532	1.8547
6.4	1.8563	1.8579	1.8594	1.8610	1.8625	1.8641	1.8656	1.8672	1.8687	1.8703
6.5	1.8718	1.8733	1.8749	1.8764	1.8779	1.8795	1.8810	1.8825	1.8840	1.8856
6.6	1.8871	1.8886	1.8901	1.8916	1.8931	1.8946	1.8961	1.8976	1.8991	1.9006
6.7	1.9021	1.9036	1.9051	1.9066	1.9081	1.9095	1.9110	1.9125	1.9140	1.9155
6.8	1.9169	1.9184	1.9199	1.9213	1.9228	1.9242	1.9257	1.9272	1.9286	1.9301
6.9	1.9315	1.9330	1.9344	1.9359	1.9373	1.9387	1.9402	1.9416	1.9430	1.9445
7.0	1.9459	1.9473	1.9488	1.9502	1.9516	1.9530	1.9544	1.9559	1.9573	1.9587
7.1	1.9601	1.9615	1.9629	1.9643	1.9657	1.9671	1.9685	1.9699	1.9713	1.9727
7.2	1.9741	1.9755	1.9769	1.9782	1.9796	1.9810	1.9824	1.9838	1.9851	1.9865
7.3	1.9879	1.9892	1.9906	1.9920	1.9933	1.9947	1.9961	1.9974	1.9988	2.0001
7.4	2.0015	2.0028	2.0042	2.0055	2.0069	2.0082	2.0096	2.0109	2.0122	2.0136
7.5	2.0149	2.0162	2.0176	2.0189	2.0202	2.0215	2.0229	2.0242	2.0255	2.0268
7.6	2.0281	2.0295	2.0308	2.0321	2.0334	2.0347	2.0360	2.0373	2.0386	2.0399
7.7	2.0412	2.0425	2.0438	2.0451	2.0464	2.0477	2.0490	2.0503	2.0516	2.0528
7.8	2.0541	2.0554	2.0567	2.0580	2.0592	2.0605	2.0618	2.0631	2.0643	2.0656
7.9	2.0669	2.0681	2.0694	2.0707	2.0719	2.0732	2.0744	2.0757	2.0769	2.0782
8.0	2.0794	2.0807	2.0819	2.0832	2.0844	2.0857	2.0869	2.0882	2.0894	2.0906
8.1	2.0919	2.0931	2.0943	2.0956	2.0968	2.0980	2.0992	2.1005	2.1017	2.1029
8.2	2.1041	2.1054	2.1066	2.1078	2.1090	2.1102	2.1114	2.1126	2.1138	2.1150
8.3	2.1163	2.1175	2.1187	2.1199	2.1211	2.1223	2.1235	2.1247	2.1258	2.1270
8.4	2.1282	2.1294	2.1306	2.1318	2.1330	2.1342	2.1353	2.1365	2.1377	2.1389
8.5	2.1401	2.1412	2.1424	2.1436	2.1448	2.1459	2.1471	2.1483	2.1494	2.1506
8.6	2.1518	2.1529	2.1541	2.1552	2.1564	2.1576	2.1587	2.1599	2.1610	2.1622
8.7	2.1633	2.1645	2.1656	2.1668	2.1679	2.1691	2.1702	2.1713	2.1725	2.1736
8.8	2.1748	2.1759	2.1770	2.1782	2.1793	2.1804	2.1815	2.1827	2.1838	2.1849
8.9	2.1861	2.1872	2.1883	2.1894	2.1905	2.1917	2.1928	2.1939	2.1950	2.1961
9.0	2.1972	2.1983	2.1994	2.2006	2.2017	2.2028	2.2039	2.2050	2.2061	2.2072
9.1	2.2083	2.2094	2.2105	2.2116	2.2127	2.2138	2.2148	2.2159	2.2170	2.2181
9.2	2.2192	2.2203	2.2214	2.2225	2.2235	2.2246	2.2257	2.2268	2.2279	2.2289
9.3	2.2300	2.2311	2.2322	2.2332	2.2343	2.2354	2.2364	2.2375	2.2386	2.2396
9.4	2.2407	2.2418	2.2428	2.2439	2.2450	2.2460	2.2471	2.2481	2.2492	2.2502
9.5	2.2513	2.2523	2.2534	2.2544	2.2555	2.2565	2.2576	2.2586	2.2597	2.2607
9.6	2.2618	2.2628	2.2638	2.2649	2.2659	2.2670	2.2680	2.2690	2.2701	2.2711
9.7	2.2721	2.2732	2.2742	2.2752	2.2762	2.2773	2.2783	2.2793	2.2803	2.2814
9.8	2.2824	2.2834	2.2844	2.2854	2.2865	2.2875	2.2885	2.2895	2.2905	2.2915
9.9	2.2925	2.2935	2.2946	2.2956	2.2966	2.2976	2.2986	2.2996	2.3006	2.3016
10.0	2.3026									

附表六　　　　e^{rt}的值：1 元的连续复利终值系数表

r										
0	1%	2%	3%	4%	5%	6%	7%	8%	9%	10%
1	1.0101	1.0202	1.0305	1.0408	1.0513	1.0618	1.0725	1.0833	1.0942	1.1052
2	1.0202	1.0408	1.0618	1.0833	1.1052	1.1275	1.1503	1.1735	1.1972	1.2214
3	1.0305	1.0618	1.0942	1.1275	1.1618	1.1972	1.2337	1.2712	1.3100	1.3499
4	1.0408	1.0833	1.1275	1.1735	1.2214	1.2712	1.3231	1.3771	1.4333	1.4918
5	1.0513	1.1052	1.1618	1.2214	1.2840	1.3499	1.4191	1.4918	1.5683	1.6487
6	1.0618	1.1275	1.1972	1.2712	1.3499	1.4333	1.5220	1.6161	1.7160	1.8221
7	1.0725	1.1503	1.2337	1.3231	1.4191	1.5220	1.6323	1.7507	1.8776	2.0138
8	1.0833	1.1735	1.2712	1.3771	1.4918	1.6161	1.7507	1.8965	2.0544	2.2255
9	1.0942	1.1972	1.3100	1.4333	1.5683	1.7160	1.8776	2.0544	2.2479	2.4596
10	1.1052	1.2214	1.3499	1.4918	1.6487	1.8221	2.0138	2.2255	2.4596	2.7183
11	1.1163	1.2461	1.3910	1.5527	1.7333	1.9348	2.1598	2.4109	2.6912	3.0042
12	1.1275	1.2712	1.4333	1.6161	1.8221	2.0544	2.3164	2.6117	2.9447	3.3201
13	1.1388	1.2969	1.4770	1.6820	1.9155	2.1815	2.4843	2.8292	3.222	3.6693
14	1.1503	1.3231	1.5220	1.7507	2.0138	2.3164	2.6645	3.0649	3.5254	4.0552
15	1.1618	1.3499	1.5683	1.8221	2.1170	2.4596	2.8577	3.3201	3.8574	4.4817
16	1.1735	1.3771	1.6161	1.8965	2.2255	2.6117	3.0649	3.5966	4.2207	4.953
17	1.1853	1.4049	1.6653	1.9739	2.3396	2.7732	3.2871	3.8962	4.6182	5.4739
18	1.1972	1.4333	1.7160	2.0544	2.4596	2.9447	3.5254	4.2207	5.0531	6.0496
19	1.2092	1.4623	1.7683	2.1383	2.5857	3.1268	3.7810	4.5722	5.5290	6.6859
20	1.2214	1.4918	1.8221	2.2255	2.7183	3.3201	4.0552	4.9530	6.0496	7.3891
21	1.2337	1.5220	1.8776	2.3164	2.8577	3.5254	4.3492	5.3656	6.6194	8.1662
22	1.2461	1.5527	1.9348	2.4109	3.0042	3.7434	4.6646	5.8124	7.2427	9.0250
23	1.2586	1.5841	1.9937	2.5093	3.1582	3.9749	5.0028	6.2965	7.9248	9.9742
24	1.2712	1.6161	2.0544	2.6117	3.3201	4.2207	5.3656	6.821	8.6711	11.023
25	1.2840	1.6487	2.117	2.7183	3.4903	4.4817	5.7546	7.3891	9.4877	12.182
30	1.3499	1.8221	2.4596	3.3201	4.4817	6.0496	8.1662	11.023	14.880	20.086
35	1.4191	2.0138	2.8577	4.0552	5.7546	8.1662	11.588	16.445	23.336	33.115
40	1.4918	2.2255	3.3201	4.9530	7.3891	11.023	16.445	24.533	36.598	54.598
45	1.5683	2.4596	3.8574	6.0496	9.4877	14.880	23.336	36.598	57.397	90.017
50	1.6487	2.7183	4.4817	7.3891	12.182	20.086	33.115	54.598	90.017	148.41
55	1.7333	3.0042	5.2070	9.0250	15.643	27.113	46.993	81.451	141.17	244.69
60	1.8221	3.3201	6.0496	11.023	20.086	36.598	66.686	121.51	221.41	403.43

注：例如，以 10% 的年利率连续复利，则今天投资 1 元，1 年末的价值为 1.1052 元，2 年末的价值为 1.2214 元。